LES MODES ALTERNATIFS DE RÈGLEMENT DES CONFLITS EN MAURITANIE

Regard anthropologique et juridique

Collection « Études africaines »

dirigée par Denis Pryen et son équipe

Forte de plus de mille titres publiés à ce jour, la collection « Études africaines » fait peau neuve. Elle présentera toujours les essais généraux qui ont fait son succès, mais se déclinera désormais également par séries thématiques : droit, économie, politique, sociologie, etc.

Dernières parutions

Dingamtoudji MAÏKOUBOU, *La médecine africaine en pays ngàmbáye au Tchad*, 2024.

Tahirou KONE, *Technologies socionumériques en Côte d'Ivoire. Formes d'engagement politique et médiatique*, 2024.

Guy-Eugène DEMBA, *La mise en œuvre du Droit international humanitaire en Centrafrique. De la théorie à la pratique*, 2024.

Charlie MBALLA (dir.), *L'État dans les Afriques. État des lieux en Afrique subsaharienne. Nouvelle édition*, 2024

Maman Aminou A. KOUNDY, *La gouvernance du secteur judiciaire au Niger, Regards critiques*, 2024.

Paul G. ACLINOU, *Le premier festival mondial des arts nègres. Ou la négritude cinquante-cinq ans après*, 2024.

Sous la direction de Yao-Edmond KOUASSI, *Culture, africanologie et humanisme, Hommage au professeur Abou Karamoko*, 2024.

Alpha BA, *Tragédie rwandaise : l'échec fatal de la solution négociée, Responsabilités et répercussions dans la région des Grands Lacs*, 2024.

Cédric ONDAYE-EBAUH, *Vous avez dit développement ?*, Nouvelle édition, 2024.

Francky BOLAMBULI BOSINGA, *Le devoir de l'Homme africain. Repenser la démocratie et la culture négro-africaine avec Phambu Ngoma-Binda*, 2024.

Albert JIOTSA (coord.), *Dynamique de la protection sociale de l'enfance au Cameroun et en Afrique*, 2024.

Ahmed Salem OULD MOHAMED BABA, *Introduction au dialecte ḥassāniyya de Mauritanie. Étude grammaticale et lexicale*, 2024.

Emmanuel NGWE, *La population du Cameroun, Du comptage des effectifs à l'analyse des phénomènes démographiques*, 2024.

Téphy-Lewis EDZODZOMO NKOUMOU, *L'office du juge constitutionnel en Afrique subsaharienne. Etude comparative à partir des exemples béninois, gabonais et malgache*, 2024.

Boubou Ba

LES MODES ALTERNATIFS DE RÈGLEMENT DES CONFLITS EN MAURITANIE

Regard anthropologique et juridique

Préface d'Alain Fénéon

L'Harmattan

Thèse présentée et soutenue publiquement le 25/11/2022
en vue de l'obtention du doctorat de Histoire
du droit et des institutions del'Université Paris Nanterre
sous la direction de Mme Soazick KERNEIS (Université Paris Nanterre)

Jury * **:**

Rapporteur :	M. Haimoud RAMADAN	Professeur à l'Université Al-Asriya deNouakchott – Mauritanie
Rapporteur :	M. Arnaud VERGNE	Professeur à l'Université de Paris
Membre du jury :	M. Jean-Paul JEAN	Président de chambre honoraire à la Cour de cassation de France
Membre du jury :	Mme Stéphanie ROHLFING-DIJOUX	Professeure à l'Université Paris Nanterre

L'Université Paris-Nanterre n'entend ni approuver ni désapprouver les positions émises dans la présente thèse. Elles doivent être considérées comme propres à l'auteur.

5-7, rue de l'École-Polytechnique – 75005 Paris

www.editions-harmattan.fr

ISBN : 978-2-336-45648-5
EAN : 9782336456485

DÉDICACES

- *À ma très chère maman, Maimouna Souleymane, bien-aimée dont le rôle d'éducatrice première m'a accompagné au jour le jour dans ma construction personnelle. Merci, maman, de m'avoir appris que la vie est un éternel combat. Merci, maman, pour tes bénédictions et tes encouragements ;*
- *À ma femme Houreye Djibril BA, pour son amour, son soutien indéfectible et ses encouragements moraux et psychologiques ;*
- *À mon fils Oumar BA ;*
- *À mon homonyme, Boubou Moussa BA (le petit Boubou) ;*
- *À toute la famille BA, mes frères et sœurs ;*
- *À mon oncle Gaye Soumaré à Stockholm – Suède pour son soutien indéfectible, ses conseils et ses encouragements ;*
- *Cette thèse leur est dédiée, témoignage de ma profonde affection et de mareconnaissance de la leur.*

REMERCIEMENTS

Je tiens avant tout à rendre grâce au Seigneur de m'avoir accordé la santé et la force tout au long de ce travail. Je remercie infiniment mes parents de m'avoir inscrit à l'école.

Je remercie respectueusement Madame la Professeure Soazick KERNEIS, ma directrice de thèse et directrice du Centre d'histoire et d'anthropologie du droit (CHAD) qui, sans m'avoir préalablement connu, a accepté de diriger cette thèse, en se basant uniquement sur mon projet de thèse et mon parcours. Ma reconnaissance est infinie pour ses hautes qualités intellectuelles et humaines, sa disponibilité, ses connaissances solides et ses expériences très riches. Elle a consacré tout son temps à me diriger, lire et relire, corriger et recorriger la présente thèse en dépit de ses très nombreuses fonctions. Merci, Madame la Directrice pour votre disponibilité et vos critiques qui ont contribué à l'amélioration de la qualité de cette thèse.

J'exprime ma profonde gratitude à l'ensemble des membres du jury pour avoir accepté de participer à mon jury de soutenance. Qu'ils trouvent ici toute ma profonde reconnaissance.

Je remercie le président de la chambre honoraire à la Cour de cassation de France et secrétaire général de l'Association des hautes juridictions de cassation de pays ayant le partage du français (AHJUCAF), Jean-Paul JEAN, pour son soutien, ses conseils et ses qualités humaines et instinctuelles. Mes sincères remerciements s'adressent également au premier président de la Cour suprême de Mauritanie, OULD NAGI, le greffier en chef de la Cour suprême de Mauritanie, maître Mohamed YESLEM et le secrétaire général de ladite Cour, Monsieur Diallo pour leur disponibilité et les services rendus pour la réalisation de cette thèse.

Je tiens également à remercier mon professeur de droit à l'Université de Nouakchott, Haimoud RAMDAN, pour son soutien, ses conseils, sa disponibilité et ses qualités humaines. Ma reconnaissance va à mes relecteurs, maître Darly Russel KOUAMO, avocat au barreau de Nantes et maître FOUMDJEM Célestin, avocat au barreau de Pontoise. J'en suis reconnaissant.

Mes sincères remerciements s'adressent à l'École doctorale de droit et science politique (EDDSP) en particulier aux directeurs et à la responsable administrative, Madame Marie Gabrielle THIANT.

Mes sincères remerciements s'adressent également à tous les membres (professeurs, doctorants et chercheurs) du Centre d'histoire et d'anthropologie du droit (CHAD). Ce lieu d'échanges et d'études m'a offert des rencontres enrichissantes tant sur le plan intellectuel qu'humain.

Mention spéciale à Ralph ÉVÊQUE, professeur à l'Université Paris-Nanterre d'avoir fait la dernière lecture et correction de ma thèse ainsi qu'aux autres doctorants de CHAD.

Qu'il me soit encore permis, enfin, de remercier celles et ceux (surtout ceux qui nous ont accordé des entretiens) qui, de quelque manière que ce soit, ont rendu possible la réalisation decette modeste thèse, même s'ils ne sont pas nommément désignés. Qu'ils trouvent ici l'expression de ma profonde reconnaissance.

PRÉFACE

En choisissant de consacrer sa thèse aux modes alternatifs de règlement des conflits en Mauritanie , Monsieur Boubou BA nous apporte un éclairage particulièrement créateur à propos d'un sujet jusqu'alors demeuré dans l'ignorance, pourtant déjà grande, des juristes africanistes.

Le présent ouvrage se présente comme la version actualisé de sa thèse rédigée sous la direction, de Madame la Professeure Soazick Kerneis et soutenue avec succès le 25 Novembre 2022 à l'Université Paris Nanterre.

Le propos s'ouvre par un constat de l'état du droit en Mauritanie , caractérisé par une pratique » tribale et corrompue » selon les termes forts de Monsieur Boubou BA.

Pour Monsieur BA, le tribalisme se retrouve partout en République islamique de Mauritanie, dans tous les domaines aussi bien celui de la justice qu'en politique. La corruption et le détournement des deniers publics étant également monnaie courante au grand préjudice du développement économique et social du pays.

L'auteur souligne que l'un des sujets les plus inquiétants en Mauritanie ces dernières années, en lien avec l'État de droit et la justice équitable, est celui de la réforme du système juridique et juridictionnel. SI les nombreuses lois entrées en vigueur ces dernières années dans ce pays marquent une évolution positive du système juridique et juridictionnel, notamment en faveur du règlement alternatif des conflits, on peut regretter qu'aucune réforme d'ensemble n'ait harmonisé ces textes.

Hors, dans les sociétés autochtones africaines, la justice ne s'entend pas comme un « principe d'attribution » pour maintenir des intérêts particuliers et individuels, mais plutôt comme un concept de paix et de cohésion sociale pour sauver l'intérêt du groupe et rétablir le lien social.

A ce titre, il apparait à l'évidence, comme le souligne Monsieur BA, que les modes alternatifs de règlement des conflits s'inscrivent dans cette logique de dialogue et de négociation.

La pratique de la « médiation traditionnelle », connue sous le nom de « palabre « , est très ancienne en Afrique, particulièrement dans les groupes humains de même origine ethnique, pratiquant la même religion, parlant la même langue, et partageant les mêmes coutumes et traditions.

La palabre africaine est une culture de paix qui vise à rétablir l'ordre du groupe avec l'aide d'une tierce personne. Ainsi, chez les Wolofs au Sénégal, il était primordial que le conflit soit réglé « dans le ventre de la famille » ou « dans le ventre du village ».

La palabre est conçue comme un processus dans lequel « une société songe à son avenir » pour préserver l'harmonie sociale.

La médiation, au sens large, constitue un mode alternatif essentiel de règlement des litiges.

La médiation traditionnelle constitue une thérapie qui a pour but de briser le cercle infernal de la violence et de la contre violence, afin de rétablir l'harmonie et la paix.

À cet effet, il est impératif que le tiers intervenant jouisse d'une certaine autorité. Il doit détenir , selon les propos d'Amadou Dieng, « *un degré élevé d'intégrité et des qualités personnelles jumelées à un savoir-faire reconnu, en plus d'une connaissance intime des traditions* ».

Ainsi, dans la palabre africaine, ce tiers se voyait attribuer la fonction de distributeur de parole, ouvrant et clôturant la procédure. Il avait pour mission de répartir un temps de parole à chacune des parties.

Il est également courant de recourir à des « faiseurs de paix ». Ainsi le tiers intervenant dans un tel processus a pour mission de favoriser le dialogue et rechercher une solution acceptable par tous.

Il est constant par ailleurs que l'influence de l'Islam est importante en Afrique subsaharienne. La population mauritanienne est presque exclusivement de confession musulmane.

Or, le droit musulman a énoncé des règles prévoyant différents modes de résolution des conflits issus de la Sunna, du prophète et du Coran. Il connaît ainsi de l'arbitrage : « *Tahkim* », la conciliation : « *Solh* » et la médiation : « *Wassata* ».

Tous ces modes de règlement des différends ont pour finalité la sauvegarde de la solidarité et de l'harmonie sociale dans le groupe.

C'est ainsi que la médiation « *Wassata* » est un processus par lequel un médiateur va rechercher une issue positive au conflit. Toute la médiation repose sur l'intervention de ce tiers qui sera chargé de proposer des solutions acceptables par les parties, même si au final, elles seront obligées d'accepter l'une d'entre elles.

Le médiateur est une personne de confiance en qui les parties confient leur différend, afin de trouver une solution amiable. Il doit présenter les garanties comparables à celles imposées par les Codes modernes de déontologie, telles que l'impartialité et les qualités morales.

Une autre caractéristique intéressante de cette médiation est la force quasi obligatoire de la solution rendue par le tiers. Les parties ne contrôlent pas le processus ; elles sont passives. Au mieux, le tiers proposera plusieurs solutions qui seront par la suite discutées par les parties afin de trouver celle qui sera la plus adaptée.

Comme le souligne le Professeur Nabil Antaki, « *les parties sont obligées moralement et socialement d'accepter sa solution* ».

Il est étonnant de constater à quel point la culture du litige est universellement et profondément ancrée dans les mœurs. Pour s'en convaincre, il suffit de constater que ni le Code civil, ni plus généralement aucune législation nationale ou communautaire des États africains ne connaissaient jusqu'à ces dernières années de dispositions sur la prévention des litiges, alors que les textes consacrés à la procédure civile et voies d'exécution sont nombreux et détaillés.

Le Professeur Nabil Antaki pouvait ainsi écrire : « *La société, dans son ensemble, est victime de la déformation morale qui glorifie la force et le pouvoir aux dépens de la raison, et parfois même de la justice.* »

La pratique moderne de la médiation , et plus généralement les modes alternatifs constituent un moyen intelligent et efficace de résolution des différends commerciaux, car le médiateur ne cherche pas à trancher des prétentions inconciliables ou à trouver un juste milieu entre les revendications des parties.

Le médiateur « *cherche ce dont les parties ont réellement besoin* ».

Sur un plan économique, et partant du constat que les entreprises sont ainsi condamnées à s'entendre, ne serait-ce que minimalement, pour poursuivre leurs propres objectifs dans les divers organisations ou groupements dont elles sont membres ou simplement sur les mêmes marchés, on peut estimer que celles-ci ont tout intérêt à conserver leurs partenaires économiques et commerciaux. Elles ont besoin d'anticiper leurs différends, de les résoudre efficacement et de s'assurer un avenir économique et commercial stable.

L'approche de la médiation répond tout à fait à cette demande, car elle permet d'analyser le passé, de comprendre le présent et de préserver le futur.

La République islamique de Mauritanie cherche le chemin de la démocratie, de l'état de droit et de la justice indépendante. A cette fin,

pour Monsieur BA, les autorités mauritaniennes devraient mener une campagne nationale d'information (dans toutes les langues nationales) afin de promouvoir les vertus de la justice amiable et créer des « cliniques du droit « dans chaque région et département. Le gouvernement devrait aussi actualiser et modifier le Code de procédure civile, commerciale et administrative et le code des obligations et des contrats, en y intégrant les MARC au sens large du terme.

Monsieur Boubou BA n'est pas seulement un brillant spécialiste des modes alternatifs de conflits . Son curriculum vitae montre qu'il a su mener de pair entre 2012 et 2022 des études universitaires de haut niveau et une activité professionnelle d'assistant juridique auprès des juridictions françaises.

Saluons son courage et son abnégation . C'est donc un grand honneur pour moi de préfacer son ouvrage.

Alain FENEON
Avocat honoraire à la Cour de Paris

CHRONOLOGIE DES PRINCIPAUX ÉVÈNEMENTS POLITIQUES[1]

1899 : Création par décret de la « Mauritanie occidentale »
1919 : La Mauritanie devient un territoire militaire
1920 : La Mauritanie est rattachée au gouvernement de l'Afrique-Occidentale française.
1944 : Décision d'associer les colonies françaises aux travaux de la future Assemblée et de les représenter au parlement métropolitain. La Mauritanie ne dispose d'aucun parti politique. Le Sénégal et elle forment une seule et même circonscription.
1946 : Suppression de l'indigénat. Subdivision du pays en dix cercles administratifs dirigés pardes commandants de cercles assistés d'un chef de subdivision secondé, selon les régions, par des chefs de tribus. Premières élections en novembre. Horma Ould Babana devient le premier député mauritanien à siéger à l'Assemblée nationale française.
1948 : Formation de l'Union progressiste mauritanienne (UPM).
1956 : Adoption de la loi-cadre proposée par Gaston Defferre qui permet aux territoires françaisdont la Mauritanie, de s'auto-administrer partiellement.
1957 : Élection par l'Assemblée territoriale française de Moktar Ould Daddah, premierdiplômé mauritanien d'études supérieures comme vice-président du Conseil territorial.
1957 : Choix d'une capitale : Nouakchott en lieu et place de Saint-Louis du Sénégal.
1958 : Retour au pouvoir du général de Gaulle. Référendum sur l'institution d'une communauté française avec des Républiques africaines autonomes placées sous le contrôle dela France et pouvant s'associer entre elles.
1960 : Proclamation de l'indépendance. Moktar Oul Daddah devient chef de l'État.
1961 : Promulgation d'une Constitution de type présidentiel.
1961 : Entrée à l'ONU.
1969 : Le Maroc reconnait la Mauritanie indépendante.

1973 : Sortie de la zone franc. Mise en circulation de l'Ouguiya, sa propre monnaie.
1973 : Devient membre de la ligue arabe.
1975 : Attaque du Polisario, mouvement armé pour la création d'un État sahraoui
1976 : Accord avec l'Espagne et le Maroc sur le partage du Sahara espagnol.
1978 : Coup d'État militaire. Destitution du président Moktar Ould Daddah.
1980 : Constitution d'un nouveau gouvernement civil.
1984 : Coup d'État. Destitution de Mohamed Khouna Ould Haidalla.
1984 : Reconnaissance de la République arabe sahraouie.
1989 : Premières élections dans les communes rurales (164).
1989 : Rupture des relations diplomatiques avec le Sénégal.
1991 : Promulgation d'une nouvelle Constitution de type présidentiel.
1992 : Réouverture des frontières sénégalo-mauritaniennes.
1997 : Élections présidentielles. Réélection de Maouya Ould sidi Ahmed Taya.
2000 : Adoption du mode de scrutin proportionnel pour les élections.
2005 : Coup d'État militaire. Le Président Maouya Ould Sidi Ahmed Taya est renversé par sa Garde prétorienne.
2005 : Gouvernement de transition dirigé par Ely Ould Mohamed Vall, président du Conseilmilitaire pour la justice et la démocratie (CMJD).
2007 : Élection à la présidence de la République de Sidi Ould Cheikh Abdallahi.
2008 : Coup d'État militaire du général Mohamed Ould Abdel Aziz. Le président Sidi OuldCheikh Abdallahi est destitué.
2008 : Haut conseil d'État (HCE), composé de huit colonels et de trois généraux, à sa têtele général Mohamed Ould Abdel Aziz.
2009 : Élection à la présidence de la République de Mohamed Ould Abdel Aziz.
2018 : Fin du second mandat de Mohamed Ould Abdel Aziz.
2019 : Élection de Mohamed Ould Ghazouani, l'actuel Président de la Mauritanie.
2020 : Arrestation et détention provisoire de l'ancien président de la République MohamedOuld Abdel Aziz pour des faits très graves : crimes économiques.

LISTE DES PRINCIPAUX SIGLES ET ABRÉVIATIONS

AAHJF	:	Association africaine des hautes juridictions francophones
AAI	:	Autorité administrative indépendante
AHJUCAF	:	Association des hautes juridictions de cassation des pays ayant l'usage du français
ADR	:	Alternative Dispute Resolution
API	:	Autorité publique indépendante
AIC	:	Association initiative civique
A-OF	:	Afrique-Occidentale française
Art	:	Article
CADHP	:	Charte africaine des droits de l'homme et des peuples
CCIAM	:	Chambre de commerce, d'industrie et d'agriculture de Mauritanie
CMJD	:	Comité militaire pour la justice et la démocratie
CDESC	:	Comité des droits économiques, sociaux et culturels
CDESC	:	Comité des droits économiques, sociaux et culturels
CNDH	:	Commission nationale des droits de l'homme
CMSN	:	Conseil militaire du salut national
CEP	:	Commission d'enquête parlementaire
Cf.	:	Confère
CIMAM	:	Centre international de médiation et d'arbitrage en Mauritanie
CVR	:	Commission vérité et réconciliation
MARC	:	Modes alternatifs de règlement des conflits
MARD	:	Modes alternatifs de règlement des différends
MARL	:	Modes amiables de résolution des litiges
MR	:	Médiateur de la République

MRF	:	Médiateur de la République française
CSP	:	Code de statut personnel
CSM	:	Conseil supérieur de la magistrature
CJR	:	Cour de justice de la République
CPP	:	Code de procédure pénale
CPCCA	:	Code de procédure civile, commerciale et administrative
CPCF	:	Code de procédure civile français
DUDH	:	Déclaration universelle des droits de l'homme
NCPCCA	:	Nouveau code de procédure civile, commerciale et administrative
N°	:	Numéro
COC	:	Code des obligations et des contrats
Dalloz	:	Recueil Dalloz
DDHC	:	Déclaration des droits de l'homme et des Citoyens
DUDH	:	Déclaration universelle des droits de l'homme
Éd.	:	Édition
FONADH	:	Forum des organisations nationales des droits humains
MEN	:	Ministère de l'Éducation nationale
LGDJ	:	Librairie générale de droit et de jurisprudence
HALDE	:	Haute autorité de lutte contre les discriminations et pour l'égalité
CPR	:	Haute Cour pour le président de la République
HCI	:	Haut conseil islamique
HCF	:	Haut conseil de la Fatwa
HCFRG	:	Haut conseil de la Fatwa et des recours gracieux
PIRDCP	:	Pacte international relatif aux droits civils et politiques
PM	:	Parti du peuple mauritanien
PNB	:	Produit national brut
PUSL	:	Presses de l'Université Saint-Louis
RMDE	:	Revue mauritanienne de droit et d'économie
RCDS	:	Revue canadienne droit et société
RDH	:	Revue des droits de l'homme
RDPC	:	Revue de droit pénal et de criminologie
EA	:	Revue électronique afrilex
RIM	:	République islamique de Mauritanie
RFAP	:	Revue française d'administration publique
RFDA	:	Revue française de droit administratif
RIDC	:	Revue internationale de droit comparé
RJ	:	Revue, justices

RJP	:	Revue juridique et politique
PIB	:	Produit intérieur brut
PUL	:	Presses universitaires de Limoges
PUF	:	Presses universitaires de France
PUAM	:	Presses universitaires d'Aix-Marseille
P.	:	Page
UE	:	Union européenne
Gaz.Pal	:	Gazette du palais
Ibid.	:	(Ibidem) Au même endroit
ONU	:	Organisation des Nations unies
Op. cit.	:	Opere citato (dans l'ouvrage cité)
OIF	:	Organisation internationale de la francophonie
ONS	:	Office national de la statistique
Rev.Arb	:	Revue de l'arbitrage
REHD	:	Revue électronique d'histoire du droit
RERDAPA	:	Revue d'étude et de recherche sur le droit et l'administration dans lespays d'Afrique
AFAP	:	Revue française d'administration publique
V.	:	Voir
Vol.	:	Volume
IREMAM	:	Institut de recherches et d'études sur les mondes arabes et musulmans

PROLOGUE

La République islamique de Mauritanie (RIM), son nom est apparu officiellement « le 27 décembre 1899 avec une décision ministérielle qui organise sous le nom de Mauritanie occidentale les régions s'étendant de la rive droite du Sénégal et de la ligne entre Kayes et Tombouctou (Mali) jusqu'au cap Juby, à l'Ouest, c'est-à-dire jusqu'aux confins du Maroc et au nord jusqu'au Sud algérien »[2].

La République islamique de Mauritanie a accédé à son indépendance le **28 novembre 1960 après le Sénégal et le Mali, pays limitrophes de la Mauritanie**. Elle est le trait d'union entre l'Afrique du Nord (le Maghreb et l'Afrique de l'Ouest). La Mauritanie est à la fois un pays africain et maghrébin de par sa situation géographique, sa composition sociale et sociétale. Aujourd'hui, la RIM (République islamique de Mauritanie) est peuplée d'environ quatre millions d'habitants. Le taux d'alphabétisation varie entre 45 à 50 % et l'espérance de vie est en moyenne de 60 ans selon les localités. Nouakchott est la capitale politique du pays (environ deux millions d'habitants), et héberge les institutions politiques et diplomatiques. Nouadhibou est la deuxième grande ville qui constitue la capitale économique du pays. Au-delà de ces villes principales, la Mauritanie dispose aussi des villes historiques et touristiques comme : Combi Saléh, Aoudan, Aoudagoste, Chinguitit, entre autres. La RIM couvre une superficie de 1 030 700 km^2. Le pays dispose d'un immense territoire désertique avec un climat tropical.

Sur le plan politique, la Mauritanie s'est incarnée pendant plus de vingt ans dans la personne de son principal dirigeant et père de l'indépendance : Moktar Ould DADDAH[3].

Depuis l'accession de la Mauritanie à son indépendance, les questions communautaires, identitaires et tribales n'ont cessé de s'accroitre. Ces questions ont marqué les relations sociales entre communautés mais aussi les relations politiques entre l'État et les communautés. Aujourd'hui, en effet, en RIM, les tensions sociales sont notamment fragmentées autour de la ségrégation entre les différentes communautés : du racisme institutionnalisé entre Blancs et Noirs et la stratification de la société c'est-à-dire l'esclave et ses séquelles qui continuent toujours à diviser les communautés et mettent à mal l'unité nationale et la cohésion sociale. L'État est devenu impuissant pour régler ces phénomènes de société. Ainsi, la Mauritanie est un pays du

Sahel où cohabitent plusieurs communautés des cultures et des langues différentes. C'est une société multiethnique et multiculturelle composée de Soninkés, Maures, Peuls et Wolofs. Ces composantes sont fortement liées du fait d'une longue cohabitation. Celle-ci n'a pas été toujours facile puisque ces populations ne parlent pas la même langue et ne partagent pas la même culture. Elles sont toutefois toutes unies par une seule et unique religion (l'islam). L'islam est la religion officielle de tous les Mauritaniens.

La composition ethnique de la population mauritanienne est une question sensible. De nombreuses études nous permettent d'avoir des données sur la structure ethnique de la population. Dans une étude réalisée en 2008, des observateurs ont estimé que le pourcentage de Haratines[4] et d'Afro-Mauritaniens réunis représentait entre 66 et 75 % de la population. Selon une autre source[5], 30 % de la population se compose de Maures blancs ou Beydanes, 40 % de Haratines et 30 % d'Afro-Mauritaniens. Le rapporteur spécial de l'ONU[6] a, quant à lui, évalué la part des Haratines et des Afro-Mauritaniens entre 70 et 80 % de la population. Une autre étude réalisée par le département américain sur la Mauritanie[7], estime que le pourcentage de Beydanes s'élève à 27 % de la population, celui des Haratines à 44 % et celui des Afro-Mauritaniens à 29 %. Les deux derniers groupes réunis représenteraient donc environ 73 % de la population. Néanmoins, il est intéressant de souligner que la majorité des études réalisées surla Mauritanie sont consacrées essentiellement à la communauté maure. Pour une raison simple : depuis l'indépendance, c'est cette communauté qui dirige et qui détient tous les pouvoirs (économiques, politiques, militaires, entre autres). C'est dans ce sens que J.-P. HERVOUËT souligne que « la Mauritanie continue à être considérée comme le pays des Maures »[8].

Au sein de chacune de ces communautés se constituent des sous-ensembles, ce sont des castes. Les tensions s'expriment entre les différentes communautés ou entre les communautés et l'État. Au sein de chaque communauté ou chaque groupe, on trouve des conflits de hiérarchies, d'ordres et de castes qui mettent en péril le vivre ensemble, l'harmonie et la cohésion sociale. C'est le cas dans la communauté soninké à laquelle nous consacrons un chapitre (au sujet de son modèle de règlement amiable des conflits). Il faut aussi noter que face à ces tensions politiques,

communautaires et sociales, le tissu social mauritanien demeure toujours fragile. C'est cela qui crée en Mauritanie une méfiance absolue entre les Mauritaniens et les hommes politiques. Ce conflit tribalo-ethnique ou clanico-tribal continue toujours de hanter les esprits des populations et leur fait penser aux années de braise que le pays a connues durant les années 1980 et 1989. Ces tensions communautaires et tribales ont comme conséquence, dans le cadre de l'État moderne, d'autres problèmes, notamment le racisme, la xénophobie et de manière générale l'exclusion de l'autre. Ce qu'il s'est passé en 2019 illustre bien les limites délicates d'une cohabitation entre les différentes communautés au sein d'une nation arc-en-ciel comme celle de la Mauritanie. En République islamique de Mauritanie, la question de l'unité nationale reste délicate depuis l'indépendance. Ce pays est un espace mouvant dans lequel la paix sociale doit être maintenue en permanence.

Sur le plan économique. Le volet économique et monétaire est certainement l'un des dossiers qui suscite beaucoup de commentaires convergents de tous les Mauritaniens. Comme dans toutes les grandes démocraties, l'économie est l'une des priorités pour le pouvoir politique. En Mauritanie, le volet économique reste toujours prioritaire pour ceux qui arrivent au pouvoir, dans une société où la consommation prend jour après jour une place importante.

Selon le rapport de la CNDH, « la Mauritanie est une économie de marché et connaît actuellement de profondes transformations avec un environnement attractif. L'industrie contribue à 35 % du PIB du pays. Le secteur tertiaire, quant à lui, représente 41 % du PIB et emploie environ 50 % de la population active »[9]. Le produit national brut (PNB) par habitant estde 1 270 dollars selon le rapport de la Commission nationale des droits de l'homme. Le produit national brut a atteint en 2015 un accroissement de 6,4 %. À de nombreux égards, la Mauritanieest un pays riche. Elle recèle en effet des minéraux, du poisson, du bétail et des terres agricolesdans la vallée du fleuve Sénégal[10]. Il faut souligner que les retombées économiques de l'industrie extractive (TASIAST et SNIM) et leur impact sur les populations restent en deçà desespoirs suscités. Cela s'explique par la mauvaise gestion de ces industries minières par les gouvernements successifs et le détournement des biens publics au vu et au su de la population par un clan (l'armée) au pouvoir depuis l'indépendance.

En dépit de cette abondance de richesse des ressources naturelles (pêche or, fer, cuivre, pétrole,etc.), plus de 80 % de la population mauritanienne vit dans la pauvreté pour ne pas dire l'extrême

pauvreté. L'Indice de développement humain (IDH) de la Mauritanie la classe 161e sur 187 pays, et le taux de chômage des jeunes – les plus touchés par le chômage – varie entre 30 à 50 %. Il faut noter que le secteur économique est certainement le domaine où la discrimination est la plus forte. Les règlements de comptes, la corruption et le détournement des biens publics sont fréquents selon le rapport de la commission d'enquête parlementaire de juillet 2020[11]. La corruption et le détournement des deniers publics sont monnaie courante au grand préjudice du développement économique et social du pays. La Commission d'enquête parlementaire de 2020 estime que : « plusieurs dispositions légales et règlementaires n'ont pas été respectées ou ont été appliquées en fonction d'une interprétation trop extensive ou erronée au cours de cette décennie. Cette mauvaise interprétation/erronée des dispositions légales a permis à des détournements gigantesques des deniers publics dans tous les domaines de l'administration publique ». Le rapport de l'ONU publié en 2017 sur les droits de l'homme et l'extrême pauvreté en Mauritanie a souligné que : « si la Mauritanie avait réalisé des progrès notables dans la lutte contre la pauvreté ces dernières années, une grande partie de la population continuait à vivre dans une pauvreté multidimensionnelle et n'avait pas accès à une nourriture suffisante, à l'éducation, à l'eau et à l'assainissement, ni aux soins de santé »[12]. Il est important de noter que 80 % de Noirs sont exclus de la vie économique, sociale et politique du pays.

Sur le plan politique. Il nous semble difficile de parler d'un régime démocratique en République islamique de Mauritanie car la violence politique est fréquente (coups d'État à chaque 3 ou 5 ans) à l'encontre des institutions républicaines. La violence politique est devenue la règle d'or. Nous nous sommes posé la question suivante : pourquoi avec une apparence calme, la Mauritanie a-t-elle choisi la violence comme alternance politique ? La réponse à cette question se trouve dans le régime politique que les militaires ont instauré depuis 1978. Il convient de souligner que la République islamique de Mauritanie a connu deux présidents civils (Moktar Ould Daddah et Ould Cheikh Abdallahi) sur les dix qui ont dirigé le pays. Le système politique mauritanien est gangrené depuis l'indépendance par le tribalisme, le clientélisme et le communautarisme d'une part et par l'interventionnisme militaire comme outil de l'alternance démocratique d'autre part.

Le tribalisme et le clientélisme sont des fléaux qui marquent négativement la vie politique mauritanienne. Ce phénomène n'est pas nouveau. Comme le souligne Philippe MARCHESIN, « la politique, en tant que telle, n'intéresse pas l'ensemble de la population mauritanienne. Mais entre chaque tribu et chaque fraction, et au sein même de chacune d'entre elles, il existe de vieilles haines, d'anciennes rivalités, qui se manifestent [...], telle fraction votera pour tel parti parce que telle autre fraction, son ennemie séculaire, vote pour le parti opposé »[13]. Ainsi, les élections politiques en République islamique de Mauritanie sont exclusivement orientées dans la sphère régionale, ethnique et tribale, en un mot tribalo-ethnico-régionale. Les différents régimes successifs depuis 1960 ont tous contribué à renforcer cette pratique communautaire et tribale en manipulant la tribu et la région afin d'accéder à la magistrature suprême.

En Mauritanie, comme ailleurs sur le continent africain, l'alternance démocratique se joue au moyen de coups d'État et de tentatives de coup d'État. Les récents évènements survenus au Mali, au Tchad et en Guinée Conakry témoignent de ce phénomène. Par définition, le coup d'État marque la rupture de l'ordre constitutionnel. La Mauritanie vit au rythme des coups d'État depuis son indépendance. Le premier coup d'État a eu lieu en 1978 et a entrainé le renversement du père fondateur de la RIM, Moktar Ould DADDAH. De 1978 jusqu'en 2005, la Mauritanie n'a jamais connu un régime civil. Il a fallu attendre 2005 c'est-à-dire le coup d'État orchestré par le colonel Vall, qui a mis fin au régime autoritaire du colonel Ould TAYA pour observer l'ouverture d'une ère démocratique nouvelle. La transition démocratique a conduit au pouvoir un président civil, Ould Cheikh ABDALLAHI, élu démocratiquement en 2007 par le peuple mauritanien. Malheureusement, en 2008, un autre militaire, le général Ould Abdel AZIZ a renversé le régime civil et a institué un Haut conseil d'État militaire (HCEM), dirigé par lui-même. Après la fin de ses deux mandats issus des élections truquées, Ould Abdel AZIZ a cédé en juin 2019 le fauteuil présidentiel à son ami de longue date, le colonel, Ould GHAZOUANI, l'actuel président de la Mauritanie. Nous constatons que ces différents coups d'État sont le résultat d'un processus démocratique précaire, imposé après les indépendances et qui ne correspond pas à la vision de certaines sociétés communautaires et tribales africaines. La

démocratisation comme le souligne Olivier LESERVOISIER, « est un processus négocié et non un dispositif technique »[14].

À cet effet, Abdel Kader Ould MOHAMED souligne que « l'impatience politique peut conduire à omettre que le peuple mauritanien qui est le produit des douloureux déchirements n'est pas encore une nation accomplie. Il ne le sera que le jour où la notion d'État sera profondément ancrée dans les mentalités et où l'unanimité se fera autour des fondements sacrés tels que l'Unité nationale, l'islam et l'État de droit qui constituent autant d'impératifs d'existence susceptibles de cimenter la société »[15]. Les relations politiques entre l'État et la société sont segmentées autour de l'élément tribal. L'un des handicaps structurels majeurs de la Mauritanie selon l'ancien président de l'Assemblée nationale, Ould BOULKHEIR, est « la conception erronée, qu'ont de l'administration les dirigeants successifs, qui la considèrent comme étant leur chose plutôt que la chose publique ». Le gros chantier qui reste à bâtir en RIM sur le plan politique est celui de déterminer le système de gouvernance que les autorités veulent mettre en place : soit un système démocratique, soit un système dictatorial. Le choix politique permettrait aux citoyens de savoir dans quel système de gouvernance le pays est logé. Ainsi, ces dernières décennies, la République islamique de Mauritanie reste le théâtre de crises tribalo-ethniques et politico-militaires ayant pour conséquence les violations graves de la Constitution et des conventions internationales des droits de l'Homme dont la Mauritanie est signataire.

Sur la question des droits de l'homme. Il est patent qu'en Mauritanie, les violations des droits humains sont une réalité quotidienne. Pourtant le pays a ratifié presque tous les instruments internationaux relatifs aux droits de l'homme. En outre, la République islamique de Mauritanie s'est enfin dotée en 2006 d'une Commission nationale des droits de l'homme (CNDH)[16].

Néanmoins, le rapport de l'ONU de 2017 critique la CNDH : « Si cette commission a reçu un grand "A" de l'Alliance globale des institutions nationales des droits de l'homme, elle a adopté une définition très restrictive de son rôle et est globalement perçue comme le promoteur de la politique gouvernementale, y compris dans les cas où il est manifeste que les droits de l'homme ne sont pas respectés »[17]. Il faut noter que depuis le 28 novembre 1960, date à laquelle la Mauritanie a accédé à l'indépendance, le pays est toujours à la recherche du chemin de la démocratie et de la construction d'un État de droit. Si l'on peut relever un respect marginal des droits de l'homme en RIM, on observe une situation globalement détériorée ces dernières années, ce qui renforce gravement les tensions sociales et communautaires dans un pays en proie à l'avancée des mouvances islamistes.

Les violations des droits humains sont ainsi toujours d'actualité en République islamique de Mauritanie. Elles se manifestent sous diverses formes. Amnesty International a publié un rapport accablant en 2019 : « Les autorités mauritaniennes ont continué de restreindre les droits humains. Des défenseurs des droits humains, des journalistes, des blogueurs et des militants politiques ont été victimes de manœuvres d'intimidation, de harcèlement, ainsi que d'arrestations et de détentions arbitraires, qui ont culminé aux alentours de l'élection présidentielle de juin 2019. L'accès à Internet a été bloqué. La police a fait usage de la force excessive contre des manifestants et manifestantes pacifiques. L'esclavage et les pratiques discriminatoires persistaient en toute impunité »[18]. Les ONG et les défenseurs des droits humains s'inquiètent en particulier de la persistance de l'esclavage en Mauritanie et le Comité des droits de l'homme de l'ONU a fait part de ses préoccupations au sujet de la persistance de situations d'esclavage et des difficultés que les victimes d'esclavage rencontraient lorsqu'elles portaient plainte en vue de faire valoir leurs droits[19]. À cela s'ajoute la question du « *passif humanitaire* » pour certains[20] et pour d'autres « *un génocide perpétré contre la communauté peul et soninké* », une période sombre dans l'histoire de la Mauritanie, pendant laquelle des Noirs mauritaniens ont été victimes d'exécution extrajudiciaire et de tortures. Les auteurs de ces graves crimes inhumains jouissent toujours de l'impunité totale. Ces violations graves et manifestes des droits humains dans l'espace mauritanien ont créé une situation de frustration nationale et le sentiment diffus que la République islamique de Mauritanie est gouvernée par un « *système beydane* » pratiquant l'apartheid social, économique et politique à l'encontre de populations mauritaniennes noires.

Face à ce constat dramatique de la situation des droits de l'homme en Mauritanie, la CNDH a formulé des recommandations dans ses rapports annuels des 2010 et 2016. Ces recommandationsont trait principalement à la « protection des groupes vulnérables par l'application de la loi, l'effectivité et la démocratisation de l'accès à la justice par la redynamisation de l'assistance judiciaire, l'amélioration des conditions de détention par le biais de l'élaboration et la mise en œuvre d'une politique pénale en adéquation avec les standards internationaux, l'adoption d'une législation libérale et moderne devant encadrer les organisations de la société civile actrices essentielles dans l'émergence d'une véritable culture des droits de l'homme »[21]. Il est naturel et essentiel que les droits fondamentaux de l'être humain et de la dignité de la personne soient protégés par un régime de droit effectif et efficace.

Cependant, en dépit de ce constat acerbe sur la situation des droits de l'homme en Mauritanie,il faut reconnaître aux autorités la volonté de lutter contre toutes sortes de violations des droits universels à travers le droit. En effet, depuis la loi n° 2010-31 du 20 juillet 2010 portant créationde la CNDH, la Mauritanie dispose d'un arsenal juridique pour lutter contre les atteintes aux droits humains : la loi n° 2015-031 du 10 septembre 2015 portant incrimination de l'esclavage et réprimant les pratiques esclavagistes, la loi n° 2015-033 du 10 septembre 2015 relative à la lutte contre la torture ou encore la loi n° 2015-034 du 10 septembre 2015 instituant un mécanisme national de prévention de la torture, entre autres. La Mauritanie a également adoptéle 21 juin 2018 la loi n° 2018-024, qui entraine la naissance d'un code général de la protection de l'enfant. Ce cadre légal et normatif montre la ferme volonté des autorités politiques de luttercontre les violations des droits de l'homme. Malgré cet arsenal juridique, il y a toujours un décalage profond entre les normes juridiques et leur application.

RÉSUMÉ

La nature pacificatrice de la justice coutumière et de la justice cadiale constitue un héritage culturel quia facilité l'introduction récente des formes modernes de justice alternative en République islamique de Mauritanie. L'État-providence tend à disparaître au profit de l'autonomie individuelle dans le domaine de la justice pour maintenir une paix durable et rétablir le lien social dans une société en crise. Dans cette perspective, les modes amiables de règlement des conflits sont conçus comme une manifestation de la liberté contractuelle ou du moins l'outil capable de favoriser une justice contractuelle. C'est peut-être là l'expression d'une autre vérité judiciaire, la vérité d'une justice managériale pour une société postmoderne. À cet effet, la tendance contemporaine en Mauritanie a conduit à revaloriser les MARC pour privilégier la paix et soigner le tissu social tant abîmé. Les outils alternatifs comme la médiation, la conciliation et l'arbitrage existent et se développent aujourd'hui de plus en plus dans le système judiciaire mauritanien. Ces procédés permettent de maintenir les liens sociaux si utiles dans leprocessus de quête d'une identité mauritanienne.

Mots-clés
Mauritanie – droit positif – droit musulman – justice précoloniale – justice coloniale – indépendance – impartialité – autorité judiciaire – conseil supérieur de la magistrature – accès à la justice – coutume – cadi – justice coutumière – justice cadiale – modes alternatifs – règlement amiable des conflits – litige – différends – conflit – justice contractuelle – justice privée – justice négociée – paix sociale – cohésion sociale – médiation – conciliation – arbitrage – accord amiable – homologation.

SUMMARY
The peacemaking nature of customary justice and cadial justice has been a cultural legacy that has facilitated the recent introduction of modern forms of alternative justice in the Islamic Republic of Mauritania. The welfare state is tending to disappear in favor of individual autonomy in the field of justice

in order to maintain a lasting peace and restore social ties in a society coping with a deep crisis. In this perspective, Alternative Dispute Resolution is conceived as a manifestation of contractual freedom or at least contractual justice. This is perhaps the expression of another judicial truth, the truth of a managerial justice for a post-modern society. To this end, the contemporary trend in Mauritania has led to the revaluation of ADR in order to promote peace and heal the much-damaged social fabric. Alternative tools such as mediation, conciliation and arbitration exist and are increasingly being developed in the Mauritanian judicial system. These processes help to maintain social ties, which is notbad for the quest for Mauritanian identity.

Keywords

Mauritania – positive law – Muslim law – pre-colonial justice – colonial justice – independence – impartiality – judicial authority – superior council of the magistracy – access to justice – custom – cadi – customary justice – cadial justice – Alternative Dispute Resolution – dispute – conflict – alternative justice

– contractual justice – private justice – negotiated justice – social peace – social cohesion – mediation – conciliation – arbitration – amicable agreement – homologation.

SOMMAIRE

INTRODUCTION GÉNÉRALE

1. Selon un adage latin, "*Ubi societas, Ibi ius*", le droit est l'une des productions de la société, particulièrement dans les sociétés communautaires africaines. Le droit et la justice consistent à réconcilier les uns avec les autres plutôt que de chercher les perdants et les gagnants dans un litige. À cet égard, Norbert ROULAND donne une approche globale de la question liée à la présence du droit dans les sociétés humaines : « *Au-delà de ses objets et de ses formes, qui varient dans le temps et l'espace, le droit sert à prévenir et traiter les conflits survenant dans la société au nom d'une référence partagée* »[22]. Le droit et la justice ne se limitent pas uniquement aux normes établies par la puissance publique et les décisions rendues dans les tribunaux par les juges institués par l'État. La fonction juridique et juridictionnelle varie selon les sociétés, en fonction de leur histoire et de leur structure politique et sociale ce qui explique que les sociétés n'ont pas la même conception du droit et de la justice. De là, un certain pluralisme juridique apparaît dans les sociétés multiculturelles.

2. La justice est synonyme de ce qui est juste et conforme aux exigences de l'équité. Elle joue aujourd'hui un rôle important dans les grandes sociétés démocratiques pour le respect de l'ordre public mais aussi pour le rétablissement de la paix sociale entre les hommes vivant en société dans leurs rapports sociaux, moraux et juridiques qu'ils tissent entre eux. La vie en société engendre inévitablement des conflits qui doivent être réglés soit par des personnes neutres et indépendantes ayant une autorité quelconque soit par des juges institués par l'État. Dans une société structurée, libérale et démocratique, tout le monde ressent l'importance du rôle de la justice. Sans celle-ci, il ne peut y avoir de sociétés démocratiques garantissant les principes directeurs, tels que l'impartialité, l'indépendance et l'égalité des citoyens devant les lois de la République. En ce sens, la justice est organisée sous la forme d'un service public qui peut être conçu comme l'ensemble des institutions chargées de trancher les litiges selon une procédure juste et équitable, et dont le monopole de la sanction est réservé à la puissance publique. Malheureusement, dans certaines périodes troublées en Afrique comme ailleurs dans le monde, la justice est malmenée et défigurée, voire délibérément violée[23]. La fonction de rendre justice découle de toute vie en société. Elle est source de paix sociale, de cohésion et d'équilibre dans le groupe. Ainsi faut-il rappeler que le prophète Mohamed était le meilleur magistrat de son temps et avait reçu l'ordre de juger les conflits entre les croyants, et entre les croyants et non-croyants[24]. Cette forme de justice divine est incarnée par les cadis « super juge » en République islamique de Mauritanie.

3. Située entre l'Afrique du Nord et l'Afrique de l'Ouest, la République islamique de Mauritanie (RIM) fait partie des États qui cherchent le chemin de la démocratie, de l'état de droit et de la justice indépendante. Un des sujets les plus inquiétants en Mauritanie ces dernières années, en lien avec l'État de droit et la justice équitable, est celui de la réforme du système juridique et juridictionnel. Cette question a suscité un débat houleux et interminable au sein de la classe politique et de la société civile. Ce débat sur la justice continue de faire couler beaucoup d'encre car la Mauritanie est toujours, depuis l'indépendance, à la recherche de son propre modèle de justice adapté aux aspirations de la population. Cette question a été soulevée tant par les observateurs nationaux qu'internationaux. Au sein de la société mauritanienne, les hommes de droit (avocats, universitaires, magistrats, auxiliaires de justice, étudiants, etc.), et les citoyens évoquent tous la nécessité de réformer la justice dans l'optique d'une meilleure prise en charge des justiciables et d'une meilleure instauration de l'État de droit. À cet effet, le changement intervenu en Mauritanie le 3 août 2005[25], a permis aux Mauritaniennes et Mauritaniens de se retrouver autour d'une table pour discuter de leur système judiciaire afin d'en déceler les failles, d'en diagnostiquer les carences et de proposer des solutions adéquates aux autorités de la transition et au nouveau gouvernement issu des urnes après la transition politique[26]. Les enjeux et les finalités de ces débats étaient de garantir aux justiciables mauritaniens un service minimum d'accès à la justice de qualité, d'efficacité et accessible à tous mais également de promouvoir un système de justice pluriel.

4. Le système judiciaire actuel tire son origine de l'organisation judiciaire française dont la Mauritanie a hérité. Cette forme de justice ne semble pas répondre aux attentes des justiciables mauritaniens. En effet, il s'agit là d'une justice issue des sociétés occidentales. Gérard CORNU donne une définition large de la notion de justice : « *La justice désigne d'une part ce qui est idéalement juste, conforme aux exigences de l'équité et de la raison ; en ce sens, la justice est tout à la fois un sentiment, une vertu, un idéal, un bienfait (comme la paix), une valeur. D'autre part, elle désigne ce qui est positivement juste : ce à quoi chacun peut légitimement prétendre (en vertu du droit) ; en ce sens, la justice consiste à rendre à chacun le sien et demander justice signifie réclamer son dû, son droit* »[27]. Rendre la justice, c'est sans doute d'abord rendre à chacun le sien selon la définition du *Digeste* : « *Justitia est constans et perpetua voluntas jus suum cuique tribuere* »[28]. En ce sens, le principe d'attribution à chacun le sien permet de distinguer la justice étatique d'autres modes de régulation sociale des conflits. En d'autres termes, le principe d'attribution veut tout simplement signifier qui est « *en droit* » ou « *en tort* » afin d'attribuer à chacun ce qui lui est dû et lui garantir ses droits. C'est ce que le philosophe français Paul Ricœur appelle la « *finalité courte du jugement* »[29]. Cette définition de la justice empruntée au droit romain n'est pas conforme à la conception africaine de justice en particulier à la société mauritanienne musulmane, communautaire et tribale.

5. La justice peut avoir d'autres significations très différentes dans les sociétés africaines[30] et d'autres finalités qui ne sont pas celles de l'Occident. L'une des finalités de la justice dans les sociétés africaines est la « vérité sociale » par opposition à la « vérité judiciaire » chez les Occidentaux. En effet, dans les sociétés autochtones africaines, la justice ne s'entend pas comme un « principe d'attribution » pour maintenir les intérêts particuliers et individuels, mais plutôt comme un concept de paix et de cohésion sociale pour sauver l'intérêt du groupe et rétablir le lien social. La justice apparaît pour les sociétés tribales africaines comme un système qui a pour finalité de maintenir la paix et la cohésion sociale dans le groupe[31]. C'est dans ce sens qu'André-Jean ARNAUD souligne que « *la justice, c'est la manière dont chaque société donne forme et contenu précis à ce principe* »[32]. L'Occident et l'Afrique ont deux conceptions différentes de la justice, diamétralement opposées. Michel ALLIOT nous éclaire en ce sens quand il écrit que : « *L'Europe et l'Afrique ont de la justice deux conceptions passablement opposées. La fonction de la justice, selon la tradition européenne inspirée de Rome [...]. Au contraire, l'Afrique a horreur du jugement qui clôt une querelle en appliquant aux deux parties une loi préétablie* »[33]. La conception de la justice comme institution orientée vers la préservation du lien social n'est pas l'apanage exclusif des sociétés africaines. Cette forme de justice trouve aussi une assise bien que limitée dans d'autres endroits du monde comme, par exemple, chez les Inuits au Canada[34]. Incontestablement, dans les sociétés africaines, la justice consiste plutôt à chercher la paix et à restaurer le lien social brisé par les conflits. C'est sans doute ce modèle de justice que la société mauritanienne cherche depuis fort longtemps. La justice en Afrique ne mobilise pas seulement les individus et les instances contrairement à l'Occident mais aussi tous les groupes et clans d'appartenance et elle s'efforce au terme de longs débats d'aboutir à un consensus général[35] sans l'intervention d'un juge institué par l'État. Ainsi, ce modèle de justice sociale et amiable tient à l'organisation même de la société tribale mauritanienne. En République islamique de Mauritanie, le procès est synonyme de recherche de paix, de cohésion sociale et de réconciliation.

6. Cette conception de la justice ne signifie pas pour autant que le pouvoir ou l'institution judiciaire est inexistant en Mauritanie. Le droit au juge est garanti par la Constitution du 20 juillet 1991 et les instruments juridiques internationaux signés et ratifiés par la République islamique de Mauritanie[36]. L'accès à la justice pour tous constitue le socle de toutes les garantiesprocédurales qui s'affirme comme un « *droit pour les justiciables et une obligation dans une société démocratique* »[37]. La justice en Mauritanie est le reflet d'une société qui cherche toujours ses repères entre tradition et modernité mais également entre le cadi (juge du droit musulman) et le magistrat, depuis l'indépendance. La justice est considérée par les justiciablescomme trop partiale, peu indépendante, trop lente, trop couteuse et trop compliquée. Or, le droit à une justice impartiale et indépendante constitue une liberté fondamentale, et est garanti non seulement par la Constitution mauritanienne mais aussi par les Conventions internationales et l'article 6 § 1 de la Convention européenne des droits de l'homme. Il est ainsi difficile d'affirmer aujourd'hui que ce droit est respecté en Mauritanie. À cela s'ajoutent la méconnaissance de ce droit et les normes en vigueur par les citoyens mauritaniens. Par conséquent, cette méconnaissance du droit et de la loi peut conduire à des injustices criantes et à une atteinte aux droits fondamentaux des justiciables. Plusieurs obstacles se dressent devant eux et les empêchent de connaître le droit et la loi. D'abord, l'analphabétisme (environ 45 % de la population est analphabète) ensuite la barrière du langage juridique, et enfin le droit applicable basé sur une culture occidentale, particulièrement française[38]. L'enquête de perception de la justice menée en 2012 par le ministère de la Justice et l'Union européenne (UE) montre qu'entre 71 et 87 % des justiciables interrogés dans le cadre de cette étude ont affirmé ne pas connaître leurs droits et les lois et 84 % des justiciables pensent que la justice ne fonctionne pas et qu'elle coûte trop cher[39].

7. Cependant, au-delà de la question de l'analphabétisme et la barrière du langage juridique, l'élément tribal et la corruption sont également présents devant les tribunaux. Il faut noter que la justice en Mauritanie est tribale et corrompue. Le tribalisme se retrouve partout en République islamique de Mauritanie, dans tous les domaines aussi bien celui de la justice qu'en politique. Les justiciables mauritaniens rencontrent des difficultés énormes parfois insurmontables devant les institutions judiciaires et à chaque phase de la procédure juridictionnelle. De ce fait, les autorités mauritaniennes ont été amenées à tenter de remédier à ces obstacles et ces carences par le développement des modes alternatifs de règlement des conflits (MARC). Le gouvernement a mis en place en 2019 un plan pour une politique sectorielle de l'accès à la justice pour tous permettant de promouvoir les mécanismes alternatifsde règlement des litiges. Le document élaboré par le ministère de la Justice intitulé : « La stratégie nationale d'accès à la justice

2020-2024 »[40] prévoit de sensibiliser les acteursjudiciaires et les justiciables sur les vertus des modes alternatifs de règlement des différends dans une société comme celle de la Mauritanie où les cultures et les communautés sont entremêlées. Comme le souligne l'ancien ministre de la Justice lors de notre entretien avec lui à Nouakchott : « *La stratégie nationale d'accès à la justice 2020-2024 prévoit de sensibiliser non seulement les acteurs judiciaires, mais aussi les justiciables sur le rôle et les vertus de mécanismes alternatifs de règlement des conflits* »[41].

8. Dans les pays anglo-saxons mais également en France et bien évidemment en Mauritanie, les modes alternatifs de règlement des conflits prennent de la force. Les MARC, pour une partie de la doctrine[42] constituent une réponse aux difficultés que rencontrent les justiciables devant les institutions judiciaires étatiques. C'est à ce titre que les MARC se développent dans plusieurs États, notamment en droit judiciaire mauritanien. Cette justice conciliable semble correspondre aux réalités de la société mauritanienne. Les MARC sont ainsi perçus comme le contraire de la justice étatique s'ils ne sont pas recommandés par le droit. Pour Xavier LAGARDE, « *les points de départ et d'arrivée sont certes les mêmes : une contestation et un règlement pacifique. Mais les chemins empruntés diffèrent radicalement* »[43]. Ainsi, la résolution des conflits n'est pas strictement l'apanage des tribunaux étatiques. Tel est le cas en République islamique de Mauritanie. Car le juge n'est pas le seul régulateur social des conflits dans la société mauritanienne. La résolution des conflits peut être confiée à d'autres régulateurs sociaux comme, par exemple, et, entre autres, le conciliateur, l'arbitre, le médiateur, l'imam, les chefs investis de cette mission. Ce tiers intervenant est supposé respecter les droits fondamentaux des parties et leurs libertés fondamentales. Il doit remplir toutes les conditions nécessaires afin de pouvoir mener à bien sa mission.

9. Les modes alternatifs de règlement des conflits s'inscrivent dans une logique de dialogue et de négociation. L'appellation la plus couramment utilisée selon Loïc CADIET et Thomas CLAY « *est générique, et réside dans les initiales ADR correspondant à l'expression anglaise Alternative Dispute Resolution, à laquelle répond en français, soit le RAD (règlement alternatif des différends/litiges ou bien encore résolution amiable des différends), soit – et elle a notre préférence – les MARC (modes alternatifs de règlement des conflits), soit encore la traduction québécoise de SORREL (solutions de rechange au règlement des litiges)* »[44]. Dans cette perspective, l'étude consacrée à la justice négociée nous conduit à préciser le terme MARC.

Pour mieux comprendre, nous utiliserons tout au long de notre étude l'expression « modes alternatifs de règlement des conflits » ou « justice alternative », ou encore « justice amiable » qui contribue à construire un champ sémantique. Les MARL, MARC ou ADR ou encore MARD sont

« *des expressions sinon parfaitement synonymes du moins largement utilisées les unes pour les autres* »[45]. D'autant que l'acronyme MARC demeure le plus utilisé[46] et c'est pour lui que nous opterons dans cette étude.

10. Les MARC, souligne Loïc CADIET « *sont avant tout d'un état d'esprit qui pousse à la recherche d'une solution des litiges qui soit acceptée, voire négociée entre les parties, directement ou non, plutôt qu'imposée par un juge institué par l'État* »[47]. Les modes alternatifs ne se situant pas dans le non-droit, ceux-ci appartiennent selon André-Jean ARNAUD à ce que l'on peut appeler « l'infra-droit »[48], le « para-droit », ou le « quasi-droit ». En somme, à un droit qui a une nature différente de celui qui est mis en œuvre devant un juge « pré-droit »[49]. Les MARC s'inscrivent notamment dans le mouvement de la « déjudiciarisation » ou de la « contractualisation » de la justice selon les juristes processualistes.

11. Si la sensibilisation des acteurs judiciaires et les justiciables aux vertus des modes alternatifs de règlement date de 2019, la justice négociée n'est pas une nouveauté en Mauritanie. La fonction de régulation sociale par la recherche de compromis et accord entre les citoyens a toujours existé de façon plus ou moins prégnante dans la société mauritanienne. Aujourd'hui, face à ce phénomène de société, certaines voix s'élèvent pour réclamer le retour des mécanismes amiables de résolution des litiges et demander des réformes judiciaires adaptées aux exigences de la société mauritanienne contemporaine. Car selon PORTALIS « *empêcher les procès c'est la première dette de la société* »[50]. C'est dans ce contexte de justice négociée que la Mauritanie s'est lancée depuis 2000 dans la politique de « *déjudiciarisation* » en faisant appel aux MARC dans l'ordre juridique et juridictionnel mauritanien dans les relations d'affaires. Ainsi, la loi n° 2000-06 du 18 janvier 2000 portant code de l'arbitrage est le premier texte normatif établi pour attirer les investisseurs étrangers afin de faciliter la gestion des litiges. C'est surtout dans les relations commerciales que la justice alternative, l'arbitrage particulièrement s'est développé car chacun des « *partenaires ayant plus d'intérêt à maintenir ses relations avec l'autre qu'à gagner son procès contre lui* »[51].

12. Dans cette perspective, les autorités mauritaniennes ont entrepris des réformes de la justice alternative en 2019. La loi du 29 avril 2019 et celle du 19 février 2019 modifiant et complétant certaines dispositions du Code de procédure civile, commerciale et administrative (CPCCA) sur la médiation confirment la volonté politique des autorités mauritaniennes de faciliter la justice amiable et l'accès à la justice pour tous ; la loi n° 2019-021 du 29 avril 2019 portant règlement des petits litiges, abrogeant et remplaçant la loi du 18 juillet 2017 instituant une procédure spéciale pour le règlement des petits litiges. Ainsi, la loi du 18 janvier 2000 portant Code de l'arbitrage a été abrogée et remplacée par la nouvelle loi n° 2019-019 du 29 avril 2019 portant Code de l'arbitrage qui a pour but d'attirer les investisseurs étrangers. Par ailleurs, en matière pénale, l'ordonnance n° 2007-036 du 17 avril 2007 portant institution du Code de procédure pénale ne traite pas de « médiation pénale » mais de « conciliation pénale ». Elle autorise le procureur de la République à concilier les parties. L'article 41 du Code de procédure pénale prévoit la conciliation pénale entre la victime et l'auteur présumé lorsqu'il s'agit d'une infraction punissable de deux ans d'emprisonnement au moins ou d'une amende ne dépassant pas 200 000 ouguiyas (environ 1 000 euros). Tous ces textes juridiques favorisent le règlement alternatif des conflits, mais incitent également les parties à aller à la table des négociations. Il s'agit là de l'intégration des modes alternatifs de règlement des litiges dans le système judiciaire mauritanien. Le ministère de la Justice, dans son plan, prévoit un développement massif des mécanismes alternatifs de règlement des conflits d'ici 2024[52]. C'est le retour de la justice négociée, car ce phénomène n'est pas nouveau pour la société mauritanienne.

13. Cependant, pour certains, les MARC n'ont pas uniquement pour but d'éviter l'intervention judiciaire mais plutôt d'encourager les parties en conflit à aller au dialogue et à la négociation. En tant que mécanisme de justice contractuelle, les MARC supposent d'admettre qu'une solution juste et équitable peut être dégagée en dehors de toute application stricte de la règle du droit par les tribunaux[53]. Cela traduit selon Jean-Pierre BONAFÉ-SCHMITT, « *une évolution vers un plus grand pluralisme des systèmes de régulation sociale en raison de la complexité de plus en plus grande de nos sociétés* »[54]. Les MARC constituent la voie vers une autre justice, la justice réconciliatrice. C'est la notion même de compromis entre les parties, de rencontre des volontés et des concertations. Le recours aux MARC permet aux parties d'aller à la table de négociation et d'aboutir à un compromis. La résolution négociée des conflits un est phénomène qui traduit pour les justiciables mauritaniens le retour aux mécanismes autochtones et traditionnels de gestion des conflits.

14. En dépit de ses points positifs, cette forme de justice n'est pas admise par tous. Pour d'autres comme Emmanuel DOKES, les MARC sont un message publicitaire[55] avant d'ajouter que, « *les MARC sont un moyen de faire céder la partie faible. Ils sont à la mode, mais fortement contestés dans certaines matières et en particulier en droit social. Le droit social est un univers d'inégalités. Il offre un contexte particulièrement peu propice aux justices alternatives et démontre les limites d'une recherche trop systématique d'évitement du juge. Il s'agit tout simplement de l'éloignement du justiciable de son juge. Cet éloignement peut être contesté, notamment au nom du droit fondamental à un procès équitable* »[56]. Ainsi, pour Sophie Du BLED, le terme MARC est trop réducteur pour désigner la justice au sens propre du terme et l'équité[57] dans le vrai sens du terme.

15. L'indépendance des MARC par rapport à la justice étatique est l'une de ses caractéristiques. L'idéologie juridique de la modernité se construit autour de trois postulats : le monisme, le centralisme et le positiviste selon Macdonald ne sont que des hypothèses. Le droit trouve sa source non pas dans la coercition qu'impose le pouvoir politique mais plutôt dans les interactions humaines[58]. C'est dans ce sens que Charles DEBBASCH affirme que : « *l'État n'a pas le monopole du droit, et partant, n'a pas le monopole de la justice* »[59], dans le sens où le droit étatique n'a pas d'effet normatif pour les populations autochtones. Relativement à l'État, la doctrine publiciste a pris l'habitude d'y voir une personne morale de droit public constituée de trois éléments : un territoire, une population soumise à un pouvoir politique[60] et à laquelle est reconnue la qualité de sujet du droit international[61]. Il en est de même dans la pensée des positivistes étatiques comme, par exemple, celle de Hans KELSEN qui a systématisé dans sa célèbre *Théorie pure du droit* que : « *l'État dont les éléments essentiels sont le peuple, le territoire et le pouvoir, qui se définit comme un ordre juridique relativement centralisé...* »[62]. Cette définition de l'État fait apparaître son pouvoir coercitif selon la terminologie wébérienne.En ce sens, seul l'État a le monopole de la violence légitime.

16. La justice instituée par l'État et rendue par les tribunaux est la gardienne des promesses dela démocratie libérale. Le souverain n'est plus ce qu'il était car la société contemporaine, dite postmoderne, est devenue une société complexe qui aspire à une justice équitable et à la paix.Dans ce sens, l'État est moins perçu par les justiciables comme le principal régulateur des rapports moraux et juridiques dans la société. Il arrive qu'un procès lui échappe, en totalité ou enpartie parce que les justiciables décident par eux-mêmes de judiciariser ou de pacifier leurs rapports sociaux et juridiques afin de parvenir à un règlement amiable de leurs conflits[63]. En ce sens, il est important de noter qu'à côté de la justice étatique, il existe une autre forme de justice appelée justice négociée ou alternative qui ne s'est pas construite contre l'État mais en parallèle. C'est dans ce contexte que les autorités mauritaniennes ont fait passer en 2019 une réforme enfaveur des MARC afin d'adapter son système judiciaire aux réalités sociales, judiciaires et sociologiques du pays. En effet, aborder des notions aussi nébuleuses que sont : modes – alternatifs – règlement – conflits, impose de les définir afin d'avoir une meilleure compréhension de notre étude. La pertinence de la circulation des concepts se fait au prix de laprécision de leur sens.

I. Recherche de définitions des modes alternatifs de règlement des conflits

17. Le droit judiciaire mauritanien n'a pas donné une définition exacte des modes alternatifs. Il est de bonne méthode en droit et en anthropologie juridique de chercher à s'entendre sur les termes et de définir tout d'abord ce dont on parle. C'est dans ce sens que Bertrand PAUVERT souligne à juste titre que « *toute réflexion suppose préalablement la définition des termes et concepts ayant vocation à être objet de ladite réflexion [...]. La définition est une opération de qualification d'un terme, laquelle apparaît lourde de conséquences puisqu'elle conditionne en large partie la suite de la réflexion, les mots ne servant pas tant à désigner qu'à agir* »[64]. La résolution pacifique des conflits est souvent désignée par les initiales, MARC, MARD ou encore MARL. Ainsi, la notion des modes alternatifs « *fait encore l'objet de débats et qu'il est difficile de proposer une définition sur laquelle obtenir un consensus* »[65]. L'une des premières difficultés liées à cette terminologie MARC est sa définition. Ces différences terminologiques concernant la justice négociée alimentent la discussion doctrinale et permettent aux chercheurs d'approfondir davantage leur réflexion sur le sujet. Il est en effet très difficile de donner une définition précise du concept MARC. Cette imprécision structurelle du concept « MARC » rend sa définition exacte et son étude difficile tout spécialement dans un pays comme la République islamique de Mauritanie.

18. Dans cette perspective, l'étude consacrée aux modes alternatifs conduit naturellement à préciser le concept MARC qui contribue à en construire le champ sémantique. L'utilisation des différents concepts (MARC, MARL, MARD et ARD) par la doctrine pour désigner la justice alternative ou justice amiable a rendu la définition de celle-ci difficile et compliquée. Sur ce point, Jean-Baptiste RACINE développe deux différents modes alternatifs : « *deux conceptions sont susceptibles d'être mises en œuvre. La première intègre les modes juridictionnels de résolution des conflits tels que l'arbitrage et les autorités administratives indépendantes (AAI). La seconde n'englobe que les modes non juridictionnels de résolution des conflits, au premier chef, la conciliation et la médiation* »[66]. En ce sens, il est très difficile de donner une définition exacte des MARC malgré les nombreuses définitions diverses et variées qui ont été données par la doctrine ces dernières années. C'est pourquoi il convient de procéder à une vue sémantique du concept des modes alternatifs de règlement des conflits (MARC).

1. Les modes alternatifs

19. Le **mode**. Dans la langue française, ce terme est un substantif qui peut être masculin ou féminin[67]. Les modes alternatifs de règlement des conflits sont peut-être une mode, ce qu'affirment certains juristes. Étymologiquement, ce terme vient du latin *modus* qui signifie « mesure » ou « mesure de surface », qui a évolué vers « limite » puis « manière de se conduire, de se diriger », d'où par généralisation « façon de faire, façon »[68]. Le terme mode peut être compris au sens de méthode. La méthode est assimilée à un mode en ce qu'elle constitue un ensemble de moyens raisonnés suivis pour arriver à un accord ou un arrangement. Il peut s'entendre ensuite, selon la définition qu'en donne le Dictionnaire français Larousse, d'une « manière particulière sous laquelle se présente quelque chose ; forme particulière d'une action ». Il s'agit pour les juristes d'un ensemble de mécanismes visant à régler les conflits pacifiquement sans faire recours au juge étatique.

20. Le terme a été emprunté au latin *processus* qui signifie progrès, progression, qui a donné le mot « procès »[69]. Les extensions de sens ont été tardives : *processus* a repris au latin le sens abstrait de « progrès », « développement » dans le langage didactique, spécialement en philosophie, en sciences humaines, en psychologie et psychiatrie[70]. Traditionnellement, si le Larousse connaît le mot *modalité*, comme dans « modalité de l'obligation », le langage juridique n'accueille pas le mot mode, sauf quand il désigne « les modes de scrutin »[71]. On retiendra ici que les modes sont des « procédés », voire des « procédures », des « procédures sans procès », ou encore des « processus ». Comme le souligne Loïc CADIET, « *tous ces termes les rapportent au vocabulaire processuel, les mettent en regard des procédures juridictionnelles, avec ce que cela suppose d'organisation de moyens en vue d'aboutir à un résultat, là un jugement, ici un accord de formes à respecter et de délais nécessaires afin d'avancer depuis l'accord pour trouver une solution alternative jusqu'à l'accord sur la solution alternative* »[72]. La notion de « mode » étant ainsi précisée, il convient de s'intéresser à celle de « alternatif ».

21. L'adjectif **alternatif** est tiré du latin *alternare,* venant de *alter*, qui signifie « autre » : faire tantôt une chose, tantôt une autre[73]. Le mot alternatif signifie : « *qui comporte une alternative ; qui laisse un choix entre deux ou plusieurs solutions ; qui ouvre une option entre deux ou plusieurs parties* »[74]. Littéralement, viser les modes « alternatifs » de résolution des litiges ou des conflits implique l'existence de modes moraux non « alternatifs »[75]. Le mot alternatif est un « *emprunt maladroit à l'anglo-américain Alternative Dispute Resolution. Néanmoins l'expression est devenue usuelle et on s'y conformera donc* »[76]. Ce n'est qu'assez tardivement que s'impose la terminologie « mode » aujourd'hui dominante et qui apparaît comme caractérisée par sa neutralité[77]. L'élément procédural nous permet de penser à des mécanismes et processus « alternatifs » qui permettraient d'accomplir la « résolution des conflits » par la voie de négociation et de compromis dans les sociétés communautaires.

22. Aujourd'hui, pour certains auteurs, l'alternatif est conçu comme « une thérapie, et est aux antipodes du règlement juridictionnel, voire en est une antithèse »[78]. À cet égard l'alternativité désigne une autre manière avec des procédés différents pour résoudre les conflits amiablement sans recourir à la justice étatique. C'est dans ces conditions que le législateur mauritanien se garde de ne pas donner une définition exacte des « modes alternatifs ». La réforme du Code deprocédure civile, commerciale et administrative de 2019 a retenu le terme « modes alternatifs derèglement des conflits ».

2. Règlement, résolution

23. L'expression « de règlement » est une notion utilisée partout et dans tous les sens. Le dictionnaire de la langue française donne une définition dans son sens générique l'idée de règle.En ce sens le terme règlement renvoie à la discipline et à la règle. Le mot **règlement** est un motpolysémique dans la langue courante. L'emploi de règlement comme action de « régler » remonte au début du XVIIe siècle[79]. Au cours du même siècle, son sens a évolué vers une acception plus contemporaine désignant le fait de soumettre une chose à un ordre déterminé de fixer ce qui doit l'être dans tel ou tel domaine[80]. Le vocabulaire juridique de Gérard CORNU donne plusieurs sens au terme règlement : « *Expression servant traditionnellement à désigner la procédure et la décision consécutive permettant de résoudre un conflit. Il convient ici de lepréciser comme mode de solution d'un différend par des moyens ne comportant pas l'usage de la force (le recours au juge étatique), tels que la négociation ou l'intervention d'un tiers (règlement pacifique)* »[81]. Le mot « règlement » est donc d'usage courant en droit et en droit judiciaire mauritanien, car le Code de procédure civile, administrative et commerciale emploiele terme « règlement des conflits ». Ainsi, le terme règlement convient mieux pour les MARC que la résolution.

24. Le terme **résolution**. La signification particulière de *résolution* vient d'un questionnement plus large sur la signification de l'expression anglaise « *Alternative Dispute Resolution* »[82]. Le terme de « résolution » signifie action de dénouer ou donner une solution. Le Petit Robert définit le terme « résolution » comme l'« action de résoudre ; son résultat ». Le terme vient du latin « *resolutio* » dérivé du verbe « *resolvere* » qui signifie action de « délier », de « dénouer », ou de « dissoudre », ou encore de « résoudre »[83]. Le terme « résolution » signifie donner une solution et s'oppose au terme « règlement ». Les deux formules « *règlement* » et « *résolution* » sont toutes utilisées par la doctrine pour désigner soit « mode alternatif de règlement » soit « mode alternatif de résolution ». Pour Loïc CADIET, parler « *des modes amiables de résolution des conflits vaudrait peut-être mieux que de parler des modes alternatifs de règlement des conflits, l'acronyme MARC embrassant d'ailleurs les deux formules* »[84].

25. Au fur et à mesure que la formule se précise, apparaît une nette préférence pour le « règlement », qui est d'abord en concurrence avec le mot « résolution ». La domination de « règlement » sur « résolution » peut s'expliquer par l'idée que ce second mot renvoie davantageà un résultat que le premier. Ainsi, la loi n°2019-008 du 19 février 2019 modifiant et complétant certaines dispositions du Code de procédure civile, commerciale et administrative a retenu le terme « *règlement alternatif* ». Par souci de fidélité à l'expression la plus largement répandue dans la doctrine et au Code de procédure civile, commerciale et administrative, cette étude gardera le terme « *règlement des conflits* ».

3. Conflits, litiges, différends

26. Dans les sociétés humaines, le conflit est inhérent à l'interaction humaine. À en croire le sociologue Georg SIMMEL, « *le conflit est une manifestation de la vie elle-même. C'est un élément vital. Au lieu de le nier, essayons de comprendre le conflit, de le circonscrire. Essayonsd'apprendre à le gérer, à le traiter* »[85]. Pour les sociologues les conflits sont inhérents à la vie des hommes vivant en société. Le juge n'a pas la solution à tous les conflits qui surgissent entre les hommes. Comme l'a relevé Loïc CADIET, « *si tous les conflits ne se prêtent pas à une solution extrajudiciaire, à l'inverse, tous les conflits ne se prêtent pas non plus à une solution juridictionnelle : de même que toutes les maladies ne justifient pas d'aller d'emblée voir le service spécialisé de l'hôpital public, tous les conflits ne justifient pas d'emblée d'aller voir un tribunal* »[86]. En effet, quant à la troisième et dernière partie de la formule (MARC), on constate une très nette évolution selon Marie-Claire RIVIER. Au départ, cette troisième partieest le plus souvent absente : on parle de « modes alternatifs de règlement » sans autre précision. Puis, les termes de « conflits » et de « litiges » s'imposent, l'emportent sur le mot « différends »[87]. Conflit, litige, différend, contestation, voire dispute, mot devenu ancien en France dans le langage du droit mais utilisé en Common Law (*Dispute Resolution*)[88]. Ces différents termes sont généralement employés l'un pour l'autre pour désigner le conflit ou le litige ou encore le différend.

27. Étymologiquement, le terme **conflit** signifie, « *conflictus* » dérivé de « *confligere* ». Le Dictionnaire Larousse définit le terme conflit comme une opposition de sentiments, d'opinions,d'intérêts. Le conflit s'entend, selon Antoine JEAMMAUD, « *d'une relation antagonique que réalise ou relève une opposition de prétentions ou aspirations souvent complexes, plus ou moins clairement formulées, entre deux ou plusieurs groupes ou individus, et qui peut connaitre une succession d'épisodes, d'actions, d'affrontements* »[89]. C'est dans cette perspective d'affrontements que Pierre BOURDIEU fait ressortir le caractère sociologique du mot conflit : « *Le champ judiciaire est l'espace social organisé dans et par lequel s'opère la transmutation d'un conflit direct entre parties directement intéressées en débat juridiquement réglé entre professionnels agissant par procuration et ayant en commun de connaître et reconnaître la règle du jeu juridique, c'est-à-dire les lois écrites et non écrites du champ* »[90]. La notion de conflit est fondamentalement liée à la vie des hommes vivant en groupe qui sont liés par des interactions sociales. Le conflit est inhérent à la nature humaine. Il n'existe pas une société sansconflit. Le conflit est manifestement présent dans tous les actes de la vie sociale et sociétale del'individu qui vit en communauté et sa perpétuation et son harmonie exigent la mise en place d'outils nécessaires pour prévenir le conflit et les différentes manières de le régler pacifiquement autour d'une table de négociation.

28. Le terme **litige** est emprunté au latin *litigium* dérivé de *lis*, *litis,* qui signifie « contestation »,

« dispute », ou « querelle », dérivé juridique de *lis*, *titis*, appliqué à un débat juridique dans lequel chacune des parties produit ses témoins devant le juge et par extension dans la langue « commune » à tout débat, à toute querelle[91]. Le vocabulaire juridique définit le litige « *comme un désaccord, un différend ou un conflit considéré dès le moment où il éclate comme pouvant faire l'objet d'une transaction, d'un compromis, d'un arbitrage, entre autres modes de solutiondes litiges, indépendamment de tout recours à la justice étatique* »[92]. En d'autres termes, le litige désigne une opposition de prétentions juridiques soumises à une juridiction étatique compétente pour trancher et rendre une décision.

29. Le terme **différend** vient du latin « *differens* », qui signifie un désaccord ou une contestation. Le Petit Robert définit le différend comme un désaccord résultant d'une différenced'opinions, d'une opposition d'intérêts entre deux ou plusieurs personnes. Le différend est un « *désaccord juridique non encore porté, formalisé, devant une juridiction par un acte ouvrant une procédure, contentieuse ou gracieuse* »[93]. En d'autres termes, le différend est le désaccord résultant d'un conflit d'opinions d'intérêt ou d'intérêts entre deux ou plusieurs personnes.

30. Ainsi, il faut remarquer que ces différents mots sont couramment pris l'un pour l'autre dansla doctrine. Comme l'a souligné Loïc CACIET, « *la notion de conflit est générale et a donc vocation à englober la notion de litige, qui est une espèce de conflit en ce sens que le litige estun conflit juridiquement relevant c'est-à-dire un conflit sur ce que requièrent, autorisent ou interdisent les règles de droit pertinentes, un conflit susceptible de faire l'objet d'une solution juridique, par application des règles de droit parce qu'il trouve son origine dans une situationd'incertitude juridique* »[94]. C'est en détachant le conflit (différend non juridique) du litige (différend juridique) que l'on peut dénouer « le conflit »[95]. Le litige est au procès ce que le conflit est à la médiation ou à la conciliation. Dans le cadre du contentieux devant les tribunaux,le pouvoir de juger est limité à la fois par les termes du litige et les termes des textes juridiquesen vigueur.

31. Or, il ne faut pas oublier que le procès présuppose un contentieux ou un litige juridique c'est-à-dire un conflit d'intérêts déjà juridiquement interprété devant un juge institué par la puissance publique, l'État. Parmi les trois termes, le mot conflit apparaît ainsi comme celui quiest le moins lié à la saisine d'une juridiction et qui a la connotation juridique la moins forte. Ainsi, appréhender le terme « conflit », il conviendrait mieux pour les modes alternatifs de règlement des conflits.

II. Proposition de définitions des MARC

32. Une définition autonome des modes alternatifs de règlement des conflits semble difficile à trouver car en réalité, il n'y a pas de définitions précises des MARC. En ce sens, on peut dire que les MARC peuvent faire l'objet de définition plus ou moins large. Ainsi, Charles JARROSSON écrit que « *les modes alternatifs de règlement forment une catégorie ouverte, qui regroupe un ensemble des modes de règlement des différends. On ne peut dès lors attendre de définition précise* »[96]. Certes, les tentatives de définitions sont fort nombreuses, mais, en réalité, il est très difficile de trouver une définition commune des MARC. Du point de vue des juristes, les modes alternatifs de règlement des conflits (MARC) ou des litiges (MARL) ou des différends (MARD)[97], désignent « *les modes [...] qui visent à mettre les parties d'accord sur la solution et qui ont en commun le plus souvent le fait de faire intervenir un tiers et se démarquer du système juridictionnel* »[98]. Dans un sens plus large, on peut définir les MARC comme l'ensemble des procédés permettant de régler les conflits pacifiquement avec une volonté consensuelle des parties de trouver un accord ou un compromis mettant fin au conflit qui les oppose. Cette définition met en exergue le caractère consensuel et coopératif des modes alternatifs de règlement des conflits. Charles JARROSSON et Loïc CADIET[99], définissent les MARC comme la « contractualisation de la justice » c'est-à-dire la justice par le contrat par opposition à la justice dans le contrat. Ainsi, il résulte du code de procédure civile, commerciale et administrative que les MARC désignent tout mode alternatif de règlement des litiges, quelle que soit son appellation mode dans lequel les parties demandent à un tiers de les aider à parvenir à un règlement amiable d'un litige. Cette définition fait ressortir le caractère normatif et anthropologique des modes alternatifs de règlement des conflits.

33. Du point de vue des anthropologues, les expressions employées sont nombreuses pour désigner les MARC : « Justice horizontale » ou « justice alternative »[100] ou encore « justice participative » ou encore « justice restauratrice »[101]. L'acception que donne l'anthropologue Soazick KERNEIS constitue pour nous une étape intéressante vers une définition plus complète et plus adaptée : « *L'expression justice alternative désigne l'ensemble des pratiques ou procédures, le plus souvent informelles, des résolutions des conflits, impliquant habituellement l'intervention d'un tiers qui, à l'aide de techniques non juridictionnelles, permet de* *parvenir au règlement d'un conflit opposant deux ou plusieurs parties* »[102]. Il s'agit là de l'ordre négocié par opposition à l'ordre imposé. Cet ordre négocié selon Étienne LE ROY, « *est construit à partir de la prise en considération des rapports sociaux qui sont appréhendés comme internes ou externes au groupe de référence plutôt que privés ou publics* »[103]. La justice amiable rend les justiciables acteurs de leur propre conflit et les amène autour d'une table de négociations afin de trouver une solution consensuelle et justepour tous.

34. Toutefois, les différentes définitions des MARC évoquées ici participent toutes d'un mêmephénomène : celui de la « justice négociée » ou la « justice pacifiée » ou encore « la justice amiable ». Au-delà de l'analyse sémantique, il convient de présenter une approche historique de la justice amiable en République islamique de Mauritanie.

III. Approche historique des MARC en Mauritanie

35. Les modes alternatifs de règlement des conflits sont présentés comme une justice conciliatoire et privée qui existe depuis fort longtemps dans les sociétés humaines, traditionnelles ou coutumières. En ce sens, Loïc CADIET souligne que « *l'expression "modes alternatifs de règlement des conflits", est récente, mais la réalité contemporaine qu'elle désignea de très vieilles racines* »[104]. C'est tout à fait vrai, car la société mauritanienne est une sociétécommunautaire pacifique qui a une histoire très ancienne avec la justice négociée ou amiable avant même l'arrivée du colonisateur blanc ou la colonisation. La justice amiable y est pratiquéedepuis fort longtemps c'est-à-dire avant même sa rencontre avec les Occidentaux (la justice moderne). Comme le souligne le président de la Cour suprême de Mauritanie lors de notre entretien : « *La Mauritanie est un pays de tradition et de culture amiable. Les Mauritaniens ont toujours privilégié bien avant les indépendances le règlement amiable des litiges* »[105].

36. La justice traditionnelle africaine est en effet un outil de paix et de cohésion sociale. Son but principal est « *la résolution des conflits par la restauration de l'harmonie sociale et le rétablissement du lien* »[106]. Parler des modes amiables de règlement des conflits en République islamique de Mauritanie, c'est entrer dans le vaste champ de recherche de la justice négociée. À l'instar des autres sociétés africaines, la société mauritanienne ne peut se prévaloir d'avoir des valeurs sociales et sociétales quand il n'y a personne comme les *Mouslihs* (conciliateurs) et les *Hakams* (arbitres) pour les incarner. Or, la République islamique de Mauritanie a toujourscette fierté de compter parmi ses valeurs sociétales et sociales celles qui sont liées aux *Hakams*et aux *Mouslihs*. Son passé historique est riche des valeurs tribales, claniques et communautaires permettant de dénouer les conflits pacifiquement. En effet, si en Mauritanie « *la justice est rendue au nom d'Allah le Tout-puissant* » comme le stipule l'article premier de l'Ordonnance n° 83. 144 du 23 juin 1983 portant réorganisation de la justice[107], il faudrait s'attendre à ce que le phénomène de diversification qui donne à ce pays une dimension atypique n'épargne pas le domaine de la justice et, par conséquent, celui du pluralisme juridique ou la pluralité des ordres judiciaires. Cette pluralité des normes dans un espace identique consiste à penser au principe de l'« englobement du contraire » de Louis Dumont[108]. Ce principe, selon l'auteur « *est également le produit de la modernité et de son idéologie en se proposant de légitimer un modèle de société fondé sur l'individualisme et l'égalitarisme* ». Vu sous cet angle le modèle individualiste selon Étienne Le ROY est en rupture avec les formes communautaires,tribales et claniques dans les sociétés autochtones[109].

37. Ancrée dans son milieu social avant l'indépendance, la justice négociée joue un rôle important en matière de résolution des conflits en Mauritanie. Jadis, on y distinguait deux sortes de justice traditionnelle : la justice coutumière et la justice cadiale. La Mauritanie étant composée de tribus, d'ethnies et de clans, la justice y était essentiellement autochtone c'est-à-dire coutumière/traditionnelle. Ainsi, comme partout en Afrique-Occidentale française (A-OF) les conflits étaient réglés dans le cadre d'une justice traditionnelle communautaire ou tribale. La justice coutumière consiste plutôt à chercher la paix et à réconcilier les antagonistes avec l'idée de restaurer le lien social brisé par le conflit. Elle est un facteur de l'équilibre social dansles sociétés traditionnelles africaines. Ces sociétés se caractérisent par l'« *absence d'un pouvoir centralisé mais aussi par l'existence de mécanismes qui suffisent à assurer la permanence du groupe* »[110]. Dans ce sens, le retour à la paix sociale est prioritaire avant toute chose. Cette pratique de la justice négociée ne nous semble donc pas étrangère. Comme le souligne le magistrat de la Cour suprême de Mauritanie, lors de notre entretien avec lui à Nouakchott : « *Lajustice amiable existe en Mauritanie bien avant même l'arrivée des colonisateurs. C'est une justice ancienne fondée sur le consensus et la négociation* »[111].

38. La conversion du pays à l'islam au début du XXIe siècle et la création de l'empire Almoravide en 1038 allaient constituer le début de la transformation des rapports entre les Mauritaniens et, par conséquent, le mode amiable de règlement des conflits[112]. En d'autres termes, la conversion de la Mauritanie à l'islam se traduit par l'instauration d'une justice cadiale avec à sa tête le cadi, le magistrat du droit musulman. La justice est désormais rendue par le cadi. Il est à la fois arbitre et conciliateur, il ne résout les différends que si les fidèles ou les croyants s'adressent à lui. En d'autres, le cadi ne s'autosaisit pas pour régler les conflits. Il estintéressant de souligner que l'application de la justice issue du droit musulman est antérieure à la colonisation. À cet effet, l'arrivée du colonisateur n'a pas vigoureusement changé cette situation comme ce fut le cas du Sénégal (pays voisin de la Mauritanie) ou dans d'autres pays de l'AOF. Dans ce contexte de justice autochtone, les modes amiables de règlement des conflits sont en effet très anciens en Mauritanie, basés sur le dialogue et la négociation. C'est dans ce sens que l'ancien ministre de la Justice et professeur Haimoud RAMDAN souligne lors de notre entretien à Nouakchott : « *La justice traditionnelle en Mauritanie est une autre forme de justice. Une justice qui privilégie le dialogue et le retour de la paix sociale* »[113]. Les modes alternatifsde règlement des conflits remplissent à la fois une fonction sociale, politique et économique précieuse en République islamique de Mauritanie.

39. Cependant, il faut remarquer que longtemps avant l'arrivée du colonisateur en Afrique, il existait une réalité comparable aux MARC appelée : « *L'arbre à palabre* »[114]. La justice traditionnelle africaine était à la fois négociée et orale. Elle était rendue par le chef, qu'il soit chef de tribu, de famille, de clan ou roi. La justice traditionnelle africaine avait pour fonction laconciliation. La palabre, outil de paix et de dialogue, était conçue comme un processus dans lequel une société songe à son avenir pour préserver l'harmonie sociale[115]. Certains auteurs africains voient dans les MARC « *une résurgence de la palabre africaine* »[116]. Pour d'autres, les MARC sont « *consubstantiels à la tradition juridique africaine* »[117]. À cet effet, l'arbre à palabre se substitue à la justice étatique. Il convient de remarquer que la palabre est une justiceconciliatoire, pacificatrice et de paix sociale.

40. Cependant, le système juridictionnel mauritanien a cherché à instaurer dès l'indépendance du pays un compromis entre l'héritage islamique et coutumier et la nécessité de mettre en place des structures modernes[118]. Il faut préciser que la justice, sous sa forme occidentale ou d'inspiration française, depuis l'indépendance jusqu'à nos jours, est marginalisée en République islamique de Mauritanie non seulement par les justiciables mais également par les autorités politiques. Cette marginalisation est sensible dans tous les domaines, malgré la multiplication des réformes judiciaires ici ou là. À cela s'ajoute la méconnaissance des normes juridiques par les populations. Cette méconnaissance s'explique par le fait que ces textes juridiques ne sont pas adaptés aux réalités quotidiennes des populations d'une part et par le phénomène de l'analphabétisme des populations mauritaniennes d'autre part. Il convient d'ancrer l'analyse chronologique en déterminant si l'arbre à palabre précède ou non l'arrivée de la justice cadiale. Au-delà de cette analyse historique, nous nous intéresserons à la mise en perspective anthropologique des MARC.

IV. Mise en perspective anthropologique des MARC

41. Le règlement amiable des conflits dans les sociétés communautaires nous amène à avoir une lecture anthropologique, voire pluridisciplinaire de la justice en particulier de la justice amiable. Selon Jean-Paul JEAN, « *la recherche sur le champ des MARC ne doit pas* *intéresser les seuls chercheurs ou les quelques juristes spécialisés. Elle doit permettre une confrontation pluridisciplinaire (anthropologie, sociologie, droit, etc.), argumentée entre chercheurs et universitaires, praticiens, responsables administratifs et associatifs* »[119]. En ce sens, de très nombreux travaux existent dans ce sens notamment dans les pays anglo-américains, concernant les *Alternative Dispute Resolution*. Il existe également en France, des travaux récentspluridisciplinaires ou interdisciplinaires[120] qui constituent des apports utiles pour ledéveloppement des modes alternatifs de règlement des conflits. Il existe également de Masterset de DU qui ont été créés dans les universités françaises et africaines afin de favoriser la recherche mais aussi de promouvoir la justice négociée. Nous nous intéresserons à l'étude anthropologique des modes alternatifs de règlement des conflits.

1. L'objet de l'anthropologie juridique

42. L'anthropologie juridique, fille de l'histoire du droit, naît dans la seconde moitié du XIXe siècle[121], qui a transformé le droit en une sorte d'homologue stimulant en valorisant la particularité de la connaissance juridique[122]. Son objet est d'étudier les interactions et les phénomènes d'inter-normativités au sein des sociétés communautaires et les autres modes de régulation sociale des conflits dans le groupe. Claude LÉVI-STRAUSS, donne une définition générale de l'anthropologie selon laquelle, « *l'anthropologie vise à une connaissance globale de l'homme, embrassant son sujet dans toute son extension historique et géographique,aspirant à une connaissance applicable à l'ensemble du développement humain [...], et tendantà des conclusions, positives ou négatives, mais valables pour toutes les sociétés humaines, depuis la grande ville moderne jusqu'à la plus petite tribu mélanésienne* » [123]. Le terme « anthropologie » désigne un discours sur l'Homme conçu dans sa plus grande généralité[124]et une science globale des sociétés humaines[125]. Il s'agit là de la science de l'interconnaissancerelative aux phénomènes de la juridicité dans les sociétés communautaires et tribales.

43. Le recours à la justice amiable constitue aujourd'hui pour les anthropologues comme le retour à la justice communautaire et autochtone. Il s'agit d'un modèle de justice qui permet d'instaurer le lien social lien et la paix dans les sociétés communautaires comme celle de la Mauritanie. L'hypothèse de base de l'anthropologie juridique selon Michel ALLIOT, « *est que toutes les sociétés humaines ont une même rationalité mais juridique, quelles que soient les transformations que lui fait subir son insertion dans les multiples structures logiques des sociétés où il apparaît* »[126]. L'objectif de l'anthropologie juridique est de comprendre les phénomènes de juridicité ou de droit dans les sociétés coutumières et traditionnelles. En d'autres termes, l'anthropologie s'intéresse à ces sociétés autochtones afin de mieux comprendre leur organisation sociale et juridique.

44. L'anthropologie de la justice en tant que critère d'identification d'un domaine de la recherche sur la justice d'une manière générale et la justice négociée en particulier n'a été pratiquée sous cet intitulé paradoxalement que très récemment alors que « *les recherches des anthropologues sur la résolution des litiges se sont multipliées depuis le milieu du XIXe siècle* »[127]. C'est vers les années 80 que les recherches sur la justice amiable apparaissent pour les anthropologues. Il s'agit là d'une nouvelle anthropologie juridique. Les recherches anthropologiques sur la justice amiable nous permettent de mieux comprendre la réalité de la justice étatique dans les sociétés contemporaines face aux attentes des populations.

2. Anthropologie de la justice alternative ou « pluralité des ordres juridiques »

45. L'étude de l'anthropologie juridique est dominée aujourd'hui par le pluralisme juridique ou la pluralité des ordres judiciaires dans un seul espace. Le pluralisme juridique est pris en compte

par les États africains dits modernes, en particulier l'État mauritanien. Car penser la diversité des normes juridiques permet donc d'abord le dépassement de « *la définition binaire droit de common law versus droit romano-germanique pour une prise en considération de la pluralité des droits, soulignant ainsi la place des droits locaux, traditionnels et coutumiers* »[128]. L'hypothèse du pluralisme juridique « *révèle l'impact de divers ordres juridiques autonomes et concurrentiels dans nos vies quotidiennes. Elle nous permet de voir dans quelle mesure le sujet de droit est effectivement celui qui crée le droit* »[129]. Dans cette perspective, les travaux de certains anthropologues ont démontré que les solutions judiciaires étatiques qui sont tenues pour normales et surtout pour universelles par l'Occident, sont rejetées par une large partie des sociétés indigènes et communautaires africaines sans pour autant que ces sociétés ne se retrouvent plongées dans le chaos et sans justice. Michel ALLIOT par sa théorie des archétypes juridiques, illustre la diversité hors de l'Occident à travers les expériences de la Chine, de l'Égypte ancienne, de l'Afrique noire, de l'islam et de l'Occident chrétien. Pour l'auteur, « *il n'y a pas une, mais de multiples façons de penser le monde et de se penser dans le monde et à chacune d'elles correspond une façon de penser le droit* »[130]. Ainsi, il est important de souligner que l'anthropologie et l'anthropologie juridique ont beaucoup contribué à l'idée de la justice et la justice négociée en particulier dans les sociétés dites autochtones et communautaires africaines.

46. Le recours au règlement amiable des conflits se réalise par le mécanisme du contrat en donnant le pouvoir aux parties en conflit afin de leur permettre de négocier leur propre solution. C'est dans cette optique que Soazick KERNEIS souligne que « ... *il faut rapprocher la justice des citoyens et favoriser leur participation au règlement des litiges* »[131]. La justice contractuelle, ayant emprunté les outils du contrat, elle ne peut être organisée selon les techniques du procès devant les tribunaux. Les MARC traduisent le phénomène de contractualisation de la justice. La justice négociée est une pratique interactive et un procédé particulier de gestion des conflits. Elle est souvent considérée par les chercheurs comme une idéologie de pacification sociale des conflits sur la base des négociations, des accords et des compromis pour faire régner la paix. L'objectif de cette justice est de rétablir le lien social et la communication entre les protagonistes. Il s'agit d'une méthode rationnelle et souple de résolution de règlement des conflits.

47. Dans les sociétés traditionnelles africaines, la justice est avant tout la paix et la réconciliation.L'idée de justice conciliatoire est dominée par les systèmes judiciaires africains. À cet effet, lejuge dans les tribunaux africains est d'abord un organe conciliateur et de paix. La justice en Afrique est un outil de paix sociale et un facteur d'harmonie et de tranquillité pour le groupe. Il en découle une imbrication étroite de tous les modes de règlement des litiges tels que la médiation, la conciliation, l'arbitrage et la négociation sont tous tenus de faire prévaloir le règlement amiable des conflits en faisant respecter l'ordre et l'équilibre social[132]. En Afrique, les pratiques traditionnelles mises en œuvre dans le domaine de la justice par les sociétés africaines sont essentiellement orientées vers la réalisation de l'objectif principal poursuivi par la justice traditionnelle, objectif qui est avant tout de réconcilier les parties en conflit, d'instaurer au sein de la communauté un climat d'apaisement et une harmonie sociale.

48. Le conflit peut s'entendre comme une opposition d'intérêts ou de sentiments. Il constitue un obstacle au maintien de la paix et l'harmonie sociale dans le groupe. La société mauritanienne, comme les autres sociétés africaines, valorise la paix sociale et l'intérêt du groupe plutôt que les considérations individuelles. Les sociétés communautaires valorisent l'homme ainsi que la paix et l'équilibre social. L'homme véritable pour ces sociétés est celui qui sait éviter les conflits[133] pour privilégier l'harmonie sociale. Le recours à la justice négociée est une nécessité pour la paix et pour la sauvegarde des rapports sociaux entre les Mauritaniens. À l'instar de l'anthropologie du droit, la sociologie juridique s'interroge sur le droit qui émane des interactions humaines concrètes c'est-à-dire le droit issu des sociétés communautaires et tribales. C'est en sens que Jean-Pierre BONAFÉ-SCHMITT plaide pour le développement d'une sociologie de la justice[134]. Dans la perspective de développement sociologique des MARC, le sociologue Pierre BOURDIEU a écrit que : « *La Constitution du champ juridique est un principe de Constitution de la réalité. Entrer dans le jeu, accepter de jouer le jeu, de s'en remettre au droit pour régler le conflit, c'est accepter tacitement d'adopter un monde d'expression et de discussion impliquant le renoncement à la violence physique et aux formes élémentaires* *de la violence symbolique comme l'injure* »[135]. Les litiges naissent et se caractérisent en un mot par absence de compréhension mutuelle. Le véritable remède pour gérer les conflits est la négociation, le dialogue serein et le compromis.

49. Néanmoins, la justice dans les sociétés africaines symbolise la paix et l'harmonie dans le groupe par opposition aux sociétés occidentales, où la justice est symbole de procès. Louis Dumont fait une comparaison anthropologique entre ces deux sociétés. Dans les sociétés africaines traditionnelles, l'homme est défini par le groupe alors que dans les sociétés occidentales, il est défini par l'individualisme c'est-à-dire la conception de l'homme comme être moral indépendant et autonome qui en est la valeur ultime[136].

3. Démarche anthropologique

50. Claude LÉVI-STRAUSS souligne qu'« un voyage s'inscrit simultanément dans l'espace, dans le temps et dans la hiérarchie sociale ». L'anthropologie se situe à la dernière étape des phases de description, l'« ethnographie » ou d'analyse des données, l'« ethnologie ». La démarche anthropologique est par nature interculturelle. Elle dépasse l'étude des sociétés occidentales (sociologie) et l'analyse des sociétés africaines communautaires (l'ethnologie). L'enquête ethnologique selon Norbert ROULAND s'est d'abord appliquée aux sociétés autochtones et communautaires. Elle a mis en œuvre une méthodologie particulière qui doit lui permettre de collecter des données et de les interpréter de la manière la plus scientifique possible : ces techniques sont celles de l'enquête d'ethnologie juridique[137]. Les anthropologues du droit jettent leur dévolu sur les sociétés dites traditionnelles ou archaïques ou encore du moins non occidentales parmi lesquelles ce qu'ils appellent droit, loin des règles et institutions contraignantes d'un État se conçoit comme une sorte de paix, de concorde et d'équilibre [138]. L'objet étudié par l'anthropologie juridique est celui du pluralisme judiciaire ou la pluralité des ordres.

51. La démarche anthropologique contraint le chercheur à faire des analyses qualitatives et à être le plus objectif dans ses analyses. En outre, l'un des éléments clés de l'anthropologie est celui de l'importance accordée au « regard éloigné », pour reprendre la phrase de Lévi-Strauss. Nous nous attacherons aux exigences de la règle de comparaison d'une manière ou d'une autre, phénomène propre à l'anthropologie. Mais, il ne s'agit pas ici de faire une véritable étude de comparaison des systèmes. Cette approche consiste en une prise de distance entre ce qui est observé ou décrit et les logiques qui le fondent. En anthropologie du droit, l'« *objet de la comparaison porte sur les systèmes juridiques et leurs divers éléments, mais elle suppose que soient remplies, sur le plan méthodologique, certaines conditions préalables, touchant la place et le rôle du droit dans les sociétés comparées* »[139]. Dans le cadre de notre étude, il s'agit de penser autrement la manière d'organiser, de construire et de mettre en ordre les différents ordres juridictionnels mauritaniens. Car il y a différentes manières de mettre en ordre et mettre de l'ordre[140] dans un seul et unique espace juridique et judiciaire.

52. Le pluralisme normatif dans l'espace mauritanien conduit alors à une pluralité judiciaire, ou une pluralité de régulateurs en charge de gérer les conflits. Notre démarche vise à comprendre la diversité des mécanismes de régulation de la vie sociale en Mauritanie dans un seul espace social. Notre préoccupation est de comprendre le sens et l'utilité de la notion des MARC dans une société multiculturelle comme celle de la Mauritanie où coexistent plusieurs référentiels symboliques (tribalisme, communautarisme, clanisme, etc.). Dans ce sens, nous nous intéressons à la fonction des modes alternatifs de règlement des conflits dans les rapports sociaux entre les Mauritaniens mais aussi sa place dans la sphère judiciaire de régulation des conflits en République islamique de Mauritanie.

V. L'intérêt du sujet

53. Quel intérêt peut-on tirer de cette première étude sur les modes alternatifs de règlement desconflits en Mauritanie et quelle pourrait être son utilité pour les justiciables ?

54. Il faut souligner que notre étude propose une réflexion sur la possibilité d'un système de justice pluriel que l'État mauritanien offre aux citoyens en vue d'assurer la résolution de leurs conflits. Un système qui serait adapté aux réalités de la société mauritanienne. Les travaux de cette thèse, intitulée « Les modes alternatifs de règlement des conflits en Mauritanie : regard anthropologique et juridique » s'inscrivent dans une double logique : favoriser la liberté des solutions que les modes alternatifs de règlement des conflits accordent aux antagonistes dans lagestion de leur conflit d'une part, et favoriser le retour de la paix, facteur de cohésion sociale dans une société mauritanienne tribale, qui est toujours à la recherche de son identité culturelleet juridictionnelle d'autre part.

55. La société est constamment en mutation, le droit n'est pas autant un fait social qu'une construction sociale[141], et le pluralisme juridique nous invite à voir une multiplicité d'ordres juridictionnels concurrents comme la médiation et la conciliation. C'est dans cette perspective de pluralité des ordres qu'André-Jean ARNAUD évoque « *une multiplicité d'organes de régulation, au nombre desquels ceux de la traditionnelle régulation juridique sont une solution mais – ni forcément – prédominants. Par opposition à l'image traditionnelle d'un droit issu d'un seul centre, l'État-nation, la polycentricité désigne la multiplicité de centres de décision juridique dans un système donné* »[142]. Ainsi, la société mauritanienne, comme la plupart des sociétés traditionnelles africaines, se caractérise par une pluralité de normes juridiques et sociales. Ce pluralisme normatif conduit alors inévitablement à une pluralité des ordresjudiciaires. Le règlement des conflits en Mauritanie ne se fait presque plus immédiatement devant les tribunaux étatiques. Les citoyens peuvent désormais choisir de régler leur conflit ens'adressant à un tiers neutre et indépendant afin de les aider à trouver une solution amiable. L'État n'est plus le seul régulateur de la vie sociale. Il est un acteur parmi tant d'autres en matière de gestion des conflits. C'est dans ce sens que le législateur mauritanien a réformé le système juridictionnel en intégrant les modes amiables de règlement des conflits dans la pratique, car il y voit une opportunité pour le retour en arrière sous une autre forme de justice : la justice restauratrice du lien social entre les Mauritaniens.

56. Par ailleurs, la prise en compte de l'altérité s'impose dans le processus du règlement des conflits. Tous les travaux sur la vie du droit en Afrique mettent en évidence la coexistence de plusieurs ordres juridiques[143]. L'existence au sein d'une société déterminée de mécanismes juridiques différents s'appliquant à des situations identiques[144]. Toutefois, nous pouvons souligner que les modes alternatifs offrent aux justiciables mauritaniens une liberté de choisir leur juge et le modèle de résolution de leur conflit. D'ailleurs, la plus-value des MARC, au-delàde la pluralité de règlement des conflits, figure notamment dans la liberté qu'ils accordent aux parties en matière de gestion des conflits. Le choix du tiers et l'implication des parties dans la recherche de décision sont considérés comme des manifestations de la primauté accordée à l'autonomie de la volonté des parties. De notre point de vue, les MARC constituent donc un progrès de la liberté de choisir leur juge et leur modèle de justice dans une République islamiquede Mauritanie où cohabitent plusieurs référentiels.

57. Un autre intérêt porte particulièrement sur la préservation de la paix au sein de la société mauritanienne et l'implication des citoyens-acteurs de paix dans la résolution de leur propre conflit. La société mauritanienne, comme les autres sociétés africaines, recherche la paix nonseulement comme condition de la sécurité des personnes et des biens mais, surtout, comme condition de la cohésion sociale[145]. Pour aboutir à cette paix, il est parfois nécessaire de faire appel à une quelconque autorité : médiateur, conciliateur, arbitre, chef de village et chef de clan.Contrairement à ce que font les juristes, il s'agit ici de penser « *le droit à partir de la société, etnon pas le droit à partir du droit, voire la société à partir du droit* »[146]. La justice amiable est dans l'air du temps. Elle symbolise la restauration de l'équilibre social entre les Mauritaniens. Il s'agit d'un processus traditionnel fondé sur le dialogue et la négociation plutôt que sur l'autorité et la brutalité. La justice amiable « *est associée à la maitrise des individus, la relationhomme-homme permet à la société de se perpétuer et de faire face aux conflits et aux tensions,soit en restaurant l'équilibre initial, soit en trouvant un nouveau* »[147]. C'est dans cette perspective de maintien de l'équilibre social dans le groupe que le retour à la paix et le rétablissement du lien social viennent avant la considération des intérêts personnels des litigants. Il convient de délimiter notre champ de recherches afin de mieux aborder notre étude.

VI. Délimitation du sujet

58. Pour bien mener ce travail à terme, nous nous sommes fixé une exigence, qui était d'abord de délimiter l'objet de notre recherche. Il est nécessaire de délimiter le cadre de notre étude, car la justice alternative est une catégorie ouverte. Le champ est vaste, et elle est en pleine expansion. C'est dans ce sens que les auteurs de l'ouvrage *Le guide des modes amiables de différends* (MARD) soulignent que « *le paysage actuel des modes amiables de résolution des différends est extrêmement diversifié, à tel point qu'il est quasi impossible de dresser une liste exhaustive des processus existants et des textes qui les encadrent. En effet, les MARD ont été intégrés dans toutes les branches du droit et tous les contentieux (y compris le contentieux administratif) avec des adaptations rendues nécessaires par les enjeux propres à chaque matière* »[148]. L'ampleur de notre étude nécessite de procéder à des choix, ce qui suppose de préciser ce dont il sera question. C'est dans cet esprit de délimitation que nous examinerons les différents modes alternatifs tels que : le Médiateur de la République, l'arbitrage, la médiation et la conciliation. Même si nous savons qu'aujourd'hui, les modes alternatifs de règlement desconflits se sont considérablement développés ces dernières années aux États-Unis et en Europe,nous limiterons notre recherche à ces différentes techniques classiques du mécanisme alternatif qui figurent dans la sphère juridique et juridictionnelle mauritanienne.

59. Par ailleurs, il existe d'autres modes alternatifs de règlement des litiges tels que, la « procédure participative », le « droit collaboratif », « mini-trial » et le « med-arb ». Ces modes alternatifs sont actuellement en vogue dans les pays anglo-saxons (États-Unis et Canada), et en France. Ces mécanismes de « justice alternative » consistent en une technique de négociation encadrée par une procédure spécifique entre les parties assistées par leurs avocats respectifs en vue d'un règlement pacifique des différends. Nous ne traiterons pas également la question liée à la justice transitionnelle. Car celle-ci permet de favoriser ou d'assurer la transition d'une société divisée, dans un contexte de guerre civile ou d'État autoritaire, vers un régime démocratique[149]. Elle s'est progressivement posée comme une solution de compromis tentant de dépasser l'opposition ou le dilemme classique justice punitive/amnistie[150]. Même si une partie de la doctrine considère la justice transitionnelle comme une justice alternative ou amiable, cette question ne figure pas dans notre objet d'étude.

60. Nous nous focaliserons sur les différents modes alternatifs classiques qui figurent dans la pratique juridictionnelle mauritanienne comme le préconise le document élaboré en octobre 2019 par le ministère de la Justice dont l'intitulé est : « Stratégie Nationale d'Accès à la Justice (SNAJ) 2020-

2024 ». Ce document fait la promotion des modes amiables de règlement des conflits et incite les populations à recourir à la justice négociée pour régler leur conflit. Avant d'exposer notre problématique, nous nous proposons d'abord d'examiner notre approche méthodologique.

VII. Approche méthodologique

61. Une étude anthropologique doit se mener en trois temps selon Norbert ROULAND : « *En premier lieu, on doit réunir, comme ferait un historien, le maximum de données sur la société et les problèmes que l'on désire étudier. Ensuite vient l'enquête sur le terrain et la collecte in situ des observations, qui fréquemment modifieront les perspectives ouvertes par la seule recherche bibliographique. Enfin, il s'agit d'interpréter les données ethnographiques et les confronter avec les sources bibliographiques* »[151]. Il faut remarquer que la phase de collecte des informations sur le terrain d'enquête est décisive pour un chercheur en science sociale et juridique. Elle est primordiale pour la réalisation d'un travail de terrain sérieux et scientifique.

1. L'étude du terrain

62. Traiter des modes alternatifs de règlement des conflits dans une société tribale et conservatrice comme celle de la Mauritanie n'est pas chose aisée. Notre étude propose une réflexion sur la possibilité d'adapter le système judiciaire aux réalités quotidiennes de la société mauritanienne contemporaine, c'est-à-dire considérer la justice amiable comme une autre forme de justice sociale dans la pratique judiciaire mauritanienne. Les MARC sont une justice complémentaire et indispensable pour le bon fonctionnement de la justice en République islamique de Mauritanie. Il faut faire en sorte que ce modèle de justice permette un accès à la justice pour tous, en prenant en compte la situation sociale et économique des Mauritaniennes et Mauritaniens sans distinction tribale/ethnique et géographique.

63. Pour répondre à ces besoins de la population, l'action de l'État doit privilégier le retour ou l'intégration dans son système juridictionnel des acteurs disponibles et disposés (médiateur, conciliateur, chef de village…), connus et respectés par tous. Comme le souligne l'ancien ministre de la Justice Haimoud RAMDAN, lors de notre entretien avec lui : « *La stratégie nationale d'accès à la justice 2020-2024, veut appuyer et valoriser les mécanismes traditionnels de règlement amiable des conflits reconnus comme adaptés et proches géographiquement et culturellement de la population mauritanienne* »[152]. Cette stratégie vise à rassembler tous les modèles traditionnels de règlement des conflits permettant de faire justice autrement. Il s'agit là de renforcer et valoriser la fonction de ces acteurs communautaires de lajustice par un texte normatif reconnaissant légalement leur travail de paix et de cohésion socialmais aussi de fournir une formation de qualité liée aux exigences de la justice à ces acteurs. Celarevient à remettre l'humain au cœur de la justice.

64. Notre démarche ne consiste pas à critiquer le système judiciaire mauritanien qui n'a pas pu, à partir de l'indépendance, instaurer un système juridictionnel répondant aux aspirations de la population mais plutôt à tenter d'imaginer un système de justice plurielle qui s'inspire de la réalité sociale et culturelle de la Mauritanie et permet aux différentes communautés de s'y retrouver et d'en bénéficier.

65. À côté des instances étatiques héritées de la colonisation, les structures endogènes (conciliation, médiation, arbitrage, palabre africaine...) existent et perdurent toujours en Mauritanie. Ces structures traditionnelles de justice nous semblent être des relais indispensables en direction des populations locales. Il s'est avéré nécessaire d'interroger la réalité sociale par le biais d'entretiens et d'enquêtes réalisés auprès des justiciables à Nouakchott[153] et au sud du pays dans la région de Guidimakha[154]. Les rares textes en vigueur relatifs aux MARC seront scrutés. Mais devant la carence de ceux-ci, il s'avèrera nécessaire de faire référence aux textes normatifs en vigueur de certains pays voisins africains de la sous-région tels que le Sénégal et le Maroc mais également au droit français. Le détour par le droit français se justifie par sa prédominance dans le système juridique africain[155]. Le système juridique mauritanien est un copier-coller du droit français. On note à cet égard que la création du Centre de médiation et de l'arbitrage en Mauritanie (CMAM) a été confiée à un cabinet français lequel ne connaissait pas très bien les réalités sociologiques de la République islamique de Mauritanie. En somme, ce travail n'est pas une véritable étude comparative. Il ne s'agit pas ici de faire une comparaison entre les systèmes juridiques mauritanien et français mais plutôt une étude sur les MARC en Mauritanie.

66. Le droit comparé peut être appréhendé à la fois comme science pure et comme science appliquée[156]. Dans cette dernière acception, il se caractérise par une approche comparative, unevolonté d'unification souvent mue par le souci de proposer de nouvelles solutions législatives et judiciaires. Par ailleurs, l'approche comparative s'impose en anthropologie. Car elle est l'essence même de l'anthropologie. En effet, la justice alternative se développe par emprunts réciproques entre les différents ordres juridictionnels et juridiques dans des sociétés où les cultures juridiques et les systèmes juridictionnels sont différents. C'est pourquoi la perspective des MARC en droit mauritanien est envisagée à la lumière du droit français, du coutumier et du droit musulman. On précisera que l'exercice de la comparaison n'est possible que dans la mesure où il porte sur « des phénomènes ou des situations comparables »[157]. L'organisation du système juridictionnel dans l'Afrique-Occidentale française s'aligne sur celle de la métropole. Toutefois, l'appareil juridique du droit mauritanien n'a pas suffisamment évolué vers la justice alternative depuis l'indépendance alors que le droit français a procédé à de nombreuses réformes allant dans le sens de la modernisation de la justice[158].

67. Notre étude de terrain s'est faite en trois temps (de 2017 à 2020). Durant cette période, nous nous sommes rendus trois fois en Mauritanie. Durant la première phase couvrant l'année 2017(février, mars et avril), nous avons pu procéder à une étude préliminaire que nous qualifierons de « *pré-terrain* », pour emprunter la terminologie de l'anthropologue camerounaise Haoua LAMINE[159]. Cette prise de contact nous a permis de prendre conscience de la difficulté du terrain et de la complexité d'une société mauritanienne fondée sur un tribalisme exacerbé. Une société hantée par un « *passé violent* » et composée de multiples groupes ethniques peuplant un même espace social. Ces premières recherches *in situ* nous ont permis d'identifier ce que les citoyens pensent de leurs instances juridictionnelles étatiques et d'observer les conséquences de l'action de ces instances dans la vie quotidienne de la population. D'autre part, nous avons également pu constater le rôle des modes amiables de règlement des conflits et leur impact dansune société majoritairement analphabète, pauvre et jeune. Cette phase de « pré-terrain » nous adonné l'occasion de collecter quelques données auprès des personnes-ressources et des institutions étatiques.

68. Le deuxième temps de notre étude de terrain couvre la période allant de la fin du mois d'octobre jusqu'au début du mois de novembre 2019. Cette phase nous a permis de rencontrer des personnes-ressources et de visiter les institutions républicaines et les bibliothèques du pays (ministère de la Justice, la Bibliothèque nationale, la Bibliothèque de l'Université de Nouakchott…), afin de consulter archives, rapports et ouvrages divers. Ce moment de recherche nous a permis d'instaurer une relation de confiance entre les personnes-ressources et nous-mêmes. Cette familiarité est primordiale dans un petit pays où tout le monde connaît tout le monde et où tout le monde se méfie de tout le monde. Effectivement, la société mauritanienne a été blessée et divisée notamment dans les années 1989. À partir de 1989, une véritable violence collective s'est dirigée contre des catégories sociales déterminées (les Peuhls, les Soninkés et les Wolofs) en raison de leur couleur de peau et d'autres inconnues. Un « passé violent », nous empruntons cette expression à Sidi N'DIAYE[160], a marqué profondément la RIM ce qui rend le rapport à l'autre très difficile et explique la méfiance de la population. Au cours de cette phase, nous avons adopté une stratégie que Haoua LAMINE appelle « *infiltration* »[161]. Cette manière de procéder consiste à rencontrer presque toujours les mêmes personnes-ressources en les soumettant aux mêmes questionnaires ou à des questionnaires différents. De retour en France, nous avons interprété les données collectées et les avons soumises à d'autres sources et aux prises de notes consécutives aux différentes activités de notre laboratoire de recherche (CHAD)[162] et aux différents colloques et séminaires en rapport avec nos travaux et auxquels nous avons participé.

69. Notre troisième et dernière phase de terrain a eu lieu entre le mois d'août et novembre 2020. Cette phase a consisté à aller à la rencontre des justiciables (pauvres et riches) pour vérifier les données collectées concernant leur connaissance des MARC et des textes juridiques en vigueur. Ce temps de notre recherche nous a également permis d'interroger des justiciables ayant été confrontés à des conflits, le personnel juridictionnel (magistrats, greffiers, avocats…),des associations des droits de l'homme, des responsables traditionnels (chefs de clan, de famille…) et des autorités religieuses (imams, prédicateurs et érudits) afin de recueillir leur perception de la justice alternative et de la réforme de 2019.

70. Nous précisons que nous avons aussi sollicité la diaspora mauritanienne (intellectuels, immigrés, associations, entre autres) vivant en Europe, et particulièrement en France.

2. Les difficultés rencontrées

71. Les difficultés rencontrées lors de notre étude de terrain sont de différentes natures :

72. Tout d'abord, il convient de noter qu'aucune étude n'avait été jusqu'ici faite sur la question des « modes alternatifs de règlement des conflits en Mauritanie » de sorte qu'il nous a été difficile d'avoir un point de repère. Étant le premier Mauritanien à avoir engagé des travaux derecherche sur le thème précité, nous nous sommes retrouvés face à une quasi-absence de sourcessur notre thématique de recherche. Nous gardons l'espoir qu'après la publication de nos travauxsur les modes alternatifs de règlement des conflits, ce domaine de recherche intéressera les chercheurs, les universitaires, les praticiens et les mouvements associatifs en République islamique de Mauritanie.

73. Ainsi, notre première difficulté est liée à la rareté des sources (ouvrages, archives, revues, rapport, etc.) intéressant notre champ de recherche. Nous avons pu consulter quelques travaux (thèses) relatifs à l'organisation classique de la justice en Mauritanie et de rares textes normatifs encadrant les MARC. À côté de cette pénurie de sources et de documentation, nous avons également rencontré des difficultés liées à la « gestion bureaucratique » de la RIM. L'on sait effectivement qu'en Mauritanie comme ailleurs en Afrique, rencontrer les hautes personnalitésest une affaire de tribus, de réseaux et de connaissances. En plus de ne pas être inscrit dans ces réseaux pour parler comme Sidi N'DIAYE, « nous n'appartenons pas à ce que les Mauritaniensappellent les *awlad khaima* (les fils de grandes tribus ou familles) »[163]. Ainsi, certaines personnes-ressources sollicitées dans le cadre de notre étude de terrain comme, par exemple, les sociologues et les juristes, n'ont pas voulu répondre à nos appels. Malheureusement, ces personnes peut-être n'ayant pas mené des réflexions sur ce champ de recherche, dans ce sens, elles se sentent incompétentes pour répondre à notre sollicitation. Mener des recherches sur le terrain africain implique en somme des difficultés énormes, voire insurmontables pour un chercheur, comme en témoigne le sociologue et chercheur togolais, Yao ASSOBGA[164].

74. En deuxième lieu, nous avons été confrontés à l'instabilité de notre terrain de recherche. Nous avons en effet été soumis aux différentes tensions sociales liées non seulement au « *passé violent* » mais également à la hiérarchisation (esclavage) de la société mauritanienne qui refait surface ces dernières années par les associations et les ONG comme IRA[165] et AMEES[166] qui mènent un combat noble contre l'esclavage et les violations des droits humains. À cela s'ajoute également la question fondamentale liée au racisme entre les communautés (blanche et noire) et les tensions consécutives aux affaires politico-judiciaires nauséabondes (corruption, détournement des biens publics et gabegie). En ce sens, le tissu social mauritanien demeure précarité pour un chercheur. Face à ce contexte, le chercheur, quelles que soient son origine et sa nationalité, est considéré soit comme un traitre soit comme un dénonciateur ou encore un « *étranger* »[167] pour reprendre le mot de l'anthropologue Mariel Villasante CERVELLO. Étranger n'est pas entendu ici comme « *celui qui n'a pas la citoyenneté du pays qu'il habite* ». Nous employons ici le mot « étranger » selon son étymologie latine « *extraneus* » qui signifie « *extérieur* ».

75. Nous déplorons également le comportement de certains fonctionnaires, qui n'ont pas vu d'un bon œil notre démarche et ont craint la dénonciation et la mise en lumière de certaines pratiques illégales (employés fictifs, corruption, irresponsabilité administrative, etc.) répandues presque dans tous les secteurs du pays. Selon un article publié par le Professeur Ely MOUSTAPHA « *en Mauritanie, le taux des détournements à grande vitesse augmente plus rapidement que le taux de croissance du PIB* »[168]. Cette étude montre également qu'en Mauritanie, un taux de croissance trimestriel du PIB de 1,8 % s'accompagne, sur la même période, d'une croissance de 2,14 % de dépôts dans les paradis fiscaux et une croissance de 2,7 % de dépôts dans d'autres pays-refuges. Les bénéficiaires de ce détournement à ciel ouvert sont les politiques et les bureaucrates au pouvoir, selon le professeur Ely. Ces fonctionnaires corrompus nous ont perçus négativement comme une personne travaillant pour le compte de l'Occident et en conséquence comme un mauvais citoyen trahissant sa patrie. Ainsi, nous nous sommes confrontés très tôt à un silence absolu en raison de la méfiance de certains de nos interlocuteurs qui n'ont pas accepté que nous abordions lors de notre « pré-terrain » des sujets tabous comme l'indépendance de la justice ou la corruption des magistrats, par exemple.

76. Ces sujets tabous fâchent puisqu'ils ne doivent pas être abordés avec des personnes venant de l'extérieur (étranger). Par ailleurs, la peur motive cette réaction de défiance. Une réponse pourrait effectivement coûter très cher. Les sujets d'ordre politique et juridictionnel sont tabousen raison de ce que Pierre Fabien NKOT appelle « *la légalité de la peur* »[169], instaurée par lesmilitaires au pouvoir depuis le coup d'État de 1978[170]. Par ailleurs, il n'est globalement pas facile, dans une société conservatrice où tous les rapports sociaux et économiques sont régis par la tradition et la religion, d'aborder des questions qui touchent la sphère privée de nos interlocuteurs. L'islam jouant un rôle très important dans les rapports entre tribus, il n'est pas aisé de parler de conflits interfamiliaux ou intrafamiliaux, et cela, quelle que soit la nature de ces litiges. Il faut aborder ces questions avec « *pudeur* » et « *respect* », ainsi que l'exige l'islam. Tout cela explique pourquoi de nombreuses personnes ont refusé de nous recevoir ou nous onttraités avec beaucoup de méfiance.

77. Enfin, une autre difficulté majeure à soulever et que nous avons pu rencontrer lors de notre étude de terrain est celle liée à ce que nous appelons « *la corruption des interlocuteurs* ». Pour décrocher un simple entretien avec certaines personnes ou solliciter un service de base (contacts, adresses/e-mails, numéros de téléphone), il est nécessaire de payer. Par moments, nous n'avons pas eu d'autre choix que de faire passer « *la main sous la table* », afin d'être renseignés. Ce phénomène ne se dit pas ouvertement, mais il se ressent dès le premier contact. Certains nombres de personnes voient en effet en nous quelqu'un venant de l'Europe (France). Le nom de la « *France* » est synonyme de l'argent et la fortune. Ce comportement est un frein pour uneétude de terrain. Il s'agit d'une réalité vécue lors de chacun de nos déplacements à la ville comme dans les campagnes[171]. Si nous déplorons cette corruption, nous en comprenons les fondements. Car la misère est le quotidien de mes concitoyens.

78. Au-delà de toutes ces difficultés d'ordre matériel et financier, nous voulons souligner la question que l'anthropologue Haoua LAMINE appelle « *l'inadaptation de certains outils méthodologiques des pays dits industrialisés du Nord dans certains contextes des pays dits en voie de développement du Sud* »[172]. Cette question nous amène à une interrogation plus fondamentale c'est-à-dire les conséquences que cette inadaptation pourrait avoir sur la qualité scientifique du travail d'analyse de terrain. Ce travail de terrain dont les résultats sont évalués par les mêmes ou les seuls outils méthodologiques adaptés aux pays industrialisés dans des contextes de conflits intertribaux dans les pays étudiés comme, par exemple, le cas de la Mauritanie où le spectre des conflits tribalo-ethniques continue de hanter les esprits ce qui rendle terrain inapproprié pour le chercheur. Cette angoisse est justifiée d'autant plus que l'environnement immédiat offre des spectacles d'horreur et de désolation qui n'inspirent que la méfiance vis-à-vis d'un chercheur « étranger ». Ces difficultés liées quelquefois aux discoursde rejet ou de mépris, lorsque le chercheur se trouve sur le terrain. Malheureusement nos origines, notre nationalité et notre appartenance à la communauté nationale (Mauritanie) n'ontpas pu nous faciliter la tâche.

79. Néanmoins, notre expérience de terrain nous a permis de prendre conscience de l'importance de l'interaction et la communication pour un jeune chercheur issu d'une famille pauvre, qui n'a ni réseaux, ni un carnet d'adresses, à part son crayon et son bloc-notes dans une société à la fois tribale et conservatrice. Enfin, cette étude de terrain nous a également donné une idée sur l'importance de la *posture* que doit adopter le chercheur afin d'obéir à certaines règles spécifiques, en particulier la règle de « *la prise de distance de son soi* »[173]. Cette notion de « posture » est une démarche anthropologique adoptée par certains anthropologues du droit, notamment Étienne Le Roy, Michel Alliot et Norbert Rouland. Cela est nécessaire pour une étude de terrain anthropologique. C'est dans ce sens que Norbert ROULAND souligne que « *lechercheur doive se dépouiller de ses préjugés ethnocentristes* »[174].

VIII. Problématique

80. Le thème central de notre étude concerne la place des modes alternatifs de règlement des conflits en Mauritanie. Car en République islamique de Mauritanie, le dialogue demeure encore le moyen social privilégié pour résoudre les conflits. Le droit strict n'offre pas toujours de solutions amiables au litige, soit parce que les magistrats sont limités à faire exécuter leurs décisions, soit parce que la norme exogène est inadaptée aux situations conflictuelles[175]. C'estdans ce sens que Fréderic MAR et Matthieu PERDEREAU soulignent que « *beaucoup de citoyens méconnaissent, craignent ou défient une institution judiciaire qu'ils perçoivent comme lointaine, incompréhensible, [...]. Nombre d'entre eux perçoivent le droit comme un ensemble complexe, hermétique, voire ésotérique, réservé à des spécialistes (administrations, avocats, magistrats) pratiquant un langage et des rites opaques* »[176].

81. La justice est toujours mal perçue par les citoyens mauritaniens. Cette perception concerne l'ensemble de l'institution judiciaire. Pour le citoyen ordinaire, le service public de la justice n'est pas accessible à tous, même si les textes juridiques consacrent le principe de l'égalité de tous devant la loi et le droit à un procès équitable[177]. La justice est trop lente et trop couteuse. Pour régler un petit litige lié à un vol simple, le justiciable doit attendre longtemps pour que sa cause soit entendue par un juge institué par l'État. Il doit également payer de l'argent sans quel'institution judiciaire ne prenne en compte sa condition sociale et encore moins sa personne. Ceci amène les justiciables à recourir à la justice informelle qui est plus rapide, moinscompliquée, moins coûteuse et plus proche des citoyens. C'est en somme une justice humaine et humanisée. Ainsi, face à ces malaises de la justice institutionnelle étatique, les MARC peuvent être compris dans le système judiciaire mauritanien comme un système de justice plurielle, négociée et pacifiée. En tant qu'ils constituent comme un mode de résolution des litiges, ils peuvent bien apparaître comme une manière d'administrer la justice, une forme de justice contractuelle par opposition à la justice étatique ou imposée. Il s'agit du contrat envisagé comme mode possible de résolution des conflits. La justice négociée, en tant qu'instrument derégulation sociale constitue « *la mise en œuvre d'une véritable volonté d'offrir aux citoyens une nouvelle palette de solutions pour les litiges inhérents à toute vie en société* »[178].

82. La tradition mauritanienne en matière de règlement des conflits a toujours été la négociationet le consensus. En cas de conflit, on a recours aux *Mouslihs* (médiateurs, conciliateurs et arbitres) qui jugent selon l'intérêt du groupe et non par rapport à l'intérêt individuel. Les *Mouslihs* ont été institués officiellement dans l'organisation judiciaire en 1965 par la circulaire n° 1135 du ministre de la Justice et de l'Intérieur. Parmi ces critiques, la plupart portent sur son incapacité à répondre à la demande des justiciables, son coût, sa lenteur et la complexité de la procédure. Dans ce climat marqué par la méfiance des justiciables vis-à-vis de leur propre institution judiciaire se pose alors la question de l'accès à une justice de qualité pour tous. S'agit-il d'une justice étatique occidentalisée, étrangère à leurs préoccupations quotidiennes ? Ou s'agit-il d'une justice alternative et conciliatoire calquée sur la paix civile et la cohésion sociale ? Les justiciables ont-ils recours l'un ou l'autre ou l'un et l'autre dans un seul espace judiciaire ? Nous tenterons de répondre à ces questions en étayant notre recherche non seulement sur le peu des rapports et travaux universitaires existants sur le sujet mais aussi et surtout en nous fondant sur nos enquêtes de terrain.

83. La mutation de la société mauritanienne pourrait être caractérisée comme le passage d'un ordre juridique violent à un ordre juridique soft. Tous les observateurs (nationaux et internationaux) de la vie publique mauritanienne témoignent que les conflits sont généralementréglés par des pratiques informelles. Ainsi, méconnaître les modes alternatifs dans la perspective de rationalisation du droit et dans la période d'une forte demande de justice reviendrait à ignorer une grande partie du droit vivant dans une société en pleine crise juridiqueet judiciaire. D'autant plus que la Mauritanie, par nature, est la terre d'élection de la justice négociée et du consensus. Il faut souligner que la justice négociée fonctionne plus vite et coûte moins cher que la justice étatique. À ce titre, les MARC se développent de plus en plus dans lasphère juridictionnelle mauritanienne.

84. En droit mauritanien, une doctrine minoritaire mais progressiste considère les mécanismes alternatifs de règlement des conflits comme un moyen d'accès à la justice pour tous[179]. L'activité législative récente est venue conforter cette évolution favorable au développement des modes amiables. Citons en particulier la loi n° 2000-6 du 18 janvier 2000 portant Code de l'arbitrage abrogée et remplacée par la loi n° 2019-019 portant code de l'arbitrage dans le domaine du commerce national et international. Les autorités mauritaniennes ne sont pas limitées uniquement aux normes juridiques relatives à l'arbitrage. Elles ont également adopté la loi n° 2019-008 du 19 février 2019, modifiant et complétant certaines dispositions du Code de procédure civile, commerciale et administrative (CPCCA) sur la médiation judiciaire qui introduit dans le CPCCA un Livre III bis exclusivement dédié aux « *modes alternatifs de règlement des litiges* ». Il faut signaler également l'importance de la loi n° 2019-020 du 29 avril 2019 modifiant et complétant certaines dispositions du CPCCA sur la médiation conventionnelle et enfin la loi n° 2019-021 du 29 avril 2019 sur le règlement des petits litiges. Ces textes normatifs sont venus légitimer et confirmer la volonté politique des autorités mauritaniennes de faciliter l'accès à la justice pour tous, mais également de promouvoir la justice alternative et d'adapter en conséquence le système judiciaire du pays aux impératifs contemporains.

85. Dans ce sens, nous nous joignons à Jean-Paul JEAN[180] dans son plaidoyer en faveur de l'accès des citoyens au service public de la justice. La jurisprudence se montre également favorable au règlement alternatif des litiges. Citons à cet égard un arrêt de la Cour suprême de la République islamique de Mauritanie du 24 janvier 2019[181].

IX. Annonce du plan

86. Le système judiciaire mauritanien est le produit d'une interaction entre justice traditionnelle et justice moderne. C'est dans cette perspective que se situe notre recherche dont l'objectif estd'apporter notre contribution à l'organisation judiciaire et à l'avènement des modes alternatifsde règlement des conflits en Mauritanie. En Mauritanie, comme dans les autres territoires de

l'Afrique-Occidentale française après les indépendances, l'évolution juridique et judiciaire démontre deux doctrines : *La doctrine de l'assimilation et la doctrine de l'adoption* »[182]. Depuis l'accession de la Mauritanie à son indépendance le 28 novembre 1960, la justice formelle définie selon la tradition européenne comme un principe suivant lequel on doit attribuer à chacun ce qui lui est dû n'a jamais été et ne sera jamais compatible avec les fondements de la société mauritanienne. Cette forme de justice ne peut être appliquée en République islamique de Mauritanie, ni intégralement, ni de façon satisfaisante, car malgré l'apparence des tribunaux étatiques mauritaniens, les institutions mauritaniennes reposent toujours sur des fondements tribaux et communautaires.

87. Si la colonisation est synonyme d'assimilation et de domination, imposant son modèle de justice à la société mauritanienne, elle doit aller de pair avec les formes de justice traditionnelle trouvées sur place. Malheureusement, la justice formelle se trouve dans l'impossibilité de répondre aux demandes des justiciables dans un délai raisonnable. Les justiciables reprochent à la justice institutionnelle sa lenteur, son coût et son formalisme exacerbés. De ce fait, les MARC constituent pour les justiciables un recours adéquat pour résoudre les conflits : une justice qui vient humaniser les rapports sociaux, économiques et politiques entre les Mauritaniens. Pour des raisons de clarté et de précision, nous allons étudier dans un premier temps la contestation sérieuse du droit et de la justice en Mauritanie, les MARC comme solution alternative à la justice étatique (Première partie).

88. La notion de conflit est intrinsèquement liée à la société. En ce sens, le mécanisme non juridictionnel est l'une des solutions pour gérer les conflits qui ébranlent la paix et la stabilité en RIM. Ce mécanisme encourage le règlement des conflits à l'amiable, par voie de médiation, de conciliation et d'arbitrage avec la présence d'un tiers indépendant et impartial qui a pour but de rapprocher les points de vue des parties en conflit afin de trouver un terrain d'entente. Dans le but de systématiser la justice alternative, les autorités mauritaniennes ont mis en place depuis 2019 une réforme juridictionnelle en faveur des MARC. Les modes alternatifs de règlement des conflits comme instrument de paix aident les parties litigieuses à atteindre par le dialogue, le compromis et le consensus. Les solutions dégagées au moyen d'un accord à l'amiable tranchent avec le règlement des conflits imposé par un juge institué par l'État. Dans cette optique, les MARC sont présentés comme une « panacée », respectant la culture de l'amiable propre à la Mauritanie. Dans le contexte mauritanien, les MARC constituent un moyen d'accès à la justice pour tous (seconde partie).

Partie première : Droit et justice dans une contestation en Mauritanie : les MARC comme solution alternative

« Le droit est un langage mais il y a dans une langue plusieurs façons d'utiliser les mots pour leur faire produire un effet ».

Soazick KERNEIS

89. L'État qui se distingue par la qualité de son service public de la justice, doit cependant s'inscrire de manière irrévocable dans le concert des États postmodernes, et de s'attacher à la pratique des valeurs démocratiques, les principes fondateurs de la justice et le respect des libertés fondamentales. La justice dans la société mauritanienne du XXIe siècle est de plus en plus sollicitée. Clé de voute de l'État de droit, la justice se présente comme le socle fondamental des démocraties dites politiques et constitutionnelles dans une acception plus moderne[183]. Le droit est un mode de régulation social des conflits parmi d'autres. Il sert à prévenir et à traiter les conflits survenant dans la société au nom d'une « *référence commune partagée entre les membres d'une même société* »[184]. À cet égard, le droit est un instrument de base de l'agencement social et un moyen de canaliser le déroulement des rapports moraux et juridiques entre les individus, les clans et les groupes vivant en société ou en communauté afin de restaurer l'ordre et la paix sociale. Sans doute il existe plusieurs manières de restaurer la paix et l'harmonie sociale dans le groupe sans faire appel aux instances judiciaires étatiques. Les mécanismes de résolution amiable des conflits sont aussi un mode de régulation sociale permettant d'instaurer la paix et le lien social entre les individus, les groupes et les clans.

90. Ainsi, le siècle dans lequel nous vivons est un siècle favorable à toutes sortes de prises de position sur la justice et sur les différentes manières de la rendre dans les sociétés multiculturelles comme celle de la Mauritanie et postmodernes. Cette époque est parée de toutes les vertus, et puis la justice est trop sollicitée par les citoyennes et citoyens de façon plus humaine, concrète, rapide et douce. La justice traverse aujourd'hui en République islamique de Mauritanie et partout dans les sociétés démocratiques une crise très profonde. Il s'agit là de la « *crise* *institutionnelle qui dépasse le cadre d'un simple mouvement corporatif* »[185]. Ainsi, pourparler des problèmes de la justice en Mauritanie, il y a *a priori,* un large consensus des Mauritaniens confirmant que la justice est en crise sous plusieurs formes. Cela a été démontré par le rapport interministériel publié en 2005 sur l'état des lieux de la justice en Mauritanie. Ce rapport constate en substance que la justice en République islamique de Mauritanie est secouée par une crise multiforme : crise de confiance, crise d'autorité et crise des ressources humaines et financières. C'est sans doute sur ce dernier point qu'il y a lieu de relever que le département de la justice ne dispose que de moins d'un pour cent (1 %) du budget global de l'État entre 2005-2006. Cela explique que ce département est très mal outillé pour assurer le bon fonctionnement du service public de la justice. L'organisation juridictionnelle actuelle héritée du système français ne semble pas correspondre aux réalités quotidiennes des Mauritaniens. Les justiciables ne se reconnaissent sans doute plus dans cette organisation judiciaire importée de l'Occident dont son formalisme, sa lenteur et la violence de ses décisions la mettent dans l'incapacité de répondre aux attentes des populations et d'assurer durablement l'unité et la cohésion sociale entre eux. Ce phénomène est mondial. La justice est au centre de toutes les grandes agitations partout dans le monde même dans les grandes démocraties (France, États-Unis, etc.).

91. Ainsi, cette étude intervient comme le souligne Jean-Pierre BONAFÉ-SCHMITT, « *dans une période charnière de l'évolution de nos sociétés, de l'évolution des mœurs et l'évolution des besoins vers un pluralisme judiciaire et plus largement vers une pluralité de modes de régulation sociale* »[186]. Les modes alternatifs sont de nature à contribuer au redressement d'une situation qui mettrait en péril l'équilibre social et la paix durable entre Mauritaniens. Au-delà du contexte de paix et du lien social, les modes alternatifs contribuent aussi concrètement au désengagement des tribunaux étatiques pour certains litiges qui nécessitent la contractualisation des rapports sociaux et juridiques entre les justiciables sans l'interventionnisme étatique. C'est à ces notions de justice imposée et de justice négociée assez difficiles à cerner que l'on s'intéressera pour analyser l'état des lieux de la justice en République islamique de Mauritanie (Chapitre I) avant d'étudier les MARC, un (re)nouveau modèle de la justice en Mauritanie (Chapitre II). Enfin, nous examinerons le recours au Médiateur de la République comme mode alternatif de règlement des litiges permettant aux usagers et à l'administration de trouver un compromis ou un accord pacifique aux litiges qui les opposent (Chapitre III).

Chapitre 1 :
Un bref état des lieux de la justice en Mauritanie

92. La République islamique de Mauritanie a été créée de toutes pièces par l'administration coloniale française. Elle est le seul pays de l'Afrique de l'Ouest n'ayant pas été administré depuis son territoire national et bénéficié de sa propre organisation judiciaire coloniale sur son territoire comme les autres anciennes colonies françaises telles que le Sénégal, la Guinée Conakry, le Mali et les pays voisins de la République islamique de Mauritanie. Pendant la colonisation, la justice en République islamique de Mauritanie était administrée depuis le territoire sénégalais avec les institutions judiciaires coloniales qui s'y trouvaient.

93. Dès l'indépendance du pays du 28 novembre 1960, l'organisation judiciaire a connu plusieurs réformes juridiques et juridictionnelles. La première réforme judiciaire fut celle de la loi du 27 juin 1961 qui a posé les bases nécessaires de la justice en Mauritanie. Depuis cette réforme judiciaire, le système judiciaire mauritanien offre depuis son accession à son autonomie interne jusqu'à aujourd'hui une figure mimétisme, évolutive et paradoxale. D'un côté, les lois visant la réforme des institutions judiciaires se multiplient des normes juridiques de tout et son contraire sans succès. Il s'agit là sans doute une inflation normative. De l'autre, la justice est mal administrée, mal outillée et taxée d'impartiale et est soumise aux ordres de l'exécutif et les lobbys tribaux et claniques du pays. Ce phénomène date depuis les années 60 après l'indépendance du pays qui ne semble pas attirer l'attention des autorités. La justice est longtemps restée en marge de la vie des citoyens car celle-ci ne répondait pas à leurs attentes et aux aspirations des justiciables. Cette marginalisation judiciaire et juridictionnelle est palpable même aujourd'hui malgré l'inflation normative et la multiplication des différentes réformes juridiques et juridictionnelles régissant la vie quotidienne des Mauritaniens[187].

94. L'implosion et la marginalisation de l'institution judiciaire ne sont pas une surprise pour les justiciables. Ce qui est remarquable, c'est la souffrance des justiciables face à une institution qui ne les écoute même pas.

Dans le contexte mauritanien, dresser un panorama de la justice constitue à la fois une tâche laborieuse, complexe et fascinante. La présentation de cet état de lieux s'inscrira dans la recherche des difficultés d'accès à la justice et son inefficacité à répondreaux besoins des citoyens. Pour apprécier à sa juste valeur la justice en Mauritanie, il convient d'étudier son historique (section première), puis l'évolution de celle-ci après l'accession de la Mauritanie à son indépendance le 28 novembre 1960 (section deuxième).

Section 1- Le contexte historique de la justice en RIM

95. Dès les débuts de la colonisation, les Européens sont présents dans cette zone sahélo-saharienne de l'Afrique-Occidentale française en particulier en République islamique de Mauritanie pour des raisons politiques, économiques et stratégiques. La Mauritanie fut un des États tampon pendant la colonisation entre le Maghreb et l'Afrique noire ; elle l'est toujours depar sa position géographique. C'est en ce sens que le professeur Haimoud RAMDAN écrit que « *la Mauritanie a été colonisée pendant plusieurs années par la France dont les administrateurs ont à plusieurs reprises tenté vainement de supprimer les institutions judiciaires traditionnelles héritées de la religion musulmane et du droit coutumier* »[188]. C'est sans doute face à cette résistance des populations autochtones que les colonisateurs ont changéde stratégies et de discours. À cet égard, ils ont créé leurs propres institutions politiques et judiciaires issues de la métropole parallèle aux institutions judiciaires traditionnelles préexistantes d'où la naissance de la pluralité des ordres juridictionnels en République islamique de Mauritanie. C'est ce dualisme des normes juridiques (charia islamique, norme coutumière et loi française) qui a conduit la Mauritanie au mimétisme des institutions judiciaires depuis son accession à son autonomie interne le 28 novembre 1960. Aujourd'hui, le système mauritanien est fait de cette pluralité des ordres juridiques et judiciaires.

96. À cette époque-là, en matière de justice et de droit comme dans les autres domaines, la Mauritanie avait été rattachée à l'ex-fédération noire comme ses pays voisins et limitrophes, le Sénégal et le Mali. Les affaires administratives étaient jugées soit par le Conseil d'État de Paris soit par le Conseil contentieux de Dakar (Sénégal). Les affaires judiciaires étaient partagées entre les juridictions françaises et les juridictions de droit local, qui se trouvaient sur le territoire sénégalais (Saint-Louis)[189]. Comme les autres États de l'Afrique-Occidentale française lorsque la République islamique de Mauritanie accéda à l'indépendance, elle possédait un double héritage : la justice précoloniale (§ 1) et la justice dite coloniale (§ 2).

§ 1- La justice précoloniale

97. Période charnière dans l'histoire de la justice en République islamique de Mauritanie. Le VIIIe siècle donne à voir le dernier État de la justice précoloniale d'abord dans ses structuresinstitutionnelles dominées par la distinction fondamentale entre justice coutumière ou traditionnelle et justice islamique ou chariaïque.

98. Le système judiciaire précolonial mauritanien était un système complexe qui s'est conçu sur la base de deux types de justice : la justice coutumière et la justice islamique. À cette époque, l'agencement social et politique de la société n'était pas adapté à organiser une institution judiciaire permettant de respecter les principes fondateurs d'une justice moderne. Pendant l'époque précoloniale, le système judiciaire était composé à la fois particulièrement desinstances coutumières et islamiques issues de coutumes, de la charia islamique et de préceptes coraniques. Le pays était et est toujours composé de tribus et d'ethnies nomades (maures) connues pour leurs migrations régulières sur l'ensemble du territoire mauritanien essentiellement au nord du pays et de communautés sédentaires (Noirs) qui demeurent fixées ausud du pays. Ce qui explique aujourd'hui en Mauritanie le phénomène de tribalisme à outrance comme une réalité sociologique et politique, voire judiciaire. Comme le souligne Ould CHEIKH, « *la tribu est une réalité qui évolue, s'étend ou se rétrécit, se renforce ou s'affaiblit au gré des circonstances historiques, des compétitions internes ou externes qui la prennent pour enjeu ou pour cible, des stratégies de contrôle et de direction qui opposent en son sein...* »[190]. Le tribalisme joue un rôle prépondérant dans le système social, économique et politico-judiciaire de la vie quotidienne des Mauritaniens. Il résulte de ce phénomène un sentiment d'appartenir à la même descendance qui fait naître un comportement psychologique de supériorité et d'arrogance sur tous les aspects de la vie chez la personne.

99. Il existait en effet en Mauritanie deux formes de justice précoloniale. À partir du VIIe siècle, le phénomène arabo-islamique atteint cette zone grâce au commerce transsaharien avec l'instauration du cadi, comme magistrat du droit musulman qui rendait la justice sur la base du Coran et de la Sunna c'est-à-dire la charia islamique (B) ; mais à côté de cette justice islamique comme partout dans l'Afrique traditionnelle française, les conflits étaient aussi réglés par des instances coutumières ou traditionnelles (A).

A- La justice coutumière ou justice traditionnelle

100. Pour traiter la question de la justice coutumière en République islamique de Mauritanie, nous allons nous situer à la période précoloniale. Il s'agit de la période dans laquelle les instances coutumières étaient les seules instances judiciaires légitimes et compétentes aux yeux des populations autochtones pour résoudre les conflits. En effet, en République islamique de

Mauritanie comme partout dans l'AOF, la justice coutumière était la seule voie possible de règlement des conflits pour les populations. Le droit précolonial mauritanien était un droit coutumier qui a ses qualités et ses faiblesses. Or, en Afrique et particulièrement en Mauritanie, la coutume était essentiellement orale d'où la question des sources qui se pose. En effet, la tradition orale, selon Séraphin NENE BI est la grande source de l'histoire[191], qui pose problème. De ce fait, nous allons nous appuyer à la fois sur notre terrain d'enquête, les travaux de Haimoud RAMDAN[192], Ahmed BABOU[193] et Maurice KAMTO[194]. Nous nous intéresserons aussi aux travaux des juristes et anthropologues africanistes tels qu'Étienne Le Roy[195], Michel ALLIOT[196] et Jacques VANDERLINDEN[197], qui s'avèrent nécessaires au regard de leurs apports juridiques et anthropologiques sur la justice africaine et droit traditionnel africain. À cette époque, le droit dit coutumier au sens propre du terme était considéré comme le seul instrument juridique pour régler les conflits. Nombre d'auteurs s'interrogent sur sa nature et sa portée dans les sociétés traditionnelles africaines. Ainsi, son caractère contraignant n'exclut pas des adaptations pour les populations autochtones surtout quand la reproduction du lien social et la réconciliation des groupes humains l'exigent[198]. La justice coutumière ou traditionnelle est un outil de paix et un protecteur de l'équilibre social pour ces populations traditionnelles. Les décisions rendues par les instances coutumières sont exécutées par les populations. Il est important de s'intéresser à la nature juridique et anthropologique de la justice coutumière (1) avant d'étudier sa fonction sociale dans le règlement des conflits en milieu traditionnel africain en général, et mauritanien en particulier (2).

1. La nature juridique et anthropologique de la coutume

101. Le professeur SAWADOGO[199] distingue la coutume dans le système étatique et la coutume dans le système coutumier. Il soutient que la coutume dans le système étatique « *est d'abord une pratique régulière et normale dans un groupe social donné impliquant une certaine durée et ensuite une pratique qui est reconnue ou obligatoire par le groupe et respectée comme telle. Cette dernière caractéristique distingue la coutume de l'usage qui revêt socialement un caractère moins contraignant* »[200]. Il s'agit là d'un vrai droit traditionnel et autochtone fondé sur l'oralité et les pratiques traditionnelles d'un groupe bien déterminé. Ce droit est à la fois spontané, obligatoire, populaire et constitué de comportements et d'agissements tenus pour règles pour les membres de ce groupe-là en matière de résolution des conflits.

102. À la lecture de la doctrine, on s'aperçoit d'une distinction de points de vue entre les anthropologues du droit et les juristes. Du point de vue des juristes, « *la coutume est une norme de droit objectif fondée sur une tradition populaire (consensus utentium) qui prête à une pratique constante,* *un caractère juridiquement contraignant ; véritable règle de droit (commela loi) mais d'origine non étatique (et en général non écrite) que la collectivité a faite sienne par habitude (*diuturnus usus*) dans la conviction de son caractère obligatoire (*opinionecessitatis*) »[201]. La coutume est une règle résultant de la répétition généralisée de comportements perçus par ses agents comme l'application ou l'expression d'une règle de droit. C'est sans doute que les juristes retiennent ici trois attributs pour définir la coutume : « *un usage général, renouvelé au cours des temps sans interruption et tenu pour obligatoire : on parle d'*opinionecessitatis, *comme avis partagé que ces pratiques sont tenues pour indispensables par le groupe et en vue de sa régulation* »[202]. En ce sens, la coutume est considérée par les Africains comme une norme sociale, politique et juridique issue d'un usage général et prolongéd'un groupe bien déterminé. Elle constitue une source locomotive des droits africains.

103. À cet égard, c'est la sanction qui permet de donner un caractère à la juridicité, donc le caractère obligatoire de l'usage. La coutume est l'un des produits de l'activité juridique au même titre que la loi et la jurisprudence. C'est dans ce sens que la coutume est aussi « *ce qu'il est convenu d'appeler "une source formelle du droit", c'est-à-dire un mode de formulation du résultat inexprimé d'un processus créatif qui se situe respectivement dans l'esprit du sachant, du juge, du chef ou de Dieu* »[203]. En d'autres termes, pour les juristes la coutume est une source de droit à condition de ne pas aller à l'encontre d'une norme juridique législative et la reconnaissance de celle-ci est subordonnée à une autre source qui est celle de la loi.

104. La coutume prend sa source sur les croyances populaires et le respect de l'autorité des anciens détenteurs de la tradition sacrée. Les sociétés coutumières ou traditionnelles ne nient pas l'individu en tant que tel et l'harmonie sociale malgré ce que pourrait laisser penser le caractère extrêmement cohésif et contraignant de la norme coutumière. Elles mettent au premierplan l'existence de cohésion sociale et l'équilibre social c'est-à-dire éviter à tout prix de déchirer le tissu social. Pour comprendre comment la coutume africaine se présente, Michel ALLIOT adopte la métaphore du tripot. L'auteur compare les coutumes africaines à divers jeuxoù chacun des joueurs à un jeu diffère de l'autre : « *il y a donc au fondement de la coutume unelogique, qui irrémédiablement, la distingue de toutes les autres formes de régulation, donc de la morale et de la religion, mais aussi sur le terrain juridique, de la loi et des habitus* »[204]. Dans le même ordre d'idées, l'anthropologue et juriste Louis ASSIER-ANDRIEU montre que, « *la coutume est une expression directe de la conscience commune, répertoire normatif spontané des groupes et des peuples, droit immédiatement connecté aux besoins sociaux, la coutume se manifeste aussi bien comme principe d'ordre qu'elle porte témoignage d'un ordre immanent* »[205]. Cette approche anthropologique de la coutume fait apparaître le caractère normatif de la coutume et son importance capitale dans un groupe social donné ou dans une société communautaire donnée comme celle de la Mauritanie.

105. Ainsi, dans sa définition de la coutume Norbert ROULAND[206] a fait sortir les trois caractères (réplétion, spontanéité et obligation) de la coutume dans l'ordre idéal. La coutume (*Addah*) est certainement la notion intermédiaire la plus familière aux sociologues et aux anthropologues, qui constitue toujours une réalité sociale. C'est dans cette optique que Max WEBER a donné un contenu objectif de celle-ci en écrivant : « *Là où la contrainte juridique fait d'une coutume une obligation de droit (par exemple, en invoquant les manières de faire courantes), il est fréquent qu'elle n'ajoute presque rien à son efficacité. Et là où cette contrainte est dirigée contre la coutume, généralement pour influencer le comportement réel des personnes, elle échoue* »[207]. La coutume c'est le consensus, le partage d'une norme communeau sein d'un groupe et c'est aussi la confiance qu'ont tous les membres du groupe d'être jugés en vertu de cette norme sociale et commune. Dans cette perspective de paix, la coutume est donc une manifestation sociale d'un groupe permettant de réguler les conflits inter ou intra-communautaires qui peuvent survenir d'un groupe ou d'une communauté.

2. La coutume, moyen de régulation des conflits

Depuis près de trois décennies selon l'anthropologue belge Amandine LAURO, « *les historiens du droit et de l'Afrique s'intéressent aux processus de construction du droit coutumier dans l'Afrique précoloniale et coloniale du XXe siècle et à leurs enjeux – juridiques, politiques et sociaux* »[208]. En ce sens, il est important de souligner que l'anthropologie juridique et l'histoire du droit ont abondamment décrit la production des normeset les façons de juger des sociétés traditionnelles[209], comme, par exemple, les sociétés coutumières africaines fondées sur l'oralité et les pratiques traditionnelles. Les études historiques et anthropologiques sur les sociétés africaines illustrent que l'Afrique précoloniale disposait d'une civilisation originale et de valeurs sociales, sociétales et juridiques. Ainsi, avant

les indépendances, il existait un droit originellement africain administré par les institutions communautaires africaines telles que les rois, les religieux, les hommes des castes et les chefs des clans, des tribus ou des communautés. Ce droit typiquement africain prend son sens et ses normes dans les croyances populaires, dans la mythologie et dans les mondes visibles et invisibles dont les sociétés africaines sont entourées. Ainsi, ces normes coutumières « *établiespar le groupe permettent de régler les relations entre les membres du groupe. Elles doivent être impérativement respectées par le groupe* »[210]. La question de la justice coutumière et de la placedu droit coutumier a été posée lors de la conférence sur les tribunaux locaux et le droit coutumierafricain à Dar es-Salaam, en 1963. Il a été question lors de cette conférence de recenser les différentes coutumes, les tribunaux coutumiers et de leur donner une forme écrite et modernede résolution des conflits mais aussi de les adapter à l'évolution des sociétés africaines et des droits africains[211]. La pratique coutumière dans les sociétés africaines constitue un processus de régulation sociale des conflits et d'instauration du lien social. À cet égard, les institutions coutumières règlent les conflits entre les membres du groupe et régissent la vie de la populationafricaine.

106. La République islamique de Mauritanie comme les autres pays voisins de l'Afrique subsaharienne est une société communautaire et tribale où foisonne une multitude de groupes sociaux régis par les règles coutumières et autochtones. Ainsi, avant la colonisation, les conflitsétaient réglés dans le cadre d'une justice dite coutumière et traditionnelle comme dans toutes les sociétés traditionnelles africaines. L'objectif de cette justice consiste à préserver la paix età rétablir le lien social et l'harmonie au sein de la communauté ou du groupe. Il s'agit là d'un modèle de justice autochtone engendré par une société traditionnelle nomade et sédentaire quiprône depuis toujours pour la paix, la tranquillité et l'harmonie.

107. Comme toute norme juridique, la norme coutumière est assortie de sanctions par les autorités compétentes. Cette norme coutumière est appliquée par les instances coutumières chargées de la faire respecter. La justice coutumière africaine est avant tout un moyen de règlement des conflits, basée sur le consensus et la réconciliation. C'est dans cette perspective de justice consensuelle qu'Ahmed BABOU et Jean ARNAUD soulignent qu'« *en Mauritanie la justice coutumière est générée par une société traditionnelle dans laquelle le groupe est la référence première, où l'individu est très fortement intégré dans les structures familiales ou claniques* »[212]. C'est sans doute qu'il s'agit là d'une justice sociale issue des pratiques communes qui a pour but d'instaurer la paix et les liens sociaux dans le groupe. De ce fait, la justice coutumière envisage le conflit par rapport au groupe et non par rapport à l'individu. C'est dans ce sens que l'homme est condamné à vivre en collectivité. Le collectif prime sur l'individu. La règle de droit découle de la communauté par consensus pour être pratiquée et respectée par tous. Ainsi,le droit a pour fonction sociale et politique dans la société coutumière de maintenir l'équilibre social par la référence à des normes sociales et coutumières.

108. Ainsi, lorsqu'un conflit éclate dans le groupe, on a recours aux instances coutumières quisont considérées aux yeux des populations comme des conciliateurs afin de pouvoir trouver unesolution pacifique. Ces instances sociales sont considérées par les populations mauritaniennes comme des instances de paix et de réconciliations. La procédure du règlement des conflits dansle cadre de la justice traditionnelle mauritanienne est orale et informelle, fondée sur le dialogue,le consensus et l'esprit de conciliation. Ainsi, avec un échange d'idées et d'opinions dans le respect des ancêtres et des traditions ancestrales se dégage une décision consensuelle. Cette décision est acceptée et exécutée par le groupe pour préserver son équilibre social. C'est dans ce contexte de paix et d'équilibre que Régis LAFARGUE parle d'une « *justice plus humaine faite de rencontres réussies ou ratées* »[213] car elle est le produit de l'activité sociale commune du groupe. Ce règlement des conflits traditionnel recueille à l'unanimité l'adhésion des populations autochtones, et permet à celles-ci de préserver la paix civile et l'harmonie sociale.Comme le souligne le chef du village lors de notre entretien avec lui en Mauritanie : « *la justice du chef, c'est la paix et la cohésion sociale. Car on est en présence de la justice traditionnelle pour appliquer les règles coutumières. Cette justice a pour rôle de rapprocher les points de vue des parties. Le chef ne cherche pas à prononcer des sanctions, mais plutôt de réconcilier les litigants* »[214]. Les chefs coutumiers sont considérés par les groupes comme des conciliateurs prédisposés et légitimes cherchant à réconcilier les parties en conflit.

109. Néanmoins, en dépit du rôle que la justice coutumière a joué ou continue toujours à jouer dans la société mauritanienne autochtone, elle fait face aujourd'hui à des pressions et de nombreuses critiques à cause de certaines de ses sanctions inhumaines et dégradantes qui sont contraires au respect des droits de l'homme et de toutes les conventions internationales dont la Mauritanie est signataire. Cette pratique est aussi contraire aux valeurs qui sous-tendent une société libérale fondée sur les principes démocratiques et l'état de droit dont la société mauritanienne se réclame. Cette vision fantasmée de la justice coutumière a été utilisée pour décrire un état « paradisiaque », une sorte de mythe de l'âge d'or de la coutume dans les sociétés traditionnelles africaines en particulier la société mauritanienne. Au lendemain des indépendances, la coutume africaine est mise à sac et dévalorisée par la pensée coloniale. Elle a été constamment associée aux affaires d'envoûtements et de sorcelleries. Les chefs coutumiers sont devenus impuissants pour régler les conflits. Nous constatons également que les questions liées à l'être humain et ses droits fondamentaux ne sont pas une priorité pour le système judiciaire coutumier.

110. L'instance coutumière a souvent été assimilée à des abus de pouvoirs des autorités coutumières, au non-respect des normes internationales (l'esclavage), à des traitements inhumains et à des atteintes graves et psychiques à l'encontre des femmes (l'excision). Les limites de la justice coutumière sont particulièrement évidentes lorsqu'il s'agit des questions liées aux enfants et aux femmes. Elle ne respecte pas les principales conventions et les normes internationales en matière de justice pour mineurs dont le pays est signataire. Les conventions internationales et le Code de statut personnel fixent l'âge de la majorité à 18 ans. Malheureusement, les acteurs de la justice coutumière associent l'âge de la majorité des jeunes filles à l'âge de la puberté comme le recommande le droit musulman. C'est cela qui engendre le mariage précoce et forcé des jeunes filles mineures sans leur consentement éclairé. Il est aussiimportant de noter que le système de la justice coutumière est même souvent contraire aux principes du droit musulman et de la charia islamique.

111. Quant aux sanctions que procure la justice coutumière, il convient de souligner que certaines de ses sanctions peuvent être cruelles. Norbert ROULAND distingue trois catégoriesde sanctions dans le système de justice coutumière : « *les purifications, les compensations et les peines. Les peines sont graduées suivant la gravité du délit : elles peuvent être psychologiques (le blâme ou le ridicule), corporelles (mutilation), privation de liberté* »[215].

Ainsi, les victimes de viol ou d'agression sexuelle sont souvent traitées par la communauté comme les responsables de leur propre sort. Ce système de justice traditionnelle est contraire aux principes du droit à un procès équitable. Il est judicieux de ne pas enrichir la justice coutumière car il s'agit d'un système qui continue à valider des pratiques traditionnelles contraires au respect des droits de l'homme en Mauritanie. Les approches de la justice coutumière doivent être jugées à l'aune du respect de la dignité humaine et de droits fondamentaux de citoyens. La conversion de la Mauritanie à l'islam sunnite (doctrine malikite)se traduit par l'instauration d'une justice cadiale.

B- La justice cadiale ou islamique

112. La conversion de la République islamique de Mauritanie à l'islam sunnite plus précisément aux rites malikites vers le XIe siècle par les mouvements almoravides a permis l'introductionde la justice cadiale dans la résolution des conflits entre les Mauritaniens. La justice issue du droit musulman est fondée sur la charia islamique, et est dirigée par le cadi (super juge), le magistrat de droit musulman. Le droit musulman est un droit écrit qui comporte deux sortes de normes selon Séraphin NENE BI : « *d'une part une théologie qui fixe les dogmes et précise ceque le musulman doit croire connue sous la dénomination arabe "Aquida", d'autre part, et dans une vision plutôt juridique, un ensemble de normes prescrivant aux croyants le comportement qu'ils devraient adopter dans la vie de tous les jours appelé " charia" autrement dit voie àsuivre* »[216]. Il s'agit là du Coran et de la sunna du Prophète Mahomet qui constituent les deux principales sources du droit musulman. À cet égard, il y a lieu d'étudier les origines de la justice cadiale (1) et l'affaiblissement du pouvoir juridictionnel du cadi (2).

1. Les origines de l'islam et de la justice cadiale/islamique

113. L'islam a une racine arabe, « *Seleme* » qui signifie « se soumettre à Dieu ». L'islam, selonles musulmans et la tradition prophétique, est la dernière religion d'ALLAH (Dieu) après le christianisme et le judaïsme (qui sont aussi des religions monothéistes venant de Dieu). Dieu est par définition symbole de l'amour et de la paix. L'avènement de l'islam en République islamique de Mauritanie est lié à l'arrivée des marchands musulmans et des Berbères Sanhadjavers le VIIIe siècle. Ces Berbères arabes islamisés faisaient le commerce triangulaire dans cette zone désertique mouvementée et la razzia des convois caravaniers. C'est ainsi que les Almoravides sont arrivés en RIM et ont décidé de mener une guerre sainte afin de pouvoir constituer un empire arabo-africain. Les musulmans sont appelés par leur religion à construire une société ou une communauté (*Oumaa*) qui fonctionne sur la base des règles du droit musulman. À cet égard, le droit musulman peut se définir comme étant un ensemble de principes juridiques et théologiques qui régissent la vie quotidienne des musulmans. Au sein decette communauté musulmane, les rapports moraux et juridiques sont régis par la charia islamique. En ce sens que le cadi est le seul juge censé faire appliquer la loi islamique aux justiciables musulmans en cas des conflits. Ainsi, « *depuis la seconde moitié du XIXe siècle,les études sur la justice cadiale et le droit musulman ont attiré l'attention du monde savant, etbeaucoup d'ouvrages ont été publiés, pour faire connaître ce corps compact de législation quia régi la société musulmane* »[217].

114. Cependant, l'histoire de la formation du droit musulman et de la justice cadiale est un sujetde controverses dans le monde musulman entre les chercheurs et savants musulmans. Sans doute ce phénomène s'explique par une pénurie de sources authentiques dans ce domaine-là car le Coran était le seul texte juridique de référence au Ier siècle de la révélation. Comme le montre Hervé BLEUCHOT « *la raison principale tient aux caractéristiques de la documentation. Les documents du premier siècle de l'hégire sont rares et il n'existe qu'un seul grand texte assurément daté de cette époque, le Coran* »[218]. Le Coran est une révélation divinequi contient des prescriptions d'ordre économique, politique, social et juridique. La tradition du Prophète Mahomet c'est-à-dire la *sunna* est arrivée tardivement après la révélation du Coran. Il faut souligner que sans la sunna, le Coran serait incompréhensible pour les musulmans. Le droit musulman fonde ses règles juridiques sur la charia islamique qui est un corpus des normes juridiques, sociales et économiques. L'organe judiciaire et juridictionnel qui statue en cas des conflits relevant du domaine du droit musulman est la juridiction cadiale. Le cadi est le seul et unique juge compétent pour juger les conflits qui surviennent au sein de la *Oumaa.*

115. La question des origines de l'institution judiciaire musulmane est une des questions les plus difficiles auxquelles les chercheurs musulmans doivent répondre. Cette difficulté est peut-être liée tant à la nature même du sujet qu'à ce qu'il n'a encore fait l'objet d'aucune étude scientifique sérieuse par les chercheurs musulmans selon certains auteurs[219]. Aux yeux d'Émile TYAN, « *la doctrine qui est adoptée par tous les anciens auteurs musulmans sur les origines du pouvoir judiciaire est uniformément la même.*

On ne relève, dans toutes ces compilations, aucune note discordante, aucune contradiction d'opinion, aucune controverse »[220]. Dans ce sens, pour les juristes de droit musulman, l'avènement de l'islam a été le point de départ de la justice cadiale dans le monde musulman[221]. À ce titre, le Coran a prévu les juges et l'institution judiciaire et le Prophète Mahomet a reçu une recommandation divine de juger les conflits. Le prophète était le premier juge avant de procéder à la désignation des autres juges.

116. Les premiers développements de l'institution cadiale font l'objet de critiques et d'interrogations dans les pays musulmans. Mathieu TILLIER souligne en ce sens que « *l'historiographie musulmane classique hésite elle-même à proposer un commencement à l'institution de la justice cadiale. La justice du Prophète, pour exemplaire qu'elle soit, n'y est pas assimilée, et les acteurs proposent divers moments pour l'apparition de ce qu'ils considèrent comme d'authentiques qadi-s – du vivant même du Prophète* »[222]. Pour d'autres, comme Maurice GAUDEFROY-DEMOMBYNES, le cadi est l'héritier de l'arbitre (*hakam*) antéislamique[223] car il existe un lien entre l'arbitrage antéislamique et la judicature du cadi. LeProphète Mahomet faisait l'arbitrage avant la révélation islamique.

117. En d'autres termes, nous pouvons souligner que la justice islamique a pris ses origines dans le système judiciaire préislamique issu de l'arbitrage. Ce système judiciaire a été suivi et recommandé par le Prophète Mahomet lui-même de son vivant. Il jugeait les litiges qui survenaient entre les habitants de la Médina et de La Mecque. Ainsi, dans la société arabe préislamique, l'arbitrage était considéré comme une justice négociée et conciliatoire adaptée à leur mode de vie. En effet, l'islamisation de la Mauritanie commence dès le XIe siècle par l'arrivée des Almoravides (a). S'ensuit la création d'une justice islamique fondée sur la chariaet rendue par un représentant de Dieu, le cadi, un super magistrat omniprésent (b).

a- Le mouvement almoravide en Mauritanie

118. La période s'étendant du VIIIe au XIe siècle est charnière dans l'histoire de l'islamisation de l'Afrique en général et de la République islamique de Mauritanie en particulier avec l'arrivée de mouvement arabe dit « *Almoravide* ». Cette phase historique de l'islamisationest bien connue par les historiens arabes et chercheurs africains. Elle a été rappelée et écrite en 1938 par Louis Massignon et Vincent Monteil dans leur ouvrage intitulé l'« *islam noir* »[224]. Il est important de noter que toutes les religions monothéistes sont d'abord arrivées officiellement en Afrique par l'Égypte avant d'être propulsées partout dans le continent africain en particulier l'Afrique de l'Ouest. L'islam a pénétré en Afrique « *plus obliquement dans le sens Nord-Est-Sud-Ouest et non pas d'Ouest en Est comme ce fut le cas pour la pénétration française, par exemple. Il prend pied avec la conversion des Coptes et des Berbères du VIIe au XIe siècle* »[225]. À partir du VIIIe siècle, le phénomène arabo-islamique atteint cette zone sahélo-saharienne grâce aux opérations commerciales et culturelles transsahariennes. C'est à partir decet instant que les fondements idéologiques et socioculturels des mouvements almoravides ont vu le jour en République islamique de Mauritanie.

119. Dans ses travaux de recherches, le professeur Haimoud RAMDAN souligne que « *l'histoire de la période des Almoravides est mal connue en Mauritanie, surtout en ce qui concerne l'organisation et le fonctionnement des institutions politiques, administratives et judiciaires. Cette situation est due, sans doute, au manque de documents écrits, car la civilisation était caractérisée par l'oralité* »[226]. Ce mouvement almoravide est une dynastie constituée des sages et des lettrés appartenant à la grande tribu des Sanhadja-Lemtouna. La dynastie s'est convertie à la religion musulmane avant le XIe siècle. De retour de La Mecque,elle a ramené avec elle un certain Abdallah Ben/Ibn Yacine, un prédicateur sunnite pour aller prêcher l'islam de rite malékite (rite qui est la source d'inspiration du législateur mauritanien jusqu'à aujourd'hui) dans la région du grand Sahara[227]. À cette époque, les Berbères du Sahara occidental se sont regroupés autour de Yahya Ibn Brahim et de leur chef spirituel Abdallahi Ibn Yacine afin de propulser l'islam dans la sous-région. Les Almoravides ont aussi effectué la conquête du Maroc, « *à partir de 1056 (prise de Sijilmasa) jusqu'en 1069 (prise de Fès). Puis,sous la conduite du grand souverain de cette époque, Yusuf Ibn Tashufin (1061-1106), ils conquirent la côte algérienne jusqu'à Alger et intervinrent en Espagne. Le mérite de l'islamisation en profondeur du Maroc et de la Mauritanie leur revient* »[228]. Il est très difficile de donner une histoire précise et exacte des mouvements des Almoravides en Mauritanie car lessources sont orales et imprécises.

120. Ainsi, vers le XIIe et XIIIe siècle, l'empire s'est décomposé et scindé en deux grandsmouvements qui sont à l'origine de la culture berbère en Mauritanie et au Maroc. Les deux pays (Maroc et Mauritanie) sont administrés par le mouvement qui se trouvait depuis le territoire marocain plus précisément la ville de Marrakech. La dynastie almoravide est à l'origine de l'islamisation du royaume peul du Tekrour et de la chute de l'Empire du Ghana après sa conversion à l'islam. C'est dans ce contexte que le mouvement almoravide arrive de manière définitive à installer les principes islamiques et la théologie en République islamique de Mauritanie entre les Xe et XIe siècles. À en croire le chercheur et ethnologue français Pierre BONTE, « *aux lendemains du mouvement almoravide, et malgré les revendications contestables d'une conquête du Ghana (l'Empire Wagadou) par ces réformateurs de l'islam, les tribus berbères sahariennes, vont passer progressivement sous l'influence de l'Empire du Mali à partir de l'empereur Soundiata (1235-1255)* »[229]. L'islamisation de la Mauritanie par ladynastie almoravide constitue le début de la transformation des rapports moraux, sociaux et juridiques entre les Mauritaniens. Elle marque sans doute l'avènement de justice cadiale en République islamique de Mauritanie.

b- Le règlement des conflits par un « super juge », le cadi

121. Il résulte de l'article premier de la Constitution du 20 juillet 1991 que la Mauritanie est une République islamique, indivisible, démocratique et sociale. L'islam est la religion du peuple et de l'État. Il est la seule religion pratiquée par les citoyens mauritaniens. Cela date de la première Constitution du 22 mars 1959 qui a conféré une place prépondérante à l'islam et à ses principes. Il est à noter aussi qu'en Mauritanie, l'islam représente non seulement un phénomène culturel et juridique mais également une civilisation nationale. C'est ainsi qu'à l'époque précoloniale le système judiciaire mauritanien avait emprunté au droit musulman l'institution du cadi. Ce dernier n'invoquait dans la solution du conflit que les règles juridiques islamiques. Par ailleurs, ces règles juridiques islamiques sont dégagées par la doctrine du *rite malékite* (école de l'imam Malik) parmi les quatre autres doctrines islamiques dont se réclament les populations de l'Afrique de l'Ouest en général et les populations mauritaniennes enparticulier. Il s'agit d'une doctrine juridique rigide venant de Médine et de La Mecque.

122. Avec l'arrivée de la dynastie almoravide en Mauritanie, les rapports des individus sont régis par les règles du droit musulman en l'occurrence la charia islamique appliquée par le cadi. Le cadi est présenté comme le successeur de l'arbitre antéislamique. Aux yeux de Séraphin NENE BI « *bien des traits séparent l'organisation cadiale de nos tribunaux modernes. Tout d'abord le cadi est seul ; il n'est assisté ni d'un agent du ministère public, ni d'exécution* »[230]. Le cadi est le magistrat du droit musulman à compétence universelle qui juge sans appel en premier et dernier ressort selon les principes juridiques islamiques et « *les manuels des jurisprudences (fikh)* »[231]. La fonction de juger est considérée pour certains savants musulmans comme une manifestation naturelle de la fonction de gouverner. Le cadi ou l'émir (gouverneur)est appelé à être juste à l'égard de ses concitoyens mais aussi à instaurer la justice équitable entre eux selon les principes religieux et la doctrine malékite. L'exercice de cette fonction exige un certain nombre de qualités : des qualités humaines, des qualités de sagesse, de bon sens et d'indépendance mais également la connaissance des hommes sur le terrain et la meilleure compréhension de leur problème. En ce sens que le cadi est considéré à la fois comme un conciliateur et un super juge. Il ne fait pas une autosaisie c'est-à-dire il n'agit pas d'office pour résoudre un conflit. Il agit lorsque les justiciables s'adressent à lui.

123. En principe, le cadi juge seul tous les conflits sans appel selon la charia et les jurisprudencesislamiques. Le principe du juge unique a depuis toujours dominé dans la justice islamique[232]. Autour du cadi sont présents des assesseurs (notaires, oulémas, jurisconsultes, entre autres) quijouent un rôle de conseillers et qui disposent d'un avis consultatif mais le cadi n'est pas obligéde tenir compte de leurs avis. Le cadi est compétent sur l'ensemble des contestations de quelquenature qu'elles soient, civiles, commerciales et pénales. Par exemple, en matière civile, le cadi tranche les conflits familiaux liés au divorce et aux rapports parentaux.

124. En matière pénale, la doctrine malékite est trop sévère car elle prévoit l'application de la charia islamique à la lettre. Le cadi doit appliquer les peines prévues par la charia islamique : mutilation pour le vol simple et quatre amputations du voleur récidiviste. Pour les crimes, le Coran prescrit la loi du talion (*kisass*) : « *Le kisass vous a été prescrit en matière de meurtre ; un homme libre pour un homme libre, un esclave pour un esclave, etc...* »[233]. Il a également prévu la lapidation pour l'adultère, entre autres. Par respect de la religion, les décisions renduespar le cadi sont exécutées par la société et les fidèles. C'est dans ce sens que LAGHAMANI souligne que « *le cadi était religieusement convaincu du bien-fondé de la valeur de ses jugements, les justiciables l'étaient tout aussi bien que lui par le fait de l'union spirituelle existant entre eux* »[234]. En principe, le cadi n'applique la charia islamique qu'aux seulsjusticiables musulmans. Mais cette restriction de compétences a été atténuée lorsque l'ordre public est en jeu ou encore lorsque les justiciables non musulmans choisissent le cadi par consensus pour résoudre leur conflit selon les règles du droit musulman. Cette exception de compétences a été confirmée par le Coran dans son verset 42 : « si les juifs ont recours à ton jugement, juge entre eux. Si tu te charges de les juger, juge-les avec équité ».

125. En principe pour être nommé cadi, il faudrait remplir un certain nombre des conditions. La doctrine musulmane exige que le cadi soit musulman, pubère, sain d'esprit, libre et de sexe masculin. Le cadi doit aussi connaitre « *le Coran et ses commentaires, la sunna, les opinions des docteurs concordantes et discordantes, mais surtout une condition morale est fixée, celle de la droiture (âdala)* »[235]. En un mot, on retient surtout deux vertus pour être cadi : la piété et la sincérité. C'est dans cette perspective de piété et d'honorabilité dans la fonction de la judicature que le calife Omar Ibn El-KHATABE[236] a adressé une lettre célèbre à son cadi Abou Moussa Al-Achari définissant la fonction du cadi et les règles de procédures qu'il doit observer : « *La fonction de cadi est un devoir religieux, précis et une tradition qu'il faut suivre.Écoute bien les positions qui sont présentées devant toi, car il est inutile d'examiner une requêtequi n'est pas valable ; tu dois traiter sur le même pied d'égalité ceux qui comparaissent devantton tribunal et devant ta conscience, de sorte que le puissant ne puisse compter sur ta partialité,ni le faible désespérer de ta justice. Le demandeur doit fournir la preuve et le défendeur doit prêter serment. Le compromis est permis [...] Si le demandeur n'apporte aucune preuve, donneun délai, s'il s'exécute en temps voulu, tu* *peux recevoir sa plainte ; sinon tu le déboutes. C'estla meilleure façon de dissiper les doutes... Ne cède pas à l'énervement, à la lassitude et à l'ennui devant les plaideurs. Dieu te récompensera d'avoir rendu la justice au tribunal et te donnera bonne réputation* »[237].

126. La source religieuse du droit et de la justice islamique n'est pas un marqueur exclusif de laMauritanie ou des sociétés de culture musulmane. Le droit et la justice en Occident ont aussi été inspirés par les préceptes religieux. Aux yeux de Norbert ROULAND, « *le droit occidental, lui aussi, s'est longtemps appuyé sur la loi divine. L'ancien droit romain est essentiellement religieux, et les premiers juristes sont des prêtres. Puis le droit romain classique se sépare de la religion, avant d'y revenir sous l'empire chrétien. L'histoire du droit français connaît aussi ces oscillations* »[238]. Il faut noter qu'en Mauritanie, avant l'indépendance, on n'exigeait pas de diplômes pour devenir cadi. Aujourd'hui, le diplôme (BAC+4) en droit ou en charia islamiqueest exigé pour passer le concours de l'École nationale d'administration (ENA) afin de pouvoir exercer la fonction de cadi. En effet, au fur et à mesure que l'on s'éloigne des siècles de l'expansion de l'islam, on assiste à la décadence de la puissance du super juge du droit musulman. L'autorité du cadi n'est plus importante comme avant et certaines de ses décisions sont soit contestées, soit non exécutées par les justiciables musulmans.

2. L'affaiblissement du pouvoir juridictionnel du cadi

127. Au début de l'expansion de l'islam, et en raison du caractère religieux de la fonction juridictionnelle du cadi, toutes les décisions rendues par ce dernier étaient exécutées et considérées comme l'expression de la volonté divine (Dieu). À cet effet, l'exécution des jugements que rendait le juge du droit islamique constituait des jurisprudences et une obligation religieuse pour la communauté religieuse et les fidèles en raison de leur attachement à la foi islamique et à la charia islamique. Mais à force de s'éloigner des siècles de l'hégire, le cadi commence à perdre son autorité morale et juridictionnelle. Certaines de ses décisions ne sont plus exécutées par les justiciables musulmans pour des raisons liées à l'interprétation du Coranet de la sunna. Il faut souligner également qu'à cette époque, le cadi ne disposait d'aucune documentation et la méconnaissance du droit musulman entrainait des divergences de jurisprudence. On assiste alors à une véritable dégénérescence de l'institution du cadi (*l-kudat*). C'est dans ce contexte que Louis MILLIOT et François-Paul BLANC soulignent que « *plus tard, après l'expansion de l'État musulman et la disparition temporelle du calife, l'édifice juridictionnel à base religieuse se trouva en déséquilibre, le cadi n'a plus à sa disposition la force qui lui permettait de faire exécuter ses décisions. L'esprit religieux de la justice ne correspond plus d'ailleurs aux* *tendances de la nouvelle monarchie musulmane* »[239]. Ce phénomène s'explique par l'éloignement des fidèles aux siècles de l'hégire.

128. L'historien et juriste libanais Omar FARROUKH souligne qu'« *à la différence des monarques européens du Moyen Âge, le cadi, détenteur des pouvoirs judiciaires, n'assume pasle pouvoir législatif dans la Cité musulmane. Le droit musulman contient un principe essentiel, à savoir que la législation ne rentre pas dans les attributions du gouvernant. Celui-ci, entrainé dans certains cas par sa passion, pourrait ajouter une disposition ou en supprimer une autre. Le droit de légiférer est l'apanage des ulémas (savants et érudits)* »[240]. Ainsi, à l'instar des autres pays africains, la justice précoloniale en République islamique de Mauritanie était à la foiscoutumière et cadiale. Mais ce système juridictionnel autochtone connaissait des limites. D'une part, en raison de l'organisation sociale et culturelle de la société, beaucoup de conflits étaientréglés à l'intérieur de la famille ou de la tribu par les représentants de celle-ci. D'autre part, il faut souligner également qu'en période précoloniale, il y avait une absence totale d'une autorité politique centrale pour faire régner l'ordre public et rendre les décisions du cadi obligatoires.

131. La problématique de l'évolution de l'islam et du droit musulman se pose dans les pays musulmans ou du moins dans les pays où la charia islamique est la source du droit. La question du respect des droits de l'homme, la démocratie participative, le respect des libertés publiqueset la place des femmes dans les sociétés contemporaines musulmanes sont en étude dans certains pays musulmans comme celui de la République islamique de Mauritanie. En ce sens qu'à la fin du XIXe siècle, un courant réformiste vit le jour à l'intérieur de quelques pays arabes[241] : « *Certains réformateurs aspirent à moderniser la pensée islamique par l'introduction de notions modernes comme la démocratie et par une acceptation de l'évolution scientifique, d'autres demeurent réticents et prétextent que tout changement est une infidélité aux principes et aux sources et que, par conséquent, il est interdit par l'islam. Cette tendance conservatrice, fondamentaliste dans ses thèses, a provoqué la colère de quelques réformateurs contemporains qui voient dans l'islam un moyen capable de débarrasser le monde musulman du sous-développement et de la misère accrue* ». L'appel de ces réformateurs rencontre l'opposition des conservateurs qui pensent que la religion ne peut pas entrainer ses adeptes dans la voie du progrès et de la modernité. Elle doit rester au statut de rite populaire et culturel. Or, Dieu, Lui, aime le progrès et le bien-être de sa créature. Le Coran fait aussi appel aux bons esprits, à l'épanouissement des êtres humains et au développement des sciences humaines. L'islam n'interdit pas une interrogation critique rationnelle sur les textes du Coran. À notre sens, cette critique rationnelle est indispensable pour lutter contre toutes les formes de fondamentalisme et d'obscurantisme religieux dans nos États fragilisés par les actes du terrorisme.

132. Malheureusement, les réformateurs musulmans n'ont pas réussi le développement économique, culturel et social de leurs nations ce qui explique aujourd'hui la montée en puissance des mouvements fondamentalistes dans la sous-région (Mali, Niger, Mauritanie, Tchad et Algérie) ayant pour but l'application stricte de la justice islamique avec ses conséquences que nous connaissons tous. Aujourd'hui, nous assistons à l'émergence des écoles coraniques dans la sous-région à la place du développement économique, social et culturel. Ces établissements ont fortement contribué aux initiatives qui visent à donner à la charia islamique un rôle normatif contraignant non seulement dans la vie personnelle des croyants mais également dans la vie collective des habitants de cette zone. Avec l'arrivée des colonisateurs en Afrique et la pression coloniale, la justice traditionnelle jugée rétrograde se voit substituer unautre modèle qualifié de justice légaliste. Il s'agit de la justice coloniale d'expression occidentale plus particulièrement française.

§ 2- Le système judiciaire mauritanien pendant la colonisation française

133. La mise en place d'une organisation judiciaire en Mauritanie dite coloniale ne signifie pas que le colonisateur français s'est heurté à un vide juridique et judiciaire à leur arrivée en RIM. Bien au contraire, il existait une organisation judiciaire de type traditionnel et islamique. Le colonisateur a « *sous-estimé cette organisation judiciaire en la rendant dépendante de son propre système, de manière à imposer progressivement les valeurs de sa civilisation aux colonies d'Afrique* »[242]. Ce fut le cas partout en Afrique-Occidentale française, les colonisateurs avaient imposé leur civilisation, leurs propres institutions judiciaires, politiques et administratives afin de consolider leur domination. Sans doute c'est par le décret du 4 décembre 1920 que la Mauritanie a été érigée en colonie et intégrée à l'Afrique-Occidentale française. Il est importantde noter que la Mauritanie était considérée comme le seul pays dans la sous-région à ne pas avoir été gérée administrativement et juridiquement sur son propre territoire. À l'époque coloniale les institutions judiciaires et administratives se trouvaient au Sénégal notamment, la Cour d'appel de Dakar, le tribunal du contentieux administratif de Dakar et la section du tribunal de première instance de Saint-Louis du Sénégal. C'est en ce sens que la ville de Saint-Louis (Sénégal) était nommée capitale de la Mauritanie pendant la colonisation. Cela expliquepar le fait que la Mauritanie était considérée comme l'un des pays de l'Afrique de l'Ouest le plus fermé aux colonisateurs de telle sorte que le premier président de la République islamique de Mauritanie, Moktar Ould Daddah disait que : « *La Mauritanie n'a pratiquement pas connu la* *colonisation, et, par conséquent, elle n'a pas subi les méfaits de celle-ci* ». Ceci est pratiquement vrai car la Mauritanie a été et est toujours considérée par les colons comme un État tampon entre le Maghreb et l'Afrique, fermé et conservateur.

134. Cette période s'est caractérisée par le fait que la France ait tenté d'étouffer le droit autochtone pour imposer le Code civil napoléonien (modèle moniste légalitaire et exogène) aux populations autochtones dans le cadre de sa politique d'assimilation. Face à la résistance de ces populations autochtones, la France a changé de méthodes. Elle a pris la décision de reconnaître le droit local et son système de justice traditionnelle qui se trouvaient sur place avant de greffer à cela son propre système judiciaire. C'est cet ordre mixte (exogène et endogène) qui a entrainé le système judiciaire mauritanien sur une regrettable dualité des ordres judiciaires, le magistrat d'un côté et de l'autre côté le cadi qui n'est presque toujours pas résolu.

135. Ainsi, les juridictions chargées de régler les conflits pendant la période coloniale étaient de deux ordres : « *l'un typiquement français (système judiciaire français), prône l'assimilation, tandis que l'autre, qui s'apparente au modèle anglais, défend le maintien des cultures et des structures sociales existantes (système judiciaire autochtone)* »[243]. L'organisation judiciaire coloniale de la République islamique de Mauritanie était composée à la fois par les juridictions dites de droit local (A) et les juridictions de droit positif d'inspiration française (B).

A- Les juridictions du droit autochtone ou droit traditionnel

136. La colonisation a profondément changé les structures culturelles, sociales et juridiques en République islamique de Mauritanie. Elle a surtout bouleversé le système juridictionnel basé sur le droit coutumier et le droit musulman. C'est dans ce sens que John-NAMBO a écrit que « *la colonisation a été un phénomène traversé de part en part par le droit, à la fois comme mode de connaissance et comme système normatif [...] – inscrire autoritairement les populations autochtones dans un ordre juridique et juridictionnel importé – que le pouvoir colonial avait progressivement institué une justice dite indigène ménageant les intérêts supérieurs coloniaux* »[244]. La France a introduit dans la sphère juridique mauritanienne un droit d'inspiration française que l'on appelle aujourd'hui le droit moderne.

137. Pendant la période coloniale, la place du droit traditionnel était réduite mais restait tout de même importante aux yeux des populations autochtones. Le droit français ne s'intéressait qu'aux contentieux administratifs et économiquement rentables dans lesquels le colonisateur investissait (le secteur minier, agricole et le secteur de la pêche) et dont il monopolisait la règlementation même si théoriquement plusieurs textes étaient applicables à la Mauritanie en tant que colonie française[245]. C'est dans ce contexte de dualité de droit et de justice que DiawaraLassana BAKARY souligne qu'« *en Mauritanie, la pensée juridique qui s'est formée dans un contexte historique et culturel étroitement tributaire du facteur religieux s'est trouvée confrontée à une autre forme de penser le droit, le droit légaliste* »[246]. Les réactions de rejet du droit colonial par les populations indigènes durant l'occupation coloniale sont donc naturelles et logiques. En ce sens que le colonisateur français a pris un décret pour règlementer les juridictions du droit autochtone ou coutumier le 22 mars 1924. Ces juridictions traditionnelles comprenaient d'une part les tribunaux du premier degré dont l'essentiel de la compétence avaitété transféré au cadi et d'autre part, des tribunaux du second degré relevant du tribunal supérieur d'appel de droit local de Saint-Louis et de la Cour d'appel de Dakar composés des magistrats français. C'est de cette situation qu'est née la dualité des ordres juridiques et juridictionnels en République islamique de Mauritanie. Cette dualité des ordres juridiques et juridictionnels entre les tribunaux de droit musulman et les tribunaux de droit français existait dans plusieurs pays du Maghreb (Maroc, Tunisie et Algérie) pendant la colonisation, voire, même, après la colonisation[247]. Pour le cas mauritanien, il faut remarquer que le tribunal du premier degré n'est rien d'autre que la continuation de la justice cadiale précoloniale. C'est d'ailleurs normal et logique pour une simple raison que pendant la période précoloniale le cadi était considéré à la fois comme un super juge et un conciliateur plus proche de la population autochtone. Mais ces juridictions dites locales n'avaient pas les pleins pouvoirs. À en croire l'anthropologue français Norbert ROULAND, « *Ces juridictions étaient soumises au contrôle d'un magistrat ou d'un fonctionnaire français, qui effectuait des tournées d'inspection et éventuellement révisait d'office les décisions contrevenant à l'ordre public colonial* »[248].

138. Le cadi avait des compétences relatives aux affaires familiales, civiles et commerciales en premier et dernier ressort entre les populations mauritaniennes autochtones. L'appel des « *décisions rendues par le cadi était porté devant le tribunal du second degré [...]. Les jugements rendus par le tribunal du second degré de droit local étaient soumis en appel au juge du tribunal de première instance et en cassation au tribunal supérieur de droit local de Saint-Louis du Sénégal qui abritait les juridictions françaises* »[249]. Il faut rappeler que le droit applicable en Mauritanie avant l'islamisation c'est-à-dire avant l'arrivée du droit musulman dans le pays était le droit coutumier. Ce droit s'opposait complètement au droit positif importéde la métropole. C'est pourquoi la cohabitation entre droit local et droit positif français posait problème pour les populations locales. À force de travailler avec les colonisateurs d'une part, le système judiciaire français est reconnu et instauré par les populations autochtones et d'autrepart, le système français a été imposé aux mêmes populations qui n'avaient pas d'autres choixque de l'accepter et de l'incorporer dans les culturelles autochtones.

B- Les juridictions du droit colonial d'inspiration française

139. La pénétration des colonisateurs français sur le territoire mauritanien a permis à la France d'assurer la jonction de ses possessions entre le Maghreb et l'Afrique noire. À cette époque et jusqu'à aujourd'hui, la Mauritanie est considérée par les Français comme un pont naturel ou untrait d'union entre le monde arabo-berbère méditerranéen et le monde noir africain. L'objectif de la colonisation a été en fait purement stratégique. La colonisation selon Muriel DEVEY, « *consistait à pacifier le sud du Maghreb et le nord du Soudan, à établir des communications entre les deux ensembles et à éviter qu'une puissance étrangère vienne s'y installer* »[250].

140. L'histoire de la justice en Mauritanie est marquée par deux grandes périodes : la justice précoloniale ou autochtone et la justice coloniale instaurée par les autorités coloniales françaises. C'est pour cette raison que les colonisateurs étaient restés prudents pour la mise enplace de l'organisation judiciaire de type colonial vis-à-vis du droit local d'inspiration musulmane afin de pouvoir éviter les troubles sociaux et maintenir leur domination politique et économique. La justice islamique a toujours été vue par les colonisateurs comme contraire aux principes directeurs d'une justice équitable et moderne. Cela leur a permis de la reléguer au second plan, voire détruite. C'est pourquoi Étienne LE ROY écrit que « *la démarche qui avait conduit les colonisateurs à prôner le système judiciaire d'inspiration française dès le début de la période coloniale, avait amené les pionniers de la colonisation à détruire la conception indigène de la justice pour faire prévaloir leur propre conception de la justice* »[251]. La destruction de la justice autochtone peut nous sembler logique car pour les colons, les deux systèmes judiciaires sont incompatibles. L'un est issu du droit romain, le droit français et l'autre d'inspiration religieuse, le droit musulman.

141. Force est de constater que l'organisation judiciaire coloniale en Afrique francophone se caractérisait par la dualité des normes et des juridictionnelles. Cette organisation judiciaire était également composée « *d'une part, la justice française destinée aux Européens, avec des magistrats professionnels statuant selon une procédure proche de celle applicable en métropole, et d'autre part, la justice indigène, dite de droit local mais spécifique aux indigènes n'ayant pas la citoyenneté française, et dans laquelle l'administrateur joue un rôle central* »[252].La dualité des ordres judiciaires résultait de deux catégories de droit : droit traditionnel et droit écrit ou droit français. Cette époque se traduit par la prise en charge par l'administration coloniale de la production de la règle du droit et le changement philosophique de l'intervention juridictionnelle. C'est dans ce sens que les colonisateurs français ont pu introduire un système juridico-judiciaire métropolitain dans les États de l'AOF en vue de le substituer aux modèles endogènes (droit traditionnel ou droit coutumier) de règlement des conflits.

142. Cette remarque reste valable pour la République islamique de Mauritanie. Ainsi, le pays était à la croisée de deux systèmes normatifs applicables : l'un est d'origine religieuse et coutumière issu du droit traditionnel bien intériorisé par la société autochtone et l'autre d'origine exogène qui constitue le droit colonial d'inspiration française. Comme nous avons vu ci-dessus, la France a rattaché la Mauritanie aux institutions judiciaires coloniales qui se trouvaient depuis le territoire sénégalais. Ces juridictions coloniales sont essentiellement le tribunal de Saint-Louis du Sénégal relevant de la Cour d'appel de Dakar et le Conseil du contentieux de Dakar. À cela s'ajoute la création de trois sections sur le territoire mauritanien mais rattachées au tribunal de première instance de Saint-Louis : celles d'Atar, d'Aïnou et de Kaédi. Ces trois sections mauritaniennes sont rattachées au tribunal de Saint-Louis où siégeaient les magistrats, greffiers et fonctionnaires. C'est sans doute que ces trois sections juridictionnelles créées par les colonisateurs n'étaient mauritaniennes que de par leur positionnement géographique du pays car elles étaient dépourvues de toutes compétences juridictionnelles. Il s'agissait de la configuration juridictionnelle pour calmer certains esprits mauritaniens malveillants qui voyaient la disparition de la justice autochtone au profit de la justice coloniale. Ainsi, à côté de ces instances du second degré il existait le Conseil d'État et la Cour de cassation, juridictions de cassation situées en métropole, à Paris.

143. Au lendemain de son accession à l'indépendance, le législateur mauritanien a tenté de concilier les deux catégories de juridictions (justice islamique et justice occidentale, d'inspiration française). Dès la proclamation de l'indépendance de la Mauritanie le 28 novembre 1960, l'appareil juridictionnel mauritanien s'est profondément transformé vers un modèle contemporain de justice avec une dualité des ordres juridictionnels.

Section 2- L'évolution de la justice après les indépendances en Mauritanie

144. À en croire le spécialiste des droits africains Joseph JOHN-NAMBO, « *l'évolution contemporaine de la justice en Afrique francophone reste encore marquée par la colonisation. La justice coloniale est donc le produit d'une longue histoire qui s'inscrit dans le cadre de l'histoire du droit et des institutions de l'État colonisateur français et de celles des territoires africains colonisés* »[253]. Après l'indépendance du pays le 28 novembre 1960, les pouvoirs politiques et juridiques sont transférés aux mains des nouvelles autorités nationales mauritaniennes. Les questions liées à la justice et à la démocratie sont devenues primordiales pour les autorités mauritaniennes même si le système colonial n'a nullement disparu de l'échiquier politique et juridique.

145. C'est dans cette perspective de modernité judiciaire que la Mauritanie avait entamé des réformes politiques et judiciaires. Sans doute l'histoire politique des États montre que les réformes judiciaires trouvent leur origine dans les réflexions sociales et politiques. L'indépendance politique selon les autorités mauritaniennes implique une indépendance judiciaire avec une conception républicaine basée sur la citoyenneté et sur les fondements juridiques, culturels, sociaux et économiques du pays. Cette conception républicaine inscrit la justice dans l'État comme une « *mission régalienne qui fait de la magistrature une fonction publique de nature particulière* »[254]. Très vite les nouvelles autorités mauritaniennes indépendantes ont mis en place des nouvelles normes politiques et juridiques qui vont reproduire plus ou moins le système de l'ancienne puissance coloniale de la métropole. L'État mauritanien se vit dans l'obligation de mettre en place des institutions judiciaires capables de répondre aux attentes de la population. En ce sens, les réformes de la justice après les indépendances nous amènent à étudier notamment les réformes constitutionnelles (§ 1), ensuiteles réformes dites de modernisation du droit (§ 2). En dernier lieu nous nous intéresserons aux atteintes liées à cette évolution de la justice en Mauritanie (§ 3).

§ 1- Les réformes judiciaires et constitutionnelles après les indépendances

146. L'accès à la justice suppose de prime abord l'existence d'un service public de la justice car la justice est avant tout un service régalien parmi d'autres services de l'État. À cet égard, la justice fait partie des missions traditionnelles que l'État doit assurer au même titre que la police,la santé, l'armée et l'Éducation nationale. L'article 6 de la Déclaration des droits de l'homme etdu citoyen a prévu la nature constitutionnelle du service public de la justice. Dans le cas de la Mauritanie, il convient de souligner que le contexte juridique et politique des années 60 n'étaitpas favorable pour mettre en place un véritable service public de la justice avec des missions régaliennes reconnues comme telles par les organisations internationales. La problématique préalable pour le nouvel État mauritanien indépendant était d'unifier d'abord les deux systèmes normatifs distincts (droit musulman et droit colonial) afin de pouvoir s'administrer tout seul vers un modèle de justice contemporaine qui serait adapté aux aspirations et aux attentes de la société mauritanienne islamisée.

147. La première organisation judiciaire après l'accession à l'indépendance a été l'œuvre de la loi n° 62-153 du 27 juin 1961. Elle découlait d'un côté du droit musulman réclamé par les populations musulmanes autochtones et de l'autre d'un droit moderne appliquant les règles du droit positif français (droit colonial). Cette situation a donné lieu à une dualité du régime juridique : droit musulman et droit positif français. Le droit musulman reste pour les Mauritaniens une identité culturelle et une partie intégrante de leur histoire nationale. Ce droit ne peut pas disparaître ou être relégué au second plan au profit d'un autre droit surtout étranger et contraire aux enseignements islamiques. En ce sens, il convient de noter que la Mauritanie a connu trois Républiques : la Constitution de la Ire République a été adoptée le 22 mars 1959 qui a établi un régime parlementaire, la Constitution de la IIe République du 20 mai 1961 et celle de la IIIe République du 20 juillet 1991. Nous nous intéresserons aux premières réformes judiciaires et constitutionnelles de 1961 (A) et celles des années 90 (B).

A- Les réformes judiciaires et constitutionnelles de l'année 1961

148. Le défi majeur pour les États africains nouvellement indépendants, en particulier la République islamique de Mauritanie, était d'imaginer leur propre régime politique et juridique de développement. En effet, l'accession de la Mauritanie à son indépendance, le 28 novembre 1960, va marquer le début d'une nouvelle ère de transformation au sein de la société mauritanienne, et dans diverses structures du nouvel État indépendant. Les nouvelles autorités politiques doivent mener des réformes politiques et judiciaires adaptées aux réalités de la population mauritanienne. Pour atteindre cet objectif, la Mauritanie avait plusieurs possibilités : soit elle fait table rase de l'héritage colonial et crée ses propres institutions judiciaires basées sur le droit musulman, soit elle garde les institutions judiciaires héritées de la colonisation avec une dualité du système judiciaire, à savoir le droit musulman et droit français. Le législateur a choisi la dualité des institutions judiciaires avec deux catégories des juges : le cadi et le magistrat. Ainsi, l'héritage colonial politique et judiciaire français a beaucoup contribué à la formation des droits positifs africains et celle des institutions politiques, économiques et judiciaires des États africains contemporains[255]. Le législateur mauritanien de cette époque a imaginé une superposition d'un système judiciaire colonial à la réalité locale musulmane.

149. Pour mener à bien les réformes des tribunaux, la Mauritanie doit d'abord se doter d'une Constitution qui va se situer au sommet de la hiérarchie des normes juridiques. Elle est la norme fondamentale à partir de laquelle s'apprécient les autres sources du droit. C'est dans cette perspective que Fabre MAGNAN écrit que « *La Constitution est entendue comme l'ensemble des normes juridiques les plus essentielles d'un ordre juridique* *et qui fondent un État. Les Constitutions contiennent au minimum les principes d'organisation et de fonctionnement de l'État* »[256]. Ainsi, la première Constitution mauritanienne est celle du 22 mars 1959. Celle-ci a prévu deux institutions : l'exécutif et le parlement. Il existait entre ces deux institutions, selon le professeur Ould BEIDY « *un équilibre d'action qui se traduisait d'une part, par la procédure offerte au parlement par le vote d'une motion de censure ou par le retrait de sa confiance et d'autre part pour le gouvernement de dissoudre l'Assemblée nationale. Ces deux institutions assurent conjointement le pouvoir législatif. C'est l'Assemblée seule qui vote les lois, mais le gouvernement a l'initiative des lois et dispose du droit de les promulguer* »[257]. À cette époque, la Mauritanie n'a pas encore accédé à son autonomie interne et il n'existait pas un président de la République au sens juridique et politique du terme, par conséquent, ses institutions étaient sousle contrôle des colonisateurs.

150. Cependant, après son accession à l'indépendance, la Mauritanie va se doter d'une nouvelle Constitution le 20 mai 1961. Elle prévoit un régime de type présidentiel qui donne une plus grande possibilité aux nouvelles autorités de procéder à des réformes politique, structurelle et juridique efficacement. C'est ainsi que la loi n° 61-123 du 23 juin 1961 a vu le jour, permettant aux autorités d'organiser les tribunaux judiciaires. Cette loi s'inscrit à la fois dans l'action de la justice coloniale et dans celle de la justice traditionnelle musulmane. La même année, sur le plan politique, Moktar Ould DADDAH (premier président de la République islamique de Mauritanie) pour asseoir son pouvoir politique, a imposé le parti unique : Parti du peuple mauritanien (PPM) comme ce fut d'ailleurs le cas dans les autres États de l'Afrique-Occidentale française nouvellement indépendants. La prise en compte de l'héritage précolonial et colonial conduit les autorités à l'adoption d'un système hybride de justice (droit musulman et droit colonial français). Il parait intéressant d'abord de traiter le contenu de ces réformes (1) ainsi que la prééminence de l'exécutif dans la Constitution de 1961 (2) avant de cerner la question del'autorité judiciaire dans la réforme de 1961 (3).

1. Les contenus des réformes de 1961

151. Le nouvel État mauritanien indépendant voudrait s'administrer vers un modèle de justice démocratique et contemporaine avec des organes judiciaires différents et instaurer un État de droit. L'État de droit, selon Jacques CHEVALIER, « *implique que la liberté de décision des organes de l'État est, à tous les niveaux, limitée par l'existence de normes juridiques supérieures, dont le respect est garanti par l'intervention d'un juge. Le juge est donc la clef de voûte et la condition de réalisation de l'État de droit : la hiérarchie des normes ne devient effective que si elle est juridictionnellement sanctionnée* »[258]. Pour accéder à l'État de droit et à la justice contemporaine, la République islamique de Mauritanie a imité plus ou moins le modèle exogène de justice coloniale. Car l'histoire politique et judiciaire de la Mauritanie après les années 60 était marquée par la reproduction du modèle français avec une certaine politique d'influence auprès des services de coopération française en RIM. Ainsi, les autorités mauritaniennes comme partout dans l'AOF reproduisent le Code civil napoléon, le Code du travail et le Code pénal à la française, imposés à une population autochtone, musulmane et analphabète. Or, la plupart de ces normes juridiques ne font pas le consensus au sein de la population musulmane ou encore ne répondent pas aux exigences de la société traditionnelle mauritanienne. Il est important de souligner que jusqu'à aujourd'hui, le droit mauritanien est un droit hérité du colonialisme dans sa façon organisationnelle et institutionnelle. Les normes juridiques françaises font leur apparition dans la sphère juridique mauritanienne postcoloniale. Le pays était rattaché à l'AOF par voie de conséquence, les normes juridiques françaises ont été adoptées par le législateur postcolonial. La Constitution de la République française de 1958 était devenue une norme référentielle pour les constituants africains en particulier mauritaniens. En ce sens que la première Constitution mauritanienne adoptée le 22 mars 1959 de type parlementaire s'inspirait largement des institutions juridiques et politiques françaises.

152. En dépit de la Constitution du 22 mars 1959, les autorités mauritaniennes ont adopté celle du 20 mai 1961. Celle-ci était considérée comme une bonne base de départ permettant de conduire l'ensemble de la vie politique et institutionnelle de la Mauritanie indépendante car l'indépendance politique implique une indépendance juridictionnelle. Ce régime constitutionnel de 1961 a duré jusqu'au 10 juillet 1978 date à laquelle l'armée est arrivée au pouvoir par un coup de force et instaura l'état d'exception[259]. La Constitution de 1961 a été régie par la loi n° 61-095 du 20 mai 1961 modifiant celle du 22 mars 1959 et adoptée par 31 voix contre 2 et 1 abstention[260]. Cette norme fondamentale élaborée quelques mois après l'accession de la Mauritanie à l'indépendance était beaucoup plus orientée vers la défense des institutions politiques et religieuses. À cet effet, le père de l'indépendance Moktar Ould DADDAH issu d'une famille maraboutique a placé l'islam comme religion de l'État mauritanien et du peuple mauritanien. Ce qui explique l'imposition de la charia islamique comme source principale du droit mauritanien. Ainsi, on peut en effet lire dans le préambule de la norme fondamentale du 20 mai 1961 l'attachement de la Mauritanie à l'islam : « *Confiant dans la toute-puissance de Dieu, le peuple mauritanien proclame sa volonté de garantir l'intégrité de son territoire et d'assurer sa libre évolution politique, économique et sociale. Il proclame son attachement à la religion musulmane* ». Les dispositions des articles 2 et 10 de ladite Constitution précisent aussi en substance que la religion du peuple mauritanien est la religion musulmane (l'islam) et le président de la République est le chef de l'État qui est de religion musulmane.

153. La référence de cette norme fondamentale à l'islam ou la charia avait été présentée à l'époque comme la nécessité de donner à la sainte loi coranique la place qui lui revient de droit dans le domaine juridique et juridictionnel. La justice cadiale est considérée par les Mauritaniens comme une justice parfaite et la mieux adaptée à l'organisation sociale et économique de la société mauritanienne. Ce sentiment religieux (islamique) chez les populations avait pour but de préserver dans une certaine mesure l'existence des juridictions cadiales précoloniale et coloniale considérées comme plus proches des populations.

154. Ainsi, on trouve dans la Constitution de 1961 l'attachement de la République islamique de Mauritanie les principes directeurs relatifs aux droits de l'homme définis par la Déclaration des droits de l'homme et du citoyen (DDHC) de 1789 et la Déclaration universelle des droits de l'homme (DUDH) du 10 décembre 1948. Mais la Constitution ne fait aucune mention du principe de la séparation des pouvoirs tel qu'il a été théorisé par Montesquieu mais prévoit uneautorité judiciaire. Les constituants des années 60 ont considéré l'Assemblée nationale,permettant au pays de légiférer ses propres normes juridiques en tenant compte des réalités socio-économiques et politiques des populations et le président de la République comme des organes constitutionnels et démocratiques.

155. En dépit de la réforme constitutionnelle de 1961, la République islamique de Mauritanie a procédé également dès son accession à l'autonomie interne à une réforme judiciaire pour asseoir l'autorité de l'État et essayer d'uniformiser les institutions judiciaires. À ce titre, Maurice JOEL écrit que : « *Pour des considérations d'ordre financier, mais aussi d'ordre juridique et social, il apparaît, en effet, que la seule solution satisfaisante au problème de la justice traditionnelle doit être trouvée dans la fusion des deux ordres de juridiction que le législateur colonial avait organisés séparément pour des raisons qui ont pu apparaître légitimes, mais qui sont aujourd'hui dépassées* »[261]. Ainsi, la loi n° 61-123 du 27 juin 1961[262] a permis à la Mauritanie d'aborder la réforme de ses institutions juridictionnelles afin d'être efficaces dansleurs missions de rendre justice. Le législateur a réorganisé la justice sur des bases nouvelles entenant compte de la justice cadiale ancrée dans la mémoire collective des Mauritaniens d'une part, et l'incorporation de la justice coloniale d'inspiration française d'autre part. Il s'agit là d'une synthèse entre le passé précolonial et l'héritage colonial[263]. Héritières des juridictions françaises, les juridictions de droit moderne ont été modifiées dans l'optique de simplifier les juridictions et les juridictions de droit musulman à savoir les tribunaux cadiaux ont été, eux aussi,réorganisés selon des principes nouveaux de la justice.

156. Ainsi, dans le nouvel appareil judiciaire, les juridictions cadiales ne sont plus traitées comme des juridictions de seconde zone, même si elles se trouvaient au bas de la hiérarchie judiciaire. Elles sont organisées conjointement aux juridictions de droit moderne et placées avec elles sur le même pied d'égalité. Le législateur a permis de mettre en place d'abord les juridictions cadiales en bas de la hiérarchie, ensuite viennent le tribunal de première instance, la Cour d'appel et la Cour suprême. La création de la Cour suprême en Mauritanie était considérée comme l'aboutissement d'une réforme judiciaire réussie pour les autorités politiques. Pour assurer l'autorité à la fois politique et judiciaire de l'État, le législateur mauritanien a créé une dualité des juridictions adaptée au contexte postcolonial avec séparation de compétences : « *chacune de ces juridictions était composée de juges de droit musulman et de juges de droit moderne ayant des compétences nettement délimitées. Les magistrats de droit musulman avaient normalement une compétence générale de principe mais les nombreuses matières relevant du juge de droit moderne devaient, progressivement, faire de celui-ci le véritable juge de droit commun* »[264]. C'est dans ce sens qu'on trouve depuis les années 60 deuxmagistrats (juge et cadi) à la tête du droit judiciaire mauritanien avec des formations diamétralement opposées.

157. Cette situation du pluralisme juridique (droit musulman et droit moderne) est la conséquence géographique directe des différentes civilisations qu'a connues la République islamique de Mauritanie : africaines, arabo-berbères et françaises qui se sont succédé tout au long de l'histoire de la Mauritanie, précoloniale, coloniale, postcoloniale et contemporaine. Parailleurs, la réforme judiciaire et constitutionnelle de 1961 a fait l'objet des vives critiques, car cela donnait plus de pouvoir à l'exécutif au détriment des autres pouvoirs de l'État.

2. La prééminence de l'exécutif sur le judiciaire

158. L'importance accordée au droit contemporain comme droit vivant a poussé le législateur mauritanien à adopter les normes juridiques et politiques inspirées du droit français. La tendance politique des régimes politiques en Afrique et partout dans le monde (France, États-Unis…) est de renforcer le pouvoir exécutif, c'est-à-dire donner plus de pouvoirs à l'exécutif audétriment des autres pouvoirs de l'État. Il s'agit d'un phénomène politique contemporain bien connu par les sociétés démocratiques et libérales. Dans le cadre de la Mauritanie, il convient depréciser que la première Constitution du 22 mars 1959 était de type parlementaire et avait prévu deux institutions : l'exécutif et le parlement. Il existait entre ces deux pouvoirs un équilibre d'action qui se « *traduisait d'un côté par la procédure offerte au parlement par le vote d'une motion de censure ou par le retrait de sa confiance et d'un autre côté, pour le gouvernement de dissoudre l'Assemblée nationale* »[265]. Ainsi, en vertu de la norme constitutionnelle du 20 mai 1961, pour la première fois après l'indépendance de la Mauritanie, le président de la

République exerce toutes les fonctions habituellement dévolues aux chefs d'État dans un régimeprésidentiel contemporain.

159. On constate une prédominance du pouvoir exécutif et la faiblesse du pouvoir judiciaire y compris vis-à-vis du législatif depuis l'accession du pays à son autonomie interne jusqu'à aujourd'hui. Cette prédominance se retrouve aussi dans la Constitution de 1991 qui n'est rien d'autre que la suite de celle du 20 mai 1961. La Constitution du 20 mai 1961 a instauré un régime politique de type présidentialiste dans lequel le président de la République et son gouvernement disposaient de tous les pouvoirs au détriment des pouvoirs judiciaire et législatif. Il résulte des articles 24 et 25 de la Constitution du 20 mai 1961 que le président de la République est le gardien de la Constitution. Ce dernier incarne l'État et assure par son arbitrage le fonctionnement continu et régulier des pouvoirs publics. Il exerce le pouvoir exécutif et préside le conseil des ministres. Ainsi, l'article 30 de ladite Constitution confère au président de la République le droit de déterminer et de conduire la politique extérieure de la nation ainsi que sa politique de défense et de sécurité. Il nomme le Premier ministre et met fin à ses fonctions. Le Premier ministre et les ministres sont responsables devant le président de la République. Parmi ces prérogatives, le président de la République a un pouvoir de nomination des membres du Conseil constitutionnel et celui du président de la Cour suprême. Il est important de noter que le Conseil constitutionnel était également sous la domination du pouvoir exécutif plus précisément le président de la République. Ce qui est une chose menaçante dans un État de droit et surtout quand on connait son rôle majeur dans la régulation des institutions. Pour garantir la réforme judiciaire de l'indépendance, la Constitution de 1961 a créé pour la première fois dans son article 50 le Conseil supérieur de la magistrature (CSM).

160. Par ailleurs, ce qui caractérise le régime politique mauritanien se traduit à l'époque par l'absence des idées et des concepts démocratiques adaptés à la société mauritanienne mais également par l'omniprésence du chef de l'État dans tous les domaines. L'État et les institutions sont identifiés en la personne du chef de l'État. Ce qui explique par la personnalisation du pouvoir politique en la personne du chef de l'État. Il est nécessaire de noter qu'après les indépendances en Afrique-Occidentale française (Mali, Sénégal, Mauritanie, Côte d'Ivoire, etc.)le parti unique était à la mode. À cette époque des années 60, il existait la prépondérance du parti unique dans le système politique africain incarné par la personne du chef de l'État. En ce sens que le père fondateur de la Guinée Conakry, Sékou TOURÉ a expliqué les raisons de cette suprématie : « *Si le parti s'identifie au peuple, c'est-à-dire à la Nation, il est évident que l'État doit également s'identifier au parti afin que se constitue la trilogie indissociable : Peuple, Parti, État. Ainsi, aucune raison du parti ne peut ni ne doit prévaloir sur la raison et l'intérêt du peuple, de* *même qu'aucune raison d'État ne peut prévaloir sur la ligne du parti* »[266]. À cet effet, le Parti du peuple mauritanien (PPM), parti unique a permis au président Ould Daddah de personnaliser et de tribaliser le pouvoir politique à sa guise. À cette époque, il n'existait pas encore le multipartisme, c'est-à-dire la pluralité des formations politiques. Ces agissements politiques ont servi de modèle aux nouveaux acteurs politiques du pays. Il est très difficile de parler aujourd'hui de régime politique démocratique en République islamique de Mauritanie 60 ans après les indépendances car on retrouve toujours les mêmes structures politiques tribales et régionales. Malgré les réformes politiques et juridiques, la prédominance de l'exécutif sur les autres pouvoirs existe toujours. Voyons cela avec la notion de l'autorité judiciaire dans la Constitution du 20 mai 1961.

3. La notion de l'« autorité judiciaire » dans les réformes de 1961

161. Selon le *Lexique des termes juridiques* « *l'autorité judiciaire est une expression que la Constitution française de 1958 a consacrée en la définissant comme étant l'ensemble des magistrats assurant le service public de la justice civile* »[267]. La réforme judiciaire et constitutionnelle de 1961 qui s'inscrit dans le cadre de la réforme de l'État mauritanien nouvellement indépendant vise à construire une justice contemporaine d'un État moderne jeune et indépendant. Après l'indépendance, l'État mauritanien a hérité des règles constitutionnelles françaises qui consacrent l'autorité judiciaire par le titre VIII de la Constitution du 4 octobre 1958. Les dispositions de l'article 66 de celle-ci ont érigé l'autorité judiciaire comme gardienne de la liberté individuelle. En France, il faut souligner que le débat sur la notion d'« autorité judiciaire » a fait l'objet de nombreuses controverses. Pour Jean-Pierre ROYER, « *ce choix d'autorité judiciaire n'est pas du tout pour des raisons politiques mais tout simplement et à la demande du Conseil d'État – pour ne pas évincer les juridictions administratives de la justice* »[268]. C'est dans cette perspective que les constituants mauritaniens ont emprunté la même notion pour parler de la justice comme gardienne des libertés. En effet, la notion d'« autorité judiciaire » est une expression de la Constitution française reprise par la Constitution de 1961 et la loi n° 61-123 du 27 juin 1961 fixant la première organisation judiciaire de la République islamique de Mauritanie plus ou moins unifiée bénéficiant d'un contexte socio-politique permettant uniquement l'essor de l'autorité judiciaire. Il résulte l'article 43 de la loi du 20 mai 1961 portant la Constitution de la République islamique de Mauritanie que l'autorité judiciaire, gardienne des libertés individuelles, assure le respect des lois. L'autorité judiciaire est indépendante. Le président de la République est le garant de l'indépendance de la magistrature. Pour garantir l'indépendance de la justice, la Constitution a aussi consacré dans son article 50 la création du Conseil supérieur de la magistrature, l'organe censé gérer la carrière des magistrats.

162. Ainsi, l'article 6 de la loi n° 61-123 du 27 juin 1961 sur la forme judiciaire précise que l'autorité judiciaire est comprise comme étant l'ensemble des juridictions placées sous le contrôle de la Cour suprême. L'organisation judiciaire de l'époque mise en place par la loi du 27 juin de 1961 « *devait apporter un ensemble de progrès par rapport à la période coloniale. D'abord, elle permet de reprendre la législation qui a vu le jour depuis 1958 en l'harmonisantet en l'adaptant aux choix et moyens du nouvel État. Elle supprime ainsi le tribunal administratif, vestige d'un système judiciaire dépassé. Ensuite, et surtout, elle dépasse la division organique entre justice de droit musulman et justice de droit moderne. En cela, la loi de 1961 se présentait déjà comme une loi d'unification* »[269].

163. En ce sens, il est important de remarquer que même si la réforme judiciaire et constitutionnelle de 1961 a respecté les grands principes du droit judiciaire et constitutionnel français, il était précoce de parler de l'indépendance de la justice ou de la séparation des pouvoirs en Mauritanie, d'où l'importance des nouvelles réformes constitutionnelles du 20 juillet 1991. C'est à travers ces réformes que pour la première fois, on parle du pouvoir judiciaire pour désigner le service public de la justice. Ainsi, la Constitution du 20 juillet 1991 prévoit le principe de séparation des pouvoirs.

B – La réforme constitutionnelle du 20 juillet 1991

164. Le concept des droits fondamentaux et des libertés individuelles dans le corpus législatif de la République islamique de Mauritanie a doublé. Cela s'explique par le fait que la Mauritanie a adhéré presque toutes les normes supranationales relatives au respect des droits et libertés fondamentaux. Le respect des libertés fondamentales s'inscrit dans un cadre plus général, celuidu respect des droits fondamentaux des droits de l'homme. Pour cela, il faut un cadre législatifet constitutionnel garantissant les droits et les libertés fondamentaux. C'est sans doute dans ce contexte de cadre légal constitutionnel que ABA'A OYONO souligne que « *La Constitution devrait être perçue comme la charte fondamentale de l'État qui fixe les droits et les libertés concédés aux individus, détermine le statut des pouvoirs publics et aménage l'orientation des rapports qui doivent exister entre lesdits différents pouvoirs* »[270]. Il s'agit là d'une norme fondamentale fixant l'organisation des institutions judiciaires et politiques d'un État souverain et démocratique.

165. Après son arrivée au pouvoir en 1984 par coup d'État, le colonel Ould TAYA[271] a engagéle processus de démocratisation des institutions et de respect des droits fondamentaux. C'est dans cette perspective de respect des libertés et des droits fondamentaux que les pouvoirs publics de la République islamique de Mauritanie ont été amenés à promulguer une nouvelle Constitution, celle de la IIIe République le 20 juillet 1991. C'est ainsi que conformément au droit constitutionnel et à la démocratie libérale que : « *les institutions de la III*[e] *République nées le 20 juillet 1991, lors de la promulgation de la 3*[e] *Constitution de l'État mauritanien après celle du 22 mars 1959 et du 20 mai 1961, ont été fortement influencées par la conceptiond'un homme (Ould TAYA) qui a assuré en 10 ans (1981-1991) les deux principales fonctions de l'État : Premier ministre (81-84) et chef de l'État (84-91)* »[272]. Le projet de Constitution a été soumis au référendum populaire et approuvé à une très large majorité de voix, 97 % des suffrages exprimés lors du référendum du 12 juillet 1991. Le 20 juillet 1991, le président Ould TAYA a promulgué ladite Constitution. Néanmoins, il est important de noter que cette volontépolitique du président Ould TAYA est née au lendemain du discours prononcé par le président français, François Mitterrand à la Baule (France) le 20 juin 1990 exigeant aux chefs d'État de l'Afrique-Occidentale française de mettre en mouvement le processus démocratique, de garantirle respect de multipartisme et le respect des libertés publiques et des droits fondamentaux.

166. La Constitution promulguée par l'ordonnance n° 91-022 du Conseil militaire du salut national (CMSN) le 20 juillet 1991 se présente comme la recherche d'un équilibre des deux premières Constitutions (la Constitution de 1959 et celle de 1961) et qui ont marqué le paysage politique et juridique de la République islamique de Mauritanie depuis l'indépendance jusqu'aux années 90. La Constitution du 20 juillet 1991 a donné une place importante et prépondérante à l'islam, aux valeurs religieuses et aux traditions musulmanes comme les précédentes constitutions. C'est la référence à la tradition islamique, aux valeurs islamiques et coutumières, qui ont influencé l'esprit des constituants au moment de la rédaction de la Constitution du 20 juillet 1991. Ainsi, le préambule de ladite Constitution fait référence à l'islam en soulignant la confiance des Mauritaniens en la « *Toute-Puissance d'Allah* », en qualifiant le peuple mauritanien de « *peuple musulman* » et en considérant l'islam comme « *la seule source de droit* ». Aux termes de l'article premier de ladite Constitution, « *la Mauritanie est une République islamique, indivisible, démocratique et sociale* ». Les dispositions de l'article 5 deladite Constitution érigent l'islam comme religion du peuple et de l'État.

167. L'islam comme source principale de la Constitution n'a pas empêché les rédacteurs de celle-ci d'intégrer les principes directeurs de la démocratique et les droits et libertés fondamentaux. La Constitution du 20 juillet 1991 prévoit la séparation des pouvoirs et l'indépendance de la justice dans son article 89. Elle prévoit également que le président de la République est le garant de l'indépendance de la justice et le multipartisme c'est-à-dire la démocratie libérale avec des élections libres et transparentes. À ce titre, le préambule de ladite Constitution affirme l'attachement de la société mauritanienne aux valeurs démocratiques et auxgrands principes des droits fondamentaux des droits de l'homme définis par la Déclaration universelle des droits de l'homme du 10 décembre 1948 par la Déclaration française des droitsde l'homme et du citoyen de 1789 et par la Charte africaine des droits de l'homme et des peuplesdu 28 juin 1981.

168. Il résulte de l'article 2 de la Constitution du 20 juillet 1991 que le peuple est la source de tout pouvoir. La souveraineté appartient au peuple mauritanien. La réforme constitutionnelle du 20 mars 2012 a abrogé et remplacé les aliénas 1 et 2 de l'article 2. En substance, les dispositions de l'article 2 issues de la réforme constitutionnelle du 20 mars 2012 précisentque la souveraineté nationale appartient au peuple qui l'exerce par ses représentants élus et parla voie du référendum, aucune fraction du peuple ni aucun individu ne peut s'en attribuer l'exercice. Ainsi, les dispositions de l'article 2 sont complétées par l'article 3 qui prévoit, qui précise que le suffrage peut être direct ou indirect dans les conditions prévues par la loi (...), sont électeurs tous les citoyens de la République, majeurs des deux sexes jouissant de leurs droitscivils et politiques. La Constitution du 20 juillet 1991 a fait une transition de « l'autorité judiciaire », au « pouvoir judiciaire ». L'intitulé de son titre VII est : *Du pouvoir judiciaire.*Aux termes de l'article 89 de la Constitution de 1991, « *le pouvoir judiciaire est indépendant du pouvoir législatif et du pouvoir exécutif. Le président de la République est garant de l'indépendance magistère. Il est assisté par le conseil supérieur de la magistrature qu'il préside...* ». Ainsi, la justice n'est plus une autorité mais plutôt un pouvoir indépendant.

169. La Constitution du 20 juillet 1991, selon les autorités politiques, garantit le respect des libertés fondamentales et les principes démocratiques notamment le pluralisme politique. À cet égard, il est important dans un premier temps d'étudier l'affirmation du principe de l'indépendance de la justice dans la Constitution du 20 juillet 1991 (1) avant d'analyser son affaiblissement à cause de sa connivence avec l'exécutif (2).

1. L'affirmation du principe de l'indépendance de la justice

170. L'analyse sociologique et philosophique de la justice par les écrivains et philosophes du XVIIIe siècle a conduit les gouvernants à prendre position sur la réorganisation de la justicedans un monde contemporain. Pour Jean-Pierre ROYER et les autres, « *le mouvement des Lumières a cherché à transformer la société en la régénérant des bénéfices de la Raison éclairée. La justice traverse au XVIIIe siècle une crise très profonde, qui dépasse le cadre d'un simple mouvement corporatif. Elle est au centre des grandes agitations qui secouent l'absolutisme agonisant. Un vaste mouvement d'idées la traverse, qu'animent en premier lieu philosophes (Voltaire, Diderot, Rousseau, Montesquieu) et gens de justice gagnés aux idées des Lumières, tour à tour critiques et réformateurs quand ils n'empruntent pas la robe d'avocat, qui dénoncent une justice inhumaine en même temps qu'ils proposent des changements* »[273]. Les idées politiques et judiciaires de

Montesquieu ont permis aux autorités politiques d'instaurer un pouvoir judiciaire qui serait indépendant des autres pouvoirs de l'État dans une société démocratique. Ainsi, la pensée de Montesquieu fut reprise dans la Déclaration des droits de l'homme et du citoyen du 26 août 1789 en ces termes : « *Toute société dans laquelle la garantie des droits n'est pas assurée, ni la séparation des pouvoirs déterminée n'a point de Constitution* ». La séparation des pouvoirs pour Montesquieu est une condition essentielle pour que la justice devienne indépendante et impartiale.

171. Les idées des partisans de ce mouvement des Lumières ont traversé le continent africain. Pour les États africains indépendants à en croire l'ex-président de la République du Sénégal Abdou DIOUF[274], il ne saurait y avoir d'État de droit sans une justice forte et indépendante. Depuis les années 90, la question de l'indépendance de la justice n'a jamais quitté les débats politiques africains. On observe qu'aujourd'hui, partout dans les politiques internationales et internes, la question de l'indépendance de la justice s'impose à tous. La figure du juge est liée à la question démocratique du XXIe. Le juge doit être indépendant et impartial dans une société démocratique et libérale. Il s'agit d'une exigence constitutionnelle consacrée presque dans toutes les constitutions des anciennes colonies françaises, en particulier celle de la République islamique de Mauritanie. C'est un principe cardinal de l'État de droit. La notion d'« *indépendance de la justice est consacrée presque systématiquement par les constitutions des pays de l'espace francophone. La justice, pierre angulaire de l'édifice social, constitue une préoccupation majeure de toute société démocratique* »[275]. Il s'agit là de la justice étatique le pouvoir judiciaire garant des libertés individuelles et des droits fondamentaux.

172. Le principe de l'indépendance du pouvoir judiciaire n'est pas défini de manière claire par le législateur mauritanien. Mais le vocabulaire juridique de Gérard CORNU le définit comme

« *la situation d'un organe public auquel son statut assure la possibilité de prendre ses décisions en toute liberté et à l'abri de toutes instructions et pressions* »[276]. Dans ce sens, il est fondamental que le pouvoir judiciaire mauritanien soit indépendant et prenne des décisions en toute indépendance sans interférence des pouvoirs exécutif et législatif. Pour satisfaire à cette exigence fondamentale en théorie, les autorités de l'État mauritanien ont institué un pouvoir judiciaire indépendant des autres pouvoirs de l'État dans la Constitution du 20 juillet 1991 selon les principes de séparation des pouvoirs édictés par Montesquieu[277]. Or, un tel principe n'existe pas en droit musulman.

173. L'indépendance du pouvoir judiciaire se matérialise en effet par la mise en place de garde-fous institutionnels qui protègent le corps, et le met à l'abri de toutes sortes d'atteintes d'où qu'elles viennent. Elle est garantie par un principe de l'inamovibilité des magistrats et un organe de gestion des carrières des magistrats, le Conseil supérieur de la magistrature (CSM)[278]. À cet effet, quelles que soient l'intégrité et les bonnes moralités du magistrat, s'il n'a pas un statut fort le protégeant des pressions susceptibles de s'exercer sur lui, il ne peut réellement accomplir sa mission comme il se doit[279]. Le principe d'indépendance de la justice est déclaré expressément à la fois par la Constitution mauritanienne du 20 juillet 1991 et la loi organique n° 94-012 portantstatut de la magistrature du 17 février 1994 modifiée et complétée par la loi organique du 5 février 1995. Il résulte de l'article 89 de la Constitution du 20 juillet 1991[280] que le pouvoir judiciaire est indépendant du pouvoir législatif et du pouvoir exécutif. Le président de la République est garant de l'indépendance de la justice. Il est assisté par le Conseil supérieur de la magistrature qu'il préside. Théoriquement, cette disposition constitutionnelle fait apparaître la notion d'un pouvoir judiciaire indépendant des autres pouvoirs de l'État.

174. Il résulte des articles 91 et 90 de la Constitution du 20 juillet 1991 que le pouvoir judiciaire,gardien de la liberté individuelle, assure le respect de ce principe dans les conditions prévues par la loi. Le juge n'obéit qu'à la loi. Dans le cadre de sa mission, il est protégé contre toute forme de pression de nature à nuire à son libre arbitre. Ainsi, au regard des instruments internationaux, en théorie, ces principes constitutionnels semblent satisfaire aux normes reconnues en matière de séparation des pouvoirs et d'indépendance de la justice en République islamique de Mauritanie. Néanmoins, il est important de souligner que la Constitution du 20 juillet 1991 n'a pas consacré des dispositions sur le principe de l'inamovibilité des magistrats du siège. Ce qui signifie selon Jean VINCENT que « *le magistrat ne peut être destitué, suspenduou déplacé que dans des conditions prévues par la loi* »[281]. Le principe d'inamovibilité n'a pas une consécration constitutionnelle en Mauritanie. Cela a été consacré par la loi organique du 17 février 1994 modifiée et complétée par la loi du 5 février 1995 fixant le statut des magistrats en République islamique de Mauritanie.

175. Ainsi, les dispositions des articles 8 et 7 de la loi du 17 février 1994 modifiée et complétéepar la loi du 5 février 1995 portant statut de la magistrature prévoient que, « *les magistrats du siège sont inamovibles et ne peuvent être affectés que sur leur demande ou à l'occasion d'une sanction disciplinaire ou pour nécessité majeure de service. Les magistrats du siège ne sont soumis, dans l'exercice de leurs fonctions juridictionnelles, qu'à l'autorité de la loi* ». Les magistrats du Parquet ne sont pas concernés par ces dispositions. Le pouvoir disciplinaire est exercé à l'égard des magistrats par le Conseil supérieur de la magistrature. Les magistrats du siège sont inamovibles[282] et toute poursuite contre eux est soumise à la procédure de levée d'immunité devant la Cour suprême en Chambres réunies selon la loi du 5 février 1995 fixant le statut des magistrats.

176. Ces garanties statutaires d'indépendance permettent de tenir le magistrat de carrière à l'abride toutes les sollicitations politiques et sociales, qui pourraient altérer son indépendance et sa sérénité, mais également contre toutes les affections arbitraires d'ordre politique sur certaines affaires sensibles politico-judiciaires (détournement des deniers publics par les politiques…), qui mettent en cause les politiques et le gouvernement. Malgré tous ces garde-fous, on assiste toujours à un affaiblissement du pouvoir judiciaire en Mauritanie à cause du poids de l'exécutif.

2. L'affaiblissement du pouvoir judiciaire au profit des autres pouvoirs

177. La Constitution mauritanienne a qualifié la justice d'un véritable pouvoir juridictionnel indépendant des pouvoirs législatif et exécutif prévu par les dispositions de la Constitution du 20 juillet 1991. Or, il existe des décalages entre les principes déclaratifs et l'application effective de ces derniers. Comme le montre Fabrice HOURQUEBIE, un connaisseur des systèmes judiciaires africains : « *Les décalages entre le statut théorique affiché (tel que figurant dans les Constitutions) et la réalité empirique (c'est-à-dire l'office du juge dans les faits) sont fréquents et témoignent de cette volonté de placer la justice sous surveillance* »[283]. En République islamique de Mauritanie, le principe de séparation des pouvoirs souffre beaucoup, et est piétiné par les pouvoirs exécutif et législatif. Il connaît des atteintes graves et intolérables par le pouvoir politique malgré les dispositions constitutionnelles en vigueur à cause des interférences répétitives soit du pouvoir exécutif, soit du pouvoir législatif. Ce qui rend aujourd'hui la justice en République islamique de Mauritanie partiale et dépendante des autres pouvoirs de l'État, en particulier le pouvoir politique. Ainsi, le principe de l'indépendance de la justice apparaît en Mauritanie comme un postulat optimiste que la réalité vient parfois cruellement démentir.

178. Les observateurs internationaux et nationaux pointent du doigt la partialité et la dépendance du pouvoir judiciaire mauritanien au pouvoir exécutif nonobstant les dispositions de l'article 89 de la Constitution du 20 juillet 1991 prévoyant l'indépendance de la justice par rapport aux autres pouvoirs de l'État. Il existe une connivence entre le pouvoir judiciaire et celui de l'exécutif au vu et au su de tout le monde. Ce phénomène a altéré l'image de la justiceen République islamique de Mauritanie à tel point que le professeur Haimoud RAMDAN[284], se demande s'il existe réellement un pouvoir judiciaire en Mauritanie ; car les relations entre le pouvoir politique et le pouvoir judiciaire se présentent sous une forme d'obéissance et de subordination. Ainsi, dans le fonctionnement de la justice, le pouvoir politique peut, par exemple, se donner les moyens de traiter les affaires délicates susceptibles de mettre en cause les hommes politiques (corruption, détournement des fonds publics…), de façon à influencer les juges et à contrôler l'issue du procès. Ce fut, par exemple, le cas de deux hommes politiques, Ahmed Ould Daddah et Mohameden Ould Babah[285]. C'est pourquoi en Mauritanie selon l'adage général : « *La justice n'est jamais indépendante quand elle juge les grandes tribus et les politiques* ». Pareillement, le législateur mauritanien à son tour ne se prive pas d'intervenir dans le fonctionnement de la justice par le biais des lois d'amnistie, soit générale, soit partielle[286]. Cette situation donne une mauvaise image de la justice de telle sorte que les justiciables mauritaniens ne font plus confiance à la justice de leur propre pays.

179. La loi du 5 février 1995 portant statut de la magistrature a consacré le principe de l'inamovibilité des magistrats dans son article 8, précise que les magistrats du siège sont inamovibles et ne peuvent être affectés que sur leur demande ou à l'occasion d'une sanction disciplinaire ou pour nécessité majeure de service, après avis conforme du Conseil supérieur de la magistrature. Cette norme législative est venue renforcer les dispositions constitutionnelles sur l'indépendance de la justice. Le principe de l'inamovibilité des magistratsest une sorte de protection des magistrats vis-à-vis du pouvoir exécutif contre les affectations arbitraires et politiques. Malheureusement, ce principe cardinal de la justice n'est pas respecté par le pouvoir politique car en Mauritanie, le magistrat peut être déplacé d'office sans que ce soit à la suite d'une procédure disciplinaire, mais plutôt pour des raisons politiques, tribale et clanique. Les autorités politiques utilisent toujours la notion de « nécessité majeure de service »pour muter le magistrat après avis du Conseil supérieur de la magistrature[287]. Ainsi, cette dérogation est largement utilisée par les politiques en Mauritanie qui porte atteinte gravement et manifestement aux dispositions de l'article 8 de la loi du 5 février 1995.

180. Force est de constater qu'en République islamique de Mauritanie, les magistrats sont soumis aux ordres des autorités politiques. En ce sens que les magistrats mauritaniens ne sont plus que « *des fonctionnaires dont l'indépendance est sérieusement compromise, car on constate la subordination de fait du juge à l'administration (gouvernement, administration centrale et régionale...) et même à des entités officieuses, wilaya, tribus, groupes de pression.L'indépendance de la magistrature reste une donnée théorique de la Constitution du 1991 et du statut de la magistrature, s'est vidée de toute portée sous les coups de la pratique et est restée un vœu pieux* »[288]. Les magistrats du Parquet sont placés sous la direction et le contrôle de leurs chefs hiérarchiques et sous l'autorité du garde des Sceaux, ministre de la Justice[289]. Cette règle est présente dans l'ensemble des systèmes judiciaires de l'Afrique-Occidentale française. C'est dans ce contexte de dépendance des magistrats qu'Ahmed BABOU a souligné que « *la Mauritanie n'échappe pas à une règle répandue en Afrique qui fait que même si on a doté les magistrats de toute sorte de garanties par leurs* *statuts, leur indépendance ne semble convenablement assurée qu'au niveau des textes, la pratique en est autre chose* »[290]. L'ex-ministre de la Justice était déterminé à faire respecter le principe de séparation des pouvoirs mais également les règles constitutionnelles et législatives fixant l'organisation de la justice,malheureusement, il a été dénué de ses fonctions quelques mois après sa nomination[291].

181. Ainsi, l'affirmation du principe de l'indépendance de la justice reste une donnée théoriqueen Mauritanie car il y a un véritable fossé entre les dispositions législatives et constitutionnelleset leur application effective. Les pesanteurs politiques, religieuses et sociologiques entravent laséparation des pouvoirs et le principe de l'indépendance de la justice. Ce qui fait qu'on assistetoujours à de graves et récurrentes violations des libertés individuelles et des droits fondamentaux des citoyens mauritaniens. Cela nous amène à étudier la réforme de la modernisation de la justice en République islamique de Mauritanie.

§ 2- La modernisation du droit : un nouveau cadre pour la justice

182. L'article 6 de la Convention européenne des droits de l'homme (CEDH) prévoit que toute personne n'a droit à ce que sa cause soit entendue devant un tribunal neutre, indépendant et impartial conformément à une procédure juste et régulière. Ce droit est considéré comme un droit fondamental de tout justiciable. La justice est un élément central de l'État de droit[292], elle est de plus en plus revendiquée dans la société mauritanienne complexe, à la fois islamisée et multiethnique. Dans cette perspective d'une justice indépendante, la République islamique de Mauritanie a intérêt à moderniser son système judiciaire à l'ère de la mondialisation. Après l'adoption de la Constitution du 20 juillet 1991, un titre VII de ladite Constitution consacrant un pouvoir judiciaire indépendant, la République islamique de Mauritanie est rentrée dans l'ère dite démocratique, libérale et contemporaine selon les autorités nationales du pays.

183. La justice est un élément fondamental de l'État de droit qui constitue une préoccupation majeure pour les autorités politiques mauritaniennes depuis les indépendances. Ces autorités cherchent sans doute la mise en adéquation de l'appareil judiciaire mauritanien avec les principes démocratiques et le respect des libertés individuelles et des droits fondamentaux fixéspar les conventions internationales dont la Mauritanie est signataire. Depuis son accession à son autonomie interne, la République islamique de Mauritanie n'a pas cessé de reformer sa justice ; elle continue toujours à réformer son système judiciaire afin de pouvoir trouver à la fois un modèle de justice qui lui correspond et qui respecte aussi les exigences internationales d'une justice moderne et indépendante. À cet effet, la modernisation du droit mauritanien de 1991 a offert un nouveau cadre pour le système judiciaire permettant aux autorités d'engager des réformes juridiques et juridictionnelles contemporaines. Les différents changements intervenus depuis les années 60 et 90 exigent des nouvelles réformes modernes pour replacer la justice dans son cadre constitutionnel et régalien. C'est dans ce sens que les autorités nationales ont entrepris la réforme judiciaire dite de l'ère démocratique (A) et celle de la spécialisation du droit (B). Ces réformes judiciaires ont permis à l'État mauritanien d'unifier ces institutions juridictionnelles (C).

A- La réforme dite de l'« ère démocratique » ou moderne

184. La réforme constitutionnelle du 20 juillet 1991 a ouvert en République islamique de Mauritanie l'âge de la justice républicaine, du moins de la justice moderne et démocratique. Ainsi, à l'ère de la numérisation et de la démocratisation, « *la justice est – à l'instar de tous les organes étatiques – soumise à des pressions accrues en faveur de réformes. Elle est donc contrainte d'augmenter son efficacité* »[293]. C'est sans doute parce que les simples déclarations de principes juridictionnels et démocratiques des autorités mauritaniennes ne suffisent plus. Il faut agir vite et très vite afin de pouvoir joindre les principes déclaratifs aux actions concrètes et efficaces, et de faire en sorte qu'il y ait le respect total des normes législatives et constitutionnelles en vigueur. La Mauritanie s'est engagée dans un processus de démocratisation après le coup d'État militaire du colonel Ould TAYA en 1984[294], et laconsolidation d'un État de droit qui assurera les libertés individuelles et les droits fondamentauxde chaque citoyen mauritanien. Pour les autorités mauritaniennes, ce processus de démocratisation et de modernisation garantira en effet l'égalité de tous devant la loi et préservera l'identité culturelle et sociale de toutes les composantes tribales et communautaireset améliorera les conditions de vie des populations. Dans cette perspective de démocratisation,les observateurs nationaux et internationaux s'accordent à dire qu'une société qui décide de confier au droit la fonction de régulation des rapports sociaux et économiques doit se doter d'une justice indépendante et efficiente. La réforme, issue de la loi n° 93.010 du 21 janvier 1993[295], a réalisé une nouvelle réorganisation judiciaire en République islamique de Mauritanie sous l'ère démocratique ou libérale. La principale nouveauté de cette réforme était la suppression de la Cour spéciale de justice, instance d'exception qui ne doit pas avoir selon les autorités politiques de place dans un contexte dit démocratique[296]. Les compétences de cette Cour sont transférées à une nouvelle Chambre civile et commerciale créée au niveau du tribunalde la *wilaya* (tribunal régional).

185. La loi du 21 janvier 1993 a aussi permis aux autorités politiques de réorganiser la Cour suprême[297]. Grâce à cette réforme, la Cour suprême est désormais composée de quatre Chambresspécialisées (civile et commerciale, administrative, criminelle et sociale). Cette réorganisation de la Cour suprême lui permet de rendre efficacement des décisions. Comme le souligne Chantal ARENS (présidente de la Cour de cassation française), « *le rôle de la Cour de cassation est de trancher les questions de droit. Mais elle n'entend pas seulement dire le droit. Par ses arrêts, elle entend s'adresser à tous, autant à la communauté des juristes, professionnel du droit, qu'aux personnes intéressées par le litige et l'ensemble des citoyens* »[298]. Ce rôle vaut aussi en principe pour la Cour suprême mauritanienne. Ainsi, la Cour d'appel a aussi connu des réaménagements organisationnels afin de lui octroyer des Chambres mixtes, compétentes sur les décisions rendues par les tribunaux de première instance, les tribunaux de *moughataa* (départementaux) et ceux de *wilaya* (régionaux). Les réformes du 21 et du 26 janvier 1993 ontpermis également de créer deux nouvelles institutions judiciaires, à savoir le Conseil Constitutionnel, en charge du contentieux électoral et du contrôle de la constitutionnalité des loiset la Cour des comptes, qui a pour mission comme son nom l'indique de vérifier et de mettre en équilibre les comptes publics[299]. La même année, le législateur a voté la loi n° 94-012 du 17 février 1994 fixant l'organisation de statut de la magistrature afin de pouvoir renforcer l'indépendance de la justice. En théorie, à cette époque, on assistait à la refonte totale du système judiciaire mauritanien.

186. Force est de constater que cette réforme n'a pas pu faire disparaitre la dualité des ordres juridictionnels, droit musulman – droit moderne. Ainsi, l'intérêt de ces réformes pour les autorités politiques a été, d'une part, la mise en place de nouvelles institutions juridictionnelles, à savoir le Conseil Constitutionnel et la Cour des comptes et, d'autre part, la suppression de laCour spéciale de justice. Il faut souligner en effet que ces réformes n'étaient pas suffisantes carelles ne répondaient pas aux aspirations de la population mauritanienne sur le plan économique et financier. Ainsi, pour attirer les investisseurs étrangers et développer une économie libérale,la Mauritanie a adopté une nouvelle réforme dite de spécialisation.

B- La réforme dite de la « spécialisation du droit et de la justice »

187. Pour Pascal BEZARD, « *les acteurs qui interviennent dans le monde économique et financier fortement concurrentiel, le dynamisme et le réalisme sont les clés du succès. Ils souhaitent donc que tous les problèmes, qui sont soumis à contentieux, soient résolus d'une manière rapide et claire, non seulement dans l'intérêt du litige concerné, mais aussi pour l'exemplarité de la solution consacrée, dans l'intérêt de la pratique des affaires* »[300]. C'est danscette perspective d'économie et d'investissement que les autorités politiques mauritaniennes ont pris l'initiative de réformer dans le sens de la spécialisation des juridictions afin de pouvoircréer des nouvelles instances judiciaires qui seront compétentes en matière des contentieux financiers et économiques.

188. La loi n° 99-039 du 24 juillet 1999 fixant l'organisation judiciaire se définit comme la loi permettant de sécuriser et d'attirer les investisseurs africains et internationaux. Cela se caractérise par la mise en place d'une justice indépendante, impartiale, efficace et fonctionnelleavec de Chambres spécialisées en contentieux économiques. Les dispositions de l'article premier de la loi du 24 juillet 1999 prévoient ainsi : « *Sur le territoire national, la justice est rendue, conformément aux dispositions de la présente loi, par des tribunaux de* moughataa, *des tribunaux de* wilaya, *des tribunaux de travail, des Cours criminelles, des Cours d'appel et de la Cour suprême, et par toute autre juridiction créée par la loi. Ces juridictions connaissent de toutes affaires, administratives, civiles, commerciales, pénales et des différends du travail. Elles statuent conformément aux lois et règlements en vigueur* ». La réforme dite de la spécialisation est intervenue grâce à la pression exercée par les bailleurs de fonds (les grands commerçants nationaux, les investisseurs étrangers, les grandes tribus, etc.) soucieux de la promotion de l'investissement en faveur d'un assainissement du climat juridique et judiciaire mais aussi pour plus de transparence des décisions judiciaires. C'est dans ce sens que l'article 16 de la loi du 24 juillet 1999 a institué un tribunal dénommé le tribunal de *wilaya* (tribunal régional) au chef-lieu de chaque région. Ce tribunal est composé des Chambres commerciale, civile, pénale, administrative et celle des mineurs. Chacune de ces Chambres se compose d'un juge unique qui porte le titre de président du tribunal de *wilaya*. La loi du 24 juillet 1999 a également introduit au niveau de chaque *wilaya* une Cour criminelle qui statue en premier et dernier ressort sur les affaires qui lui sont dévolues par la loi. Les dispositions de l'article 25 de la loi précisent que le Ministère public près la Cour criminelle est représenté par le procureur de la République près le tribunal de la *wilaya* du ressort ou l'un de ses substituts.

189. Quant au niveau des tribunaux de *moughataa* (tribunaux départementaux), l'article 11 de la loi n° 99-039 a institué un tribunal de *moughataa* au chef-lieu de chaque département. Ce tribunal est compétent pour statuer sur les affaires familiales, civiles et commerciales qui ne relèvent pas de la compétence du tribunal de *wilaya*. Il résulte de l'article 12 de la loi n° 99-039 que le tribunal de *moughataa* se compose d'un juge unique qui porte le titre de président du tribunal de *moughataa*. Cette juridiction n'est rien d'autre que le tribunal du cadi dans le système précolonial, qui est la plus proche des populations. Ainsi, l'objectif de cette réforme judiciaire était à la fois d'attirer les investisseurs, mais également de créer des institutions judiciaires capables de répondre aux attentes des justiciables Mauritaniens en instituant des juridictions spécialisées, notamment des Chambres administratives, commerciales et des mineurs qui manquaient à l'organisation judiciaire et à l'intérieur desquelles devraient opérer des magistrats spécialisés. Cette réforme a permis aux autorités politiques de réorganiser les instances judiciaires dans le souci d'un rapprochement de la justice des justiciables.

190. Ainsi, depuis la prise du pouvoir par les militaires (CMJD)[301] le 3 août 2005, on assiste à une nouvelle réorganisation judiciaire opérée par les autorités de transition dirigées par le colonel Ely Ould Mohamed VALL[302]. Dans le cadre de la poursuite de ces réformes judiciaires, une nouvelle organisation judiciaire a été adoptée le 8 février 2007[303]. Cette réforme a permis, d'une part, à la Cour suprême d'être un organe consultatif pour le gouvernement selon l'article 12 de l'ordonnance du 8 février 2007 : « *La Cour suprême peut être invitée par le gouvernement à donner son avis sur les projets de textes législatifs ou règlementaires et sur toutes les questions pour lesquelles son intervention est prévue par une disposition législative ou règlementaire expresse* ». D'autre part, l'article 37 de l'ordonnance du 8 février 2007 précise la fonction des secrétaires généraux près la Cour d'appel. Il résulte de cet article que l'administration et la gestion des ressources de la Cour d'appel sont assurées par un secrétaire général nommé par décret pris en Conseil des ministres. Le rang, les attributions, le traitement et les avantages en nature alloués au secrétaire général de la Cour d'appel sont fixés par décret.

191. L'ordonnance du 8 février 2007 portant organisation judiciaire est, d'une part, novatrice, car elle a donné les pouvoirs et les compétences au président du tribunal de *moughataa* d'homologuer l'accord amiable trouvé par le *Mouslih* (conciliateur/médiateur), d'autre part, l'ordonnance est venue compléter les réformes précédentes et solidifier les institutions de la République après plusieurs années de violation constitutionnelle récurrente par les militaires[304]. Ainsi, ces réformes ont joué un rôle très important dans l'unification des instances juridictionnelles en République islamique de Mauritanie.

C- L'unification du droit et de la justice en Mauritanie

192. Dès la première réforme judiciaire de 1961, la question de l'unité des juridictions a été posée par les nouvelles autorités mauritaniennes. Mais à cette époque, il y avait une urgence à mettre en place un nouveau système judiciaire permettant de consolider les institutions politiques, le nouvel État indépendant et de gommer les disparités judiciaires afin de pouvoir prendre en compte la charia islamique au sein du système normatif. Par ailleurs, la question de l'analphabétisme et des moyens financiers et humains se posait. En dépit de toutes ces réformes institutionnelles et juridictionnelles, la réforme judiciaire ne saurait être achevée en Mauritanie tant que l'unité des tribunaux et du droit applicable n'est pas réelle et effective. Il est remarquable qu'un des premiers soucis du législateur mauritanien, après l'indépendance comme dans la plupart des cas en Afrique-Occidentale française, ait été d'unifier les différentes juridictions en intégrant les tribunaux de droit local dans l'ordre juridictionnel de droit commun afin de réduire le dualisme judiciaire. Ce phénomène de « *dualisme qui a existé dans les pays africains tout au long de la période coloniale en matière de structures de juridictions existait également lorsqu'il était question de leur composition* »[305]. Ainsi, après plusieurs années de réformes judiciaires, les autorités mauritaniennes ont intérêt à unifier les juridictions afin de pouvoir éviter ce que Paul RICŒUR appelle « *au désordre qui nie l'ordre répond la négation du désordre qui rétablit l'ordre* »[306]. Depuis l'indépendance de la République islamique de Mauritanie, la justice souffre de ce dualisme institutionnel et fonctionnel.

193. C'est à partir de l'ordonnance n° 83-144 du 23 juin 1983 que les autorités mauritaniennes ont commencé à unifier leur système normatif et juridictionnel. Cette réforme judiciaire a islamisé toutes les instances judiciaires du pays. Elle a supprimé le dualisme juridique (droit musulman/droit moderne) en mettant en place un système juridictionnel unifié sur la base de la justice islamique[307]. Aux termes de l'article premier de l'ordonnance du 23 juin 1983, « *la justice est rendue sur le territoire mauritanien par les tribunaux départementaux, régionaux, les tribunaux du travail, les cours criminelles, la Cour spéciale de justice, les Cours d'appel et la Cour suprême* ». La réforme du 21 janvier 1993 dite la réforme démocratique est venue compléter les précédentes réformes. Celle-ci a permis aux militaires de mettre en place un système judiciaire répondant aux principes démocratiques et modernes.

194. Ainsi, la loi du 24 juillet 1999 a introduit des Chambres spécialisées au niveau de chaque tribunal de *moughataa* et de *wilaya* afin de faciliter le règlement du contentieux économique. En effet, le 3 août 2005 suite à un coup d'État perpétré encore par les militaires, l'ordonnance du 8 février 2007 est venue parachever les précédentes réformes en donnant à la Cour suprême le pouvoir consultatif sur les projets de textes législatifs ou règlementaires et sur toutes les questions pour lesquelles son intervention est prévue par une disposition législative ou règlementaire expresse. Pour les autorités, ces différentes retouches des lois par-ci par-là suffisent pour parler de l'unification des juridictions en Mauritanie. Il s'agit là de l'unification législative en faveur du droit musulman fixant l'organisation judiciaire. Comme l'a souligné l'ancien ministre de la Justice BA OULD NE, « *cette tendance à l'unification de notre justice n'a d'ailleurs pas un caractère profondément original, puisqu'elle se retrouve, pour des raisons analogues, dans la plupart des autres États africains. Mais ce qu'il importe de noter, c'est que cette unification ne s'est pas faite, comme dans d'autres pays, au prix d'une subordination délibérée de la justice traditionnelle à la justice dite moderne* »[308]. Ce choix de l'unification des juridictions était confronté aux problèmes des ressources financières ethumaines et de la réorganisation des tribunaux depuis l'indépendance du pays.

195. Aujourd'hui, le système judiciaire mis en place en Mauritanie est celui de l'unité des juridictions avec séparation du contentieux. La Mauritanie a par ailleurs emprunté la voie tracéepar ses voisins, le Maroc et le Sénégal. Il n'y a pas d'ordres de juridictions (ordre administratif et ordre judiciaire) comme dans le système français, mais un seul ordre (ordre judiciaire) qui traite tous les types de contentieux. Le principe de l'unité des juridictions a été posé par l'article premier de l'ordonnance n° 83. 144 du 23 juin 1983 portant réorganisation de la justice qui dispose que « *la justice est rendue sur le territoire mauritanien par les tribunaux départementaux, régionaux, les tribunaux du travail, les cours criminelles, une cour spéciale de justice, les Cours d'appel et une Cour suprême* ». Aujourd'hui, cette unification des juridictions a été modifiée et complétée par la dernière réforme judiciaire issue de l'ordonnance du 8 février 2007 dans son article premier qui dispose que « *sur le territoire de la République islamique de Mauritanie, la justice est rendue conformément aux dispositions de la présente ordonnance, par la Cour suprême, les Cours d'appel, les tribunaux de* wilaya*, les Cours criminelles, les tribunaux de commerce, les tribunaux du travail, les tribunaux de moughataa et par toutes autres juridictions créées par la loi* ». Ces juridictions sont compétentes pour connaitre toutes les affaires notamment civiles, commerciales, administratives, pénales et le contentieux du travail. À cette problématique de l'unité des juridictions en République islamique de Mauritanie s'ajoutent les atteintes à l'évolution de la justice.

§ 3- Les atteintes à l'évolution de la justice en Mauritanie

196. La consécration des principes de séparation des pouvoirs est loin d'être toujours synonyme de garantie d'une justice indépendante et impartiale. Le service public de la justice en République islamique de Mauritanie est dépouillé de son autorité indépendante et est marqué par des atteintes graves et répétées de la part de l'exécutif, comme d'ailleurs partout en Afrique. À en croire Bertrand BADIE, « *l'organisation du pouvoir judiciaire dans les États francophones d'Afrique reste marquée par plusieurs contraintes. La plus importante est l'origine coloniale du modèle mis en œuvre sans aucune adaptation tenant compte des particularités culturelles propres à chaque pays* »[309]. Effectivement, les États africains de l'Afrique-Occidentale française, après les indépendances, ont poursuivi le modèle colonial sansaucun aménagement tenant compte des valeurs sociales et sociétales africaines d'organisation du pouvoir étatique. En effet, les pesanteurs du passé font qu'en République islamique de Mauritanie, les atteintes manifestes à la justice par les autorités politiques du pays sont loin d'être une illusion de l'esprit. Ainsi, les dispositions de l'article 89 de la

Constitution du 20 juillet 1991 ont fait mention d'un pouvoir judiciaire indépendant des autres pouvoirs de l'État. Or, ce pouvoir judiciaire souffre aujourd'hui de nombreuses atteintes graves et manifestes venant des autres pouvoirs (A). Au regard de ces multiples atteintes incessantes, de la justice en Mauritanie fait aussi l'objet de toutes sortes de critiques (B).

A- Les atteintes politiques, économiques et sociales

1. Les atteintes politiques

197. Le principe de séparation des pouvoirs dans une démocratie permet d'assurer l'indépendance de la justice par rapport aux autres pouvoirs de l'État. La consécration du pouvoir judiciaire indépendant reste pour les constitutionnalistes un principe clé de l'État de droit. Car les trois pouvoirs (législatif, exécutif et judiciaire), selon Jean-Pierre ROYER,

« *procèdent tous de la souveraineté politique dont ils émanent. La puissance de juger devrait être en quelque sorte idéalement nulle : Étant donné qu'il ne devrait pas y avoir de corps autonome et permanent de magistrats, la puissance de juger n'est pas constituée en pouvoir judiciaire pleinement indépendant par rapport au pouvoir politique* »[310].

198. En principe, le pouvoir judiciaire doit être indépendant et ne doit pas être subordonné au pouvoir politique. Le principe d'indépendance du pouvoir judiciaire est consacré par les dispositions de l'article 89 de la Constitution et les instruments internationaux dont la Mauritanie est signataire. Ce principe est violé à longueur de journée, au vu et su de tout le monde, par une interférence constante du pouvoir politique. Cette problématique organique du pouvoir judiciaire vis-à-vis de l'exécutif s'explique par le fait qu'au protectorat constitutionnel du président de la République sur l'autorité judiciaire s'ajoute la tutelle administrative du garde des Sceaux, ministre de la Justice sur la magistrature[311]. En ce sens, l'article 89 de la Constitution de 1991 précise que le président de la République est garant de l'indépendance de la justice. Ce dernier est assisté par le CSM qu'il préside. Ainsi, en dehors de ces atteintes constitutionnelles importantes accordées au président de la République dans l'organisation du Conseil supérieur de la magistrature par l'article 48 de loi de 5 février sur le statut de la magistrature, on constate cependant que l'existence d'un ministre de la Justice qui assure la tutelle sur le Parquet comme coordinateur du service public pose problème. Cela révèle en filigrane le caractère inachevé de l'indépendance de la justice dans les États héritiers du modèle français[312], en particulier la Mauritanie. C'est dans ce contexte de dépendance de la justice au pouvoir exécutif que l'avocat Ahmed MINE souligne lors de notre entretien avec lui que : « *il est difficile d'affirmer que la justice en Mauritanie est indépendante, il s'agit d'une justice qui n'arrive pas à s'émanciper du poids du pouvoir exécutif surtout. La présidence du Conseil supérieur de la magistrature qui est assurée par le chef de l'État donne l'impression d'une volonté de domestiquer la justice* »[313]. Statutairement, le

Conseil supérieur de la magistrature est l'organe constitutionnel chargé de garantir l'indépendance de la justice[314] et de gérer la carrière des magistrats.

199. En Mauritanie, l'indépendance des Parquetiers paraît difficilement concevable avec la spécificité de leurs fonctions qui consistent à appliquer, sous l'autorité du garde des Sceaux, ministre de la Justice, la politique pénale du gouvernement. Il s'agit d'une réalité indéniable, qui plonge les magistrats du Parquet dans une situation de dépendance ou de subordination vis-à-vis du pouvoir politique. La dépendance hiérarchique du Parquet au ministère de la Justice constitue une entorse manifeste à l'indépendance de la justice en République islamique de Mauritanie, qui a un système judiciaire d'inspiration française. Devant les juridictions de première instance, le Ministère public est représenté par les procureurs de la République. En revanche, devant la Cour d'appel et la Cour suprême, le Ministère public est exercé par des procureurs généraux[315]. Les magistrats du Parquet sont ainsi en relation avec les représentants de l'État et les différents ministères pour les politiques de prévention et de répression. Ainsi, les relations étroites qui existent entre les membres du Parquet et le ministre de la Justice (pouvoir exécutif) constituent une menace à l'indépendance et à l'impartialité des magistrats. En d'autres termes, l'emprise du garde des Sceaux dans le fonctionnement de l'institution judiciaire est une atteinte grave et manifeste.

200. Dans une certaine mesure, le pouvoir politique peut interférer dans le fonctionnement de la justice, en se donnant les possibilités de traiter certaines affaires délicates afin de pouvoir influencer les juges et contrôler le verdict. Cela arrive dans le cadre des affaires liées à la corruption, au détournement des deniers publics et d'enrichissement illicite, impliquant les hommes politiques, les grands commerçants et les grandes tribus et leurs familles[316]. Quant au pouvoir législatif, il peut intervenir dans le fonctionnement de la justice en modifiant le contenude la loi applicable, car en vertu de l'article 56 de la Constitution, la loi est votée par le Parlement. L'atteinte la plus manifeste du pouvoir législatif dans le fonctionnement des tribunaux est le plus souvent le vote des lois d'amnistie[317]. C'est dans ce sens que Jean-Paul JEAN et Fabrice GUICHARD soulignent que « *cette situation d'interférence du pouvoir législatif dans le cours de la justice constitue une autre forme d'atteinte, qui laisse penser que la balance de la justice peut pencher selon la naissance ou la fonction et non, souverainement, selon l'impartialité de la loi* »[318]. À l'instar de la démocratie mauritanienne, on peut noter qu'aujourd'hui, dans toutes les grandes démocraties, le juge est subordonné au législateur et au politique qui ne sont eux-mêmes que les représentants de la société dans son ensemble.

201. Par ailleurs, on retrouve ces mêmes privilèges de juridiction en France, notamment les juridictions spéciales pour juger de la responsabilité pénale de certains politiques. C'est le cas de la Haute Cour pour le président de la République (HCPR)[319], présidée par le président de l'Assemblée nationale et composée de 22 membres élus en leur sein et en nombre égal par l'Assemblée nationale et par le Sénat en fonction de la configuration politique de chaque assemblée. Il existe également la Cour de justice de la République (CJR)[320], composée de quinze juges : douze parlementaires élus en leur sein et en nombre égal par l'Assemblée nationale et par le Sénat et trois magistrats du siège à la Cour de cassation, dont l'un préside la CJR. Elle est compétente pour juger les membres du gouvernement, les crimes ou délits commis dans l'exercice de leurs fonctions. Ce privilège de juridiction, selon FABRE-MAGNAN, « *pour les ministres est discuté depuis la création de la Cour de justice de la République en 1993 et l'affaire du sang contaminé, qui a conduit au jugement de trois ministres français dans des circonstances particulièrement tendues* »[321].

202. En Mauritanie, la scène politique et juridique est occupée par les militaires[322] ; ils sont arrivés au pouvoir par le coup d'État depuis 1978 jusqu'à aujourd'hui, ce sont eux qui dirigent le pays politiquement et juridiquement. Cela ne peut que renvoyer une mauvaise image de la justice. Au mépris de certains principes démocratiques et d'État de droit consacrés par les textes législatifs et constitutionnels, le pouvoir politique a instrumentalisé la justice en la détournant de son premier rôle (garantie des libertés individuelles et les droits fondamentaux) pour lui servir comme instrument de répression politique contre les opposants politiques et les militants des droits de l'homme et des luttes contre l'esclavage. Au-delà de ces atteintes politiques à l'encontre de la justice, il existe des atteintes économiques et sociales.

2. Les atteintes économiques et sociales

203. Les affaires politico-judiciaires (détournements de derniers publics et malversations financières, les tribalismes et les clientélismes) font apparaître clairement en RIM les limites du pouvoir de la justice malgré l'inflation des normes législatives, règlementaires et constitutionnelles[323]. La justice en Mauritanie semble perdre toute crédibilité aux yeux de la population du fait de sa connivence avec les politiques et de sa partialité. Elle est aux ordres des politiques et est soumise aux pressions de toutes sortes venant des hommes puissants et des grandes tribus, d'où l'importance de souligner ici que certaines décisions judiciaires se heurtent à des entraves découlant de plusieurs considérations. Or, l'indépendance de la justice, c'est aussi l'assurance que les décisions rendues par les tribunaux seront exécutées. À cet effet, la justice économique est aussi nulle et non indépendante. Les dispositions sur les lois législatives et constitutionnelles de 1961 ont donné mission à la Cour suprême de contrôler l'exécution des lois de finances en statuant sur les comptes publics et financiers de l'État et de ses différentes administrations. Le rapport publié par la Cour est accablant car il signale des irrégularités flagrantes et des détournements à ciel ouvert des biens publics[324]. Aujourd'hui, ce rôle est confié à la Cour des comptes par la loi du 26 janvier 1993. Dans la pratique, cette juridiction n'a jamais fonctionné de façon correcte. Elle se heurte souvent à des obstacles sociaux et politiques qui l'empêchent de poursuivre sa mission[325]. Ahmed BABOU a résumé la situation de la justice économique en Mauritanie de la manière la plus compréhensible : « *En dépit des déclarations vagues des gouvernements successifs, la justice économique n'a pas pu lutter réellement contre le népotisme, la corruption et le détournement des deniers publics. Ceci s'explique par le fait que son fonctionnement effectif et efficace risque de menacer la stabilité des régimes. Les affaires qui se sont introduites en justice, tout en préservant parallèlement les procédés habituels de laisser s'éterniser le procès sous divers prétextes : instructions nouvelles, incompétences des juridictions, instructions terminées mais non suivies de procès, problème depreuves, entre autres* »[326]. Ce qui explique aujourd'hui le manque de confiance des justiciablesà l'endroit de la justice en République islamique de Mauritanie.

204. Les pressions sociales quant à elles sont surtout imputables à l'environnement économique et socioculturel dans lequel vivent les juges Mauritaniens. Le juge appartient à la société dans laquelle vivent les justiciables. Il est une partie intégrante de cet environnement social dans lequel il évolue professionnellement[327]. Par conséquent, il subit quotidiennement des pressionssociales de toutes sortes dans l'exercice de ses fonctions pouvant affecter son indépendance et son impartialité. L'organisation économique et sociale en Mauritanie est reposée sur la tribu, le clan et l'ethnie. Ce phénomène tribal et communautaire débouche bien évidemment sur la solidaritéet l'entraide communautaires. C'est pourquoi les pressions sociales viennent généralement des tribus, des communautés et des clans, voire, même des amis et connaissances, qui sont susceptibles d'affecter l'indépendance et l'impartialité du juge mauritanien. Ces pressions peuvent aussi résulter en partie de « *l'incommodité des conditions d'existence et/ou des conditions de travail. Les juges sont démarchés, non seulement dans leur bureau, mais aussi àleur domicile, dans les cérémonies de baptême, de mariage, de décès, etc.* »[328]. Le magistrat est sollicité et/ou interpellé par les populations dans la rue et dans les différentes rencontres. Il s'agit de la réalité quotidienne des magistrats africains, en particulier Mauritaniens. Ce qui renvoie à la question de corruption des magistrats.

205. Ainsi, en Mauritanie, il est très difficile pour un magistrat de rompre avec son milieu socialtribalo-communautaire. Car celui-ci lui fournit dans ce contexte appui (pour une éventuelle promotion) et protection (contre une éventuelle sanction)[329]. En 2005, le rapport interministérielsur la justice a fait état des salaires et des indemnités des magistrats. Un magistrat mauritanien touche environ un salaire moyen de 89 637 ouguiyas (environ

300 euros/mois) et celui d'un greffier est de 39 642 ouguiyas (environ 200 euros/mois). Ce même rapport interministériel de 2005 a préconisé une augmentation substantielle des salaires des magistrats afin de les mettre à l'abri de toutes formes de corruptions. Face à une affaire judiciaire, le justiciable mauritanien ne s'intéresse pas à la procédure mais plutôt au juge pour l'influencer ou le corrompre en sa faveur au détriment de la partie adverse. Il s'agit d'un phénomène quotidien et connu par toutes et tous. Au regard de ces différentes atteintes, la justice en République islamique de Mauritanie fait l'objet de nombreuses critiques de tout genre.

B- Une approche critique du système judiciaire mauritanien

206. La justice constitue un des éléments essentiels dans un État de droit. À cet effet, le pouvoir judiciaire doit être indépendant des pouvoirs législatif et exécutif et être constitué pour sauvegarder les libertés fondamentales et les droits des citoyens dans le cadre de l'État de droit. Pour cela, le législateur mauritanien a voté une loi organique le 17 février 1994, modifiée et complétée par la loi du 5 février 1995 sur le statut de la magistrature. Cette loi a fixé les règles de déroulement de carrières des magistrats. Ainsi, l'ensemble de ces règles constitue pour les autorités politiques un dispositif destiné à protéger l'indépendance et l'impartialité des magistrats Mauritaniens. La justice implique une véritable indépendance des magistrats par rapport à tout ce qui est de nature à affecter leur impartialité. Malgré cet arsenal juridique, la justice en Mauritanie est accusée de sa proximité avec les politiques, en particulier les militaires au pouvoir depuis 1978. En ce sens que le professeur de droit Hamadi Gatta WAGUÉ souligne lors de notre entretien avec lui que « *la séparation des pouvoirs en Mauritanie est plutôt théorique que pratique. À l'instar d'autres pays, il y a toujours une immixtion entre les trois pouvoirs. La Mauritanie n'échappe pas à ce phénomène qui plombe la justice au quotidien* »[330]. Cette analyse critique est liée à la façon dont la justice est historiquement dominée par le pouvoir politique.

207. L'acte d'accusation est très sévère à l'encontre de la justice et de ses acteurs. Il ressort formellement de nos différentes enquêtes de terrain auprès des professionnels de la justice et des populations que le pouvoir judiciaire est handicapé par sa subordination au pouvoir exécutif, l'insuffisante de formations professionnelles et déontologiques des magistrats, la misère financière et documentaire des tribunaux, le juridisme et le formalisme excessif liés aux procédures et la déconnexion de la justice par rapport à la réalité de nos populations, surtout autochtones. Selon une formule célèbre africaine : « *la justice en Afrique serait à la fois un service public sans service, compte tenu de l'indigence de ses moyens, une justice sans juges, en raison de la façon dont ils exercent leur office, des tribunaux sans justiciables, ceux-ci s'abstenant de saisir des juridictions d'accès difficile,* *dont ils se méfient ou ignorent l'existence* »[331], d'où le recours aux mécanismes amiables de règlement des conflits.

208. Au niveau organisationnel dès l'accession à son indépendance, la Mauritanie était confrontée par un système de dualité des juridictions et l'existence de deux corps de juges distincts, le magistrat et le cadi. De nombreuses réformes (1983, 1993, 1999 et 2007) ont été entreprises pour réformer la justice, en changeant de système judiciaire, totalement ou partiellement, sans succès. La justice se trouve toujours dans un cercle vicieux : d'abord victime d'une instrumentalisation politique (les pouvoirs politiques utilisent les institutions judiciaires à des fins politiques et tribales) ; puis elle est aussi victime d'une crise multiforme (crise de confiance, crise d'autorité, crise de crédibilité, crise de moyens et crise de compétence). Ces crises multiformes touchent aux justiciables dans leur quotidien. Sur le plan politique, il est temps d'extraire les magistrats de la soumission du pouvoir politique. Comme le souligne SidiN'DIAYE lors de notre entretien avec lui : « *Il faut dégager la justice en Mauritanie de l'emprise de l'exécutif (le chef de l'État qui y tient une place importante), travailler à améliorerle système, l'ajuster aux réalités domestiques* »[332].

209. Ainsi, les institutions judiciaires mauritaniennes actuelles n'ont certainement pas le monopole de la résolution des conflits entre les populations. La justice est en effet souvent concurrencée par les mécanismes traditionnels de règlement des conflits, tels que la médiation,la conciliation et l'arbitrage. Par exemple, les conflits interclaniques ou intertribaux se règlent à l'amiable par une autorité quelconque et indépendante, le conciliateur. Le délaissement de la justice en Mauritanie par les justiciables ordinaires s'explique par son coût inabordable, ces délais excessifs liés à l'accumulation des affaires judiciaires, son formalisme excessif et la méconnaissance des textes juridique en vigueur. À cela s'ajoutent l'analphabétisme desjusticiables (65 % chez les femmes contre 50 % chez les hommes selon l'enquête de l'Office national des statistiques), la pauvreté et le désert des tribunaux qui sont autant de défis à releveren Mauritanie afin de pouvoir faciliter aux citoyens ordinaires l'accès à un tribunal indépendantet impartial, comme le proclament l'article 6 de la CEDH et les instruments internationaux dont la Mauritanie est signataire. Les justiciables reprochent également au système juridictionnel mauritanien la complication et l'inadéquation des procédures issues du droit colonial français et des pratiques de corruption au sein des tribunaux. Aujourd'hui, il est trop facile de corrompreun magistrat mauritanien au vu et au su de tout le monde.

210. La justice en Mauritanie souffre d'une grande misère financière et humaine. Le budget alloué au département de la justice dans les États francophones, en particulier de l'Afrique de l'Ouest, est trop faible. Comme le montre Fabrice HOURQUEBIE, « *dans l'espace francophone, rares sont les États dans lesquels le budget de la justice atteint ou dépasse les 1 % du budget* *de l'État* »[333]. Cette affirmation est une réalité triste en Mauritanie, car en 2002, le budget de la justice était à 0,93 % et 2015, c'était à 4 %. Cela démontre le manque de considération des politiques à l'égard de la justice. Ainsi, l'insuffisance des ressources humaines fait partie des causes les plus graves handicapant la bonne administration de la justice. Au niveau de la formation des magistrats, il est nécessaire de souligner que leur formation générale ne leur permetpas de juger avec clarté, méthode et compétence certains litiges complexes et compliqués[334]. C'est dans ce sens que le rapport interministériel de 2005 sur la justice a proposé au gouvernement de la transition une gestion efficace des ressources humaines qui doit s'articulersur une évaluation rationnelle des besoins et une formation initiale et continue des magistrats, des greffiers et les autres personnels de la justice.

211. Par ailleurs, l'accès à la justice est un élément fondamental pour le fonctionnement du service public de la justice. Dans ce sens, la Mauritanie s'est en outre dotée d'une Commission nationale des droits de l'homme (CNDH) du 12 juin 2006[335], qui rend des rapports annuels sur des questions liées aux libertés individuelles et aux droits de l'homme. Son rapport annuel de 2008-2009 fut accablant car elle fait l'état d'une justice inefficace et sous les ordres du pouvoir politique : « *Plus qu'avant, la justice ne rassure pas et ne joue pas le rôle du dernier recours contre l'arbitraire. Son refus de venir au secours des Mauritaniens, son inféodation aux pouvoirs publics malgré la nette séparation des pouvoirs constitutionnels et le sort réservé aux détenus qu'elle observe sans réagir la rend incapable de jouer le rôle de garant des libertés et des droits fondamentaux de la personne humaine dans un État démocratique, et la prive du bénéfice de la confiance des citoyens* »[336].

212. Selon l'ONG, Transparency International, la Mauritanie occupe la 112e place de l'Indice de perception de la corruption. Le niveau élevé de corruption a conduit le Comité des droits économiques, sociaux et culturels (CDESC) à demander au gouvernement de redoubler d'efforts dans la lutte contre la corruption et l'impunité qui y est associée et de garantir la transparence dans la conduite des affaires publiques en droit et dans la pratique[337]. À cela s'ajoute le rapport de 2020 de la Commission d'enquête parlementaire, qui a souligné que les pratiques de corruption existent à tous les niveaux de l'administration et du secteur privé. Ces phénomènes constituent une menace sérieuse pour l'unité nationale et sont un grave problème en Mauritanie[338]. En ce sens, le professeur WAGUÉ souligne lors de notre entretien avec lui que « *la meilleure solution de lutter contre la corruption, c'est de mettre des moyens conséquents à la disposition de la justice et, par ricochet, mettre les magistrats dans des conditions confortables* »[339]. La justice en RIM est loin d'être indépendante. Elle est secouée par la corruption, le laxisme et le tribalisme (du planton du tribunal en passant par le greffier jusqu'au magistrat). Ce constat fait l'unanimité chez les justiciables et a été également remarqué par lesactivistes des droits de l'homme et les ONG nationales et internationales[340].

213. Enfin, en République islamique de Mauritanie, on confond l'État et les institutions de la République à la tribu. Les autorités politiques dirigent l'État et ses institutions comme une tribu qui leur appartient. Or, l'État n'est pas une propriété privée, bien au contraire, il est un bien commun qui appartient au peuple mauritanien. Ce qui fait que la justice est tribalisée en fonction des appartenances tribales. À cet effet, il est très difficile en Mauritanie de faire une séparation entre les fonctions régaliennes étatiques et le phénomène tribal. Ainsi, en termes de formation des magistrats, il est important de noter que le magistrat mauritanien ne bénéficie pas d'une formation de qualité dans l'exercice de ses fonctions. Ce qui explique sa médiocrité dans ses analyses juridiques mais aussi dans ses décisions de justice. Ainsi, il faut également souligner qu'en République islamique de Mauritanie, il manque une formation et une éducationsérieuse à l'éthique et à la déontologie chez les fonctionnaires administratifs et professionnels de tout bord, y compris les magistrats. Le défi du XXIe siècle à relever en Mauritanie doit être l'éducation à l'éthique et à la déontologie des fonctionnaires administratifs et judiciaires. Comme le souligne Stanley GASTON, « *dans toutes les institutions professionnelles, il faut mettre l'éthique en avant et sanctionner, si nécessaire* »[341]. Nous sommes persuadés quel'éthique, la déontologie, le respect des textes en vigueur et une bonne éducation à la morale religieuse permettraient de sortir les magistrats et les fonctionnaires Mauritaniens de cette situation alarmante. C'est la seule voie porteuse pour le respect des institutions de la République, mais aussi pour le développement économique et social propice dans la paix durable.

Conclusion du premier chapitre

214. Le système judiciaire mauritanien est le produit d'une interaction entre justice traditionnelle et justice moderne française. Les structures judiciaires mises en place après les indépendances se situent entre deux types de droits : droit positif français (droit moderne) et droit autochtone (droit traditionnel). En effet, cette description du système juridictionnelmauritanien ne fait ressortir que l'aspect formel des tribunaux. Le cadre global de ce système est marqué par une absence totale de volontés politiques de créer des institutions fortes, capables de rendre service aux citoyens en temps et en heure. La justice en Mauritanie est incapable de régler tous les litiges faute de moyens financiers et humains suffisants. Cette incapacité a produit des conséquences multiples, tant sur le plan économique, social et politique. L'urgenceest à la fois de former les magistrats et de doter les juridictions de moyens suffisants. Pour cela, il faut des réformes structurelles, légitimes et efficaces. L'efficacité, c'est d'abord d'instituer des tribunaux indépendants et impartiaux, qui rendent des décisions justes dans des délais raisonnables et convenables. C'est sous cette notion d'efficacité que Pierre BEZARD disait que « *l'efficacité, c'est aussi la clarté et la précision de la décision. Celle-ci doit répondre aux questions posées et trancher le litige. Le juge ne doit pas chercher à se réfugier dans les ambiguïtés techniques de procédure et éluder le problème posé. Sa décision sera alors éducative pour la pratique et constituera une référence pour la doctrine* »[342].

215. Pour répondre pleinement à sa mission, le magistrat mauritanien et ses collaborateurs doivent suivre une bonne formation, mais également ils doivent être en nombre suffisant et disposer des moyens matériels, humains et financiers nécessaires. En d'autres termes, la prolifération successive des textes juridiques, l'« *inflation normative* »[343], conduit à une perte de valeur juridique. Par ailleurs, les exigences d'un État de droit impliquent une modernisation du système judiciaire. Cette modernisation consiste à répondre aux attentes des justiciables età adapter en conséquence le système judiciaire du pays aux impératifs contemporains. C'est dans ce contexte que le législateur mauritanien a pu marquer ces dernières années la volonté de soutenir les MARC et de favoriser son développement afin de pouvoir réconcilier la société mauritanienne avec elle-même.

Chapitre deuxième :
Les modes alternatifs de règlement des conflits, un (re)nouveau modèle de justice en Mauritanie

« La vertu est au milieu. »

Ancienne maxime latineinspirée de l'Éthique d'ARISTOTE

216. Selon les termes d'Honoré de BALZAC, « *un mauvais arrangement vaut mieux qu'un bon procès* ». Cette affirmation pose clairement le problème des alternatives à la justice étatique, que l'on appelle encore les modes amiables de résolution des conflits. Ainsi, ces mécanismes amiables s'inscrivent dans un processus de négociation aux conflits. Ils permettent aux parties de passer à la solution imposée (décision judiciaire) vers la solution négociée (accord amiable), de maitriser le traitement du conflit et d'arriver à un accord pacifique[344]. La justice amiable comme l'a écrit Soazick KERNEIS, « *il s'agit d'une forme de justice, qui, dans le contexte d'undroit étatique, entend réagir contre le formalisme de la justice publique ou, hors de ce contexte, permet la résolution des conflits par des voies plus ou moins spontanées qui privilégient le retour à la paix* »[345]. En d'autres termes, dans une société communautaire comme celle de la Mauritanie, il existe plusieurs modèles de régulation sociale parmi lesquels la médiation, la conciliation et l'arbitrage qui permettent aux justiciables de parvenir à une solution consensuelle, juste et acceptable pour toutes les parties mais aussi de restaurer le lien social.

217. Ces mécanismes amiables ont pour objectif de désengorger les tribunaux étatiques mais également d'éviter les formalismes excessifs de la justice classique tels que la lenteur, le coût, le délai et la complexité des procédures. Ils permettent aux parties de négocier point par point le conflit qui leur oppose afin de pouvoir trouver un accord amiable. Dans les sociétésmulticulturelles comme la nôtre, les modes alternatifs de règlement des conflits présentent aujourd'hui, comme « *une mutation profonde du* *système juridique contemporain. Cette mutation recouvre le passage d'un droit imposé à un droit négocié »*[346].

218. La justice amiable est perçue par la doctrine comme l'antithèse du contentieux qui renvoie à deux conceptions distinctes : « *Dans une première conception, la justice amiable est entenduecomme une négociation à partir d'une anticipation de la solution juridique au litige. Il s'agit alors de transiger par des concessions réciproques au regard de ce que le juge aurait pu décider. Dans une conception différente portée par les spécialités des modes amiables, le développement de l'amiable est conçu comme un mode de reconstruction du lien social par la qualité de l'écoute, la Communication non violente et les techniques de reformulation ou de négociation raisonnée* »[347]. Cette forme de justice négociée diffère des contentieux juridictionnels qui se réalisent devant les tribunaux étatiques avec des décisions imposées par le juge qui donne deux registres différents : le gagnant et le perdant.

219. Contrairement au procès, la justice amiable cherche à réconcilier les protagonistes et à restaurer le lien social rompu par le conflit. Cette forme de justice existe partout dans le mondey compris en Afrique, car la société africaine a d'ailleurs horreur du jugement à l'occidentale. Le procès en Afrique vise avant tout à restaurer la paix, l'harmonie et le lien social, en un mot la réconciliation. La justice amiable est en effet un outil de paix et de réconciliation. Son but primordial est la résolution négociée des conflits par la restauration de la paix et l'harmonie sociale[348]. À cet égard, les MARC trouvent dans l'ordre juridique mauritanien un champ de prédilection. Pour les autorités mauritaniennes, la justice alternative constitue un pluralisme judiciaire dans une société multiethnique et facilite l'accès à la justice pour tous. Dans ce processus, le concept de MARC constitue un ensemble des modes informels de règlement des conflits allant de la simple négociation à la médiation, à la conciliation, à l'arbitrage jusqu'à la justice populaire tribale et clanique. C'est dans cette optique que le législateur mauritanien a intégré le modèle alternatif dans la pratique judiciaire car il y voit une opportunité pour la résurgence sous une forme moderne de la justice traditionnelle. L'étude de la notion du conceptMARC (section I) permettra de comprendre le rôle normatif de l'État dans l'œuvre d'intégrationdes MARC dans le système judiciaire mauritanien (section II).

Section 1- L'analyse de la notion du concept « MARC »

220. C'est à l'image de Loïc CADIET, de Jean-Baptiste RACINE, entre autres, que la doctrines'intéresse beaucoup, depuis fort longtemps, aux modes alternatifs de règlement des conflits. Les praticiens s'intéressent aussi de plus en plus aux MARC qui s'inscrivent dans le cadre d'une déjudiciarisation du droit ou de la justice négociée. Il s'agit d'une justice qui fait place à la solution négociée directement entre les parties plutôt qu'imposée par une autorité judiciaire quelconque. C'est la notion même de négociation, de consensus, d'accord entre les parties et de rencontre des volontés qui est centrale et capitale dans le processus amiable de résolution des conflits. En d'autres termes, la solution du conflit est imposée par le juge institué par l'État, tandis que dans le règlement amiable, le tiers conciliateur se contente d'aider les parties à trouver une solution consensuelle. Le développement de ce modèle de justice conciliatoire répond à un nouveau besoin économique, politique et social qui dépasse très largement le champ ordinaire de l'activité juridique et juridictionnelle des tribunaux étatiques[349]. Cette forme de justice dans une société mauritanienne communautaire et tribale répond aussi aux besoins d'humaniser les rapports sociaux, politiques et juridiques.

221. Cette vision de la justice négociée dans les sociétés postmodernes « *n'échappe pas à certain ethnocentrisme, on peut observer que l'émergence de ces pratiques de MARC est concomitante de l'apparition des premiers signes de faiblesses de l'État providence, du passage de l'État traditionnel à l'État postmoderne, où les modes de gouvernement sont toujours moins verticaux et autoritaires et toujours contractualisés et consensuels* »[350]. Il s'agit là du pluralisme juridique impliquant la pluralité des ordres juridictionnels ou des méthodes derésolution des litiges avec une interaction humaine directe entre les sujets de droit. Ce qui explique que la justice issue des MARC n'est pas une justice imposée mais plutôt une justice négociée et conciliatoire issue de la manifestation de la volonté des parties.

222. Ce modèle de justice est venu des États-Unis. Comme le montre Soazick KERNEIS,

« *Alternative Dispute Resolution qui prend son essor aux États-Unis et dans les pays de* Common Law *plaide pour une justice informelle, débarrassée des contingences de l'État : il faut rapprocher la justice des citoyens et favoriser leur participation au règlement des litiges* »[351]. Ce modèle amiable de régulation des conflits repose ainsi largement sur la manifestation de la volonté des parties, c'est-à-dire le recours au contrat comme outil de résolution amiable des conflits. L'idée de privilégier la volonté des parties plutôt qu'une justiceimposée venant d'en haut correspond à une nouvelle conception de la justice du XXIe siècle, où les citoyennes et citoyens décident par eux-mêmes de régler leur propre conflit sans faire appel aux autorités étatiques. Il s'agit là d'une autre manière de production des normes sociales et juridiques dans une société en pleine mutation permettant de régulariser les rapports sociaux,économiques et juridiques.

223. Par ailleurs, si aux États-Unis, le terme *ADR* (*Alternative Dispute Resolution*) est beaucoup utilisé pour désigner les MARC (Modes alternatifs de règlement des conflits/litiges/différends), il n'en est pas de même en France et en République islamique de Mauritanie. En Mauritanie, les termes utilisés avant la réforme du Code de procédure civile, commerciale et administrativede 2019 sont la *Mouslihine* (la conciliation) et le *Mouslih* (le conciliateur) pour désigner les modes alternatifs de règlement des conflits ou Alternative Dispute Resolution. La loi n° 2019.008 du 19 février 2019 modifiant et complétant certaines dispositions du CPCCA a institué pour la première fois un Livre III bis intitulé *Des modes alternatifs de règlement des litiges*. La loi n° 2019-018 du 29 avril 2019 a aussi instauré la médiation conventionnelle dans le CPCCA afin de faciliter le règlement de petits litiges entre Mauritaniens. Ainsi, la réforme de 2019 a permis d'installer les modes alternatifs de règlement des conflits dans la sphère judiciaire et juridique mauritanienne. Les modes alternatifs, à savoir la médiation et la conciliation, contribuent beaucoup à l'accélération du règlement des conflits et offrent aux justiciables des solutions consensuelles issues du dialogue direct entre les parties. Cela nous amène à étudier, dans un premier temps, les différentes approches du concept des MARC (§ 1) ensuite, les MARC dans l'espace et dans le temps (§ 2).

§ 1- Les différentes approches du concept « MARC »

224. Dans cette partie, il s'agit d'étudier l'approche philosophique (A) et l'approche juridique (B). Pour finir nous nous intéresserons à l'approche socio-anthropologique des modes alternatifs de règlement des conflits (C).

A- L'approche philosophique des MARC

225. La justice alternative constitue un riche domaine de recherche et d'application pour la méthode de la justice en philosophie. La justice amiable et la philosophie sont des vecteurs permettant de transformer la société. À cet effet, dans son ouvrage *Autrement qu'être ou au-delà de l'essence*, Emmanuel LEVINAS conçoit la théorie de la justice en philosophie comme l'effort conceptuel destiné à traduire l'injonction morale dans des institutions politico-étatiques,qui lui conféreront une efficacité réelle[352]. La justice est un domaine qui interpelle la philosophie, comme la politique et l'art. Ainsi, on remarque aujourd'hui que la question liée à la fonction sociale de la justice est au centre des débats. L'enjeu de ces débats est la construction d'un nouveau « *contrat social* » cher au philosophe français, Jean-Jacques Rousseau, dans un contexte du XXIe où le droit et la justice sociale sont trop demandés.

226. Au cours de l'histoire, les philosophes ont su démontrer à de nombreuses occasions qu'ilexiste une fonction sociale de la justice, offrant une chance aux parties ou aux antagonistes de régler leur contestation pacifiquement. Comme l'a confirmé cette citation de Platon, « *il faut que ceux qui ont des griefs les uns contre les autres commencent à trouver leurs voisins, leurs amis, aussi bien ceux qui sont au courant des actes sur* *lesquels porte la contestation, qu'ils aillent vers les tribunaux dans le cas seulement où d'aventure, on n'aura pas reçu de ces gens-là une décision qui règle convenablement leur différend* ». Cette citation de Platon témoigne que la justice détient plusieurs fonctions, en particulier la fonction sociale. La justice n'est pas seulement une institution étatique qui tranche un litige par une application stricte des normes juridiques et constitutionnelles[353], elle est aussi un mode de régulation sociale permettant aux citoyennes et citoyens de normaliser amiablement leurs rapports sociaux et juridiques.

227. Ainsi, dans la *République* de Platon, la justice est une question traditionnelle liée au dialogue et à la négociation. Quant à Aristote, qui a consacré dans sa théorie sur les « *Éthiques* », il lie la justice à la vertu sociale. Puis, le philosophe contemporain, Paul Ricœur, dans son célèbre ouvrage « *Le juste* » publié en 1995, consacre ses réflexions théoriques sur la contractualisation du lien social à l'ère contemporaine. De ce fait, Ricœur est revenu sur la conception d'une justice réparatrice du lien social sur son ouvrage *Soi-même comme un autre*, et a fourni les fondements conceptuels, dans un effort inédit d'articulation du politique et de l'éthique[354].

228. Dès lors la formule rousseauiste : « *L'homme est un être naturellement bon, aimant la justice et l'ordre ; il n'y a point de perversité originelle dans le cœur humain, et [...] les premiers mouvements de la nature sont toujours droits* »[355]. Les idées de Rousseau sur la justice s'intègrent fortement au système de sa pensée politique. En ce sens que la justice apparaît dans une certaine mesure dans les contrats et par les contrats. Il s'agit là d'une vertu permettant de préserver le lien social entre les membres de la Cité. C'est à travers la justice dans les contratset la figure du juge que la justice se fait reconnaitre comme première vertu des institutions sociales et juridiques[356]. Ainsi, il faut noter que la philosophie produit sa réflexion sur la justicegrâce à Socrate et Platon, car la seule chose importante pour eux est « *d'agir selon le bien, c'est-à-dire selon le juste, car vivre en juste, c'est avoir le souci du bien vivre et non du vivre seulement* »[357]. Pour Platon, dans sa Cité idéale, le législateur ne doit pas légiférer les rapports régissant les membres de la Cité. On doit laisser les citoyens régler leurs propres rapports par eux-mêmes[358]. La philosophie platonicienne selon laquelle « *la justice est présentée comme une vertu [...]. Mais elle est la première des vertus cardinales car elle commande toutes les autres vertus dont elle règle l'harmonie dans l'âme individuelle aussi bien qu'elle préside au bonheur de la Cité* »[359]. Ces principes, on les retrouve aussi chez Aristote.

229. Aristote consacre à la justice le cinquième livre de son *Éthique à Nicomaque*. On y trouve l'idée selon laquelle le juste est ce qui est susceptible de créer ou de préserver le bonheur entre les membres de la Cité. Deux formes de justice y sont distinguées : « *La première, générale, contient toutes les autres vertus. Elle est l'exercice de celles-ci à l'égard* *d'autrui. La seconde, particulière, est une partie de la première* »[360]. Pour Aristote, le contrat, c'est le justemilieu entre les parties. C'est avec lui que la figure du juge s'installe dans la théorie de la justice contractuelle[361]. En ce sens, « *le juge ne se borne plus à dire le droit ou à gérer un conflit particulier, il endosse une responsabilité accrue dans la gestion du social, il devient l'arbitre d'intérêts à la fois individuels et collectifs* »[362].

230. La conception de la justice négociée en matière de lien social est partagée avec certaines théories philosophiques contemporaines. Par exemple, les théories philosophiques du Français Paul Ricœur et de l'Américain John Rawls. Le philosophe américain Rawls a élaboré des principes dans sa *Theory of Justice*, qui mettent en lumière la vertu des institutions sociales comme la vérité sociale et idéale[363]. À partir de ces principes de justice ainsi que des concepts de sociétés démocratiques, de fraternités et de vertus sociales, John Rawls théorise une sociétédu juste et du bien. Il lui suffit de mettre en exergue comment la justice négociée pourrait exister en son sein et devenir un mécanisme de régulation sociale des conflits. Cette théorie a été reconnue et reprise par le philosophe français, Paul Ricœur, dans son ouvrage célèbre *Le juste*. Pour Ricœur, la justice détient deux finalités : « *La première, la fonction courte, consiste à départager les parties et attribuer à chacun ce qui lui revient. La seconde permet d'atteindre la restauration du lien social. Il s'agit, selon le philosophe, de la fonction longue de la justice, qui contribue à la paix sociale, c'est-à-dire finalement, à la consolidation de la société comme entreprise de coopération* »[364]. C'est dans cette perspective de paix sociale que le juge doit laisser aux citoyens de régler leurs propres conflits et de rétablir la cohésion sociale entre eux.En ce sens, le juge peut intervenir si les parties le souhaitent pour homologuer l'accord amiablemettant fin au conflit. Cette homologation du juge permet de donner une force juridique ou uneffet juridique à l'accord conclu par les parties. Ainsi, la sagesse pratique consiste à aller à la table de négociation afin de pouvoir trouver ce que les juristes processualistes appellent le contratdans la justice ou la contractualisation de la justice.

B- L'approche juridique des MARC

231. Les MARC sont aujourd'hui une thématique de recherche pour le droit processuel. Ce phénomène est assez récent dans le système des droits écrits, par opposition aux systèmes de droits anglo-saxons. Les juristes processualistes s'orientent de plus en plus vers cette technique de gestion amiable des conflits permettant aux parties de conclure un accord issu de la manifestation de leur volonté. Les théories contemporaines des modes amiables de règlement des conflits demeurent particulièrement axées sur la contractualisation de la justice. L'approchejuridique montre aujourd'hui, la notion de « MARC » fait l'objet de nombreuses études par les juristes processualistes et les tenants de contrats. L'existence de cette forme de justice n'est pas une nouveauté[365] en droit processuel et en droit de contrats car il s'avère depuis fort longtemps qu'une solution fondée sur la liberté contractuelle des parties ou sur la volonté des parties ou encore sur la responsabilité des partenaires est souvent préférable à une décision imposée par un juge institué par l'État. C'est dans ce contexte de liberté contractuelle que Loïc CADIET nous recommande « *de penser juridiquement les MARC, si l'on veut leur appliquer un régime technique approprié qui permet leur développement sans que leur efficacité ne se fasse au détriment des droits fondamentaux des parties* »[366]. Ainsi, le contrat est au cœur de la justice alternative permettant aux parties de régler leur conflit afin d'éviter la justice formelle. Les parties sont engagées et tenues par le contrat. Cette norme contractuelle peut avoir divers objets et contenus : « *Elle peut, bien sûr, faire naitre un rapport d'obligation entre les parties, rendre l'une créancière et l'autre débitrice, mais elle peut aussi transférer ou éteindre un droit, ou créer un droit ou une situation juridique nouvelle ne se ramenant pas à une relation entre un créancier et un débiteur* »[367]. Cette forme contractuelle est aperçue comme celle qui produit les attentes d'une exécution future dans le cadre du droit commun de contrats avec toutes les conditions de validité et les forces de l'accord amiable issues de la volonté manifeste des parties.

232. Dans le cadre de la justice alternative, les juristes processualistes s'interrogent sur la signification de ce concept de « contractualisation » dans les sociétés postmodernes, qui était au centre des débats depuis le XIXe siècle. Les pouvoirs publics s'emparent du sujet pour légiférer et règlementer le processus de justice négociée. Ainsi, la justice alternative, selon les tenants du contrat ou les civilistes, équivaut à la « *contractualisation* »[368] des rapports sociaux et juridiques. Le terme *contractualisation* est défini par Gérard CORNU comme « *un mode conventionnel de règlement fondé sur la concertation et la négociation ; la recherche consensuelle d'un accord entre les intéressés* »[369]. Ce terme renvoie aujourd'hui au droit négocié et à la résolution amiable des conflits. À cet égard, il est important de souligner que lajustice négociée se situe entre le contrat et le procès. Ainsi, le contrat et le procès ne s'opposent pas systématiquement, au contraire, ils se complètent dans la mesure où ils ont le même but recherché : le respect de l'ordre public et les bonnes mœurs mais également la restauration de la paix sociale. C'est dans cette perspective que Loïc CADIET souligne que « *les MARC ne sont pas une catégorie aux contours tranchés. Il s'agit d'un état d'esprit qui pousse à la recherche d'une solution des litiges qui soit acceptée, voire négociée entre les parties...* »[370]. Il s'agit là d'une mutation profonde des sociétés vers des nouvelles formes de régulations sociales des conflits et des nouvelles manières de production des normes sociales et juridiques. En d'autres termes, nous pouvons aussi voir dans cette forme de justice contractuelle le progrès de la régulation horizontale (justice citoyenne) des rapports sociaux et juridiques au détriment de la régulation verticale (justice étatique) dans les sociétés postmodernes.

233. Ce phénomène de contractualisation de la justice atteste l'avènement d'une justice postmoderne issue des interactions humaines et de la négociation directe entre les parties afin de pouvoir trouver leurs propres solutions au conflit qui les oppose. Cette transformation juridique et juridictionnelle témoigne le passage d'un droit imposé à un droit négocié ou amiable. Ainsi, la justice négociée permet aux litigants de ne pas faire recours aux tribunaux étatiques pour résoudre leur conflit. Il s'agit d'une justice qui fait appel aux services et aux compétences d'un tiers expérimenté neutre, indépendant et impartial pour aider les parties à résoudre leur propre conflit sur la base d'un accord négocié et consensuel. Dans ce contexte, nous pouvons noter que les MARC sont donc d'origine conventionnelle permettant aux partiesde transiger sur la base de leurs volontés. La transaction est un contrat par lequel les parties terminent une contestation née ou préviennent une contestation à naître. Dans ce sens, il s'agitde la négociation entre les parties. À ce titre, la justice négociée selon Soraya AMRANI-MEKKI, « *devrait d'ailleurs être le premier réflexe en cas de survenance d'un litige et le jugen'être qu'un ultime recours en cas d'échec de la négociation* »[371]. Il est tout à fait vrai que lesparties doivent avoir la justice conciliatoire comme premier réflexe lors de la survenance d'un conflit afin d'endiguer les violences et permettre le retour rapide de la paix.

234. Aujourd'hui, le contrat est au cœur des débats et fait l'objet d'une inflation verbale à tort et à travers. À l'ère de la postmodernité et de la mutation des normes sociales et juridiques, le contrat est d'ailleurs devenu la solution essentielle et idéale pour les parties au conflit. Ce phénomène n'est pas nouveau pour les juristes du droit processuel et les spécialistes de droits de contrats. La seule nouveauté dans cette forme de justice, c'est le développement considérable du phénomène des MARC face à une justice classique en pleine crise de confiance et de légitimité. La régularisation des rapports sociaux et juridiques par le contrat permet aux partiesde prévenir les conflits mais aussi de les résoudre facilement afin de préserver l'harmonie et l'équilibre social. Il s'agit là de respecter les accords de volonté des parties.

235. La justice négociée est aujourd'hui au centre des débats politiques partout dans les sociétés démocratiques et libérales. Les pouvoirs politiques s'intéressent à ce mode de régulation sociale des conflits afin de l'encadrer législativement et d'intégrer dans l'échiquier juridique. Car il s'agit d'un phénomène qui est devenu un choix de politiques juridiques et juridictionnelles pour les autorités publiques. La justice contractuelle est l'expression des deux situations *a priori* différentes : « *La justice dans le contrat est celle qui résulte des textes de loi, des principes généraux du droit et des décisions jurisprudentielles qui ont pour objet de s'assurer que les relations contractuelles sont justes et équilibrées. La justice par le contrat* *est au contraire au centre de toutes les préoccupations. Son champ d'application est plus large que celui des clauses de médiation, et même que celui des clauses de différends* »[372]. En ce sens, le contrat illustre bien en effet le passage d'un droit imposé à un droit reposant sur la manifestation de l'accord de volontés des parties. Dans ce cadre-là, nous pouvons souligner que le recours au contrat dans le domaine de la justice négociée peut s'expliquer par l'explosion du contentieux devant les tribunaux étatiques mais aussi par le déclin de la loi et de la puissance étatique d'où l'intérêt de faire recours aux MARC. Les modes alternatifs représentent une autre forme de justice dans une société en pleine mutation comme celle de la Mauritanie qui est à la recherchede son propre système de justice et le rétablissement du lien social entre les différentes composantes de la communauté nationale tant abimé par le conflit. Cela nous conduit aux regards croisés des sciences sociales sur la justice négociée dans les sociétés multiculturelles.

C- L'approche sociologique et anthropologique des MARC

236. Les sciences sociales (la sociologie juridique et l'anthropologie juridique) s'emparent du phénomène de la justice négociée comme étant un modèle de justice sociale et autochtone permettant aux sociétés communautaires de régler leurs conflits pacifiquement et de manière générale afin de restaurer la paix et l'équilibre. Pour les tenants de la sociologie du droit et de l'anthropologie du droit, le droit ne se limite pas tout simplement aux textes et aux jurisprudences. Il existe une autre manière de réguler les rapports sociaux et juridiques des membres d'une société sans que l'État ne soit intervenu. À cet effet, les anthropologues et les sociologues du droit prônent pour la pluralité des ordres juridictionnels et normatifs. Il s'agit làd'une analyse transdisciplinaire ou pluridisciplinaire du droit et de la justice dans les sociétés postmodernes et communautaires, particulièrement la société tribale mauritanienne. C'est dansce contexte de pluralité des ordres juridiques et judiciaires que Michel ALLIOT écrit : « *Le droitn'est pas la construction existant en elle-même que les manuels présentent comme s'adaptant selon un processus harmonique à une évolution irréversible : il est le résultat toujours provisoire de luttes entre individus et entre groupes, qui se traduisent à la fois par des pratiques et par des discours destinés à obtenir un consensus...* »[373]. C'est dans cette optique de lutte entre groupes que Norbert ROULAND emprunte le chemin de Michel ALLIOT, en soulignant en substance que la justice et le droit ne viennent pas essentiellement de l'État et des tribunaux étatiques mais des citoyennes et citoyens et de la société elle-même[374].

237. L'étude du conflit offre le plus souvent aux sociologues et aux anthropologues des questions liées au pluralisme juridique et à la pluralité des ordres juridictionnels dans un seul espace. Elle offre aussi des questions attachées aux normes qui régissent les rapports sociaux et juridiques à l'occasion d'un terrain de recherche dans des sociétés communautaires. La norme selon les positivistes du droit est édictée par la puissance publique (l'État) et est assortie d'unesanction obligatoire étatique. Contrairement aux positivistes du droit, les anthropologues du droit, tels qu'Étienne Le ROY, définissent les normes « *comme des conduites régulières qui peuvent être sanctionnées par les différents moyens qu'offre la pression sociale, ou des mesures individuelles* »[375]. Avec cette nouvelle production normative, c'est-à-dire les normes émanent des groupes, des clans et des communautés et qu'il apparaît qu'elles ne peuvent plus être ramenées à un cadre normatif unique de production (État) dans une société multiculturelle et communautaire comme celle de la Mauritanie. En ce sens, les parties peuvent créer au sein de ces sociétés communautaires un autre espace dans lequel elles pourront se rencontrer et trouver leurs propres solutions aux conflits qui les opposent : « *l'espace de la paix et de la reconnaissance constitué des tiers conciliateurs et médiateurs* »[376]. La justice négociée consisteà prendre acte des attentes de chacune des parties afin de pouvoir trouver un accord de paix.Le tiers conciliateur n'est pas là pour trancher le conflit qui oppose les parties mais plutôt de les aider à accoucher leur propre solution sur le désaccord qui lie les parties. Il nous semble vraisemblable que la notion du conflit soit plus sociologique et anthropologique que juridique.

238. La justice alternative (il s'agit de la « soft-justice » par opposition à la justice imposée) a pour objectif de restaurer le tissu social et la paix durable entre les membres d'une communauté. Le conflit dans les sociétés communautaires, à en croire l'anthropologue Norbert ROULAND, peut se régler sans qu'intervienne un juge institué par un organe étatique[377]. En effet, si les juristes processualistes ont utilisé la notion du « contrat » ou la « volonté contractuelle » pour désigner les modes alternatifs de règlement des conflits, les anthropologues et les sociologues du droit utilisent la notion de « justice autochtone » et/ou « soft justice » qu'ils ont pu croiser dans leurs voyages telle que la « *palabre* » en Afrique, « *les cercles de détermination de la peinechez les Autochtones* » au Canada et « *les compétitions de chants des Inuits* » pour régler les conflits à l'amiable[378]. Ce modèle traditionnel ou autochtone de gestion des conflits correspond bel et bien aux systèmes traditionnels de résolution des conflits chez les peuples autochtones africains en particulier Mauritaniens. Avant les indépendances en République islamique de Mauritanie, les conflits étaient réglés à l'amiablement devant les chefs des tribus ou des clans ou encore devant une quelconque autorité reconnue afin de pouvoir rétablir l'ordre et la paix[379].On trouve aussi ce même modèle de justice chez les autres peuples autochtones au Canada et en Australie. Quel que soit le tiers investi d'une quelconque autorité reconnue par tous, il a pour objectif principal de résoudre les conflits pacifiquement et de restaurer la tranquillité et la paix sociale entre les membres de la communauté.

239. Aujourd'hui, pour les chercheurs en science sociale dans les sociétés communautaires, il existe plusieurs termes pour qualifier la justice amiable : la « justice participative » ou la « justice restauratrice ». La justice participative ou restauratrice s'est « *raffinée et nous pouvons aujourd'hui distinguer principalement deux approches complémentaires. La première tendance, la participation réside dans le choix du mécanisme adapté aux besoins et capacités des parties en litiges. Selon la deuxième tendance, la participation implique un cadre de référence culturel au traitement des différends* »[380]. Cette approche socio-anthropologique des modes alternatifs de règlement des conflits est le résultat des travaux interdisciplinaires de chercheurs en science sociale intéressés par les transformations du droit et de la justice dans les sociétés dites postmodernes ou communautaires[381]. C'est dans cette perspective de paix et du lien social que Soazick KERNEIS souligne que « *la voie alternative offre non pas de juger mais de résoudre le litige, de démêler le conflit [...] d'un côté, le couperet du jugement, de l'autre une justice douce – soft justice – qui favorise le retour à la paix par la résolution du conflit* »[382]. Il s'agit là d'une justice communautaire pour les sociétés tribales et communautaires comme, par exemple, celle de la Mauritanie, soucieuse de paix et de l'harmonie car selon elle, la justice formelle dite occidentale est en décalage avec les valeurs de la tribu.

240. Sur le plan sociologique, il s'agit d'un phénomène de société parmi une variété de phénomènes. La sociologie juridique se distingue du droit en ce sens qu'elle prend cette dernière pour objet d'étude. Par ailleurs, les modes alternatifs sont une autre manière de faire justice dans les sociétés tribales dont la lutte symbolique est la préservation de la paix et du lien social mais aussi d'endiguer les violences et, partant, de préserver l'harmonie dans le groupe.

C'est dans ce sens que Jean-Pierre BONAFÉ-SCHMITT plaide depuis plusieurs années pourle développement sociologique des modes alternatifs de règlement des conflits[383]. Pour d'autres, les MARC sont qualifiés comme « *d'infra-droit* » ou de « *droit spontané* »[384] ou encore de « *droit folklorique* »[385] ou encore de « *soft justices* »[386]. En ce sens, nous pouvons souligner que cette forme de justice s'explique par le fait que la norme imposée laisse la place à la norme négociée ou encore le verbe *trancher* laisse la place au verbe *réconcilier*. En d'autres termes, il s'agit du passage d'une rigidité à la souplesse qui « *transcende la pluralité des ordres juridiques et juridictionnels dans une société par référence à des principes communs et transversaux* »[387]. Cette voie conciliatoire est le résultat d'une mutation de nos sociétés vers la pluralité des normes juridiques et la déjudiciarisation des rapports sociaux dans les sociétés dites postmodernes. Ainsi, la manifestation de la régulation sociale de la vie des communautésou des tribus en Mauritanie s'inscrit dans un vaste mouvement que les chercheurs en science sociale appellent le pluralisme juridique ou la pluralité des ordres judiciaires. La notion du pluralisme juridique a été conceptualisée par Jacques CHEVALIER sous le vocable « *droit postmoderne* » ou « *droit pragmatique* »[388].

241. Sur le plan anthropologique, le conflit est en effet une occasion pour les sociétés communautaires de se rassembler et d'en discuter afin de pouvoir trouver une issue conciliatoirequi permettrait d'éviter l'éclatement du groupe. À cet égard, « *l'anthropologie a grandement contribué à diffuser l'idée de justice réparatrice. Telle qu'elle apparait dans les récits des ethnologues, il s'agit d'un mode de justice inhérent à de petites communautés, dépendant de lavolonté des parties et encadré par des rituels et auquel l'ensemble de la communauté se trouve associé* »[389]. Il s'agit là de valoriser la paix et le retour à l'harmonie sociale dans la communauté. La justice négociée constitue pour ces communautés comme un moyen primordial de résolution des conflits. Dans ce sens, il faut analyser « *les conflits juridiques comme syndromes de pathologie sociale et considérer que c'est autour du litige que se noue l'histoire de ces communautés, que s'y créent ou s'y renforcent les solidarités* »[390].

242. Ainsi, depuis plusieurs années, un nouveau courant de règlement des conflits est né en Afrique. Il s'agit du courant de la justice restauratrice ou justice réparatrice. En effet, il existe des liens profonds entre ce courant de justice restauratrice et les MARC, car tous les deux modèles de justice partagent les mêmes objectifs et les mêmes finalités : restaurer le lien social et le retour de la paix et l'harmonie dans le groupe. Ils sont aussi porteurs d'une approche nouvelle consistant à impliquer davantage les communautés, les groupes, les tribus et les clans dans la gestion de leurs propres conflits tendant à rétablir la paix et l'équilibre social[391]. En ce sens, il est important de souligner les vertus de la justice restauratrice de paix et du lien social en temps de guerres et les réponses qu'elle pourrait apporter en matière pénale. Comme le montre Robert CARIO, « *la justice restauratrice produit une réponse aux crimes qui respecte la dignité et l'égalité des personnes, favorise la compréhension et promeut l'harmonie sociale au traversde la gestion des victimes, des infracteurs et des communautés* »[392]. Il convient d'étudier la place des MARC dans l'histoire des sociétés.

§ 2- Les MARC dans le temps et dans l'histoire des sociétés

243. Dans le présent paragraphe, il est question d'étudier l'histoire et la place des MARC dans les systèmes judiciaires occidentaux et africains, car il est important de savoir que les racines de la justice, surtout la justice pacifique, plongent essentiellement dans l'histoire de la justice autochtone des sociétés anciennes et communautaires. Dans ce sens, les anthropologues ont beaucoup contribué à l'étude des systèmes judiciaires des sociétés coutumières. Ainsi, l'anthropologie a pour étude la connaissance de l'Homme dans son ensemble en tant que sujetde sociétés mais également la connaissance du phénomène des juridicités, des interactions humaines et des pratiques traditionnelles des hommes vivant en groupe avec un regard d'altérité. Les modes amiables de règlement des conflits ne sont pas un modèle nouveau dans les sociétés contemporaines. Par le passé, la justice négociée a existé dans les sociétés traditionnelles africaines et occidentales sous une forme plus ou moins différente. Cette formede justice est toujours présente dans les mêmes sociétés aujourd'hui, dites modernes ou postmodernes avec des outils propres et adaptés, car la période actuelle est très propice à ces modes de régulation sociale des conflits d'où la promotion de ceux-ci dans les États. Comme l'a relevé Loïc CADIET, « *les modes alternatifs de règlement des litiges sont l'expression récente d'un phénomène ancien, la nouveauté tenant à l'amplification considérable du phénomène dans la période contemporaine, participant d'une tendance plus générale à la contractualisation du procès* »[393]. En ce sens qu'il est important de souligner que les pratiquesconciliatoires ou la justice négociée ne sont pas la marque exclusive de la société contemporaine. L'arbre à palabres, la conciliation, la négociation, l'arbitrage et la médiation présentent, géographiquement sur toute la planète et historiquement dans toutes les sociétés humaines, des élémentaires au plus modernes.

244. Cette forme de justice est très ancienne, certainement plus ancienne que la justice des États en Occident (A). Elle est aussi sans doute très ancienne des systèmes judiciaires étatiques africains (B), car le continent africain a une longue histoire avec la justice négociée.

A- Les MARC et l'Occident : de l'intégration au renouvellement

245. L'histoire des MARC en Occident est millénaire et biblique[394]. En effet, il est important defaire recours à l'histoire du droit car celle-ci est porteuse des pratiques contemporaines. Historiquement, les pratiques de la justice amiable bénéficient d'un ancrage divers dans les pays anglo-saxons et en Europe, car le droit, comme les arts et les théâtres, est particulièrement historique. Comme le montre Christophe ARCHAN : « *Dans l'histoire judiciaire de l'Occident, tous les conflits ne sont pas réglés par un juge professionnel, comme en témoignent les cas de vengeance ou les recours à l'arbitrage de tiers non juristes* »[395]. En ce sens, la conciliation, la transaction et l'arbitrage, selon les historiens du droit, sont de très vieilles instances judiciaires qui remontent au droit romain. L'arbitrage est apparu en « *Grèce classique (IVe-VIe siècle avant J.-C. et à Rome), il était connu dès la plus haute Antiquité, dans la période archaïque (VIe-VIIe siècle avant J.-C.), on connaissait l'*arbitrium liti aestimandae *par lequel un arbitre fixait le montant de la réparation due par le coupable après que le juge (iudex) avait prononcé le jugement sur la culpabilité* »[396]. Il s'agit de l'époque où ni droit ni procès n'étaient déterminés, les conflits qui naissaient au sein de la communauté étaient résolus par les autorités issues de cette même communauté par les rites de réconciliation[397]. Dès le début du VIe siècle jusqu'au XIe siècle, les sociétés autochtones, particulièrement africaines, quelles qu'en soient, valorisaient ainsi la justice amiable afin de restaurer la paix, l'harmonie et l'équilibre du groupe. Les Indiens zuńi de l'Amérique du Nord, les Mbuti et les Dogon de l'Afrique de l'Ouest et les Kanak de la Nouvelle-Calédonie (France), ces peuples autochtones utilisaient la justice négociée comme modèle principal de résolution des conflits. Ce qui signifie que la justice alternative n'est pas une pratique nouvelle pour l'Occident, en particulier pour la France.

246. En France, les modes alternatifs sont une pratique fortement ancrée dans les traditions françaises avant même la Révolution française du 1789 dont les origines remontent au droit romain. Comme le montre Loïc CADIET : « *Sans remonter aux origines contractuelles du procès romain, symbolisé par la* litis contestatio, *le développement contemporain des modes alternatifs de règlement des conflits est une sorte de retour aux sources. Dans la mesure où les modes alternatifs de règlement des conflits reposent principalement sur l'accord des parties, c'est-à-dire un fondement conventionnel, ils renouent, d'une certaine manière, avec une histoire vieille de mille ans* »[398]. Dans ce sens, la justice négociée serait un retour aux sources de la tradition française d'une justice pacificatrice et conciliatoire. La seule nouveauté réside peut-être dans l'engouement des uns et des autres en faveur des MARC dans une époque où la justice est fortement revendiquée par les citoyennes et les citoyens et/ou la norme imposée laisse la place à la norme réconciliée. À cet effet, l'expression « justice alternative » ou « justice négociée » est récente, mais la réalité de cette pratique sociale ne date pas d'aujourd'hui mais plutôt depuis fort longtemps. Les MARC sont en effet conformes à l'idéal même de la Révolution française du 1789 et de la révolution judiciaire de 1790[399]. Comme le souligne le député français du bailliage de Nancy en 1790 : « *Rendre la justice n'est que la seconde dette de la société. Empêcher le procès, c'est la première. Il faut que la société dise aux parties : "pour arriver au temple de la justice, passez par celui de la Concorde. J'espère qu'en passant, vous transigerez"* »[400]. C'est sans doute cette forme de régulation sociale des conflits qui est conforme à l'esprit de la révolution judiciaire française.

246. Ce mouvement de déjudiciarisation des rapports sociaux et juridiques a d'abord été né dansles pays de Common Law, surtout aux États-Unis, grâce au développement des politiques amiables de résolution des conflits dans certains quartiers et villes défavorisés et pauvres au milieu des années 70. L'*Alternative Dispute Resolution* répond à une idée simple selon SoazickKERNEIS : « *Le conflit n'ouvre pas nécessairement sur un procès, la communauté peut elle-même gérer le litige, le résoudre sans le trancher* »[401]. Dans ce contexte, les MARC constituent désormais pour les

Américains comme un phénomène de société permettant de régler les conflits amiablement avec l'aide des communautés, des groupes et l'assistance d'un tiers neutre, indépendant et impartial. En Amérique du Nord, cette forme de justice a permis aux populationsdéfavorisées et aux communautés pauvres de régler leurs conflits pacifiquement moins cher etsans faire appel aux services des institutions judiciaires étatiques. De la même manière, la société africaine a fait des modes de résolution amiable des conflits une justice réparatrice du tissu social, ce qui est une réalité historique et culturelle africaine.

B- Les MARC et l'Afrique : *une réalité historique et sociologique*

247. L'Afrique est un continent mythique imprégné de religiosité et de spiritualité. L'histoire de la justice négociée dans les sociétés africaines est une réalité historique, anthropologique et culturelle. Depuis fort longtemps, la justice amiable est ancrée dans les pratiques judiciaires africaines permettant de faire régner la paix et l'harmonie entre les peuples et les communautés. Le caractère de cette justice en milieu africain est pacificateur, conciliatoire et amiable. La conciliation et la négociation sont d'ailleurs considérées par les Africains comme les modes traditionnels de droit commun pour la résolution des conflits sociaux, civils, commerciaux, voirepénaux. Cette situation s'explique par le fait que les sociétés africaines sont faites de communautés, d'ethnies, de tribus, de groupes, de maximes et de clans d'où l'intérêt et la placedes MARC au sein de ces sociétés tribales, claniques et communautaires. Grâce aux travaux des anthropologues tels que Michel ALLIOT[402], Étienne Le ROY[403] et Norbert ROULAND[404],nous avons pu découvrir l'histoire judiciaire, anthropologique, ethnologique et sociologique de sociétés africaines. En effet, les Africains ont toujours privilégié la voie pacificatrice, c'est-à-dire l'arbre à palabres et le dialogue pour régler leurs conflits plutôt que l'affrontement(contentieux) devant les tribunaux institués par les autorités étatiques qui est contraire à l'organisation sociale même des sociétés autochtones africaines. Au sein de ces sociétés, « *le règlement des conflits s'opère moins par le recours impersonnel à des normes explicites et préétablies que par des procédures très concrètes, auxquelles participent non seulement un juge, mais la communauté et éventuellement les parties elles-mêmes* »[405]. Les modes alternatifsde règlement des conflits comme la négociation, la conciliation et la médiation sont en effet inhérents au modèle social et organisationnel des sociétés africaines.

248. En Afrique, la justice traditionnelle avant la colonisation était essentiellement une justice conciliatoire dirigée par les chefs de clans, de tribus et de familles qui privilégiaient le retour au calme et le rétablissement du lien social. Dans ce sens, on pense à l'image formidable du roi/chef dans sa grande Cour de justice et du vieux sage sénégalais, malien ou mauritanien qui, sous un baobab, va résoudre pacifiquement les conflits du village avec une exécution immédiate de la décision sans appel[406]. Cette justice informelle est inhérente à la survie même des sociétésafricaines tant hier qu'aujourd'hui, car le terme *justice* pour les Africains signifie avant tout la réconciliation, la paix, le calme et l'harmonie dans le groupe. À cet effet, les règles du droit dans ces sociétés coutumières ne sont pas écrites et s'expriment par tradition orale : proverbes, adages, contes, maximes... Le tiers faiseur de paix est le chef/roi[407], ou encore toute autre autorité reconnue par les groupes qui doivent avoir l'art de la parole et une parfaite maîtrise des codes culturels et coutumiers. Il s'agit là d'une justice basée sur la palabre (une instance très ancienne de règlement des conflits en Afrique) et le dialogue de cousinage.

249. Étymologiquement, le mot « palabre » vient de l'espagnol « *palabra* » qui veut dire « parole » ou « discussion » ou encore conversation longue et oiseuse selon le dictionnaire, *Le Grand Robert*. Dans son acceptation africaine, la palabre en effet est une instance ou un cadre social de dialogues sérieux et de discussions contradictoires entre les membres d'une communauté, d'un clan ou d'une tribu afin de pouvoir trouver un accord négocié et consensuelsur une quelconque contestation qui pourrait mettre en cause la stabilité et la paix du groupe. Comme le montre Moussa SAMB : « *La palabre est donc le cadre unique de déploiement des divers mécanismes de discussion et d'arbitrage des conflits. L'organisation des palabres obéit à un rituel rigoureux : annonce au tambour dans les contrées éloignées du lieu d'organisationqui se trouvait être sous un arbre, près d'une grotte ou dans une case édifiée spécialement à cet effet, sacralité dans le choix de la date retenue après l'avis des géomanciens, protocole dans l'intervention des principaux orateurs, libre expression et débat contradictoire entre les protagonistes* »[408]. Le succès de cet espace de dialogue et de discussion repose sur le respect de la parole des anciens, des coutumes et des traditions. Par exemple, lorsqu'un conflit éclate dans un village soninké, le chef et ses conseillers se réunissent et discutent afin de trouver une solution négociée pour préserver la cohésion sociale et la paix entre les membres du village comme le montre le chef de village soninké de Guidimakha-Mauritanie, lors de notre entretien avec lui[409]. Ce modèle de régulation sociale des litiges est aussi confirmé par Nelson MANDALA dans son ouvrage célèbre « *The autobiographie* ». L'auteur décrit cette forme justice dans son village en Afrique du Sud, où les chefs communautaires se réunissaient dans la Cour de justice pour régler les conflits pacifiquement : « *Il s'agit de rencontres, et de créations permettant de maintenir de lien social, qui apparaît comme une véritable institution sociale à laquelle participe toute ou partie de la communauté d'un village. Cette institution sociale permet aussi de régler les conflits sans que les protagonistes ne soient lésés* »[410]. L'objectif principal de cette forme de régulation sociale des conflits pour les Africains est de trouver un consensus pour restaurer l'équilibre social dans le groupe.

250. Ainsi, les sociétés africaines précoloniales et postcoloniales sont organisées en communauté, en clan et en tribu. La justice dans ces groupes constitue un organe essentiel pourla cohésion sociale et occupe une place importante. Les chefs, qui rendent la justice sont assistéspar le conseil des anciens[411], ou un groupe des hommes de castes appelés les agents diplomatiques (*Niakhamalanous*). Le tribunal du chef et ses conseillers mettent en œuvre toutes leurs qualités humaines pour réconcilier les parties dans l'harmonie et dans la paix sociale. C'est dans ce sens que le chef de village a souligné lors de notre entretien avec lui dans sa Cour de chef : « *Le chef ne cherche pas à prononcer des sanctions, mais plutôt à réconcilier les partiesen conflit* »[412]. Les parties reconnaissent les qualités du chef : son âge, sa sagesse, sa connaissance des codes culturels et coutumiers et sa bonne moralité.

251. La pratique de justice négociée est liée même à l'organisation sociale et politique de la société africaine hier comme aujourd'hui. Car longtemps avant l'arrivée du colonisateur occidental, il existait en Afrique une réalité comparable aux MARC appelée « l'arbre à palabres », ou « justice coutumière » ou encore « justice traditionnelle ». Traditionnellement, les conflits se règlent à l'intérieur du groupe. Par exemple, chez l'ethnie soninké[413], ou peul de la Mauritanie, ou encore wolof du Sénégal, les conflits se règlent avant tout dans « le ventre de la famille », ou dans « le ventre du groupe », c'est-à-dire « on lave le linge sale en famille », pas question de venir étaler les affaires du groupe dans la place publique. En effet, pour ces ethnies et tribus, le conflit arrive en place publique lorsque la famille ou le groupe n'a pas pu trouver un compromis ou un accord négocié. Étienne Le Roy observe que les expériences africaines privilégient toujours le règlement du conflit au sein du groupe qui l'a vu naître[414]. Ainsi, la réalité actuelle des modes alternatifs est certainement inspirée de cette recherche de paix et d'harmonie sociale dans les groupes et tribus en matière de résolution des litiges dans les sociétés africaines ancestrales. Il existe en effet des liens incontestables entre les pratiques des MARC et les valeurs endogènes de règlement des conflits en milieu africain traditionnel. Ces valeurs endogènes permettent aux Africains de tenir compte davantage de la nécessité de rétablir l'harmonie sociale[415], mais également de prévenir les conflits à temps. L'objectif de la justice amiable dans les sociétés africaines est la restauration de la paix.

252. En France, la doctrine tente de démontrer que les MARC sont une histoire vieille de plus de mille ans, qui remonte aux origines contractuelles du procès romain, symbolisé par la *litis contestatio*, ou à l'aube médiévale du deuxième millénaire. En comparaison les travaux de l'historien et l'anthropologue sénégalais Cheikh Anta DIOP[416] et de certains auteurs occidentaux[417] ont confirmé que l'histoire africaine est plus ancienne que l'histoire des modesalternatifs occidentaux. Les historiens en retrouvent des traces en Égypte au deuxième millénaire avant notre ère. À cet égard, nous pouvons noter que la justice négociée est dans l'« *ADN* » des Africains, qui remonte, selon l'historien sénégalais Cheikh Anta DIOP, à l'Égypteantique. Son histoire présente l'histoire de tribus, d'ethnies, de clans et de communautés africaine. Par conséquent, l'Afrique est le berceau de la justice négociée qu'on le veuille ou non, de par sa culture, son organisation sociale, sa tradition et sa civilisation ancienne. Par ailleurs, nous partageons l'avis des professeurs Loïc CADIET et Thomas CLAY qui affirment que : « *le développement contemporain des modes alternatifs de règlement des conflits est une sorte de retour aux sources* »[418]. Cela est vrai, surtout pour la société africaine dont les MARCconstituent le retour aux racines de la justice communautaire, tribale et clanique.

253. Il est nécessaire de souligner à notre sens qu'il existe une parfaite relation entre la justice négociée et le courant des pratiques restauratrices/réparatrices de paix en Afrique. La justice réparatrice n'est pas non plus une nouveauté pour les Africains. Elle est pratiquée en Afrique depuis fort longtemps dans des zones où il existe des guerres intertribales ou des génocides. Cefut le cas du Rwanda, du Burundi et de l'Afrique du Sud. La justice restauratrice renvoie à « *unedimension plus globale de la gestion du litige. La contribution simultanée des parties et des différentes communautés concernées tend à rétablir l'harmonie sociale et l'équilibre au sein de la communauté* »[419]. Il ne s'agit pas ici de traiter la justice transitionnelle, mais plutôt de nourrir notre réflexion sur les vertus de ce modèle de justice à travers les expériences sud-africaines, burundaises et rwandaises dans un continent marqué par des guerres intercommunautaires ou intertribales ou encore des génocides criminels qui font des millionsdes réfugiés et de déplacés. L'objectif essentiel de ce modèle de justice est la réconciliation qui doit passer par la reconnaissance préalable des faits, le dialogue et le pardon. La pratique des modes alternatifs de règlement des conflits est une solution ancienne adaptée aujourd'hui, dans le contexte nouveau de l'État mauritanien postmoderne où la justice sociale, la paix et le rétablissement des liens sociaux sont beaucoup trop demandés par les populations.

Section 2 – Le rôle normatif de l'État dans l'œuvre d'intégration des MARC

254. L'approche de la justice, tant à travers ses formes cardinales que ses alternatives plus ou moins institutionnalisées, est déterminée par le type de société qu'on entend promouvoir pour nos populations. Dans un État de droit, l'accès à la justice pour tous est une exigence fondamentale et démocratique. Si l'accès au droit et à la protection qu'il est censé apporter est revendiqué par nos concitoyens, il faut reconnaître que le service public de la justice en République islamique Mauritanie montre qu'il ne peut assurer un accès convenable et équitableet prendre en charge à lui seul la dimension sociale et politique reconnue et dévolue au droit. Ainsi, il faut admettre que dans cette situation, les modes alternatifs ont un rôle important à jouer dans la gestion des conflits entre les Mauritaniennes et Mauritaniens. Réputés consubstantiels à la justice africaine, les MARC commencent à prendre l'importance dans les législations africaines, en particulier mauritaniennes. Même si certains auteurs africains comme Jean-Godefroy BIDIMA n'hésitent pas à critiquer cette lenteur du continent en termes d'intégration législative et judiciaire des MARC, en faisant une comparaison avec l'Occident : « *Les MARC sont jugés extérieurs à la culture juridique occidentale, connue pour son attachement à la loi et au règlement autoritaire des litiges, ils prennent place progressivement dans le système juridique occidental* »[420]. Il est tout à fait nécessaire, voire urgent que les politiques et les législateurs africains prennent leurs responsabilités dans ce sens.

255. Par ailleurs, pour répondre aux besoins de la population mauritanienne en matière de justice, l'État mauritanien n'a pas hésité à mettre en place un certain nombre d'acteursdisponibles et disposés, connus et respectés par tous. Le *Mouslih* (médiateur/conciliateur) et l'arbitre sont des acteurs sociaux ancrés dans la tradition mauritanienne depuis fort longtemps, et ils jouent un rôle important en matière de gestion et de prévention des conflits entre les Mauritaniens. Le législateur mauritanien ne saurait résister à l'expansion planétaire de ce modèle de régulation sociale qu'est la justice alternative. Les modes alternatifs de règlement des conflits sont présentés aujourd'hui aux partenaires économiques, sociaux et internationauxcomme un gage contre les maux de la justice mauritanienne. L'ordre juridique mauritanien estainsi ouvert aux MARC par les biais des différents textes législatifs. C'est dans ce contexte dejustice pacifique qu'en 2019, l'État a entrepris des réformes gigantesques en faveur de la justice amiable et des MARC.

256. La volonté annoncée des autorités publiques mauritaniennes traduit la volonté d'instituer une justice alternative aux juridictions étatiques. Ainsi, l'allocution de Dia MOKHTAR, l'ancien ministre de la Justice, devant l'Assemblée nationale indique la motivation de cette position favorable : « *Les MARC visent à désencombrer les juridictions et favoriser les arrangements qui préservent la paix sociale. Le mécanisme vise à encourager le dialogue entre les justiciables afin de trouver des solutions satisfaisantes, de réduire la pression sur le pouvoir judiciaire et d'accélérer la résolution des litiges* »[421]. Cette déclaration du ministre de la Justice nous permet d'affirmer que les MARC bénéficient aujourd'hui d'une tendance favorable auprèsdes autorités politiques mauritaniennes et des acteurs internationaux. Ainsi, pour répondre à la crise du système judiciaire, l'État mauritanien se lance dans la politique d'expérimentation de nouvelles formes de régulation sociale des conflits combinés aux autres modèles de justice en place (§ 1). Ces initiatives étatiques se développent et tentent de répondre à la crise du système juridictionnel du pays depuis l'indépendance (§ 2).

§ 1- La politique de justice amiable en Mauritanie

257. La société contemporaine mauritanienne est déterminée à adopter une politique efficace des modes alternatifs et de l'amiable. Car aujourd'hui, les MARC constituent une pluralité d'ordres normatifs et juridictionnels en République islamique Mauritanie, qui garantit l'accès àla justice pour tous les citoyens, y compris les plus pauvres. La justice alternative occupe une place très importante, voire primordiale dans les sociétés libérales et démocratiques. À cet égard,les gouvernements successifs de la République islamique Mauritanie se préoccupent desdiverses carences qui affectent l'efficacité du service public de la justice : les lenteurs de procédure, l'inaccessibilité des citoyens ordinaires à la justice due à son grand formalisme, les coûts exorbitants des procès et des délais excessifs liés à l'accumulation des contentieux dont sont saisies les instances judiciaires mauritaniennes. Face à toutes ces contraintes judiciaires et juridiques, les autorités mauritaniennes ont réformé en 2019 le Code de procédure civile, commerciale et administrative en faveur des MARC. Ainsi, le ministère de la Justice a élaboréun document intitulé *Une stratégie nationale d'accès à la justice pour tous 2020-2024* afin d'encourager les citoyens à utiliser les pratiques alternatives. Ainsi, il faut aussi souligner qu'en Mauritanie, les modes alternatifs recueillent en effet l'approbation de tous, du législateur, des citoyens, des acteurs de la société civile et politiques, voire des acteurs de la justice.

258. La politique de la justice amiable dans les sociétés démocratiques se dessine de plusieurs manières. Comme le montre Soraya AMRANI-MEKKI, « *il s'agit de repenser l'accès au jugepour désencombrer les rôles des juridictions de tout ce qui pourrait être traité plus efficacementà l'amiable. Il s'agit aussi d'avoir l'humilité de dire que le jugement n'est pas toujours adapté au traitement du litige, qu'il peut ne pas être le point d'aboutissement d'une querelle mais, au contraire, le point de départ d'une nouvelle discorde envenimée* »[422]. Ainsi, l'intégration des MARC dans le système juridique par le législateur mauritanien (A) dans un environnement socioculturel favorable aux MARC (B) sont des facteurs très importants dans l'étude de la politique amiable.

A- L'intégration des MARC par le législateur mauritanien

259. L'histoire de l'introduction du Code des obligations et des contrats en République islamique de Mauritanie, depuis la période de l'élaboration d'un droit coutumier au milieu du XVIIIe siècle jusqu'à la période contemporaine, a permis aux autorités actuelles de faire unepolitique d'évaluation et de modernisation du système judiciaire. C'est dans ce contexte de modernisation et d'adaptabilité de la justice aux réalités quotidiennes et aux attentes des citoyens que l'ex-ministre de la Justice Haimoud RAMDAN a confirmé lors de notre entretienavec lui au ministère de la Justice que « *le gouvernement est en train de moderniser la justiceavec une politique sectorielle bien définie qui permet de doter la justice de moyens suffisants. Nous travaillons également sur les MARC afin de les promouvoir et de les intégrer dans le système juridique et juridictionnel mauritanien* »[423]. Le recours aux modes alternatifs est aujourd'hui, en Mauritanie, une volonté politique qui se justifie par le souhait de rapprocher le citoyen de la justice et la nécessité de restaurer un dialogue fraternel entre les Mauritaniens à travers la recherche du compromis. Les avocats le constatent aussi avec succès. Comme le souligne maître Ahmed MINE, lors de notre entretien avec lui : « *En Mauritanie, ce type de règlement permettra aux uns et aux autres de se retrouver et de dialoguer avec le sentiment d'être sur le même piédestal* »[424]. La justice alternative bénéficie d'une perspective appropriéede l'environnement culturel et juridique actuel de la Mauritanie. Cela nous montre l'évolution du droit judiciaire mauritanien et l'ouverture du système juridique et juridictionnel à une pluralité d'ordres juridiques et juridictionnels concurrents dans un seul espace mouvant.

260. Cependant, à l'heure où les modèles de justice négociée semblent s'être internationalisés et font l'objet de plus en plus d'études doctrinales[425], l'analyse interdisciplinaire de la pratiquedes MARC se révèle être un éclairage utile pour le législateur mauritanien. Pour une raisonsimple : restaurer la paix et le dialogue entre les différentes communautés qui composent la RIM. Depuis plusieurs années, la politique de l'amiable et la tendance législative installent profondément les MARC dans le paysage normatif mauritanien. Par exemple, l'ordonnance n° 2001-052 portant Code du statut personnel prévoit la conciliation dans son chapitre IV, intitulé *Du divorce.* L'article 102 du Code de statut personnel (CSP) qui est le Code de la famille prévoit la conciliation entre les époux, qui souhaitent divorcer soit devant le juge, soit devant les *Mouslihs.* En matière de droit social, l'ordonnance de 2004-017 portant Code du travail prévoit également la médiation, la conciliation et l'arbitrage comme mode de résolution des conflits entre les parties. La récente réforme de 2019 a créé dans le Code de procédure civile, commerciale et administrative un Livre III bis sur les MARC.

261. C'est dans ce contexte de politique de l'amiable que Xavier LAGARDE a écrit : « *Pour que la politique de l'amiable soit reçue selon l'auteur, il faudrait qu'elle soit conçue sur le modèle de la thérapie ou sur celui de l'expertise* »[426]. C'est pour appuyer cette logique de thérapie et de politique d'intégration des MARC que le législateur mauritanien a voté le 19 février 2019 la loi modifiant et complétant certaines dispositions du Code de procédure civile, commerciale et administrative (CPCCA) sur la médiation judiciaire. La loi n° 2019-020 du 29 avril 2019 modifiant et complétant certaines dispositions du CPCCA sur la médiation conventionnelle et la loi n° 2019-021 du 29 avril 2019 sur le règlement des petits litiges sont des réalisations législatives et politiques qui sont venues conforter la tendance favorable au développement des MARC de ces dernières années en Mauritanie. Par ailleurs, en matière d'arbitrage, la loi n° 2000-6 du 18 janvier 2000 portant Code de l'arbitrage est abrogée et remplacée par la loi n° 2019-019 portant Code de l'arbitrage. Ce nouveau Code de l'arbitrage contribue à poser le cadre légal rénové du droit mauritanien de l'arbitrage interne et international. Ainsi, par la modernisation de la justice, la volonté politique des autorités et la structure de la société mauritanienne, les MARC peuvent être considérés aujourd'hui comme partie intégrante du droit judiciaire mauritanien.

262. En matière pénale, l'ordonnance n° 2007-036 du 17 avril 2007 portant institution du Code de procédure pénale ne traite pas de médiation pénale mais de conciliation pénale. Elle autorise le procureur de la République à concilier les parties. Ainsi, l'article 41 du Code de procédure pénale prévoit la conciliation pénale entre la victime et l'auteur présumé lorsqu'il s'agit d'une infraction susceptible d'un emprisonnement de deux ans ou moins ou d'une amende nedépassant pas 200 000 ouguiyas (environ 1 000 euros). Il faut remarquer que depuis l'ordonnance du 17 avril 2007 portant institution du Code de procédure pénale, les alternatives aux poursuites au sens large n'ont pas cessé de se multiplier et de recevoir un champ d'application *ratione materiae* et *ratione personae* de plus en plus étendu par le gouvernement.

263. Ainsi, pour boucler la boucle, la loi 2000/04 du 17 janvier 2000 portant statut de la Chambre de commerce, d'industrie et d'agriculture de Mauritanie (CCIAM) a permis en 2018 la création d'une institution permanente dénommée le Centre international de médiation et d'arbitrage de Mauritanie (CIMAM), dont le siège est fixé à Nouakchott (capitale) dans les locaux de la Chambre de commerce, d'industrie et d'agriculture. Le centre a pour objectif principal d'aider les parties à trouver un compromis au conflit qui les oppose. À cet effet, il résulte de l'article 3 de son statut que le centre a pour principale mission d'organiser et d'administrer, conformément à ses règlements, les procédures d'arbitrage ou de médiation quilui sont soumises en application d'une clause compromissoire, d'un compromis d'arbitrage ou de tout autre acte manifestant avec certitude le consentement des parties à la médiation ou à l'arbitrage. Aujourd'hui, en Mauritanie, la législation en la matière est diverse et variée, ce qui manifeste une tendance favorable à la justice négociée. Le législateur a joué un rôle primordial aux fins d'une intégration effective du modèle amiable dans le système juridique mauritanien. Il est nécessaire de noter qu'un encadrement législatif est très essentiel pour le succès et la pérennité de cette nouvelle forme de régulation sociale des conflits.

264. Ailleurs, en France, les initiatives législatives se concentrent presque exclusivement sur la médiation, la conciliation, la procédure participative et l'arbitrage. L'ordonnance n° 2015-1033 du 20 août 2015 sur le règlement extrajudiciaire des litiges de consommation et la loi n° 2016-1547 du 1er novembre 2016 de modernisation de la justice ont à la fois élargi le domaine des règlements alternatifs et déterminé de manière plus précise leur régime juridique. Ainsi, le législateur mauritanien s'est inspiré du modèle français afin de mettre en place un dispositif légal favorisant une gestion négociée des conflits. La question des résultats et de leur efficience reste entièrement à démontrer et discutable dans les années à venir. Au mieux, ils pourraient contribuer à faciliter l'accès à la justice pour tous les Mauritaniens, et désengorger les tribunauxde certains contentieux sociaux et familiaux. Au pire, ils risquent de se contenter de décorer la sphère juridictionnelle mauritanienne. En tout état de cause, l'environnement social, culturel etgéographique mauritanien est favorable aux MARC.

B- Un environnement socioculturel favorable aux MARC

265. Historiquement, la justice négociée est source de paix, de quiétude et d'équilibre social pour la société africaine en général et pour la société mauritanienne en particulier. La pratiquede la justice négociée y était largement consacrée par les biais des institutions traditionnelles et communautaires (les chefs, les imams, les prêtres...). Il s'agit d'une justice de paix et de compromis pour les Africains. Celle-ci n'est pas une affaire technique, elle est avant tout une expression de l'autorité du chef et des religieux. C'est le chef ou l'imam ou encore toute autre personne reconnue par les populations à travers ses qualités humaines, morales et sincères, soucieuse de la paix et l'harmonie qui rend la justice avec une exécution spontanée de la décision. Les chefs de groupes, de clans ou de tribus dans la société mauritanienne appliquent les normes sociales et juridiques et jouent un rôle très important dans le maintien de la paix et de l'unité dans le groupe[427]. C'est en ce sens que la justice négociée est considérée par les populations comme une véritable institution sociale et populaire.

266. Dans le contexte mauritanien, il est très important de noter que l'environnement religieux, social et culturel est très favorable aux MARC, car il s'agit d'un environnement qui reste toujours traditionnel, islamisé et nostalgique de la justice négociée. Comme l'a remarqué maîtreAhmed MINE lors de notre entretien avec lui : « *Les MARC, il s'agit de quelque chose d'innovant mais dans le fait, traditionnellement, les Mauritaniens ont toujours eu recours à ce type de règlement des conflits* »[428]. Car la Mauritanie est un pays où il existe un brassage ethnies, de communautés et de langues différentes dont l'héritage commun est l'islam. À cet effet, l'islam prône pour la paix et la concorde dans les communautés et entre les communautés. La société mauritanienne est marquée particulièrement par la volonté de passer d'un ordre imposé à un ordre négocié. Ainsi, l'analyse anthropologique de la justice amiable dans les sociétés multiculturelles, comme celle de la Mauritanie, avec un environnement socioculturel traditionnellement islamisé nous permet de réfléchir sur la pluralité des solutions, de privilégierle compromis, et de consolider le lien social.

267. Cependant, la Mauritanie a une petite population mais une superficie immense. Il s'agit d'un pays stratégique entre le Maghreb et l'Afrique noire. En d'autres termes, il est le carrefour entre l'Afrique de l'Ouest et l'Afrique du Nord, un trait d'union entre ces deux blocs[429]. Force est de constater que la Mauritanie ne peut pas être épargnée du modèle de justice négociée du fait de sa culture à la fois africaine et arabo-berbère (islamique). Il s'agit d'une culture de paix, de tolérance et d'harmonie sociale. Nous pouvons même affirmer que la Mauritanie estd'ailleurs la double bénéficiaire des MARC, de par sa position géographique dans le continent. Ce double bénéfice s'explique par le fait de sa double identité culturelle (arabe et africaine) et du fait que la religion et les traditions ont tout érigé en paix et en harmonie. Ainsi, dans cet environnement social, les règles sont édictées à l'attention du groupe avec leurs pratiques et leurs croyances. Il faut enfin tenir compte de la structure sociale de la société mauritanienne. Ils'agit d'une société segmentaire où « *la hiérarchie entre les groupes sociaux s'établit en relation avec la généalogie, et où le modèle parental a été historiquement à la base des systèmespolitiques supra tribaux, et relativement centralisé (les confédérations, les chefferies, lesémirats)* »[430]. Dans ce sens, l'environnement social et culturel était, et est toujours favorable à la négociation et au compromis. Jadis, les Mauritaniens ne connaissaient pas des tribunaux étatiques d'expression française mais les conflits n'y sont pas moins réglés que les sociétés étatiques modernes. Les contestations étaient réglées à l'amiable devant les chefs ou les émirs dans le cadre d'un droit coutumier et religieux. Il s'agit là d'un mélange de la justice cadiale et lajustice coutumière. Ainsi, l'expansion de l'islam en Mauritanie au Xe siècle, cela se traduit par l'instauration d'une culture judiciaire islamisée.

268. Aujourd'hui, le droit musulman a énoncé des règles prévoyant différents modes de résolution des conflits issus de la Sunna et du Coran. Le Coran connaît l'arbitrage et la conciliation. Plusieurs versets du Coran font appel au règlement amiable des conflits. Il faut préciser que tous les différents modes amiables de règlement des conflits qui existent aujourd'hui dans la sphère judiciaire mauritanienne sont déjà prescrits dans le Coran. Ces modes amiables ont tous pour finalité la préservation de la paix au sein de la communauté. Le Code du statut personnel (inspiré de la charia) a adopté la conciliation comme mode de règlement des conflits, dont le principe est posé par le Coran, sourate « *An-Nisa/Les femmes* », dans le verset n° 35 : « *Si vous craignez le désaccord entre les deux époux, envoyez alors un arbitre de sa famille à lui, et un arbitre de sa famille à elle. Si les deux veulent la réconciliation, Allah rétablira l'entente entre eux* »[431]. Ainsi, en matière de divorce, les dispositions de l'article 83 du même Code précisent que le mari qui désire divorcer d'avec son épouse doit s'adresser au juge ou au *Mouslish* pour prendre acte de cette volonté. Le juge ou le *Mouslih* doit dans ce cas convoquer la femme et procéder à une tentative de conciliation.

269. L'émergence de MARC en droit judiciaire mauritanien résulte entre autres de sonenvironnement religieux, social, culturel et géographique. Pour le législateur, les facteurs sociologiques, économiques et surtout religieux concourent à encadrer et à institutionnaliser lesMARC. Méconnaitre ces facteurs, dans la perspective de modernisation de la justice et de l'accès à la justice pour tous, reviendrait à ignorer l'identité culturelle de la République islamique de Mauritanie. C'est dans ce sens que le président de la Cour suprême de Mauritanie, Ould NAGI, lors de notre entretien avec lui à la Cour suprême souligne que « *la Mauritanie est un pays de tradition et de culture amiable. Les Mauritaniens ont toujours privilégié le règlement amiable de leurs litiges* »[432]. Comme tout environnement africain, l'environnement socioculturel mauritanien est propice aux modes alternatifs. Les vertus des MARC sont indispensables pour une société en crise.

§ 2- Les attributions des MARC dans une société en crise

270. La société mauritanienne est une société tribale. Parmi les crises que connaît le pays, nous pouvons citer en premier lieu le tribalisme. Le phénomène tribal est ancré dans l'esprit des Mauritaniens, qui est devenu aujourd'hui un argument pour les autorités publiques à des fins électorales, voire judiciaires. Comme le souligne CERVELLO, « *la Mauritanie postcoloniale, les chefferies tribales, les tribus et les sentiments tribaux ou tribalités, hérités et transformés par la colonisation française, ont été utilisés comme des sources de commandement politique par les divers gouvernements Mauritaniens, dans le cadre d'un discours et d'une pratique officieuse* »[433]. Le tribalisme apparaît dans la vie quotidienne des citoyens avant même l'arrivée de la colonisation. Ainsi, les colons ont utilisé ce phénomène comme mécanisme de domination afin de pouvoir contrôler le territoire mauritanien et dominer les populations autochtones avec la complicité de certains chefs de tribu et religieux. Pierre BONTE a écrit que

« *la notion de tribalisme s'impose comme un instrument d'analyse des sociétés étatiques issues de la décolonisation* »[434]. Le tribalisme est l'un des problèmes principaux de la Mauritanie, qui est d'ailleurs la source de tous les maux et dans tous les domaines (politique, social économique et judiciaire) en République islamique de Mauritanie.

271. Cependant, au-delà du phénomène tribal, il y a les tensions sociales et féodales qui s'expriment entre groupes ethniques ou tribaux mais aussi à l'intérieur de chaque groupe ethnique, il y a des rivalités internes qui sont liées à la hiérarchisation des positions des membres. La société mauritanienne est organisée en groupes. Au sein de chaque groupe se trouve une organisation sociale hiérarchisée en castes avec une spécialisation socioprofessionnelle. Le système de hiérarchies dans la société mauritanienne est très proche du système indien de castes décrit par Louis DUMONT, malgré la distance qui sépare les deux systèmes. Il s'agit là d'une société de type féodal, qui maintient entre ses membres une certaine discrimination des positions et des hiérarchies. Ainsi, la colonisation a soutenu ce phénomène dans les anciennes colonies et a remis le pouvoir au moment des indépendances aux féodaux[435]. En Mauritanie, l'esclavage est aboli depuis 1980, mais la hiérarchie de classes et le phénomène esclavagiste persistent toujours malgré la dernière loi n° 2015-031 portant incrimination de l'esclavage et réprimant les pratiques esclavagistes et la création des Cours spéciales pour juger les faits relevant de l'esclavage. Ces pratiques minent les relations sociales entre les Mauritaniens et créent des tensions de toutes sortes entre les différentes communautés, mais aussi entre les membres d'une même communauté. C'est dans ce sens qu'en 2009, la CNDH avait fait une recommandation au gouvernement sur la question de l'esclavage « *d'organiser une campagne de sensibilisation en langues nationales : maure, poular, soninké et wolof sur les organes de presse, en particulier audiovisuels, sur la nécessité de l'éradication des pratiques esclavagistes et de leurs séquelles mentales, politiques et économiques, sociales* »[436]. Malheureusement, cetterecommandation n'a été suivie d'aucun effet par les autorités.

272. Au-delà de l'organisation sociale de type féodal, la question de l'organisation politique et économique est de plus en plus revendiquée par les élites négro-mauritaniennes. En effet, la vie politique mauritanienne est marquée par la domination d'une seule ethnie (ethnie maure) depuis l'indépendance du pays. Le service public et la fonction publique du pays sont monopolisés par cette ethnie (militaro-maure). Le partage du pouvoir est toujours réclamé depuis 1960 par la communauté noire qui ne cesse d'ailleurs de dénoncer haut et fort le racisme d'État représentépar l'exclusion des Noirs dans la fonction publique et dans tous les postes à responsabilité du pays. C'est sans doute, il s'agit de l'apartheid social, économique et politique, voire judiciaire. Les inégalités raciales en Mauritanie sont un fait à ne pas nier qui se manifeste par le faible taux de représentativité des Noirs dans l'armée, la police nationale, l'administration et le gouvernement. Comme le confirme le rapport publié par les ONG en 2016 : « *La discrimination raciale et l'exclusion se traduisent par la manipulation des institutions nationales et des instruments juridiques nationaux utilisés par la minorité arabe dominante pour la marginalisation d'une partie importante de la population* »[437]. En effet, il faut souligner que la Mauritanie est un pays riche, mais la population est pauvre. Les citoyens ordinaires ne profitent pas de cette richesse. Malheureusement, c'est un groupe minoritaire qui profite de cette richesse au détriment des autres groupes ethniques.

273. En matière de corruption et de détournements des biens publics, la Mauritanie est loin d'être un modèle. Elle occupe la 112e place de l'Indice de perception de la corruption établi par Transparency International dans son rapport de 2018-2019. La CNDH a écrit dans son rapport de 2009 que « *la corruption est un mal généralisé dans le pays et à tous les niveaux de l'administration* »[438]. L'unité nationale est fortement ébranlée par le problème des réfugiés et du passif humanitaire (les tragiques événements de la période 1989-1992 restent inscrits dans les grands sujets de préoccupation du pays)[439]. Dans de telles situations, l'unité nationale est en difficulté. Elle est devenue un défi à révéler pour les autorités politiques. Face à ces crises multiformes, il est dans l'intérêt de tous les Mauritaniens de revenir à la source, c'est-à-dire au dialogue et au modèle amiable de gestion des conflits et à la reconstruction du lien social pour un avenir meilleur pour tous. Cette voie pacificatrice est fondée sur la prévention, le compromis et la recherche d'un consensus avec des procédés qui n'ont pas pour fonction de se prononcer sur la culpabilité des uns et des autres, mais plutôt de renforcer la cohésion sociale et l'harmonie entre les communautés. Ce phénomène n'est pas nouveau, car par le passé, les Mauritaniens ont pu montrer une grande maturité en réglant leurs conflits amiablement sans l'intervention d'une quelconque autorité publique. D'ailleurs, l'institution judiciaire mauritanienne, en raison de son formalisme excessif, de sa lenteur, de son coût, mais également de sa distance, connaît de plus en plus de difficultés pour réguler l'ensemble des conflits. De ce fait, les modes alternatifs de règlement des conflits sont une solution aux maux de la justice mauritanienne (A) mais sont également au service du droit et de l'accès à la justice pour les citoyens mauritaniens (B).

A- Les MARC, une solution aux maux de la justice

274. La justice alternative et la justice étatique visent le même objectif : le rétablissement de la paix et l'ordre dans la société. Mais la voie empruntée les sépare. Ainsi, le procès devant les institutions étatiques est une escalade dont les parties ne maitrisent et ne décident de rien du début jusqu'au verdict. Ce modèle de justice ne donne pas une place au compromis, au dialogue et à l'interactivité directe entre les parties mais les conduit vers une solution imposée toute faite issue des textes juridiques préétablis par les autorités. La justice instituée par l'État impose radicalement une solution aux parties et distingue le gagnant du perdant. Dans ce sens, la solution retenue n'est pas une solution négociée mais imposée par un tiers d'une autorité étatique qui a juste mis fin à un épisode dans une grande histoire conflictuelle. Cette décision juridictionnelle préétablie peut être source d'un nouveau conflit car elle n'est pas issue d'un dialogue ou d'un compromis entre les protagonistes. C'est dans ce sens que Xavier LAGARDEsouligne que, « *le différend n'est pas réglé s'il est permis d'en faire un nouveau litige* »[440]. En revanche, la justice dite alternative se réalise par les mécanismes contractuels, c'est-à-dire la manifestation des volontés des parties. Ce qui explique que les modes alternatifs ne peuvent pas se réaliser selon les mêmes techniques que le procès devant les tribunaux.

275. Les instances juridictionnelles étatiques mauritaniennes, en raison de leur formalisme, la lenteur des procédures judiciaires et les coûts élevés du procès, connaissaient de plus en plus de difficultés pour résoudre les conflits et prendre en compte l'évolution des rapports juridiques et sociaux. Aujourd'hui, ces instances judiciaires n'ont plus le monopole de la résolution de tous les conflits qui arrivent devant le juge pour des raisons liées au manque de moyens financiers et humains mais aussi par le manque de confiance des populations vis-à-vis de leursjuges. Le Département de la justice en République islamique de Mauritanie ne dispose pas de moyens suffisants pour assurer le bon fonctionnement de la justice. Il est l'un des départements le moins outillés parmi les autres départements de l'État. À cela s'ajoute une pénurie des jugesou le désert des tribunaux, qui s'explique par l'éloignement géographique des justiciables par rapport aux institutions judiciaires étatiques. En Mauritanie, il existe cinquante-trois tribunaux de *moughataa* (départementaux), treize tribunaux de *wilaya* (régionaux), quatre Cours d'appel et une Cour suprême. Le rapport interministériel de 2005 dénombre cent soixante-treize magistrats. Par exemple, la *wilaya* de Guidimakha (sud de la Mauritanie) avec une population d'environ 149 411 habitants disposait en 2005 de quatre magistrats. Ce qui revient en moyenne à un magistrat pour 55 000 à 60 000 habitants pour une population d'environ 4,3 millions d'habitants. Cette situation s'explique peut-être par le manque de volonté politique, ou par le manque de projet politique de la part des militaires au pouvoir, ou encore peut-être, par le fait que la Mauritanie est un pays désertique avec une superficie immense incontrôlable.

276. L'institution judiciaire mauritanienne est aujourd'hui secouée par une crise de confiance et une crise de compétence. Les justiciables pensent que la justice est partiale, corrompue et trop chère. Le sentiment général est celui d'une justice inefficiente et tribale aux ordres des autorités politiques et des puissants (les commerçants et les grandes tribus). L'enquête réalisée par le gouvernement dans le secteur de la justice en 2012 démontre que 84 % des justiciables interrogés dans le cadre d'une enquête de perception pensent que la justice ne fonctionne pas, qu'elle est couteuse et lente et que faute de moyens, ils n'ont pas pu recourir aux juridictions[441].Les chiffres de cette enquête sont inquiétants : 61,7 % des usagers sont insatisfaits de la justice. Ces obstacles majeurs ne pouvaient pas laisser les autorités politiques sans réaction. Face à cettecrise des institutions judiciaires, les modes alternatifs constituent une réponse aux maux de l'institution judiciaire en République islamique de Mauritanie. Les modes alternatifs font partie d'une justice contractuelle s'inscrivant dans le cadre de la justice restauratrice de paix et du liensocial. À cet effet, ils proposent aux parties de s'asseoir autour d'une table pour dialoguer et échanger afin de pouvoir trouver un accord amiable et un consensus car la solution issue du procès ne donnera jamais une satisfaction aux parties. Dans cette perspective, le règlement amiable est perçu, selon Xavier LAGARDE, comme « *l'antithèse d'un règlement juridictionnel. Les points de départ et d'arrivée sont certes les mêmes : une contestation et un règlement pacifique. Mais les chemins empruntés diffèrent radicalement* »[442]. La justice amiable se caractérise ainsi par le compromis, le consensus et le dialogue.

277. Les modes alternatifs répondent aux objectifs de nature variée : « *rétablir le dialogue entreles parties, maintenir leurs relations, améliorer la qualité de la justice, ou encore ramener la paix sociale* »[443]. Ce modèle de justice est sans doute séduisant pour les populations mauritaniennes. En ce sens, les MARC constituent aujourd'hui la solution aux maux de la justice étatique mauritanienne. Ce phénomène des modes alternatifs pour les autorités n'est pasnouveau au regard de la tradition islamique de la société mauritanienne. Ainsi, les vertus proposées par les MARC sont des solutions basées sur la justice contractuelle issue d'un dialogue sérieux et interactif des parties avec une maîtrise parfaite du temps et le coût par opposition au procès qui s'inscrit dans une durée non maitrisée par les parties avec un coût exorbitant. C'est dans cette optique que Loïc CADIET souligne que « *les solutions des MARC sont autant de circuits de dérivation dont on soupçonne sans peine la séduction qu'elles peuvent exercer sur les justiciables [...]. Mais dans l'affirmation du phénomène, il y a sans doute plus qui touche à l'évolution des modes de régulation sociale* »[444]. En Mauritanie, par exemple, une affaire entre tribus ou entre groupes peut se régler souvent à l'amiable. Dans d'autres cas, c'est un personnage connu pour sa piété et son intégrité (imam, chefs...) qui règle le conflit entre les groupes ou clans. Les MARC ne visent plus à répondre les difficultés que rencontrent les tribunaux mauritaniens mais plutôt à refonder les rapports sociaux entre les Mauritaniens afin de pouvoir les inciter à aller à la table des négociations pour pouvoir résoudre leur conflit amiablement, comme ils le faisaient jadis. Il s'agit là d'une autre manière de gérer les conflits différemment dans une société communautaire islamisée.

B- Les MARC, au service du droit et de l'accès à la justice pour tous

278. Les modes alternatifs de règlement des conflits sont le thème du droit processuel et le droit de contrats. Les juristes et les politiques y voient une nouvelle technique permettant d'aller plus vite afin de contourner les complications (la lenteur, le formalisme et le coût) liées à la justice étatique. Cette technique de résolution amiable des conflits est plus proche des justiciables que les instances étatiques. Le développement des modes alternatifs doit se faire avec une certaine garantie procédurale permettant d'éviter de porter atteinte aux libertés et aux droits fondamentaux des justiciables. Ces garanties sont d'ordre processuel et procédural. Il faut aujourd'hui les envisager comme des « *principes directeurs du règlement amiable comme il existe des principes directeurs du procès contentieux* »[445]. En ce sens, nous pouvons souligner que les MARC peuvent être mis aujourd'hui au service du droit et de l'accès à la justice pour tous en République islamique de Mauritanie. L'image classique du droit judiciaire mauritanien et de la justice est ternie par la corruption des magistrats et d'autres pratiques contraires à l'État de droit en République islamique de Mauritanie.

279. Malgré l'inflation des normes juridiques, l'accès à la justice reste difficile et est devenu de plus en plus coûteux et complexe pour un citoyen ordinaire. Les professionnels du droit crient au manque de moyens nécessaires pour faire face aux affaires à traiter et pour le bon fonctionnement de leurs services juridiques et judiciaires. Dans ce contexte de crises à répétition, le recours aux mécanismes alternatifs de justice dans l'espace mauritanien reflète le déclin de la norme imposée. L'émergence des MARC ne s'explique pas seulement par des raisons tenant à la crise du système judiciaire mais également, surtout des raisons liées à la structure même dela société tribale mauritanienne en pleine mutation. Ainsi, la justice amiable répond au besoin du droit et de l'accès à la justice pour tous, car son efficacité est parfaitement reconnue par la société civile, les autorités politiques et les professionnels du droit et de la justice.

279. La justice alternative est un autre modèle de régulation sociale qui fait appel au contrat, c'est-à-dire la volonté des parties. Le contrat est considéré par les juristes comme l'instrument primordial permettant de résoudre les litiges amiablement. Car la formation du contrat est issue d'un processus de négociation fondé sur le compromis et le dialogue. À travers les procédures négociées, c'est une justice plus égalitaire et plus proche de l'intérêt des parties qui est recherchée afin de promouvoir une « image de paix et de cohésion sociale »[446]. En d'autres termes, il s'agit d'une justice consentie et choisie par les protagonistes, qui intervient en dehors des instances juridictionnelles étatiques et permettant un règlement négocié du conflit. Ce modèle de régulation des conflits « *offre des avantages* *indiscutables par rapport à la protection non juridictionnelle en termes d'accessibilité, de coût et de rapidité, de simplicité et de souplesse des procédures* »[447]. Ces avantages ont incité le législateur mauritanien à légiférer dans ce sens en 2019. Cela s'explique par le fait que le juge mauritanien n'est plus le seul régulateur social. Il en existe d'autres régulateurs sociaux, notamment les chefs, les conciliateurs, les arbitres et les médiateurs qui assurent la même fonction que le juge étatique. Comme le montre Loïc CADIET, « *le juge n'est pas le seul mode de régulation sociale, si le régulateur et le conciliateur contribuent également, sinon identiquement, à assurer la paix sociale, à garantir le pacte social, le juge demeure le premier délégataire de cette mission étatique, émanation de l'État dont il ne faudrait pas oublier qu'il est et devrait s'appliquer à être, en toute circonstance, le tiers impartial par excellence* »[448].

280. Il faut souligner que les MARC touchent aujourd'hui presque toutes les disciplines du droit judiciaire en République islamique de Mauritanie : en matière civile avec l'exemple de la conciliation en cas de divorce, de la conciliation pénale en matière pénale, de la conciliation/médiation en droit du travail, ou encore en matière commerciale, de l'arbitrage. Le champ d'intervention des modes alternatifs est large, permettant d'apporter une réponse au besoin du droit et de justice. Le recours à la justice négociée apparaît comme une thématique centrale de la justice et du droit partout dans le monde. Par la volonté des parties et de l'inventivité du législateur, les MARC peuvent être considérés comme partie intégrante du droitjudiciaire et du droit des contrats Mauritaniens. C'est dans ce sens que le législateur mauritanien a pris des initiatives en faveur des MARC en multipliant les outils juridiques depuis 2000 avec l'élaboration d'un Code de l'arbitrage jusqu'à la dernière réforme du CPCCA en 2019 sur la médiation. À cet égard, l'évolution des MARC doit être vue comme un outil d'amélioration dela qualité de la justice et du droit dans les sociétés libérales et démocratiques[449]. La justice alternative constitue une amélioration indispensable pour le droit et la justice en Mauritanie. Car elle offre une chance aux justiciables afin d'éviter les procédures judiciaires longues, complexes et couteuses. Ainsi, les MARC contribuent à l'efficacité et à la rapidité du traitement des affaires qui nécessitent l'intervention judiciaire.

Conclusion du deuxième chapitre

281. Les modes alternatifs de règlement des conflits occupent aujourd'hui une place très importante dans les grandes sociétés démocratiques et libérales car ils représentent pour elles un modèle de justice adapté à leur évolution. Les MARC tiennent aujourd'hui un rang privilégié dans les programmes de réforme du département de la justice en Mauritanie, ce qui permet de dépasser l'ordre juridique imposé à un ordre juridique négocié. Il s'agit d'un phénomène qui s'inscrit dans le cadre de la « contractualisation » des rapports sociaux et juridiques, ou de la « déjudiciarisation du droit ».

282. La justice en Mauritanie est aujourd'hui secouée par de multiples crises liées au manque de confiance, à l'autorité et aux moyens insuffisants. On reproche à la justice mauritanienne son formalisme excessif, son coût exorbitant, sa lenteur et les pratiques de corruption. Le système judiciaire actuel est obsolète. Il ne répond plus à la réalité sociale, économique et politique du pays. Aujourd'hui, les justiciables réclament une justice conforme à la réalité sociologique et économique, et au souhait de démocratie participative avec une pluralité de voies de règlement des conflits. De ce fait, le recours aux MARC constitue une réponse à la crise de l'institution judiciaire mauritanienne. Les MARC reflètent par la volonté de rapprocher les citoyens de la justice, et privilégient la recherche du compromis et la restauration du lien social dans un pays comme la Mauritanie, miné par des tensions sociales et tribales depuis sonaccession à l'indépendance le 28 novembre 1960. Développer les MARC dans ce sens, c'est donc contribuer à retisser du lien social et à restaurer la paix et la cohésion sociale entre les différentes couches de la société mauritanienne.

283. De ce fait, les autorités politiques mauritaniennes ont été amenées à chercher à remédier à ces crises judiciaires et sociales par le développement des mécanismes alternatifs de règlement des conflits. Elles ont mis en place en 2019 une politique sectorielle de l'accès à la justice pour tous, permettant de promouvoir les mécanismes alternatifs de règlement des litiges. La réformede 2019 sur la médiation et l'arbitrage constitue la volonté politique du gouvernement de répondre aux attentes des justiciables. Les MARC permettent de désengorger les tribunaux et de contribuer ainsi à l'efficacité, à la souplesse et à la rapidité du traitement de certaines affaires. Ainsi, la création du Médiateur de la République en Mauritanie, qui sans être une juridiction administrative, mais qui est un régulateur social, a également permis de désengorger les tribunaux administratifs par la conciliation en cas de litiges entre les administrés et l'administration.

Chapitre troisième : La Médiation institutionnelle en Mauritanie

284. Le recours à la justice négociée, s'inscrivant dans un mouvement de pacification des rapports sociaux ou une alternative à une institution de justice instituée par l'État avec des magistrats professionnels pour imposer des solutions juridictionnelles aux justiciables, devient nécessaire.Les modes alternatifs incluent tout autre mécanisme innommé par lequel les parties dénouent amiablement leur litige sans en référer une quelconque autorité étatique, comme, par exemple, la médiation intentionnelle, autrefois appelée Médiateur de la République ou Médiateur institutionnel. Le terme « Médiateur de la République » désigne un champ d'application pratique de la justice amiable. Il s'agit d'une autre forme d'application de la médiation qui est surtout déterminée par le souci contemporain de régler amiablement certains conflits liés à laprotection des droits fondamentaux et des libertés individuelles par des autorités administratives indépendantes[450], qui sont ni des juridictions, ni une administration classique. Selon les termes de Jacques FAGET, « *la médiation institutionnelle apparait comme un objet social mal identifié* »[451]. La médiation institutionnelle est en effet un mode négocié de résolution des conflits que le législateur mauritanien désigne sous le vocable « *Médiateur de la République* » (MR). Mais le terme suédois *Ombudsman* est le plus utilisé dans les travaux internationaux et interdisciplinaires.

285. Le Médiateur de la République se définit comme « *une personnalité indépendante, chargée [...] d'examiner les plaintes formulées par les citoyens contre les autorités administratives, et d'intervenir, s'il y a lieu, auprès du gouvernement* »[452]. Il s'agit d'une personnalité indépendante investie sur le plan national afin de pouvoir trouver une solution amiable au litige qui oppose les administrés et l'administration publique. Le médiateur dispose également de l'immense privilège de compétences élargies dans l'exercice de ses fonctions. Il œuvre dans le sens d'un rapprochement entre l'administration et les administrés pour protéger les citoyens contre la corruption du pouvoir administratif et contre toute forme d'arbitraire[453].

286. Le Médiateur de la République est une institution sociale de régulation des conflits qui n'est pas méconnue par les différentes civilisations anciennes. Comme le montre ACKA, « *le Médiateur de la République est ancré dans la pratique administrative de diverses civilisations, ses balbutiements remonteraient à la fonction de contrôle administratif dans les temps anciens : les Antiquités romaine et égyptienne, mais aussi celles de la Chine et de la Turquie. Les institutions de ce type se sont diffusées dans la deuxième moitié du XX*e *siècle dans les pays scandinaves, puis dans les pays du Commonwealth, pour finalement s'étendre partout dans le monde* »[454]. À cet effet, le Médiateur de la République n'est pas ignoré par les pouvoirs politiques africains en particulier mauritanien. Ce phénomène se développe avec l'arrivée de la démocratie[455] et de la protection des citoyens face à l'administration. Ainsi, dans l'espace A-OF,les règles mises en place pour instaurer le Médiateur de la République sont issues de la loi française du 3 janvier 1973 instituant le Médiateur de la République. Aujourd'hui, en France, les compétences de cette autorité indépendante sont dévolues au Défenseur des droits[456].

287. La Mauritanie a été l'un des premiers pays francophones d'Afrique à être dotée d'une institution du Médiateur de la République. Créée par la loi n° 93.27 du 7 juillet 1993 et organisée par le décret n° 94.082 du 28 août 1994 abrogé et remplacé par le décret n° 065. 2008 du 3 avril 2008, l'institution du Médiateur de la République cherche à améliorer les relations entre les administrations et les usagers. Le médiateur est une autorité indépendante désignée par le président de la République avec un mandat bien déterminé. Il est chargé d'instruire les réclamations qu'il reçoit des administrés au sujet du dysfonctionnement de l'administration, des collectivités publiques territoriales, des établissements publics et de tout autre organe investi d'une mission de service public de l'État. C'est sans doute que les fonctions decette autorité administrative indépendante sont de deux ordres : « *Au service de l'administration, le médiateur se présente comme un véritable protecteur du citoyen contre la toute-puissance de l'administration. Il est aussi au service de la bonne administration, il se présente comme un levier de l'efficacité de l'action publique* »[457]. Ainsi, le médiateur en cas de litige réconcilie l'administration et les administrés en proposant des solutions négociées. À ce titre, nous étudierons, dans un premier temps, la reconnaissance du Médiateur de la République dans l'évolution des MARC (Section 1), ensuite, les moyens et pouvoirs du Médiateur de la République afin de pouvoir mener à bien sa mission (Section 2).

Section 1- La reconnaissance du Médiateur de la République dans l'évolution des MARC

288. Il nous semble évident que le Médiateur de la République répond efficacement à la crise de la justice administrative mauritanienne. Ce nouveau modèle de régulation sociale des conflits dans l'ordre administratif traduit clairement le changement de nos sociétés vers une ère postmoderne dite pluralisme de régulation sociale des conflits. En d'autres termes, il s'agit d'une voie conciliatoire répondant, d'une part, à l'encombrement des voies classiques de résolution de conflits et, d'autre part, à ce que d'aucuns appellent une crise du système classique de régulation des conflits[458]. Le médiateur est une instance de règlement non juridictionnel des litiges administratifs mais aussi un régulateur de vie sociale, qui joue un rôle d'un conciliateurentre l'administration et les usagers.

289. Ainsi, face aux recours systématiques des usagers devant les instances judiciaires, les pouvoirs publics Mauritaniens ont créé de nouvelles formes de résolution amiable des conflits (comme le Médiateur de la République) et encouragé les citoyens à aller devant cette instance conciliatoire pour résoudre leurs litiges. Ce modèle négocié de règlement des conflits s'avère bénéfique pour les justiciables dans certaines situations conflictuelles. Le médiateur aide aussià désengorger les tribunaux étatiques Mauritaniens et à favoriser le dialogue et le compromis entre l'administration et les administrés. Dans ce sens, il faut noter que la médiation institutionnelle est un des premiers modes amiables de résolution des conflits entre l'administration et les usagers. Le recours au Médiateur de la République constitue bien un MARC dans le sens où le médiateur cherche à réconcilier les parties amiablement. Dans ce contexte-là, nous analysons le statut du Médiateur de la République (§ 1) avant d'étudier ses fonctions (§ 2).

§ 1- Le statut du Médiateur de la République

290. Le Médiateur de la République est un organe individuel centré sur la personne de son représentant[459], le Médiateur de la République. Dans le cadre de la politique de réforme judiciaire et administrative mise en œuvre par les autorités politiques mauritaniennes afin de rapprocher l'administration des citoyens, un organe nouveau a vu le jour : le Médiateur de la République[460]. Le statut de ce dernier se caractérise d'abord par la personnalisation de l'institution qu'il incarne. La loi du 7 juillet 1993 confie au médiateur une mission d'une durée indéterminée. La loi donne au médiateur mauritanien une totale liberté pour organiser son institution afin de mener à bien avec succès sa mission. Le Médiateur de la République peut recruter librement des collaborateurs pour la même durée de son mandat. La loi du 7 juillet 1993 confond en quelque sorte la personne du médiateur avec l'institution dont il a la charge. Le Médiateur de la République mauritanienne est nommé par décret du chef de l'État pris en Conseil des ministres. À cet égard, nous étudions le cadre organique du Médiateur de la République (A) et le cadre processuel (B) qui constituent le socle d'efficacité de l'institution demédiation de la République.

A- Cadre organique du Médiateur de la République

291. À l'instar du juge judiciaire mauritanien qui a une faculté de concilier les parties au procès, les Autorités administratives indépendantes, comme le Médiateur de la République, a aussi le pouvoir de chercher un compromis et de privilégier le dialogue entre les administrés et les administrations de l'État en cas de litige qui les oppose. Ce pouvoir de conciliation attribué aux autorités administratives indépendantes, en particulier au Médiateur de la République, est une alternative aux instances judiciaires étatiques permettant de résoudre les conflits pacifiquement. Le Médiateur de la République règle les litiges qui opposent l'administration et les usagers, et permet aux administrés d'éviter les juridictions administratives. Comme le montre MireilleDELMAS-MARTY, « *ces formes nouvelles de régulation sociale des conflits ont été créées au départ pour éviter une intervention directe de l'État dans des secteurs sensibles et pouvant à ce titre s'analyser comme un allègement des contraintes étatiques, un désengagement de l'État au profit des modes d'intervention plus souples, plus indirects* »[461]. Il s'agit d'une forme de justice plus douce et plus rapide que l'institution judiciaire étatique.

292. Dans les États issus de l'Afrique-Occidentale française, le cadre juridique du Médiateur de la République présente une grande diversité. Celui-ci varie d'un pays à l'autre. Ainsi, certains pays africains lui donnent une consécration constitutionnelle. Tandis que d'autres, comme la Mauritanie, le Maroc et le Sénégal, ont choisi la voie législative pour instaurer le Médiateur dela République[462]. D'autres encore, comme le Niger, ont choisi la voie règlementaire[463]. Il existe même des médiateurs qui fonctionnent sans aucun fondement légal en Afrique-Occidentale française. Ce fut, par exemple, le cas de la Mauritanie. Ces derniers fonctionnent depuis fort longtemps comme un simple service administratif attaché à la présidence avant d'être consacrés par une norme juridique. En effet, lorsqu'un Médiateur de la République ne disposant pas une consécration légale, celui-ci peut ne pas être indépendant et neutre dans l'exercice de ses fonctions. Il nous semble indispensable d'examiner le fondement juridique du Médiateur de la République (1) et son statut juridique (2).

1. Fondement juridique du Médiateur de la République

293. La création du Médiateur de la République par la loi du 7 juillet 1993 est l'une des plus grandes initiatives démocratiques des années 90 prises par les autorités mauritaniennes dans l'organisation de son système de justice pluriel. Le Médiateur de la République constitue pour les autorités mauritaniennes une autre forme de justice basée sur le dialogue et l'amiable pour régler les conflits administratifs qui pourraient exister entre les administrés et l'administration. À cet effet, le médiateur a été créé pour améliorer les relations entre les usagers et les servicespublics de l'État dans le sens de résolution pacifique des litiges. Ainsi, quelle que soit la désignation que l'on donne à cette autorité indépendante, le « Médiateur de la République en Mauritanie », « Défenseur des droits en France », « Commissaire parlementaire en Grande-Bretagne », « Défenseur civique en Italie », « Avocat du peuple en Autriche », « Protecteur du peuple au Canada »[464] et « Médiateur administratif en Tunisie »[465], ce dernier joue un rôle d'intermédiaire entre les administrés et les administrations de l'État, des collectivités publiquesterritoriales, des établissements publics, investi d'une mission de service public de l'État afin de pouvoir résoudre amiablement les conflits qui les opposent.

294. En effet, dans les grandes sociétés démocratiques européennes en particulier la Suède, le Médiateur de la République figure comme une institution constitutionnellement reconnue par les usagers[466]. Tel n'est pas le cas en République islamique de Mauritanie où le Médiateur de laRépublique est désigné par le pouvoir exécutif, comme c'est le cas de la France où le Défenseur des droits est désigné par le gouvernement. Cette mode de désignation est présente dans la majorité des pays francophones (Sénégal, Mali, Benin, la Guinée, etc.). Ainsi, le Médiateur de la République en Mauritanie est nommé par décret du président de la République pris en Conseildes ministres. Cette norme est d'essence exécutive contrairement à la consécration constitutionnelle du Médiateur de la République suédois. Pour les autorités politiques mauritaniennes, un médiateur nommé par l'exécutif aurait plus de facilité à relever le dysfonctionnement plutôt que celui instauré par le Parlement ou la Constitution qui apparaîtrait comme plus éloigné de la gestion directe et automatique des conflits administratifs entre les administrations et les usagers.

295. Pour les observateurs nationaux, la création de l'institution du Médiateur de la Républiquepar voie exécutive semble être le projet le plus réussi dans les années 90 en Mauritanie car elle aboutit à un règlement pacifique des conflits administratifs. Elle symbolise l'État des droits et le respect des libertés individuelles et des droits fondamentaux ainsi que des droits de l'Homme. La mission générale dévolue au Médiateur de la République consiste à assurer la bonne administration des services publics, « *notamment le rôle d'intercesseur institutionnel, animantet conduisant un* *dialogue permanent entre l'administration et les administrés, le service et ses usagers* »[467]. La loi n° 93.27 du 7 juillet 1993 instituant le Médiateur de la République en Mauritanie et le décret n° 94.082 du 28 août 1994 abrogé et remplacé par le décret n° 065 2008du 3 avril 2008 portant organisation et fonctionnement de l'institution du Médiateur de la République s'inscrivent dans ce sens. L'exposé des motifs du projet de loi qui allait devenir laloi du 7 juillet 1993 instituant le Médiateur de la République était motivé par : le souci de protéger dans un État de droit les citoyens contre les fautes, les négligences et les abus divers de la part des structures administratives en vue de garantir à chaque Mauritanien un traitement respectable et de mettre l'administration publique au service des citoyens en temps et en heure. En effet, selon les textes en vigueur, le Médiateur de la République en Mauritanie ne bénéficie pas d'une immunité de juridiction dans l'exercice de ses fonctions de résolutions des litiges. Ce dernier ne jouit pas d'une protection spéciale de la loi dans le cadre de sa mission de citoyen chargé de la gestion des pouvoirs publics. Contrairement au médiateur sénégalais qui bénéficie d'une immunité de juridiction effective pour tous les actes accomplis dans l'exercice ou à l'occasion de l'exercice de ses fonctions.

296. Ainsi, le médiateur mauritanien ne dispose pas d'une immunité comparable à celle des parlementaires qui ne peuvent être poursuivis, arrêtés, détenus et jugés pour les actes accomplis dans l'exercice de leurs fonctions législatives. À cet effet, il est donc très important de lui accorder cette protection afin de faciliter l'accomplissement de ses missions dans de très bonnes conditions ; car le Médiateur de la République « *est un organe de gestion des différends qui doit promouvoir les changements qualitatifs nécessaires pour la bonne administration des institutions républicaines* »[468]. Il s'agit là d'une autorité indépendante investie des missions d'instruire les réclamations des citoyens au sujet du fonctionnement des services publics.

2. Le statut juridique du Médiateur de la République

297. Le Médiateur de la République apparaît en Mauritanie comme une autorité publique indépendante qui construit des ponts entre les usagers et les administrations de l'État, contribueà la paix sociale et renforce le lien de confiance dans les relations entre les citoyens et l'État. Dans ce sens, le médiateur n'est rien d'autre qu'un négociateur et/ou un conciliateur entre l'administration et les citoyens, créé par le législateur mauritanien en charge d'examiner les plaintes et les réclamations formulées par les citoyens contre la mauvaise gestion des services publics de l'État. Cette autorité publique (médiateur) est indépendante des administrations et des administrés. Le médiateur exerce la plénitude du pouvoir sur ses ressources matérielles, humaines et financières mises à sa disposition. À l'instar de la loi du 13 janvier 1989 instituantle Médiateur de la République française qualifiant expressément le médiateur d'« autorité indépendante » qui ne reçoit d'instruction d'aucune autre autorité de l'État, la loi n° 93.27 du 7 juillet 1993 instituant le Médiateur de la République en Mauritanie affirme sans ambiguïté dans les dispositions de son article premier : qu'« *est créée auprès du président de la République, une autorité administrative indépendante dénommée Médiateur de la République* ». L'autorité administrative indépendante est définie par Gérard CORNU comme « *un organisme administratif, parfois doté de la personnalité juridique, qui est pourvu de pouvoirs règlementaires et juridictionnels* »[469]. Le législateur mauritanien a choisi le terme» autorité administrative indépendance » pour désigner le Médiateur de la République afin depouvoir lui donner un statut protecteur, indépendant et impartial. Dans ce sens, on peut remarquer que le modèle français a largement influencé le législateur mauritanien dans la rédaction de la loi du 7 juillet 1993 instituant le Médiateur de la République dans la sphère judiciaire du pays.

298. La loi du 7 juillet 1993 donne mission au Médiateur de la République d'améliorer les relations entre les citoyens et l'administration et de faciliter l'accès aux services publics de l'État. À l'instar de la loi sénégalaise instituant le Médiateur de la République[470], l'article premier de la loi du 7 juillet 1993 qualifie le Médiateur de la République d'« *autorité administrative indépendante* ». Ainsi, le Médiateur de la République par définition est une autorité administrative indépendante de par sa nature, sa création et sa mission au profit descitoyens et l'administration. Il est désigné par le président de la République agissant en sa qualité de chef de l'exécutif avec compétence et pouvoir de nomination aux emplois civils et militaires selon l'article 32 de la Constitution du 20 juillet 1991. C'est presque le même mode de désignation du Défenseur des droits en France. Les domaines de compétences et de moyens d'intervention entre le juge administratif et le Médiateur de la République ne sont pas les mêmes. Le juge statue en toute légalité, s'agissant des litiges entre les citoyens et l'administration de l'État. En revanche, le médiateur agit en toute indépendance afin de pouvoircorriger certaines iniquités dans les services publics de l'État et suggérer les modifications nécessaires. En d'autres termes, la fonction requise du Médiateur de la République est de négocier, dialoguer et d'apaiser là où le juge est appelé à dire le droit.

299. Nous pouvons noter que le Médiateur de la République est désormais entré dans la traditiondes instances administratives indépendantes de gestion des conflits entre les citoyens etl'administration dans la sphère judiciaire mauritanienne. La loi du 7 juillet 1993 a bien précisé que le Médiateur de la République est une autorité administrative indépendante avec un statut tirant sa source des textes législatifs et des décrets exécutifs. Mais en raison de son rattachement au pouvoir de l'exécutif, certains administrés Mauritaniens y voient comme un organe de liaison et de dépendance. Ainsi, nous pouvons déduire qu'il y a une forte présomption de dépendancequi pèse sur le médiateur. Quelle que soit la nature, ou le statut, que l'on donne au Médiateur dela République, ce dernier ne sera jamais un juge. Ainsi, le cadre de la nomination du Médiateur de la République en Mauritanie nous interpelle.

B- Le cadre de nomination du Médiateur de la République

300. Le Médiateur de la République dans l'exercice de sa fonction laisse planer un doute quant à son indépendance et son impartialité. À cet égard, il est important de s'intéresser à son mode de désignation (1) et l'exercice de son mandat (2). Cela nous permettra de bien cerner sa responsabilité dans l'exercice de ses missions de conciliation et d'amélioration des rapports entre les citoyens et les services publics de l'État.

1. La désignation du Médiateur de la République

301. Le fait que le Médiateur de la République soit nommé par le gouvernement peut influencer son indépendance et son impartialité dans l'exercice de ses missions de conciliation entre les administrés et les administrations. Dans ce contexte d'indépendance et d'impartialité, l'autorité du médiateur devrait s'affirmer en fonction de la relation et de la distance avec le pouvoir exécutif dont il est appelé à gérer les abus et les dysfonctionnements. En ce sens, Nyaluma MULAGANO souligne que l'« *autorité du médiateur sera plus prononcée selon qu'il est nommé par une instance différente et supérieure à celle qu'il est amené à contrôler. À l'inverse,son influence serait amoindrie, s'il est nommé par l'administration dont il doit censurer les actes* »[471]. En République islamique de Mauritanie, la loi du 7 juillet 1993 confère le pouvoir au président de la République de nommer le médiateur par décret comme c'est le cas du Mali[472], du Sénégal[473], de la Côte d'Ivoire[474] et du Benin[475]. Le Médiateur de la République est nommé par décret du président de la République dans la plupart des pays de l'Afrique-Occidentale française. Il s'agit là d'une décision unilatérale prise par le chef de l'État en conseil des ministres. En revanche, certaines législations africaines récentes organisent des médiateurs d'origine parlementaire : c'est, par exemple, le cas du Burundi où le Médiateur de la République est nommé à la suite d'un vote de trois quarts des membres de l'Assemblée nationale et approuvé par les deux tiers des membres du Sénat[476].

302. En principe, le médiateur mauritanien n'aura rien à craindre ni à attendre du pouvoir exécutif dans l'exercice de ses missions. C'est sans doute en théorie, il est indépendant du pouvoir politique malgré qu'il soit nommé par celui-ci. Ainsi, pour les conditions de la désignation du Médiateur de la République, la loi du 7 juillet 1993 ne fait pas mention ni de la citoyenneté, ni de la nationalité, ni de l'âge. Mais en pratique depuis la création de ce poste en 1993 selon le professeur Haimoud RAMDAN, « *les Médiateurs de la République désignés à ce jour sont tous des citoyens mauritaniens et anciens fonctionnaires âgés de plus de 30 ans. Le médiateur doit être non seulement majeur et jouissant de ses droits civiques, mais aussi, il doit avoir une très bonne moralité, c'est-à-dire une personne âgée inspirant confiance, honnêteté, indépendant et impartial aux yeux de tous* »[477]. La loi n° 93.27 du 7 juillet 1993 instituant un Médiateur de la République et le décret n° 94.082 du 28 août 1994 abrogé et remplacé par le décret n° 2008.65 du 3 avril 2008 ne traitent pas la question des conditions d'éligibilité au mandat du médiateur. Mais il est nécessaire que la personne qui doit être désignée comme Médiateur de la République pour défendre les libertés individuelles et les droits fondamentaux des citoyens jouisse de ses droits civils et civiques comme tout bon fonctionnaire de l'État pour être nommé à la fonction publique. Cette cohérence est une condition exigée par la loi électorale pour l'accès aux hautes fonctions élues et/ou nommées de l'administration.

303. En principe, la nomination du Médiateur de la République par le pouvoir ne doit en aucun cas être perçue comme critère de négation qui pourrait mettre en jeu son indépendance, son impartialité et sa neutralité dans l'exercice de ses missions. Pour être indépendant, il faut remplir deux conditions : le vouloir et n'avoir rien à craindre, ni rien à espérer. Le pouvoir du Médiateur de la République repose sur deux piliers essentiels : l'indépendance et l'impartialité. Il est important de souligner qu'en République islamique de Mauritanie, les textes restent muets sur les qualités intrinsèques que devrait remplir le Médiateur de la République. Par ailleurs, le professeur Haimoud RAMDAN[478] recommande aux autorités mauritaniennes de fixer l'âge du Médiateur de la République à 40 ans révolus avec une longue expérience professionnelle de quinze ans ; un casier judiciaire vide, sens élevé des responsabilités, une bonne moralité et une ferme conscience de l'idée du bien public et de l'intérêt de la nation.

2. Le mandat du Médiateur de la République

304. En République islamique de Mauritanie, le développement de l'institution du Médiateur de la République est lié à l'apparition du respect des libertés individuelles et des droits fondamentaux et aux exigences internationales en matière de démocratie libérale dans les sociétés contemporaines. La loi du 7 juillet 1993 instituant le Médiateur de la République en Mauritanie confère le pouvoir au président de la République de designer un Médiateur de la République pour concilier les usagers et les administrations pour une durée indéterminée contrairement au Médiateur de la République du Sénégal (mandat de six ans)[479], et au Défenseur des droits en France (mandat de six ans) dont le mandat est bien déterminé et limité.

305. La loi du 7 juillet 1993 et son décret d'application ne donnent pas de mandat au Médiateur de la République en Mauritanie. Ce dernier est nommé par décret pris en Conseil des ministres par le président de la République sans que la durée pour laquelle il est désigné ne soit précisée et limitée. Les textes ne mentionnent pas aussi la possibilité de renouveler le mandat du médiateur. L'article premier de la loi n° 93.27 du 7 juillet 1993 instituant le Médiateur de la République prévoit dans son dernier alinéa que « *le Médiateur de la République est nommé par décret pris en Conseil des ministres* »[480] sans donner de précisions sur la durée de son mandat. La nature discrétionnaire de la désignation du Médiateur laisse supposer que le président de la République qui l'a nommé peut le révoquer de ses fonctions à tout instant. Par conséquent, cela peut porter atteinte à sa neutralité, son indépendance et à son impartialité. En d'autres termes, les textes prévoient qu'en cas d'empêchement absolu du Médiateur de la République constaté par la Cour suprême, le président de la République doit mettre fin à ses fonctions. Ainsi, le médiateur prend ses fonctions dès la publication de son décret de nomination au *Journal officiel* pris par le président de la République.

§ 2- Les fonctions du Médiateur de la République

306. En principe, le Médiateur de la République en Mauritanie a pour mission de réconcilier et de pacifier les relations entre les citoyens et les administrations de l'État, les collectivités territoriales, les établissements publics et tout autre organisme investi d'une mission de service public. Il s'agit d'un organe indépendant pour une mission d'un service public. À cet égard, « *le Médiateur de la République se situe exclusivement au niveau de conflits opposant des citoyens à l'appareil de l'État et de s'entremettre entre eux pour tenter de concilier leurs points de vue* »[481]. Les fonctions qu'assure le Médiateur de la République relèvent d'un intérêt généralà la fois pour les citoyens mais aussi pour l'administration. Le Médiateur de la République exerce à la fois une mission de traitement des réclamations des usagers et la formulation des propositions de réforme. Ainsi, l'intervention du médiateur est conditionnée par deux éléments : l'action ou la mission (A) et sa saisine (B).

A- L'action du Médiateur de la République

307. Le médiateur est à la fois au service des citoyens et de l'administration. Il est en effet le levier de l'efficacité des services publics de l'État. La mission principale du médiateur de la République est d'assurer le bon fonctionnement des services publics de l'État et de contrôler l'arbitraire au sein de l'administration. À cet effet, « *sa fonction n'est pas seulement d'aménager de meilleures relations entre les citoyens et l'administration, voire défendre les citoyens, mais également de conférer un surcroit de* *légitimité à des institutions en crise* »[482]. En outre, le médiateur tente de renouer la négociation et le dialogue entre les citoyens et l'administration afin de pouvoir les réconcilier amiablement. En ce sens que le Médiateur de la République constitue un « *avatar de médiation dans les domaines des droits fondamentaux et dans l'exercice des libertés fondamentales* »[483].

308. Le législateur mauritanien a donné pour mission principale au médiateur de réconcilier les citoyens et l'administration, mais également de contrôler la légalité des actes administratifs. Ainsi, l'offre des autorités administratives indépendantes comme le Médiateur de la République peut renforcer le contrôle efficace de l'administration et la garantie de la protection des droits fondamentaux des citoyens. Dans ce sens, nous examinerons les domaines des compétences (1) et les compétences territoriales (2).

1. Les domaines des compétences du Médiateur de la République

309. Les fonctions du Médiateur de la République sont de deux ordres : d'une part, il est au service des administrés pour la résolution de leurs conflits avec l'administration et, d'autre part,il est aussi au service de la bonne administration afin de pouvoir faire des propositions de réformes et d'améliorations. Le Médiateur de la République dispose d'un large pouvoir d'appréciation du début de son intervention jusqu'à la fin de sa mission de conciliation. À cet effet, les dispositions de l'article 2 de la loi du 7 juillet 1993 prévoient un large champ de compétence du médiateur : « *les réclamations des citoyens relatives aux différends non réglés, dans le cadre de leurs relations avec les administrations de l'État, les collectivités publiques territoriales, les établissements publics et tout autre organisme investi d'une mission de service public* »[484]. Le médiateur, il est aussi compétent à participer à toute bonne action tendant à améliorer le bon fonctionnement du service public mauritanien. Dans le cadre de ses compétences, le médiateur intervient comme un tiers neutre, impartial et indépendant pouvant instaurer le dialogue entre l'administration et l'administré afin de trouver une solution pacifique à leur différend. Dans ce sens, la médiation est un des modes de régulation sociale par excellence privilégiant le dialogue et l'entente, mais également un moyen pour humaniser les conflits entre les citoyens et les administrations. Le Médiateur de la République examine et instruit les réclamations en relation avec les administrations concernées, et peut par ailleurs formuler sur cette base des propositions amiables et de réformes.

310. Cette mission de conciliation du médiateur est définie ainsi de manière générale par l'article 11 de la loi n° 93.27 du 7 juillet 1993 instituant le Médiateur de la République qui prévoit que « *le Médiateur de la République étudie la réclamation qui lui est soumise, lorsqu'elle lui parait justifiée, il présente un rapport écrit contenant les recommandations* *susceptibles de régler le différend, le cas échéant, suggère les propositions tendant à améliorerle fonctionnement de l'organe concerné* ». Autrement dit, le médiateur est amené à intervenir auprès des autorités compétentes lorsqu'il estime que les requêtes des administrés sont justifiées. Ainsi, ses compétences se limitent uniquement selon la loi du 7 juillet 1993 aux conflits impliquant les citoyens avec les services publics. À cet effet, il résulte des dispositions de l'article 3 de la loi du 7 juillet 1993 que le médiateur n'est pas compétent pour intervenir dans les conflits relatifs entre les étrangers et l'administration et les conflits relatifs aux personnes morales et les agents de l'administration. Il en va aussi des conflits opposant une personne morale de droit privé à l'administration ou encore des conflits opposant deux administrations entre elles, entre autres[485]. La compétence matérielle du médiateur ne s'étend pas à tous les différends de toute nature en Mauritanie. Elle ne concerne que les conflits qui lient l'administration et les citoyens et exclut, par conséquent, les conflits sociaux, familiaux, pénaux, entre autres. Ainsi, la fonction du médiateur est incompatible avec la fonction de membre du gouvernement et de tout emploi public. Le législateur mauritanien prévoit aussi une compétence territoriale du Médiateur de la République.

2. Les compétences territoriales du Médiateur de la République

311. L'institution du Médiateur de la République répond en effet aux attentes des citoyens mais également à celles de l'administration. Le médiateur est chargé de trouver une solution aux réclamations des usagers du service public dans les conflits non réglés avec les services publicsde l'État. Dans ce sens, il est considéré comme un intercesseur entre les administrés et les services publics de l'État. La loi du 7 juillet 1993 instituant le Médiateur de la République n'a pas donné une délimitation de compétences du médiateur. Mais il résulte de l'article 2 de ladite loi qui précise en substance que le médiateur reçoit les réclamations des citoyens relatives à desdifférends entre les administrations de l'État, les collectivités publiques territoriales, les établissements publics et tout autre organisme investi d'une mission de service public. À partir de cette disposition, nous pouvons affirmer qu'en pratique, la compétence de cette autorité administrative indépendante est nationale, c'est-à-dire que le Médiateur de la République dispose d'une compétence territoriale absolue sur toute l'étendue du territoire mauritanien. Malheureusement, cette précision n'a pas été faite clairement dans la loi du 7 juillet 1993. Il est donc important de préciser que le Médiateur de la République en Mauritanie dispose d'une compétence nationale.

312. Par ailleurs, il peut y avoir un conflit de compétences entre le médiateur et le juge administratif. C'est lorsque les citoyens soucieux de multiplier leurs chances de résoudre leurs conflits avec l'administration peuvent être tentés de saisir à la fois le médiateur et le juge administratif pour les mêmes faits. Dans ce contexte-là, la loi du 7 juillet 1993 instituant le Médiateur de la République n'a pas donné des réponses explicites par rapport à la problématiqueposée. Les dispositions de l'article 10 précisent en quelque sorte que toutes les voies hiérarchiques nécessaires n'interrompent pas les délais de recours, notamment devant lesjuridictions compétentes. En ce sens, le médiateur sera dessaisi de toute compétence lorsque lacause dont il est saisi fait simultanément l'objet d'un recours devant le juge administratif territorialement compétent. La limitation des compétences est également d'ordre technique et se trouve assurée par rapport aux moyens d'action, car le juge statue en légalité alors que le médiateur statue en équité. Toutefois, il faut noter que le médiateur dispose des compétences de contrôle plus large que le juge administratif ; car le médiateur peut contrôler à la fois sur la légalité des actes administratifs mais aussi sur la notion de bon fonctionnement du service. En revanche, les tribunaux administratifs ne sont compétents que pour le contrôle de la légalité des actes administratifs et de réparer le dommage causé par ceux-ci. Ainsi, le recours devant le médiateur est plus facile et donne des résultats moins couteux, plus réconciliants et plus rapidesque le contrôle juridictionnel étatique.

B- Le cadre processuel du Médiateur de la République

313. Pour constituer une alternative à la saisine des juridictions administratives étatiques, les autorités politiques mauritaniennes ont mis en place l'institution du Médiateur de la République permettant de faciliter le dialogue entre l'administration et les administrés lorsqu'un conflit survient. Le Médiateur de la République est devenu un outil essentiel pour le bon fonctionnement entre l'administration et les usagers. Cette pluralité de justice formelle et informelle a été pensée à travers l'articulation entre, d'une part, un droit étatique imposé et, d'autre part, des droits négociés pacifiquement[486], comme c'est le cas du processus de médiation. En effet, le droit mauritanien interdit le Médiateur de la République de s'autosaisir. La loi de 1993 interdit également aux citoyens de saisir le médiateur directement. À cet égard, le médiateur est saisi par l'intermédiaire d'un parlementaire (député ou sénateur), ou d'un élu local (maire). Le rôle d'intercesseur entre les citoyens et l'administration étant considéré comme une tâche traditionnelle dans la société mauritanienne. Ainsi, nous éluciderons les modalités de la saisine du Médiateur de la République (1) et l'objet de cette saisine (2).

1. La saisine du Médiateur de la République

314. La saisine du Médiateur de la République contraste avec la complexité de la procédure administrative contentieuse devant les tribunaux administratifs. En matière de saisine du médiateur, c'est le modèle français qui a influencé le législateur mauritanien. Le Médiateur en République islamique de Mauritanie ne peut être saisi directement par les citoyens. Le législateur a opté pour une saisine indirecte de cette autorité administrative indépendante par lebiais des parlementaires (députés ou sénateurs) et/ou des élus locaux (maire ou conseil régional). La requête est adressée à un parlementaire ou un élu local qui effectue un premier examen légal avant de décider de saisir le médiateur. Au contraire, le médiateur tunisien est saisi immédiatement par les administrés eux-mêmes. Cette saisine permet d'éliminer toute possibilité d'intervention d'un parlementaire ou d'un élu local[487]. L'intermédiation entre le Médiateur de la République et le citoyen en effet pourrait éventuellement changer la nature de la réclamation, voire, même limiter le nombre de réclamations de l'usager.

315. La saisine indirecte du Médiateur de la République s'explique par la crainte de certains parlementaires de voir le médiateur jouer le rôle du juge administratif qui constitue un « *pilier par excellence de la lutte contre l'arbitraire* »[488]. En ce sens, le médiateur mauritanien n'agit donc qu'à partir des réclamations qui lui sont faites par un parlementaire ou un élu local. Hormis cette obligation d'intermédiaire, la requête n'est soumise à aucune condition particulière et à aucun formalisme excessif. Il suffit tout simplement de remplir les conditions de fond, à savoir l'existence d'un conflit sérieux entre l'usager et l'administration. C'est sans doute l'absence de formalisme excessif qui facilite, par conséquent, la procédure de saisine du médiateur. Aux termes de l'article 7 de la loi n° 93.27 du 7 juillet 1993, « *le Médiateur de la République ne peut être saisi que par l'intermédiaire des parlementaires et des maires. Ils lui transmettent la réclamation du citoyen si elle entre dans sa compétence et mérite son intervention* ». En Mauritanie, la réception de la requête de l'administré constitue le premier résultat de la médiation entre les requérants et l'administration qui est mise en cause.

316. Le médiateur reçoit des conflits qui peuvent trouver une issue favorable devant lui afin d'éviter un contentieux devant le juge administratif. Il s'agit en effet des petits litiges à faible enjeu où les parties ne désirent pas un procès. L'administré qui s'estime lésé par l'action ou l'omission de l'administration s'adresse à un parlementaire ou à un maire. Celui-ci opère un premier examen. S'il est convaincu du bien-fondé de la réclamation, il la transmet au médiateur.Le parlementaire et maire peuvent de leur propre chef saisir le médiateur directement d'une question qui relève de sa compétence et qui mérite son intervention. La loi autorise aussi le président de la République à saisir le médiateur pour demander son avis au sujet des litiges opposant les citoyens à l'administration. Le médiateur dispose d'un délai de quinze jours pour rendre son avis au président de la République selon les dispositions de l'article 2 de la loi de 1993. Il faut souligner que la loi ne donne aucune précision sur les critères d'appréciation de laréclamation par les parlementaires, les maires et le président de la République. Ainsi, le mécanisme de saisine indirecte mis en place par le législateur mauritanien vise à éviter le risquede l'encombrement de l'institution du médiateur par des recours dont la plupart seraient frappés d'irrecevabilités et de nullité. Néanmoins, cette modalité de saisine indirecte du médiateur est souvent critiquée par certains observateurs nationaux.

317. En droit mauritanien, la procédure de saisine du médiateur est dépourvue de tout formalisme et de toute condition particulière. En ce sens, une simple lettre adressée au médiateur par le biais d'un parlementaire ou d'un maire accompagnée des pièces justificatives et des documents pouvant faciliter l'étude de la réclamation vaut saisine du médiateur. Ce dernier étudie la réclamation qui lui est soumise lorsqu'elle lui paraît justifiée. Dans ce sens, il résulte de l'article 11 de la loi du 7 juillet 1993 que le médiateur présente un rapport écrit contenant les recommandations susceptibles de régler le litige et, le cas échéant, suggère les propositions tendant à améliorer le fonctionnement de l'organisme concerné. S'il lui paraît que le litige est dû à l'iniquité manifeste de dispositions législatives ou règlementaires en vigueur, il peut proposer à l'autorité compétente toutes les mesures susceptibles de corriger cette iniquité et suggérer les modifications nécessaires. Si l'autorité ne prend pas des mesures à l'égard de l'agent responsable de fautes graves commises à l'encontre des citoyens, le Médiateur de la République établit un rapport circonstancié sur la question adressée au président de la République.

2. L'objet de la saisine du Médiateur de la République

318. Par principe, la protection des libertés individuelles se fait par la voie des tribunaux étatiques. En dehors de la voie juridictionnelle, il existe également d'autres régulateurs sociaux comme l'arbitre et le médiateur dépourvus de tout caractère juridictionnel possédant de compétences pour régler les conflits amiablement et protéger des libertés fondamentales. Comme le montre Bernard DELAUNA, « *le besoin d'étendre la protection des droits et des libertés fondamentales des acteurs autres que le juge s'explique par deux raisons : la première tient aux lacunes inhérentes au contrôle juridictionnel et la seconde répond incontestablement au souci de désengorger des tribunaux d'État. Ainsi, les autorités indépendantes participent désormais de la protection des droits et des libertés fondamentales par la régulation [...]. Elles disposent de divers moyens d'action à cet effet comme le Médiateur de la République* »[489]. C'est dans ce sens qu'en Mauritanie, le Médiateur de la République est considéré comme un bon père de famille censé trouver des voies reconciliantes entre les membres de sa famille en cas des conflits.

319. S'agissant de l'objet de la saisine, le Médiateur de la République est saisi pour des faits concernant les abus et le mauvais fonctionnement des services publics de l'État dans leurs relations avec les administrés. Les réclamations des administrés sont censées porter sur les actes administratifs unilatéraux ou contractuels de l'administration. La saisine peut aussi se rapporter à des faits liés à l'action ou à l'omission de l'administration selon les textes en vigueur. Dans ce contexte, les compétences du médiateur dépassent le champ de la légalité pour intégrer les actes qui relèvent de la « maladministration »[490]. La particularité du droit mauritanien a pousséle législateur à choisir des formules plus fondamentales. Aux termes de l'article 2 de la loi du 7 juillet 1993, « *le Médiateur de la République est saisi des réclamations des citoyens relatives àdes différends non réglés dans le cadre de leurs relations avec les administrations de l'État* »[491].Il découle de ce texte l'exigence d'une condition de fond tenant au conflit non encore réglé avecl'administration.

320. Le médiateur est un régulateur social chargé de la gestion des services publics. Dès lors qu'il y a une réclamation relative au mauvais fonctionnement de l'administration, voire à la maladministration que le citoyen estime que l'administration dans son fonctionnement a méconnu ses droits ou n'a pas fonctionné conformément à sa mission de service public. Il peutsaisir indirectement le médiateur avant la saisine du juge administratif en dernier recours. La loi du 7 juillet 1993 instituant le Médiateur de la République précise qu'il revient au médiateur après sa saisine de vérifier si dans le cadre de la réclamation qui lui est transmise, l'administration a fonctionné conformément à la mission de service public ou pas. À cet égard, « *le médiateur n'est pas limité dans les solutions qu'il propose aux parties, alors que le juge est limité dans les solutions à sa portée – reformer ou non l'acte, établir ou non la responsabilité –, le médiateur peut proposer une multitude d'options aux parties et comble aussi les limites de l'autorité de la chose jugée contre l'administration* »[492]. En pratique, le médiateur instruit systématiquement à charge comme à décharge l'ensemble des éléments d'appréciation à recueillir. D'une manière générale, le champ d'action du médiateur mauritanien est large. Il a même des compétences officieuses tolérées par les textes à partir du moment où ses agissements permettent d'apporter la paix sociale et l'harmonie dans la société mauritanienne. Par ailleurs,la loi de 1993 lui interdit d'intervenir dans les rapports hiérarchiques entre administration et sesagents et dans les procédures engagées devant les juridictions administratives.

321. S'agissant des effets attachés à la saisine, le législateur mauritanien reste sur le modèle classique de la médiation, c'est-à-dire l'obligation d'un dialogue sérieux avec l'administration. Ainsi, l'effet principal de la saisine du médiateur est la renonciation de la voie juridictionnelle étatique et la soumission de citoyens à la décision que le médiateur rendra. La loi du 7 juillet 1993 précise que le citoyen qui a saisi le médiateur a renoncé à son droit d'intenter une action devant la juridiction administrative, mais la réclamation n'interrompt pas le délai de recours, notamment devant les juridictions compétentes. Car l'article 89 de la Constitution du 20 juillet 1991 autorise à l'administration de se dessaisir de toute affaire portée devant les juridictions etinterdit au juge administratif de connaître de recours contre l'administration tant que toutes les voies préalables n'ont pas été épuisées. Au regard de la loi du 7 juillet 1993, le simple fait quela réclamation et les documents de la saisine ont été dûment signés par l'administré vaut renonciation à toute action devant les tribunaux administratifs portant sur les mêmes faits.

322. Ainsi, le Médiateur de la République ne peut pas intervenir dans un litige engagé devant un tribunal administratif ni remettre en cause le fondement d'une décision rendue par le juge administratif. La loi du 7 juillet 1993 lui reconnaît le pouvoir de faire des recommandations à l'administration mise en cause, mais n'étant pas partie à l'action en justice, le médiateur n'a ni la qualité ni l'intérêt pour agir au sens de l'article 2 de l'ordonnance de 2007 portant Code de procédure civile, commerciale et administrative. Il résulte de cette disposition « *ne peuvent ester en justice que ceux qui ont qualité et capacité pour faire valoir leurs droits. Le demandeur doit avoir un intérêt légitime dans l'exercice de l'action, sous réserve des cas dans lesquels la loi attribue le droit d'agir aux seules personnes qu'elle qualifie* »[493]. Le médiateur ne se trouvant pas dans ces cas de figure n'a aucun intérêt pour agir en justice. Ainsi, ce dernier dispose de larges moyens pour mener à bien sa mission de conciliation.

Section 2 – Moyens et pouvoirs du Médiateur de la République

323. L'institution du Médiateur de la République constitue une réponse au déclin de la norme imposée et aux institutions juridictionnelles étatiques. Le Médiateur de la République ne doit pas être confondu avec les autres régulateurs sociaux comme les médiateurs conventionnels ou judiciaires qui sont des médiateurs traditionnels distingués selon leurs natures et leurs régimes.Le médiateur exerce non seulement un contrôle de légalité de l'action administrative mais il réconcilie aussi les administrés et l'administration. Comme le juge administratif, le Médiateur de la République en Mauritanie constitue un pivot contre l'arbitraire de l'administration et les abus des fonctionnaires au sein de l'administration publique. Pour cela, le Médiateur de la République dispose des moyens nécessaires (§ 1) et les pouvoirs d'investigation et de recommandation (§ 2). Enfin, nous nous intéresserons à la question liée à la mutation duMédiateur de la République mauritanienne dans une société postmoderne islamisée (§ 3).

§ 1- Les moyens du Médiateur de la République

324. Avant la création du Médiateur de la République, les Mauritaniens s'adressent au présidentde la République dans la recherche de solution amiable aux différends qui les opposent avec l'administration. Ainsi, l'ampleur de la saisine du président de la République justifie selon les autorités politiques la création de l'institution du Médiateur de la République dont la mission essentielle est de régler les litiges qui opposent les services publics aux administrés. À cet effet,le gouvernement a mis à la disposition du médiateur des moyens humains (A) et des moyens financiers (B) pour remplir ses missions principales et réconcilier les citoyens mauritaniens avec leur administration.

A- Les moyens humains

325. Le législateur mauritanien a conçu le Médiateur de la République comme un nouveau modede régulation sociale des différends dans la sphère judiciaire, destiné à rétablir un climat de dialogue et d'apaisement dans une situation conflictuelle entre les citoyens et l'administration dans une société en quête de son propre modèle de justice. Le décret n° 94.082 du 28 août 1994 abrogé et remplacé par le décret n° 2008.65 du 3 avril 2008 portant organisation et fonctionnement de l'institution du Médiateur de la République a mis à la disposition du médiateur des moyens humains afin de pouvoir bien accomplir sa mission dans de très bonnesconditions. Ainsi, le Médiateur de la République en tant qu'autorité administrative indépendante doit avoir à sa disposition des hommes et des femmes qui travaillent à la fois pour les administrés et pour les administrations de l'État. Le décret du 3 avril 2008 a mis à la dispositiondu médiateur : un cabinet dirigé par un directeur de cabinet et qui comprend trois conseillers techniques, un service financier, des médiateurs régionaux ou délégués régionaux, un service central du courrier et de l'informatique, un service de la documentation et des archives et un service de l'information du public. Ces structures permettent au Médiateur de la République de conduire sa mission dans de très bonnes conditions et dans l'intérêt de tous. Le médiateur choisitlibrement les membres de son cabinet. Les membres désignés par le Médiateur de la Républiquesont considérés comme des fonctionnaires de l'État.

326. Le directeur du cabinet et les conseillers du Médiateur de la République sont nommés par décret du président de la République sur proposition du Médiateur de la République. Les conseillers techniques sont chargés des questions relatives à l'administration centrale, territoriale et des collectivités locales et aux études juridiques. Ils ont le rang de conseillers techniques de ministère. Le directeur a le rang de secrétaire général de ministère. Il assure la conduite de l'action administrative des services de l'institution du médiateur. Il coordonne et contrôle également toutes les activités de tous les services administratifs, techniques, financiers en vue d'assurer l'application de la politique définie par le Médiateur de la République[494]. Dotésdans leurs régions respectives des mêmes pouvoirs que le Médiateur de la République dans l'exercice de sa mission, les délégués régionaux sont des assistants du Médiateur de laRépublique et, jouent un rôle très important. Ils sont chargés de recevoir les réclamations déposées auprès d'eux et de procéder à leur examen en vue de la recherche d'un règlement à l'amiable des différends entre les citoyens et les administrations locales (région, département, mairie, etc.). Les délégués conseillent et aident les plaignants à préparer leurs dossiers qui seronttransmis au Médiateur de la République. Ils rédigent des rapports indiquant les affaires traitéeset celles en cours d'examen. Quant au service financier, il est dirigé par un comptable. Celui-ci est chargé de l'élaboration du projet de budget, de la gestion des crédits du médiateur, de la tenue de la comptabilité et de l'élaboration du compte en fin d'exercice comme le prévoit l'article 5 du décret du 3 avril de 2008 portant organisation et fonctionnement de l'institution du Médiateur de la République.

327. Le médiateur mauritanien bénéficie également d'un corps d'inspection de l'administrationpour procéder aux enquêtes et vérifications chaque fois que cela est indispensable. Ce corps d'inspection est composé : des *walis* (gouverneurs), les *hakems* (préfets), les maires, les directeurs d'établissements publics et, d'une manière générale, les responsables d'organismes investis de missions de service public. L'institution du Médiateur de la République se présentesous forme d'un organe collégial au sein duquel le Médiateur de la République est entouré des médiateurs régionaux qui sont ses assistants. À ce titre, les médiateurs régionaux rendent des comptes régulièrement de toutes les affaires locales reçues et traitées. Ils rédigent aussi des rapports semestriels et sont soumis au respect des obligations de réserve, de secret professionnel et de la confidentialité résultant de leur situation statutaire et règlementaire dont la violation les expose à des sanctions.

B- Les moyens financiers

328. Alternative au recours juridictionnel, le Médiateur de la République est conçu pour lutter contre les abus de l'administration publique. L'autonomie financière du médiateur est nécessaire tout comme les moyens humains pour la réussite de sa mission. Le législateur mauritanien prévoit expressément dans l'article 5 du décret du 3 avril 2008 portant organisation et fonctionnement de l'institution du Médiateur de la République que « *les crédits nécessaires à l'accomplissement de la mission du Médiateur de la République sont inscrits au budget de la présidence de la République* ». Les crédits alloués au Médiateur de la République sont inscrits dans le budget de la présidence de la République. L'autonomie financière est une question fondamentale pour l'accomplissement des missions du médiateur. C'est dans ce sens que la loi du 7 juillet 1993 a prévu des rémunérations, des avantages et indemnisations de toute nature pour le Médiateur de la République et ses collaborateurs.

329. Le régime financier du Médiateur de la République en Mauritanie se trouve ainsi dans la loi de finances. Le Médiateur de la République présente son projet de budget à l'État pour approbation, et propose des crédits nécessaires au bon fonctionnement de son institution. L'acceptation est soumise à la volonté du gouvernement qui soumet le projet de loi de finances au Parlement. En définitive, c'est le gouvernement qui détermine le budget du Médiateur de la République. Le décret du 3 avril 2008 a permis au médiateur au même titre que toutes les administrations de l'État de tenir une comptabilité, qui sera soumise au contrôle annuel des contrôleurs financiers de l'État. C'est dans cette optique de subordination financière et budgétaire que certains observateurs nationaux pensent qu'il serait très difficile pour le Médiateur de la République de s'interposer entre les administrés et les services publics comme un tiers neutre, impartial et indépendant alors que ses moyens humains et financiers sont fournis par la même administration. Il faut remarquer que la loi du 7 juillet 1993 a donné le statut d'une autorité administrative indépendante au Médiateur de la République au service de l'intérêt commun. Par conséquent, le seul critère de subordination financière nous paraît insuffisant pourcontester l'indépendance et l'impartialité du médiateur.

§ 2- Les pouvoirs du Médiateur de la République

330. Créée en 1993, l'institution du Médiateur de la République est une autorité indépendante au regard de la loi qui met ses compétences au service des citoyens et des administrations afin de pouvoir améliorer les relations entre citoyens et administrations. Le Médiateur de la République traite les litiges au cas par cas. Ainsi, lorsqu'une décision administrative est non conforme à la règle de droit et vient heurter les droits du citoyen, le Médiateur de la République dispose d'un pouvoir de recommandation en équité et en droit.

331. La loi du 7 juillet et le décret du 3 avril 2008 donnent le pouvoir de recommandation, de proposition des réformes et d'investigation au Médiateur de la République. À cet effet, le médiateur peut faire usage de son pouvoir d'injonction lorsque l'administration ne se conforme pas à une décision prise par la justice en faveur des administrés. Le médiateur peut faire des propositions de réformes afin que le droit soit adapté aux évolutions de la société mauritanienne. Le médiateur mauritanien, en théorie, est un acteur essentiel au respect du bon fonctionnement de l'administration mauritanienne et au respect des libertés publiques. Ainsi, le Médiateur de la République dispose de pouvoirs d'instruction (A) et de recommandations (B).

A- Le pouvoir d'investigation du Médiateur de la République

332. Chargé d'humaniser les relations entre l'administration et les citoyens, le Médiateur de laRépublique reçoit les réclamations des usagers[495] pour les instruire et faire de propositions de sortie de crise. La médiation est une plus-value indéniable pour la société multiculturelle mauritanienne et pour la vie publique mauritanienne. Le Médiateur de la République exerce uncontrôle sur les cas d'illégalités et les cas de maladministration au sein de l'administration. Lanotion de « maladministration » désigne une situation ou une action ou encore une omission del'administration qui porte préjudice aux usagers. La loi du 7 juillet 1993 a doté le médiateur d'un pouvoir classique allant de la réception des réclamations à la suggestion des solutions avec habilitation de recourir à la réconciliation et mener une instruction. Comme les textes l'autorisent, dans son pouvoir d'instruction, le Médiateur de la République bénéficie des compétences larges en matière d'enquêtes. Il a droit d'accéder aux documents administratifs, de convoquer les fonctionnaires pour s'expliquer lorsqu'ils sont mis en cause et de demander des éclaircissements sur les réclamations des usagers. À l'issue de son investigation, il rend des décisions qui ne sont pas susceptibles de recours devant le juge administratif. Les décisions rendues par le Médiateur de la République n'ont pas le caractère de décisions administratives susceptibles de faire l'objet de recours contentieux selon la loi du 7 juillet 1993. Contrairement au juge administratif, le m édiateur ne rend pas des décisions contraignantes. Il intervient au moment où le juge n'est pas encore admis à intervenir et sur des réclamations qui échappent au contrôle du juge administratif[496].

333. Le Médiateur de la République, une fois saisi d'une affaire, doit procéder à une enquête afin de déterminer si la réclamation est fondée ou non. Durant cette phase, le médiateur a plein pouvoir d'investigation et d'instruction à charge et à décharge. Il examine le dossier et vérifie si la question entre dans sa compétence. Comme le montre Omar CAMARA, « … *le Médiateur de la République peut instruire systématiquement, à charge comme à décharge, l'ensemble des éléments afin d'apprécier le bien-fondé des positions respectives de l'administration et du plaignant* »[497]. Au regard des dispositions de la loi du 7 juillet 1993, dans le cas où le médiateur n'est pas compétent, il informe le demandeur et classe le dossier. En revanche, lorsque la demande du réclamant relève de sa compétence, le médiateur met le dossier en instruction et informe la personne concernée. À cet égard, le Médiateur de la République met tous ses pouvoirs afin de trouver une voie conciliatoire entre les réclamants et l'administration.

334. Aux termes de l'article 17 de la loi du 7 juillet 1993, « *le Médiateur de la République peut demander au ministre responsable et à l'autorité compétente de lui donner tout document ou dossier concernant le différend à propos duquel il fait son enquête, à l'exception de ceux qui* *relèvent du secret de la défense nationale, de la sûreté de l'État ou de la politique extérieure* ».La loi exige de tous les fonctionnaires et ministres de faciliter la tâche du médiateur dans l'exercice de sa mission. Ces fonctionnaires doivent répondre aux questions et éventuellement aux convocations du médiateur. La loi du 7 juillet 1993 instituant le Médiateur de la République ne lui impose pas la clause de confidentialité en matière d'instruction judiciaire. La loi impose au médiateur d'établir un rapport circonstancié sur la question adressée au président de la République si l'autorité compétente ne prend pas les mesures disciplinaires à l'égard de ses agents responsables des fautes graves commises à l'encontre des administrés. Au cours de l'instruction, le médiateur agit en même temps comme auxiliaire de la justice, en dénonçant toute infraction pénale ou disciplinaire.

335. Dans ce contexte d'instruction, la loi permet au médiateur de formuler des injonctions auxquelles l'administration doit satisfaire dans un délai qu'il fixe. Le m édiateur dispose également d'un pouvoir de classement provisoire ou définitif des requêtes qu'il trouve non justifiées et fait connaître sa décision motivée aux requérants. Le Médiateur de la République dispose aussi d'un large pouvoir de recommandation.

B- Le pouvoir de recommandations

336. La conciliation est le résultat que l'on attend du médiateur, mais il arrive des fois au Médiateur de la République dans l'exercice de ses fonctions de faire des recommandations à l'encontre de l'administration. Lorsqu'une décision administrative porte atteinte aux droits descitoyens, le Médiateur de la République peut adresser une recommandation en équité à l'autoritéadministrative qui a pris cette décision non conforme aux normes en vigueur. La prédominancede l'équité en droit africain[498], particulièrement en droit mauritanien, découlerait du fait qu'ellepermet de préserver la paix et l'équilibre social. Il faut souligner que dans les sociétés traditionnelles africaines, la mention de l'équité relève de la paix et de l'amour.

337. La loi du 7 juillet 1993 et le décret du 3 avril 2008 confèrent le pouvoir de recommandation au Médiateur de la République. Aux termes de l'article 11 de ladite loi, « *le Médiateur de la République étudie la réclamation qui lui est soumise lorsqu'elle lui paraît justifiée. Il présente un rapport écrit contenant les recommandations susceptibles de régler le différend et, le cas échéant, suggère les propositions tendant à améliorer le fonctionnement de l'organisme concerné* ». Le Médiateur de la République, après avoir étudié une réclamation qui lui est soumise, adresse à l'administration concernée des recommandations et des propositions susceptibles de trouver des solutions au litige existant entre le réclamant et l'administration. Il dispose d'un panel de solutions dans l'exercice de sa mission : il peut classer sans suite, faire des recommandations, ou proposer des réformes, entre autres. Par exemple, une fois l'instruction d'une réclamation finie, le médiateur est convaincu du bien-fondé de la réclamation, il peut user de son pouvoir de recommandation pour tenter d'infléchir le comportement de l'administrationconcernée afin de revoir sa position. Ainsi, le médiateur mauritanien n'est pas autorisé à intervenir dans un différend engagé devant le juge administratif, mais la loi lui permet de faire des recommandations à l'organisme mis en cause.

338. Dans ce cadre-là, on peut souligner que la recommandation se présente comme un procédé permettant de régler les litiges en faveur des administrés. Ce procédé est utilisé par le Médiateur de la République, « *lorsque la solution qu'il entend apporter à une réclamation doit s'imposer, très particulièrement, au nom de la légalité, de l'équité ou du bon sens* »[499]. Car ce dernier a étéhabilité par la loi du 7 juillet 1993 à recourir à l'équité. C'est dans ce sens que FOULETIER écrit que « *l'insertion de la mention, l'équité parmi les moyens de contrôle du médiateur permet désormais de suggérer à l'administration des solutions qui s'éloignent de la pure légalité* »500. Le Médiateur de la République, en tant que conciliateur par nature entre l'administration et lescitoyens, relève de son plein pouvoir de présenter des recommandations, des avis et des propositions pour l'amélioration et le bon fonctionnement des administrations. Ces pouvoirs de recommandation et de proposition du Médiateur de la République lui permettent d'orienter les réformes de l'administration en fonction des réclamations qu'il a traitées. Dans le cadre de sa mission de conciliation et de médiation et à partir des constats dressés, le médiateur peut soumettre au président de la République des recommandations et des propositions répondant aubon sens et à l'équité. Malgré l'importance des pouvoirs que le Médiateur de la République dispose pour lui permettre de mener à bien sa mission de contrôle sur l'administration, les pouvoirs d'instruction et de recommandation de cet organe indépendant restent très restreints. Ainsi, l'absence de caractère contraignant des décisions prises par le Médiateur de la République laisse tout le pouvoir d'appréciation à l'administration. L'administration peut à tout moment écarter ou contourner la recommandation du médiateur qui le met en cause.

339. Cependant, la loi du 7 juillet 1993 et le décret du 3 avril 2008 n'ont pas reconnu au Médiateur de la République le pouvoir de déclencher des poursuites à l'encontre de l'administration récalcitrante, une action disciplinaire ou, le cas échéant, de le traduire en justice. Contrairement au médiateur sénégalais qui est en effet doté d'une prérogative qui lui permet, en cas de « *contestation d'un manquement grave aux obligations professionnelles d'un agent, de demander à l'autorité compétente d'engager une procédure disciplinaire ou, le cas échéant, des poursuites judiciaires* »[501]. Ainsi, il faut noter que depuis le 15 août 2017, l'instance du Médiateur de la République a subi une mutation, comme celle de la France, qui est passée du Médiateur de la République au Défenseur des droits en mars 2011. La loi constitutionnelle référendaire de 2017 a regroupé trois institutions (le Haut Conseil islamique, Médiateur de la République et Haut Conseil de la Fatwa et des Recours Gracieux) dans le Haut Conseil de la Fatwa et des Recours Gracieux (HCFRG). Cette mutation de l'institution du médiateur permet au nouvel organe de bénéficier d'une consécration constitutionnelle.

§ 3- Regard croisé sur la mutation du Médiateur de la République

340. Le Médiateur de la République est une instance de gestion des différends administratifs entre l'administration et les citoyens. Cette instance de règlement non juridictionnel a été remplacée par une nouvelle institution : le Haut Conseil de la Fatwa et des Recours Gracieux (HCFRG) (A) qui fut créée en 2017[502], et inscrite dans la Constitution mauritanienne du 20 juillet 1991. Cette mutation de l'institution du Médiateur de la République concerne aussi le médiateur français qui a en effet subi en 2011 une mutation profonde (B).

A- Du Médiateur de la République au Haut Conseil de la Fatwa et des Recours Gracieux

341. La loi constitutionnelle référendaire du 15 août 2017 a remplacé le Médiateur de la République par un organe : le Haut Conseil de la Fatwa et des Recours Gracieux (HCFRG) avec une consécration constitutionnelle. Il s'agit du Médiateur de la République, dans sa version islamique à la mauritanienne. Le Haut Conseil de la Fatwa et des Recours Gracieux est né de la réunion de trois institutions : Médiateur de la République (MR), le Haut Conseil Islamique (HCI) et le Haut Conseil de la Fatwa (HCF). Cette institution a été créée en 2017, et est inscrite dans la Constitution mauritanienne du 20 juillet 1991. Ainsi, les dispositions de l'article 94 de la Constitution prévoient : « *Il est institué auprès du président de la République, en lieu et place du Haut Conseil Islamique, du Médiateur de la République et Haut Conseil de la Fatwa et des Recours Gracieux, tels qu'institués par les textes en vigueur, un Haut Conseil de la Fatwa et des Recours Gracieux composé de neuf membres* »[503]. Le président et les autres membres du Haut Conseil de la Fatwa et des Recours Gracieux sont nommés par le président de la République pour un mandat de quatre ans renouvelable une fois.

342. Cet organe du HCFRG a pour mission d'émettre des fatwas, c'est-à-dire, des avis juridiques et religieux conformément aux règles de droit en vigueur et aux enseignements du rite malikite (doctrine de l'imam Malik répandue en Mauritanie). Le Haut Conseil reçoit les réclamations des citoyens relatives aux litiges non réglés dans le cadre de leurs relations avec les administrations de l'État, les collectivités publiques territoriales, les établissements publics et tout autre organisme investi d'une mission de service public, et donne un avis juridique afin de faciliter le dialogue. Par ailleurs, le HCFRG ne peut pas intervenir dans un litige engagé devant un tribunal administratif ni remettre en cause le bien-fondé d'une décision juridictionnelle, mais peut donner des recommandations et des avis à l'organisme en cause. La saisine du Haut Conseil est indirecte. Seuls le président de la République et les membres du gouvernement sont admis à saisir le HCFRG pour un avis au sujet d'une question du *fiqh* (jurisprudence religieuse), ou de litiges opposant les citoyens à l'administration. L'avis du Haut Conseil est transmis à l'exécutif dans un délai de quinze jours. La réforme constitutionnelle prévoit que la saisine du Médiateur de la République dans sa version islamique passe par le pouvoir exécutif, c'est-à-dire le président de la République et les membres du gouvernement, contrairement à la saisine du Médiateur de la République dans sa version initiale (modèle français). À cet égard, pour les citoyens, ces modes de saisine renforcent davantage le soupçon de dépendance et de partialité de l'institution vis-à-vis de l'exécutif, et portent atteinte aux principes directeurs d'une justice équitable (impartialité, indépendance et neutralité), qui doivent gouverner l'institution du Haut Conseil. L'exécutif a désormais le plein contrôle de cette institution sociale de régulation des litiges administratifs. Il peut l'influencer à tout moment dans l'exercice de ses missions.

343. La réforme constitutionnelle de 2017 donne le statut de l'autorité administrative indépendante au Haut Conseil de la Fatwa et des Recours Gracieux. Ce statut lui garantit selon le gouvernement une véritable autonomie d'agir en toute indépendance et en toute impartialité entre l'administration et les citoyens lorsque celui-ci est saisi pour une réclamation. Le Haut Conseil est considéré par l'exécutif comme une instance sociale indépendante de règlement nonjuridictionnel des litiges administratifs avec une version islamique malikite adaptée aux aspirations des populations. À cet effet, il ne reçoit d'instructions de nulle part, ni du président de la République ni des autres membres du gouvernement. Son organisation et son fonctionnement seront précisés par une loi organique (que nous attendons depuis toujours). Selon la réforme constitutionnelle, le Haut Conseil dispose des mêmes prérogatives que le Médiateur de la République issu de la loi du 7 juillet 1993. À notre sens, le Haut Conseil de la Fatwa et des Recours Gracieux n'est rien d'autre que le Médiateur de la République en version islamique dans une République islamique afin de se mettre en conformité avec les rites malikites (source du droit islamique mauritanien), et faire plaisir à un certain nombre des oulémas et islamistes qui voudraient islamiser toutes les institutions du pays.

B- Regard sur la mutation du Médiateur de la République française

344. Le Médiateur de la République est l'une des plus anciennes institutions parmi les quatre institutions désormais regroupées dans le Défenseur des droits. Le Défenseur des droits est issu de la loi organique du 29 mars 2011[504], qui a succédé au Médiateur de la République. À cet effet, plusieurs raisons expliquent cette mutation du médiateur au Défenseur des droits. Ainsi, le modèle de l'institution du Médiateur de la République française a surtout influencé le législateur des pays de l'Afrique-Occidentale française. Les États francophones comme, par exemple, la République islamique de Mauritanie reproduit presque à la lettre la loi française du 3 janvier 1973 instituant le Médiateur de la République[505]. L'institution doit sa réactivité et son efficacitéà ses collaborateurs du siège et à sa présence territoriale. Ainsi, il convient d'examiner l'institution originaire, le Médiateur de la République (1) avant d'étudier les raisons principalesde sa mutation suite à la réforme de 2011 (2).

1. Le Médiateur de la République française

345. L'article 2 de la loi du 3 janvier 1973 prévoit que le Médiateur de la République est nommé par décret du chef de l'État français, en Conseil des ministres. Contrairement au médiateur mauritanien, le médiateur français dispose d'un mandat précis et unique de six ans. Ce mandat est irrévocable et inamovible. Le médiateur français est constamment à l'écoute des citoyens et aide les services publics de l'État à mieux prendre en compte les droits et les attentes des Français[506]. Cet organe est devenu depuis toujours un acteur à part entière du jeu administratif et dans le bon fonctionnement des institutions administratives françaises en termes de résolution des conflits entre les usagers et l'administration. Ainsi, les dispositions de l'article 61 de la loi du 3 janvier 1973 donnent le pouvoir au Médiateur de la République de nommer sur le territoire français les délégués, qui vont participer à la mise en œuvre du processus de médiation dans l'ensemble du territoire français.

346. La saisine du médiateur est indirecte comme celle de la Mauritanie. L'administré qui s'estime lésé par l'action ou l'omission de l'administration s'adresse à un parlementaire (député ou sénateur). Celui-ci opère un premier examen. S'il est convaincu du bien-fondé de la réclamation, il transmet la réclamation ou plainte au Médiateur de la République. Chaque parlementaire (député ou sénateur) dispose également de l'initiative de saisir le médiateur des agissements contraires à la loi dont il aurait connaissance par toute voie. Enfin, la saisine du Médiateur de la République est aussi ouverte aux délégués médiateurs[507]. En tout état de cause l'administré lésé ne peut saisir directement le Médiateur de la République. Le médiateur français comme son homologue mauritanien est habilité à recourir à l'équité selon l'article 9 de la loi du 3 janvier 1973.

L'équité permet au médiateur de proposer des solutions et des recommandations à l'administration et aux administrés en cas de litige. Ainsi, les réclamationssoumises au médiateur français « *portent sur tous les domaines, notamment les actions et omissions des autorités administratives et les incohérences législatives et les carences* »[508]. Il faut souligner que l'institution du Médiateur de la République française, en quatre décennies, a traité un nombre inestimable de requêtes[509]. En dépit de ces limites, la réforme de 2011 a introduit en lieu et place du Médiateur de la République française le Défenseur des droits, qui répond mieux aux principes démocratiques et aux exigences liées à la protection des droits fondamentaux des citoyens.

2. Du Médiateur de la République au Défenseur des droits

347. La mutation du Médiateur de la République au Défenseur des droits est issue de la loi n° 2011-333 du 29 juillet 2011[510]. Le Défenseur des droits est une institution qui a pour mission de défendre et promouvoir les libertés individuelles et les droits fondamentaux des citoyens français. Il est nommé par décret pris en conseil des ministres par le président de la République comme d'ailleurs ce fut le cas du Médiateur de la République issu de la loi du 3 janvier 1993. Le Défenseur des droits dispose d'un mandat de six ans non renouvelable et non révocable. La loi du 29 juillet 2011 confère au Défenseur des droits le statut d'autorité administrative indépendante. La grande nouveauté de cette mutation est la consécration constitutionnelle dont bénéficie cette nouvelle institution administrative indépendante (Défenseur des droits) contrairement au Médiateur de la République. Ainsi, le Défenseur des droits est inscrit dans l'article 71-1 de la Constitution française du 4 octobre 1958[511].

348. Aux termes de l'article 4 de la loi organique du 29 mars 2011 « *le Défenseur des droits est chargé de défendre les droits et libertés dans le cadre des relations avec les administrations de l'État, les collectivités territoriales, les établissements publics et les organismes investis d'une mission de service public...* ». La loi de 2011 a élargi le mode de saisine de Défenseur des droits. Désormais le Défenseur des droits peut être saisi par toute personne physique ou morale gratuitement. La saisine de cette nouvelle institution est directe. Il n'est pas nécessaire de passer par un parlementaire pour la saisir. Les dispositions des articles 5 et 7 de la loi du 29 juillet 2011 précisent que toute personne physique ou toute personne morale peut saisir directement et gratuitement lorsqu'elle pense qu'elle est discriminée. Le législateur français se justifie par rapport à cette saisine directe du Défenseur des droits par le souci de consolider les acquis démocratiques et ceux de la médiation institutionnelle[512]. Ainsi, pour les auteurs de cette mutation issue de la loi du 29 juillet 2011 « *le Médiateur de la République a, certes, réalisé un travail louable dans la régulation des rapports entre l'administration et* *les administrés, mais il accusait certaines carences. La première réside dans le mode de saisine. L'absence de saisine constitue un obstacle pour de nombreux requérants. Combiné à l'inexistence d'effet suspensif et interruptif, le recours au médiateur comporte un risque évident pour un plaideur diligent. L'interdiction sur les litiges en justice et la faiblesse du pouvoir de sanction sont autant de facteurs qui ont réduit l'impact du Médiateur de la République* »[513]. Cette nouvelle institution a fait l'objet de toutes sortes de critiques. Pour certains juristes français, l'absence d'effet suspensif et interruptif existe toujours chez la nouvelle institution comme chez le Médiateur de la République avec toutes les conséquences qu'elle entraine sur l'efficacité de l'institution[514].

Conclusion du troisième chapitre

349. Le Médiateur de la République existe en République islamique de la Mauritanie depuis maintenant plus de trente ans. Il a été institué pour la première fois par la loi 7 juillet 1993 sur le modèle français, inspiré de la loi française du 3 janvier 1973. Créé en juillet 1993, le Médiateur de la République a pour mission de veiller au respect des droits et des libertés publiques par les administrations de l'État, les collectivités publiques territoriales, les établissements publics et tout autre organisme investi d'une mission de service public. Il est une autorité publique indépendante, qui ne reçoit dans l'exercice de ses fonctions aucune instruction ne venant ni de l'exécutif, ni des autres pouvoirs de l'État. La création de l'institution du Médiateur de la République en Mauritanie s'inscrit dans une tendance collective à améliorer les relations entre les citoyens et les administrations. Le Médiateur de la République est considéré comme un conciliateur pour les Mauritaniens permettant de trouver une voie conciliatoire au litige qui oppose les administrés et l'administration. À cet effet, il dispose des pouvoirs de recommandations et d'instructions.

350. Cependant, la réforme constitutionnelle du 15 août 2017 a remplacé le Médiateur de la République par le Haut Conseil de la Fatwa et des Recours Gracieux. Cette nouvelle institution est instituée auprès du président de la République avec plus ou moins les mêmes prérogatives que le Médiateur de la République. Il s'agit là du Médiateur de la République en version islamique de rites malikites. Le Haut Conseil de la Fatwa et des Recours Gracieux bénéficie désormais d'une consécration constitutionnelle. Malheureusement, la réforme constitutionnelle de 2017 a renforcé davantage le soupçon de dépendance et de partialité de l'institution du Haut Conseil, car désormais elle est saisie indirectement par le président de la République et les autres membres du gouvernement. Le Haut Conseil reste malgré sa proximité avec le pouvoir exécutif, un régulateur social pour les citoyens comme les autres modes alternatifs de règlement des conflits, permettant de résoudre les litiges amiablement entre les Mauritaniens. Ainsi, cet organe a pour mission de trouver les voies conciliatrices et de restaurer l'harmonie et la paix entre les citoyens et les administrations de l'État.

Conclusion de la première partie

351. L'étude de cette partie nous a permis de mesurer l'ampleur et d'identifier les causes des difficultés d'accès à la justice pour les justiciables en particulier pour les justiciables ordinaires en République islamique de Mauritanie. Le système judiciaire mauritanien se caractérise par une incohérence manifeste. Telle qu'elle est analysée dans cette première partie, le droit et la justice sont dans une contestation sérieuse les MARC comme solution alternative qui montre les difficultés organisationnelles et fonctionnelles de l'institution judiciaire. D'un système dualiste avec séparation des contentieux au départ consacrant au sein des juridictions des filières distinctes de droit musulman et de droit moderne, la Mauritanie est passée brutalement en 1983 à un système unifié par référence au droit musulman exclusif. Mais cette unification a échoué en raison de la brutalité et de la précipitation des autorités mauritaniennes pour quitter le système français colonial au profit du droit musulman autochtone. Avant la réforme de 1983, les juridictions d'expression française appliquent la procédure de droit moderne d'inspiration française qui, sous certains aspects, s'avère inadaptée aux évolutions de la société mauritanienne et ne répond plus aux attentes de la population autochtone et pauvre.

352. Le bref panorama ainsi dévoilé de la justice en Mauritanie est loin de favoriser le meilleur accès aux tribunaux étatiques pour les citoyens car les obstacles sont illimités : la justice en Mauritanie n'apparaît pas comme une véritable institution judiciaire digne de ce nom mais plutôt comme un recours marginal, sans grande utilité dans les problèmes quotidiens des justiciables. La faible saisine des tribunaux s'explique à la fois d'un éloignement des juridictions des justiciables et d'un rejet de celles-ci de la majorité de la population mauritanienne. Cet éloignement s'explique par les causes géographiques et économiques. Car la Mauritanie est un pays immensément désertique riche mais les citoyens sont pauvres. Quant au rejet de la justice, cela s'explique par le manque de confiance des citoyens en leur propre justice. La faible sollicitation de la justice peut s'expliquer aussi par la complication des procédures par le coût de la justice et le formalisme excessif mais aussi par l'inadéquation du cadre normatif du système judiciaire. L'usage de la langue arabe (du moins l'*hassanya*) par les tribunaux étatiques et la technicité du langage juridique constitue autant d'obstacles insurmontables pour des justiciables ordinaires dont la grande majorité est analphabète.

353. L'inadaptation des formalités habituelles au contexte mauritanien et les carences normatives dans certains domaines du droit complexifient la justice en Mauritanie. Ainsi, au cours de la phase juridictionnelle, le justiciable rencontre des obstacles structurels et normatifs. Les difficultés d'ordre structurel découlent d'abord du comportement des acteurs de la justice. La partialité, la corruption, l'inféodation politique, le faible investissement intellectuel et d'autres maux nauséabonds affectent l'efficacité et la rapidité de la justice en Mauritanie. Quant aux difficultés d'ordre structurel, celles-ci résultent des carences institutionnelles. La précarité des conditions de travail et la faible rémunération des magistrats réduisent l'efficacité des tribunaux et rendent les décisions obsolètes et non exécutées. Les obstacles normatifs se rapportent aux vides juridiques ou à la faible qualité des normes. Il faut noter également que la prolifération successive des normes juridiques non adaptées à la réalité de la société mauritanienne donne une mauvaise image de la justice car la plupart de ces normes sont là pour faire plaisir aux partenaires occidentaux et aux organisations internationales qui ne reflètent pas la réalité quotidienne des citoyens mauritaniens.

354. À cet effet, l'étude de l'État du droit et de la justice en Mauritanie débouche sur un constat négatif et angoissant pour les justiciables. C'est dans ce contexte négatif de la justice en République islamique de Mauritanie que le recours aux MARC constitue aujourd'hui une thérapie à la fois pour les citoyens mais aussi pour le système judiciaire lui-même. Les MARC analysés dans cette partie forment une réponse aux maux de la justice. Les modes alternatifs sont une technique de gestion amiable des conflits, qui semble avoir étendu ses vertus au sein du système judiciaire mauritanien. Fondés sur la négociation, le dialogue et l'attachement à la paix sociale et à la vie en communauté, les modes alternatifs favorisent un règlement amiable des litiges. C'est ainsi que les autorités politiques et l'environnement socioculturel mauritanien se montrent favorables aux MARC. Cette étude en effet nous permet de constater que le développement des MARC en Mauritanie est le fait de l'État avec un certain volontarisme législatif et le rôle central joué par le ministre de la Justice à travers sa politique judiciaire d'accès à la justice pour tous. Depuis 2000 jusqu'à la dernière réforme de 2019 sur l'arbitrage et la médiation, les autorités mauritaniennes se montrent engagées en faveur de la justice amiable. Car la Mauritanie a toujours été marquée par une culture de paix et de tolérance. Son modèle d'intégration est basé sur la communauté, la tribu et non sur l'individu. La culture de limitation de l'intervention de l'État a toujours existé en Mauritanie au profit de la communauté pour une gestion tribale ou clanique des conflits.

355. Néanmoins, cette évolution fait suite à une conciliation informelle qui s'est développée entre l'administration et les administrés depuis les années 90 par le biais de la médiation institutionnelle. Ainsi, dans un contexte des tensions sociales et des fragilités politiques en Mauritanie, quel serait l'apport des modes alternatifs de règlement des conflits ?

Seconde partie : Les MARC : un moyen d'accès à la justice pour tous en Mauritanie

« Si le sentiment de justice est incarné par des institutions, il n'est pas cependant leur apanage exclusif »[515]

Louis Assier-Andrieu

356. En Afrique particulièrement en République islamique de Mauritanie, la justice est dans une situation paradoxale avec le manque de confiance des justiciables en leur propre institution judiciaire. Les signes évidents d'une justice en crise ressortent d'une enquête d'opinion effectuée par Afro Baromètre en mars 2017[516]. En effet, selon cette enquête réalisée auprès de 53 935 personnes issues de 36 pays africains, 43 % des personnes interrogées n'ont pas confiance en la justice, plus de 33 % estiment que les juges sont corrompus et seulement 13 % ont réglé leurs litiges devant les tribunaux durant les 5 dernières années. Ces chiffres angoissants ne pouvaient laisser les pouvoirs publics sans réaction. À cet effet, les autorités mauritaniennes ont entrepris de nombreuses réformes judiciaires depuis les indépendances jusqu'à aujourd'hui, en changeant de système judiciaire, totalement ou partiellement. Mais, ces réformes judiciaires n'ont rien changé dans le quotidien des justiciables. De ce fait, il fallait recourir à des modes alternatifs de règlement des conflits, qui pour une partie de la doctrine et des observateurs nationaux, constituent une réponse aux difficultés que rencontrent les justiciables mauritaniens car cette forme de justice est inhérente à la société mauritanienne.

357. L'expression « modes alternatifs de règlement des conflits », désignée par l'acronyme « MARC » est apparue au milieu des années 1990 comme un équivalent français à la notion américaine d'*Alternative Dispute Resolution*[517]. Les MARC se distinguent du système judiciaire institué par l'État, par la recherche d'un compromis grâce à un processus amiable conduit par un tiers neutre, indépendant et impartial. Les modes alternatifs visent à remédier aux dysfonctionnements de la justice et aux difficultés que les justiciables peuvent rencontrer. Il s'agit du passage d'un système imposé vers un autre système plus doux et plus conciliateur, celui de négocié. Ce système de justice négociée s'explique essentiellement par la mutation des sociétés africaines vers un phénomène de « contractualisation »[518]. Ces nouveaux modes de régulation sociale des conflits comprennent donc l'étude des mécanismes de gestion des conflits en rationalisant les moyens matériels, financiers et humains de la justice afin de pallier les déficiences du système judiciaire étatique, de permettre l'accès à la justice pour tous et de garder le lien social et familial.

358. En République islamique de Mauritanie, la saisine du juge pour un procès est mal vue par la société car celle-ci est considérée comme un échec de la communauté, de la tribu ou du clan à trouver une solution amiable et à maintenir la paix et l'équilibre au sein du groupe. Comme le montre Mamadou-Ismaila KONATE, « *le procès est le signe d'une discorde entre deux ou plusieurs personnes qui vivent pourtant au milieu d'autres, en communauté et en solidarité [...] enfin, le procès apparait comme une pièce mal réglée, trop longue, dévorant temps, argent et peine* »[519]. Certes, le procès ne vise toujours pas à la réconciliation mais dans le cadre de la société communautaire et tribale mauritanienne, le procès est synonyme de réconciliation et de paix. En Mauritanie, les modes alternatifs se caractérisent par ailleurs par la variété des modèles pour lesquels on peut y recourir afin de régler les conflits pacifiquement comme, par exemple, la médiation, la conciliation et l'arbitrage. C'est dans ce contexte de justice alternative ou justice négociée que les autorités mauritaniennes ont réformé en 2019 le Code de procédure civile, commerciale et administrative en faveur de ce modèle de justice douce et réconciliatrice. Le législateur mauritanien n'a pas hésité à voter en 2019 des lois sur la médiation et l'arbitrage afin de règlementer les procédures alternatives de résolution des conflits d'où la question : est-ce que la prise en compte des modes amiables de résolution des conflits par le législateur correspond à une réactivation des modes traditionnels/autochtones ou bien conduit à faire évoluer la justice amiable ?

359. C'est sans doute que le recours à la justice amiable pour régler les conflits est une des caractéristiques de la société mauritanienne depuis fort longtemps. Aujourd'hui encore, malgré la judiciarisation des relations à travers l'inflation des normes en vigueur, les Mauritaniens font appel aux *Mouslihs* pour régler leurs conflits. Pour cela, nous étudierons d'abord dans un premier temps, les mécanismes traditionnels de règlement amiable des conflits, avec une absence de formalisme (Chapitre I). Dans un second temps, nous nous interrogerons sur les mécanismes modernes de règlement amiable des conflits (Chapitre II) et enfin, nous aborderons en dernier lieu l'arbitrage comme mode alternatif de règlement des conflits (Chapitre III).

Chapitre I :
Les mécanismes traditionnels de règlement amiable des conflits : absence de formalisme

360. La société mauritanienne est une société médiévale africaine avec une civilisation très ancienne issue des populations arabo-berbères et noires. Le modèle de justice traditionnelle, qui prévaut à l'époque précoloniale était la justice informelle basée avant tout sur l'oralité, les proverbes, les maximes, les préceptes religieux et les symboles. Dans les sociétés autochtones africaines l'oralité « *n'est pas seulement instrument de communication, il est expression par excellence de l'être-force, déclenchement des puissances vitales et principe de cohésion* »[520]. Ainsi, dans les sociétés communautaires comme la nôtre, la parole engage l'homme, son clan, son groupe et sa famille. Elle est un acte d'honneur, de légitimité et de fierté.

361. Les processus de la justice amiable ont toujours été pratiqués par la société mauritanienne depuis fort longtemps avec une absence totale de formalisme. À l'instar de la société mauritanienne, ces processus pacifiques de résolution des conflits étaient pratiqués dans d'autres sociétés africaines voisines, comme celle du Sénégal et du Mali, avant l'arrivée du colon sous une forme autochtone, non formalisée et non encadrée. Ces modèles de justice sociale se sont développés et institutionnalisés d'abord en Occident vers les années 70 avant de réapparaître sous une forme nouvelle contemporaine dans le continent africain[521]. Ainsi, la justice amiable a toujours existé en République islamique de Mauritanie, et a toujours été pratiquée entre les populations avant même la colonisation. Comme le souligne René ARNAUD : « *En Mauritanie, chaque émir avait un cadi chargé en principe de régler toutes les affaires litigieuses, comme chaque tribu de marabouts avait elle-même son cadi investi de véritables fonctions de justice et d'arbitrage* »[522]. Dans le souci indispensable de préserver les relations cordiales, la paix durable et l'équilibre social dans le groupe, la

Mauritanie a toujours choisi l'amiable au procès tiré de principes directeurs du droit d'expression française.

362. Dans cette perspective de paix, d'harmonie et d'équilibre social, nous analyserons les valeurs primaires sociétales et religieuses de règlement amiable des conflits en Mauritanie (section 1), avant d'étudier le règlement amiable des conflits chez la communauté soninké (section 2). Il s'agit l'une des plus grandes communautés autochtones issues de l'Empire du « *Ghana* » ou « *Wagadou* » parmi les quatre communautés constitutionnellement reconnues.

Section 1- Les valeurs sociétales et religieuses de règlement amiable des conflits

363. En Mauritanie, aujourd'hui, comme hier, les citoyens hésitent toujours à porter leur litige devant un juge institué par l'État pour des raisons liées au coût de la justice, au manque de confiance et de problèmes liés à sa lenteur et à la complication de la procédure. En ce sens, les justiciables préfèrent en effet aller régler leurs contestations dans le ventre de la famille, de la tribu ou du clan, qui les a vus naître comme ce fut jadis les cas et qui, d'une manière générale, maitrise les expressions, le code culturel et la parole ; et éviter de blesser ouvertement les uns et les autres ce qui pourrait provoquer la rupture du lien social et engendrer des conflits irréparables à l'intérieur de la tribu ou du clan. Comme le montre l'avocat mauritanien Ahmed MINE lors de notre entretien avec lui : « *ce mode de règlement des conflits fait partie des coutumes de toutes les composantes de la Mauritanie ; en effet, il est ancré dans l'histoire des populations* »[523]. C'est à travers ce processus de négociation en présence d'un tiers neutre et indépendant que les Mauritaniens arrivent à résoudre leurs conflits amiablement. Il s'agit là d'une justice qui privilégie le retour à la paix et la restauration du lien social.

364. Ce modèle amiable de résolution des conflits était un mécanisme coutumier, qui mobilise toute la tribu ou tout le groupe afin de pouvoir trouver une solution pacifique permettant le retour à l'équilibre. La procédure était coutumière et orale. Les coutumes sont transmises par voie orale de père en fils ou d'une génération à une autre. Les anciens racontent aux enfants ce que sont la coutume et la tradition et comment s'en servir en cas de problèmes. À travers cet échange, chaque membre du groupe acquiert un certain trésor de connaissances normatives et de pratiques coutumières des débats, qui le rend apte à devenir « conciliateur ou arbitre et à siéger à son tour lorsqu'il est devenu ancien dans le comité des sages ou dans le conseil du village »[524]. Cette forme de justice a pour but de préserver la paix et l'harmonie sociale au sein des communautaires. Après l'islamisation de la société mauritanienne, la charia islamique est devenue l'une des principales sources de son organisation. Les conflits sont désormais réglés par la charia islamique. Ce mode de régulation sociale prend en compte le lien social, l'harmonie et la transformation du procès en paix sociale. Dans ce sens, il nous est important d'examiner le fondement socioculturel des mécanismes traditionnels de règlement amiable des conflits (§ 1), avant de nous intéresser au fondement religieux (§ 2).

§ 1- Le fondement socioculturel des mécanismes traditionnels de règlement des confits

365. À en croire l'anthropologue français Étienne Le ROY, « *la société est le point de départ et l'horizon (l'alpha et l'oméga) de toute réflexion [...]. Le droit dans sa contribution au grand jeu de la vie en société, à la fois comme produit social et producteur de sociabilité* »[525]. Ainsi, dans les sociétés africaines traditionnelles, les normes organisant le règlement des conflits sont façonnées pour susciter une prédisposition à dénouer les conflits. Cette prédisposition s'exprime à travers une double combinaison : « *le premier emprunte au registre de la rationalité discursive, cognitive, pour définir la place des instances habilitées à mener les procédures de conciliation, tandis que le second se nourrit de l'encadrement relationnel, émotionnel, familial assurant la promotion de ce mode pacifique de règlement des litiges* »[526]. Ces caractéristiques de la société africaine s'analysent dans une perspective anthropologique : penser que la société traditionnelle africaine disposait des normes de culture juridique et sociale et des acteurs présupposés, permettant de résoudre les conflits pacifiquement au sein du groupe ou de la tribu. Il s'agit là du pluralisme des normes et d'ordre juridictionnel dans un espace issu de la pluralité de cultures et d'ethnies avec des interactions fondamentales.

366. L'histoire de la République islamique de Mauritanie est une histoire d'invasions, de sédentarisme et de nomadisme. Jadis, les populations mauritaniennes étaient à la fois sédentaires et nomades. Malgré les différentes réformes judiciaires successives, les structures fondamentales juridictionnelles de la société traditionnelle mauritanienne sont toujours pour l'essentiel ce qu'elles étaient il y a des siècles[527] ; même s'il existe une nette évolution au niveau de la justice, les interactions entre les membres des communautés et des groupes qui partagent le seul et unique espace restent toujours d'actualité (la justice négociée). Cette situation s'explique par le fait que l'individu dans la société tribale mauritanienne ne peut pas sortir de son clan ou du groupe social auquel il appartient par sa naissance[528]. Ce tribalisme ou multiculturalisme à la mauritanienne est un outil nécessaire de coopérer et de gérer les conflits ensemble pour la survie du groupe afin de pouvoir trouver une entente, qui sera synonyme de la paix dans une société traditionnelle islamisée comme celle de la Mauritanie. C'est dans cette perspective de coopération qu'Arend LIJPHART écrit que « *lorsqu'une société comporte au moins trois à quatre groupes, il devient plus aisé d'envisager la coopération et la coalition* »[529]. Ainsi, la société mauritanienne remplit cette condition de coopération entre les communautés, parce qu'elle est composée des quatre ethnies reconnues par la Constitution du 20 juillet 1991. Cette diversité ethnique doit être source de compromis et de consensus afin de pouvoir régler les querelles internes et les contestations pacifiquement pour la sauvegarde de l'unité nationale tant ébranlée par les évènements du passé, qui continuent toujours de hanter les esprits.

367. Sans doute, les communautés qui composent la RIM entretinrent jadis de très bonnes relations, concluant jusqu'à des alliances stratégiques en temps de guerre[530]. Dans ce contexte, les conflits quel que soit leur degré de gravité ont toujours été réglés pacifiquement devant la tribu, la communauté ou le clan. Ce modèle de résolution des conflits est l'essence même de la société multiethnique mauritanienne. Le conflit pour Norbert ROULAND est une des formes d'emploi de la violence comme mode de résolution des litiges. Or, « *la violence intervient souvent pour résoudre des conflits internes à une société, si bien qu'on est en droit de se demander si le conflit n'est pas consubstantiel à la vie sociale* »[531]. D'une manière générale, les expériences de résolution pacifique des conflits des sociétés africaines sont différentes de celles des sociétés occidentales. Les études historiques et anthropologiques témoignent[532] que la société mauritanienne est tribale et hiérarchisée avec une spécialisation des tâches. Il s'agit là d'une forme d'organisation sociale de type clanique et tribale, qui conditionne d'une part, les comportements politiques des uns vers les autres, et d'autre part, elle permet de rendre facile la gestion des conflits intergroupes et extra-groupes. Dans ce sens, il est important d'étudier la sauvegarde des valeurs de fraternité et de solidarité nous permettant de dénouer les conflits pacifiquement (A). Ainsi, le maintien de la paix et de la cohésion sociale passe strictement par la tribu pour une meilleure gestion pacificatrice des conflits entre les Mauritaniens (B).

A- La sauvegarde des valeurs de fraternité et de solidarité comme source de MARC

368. Dans la société tribale mauritanienne, l'individu s'identifie au groupe familial, tribal ou clanique auquel il appartient de par sa naissance et sa structure sociale. L'organisation sociale de la société mauritanienne est basée sur les valeurs primaires de la vie sociale. En effet, le droit dans les sociétés africaines communautaires en particulier celle de la RIM est considéré comme « *un fait extérieur qui symbolise le pouvoir politique et la solidarité sociale* »[533], même si, parfois, la norme juridique est en décalage avec les valeurs de solidarité et de fraternité. Ce qui explique que la notion du droit d'inspiration occidentale est un élément étranger pour les sociétés africaines coutumières. Ainsi, à en croire le sociologue français Émile Durkheim qui pense donc être certain de trouver dans le droit toutes les variétés essentielles africaines (fraternité, entraide, solidarité sociale...)[534], qui permettent de réguler les comportements et les contestations des hommes vivant en société communautaire comme celle de la Mauritanie. Ce mode de régulation sociale, on le retrouve ailleurs chez d'autres sociétés européennes comme, par exemple, la société islandaise médiévale. Comme le montre Gilduin DAVY, « *en Islande médiévale le mode de régulation qu'est le* sjàlfdoemi *[...], une sorte de morale juridique, un ensemble des valeurs primaires sociales qui configurent une éthique sociale* »[535]. Ces valeurs de solidarité, d'entraide et de fraternité assurent l'harmonie, l'équilibre social et l'ordre depuis fort longtemps mais aussi permettent de régler les conflits dans la société mauritanienne.

369. C'est sans doute que les conflits sont intrinsèques à la vie des hommes vivant en société. À cet égard, il faut souligner que certains conflits trouvent leur solution en droit, et d'autres relèvent du processus « *de la résolution amiable comme, par exemple, la négociation, la conciliation et la médiation* »[536]. Ainsi, la période dans laquelle nous vivons, la période postmoderne est favorable à la justice négociée. C'est dans ce sens qu'on assiste une véritable promotion des modes alternatifs de règlement des conflits partout dans le monde, aux États-Unis, en Europe et en Afrique, particulièrement en République islamique de Mauritanie. Les autorités mauritaniennes sont favorables au retour de la justice négociée dans le système juridictionnel mauritanien avec des outils modernes et aux exigences liées au respect de droits fondamentaux des citoyens. Car le procès est apparu selon Emmanuel JEULAND « *pour remplacer les vengeances privées et constituer des rapports de droit dans des groupes humains larges. Le litige interne à un groupe était réglé par les autorités de ce groupe (comme on règle aujourd'hui un litige à l'intérieur d'une famille)* »[537]. Ce fut le cas de la société mauritanienne, où les conflits étaient réglés à l'amiable par les institutions sociales tribales et claniques.

370. Ainsi, selon les sociologues[538], la société est un espace à plusieurs dimensions au sein duquel se positionnent des groupes, des clans et des tribus, où les conflits se règlent à l'intérieur du groupe par les membres du même groupe ou clan. Comme la société mauritanienne qui est composée des tribus, des ethnies et des clans, les contestations qui naissent sont réglées à l'intérieur du groupe par les instances sociales prédisposées (chefs de tribu, du clan, de famille, du village, les imams, entre autres). Dans ces sociétés communautaires, le chef, selon Maurice KAMTO, « *est le détenteur réel du pouvoir à l'intérieur de son groupe, et le représentant de celui-ci par rapport aux autres groupes* »[539]. Le chef vise à assurer l'harmonie et l'équilibre entre le groupe et l'individu. L'individu n'existe pas en tant que tel, par opposition au modèle occidental individualiste, qui valorise l'individu par rapport au groupe. C'est le groupe qui prime sur l'individu dans la société mauritanienne, qui est le symbole de paix, de solidarité et de fraternité mutuelles comme le mariage l'était autrefois.

371. Les mariages dans la société tribale mauritanienne sont tendanciellement endogames. Cela permet de faciliter le règlement des conflits solidairement mais aussi de préserver leur « capital d'honneur et leur rang »[540]. Dans ce contexte de mariages endogamiques dans la société tribale mauritanienne d'une part, permettant de sauvegarder la fraternité et la solidarité, qui sont une arme pour la paix et d'autre part, ce phénomène privilégie le dialogue et le compromis en matière de règlement des conflits. Il s'agit là d'un système de régulation sociale fondé sur des valeurs humanistes et primaires (l'amitié, la fraternité, l'hospitalité, respect et la solidarité). Ces valeurs sociétales ont pour fonctions principales à la fois de conserver l'équilibre social, la paix et l'harmonie dans le groupe mais aussi d'instaurer un système de régulation sociale qui veille à la réparation du tissu social lorsque celui-ci est menacé par des contestations et des conflits à l'intérieur du groupe social.

372. En effet, il est important de souligner que le mariage entre les membres de la communauté ou entre communautés constitue une source de solidarité et de fraternité permettant de dénouer les conflits pacifiquement et rapidement. Dans ce sens, le règlement amiable des conflits en Mauritanie emprunte beaucoup au modèle traditionnel des ancêtres, c'est-à-dire qu'à chaque niveau de la procédure, on fait recours aux valeurs ancestrales humanistes et aux institutions sociales (famille, fraternité, solidarité, respect, etc.). Ces valeurs ancestrales et ces institutions traditionnelles sont les piliers très importants pour le vivre-ensemble et le rétablissement du lien social. Elles restent le fondement socioculturel de la société mauritanienne. Pour certains, ces valeurs de fraternité et de solidarité constituent un code moral et culturel à respecter et créent un lien social solide, qui permet de faciliter non seulement le vivre-ensemble mais également de résoudre les conflits facilement car le droit n'est plus le seul régulateur social aux yeux des populations autochtones. Comme le montre le sociologue Émile DURKHEIM, « *le droit ne fixe pas tout le social et tout le social organisé ne l'est pas juridiquement. Les relations sociales peuvent se fixer sans prendre pour cela une forme juridique [...] ; mais, au lieu d'être réglées par le droit, elles ne le sont que par les mœurs* »[541]. Ainsi, la solidarité et la fraternité constituent les valeurs les plus essentielles pour la République islamique Mauritanie permettant de dénouer les conflits pacifiquement car les populations sont liées les uns aux autres par les mariages endogamiques, les liens sociaux et par les alliances coutumières. Cette solidarité fraternelle ne se limite pas seulement dans les courts instants de la vie. Elle va au-delà même des valeurs conjugales[542]. La principale inquiétude des représentants communautaires (chefs, religieux...) était en effet de préserver cette chaine de fraternité et de rassurer les populations[543], pour la sauvegarde du lien social de telle manière qu'il puisse être l'expression de la liberté générale et de la reconnaissance solidaire[544] pour toute la communauté.

B- La *qabila* (tribu), moyen pacifique de règlement des conflits

373. La République islamique de Mauritanie est une société tribale créée de toutes pièces par les colonisateurs afin de servir un État tampon entre l'Afrique du Nord et l'Afrique de l'Ouest. L'élément tribal a été renforcé par les colons lors de la colonisation afin de pouvoir asseoir leur domination sur l'ensemble du territoire mauritanien. Ainsi, parler de tribu et de tribalisme en Mauritanie, cela revient à créer des tensions et de frustrations, car le mot est tabou pour les Mauritaniens. Cette institution sociale qu'est la tribu, est l'un des éléments constitutifs de la société mauritanienne, qui est aujourd'hui considérée comme la source de tous les maux en République islamique de Mauritanie pour les observateurs nationaux et internationaux. La tribu se définit selon Leonardo MATATA-TALA, comme « *un groupe social et politique formé d'hommes et de femmes qui fondent leur solidarité sur une parenté ethnique* »[545]. La tribu tient encore une place très importante dans les sociétés contemporaines africaines[546], en particulier dans la société mauritanienne. La notion de « tribu » est introduite dans le champ scientifique par les historiens et les anthropologues et qui constitue aujourd'hui, en Mauritanie comme une valeur de fraternité et de solidarité, voire un outil de gestion des conflits au détriment de l'État. En d'autres termes, l'État ne joue plus ses responsabilités régaliennes. Il les délègue aux tribus. Le tribalisme triomphe sur l'individualisme dans la société mauritanienne. Dans ce contexte-là, la tribu se présente en République islamique de Mauritanie comme une entité unie par un nom et un prénom[547], mais aussi elle constitue comme une entreprise sociale, politique et économique permettant de service toutes les composantes de celle-ci.

374. À en croire l'anthropologue mauritanien, Abdel Wedoud Ould CHEIKH, « *la tribu désigne deux domaines de faits différents mais liés : d'une part, presque tous s'en servent pour distinguer un type de société parmi d'autres, un mode d'organisation sociale spécifique [...]. D'autre part, la tribu sert à désigner un stade d'évolution de la société humaine* »[548]. Ainsi, les pratiques et les comportements des Mauritaniens mettent l'accent dans la définition de la *qabila*[549] (tribu), comme une relation de fraternité, de solidarité et de protection entre les membres de cette entreprise politique, sociale, économique et judiciaire unie depuis leurs ancêtres antiques. Le recours à la tribu comme moyen de régler les conflits est un phénomène très ancien en Mauritanie. Comme le souligne le chef d'un village soninké lors de notre entretien avec lui : « *Les parties font recours d'abord aux institutions internes, puis au chef de tribu ou de communauté pour régler* *leur conflit. Ainsi, en cas d'échec le conflit arrive chez le chef de village* »[550]. Le terme « tribu » dans la pensée africaine désigne une entité politique et sociale avec des caractéristiques sociales, économiques et culturelles immuables assurant les réflexions sur les relations sociales[551], et les modalités de résolution des conflits au sein de cette entité dite sociale et politique. Dans ce sens, la tribu est considérée comme un mode de régulation sociale des conflits, une autre forme de justice informelle.

375. Hier comme aujourd'hui, dans les sociétés traditionnelles africaines, la justice résulte d'un ensemble des règles coutumières et tribales permettant de résoudre les litiges à temps afin de pouvoir préserver l'harmonie et l'équilibre social. Cette forme de justice autochtone ou informelle mobilise toute la communauté plutôt que les individus. Le règlement pacifique des conflits par la tribu est une tradition ancestrale liée à la structure même de la société mauritanienne coutumière. Les tribus en République islamique de Mauritanie ont gardé cette tradition de justice informelle afin de pouvoir sauvegarder l'unité et le lien social. C'est dans cette perspective de l'unité et de lien social qu'Abdel Wedoud Ould CHEIKH, écrit que : « *La tribu est une entité morale, une personnalité juridique et une structure économique. Elle assure, la protection de ses membres face aux autres tribus et elle participe aussi efficacement au règlement pacifique des conflits. La tribu doit réparer également collectivement les dommages graves, notamment les meurtres, commis à l'extérieur par ces mêmes ressortissants* »[552]. Il s'agit là d'une entité sociale collective avec toutes les caractéristiques liées à la fraternité, à la solidarité dans la vie tout court mais également dans la gestion des conflits. C'est une belle solidarité qui s'exerce entre tous les membres de la tribu, qui permet à cette institution tribale de trouver des voies conciliatoires en cas des conflits.

376. À cet effet, l'organisation tribale en Mauritanie repose avant tout sur le lien de parenté et l'unité du groupe. La parenté joue en effet un rôle très important dans la gestion pacifique des litiges car son importance se situe à deux aspects : « *Elle situe l'individu dans la société politique d'une part, et elle assure également la cohésion du groupe d'autre part* »[553]. Ainsi, la tribu (Nuer) du Soudan et celle du Tanzanie (Rwa), les conflits se règlent de la même manière que celle de la société tribale mauritanienne c'est-à-dire à l'intérieur de la tribu et par les membres de la tribu. Par exemple, chez les Rwa du Tanzanie, « *le règlement des conflits ne mobilise pas seulement les individus mais tous les groupes d'appartenance* »[554]. Ainsi, le mécanisme de règlement des conflits par la tribu en Mauritanie est proche de celui de la conciliation qui se développe aujourd'hui, au sein de la sphère judiciaire étatique. Nous retrouvons le même mécanisme amiable de règlement des litiges chez les tribus « Ibo » et « Kamba » du Nigeria.

377. La tribu constitue une identité sociale et culturelle pour la société mauritanienne. Celle-ci se confond avec l'identité nationale et politique du pays. Les effets du tribalisme sur l'ordre social, politique et judiciaire n'ont pas disparu jusqu'à nos jours même avec l'installation d'un pouvoir politique centralisé car les autorités politiques se servent du fait tribal à de fins politiques et judiciaires. Il faut tout de même noter que le colonisateur a beaucoup renforcé le phénomène du tribalisme en Mauritanie afin de pouvoir consolider sa domination : « *Le fait tribalisme a joué un rôle décisif même pendant la conquête de la Mauritanie, car le colonisateur a collaboré et maintenu le tribalisme pour assoir sa domination. Le tribalisme, même s'il est une des caractéristiques de la société traditionnelle mauritanienne, a été soutenu et renforcé par le colonisateur* »[555]. En ce sens que la RIM a certainement de graves difficultés à rompre avec les structures tribales car celles-ci jouent un rôle social et juridictionnel très important dans l'organisation de la société mauritanienne d'hier comme aujourd'hui. Ainsi, l'islam a aussi pris une part importante dans le règlement amiable des conflits entre les Mauritaniens.

§2- L'influence de l'islam[556] dans le règlement amiable des conflits

378. Le droit est un phénomène social qui découle des cultures différentes selon les sociétés et les époques. Le droit dans la société mauritanienne est issu de la culture musulmane. L'islam est l'une des références normatives en République islamique de Mauritanie, car il constitue pour les populations à la fois une civilisation nationale et une identité culturelle assumée.

379. La culture islamique imprègne chaque Mauritanien tout au long de sa vie dès sa naissance jusqu'à sa mort. Les principes généraux liés à l'éducation, à la paix, à la tolérance, à la cohésion sociale et le vivre-ensemble relèvent directement du Coran et de la sunna. C'est en ce sens que la République islamique de Mauritanie est un pays qui affiche de manière identitaire et culturelle son appartenance aux préceptes religieux et à la charia islamique. Sa population est à cent pour cent musulmane et de religion musulmane. Cette revendication de l'État est sans équivoque de l'identité culturelle et juridique de l'islam qui suscite un intérêt incontestable lié à l'origine géographique et historique du pays. Les objectifs du débat des années 58 à 60 sur la construction de l'État mauritanien ont créé deux pôles : l'islamisation du pays pour certains avait pour but de fixer des frontières entre le religieux et le politique tandis que pour d'autres, il s'agit de réaffirmer les inévitables interférences des deux sphères sociales (politique et religion)[557].

380. En effet, à l'époque des indépendances des États dans l'Afrique occidentale française en particulier la République islamique de Mauritanie, les dirigeants politiques avaient choisi une « *République islamique* », contrairement aux États voisins (le Sénégal et le Mali, qui ont choisi de laïciser leur État) de la Mauritanie afin de pouvoir rester en cohérence avec la tradition et la culture musulmanes dont les populations les réclament depuis le départ des Almoravides comme une identité culturelle. Le père de la nation mauritanienne, Moktar Ould Daddah et ses proches conseillers « *voulaient tout juste mettre l'accent, par l'appellation ainsi retenue, sur ce qui leur apparaissait à l'époque comme l'élément fondamental – peut-être même le seul – d'unité des populations mauritaniennes* »[558]. C'est dans ce contexte qu'une République islamique a été proclamée le 28 novembre 1960 dans le cadre d'une indépendance négociée dans le souci de trouver un terrain d'entente entre les partisans de l'arabité et ceux de l'africanité. Ce qui fait aujourd'hui l'unité de la société mauritanienne et qui réunit les Mauritaniens autour d'un objectif commun, qui est l'islam. Celui-ci s'efforce de transformer les conflits intercommunautaires en paix sociale. C'est dans ce contexte de paix sociale que l'islam est mentionné dans toutes les Constitutions mauritaniennes comme source de droit.

381. Ainsi, aux termes de l'article 2 de la Constitution du 22 mars 1959, la religion du peuple mauritanien est la religion musulmane, tout en précisant que la République garantit à chacun la liberté de conscience et le droit de pratiquer sa religion sous les réserves imposées par la moralité et l'ordre public. Ensuite, le préambule de la Constitution du 20 juillet 1991 a fait une profession de foi en la « *Toute-Puissance d'ALLAH* », et revendique avec force les valeurs islamiques du peuple mauritanien avant de proclamer l'attachement de celui-ci à l'islam lequel constitue selon une formule du même préambule la seule source de droit[559]. En plus de ces mentions inaugurales, plusieurs dispositions constitutionnelles font référence explicitement à l'islam[560]. Ainsi, la dernière réforme judiciaire issue de l'ordonnance n° 2007-012 du 8 février 2007 portant l'organisation judiciaire, prévoit dans son article premier : « *la justice est rendue au nom d'Allah le Très-Haut, le Tout-Puissant* ». Ce texte juridique confirme la place qu'occupe l'islam dans la sphère juridique mais aussi dans la résolution des conflits en Mauritanie.

381. L'islam des rites malikites a codifié la vie de tous les Mauritaniens. Il est l'identité partagée entre toutes les communautés mauritaniennes. En d'autres termes, c'est le dénominateur commun le plus partagé, qui constitue une source indispensable pour la paix et pour la réconciliation. Ainsi, le droit musulman a énoncé des règles prévoyant différents modes de résolution des conflits issus de la sunna, du Prophète Mahomet et du Coran : l'arbitrage « *tahkim* », de la conciliation « *solh* » et de la médiation « *wassata* ». Le fondement religieux des modes amiables de règlement des conflits en Mauritanie se traduit par la mise en place des tribunaux de moughataa ou tribunaux de conciliation (A) et les autres instances religieuses (B).

A- Les tribunaux de moughataa ou tribunaux de conciliation

382. Les tribunaux civils appelés autrefois tribunaux départementaux, sont des juridictions cadiales ou conciliatoires près de la population mauritanienne avec les cadis comme magistrats. Ces tribunaux départementaux ont été institués en Mauritanie par l'ordonnance du 23 juin 1983 avant de devenir les tribunaux de *moughataa* par l'organisation judiciaire issue de la loi n° 93 010 1993. Il s'agit d'un simple changement de nom car « *moughataa, mot arabe, signifie tout simplement département* »[561]. Historiquement, les tribunaux de *moughataa* ont succédé aux tribunaux départementaux dont la création avait été l'œuvre de l'ordonnance n° 83-144 du 23 juin 1983 portant réforme judiciaire, qui avaient succédé eux-mêmes aux tribunaux du cadi prévus par les lois n° 61-123 et 65-123, portant réforme de la justice après les indépendances[562]. La réforme judiciaire issue de l'ordonnance du 8 février 2007 les a maintenus en leur donnant le caractère conciliatoire. À cet effet, les tribunaux de *moughataa* constituent aujourd'hui en Mauritanie des juridictions de droit commun, et présentent le maillon le plus important pour le système judiciaire actuel. Le tribunal de la *moughataa* présente la particularité d'ignorer la collégialité dans sa formation. Aujourd'hui, en Mauritanie, il existe 53 tribunaux de *moughataa* ou tribunaux de conciliation qui sont institués au chef-lieu de chaque *moughataa,* excepté les *moughataa* centrales des wilayas. Ils ont leurs sièges aux chefs-lieux des circonscriptions administratives.

383. L'ordonnance n° 2007-012 du 8 février 2007 portant l'organisation judiciaire confirme le pouvoir de conciliation des tribunaux de *moughataa.* Comme les anciens tribunaux des cadis, les tribunaux de *moughataa*, ou tribunaux de conciliation sont les plus proches de la population autochtone et locale. Leur importance provient de la compétence générale, en matière civile et commerciale et de leur proximité avec les populations locales autochtones. La création de ces juridictions de conciliation vise à maintenir une justice de paix là où jadis les justiciables ont pris l'habitude de trouver un tribunal local de paix (le cadi). Le tribunal de *moughataa* se compose d'un juge unique qui porte le titre de président du tribunal de la *moughataa*. Dans le cadre de son pouvoir de conciliation, le président du tribunal de la *moughataa* peut valider le règlement amiable des conflits relevant de la compétence du tribunal réalisé par le *Mouslih* (conciliateur) en dehors de toute procédure judiciaire[563]. Le président est le cadi ayant obtenu des diplômes en droit musulman en Mauritanie ou d'ailleurs (Égypte, Maroc, Tunisie…). Le ministère public près de ces tribunaux est représenté par le procureur de la République ou par l'un de ses substituts ou encore par un officier de police judiciaire délégué à cet effet. Le greffe du tribunal est tenu par un greffier en chef ou un greffier, assistés des secrétaires de greffes et parquets.

384. Ces tribunaux ont une compétence générale en matière civile, commerciale et pénale. Ainsi, les dispositions de l'article 54 de l'ordonnance du 8 février 2007 prévoient que « *le tribunal de moughataa statue sur les affaires civiles et commerciales qui ne sont pas de la compétence du tribunal de la wilaya. En matière pénale, le tribunal de moughataa connaît des contraventions de simple police* ». Le tribunal de *moughataa* a une vocation à traiter tout litige qui ne relève pas de la compétence du tribunal de wilaya. Les compétences du président du tribunal sont surtout orientées vers le statut personnel, les régimes matrimoniaux, les droits parentaux et le divorce, qui relèvent du domaine du Code de statut personnel en Mauritanie, c'est-à-dire le droit musulman. C'est dans cette optique que le président du tribunal est un magistrat de droit musulman issu d'une formation islamique. En cas d'absence ou d'empêchement provisoire, le président du tribunal est remplacé par le président du tribunal de *moughataa* voisin ou un magistrat du tribunal de la wilaya sur ordonnance du président de la Cour d'appel territorialement compétente[564]. Ces juridictions de première instance jouent un rôle de justice à tendance conciliatrice auprès des populations locales. Ils instruisent selon le ministère de la Justice, un volume conséquent d'affaires qui varie selon les *moughataa*[565]. Le président du tribunal de *moughataa* a une mission de conciliation dans le cadre de la compétence de sa juridiction. La tentative de conciliation est toujours facultative devant le tribunal de *moughataa*. Néanmoins, le juge peut toujours renvoyer les parties en conciliation s'il n'y a déjà procédé, de même qu'il peut toujours tenter de les concilier lui-même. Lorsque la conciliation ne marche pas, le juge statue et rend une décision.

385. Il faut remarquer que la Mauritanie n'est pas le seul pays africain avoir disposé des tribunaux de conciliation de ce type. Au Dahomey, l'actuel Bénin et au Ghana disposent aussi des tribunaux de conciliation, qui sont proches de la population. Au Bénin, ces juridictions de paix sont compétentes pour recevoir et instruire toute requête relevant de l'état de personnes et des petits litiges[566]. Elles jouent une fonction conciliatoire, et sont contrôlées par le président du tribunal de 1re instance et le procureur de la République. Par ailleurs, au Ghana, les tribunaux de conciliation forment les juridictions du droit commun dans le système judiciaire ghanéen, dont leur ancienneté remonte aux tribunaux des commissaires créés par la loi sur la magistrature de 1873-1875[567]. Aujourd'hui, ces instances judiciaires sont appelées les tribunaux communautaires (*community tribunals*), et les autorités ont incorporé au sein de ces tribunaux de paix des « *assesseurs communautaires* » non juristes, siégeant aux côtés des juges uniques, et aident les parties en conflit à trouver une solution négociée pour préserver la paix et l'harmonie au sein de la communauté[568]. En Mauritanie, à l'exception de cette justice de proximité, les parties peuvent faire aussi appel aux autres instances religieuses reconnues officieusement par l'État et les populations.

B- Les autres instances religieuses de règlement amiable des conflits

386. L'islam constitue en Mauritanie depuis l'époque almoravide la principale norme de référence de toute la communauté nationale. Il est une identité culturelle dans l'espace mauritanien depuis fort longtemps. L'islam procède d'une révélation d'où cette conséquence qu'il n'est susceptible d'aucun perfectionnement[569], et on y trouve toutes les solutions juridiques et juridictionnelles à tout type de conflits. Pour cela, certains conflits en Mauritanie trouvent leur solution devant les instances religieuses officieuses.

387. En République islamique de Mauritanie, l'islam constitue en effet une référence indispensable pour la gestion pacifique des conflits entre les citoyens. À l'instar du tribunal de *moughataa* dirigé par le cadi (juge unique), il existe d'autres instances religieuses officieuses qui sont sollicitées par les populations autochtones pour régler leurs conflits à l'amiable : les chefs de confréries, les oulémas, les érudits, les imams, les marabouts, entre autres, qui participent à la gestion pacifique des conflits entre les populations mauritaniennes en ville comme dans les campagnes. Ces instances religieuses appelées autrefois les représentants ou hommes de Dieu sur Terre, qui représentent aux yeux des citoyens mauritaniens comme des hommes honnêtes et sincères avec la foi immense et intacte en Allah (Dieu) et disposant une connaissance parfaite des règles du droit musulman issu du Coran et de la charia, qui leur valent d'être pris pour arbitre, médiateur, conciliateur, voire juge dans des conflits civils, commerciaux et pénaux. Cela n'est pas nouveau en République islamique de Mauritanie, car avant la colonisation, la justice a toujours été administrée à la fois par les instances coutumières et religieuses. Force est de constater qu'il s'agit du retour en arrière par les populations autochtones, qui voient ces hommes de Dieu comme des magistrats indépendants et impartiaux dans l'exercice de leur mission, et qui ne reçoivent des ordres de nulle part contrairement aux magistrats institués par l'État, qui reçoivent des ordres venant de leurs supérieurs hiérarchiques. Ces instances religieuses valident les mariages, prêchent pour la paix sociale et règlent les conflits pour préserver l'équilibre social. Elles occupent une place très importante aux yeux de la population mauritanienne islamisée. Il est vrai de constater qu'entre l'émission d'un jugement étatique et le compromis venant d'un imam, les citoyens préfèrent le compromis plutôt que le jugement. Le compromis est l'une des missions principales de ces instances religieuses car le recours à l'amiable est prescrit par le Coran et la sunna. C'est dans ce sens que la solution consensuelle est plus appropriée (*awlà*) et mieux adaptée (*aslah*) aux besoins des croyants musulmans pour préserver la paix[570].

388. Les religieux sont des hommes honorables plus proches de la population selon les sentiments des populations puisqu'ils connaissent la difficulté quotidienne et la vie sociale et économique de ces populations autochtones. Ils disposent également d'un esprit très fin et très ouvert. Ils s'intéressent aussi à tout : des questions relatives à l'organisation sociale et économique, voire politique et administrative. Ils dirigent leurs confréries et sont enseignants des disciples de haut niveau venant de toute la sous-région (Sénégal, Mali, Niger, Guinée…). D'autres, comme les imams, dirigent les prières quotidiennes ; d'autres encore comme les érudits et oulémas sont membres du Haut Conseil de la Fatwa et des Recours Gracieux (instance de médiation) qui a remplacé le Médiateur de la République. L'enjeu précis pour ces instances religieuses est la préservation de la paix et le rétablissement du lien social au sein de la communauté nationale car le conflit met toujours en péril la cohésion sociale et l'unité nationale. À ce titre, aider les croyants à trouver un compromis ou une solution négociée dans un conflit est un acte pieux (*tàa*) pour tout musulman pour lequel la récompense est énorme selon les prescriptions coraniques et prophétiques.

389. La Mauritanie ne fait pas l'exception à ce modèle de règlement amiable des conflits par les religieux. Aux États-Unis, la résolution des conflits par les religieux est très fréquente. C'est le cas de la ville géorgienne de Hopewell, qui à cet égard constitue un exemple typique :

« *Hopewell comporte une forte minorité religieuse de culte réformé baptisée, socialement structurée selon les normes de son dogme. Les relations conflictuelles y sont socialement fustigées parce que religieusement condamnables […]. La problématique d'une résolution des conflits en devient fortement relativisée. Hopewell est un havre de paix et d'harmonie. Le groupe est, à l'instar de tout groupe, traversé de tensions et de griefs […]. Taire sa revendication, refréner ses rancœurs, cantonner l'expression de ses intérêts est à Hopewell le juste moyen de gagner son salut personnel, tout en protégeant l'entente souveraine de la communauté croyante. La capacité de chacun de transcender le conflit est le moyen d'affirmer sa force morale et sa maturité spirituelle* »[571]. Ce fut également le cas aussi dans l'Empire romain du (IIe-IVe) comme le souligne Soazick KERNEIS : « *Les prières judiciaires laissent apparaître des variantes dans l'intervention des dieux. Du point de vue des requérants, elles sont de véritables justices alternatives parce qu'elles s'adressent au Dieu pour satisfaire de façon en partie fantasmatique leurs revendications les plus profondes. Le grand nombre de prières judiciaires témoigne du succès de la justice divine auprès des provinciaux. Le sanctuaire semble bien avoir été le lieu d'une justice alternative à celle des tribunaux* »[572].

390. Il faut remarquer en effet qu'avant l'arrivée des colons en Afrique, les sociétés précoloniales africaines font recours à des ordalies appropriées pour régler les litiges au-delà de la justice coutumière et religieuse. L'ordalie selon Raymond VERDIER, « *revêt alors une forme culturelle originale et devient un mode ordinaire de résolution des conflits, au-delà du champ de la procédure : c'est le jugement de Dieu* »[573]. En ce qui concerne la Mauritanie, il s'agit de prestation de serment sur le Coran en présence des religieux. Afin d'illustrer la justice informelle dans la société traditionnelle mauritanienne, nous prendrons l'exemple de l'une de plus grandes communautés mauritaniennes. Il s'agit de la communauté ou société soninké, qui depuis l'empire de *Wagadou*, privilégie toujours la justice négociée plutôt qu'imposée.

Section II – Le règlement amiable des conflits dans la communauté soninké[574]

« Kâa gûndô, â sâaféné Kâa nôkhô-gnâa »[575]

Proverbe soninké

391. La société mauritanienne est une société multiethnique et multiculturelle. La Constitution du 20 juillet 1991 prévoit quatre différentes ethnies : ethnie maure (composée d'Arabo-Berbères et des Haratines), ethnie peuhl ou poular, ethnie wolof et ethnie soninké. Cela est l'effet de la colonisation. Car les colonisateurs ont soudainement réuni ces différentes ethnies qui n'ont rien en commun au départ en termes de cultures, de langues et de traditions dans un territoire à la limite d'un État naissant : la République islamique de Mauritanie. Ainsi, la communauté soninké est l'une des plus anciennes communautés de la Mauritanie issue de l'empire de *Wagadou* appelé autrefois par les Arabes l'empire du *Ghana*. En ce sens qu'il est très important d'étudier les modes amiables de règlement des conflits au sein de cette grande civilisation soninké à partir du XIe siècle (date à laquelle les Almoravides sont arrivés en Mauritanie) jusqu'à nos jours.

392. Soninké, Sarakolé ou Marka désigne la seule et unique communauté. Cette communauté se constituait au temps de l'empire du Ghana, l'une des plus grandes importantes diasporas marchandes de l'Afrique de l'Ouest, à cheval entre le Sénégal, la Mauritanie, la Côte d'Ivoire, la Guinée et le Mali[576]. Les normes régissant les rapports sociaux et juridiques sont élaborées et fixées par les membres de la communauté eux-mêmes afin d'assurer leur propre organisation juridictionnelle, sociale, économique et politique. La société soninké est une société communautaire stratifiée qui existe bien avant même la découverte de la République islamique de Mauritanie par les premiers explorateurs européens sous le nom de l'« *empire du Ghana* » ou l'« *empire de Wagadou* ». Cet empire fut l'un des plus grands empires soudanais ouest-africains. Comme le montre François MANCHUELLE, « *le premier des grands royaumes médiévaux du Soudan occidental connu des historiens était le royaume soninké, nommé*

Ghana par les voyageurs arabes et Wagadou, par les commerçants soninkés »[577]. Les Sarakolés habitent depuis près d'un millénaire dans cette partie du monde africain que nous appelons ici la zone de trois frontières : Sénégal, Mali et la Mauritanie. Ainsi, avec l'avènement des États contemporains, le peuple soninké s'étend presque dans toute l'Afrique de l'Ouest.

393. Aujourd'hui, l'étude objective de l'organisation des sociétés traditionnelles africaines et leur mode de résolution des conflits découlent essentiellement des dialogues, de compromis, de négociations et de paix[578]. La résolution des conflits par la négociation est une pratique très ancienne dans les communautés africaines de même origine ethnique partageant les mêmes coutumes, cultures et traditions. Ce fut le cas de la communauté soninké en Mauritanie, vivant dans la même zone géographique au sud de la Mauritanie, dans les régions de Guidimakha et Gorgol, au bord du fleuve Sénégal. Cette communauté partage la même histoire, la même langue, les mêmes coutumes et la même religion : les Soninkés étaient des animistes au temps de l'empire du Ghana, aujourd'hui, ils sont musulmans car leurs ancêtres se sont convertis à la religion du Prophète Mahomet (l'islam) depuis l'arrivée des Almoravides dans cette zone dite trois frontières (Mauritanie, Mali et Sénégal).

394. Fondateurs du célèbre empire du Ghana, les Soninkés règlent leurs conflits entre eux et devant leurs institutions sociales communautaires connues et respectées par tous. La justice à l'amiable était le seul mode de régulation sociale des conflits et des contestations depuis le VIe siècle jusqu'à aujourd'hui, permettant de préserver la paix, l'équilibre social et le vivre-ensemble au sein du groupe. Cette culture juridictionnelle pacificatrice met l'accent sur la paix et tend à rétablir l'ordre dans le groupe de façon durable. C'est dans cette optique que nous nous intéresserons sur l'origine de la société soninké (§ 1) afin de mieux comprendre son organisation juridictionnelle, qui se définit comme un modèle de règlement pacifique des conflits (§ 2).

§1- Brèves origines de la communauté soninké

395. L'histoire de l'empire soninké n'est pas une histoire écrite comme toutes les grandes histoires de sociétés médiévales. Elle reste incontestablement une histoire orale dont la transmission se fait de père en fils, ou d'une génération à une autre ou encore des grands-parents aux petits-enfants, ou encore par le biais des hommes de castes. Les narrateurs de cette transmission collective et individuelle sont les hommes de castes (les griots, les forgerons, entre autres). Historiquement, les Soninkés viennent tous de l'empire du Ghana, qui a été fondé par *Dinga*, un ancêtre mythique des Soninkés. Le terme Ghana ne fait partie du « *lexique historique d'aucun des parlers en usage actuellement dans l'espace mauritanien. Ce sont les* *chroniqueurs arabes qui l'ont imposé. La mytho-histoire orale des populations soninkés évoque un ancien royaume – Wagadou – et sa capitale – Kumbi – qui aurait été le siège initial de la communauté soninké avant sa dispersion* »[579]. Sans doute l'empire soninké était l'un des plus grands empires les plus puissants économiquement et politiquement en Afrique de l'Ouest. Il est fondé sur les richesses naturelles en particulier or et argent. Les Soninkés sont les plus grands commerçants, ils ont constitué un relais dans le commerce transsaharien entre l'Afrique noire et le Maghreb pendant la période précoloniale. Cela a permis aux commerçants soninkés d'entretenir des relations commerciales, spirituelles et intellectuelles avec l'Afrique du Nord en particulier avec les commerçants arabes. Dès l'époque médiévale, les échanges ou les trocs se font entre les soninkés commerçants et les Arabes nomades éleveurs dans cette zone soudanaise. Il s'agissait de l'or soninké échangé contre le sel arabe[580].

396. Désigné par ses habitants sous le nom de *wagadou*[581], l'empire du Ghana fut le premier empire noir connu avec assez de précision dans le Soudan occidental. Il est la structure la plus ancienne connue par les historiens arabes et africains. « *L'empire du Ghana initie la période impériale de cette aire géographie au IIIe siècle, dans la suite de l'Égypte ancienne* »[582]. Plusieurs sources existent sur les origines de l'empire de *Wagadou :* La source légendaire selon laquelle l'empire du Ghana aurait été fondé vers le Ve siècle av. J.-C.[583], par un certain animiste du nom de *Yougo Khassé Dinga.* Il s'agit d'un ancêtre soninké venant de l'est de l'Afrique avant les indépendances. L'empereur fut sans doute Kaya Magan Cissé, le *Tounka* (roi) de l'or et de l'argent. Pour en ce qui concerne les sources orales, les hommes de castes de la société soninké, qui sont à la fois les détenteurs des histoires collectives et des sources orales sont tous d'accord à l'unanimité pour dire que les soninkés sont les descendants d'un ancêtre mythique commun appelé *Yougo Khassé Dinga.* Les sources médiévales écrites par les chroniqueurs arabes nomades soulignent que, « *le royaume Soninké aurait été fondé par les Soninkés, peuples animistes vivant à la limite du sud du Sahara* »[584]. Sans doute les sources médiévales sont des sources arabes qui sont parmi les plus importantes sources à retenir. Il faut préciser que le Ghana en tant qu'empire avait pour capitale *Koumbi-Saleh,* une ville historique de la Mauritanie, qui se situe aujourd'hui au sud-ouest de la Mauritanie plus précisément à Nema, non loin de la frontière malienne.

397. D'autres sources scientifiques[585] établissent une liaison entre l'Égypte antique et l'empire du Ghana. Pour l'historien sénégalais Cheikh Anta DIOP, l'ancienne civilisation égyptienne était une civilisation noire. À cet effet, « *les Soninkés, et bien d'autres ethnies africaines, sont originaires de la vallée du Nil. Les plus anciennes divinités de l'Égypte antique (l'Ibis, l'Oryx, le Faucon, le dieu Bès et le Sphix) sont toujours célébrées en Afrique de l'Ouest, notamment dans l'actuelle République du Mali où il existe des* *masques et des statuettes les représentant* »[586]. Par ailleurs, il est important de noter que les Soninkés sont un peuple conservateur. Ce peuple est longtemps oublié par les chercheurs ethnologues et anthropologues occidentalistes et africanistes. Selon les narrateurs soninkés, le royaume soninké est l'un des premiers empires dans le Soudan occidental, qui a connu un commencement glorieux de son histoire avec une très grande richesse naturelle particulièrement l'or et l'argent métallique.

398. La société soninké à l'instar des autres grandes sociétés africaines et occidentales qui ont traversé la longue histoire des hommes et qui ont leur mythe fondateur comme la Grèce antique, la Mésopotamie et l'Égypte ancienne a été aussi le légataire d'un certain héritage mythologique pour donner à son histoire un soubassement attractif[587]. Historiquement, les Soninkés étaient des animistes avant l'arrivée des Arabes. Comme dans la mythologie grecque, ils croyaient réellement aux forces visibles et invisibles. Ils avaient différents « totems » ou « dieux » à adorer avant leur conversion à l'islam vers le XXIe siècle. Comme le souligne l'historien arabe, Ibn Khalidoun, « *les Soninkés se sont convertis à l'islam après l'arrivée des Almoravides dans leur royaume, vers le Xe et XIe siècle. Le pillage de sa capitale Koumbi-Saleh par les Almoravides a mis fin en 1076 à cet épisode* »[588]. La fin de l'empire a obligé les Soninkés d'immigrer partout dans le monde, aux États-Unis, en Asie, en Europe, voire en Afrique centrale. Ainsi, il nous est apparu intéressant d'étudier son organisation sociale (A) et politique (B) afin de pouvoir mieux cerner son système de règlement des conflits.

A- L'organisation sociale de la société soninké

399. Selon Louis DUMONT « *l'anthropologie fait la preuve, par la compréhension qu'elle offre peu à peu des sociétés et cultures les plus différentes, de l'unité de l'humanité. L'anthropologie sociale ne présenterait qu'un intérêt spécial si les sociétés primitives ou archaïques, et les grandes civilisations étrangères, qu'elle étudie relevaient d'une humanité différente* »[589]. La civilisation soninké à l'instar des autres civilisations africaines s'organisait en un système de groupes, de clans et de communautés patrilinéaires qui prédominait au sein de chaque groupe, famille et clan mais aussi dans chaque village ou campagne. Les groupes patrilinéaires se sont constitués à partir de leurs ancêtres eux aussi patrilinéaires. C'est sans doute que la société soninké est une société à part entière avec une organisation très bonne à vivre de loin mais nauséabonde et mythique de très près. Ceci étant dit que cette société est fragmentée, stratifiée, castée et hiérarchisée avec une certaine ségrégation primaire. Les relations sociales sont conçues en termes de parenté de groupe et de clan. Chaque individu appartient à un groupe social bien déterminé dès sa naissance en fonction de son patronymique, de son rang social et de son ancêtre ascendant et mythique. L'unité du groupe repose à la fois sur les coutumes ancestrales et la solidarité collective. Comme le montre Séraphin NENE-BI, « *dans les sociétés communautaires, l'unité du groupe repose sur la conscience qu'ont les individus d'appartenir à une cellule ethnique caractérisée par un nom collectif, parlant un même dialecte, pratiquant la même coutume* »[590]. Pour bien maitriser la cohésion sociale et la dépendance des uns vis-à-vis des autres, le groupe se trouve dans l'obligation de mettre en place des mécanismes sociaux et politiques permettant de contrôler les interactions internes du groupe. La communauté soninké comme les autres communautés qui composent la société mauritanienne (Maure, Peulh et Wolof) repose sur un système social stratifié et casté. Cette stratification date depuis le temps de l'empire du Ghana, qui fait qu'aujourd'hui, on retrouve des différents segments à l'intérieur du même groupe social.

400. Cette organisation sociale est basée sur le lien du sang et la lignée ascendante qui découle d'un système hiérarchisé créant des relations de subordination, de clientélisme et de dépendance entre les groupes sociaux différenciés. Ce qui explique qu'aujourd'hui, les interactions sociales des uns et des autres constituent l'ossature de la communauté soninké. Nous limiterons notre analyse à la hiérarchie sociale et au système des castes en milieu soninké (1) avant d'aborder la question des alliances matrimoniales endogamiques (2).

1. Hiérarchie sociale et système des castes en milieu soninké

401. Le mot caste est d'origine espagnole et portugaise : « *casta* ». Le terme « caste » est proprement quelque chose de non mélangé, du latin « *castus, chaste* ». Le mot semble avoir été appliqué en Inde par les Portugais au milieu du XVe siècle. Le modèle théorique qui fait le plus autorité dans le débat sur les castes est celui de l'anthropologue Louis Dumont. Selon cet auteur, « *le système des castes divise l'ensemble de la société en un grand nombre de groupes héréditaires distingués et reliés par trois caractères : séparation en matière de mariage et de contact direct ou indirect (nourriture) ; division du travail, chacun de ces groupes ayant une profession traditionnelle ou théorique dont ses membres ne peuvent s'écarter que dans certaines limites ; hiérarchie enfin, qui ordonne les groupes en tant que relativement supérieurs et inférieurs les uns aux autres* »[591]. Il s'agit de la séparation des groupes en fonction de leurs critères socioprofessionnels. Dans ce genre d'organisations, sociales les castes forment un système de hiérarchies et de dominations avec une certaine mise en perspective de solidarité sociale, économique et politique afin de pouvoir maintenir le statu quo.

402. La société soninké est presque comme celle de l'Inde car elle est castée. Elle s'organise entre le « *pur et l'impur* » pour emprunter les termes de Louis Dumont, depuis l'empire du Ghana jusqu'à nos jours. Son organisation sociale peut s'analyser suivant deux lignes principales : d'une part une stratification sociale en castes définie par des critères socioprofessionnels et d'autre part, par un système formaté à base de parenté lié à la génétique c'est-à-dire de père en fils comme un droit de successions[592]. À l'instar des autres communautés de la Mauritanie, la communauté soninké se divise en petits groupes et des sous-groupes avec une spécialisation de chaque groupe dans un domaine précis. Chaque individu, de par sa naissance, est principalement rattaché à l'un de ces groupes sociaux statutaire[593]. En ce sens que dans le cas de la société soninké, on ne peut pas parler de mobilité à l'intérieur du système de caste car l'individu hérite son statut social et politique dès sa naissance. Ce statut reste inchangeable.

403. Le système des castes est inséré dans celui de l'esclavage en milieu soninké qui est antérieur au contact des soninkés avec le monde arabo-musulman entre le VIIe et les XIe siècles[594]. L'histoire et l'organisation des Soninkés comme le rappelle Djibril DIALLO « *constituent à l'époque des relations au pouvoir émanant d'une volonté commune, et constituaient par conséquent le soubassement d'une harmonie et d'une cohésion sociale* »[595]. Historiquement, la communauté soninké a séduit les autres communautés voisines de par son modèle d'organisation sociale, politique et juridictionnelle mais aussi à travers le consensus notamment autour de la charte sociale (*Ladaa*) signée et respectée par tous (les ancêtres) sur le respect de l'ordre social, la paix et l'harmonie entre ses membres. C'est dans ce contexte de paix et d'harmonie que les Soninkés se sont organisés en catégories hiérarchisées avec la division des tâches comme chez les Maures et chez les Peuhls de la Mauritanie. Ainsi, on peut schématiser la communauté soninké en trois principales classes : la classe des nobles (*horos*), qui est au sommet de la hiérarchie et détient en quelque sorte tous les pouvoirs (l'exécutif, le législatif et le judiciaire en quelque sorte) de la Cité depuis le royaume soninké jusqu'à nos jours selon la charte signée par les ancêtres. Ainsi, cette classe dite noblesse est composée des guerriers (*tunkani*), des chefs ou dirigeants (*maranoos)* et des marabouts (*modini*), côté des guerriers, il y a leurs compagnons et conseillers appelés (*Mangou*). Ensuite, viennent les hommes de castes ou les tributaires ou encore les artisans (*Niakhamalanou*). Ce sont les griots, les forgerons et les cordonniers qui sont les détenteurs de la mémoire collective et individuelle de la société soninké. Cette caste développe un certain talent dans l'artisanat et dans la musique. Jadis, les hommes de castes jouaient un rôle très important en matière de règlement des conflits en milieu soninké. Car ils étaient considérés comme des agents diplomatiques puisqu'ils ont le monopole du verbe et des codes culturels. Il faut noter qu'au-delà de leur rôle de régulation sociale des conflits, cette caste joue aussi un rôle subalterne et marginal en milieu soninké comme leur nom l'indique d'ailleurs. Enfin, au niveau le plus bas de la pyramide sociale soninké, on trouve les esclaves

(*Koomo*). Traditionnellement, les esclaves sont des serviteurs de leur maitre, et qui sont transmis par héritage comme des « biens meubles meublants »[596]. La société réserve une place négligeable aux esclaves (*Koomo*). Historiquement, ces derniers constituaient jusqu'à la fin du XIXe siècle la principale force vive en milieu soninké. Ils constituaient une main-d'œuvre vivante qui nourrissait toute la cité. Ainsi, chacune de ces trois classes sociales qui composent la société soninké est divisée en sous-groupes qui créent en effet des nouvelles inégalités conçues essentiellement en termes de prestiges et de privilèges.

404. Cette organisation sociale à notre sens est caractérisée par un état d'esprit méprisant des uns à l'égard des autres et qui commence à s'institutionnaliser si ce n'est déjà pas le cas. Ainsi, la fonction de la division du travail pour Émile DURKHEIM suppose que « *les grandes sociétés politiques ne peuvent se maintenir en équilibre que grâce à la spécialisation des tâches. La division du travail est la source, sinon unique, pour ces sociétés, du moins principale de la solidarité sociale* »[597]. Aujourd'hui, la société soninké est en train de connaitre une profonde mutation vers la postmodernité. On assiste à un changement des mentalités car la nouvelle génération issue de cette communauté mène une lutte constante contre les inégalités sociales et toutes sortes de discriminations afin de pouvoir instaurer un autre système social plus équitable et égalitaire. Ainsi, la question des alliances pose problème en milieu soninké.

2. Les alliances matrimoniales ou mariages endogamiques en milieu soninké

405. L'historien François XAVIER-FAUVELLE écrit que « *durant la période médiévale, les sociétés sahéliennes sont pratiquement inconnues des chercheurs européens [...] car la double barrière du Maghreb musulman et du Sahara empêche des contacts directs entre les deux continents* »[598]. Ce fut le cas de la société soninké ou l'empire du Ghana. Il faut souligner en effet que cette société demeure toujours méconnue par les ethnologues et anthropologues occidentaux. Car il s'agit d'une société conservatrice de par sa genèse et son organisation sociale et politique.

406. Traditionnellement, le mariage est un fait social célébré en République islamique de Mauritanie en particulier en milieu soninké pour préserver l'unité et la fraternité mais aussi pour renforcer les liens sociaux et élargir le système de parenté entre groupes, familles, tribus, villages et royaumes. Les alliances matrimoniales en milieu soninké sont commandées par les bonnes relations mais surtout par le lien de sang. Il s'agit là des alliances matrimoniales endogamiques c'est-à-dire les mariages à l'intérieur du groupe. Une telle conception du mariage est fréquente, voire érigée en une norme sociale qu'on ne peut pas déroger chez la société mauritanienne en particulier chez les Soninkés depuis l'empire du Ghana. Ce type d'union permet de tisser des relations de fraternité, d'amitié et de solidarité entre les membres de la même communauté mais également entre groupes, ethnies et clans[599].

407. Au temps de l'empire du Ghana, les mariages (*yooxou*) chez les Soninkés, comme chez les autres communautés de la Mauritanie[600], étaient rigoureusement claniques et endogamiques. Ces comportements endogamiques existent chez les Soninkés à tous les niveaux de leur société et dans toutes les institutions sociales. Les mariages se font donc à l'intérieur du groupe entre cousins et cousines parallèles et croisés d'une même famille, d'une même caste ou encore du même groupe. Ce type d'union endogamique en milieu soninké est pratiqué à des degrés divers suivant les groupes et les clans. La caste de nobles n'acceptait pas de donner leur fille en mariage à la caste des artisans et celle des esclaves pour des raisons d'impureté et d'incompatibilité. Cela s'explique par le fait que le pur ne se mélange pas avec l'impur en milieu soninké. En revanche, le mariage est permis et est possible entre toutes les personnes de la même caste sans aucune discrimination. C'est dans ce sens que Hamidou N'DIAYE souligne que « *les castes sont en effet, elles-mêmes endogames, c'est-à-dire qu'un homme ne peut se marier qu'avec une femme appartenant à sa propre caste* »[601]. La condition sociale héritée du père, s'acquiert à la naissance et elle ne peut être transgressée même par le mariage. Le mariage est prohibé entre chacune de ces trois grandes classes qui composent la société soninké : noble, artisane et esclave. Par conséquent, les mariages se font à l'intérieur de chaque classe et caste pour préserver les relations segmentaires.

408. Ces alliances matrimoniales selon Sidi N'DIAYE, « *n'ont véritablement de sens que lorsqu'elles sont endogamiques, excluant de fait toute possibilité de mariages hypergamiques pour les personnes d'origine servile et hypogamique pour les clans de la noblesse* »[602]. Ces identités partagées sont des structures d'ordres et de castes sur la base lignagère en milieu soninké. Néanmoins, il faut noter que ce type de mariage endogamique en milieu soninké est supposé apporter le maximum de chances pour l'entente entre les époux, les familles et les tribus mais aussi pour apaiser les tensions et faciliter le règlement des conflits pacifiquement. Aujourd'hui, force est de constater qu'avec le phénomène migratoire, la société soninké a connu des transformations profondes à tous les niveaux de son organisation juridictionnelle, sociale, politique et économique. À cet effet, les mariages endogamiques sont mis à mal à cause de la modernisation et le contact de la société soninké avec un monde moderne globalisé. À côté de ces normes sociales endogamiques (mariages et hiérarchies des identités), il existe une organisation politique soninké sous la forme d'un clientélisme.

B- L'organisation politique de la société soninké

409. Dans cette partie du Sahara, plus précisément l'empire du Ghana, « *s'établit ainsi entre le VIIIe et XIIIe siècle, un très intense commerce transsaharien commandé depuis Sijilmassa et Tafilalet, aboutissant à travers les cités étapes du Tagant et de l'Adrar dans les Sahel sénégalais et nigériens, là où peuvent s'échanger or et esclaves contre sel, tissus, cuir et autres produits manufacturés* »[603]. Cet espace ouest-sahélien était resté pendant longtemps un espace mouvementé, où cohabitaient différentes communautés, tribus et ethnies. Ce brassage ethnique, culturel et linguistique a donné des interactions des différentes catégories à la fois sociales, économiques et politiques.

410. Ainsi, l'organisation politique en milieu soninké est une organisation hiérarchisée basée sur la subordination, la catégorisation et le clientéliste. Le phénomène de la subordination et du clientélisme étaient des éléments essentiels permettant de maintenir le pouvoir politique aux mains de la classe dirigeante dite la classe des nobles. L'origine de cette forme politique remonte à ce que les sociologues appellent « l'échange généralisé »[604], qui existait en milieu soninké depuis la charte signée par les ancêtres soninkés. Ces relations politiques et sociales « *permettent de maintenir de bonnes relations dans le groupe, mais elles peuvent permettre aussi d'exercer une influence si l'une des parties accorde aux autres de larges faveurs en échange de leur soutien* »[605]. Il s'agit là des relations politiques basées sur le clientélisme dans les sociétés autochtones africaines afin de pouvoir garantir la cohésion sociale et lien social dans le groupe. Ces relations de l'échange généralisé ou informelles existent toujours en milieu soninké et continuent de jouer un rôle politique majeur et social très important au sein de la communauté soninké dans les campagnes y compris dans les villes.

411. Les institutions politiques en milieu soninké sont à l'image de leur organisation sociale hiérarchisée et stratifiée. Ces institutions sont composées d'aristocrates, d'artisans, d'esclaves et de toutes les couches sociales. La fonction politique et la gestion des affaires de la Cité sont occupées par les autocrates et la caste dite noble. Au sein de cette organisation politique et sociale, on a créé une forme de domination et une sorte de pacte ou alliance entre les dominés et les dominants afin de s'entretenir les relations de subordination et de clientélisme dans le groupe. À l'époque de l'empire de *wagadou*, les familles royales dirigeaient selon deux formes de clientélismes officiels : la coutume (*Laadanou*) entre les membres du groupe et le pacte inviolable (*Jonghu*) qui impliquait une protection mutuelle des uns envers les autres dans un seul espace politique. La jonghu selon Abdallah BATHYLY, « *est en principe une allégeance entre égaux (des jonghu étaient établies entre familles nobles et des jonghu collectives liaient des habitants de différents jamaané), mais en pratique, les* *familles royales utilisent cette institution afin d'établir leurs relations politiques dominantes* »[606]. Ainsi, à l'époque du royaume soninké, c'est le roi (*Tunka*) qui était le chef politique. Mais, ce dernier était entouré de ses conseillers politiques (*Mangou*) dans la gestion des affaires publiques du royaume. Le chef de l'exécutif était le roi (*Tunka*), qui ne décide pas tout seul. Il doit demander l'avis de ses conseillers pour une telle ou telle affaire politique et sociale concernant la gestion de la Cité. Les conseillers ont un avis consultatif qui ne lie pas forcément le roi. L'organisation politique est presque la même chose que celle sociale, où la totalité des fonctions politiques revient aux aristocrates et aux nobles. Sans doute, il faut noter que l'organisation politique et sociale actuelle des villages n'est rien d'autre que la copie conforme de celle qui existait au temps de l'empire. Les aristocrates et les nobles détiennent toujours des terres cultivables et gèrent les affaires du village. Pour eux, la détention de terres cultivables signifie toujours source de pouvoir politique et de domination économique. Néanmoins, la société soninké est une société qui cultive la paix. La quête d'une paix durable est l'essence même de son organisation et de sa survie. À cet effet, la résolution amiable des conflits reste toujours la priorité pour la communauté comme pour toutes les autres communautés du pays.

§ 2- Le règlement amiable des conflits en milieu soninké

412. L'étude de résolution amiable des conflits ou s*ounou'ou* (soninké) dans les tribus ou communautés africaines en particulier dans la communauté soninké de l'Afrique de l'Ouest relève de l'anthropologie juridique de la justice amiable. Comme le montre Soazick KERNEIS concernant l'apport de l'anthropologie dans le règlement amiable des conflits dans les sociétés communautaires : « *L'anthropologie a grandement contribué à diffuser l'idée de justice amiable. Telle qu'elle apparaît dans les récits des ethnologues, il s'agit d'un mode de justice inhérent à de petites communautés, dépendant de la volonté des parties et encadré par des rituels et auquel l'ensemble de la communauté se trouve associé* »[607]. La prévention et la gestion pacifique des conflits en milieu soninké passent par ses instances communautaires et sociales. La conciliation est un des moyens primordiaux de résolution des conflits. La culture amiable en milieu soninké reste toujours une priorité absolue pour les Soninkés afin de consolider l'unité et la cohésion sociale dans le groupe. Car la justice provenant de l'État providentiel (les pouvoirs publics) n'est plus la bonne solution pour les sociétés communautaires africaines y compris pour la communauté soninké. Au contraire, la justice imposée pour les Soninkés aggrave le conflit dans sa façon de reconnaitre les litigants et dans sa manière de rendre les décisions. C'est en ce sens que les communautés autochtones africaines ne se reconnaissent pas dans cette forme de justice mise en place par l'État moderne.

413. La communauté soninké est une société conflictuelle à l'instar des autres sociétés communautaires de la République islamique de Mauritanie. Son mode de règlement amiable des conflits est lié à son organisation sociale, politique et économique. Les conflits se règlent traditionnellement dans le ventre du groupe ou du village ou encore du clan par ses propres institutions communautaires et coutumières (les rois, les chefs, les hommes de castes, la famille, entre autres). Il s'agit selon MACDONALD « *des institutions sociales grâce auxquelles les humains créent l'illusion d'ordre et de régularité dans leurs interactions entre eux. Cet ordre qui est la conséquence de l'activité humaine demeure donc une construction sociale* »[608]. La justice en milieu soninké est avant tout une justice de paix et de proximité. Comme le confirme le chef d'un village soninké lors de notre entretien avec lui : « *La justice traditionnelle soninké a pour rôle de rapprocher les points de vue des parties. Le chef ne cherche pas à prononcer des sanctions, mais plutôt de réconcilier les parties en conflit pour préserver la paix* »[609]. Cette justice se caractérise par l'oralité[610] et une absence totale de formalisme puisque le processus est basé sur l'écoute, le dialogue, la négociation, le compromis et la compréhension de l'autre. Il s'agit là d'un système traditionnel de régulation sociale des litiges qui tend à la recherche des voies pacificatrices dans lesquelles les intérêts en présence seront conciliés.

414. Les aspirations à la paix et à la sauvegarde du lien social ont conduit à la communauté soninké à développer ses propres techniques de régulation sociale permettant de régler les conflits sans recourir à la justice imposée. Pour les sociétés communautaires africaines comme celle de la communauté soninké, la justice étatique et ses normes applicables sont perçues par les Africains selon l'ethnologue Danièle KINTZ comme « *la voie des Blancs* »[611], c'est-à-dire la justice instituée et/ou importée par les colonisateurs blancs. C'est dans cette perspective de paix sociale chez les Africains que Bakary DIARRA souligne lors de notre entretien avec lui à Nouakchott que : « *Le traitement des conflits à l'intérieur de la société soninké par ses propres instances traditionnelles permet de privilégier le retour à la paix et la cohésion sociale dans les villages soninkés. C'est l'objectif même de cette justice* »[612]. Ce modèle social de justice permet aussi à la communauté d'instaurer le lien social et familial déjà brisé par le conflit. La justice dite négociée est une affaire de tous en milieu soninké car elle touche à l'organisation sociale et politique, voire la survie de communauté[613].

415. Les conflits se règlent à l'amiable en milieu soninké et le débat est oral. L'oralité juridique constitue un mode de communication qui favorise la formation d'un modèle de relations sociales, qui à la fois guérit et soigne[614]. La parole ou le langage permet de réaffirmer en milieu soninké des valeurs communes et ancestrales. Il nous est apparu intéressant de s'intéresser au règlement amiable des conflits intrafamiliaux en milieu soninké (A) car la famille par définition est l'unité de base avant d'étudier son modèle de règlement pacifique des conflits hors de la cellule familiale (B).

A- Le règlement amiable des conflits intrafamiliaux

416. En milieu soninké, la famille est la cellule de base de l'organisation politique, juridique et sociale contrairement à la société européenne où elle se réduit au père, à la maman et aux enfants voire aux animaux domestiques. En Afrique, selon Léonard MATALA-TALA, « *la famille comprend non seulement toutes les personnes apparentées vivant sous le même toit, mais également tous les parents éloignés et les alliés [...] c'est pourquoi la parenté en Afrique est beaucoup plus sociale que biologique* »[615]. La famille se fonde dans la communauté soninké en effet à partir du mariage et le lien du sang c'est-à-dire une forme d'alliance à l'intérieur du groupe ou entre lignages qui permet de réguler les comportements des uns et des autres. Traditionnellement, la famille est sacrée en milieu soninké comme le montre le proverbe africain : « *Toute bonne société est constituée de bonnes familles* ». Ainsi, la famille permet à la fois de régler les conflits amiablement mais également de constituer un mécanisme de prévention des conflits dans le groupe.

417. À en croire l'anthropologue français Norbert ROULAND qui a écrit que « *rendre la justice ne consiste pas à se référer à un ensemble normatif édicté préalablement, et à caractère général et absolu, mais plutôt, concrètement, à interpréter cas par cas des comportements et faire la part entre les aspirations des individus et les besoins de la vie en société* »[616]. En milieu soninké, le conflit est dissuadé et sa résolution est toujours prévue par les différentes instances sociales exclusives les unes des autres. Selon la nature et l'origine du conflit, il est de prime abord réglé avant tout au niveau de la famille, qui est la première instance judiciaire. Ainsi, lorsque l'instance familiale échoue, on fait appel aux autres instances sociales restreintes (le clan, la communauté, les imams, etc.) avant que le conflit n'arrive à la place publique jusqu'au conseil des anciens du village ou celle du roi[617]. Ces instances communautaires ou sociales de résolution des conflits sont utilisées aussi par la communauté tswana en (Afrique du Sud). Pour régler leurs conflits internes, les Tswanas possèdent un cheminement procédural en quatre étapes : « *En premier lieu les plaignants doivent saisir les aînés de conflit. En cas d'échec, ils s'adressent au conseil spécifique (pères, grand-père et oncles maternels). Nouvel échec, les plaignants s'adressent au chef du quartier. En dernière instance seulement, l'affaire sera présentée à l'autorité politique, le chef de clan* »[618].

418. En milieu soninké, il est important de noter qu'il existe une pluralité des ordres juridictionnels intrafamiliaux. La justice peut être rendue d'abord par la famille au niveau de la maison/concession (*Kâa*) : le chef de famille (*Kâagoumé*), qui agit en conciliateur par nature au sein de sa famille pour éviter les désordres dans sa concession et restaurer la paix. En l'absence du chef de famille, la justice est rendue par les autres membres de la famille (les aînés, les épouses, les grands-parents, les oncles, etc.). C'est dans cette optique que nous étudierons dans un premier temps la résolution des conflits par le chef de famille (1) avant d'analyser la justice rendue par les autres membres de la famille (2).

1. Le règlement des conflits par le chef de la famille ou tribunal familial

419. Les théoriciens de la paix et de l'harmonie sociale comme l'un des fondateurs de la sociologie empiriste Frédéric Le PLAY loge dans un certain nombre d'institutions primordiales dans la même case. Comme, par exemple, la famille et le clan qui sont des facteurs essentiels pour l'humanité[619] dans les sociétés traditionnelles et autochtones. En milieu soninké, la famille est considérée comme une notion sacrée[620] car elle est un espace principal de socialisation et de ritualisation des individus mais aussi un noyau de la société où l'individu trouve à satisfaire ses besoins économiques, politiques et sociaux. Sa composition est fondée essentiellement sur la descendance patrilinéaire associée au mariage endogamique et horizontal. L'ensemble de ses membres partagent un lien de parenté à des degrés variés et une interaction humaine permettant de faciliter les rapports sociaux et juridiques entre les membres du groupe. Historiquement, le patriarche est le chef de la famille (*Kâagoumé*) qui reste le tronc commun[621]. À cet effet, l'unité familiale demeure une et indivisible. Ce micro-village (*Kâa*) représente pour les Soninkés la première école d'apprentissage et de ritualisation pour les enfants (futurs chefs). Il faut apprendre aux enfants le respect dans tous ses états, les codes culturels, les coutumes, le savoir-faire et le savoir-vivre en communauté. Ainsi, lorsqu'un conflit survient, les membres de la famille reconnus intègres se mettent tous ensemble derrière le chef de la concession (*Kâa*) pour tenter de trouver une voie conciliatoire et éviter l'éclatement de *Kâa* en petits sous-groupes.

420. Ce tribunal familial est composé d'un juge unique appelé le chef de la famille (*Kâagoumé*). Il est parfois assisté par des conseillers (ses frères et/ou les fils aînés de la famille). Ce juge unique statue seul sur toutes les affaires civiles, commerciales et pénales et rend une décision qui sera exécutée immédiatement sans contestation ni recours. Le mot *chef* selon l'anthropologue Gilda NICOLAU, « *c'est une institution, éminemment politique, et un mot dont la seule traduction légitime est celle de chef* »[622]. Dans une société hiérarchisée comme celle de la Mauritanie, l'instance familiale est le premier ordre juridictionnel pour régler les constatations internes. Comme le souligne le proverbe soninké « *Kâa gûndô, â sâaféné*

Kâa nôkhô-gnâa » c'est-à-dire le linge sale se lave dans le ventre de la famille en présence de ses membres. C'est dans ce sens que les Soninkés perçoivent la cellule familiale comme la première institution sociale, politique, économique et juridictionnelle. La famille est l'institution judiciaire permanente de résolution pacifique des conflits afin de pouvoir conserver l'unité familiale et le lien social. À cet égard, l'instance familiale est un mode amiable et naturel de règlement des conflits comme les autres modes de régulation sociale au regard de la civilisation africaine soninké. Dans la société mauritanienne, tout modèle de résolution des conflits permettant de résoudre les contestations amiablement sans faire appel à une autorité externe étatique est considéré comme un mode amiable de règlement des conflits y compris l'instance familiale.

421. À l'échelle familiale, le règlement de conflit est fondé sur des pratiques de recherche de consensus dans les rapports internes au groupe. C'est un principe acquis chez la communauté soninké. L'idéal de cette communauté était toujours de tenter de régler les conflits à l'intérieur du groupe pour instaurer la paix durable et l'harmonie. Il existe une forte culture de la paix chez les Soninkés depuis l'empire du Ghana. À l'intérieur de la famille, les relations sont contrôlées et les conflits sont réglés par le chef de la famille comme chez nos voisins wolofs du Sénégal, avec leur fameux « *cii bir u keur* » c'est-à-dire le conflit se règle d'abord dans le ventre du groupe. Le chef de famille est le premier magistrat légitime, un successeur de l'ancêtre fondateur qui dans sa mission de régler les conflits au sein de sa famille crée le droit. L'autorité de la force vitale de *Kâa* est assurée par le *Kâagoumé* (chef de famille). Le *Kâagoumé* est une institution vitale et sacrée en milieu soninké. Son pouvoir ne se limite pas seulement à rendre justice : il fait aussi régner la paix, l'amour, l'ordre et la cohésion au sein de la cour familiale.

422. L'intervention du chef de la famille se fait de manière automatique et directe car il est considéré par l'unité familiale comme le faiseur de paix disposant d'une légitimité et d'un pouvoir suprême. Lorsqu'un conflit oppose les membres de la famille, le chef de la famille s'autosaisit pour rendre justice. Ses décisions sont légitimes et respectées à la lettre par tous les membres de la famille sans équivoque car il est un souverain légitime et autocrate qui dit le droit pour faire régner l'ordre et l'équité. La démarche conciliatoire du chef donne toujours un accord de paix. Sa parole n'est pas sujette à un refus au nom du respect qu'on lui doit. En ce sens que « *tout refus opposé à lui sera pris non pas comme une réaction contre son adversaire, mais plutôt comme un affront contre le chef, ce qui fait que la personne à l'origine de cet affront ou ce refus serait obligée de se soumettre afin de ne pas avoir toute sa famille se retourner contre elle* »[623]. Ainsi, la non-application de ses décisions revient à remettre en cause son autorité suprême et cela constitue un péché grave. En milieu soninké, la désobéissance au chef n'est pas liée à une idée d'impureté (comme cela est le cas dans la société indienne) mais plutôt à celle de péché grave. Les charges politiques et judiciaires du chef de famille sont imprégnées de significations mystiques et des considérations sociales et politiques. Ces considérations font de lui une autorité suprême, emblématique et dont on ne peut contester sa capacité à réconcilier les parties suivant les normes de la vie commune c'est-à-dire, « *autorité du chef sur toute la famille, exécution des décisions prises par le chef, autorité des aînés sur les frères et sœurs, respect de l'ordre public...* » [624]. Ces techniques de résolution amiable du conflit sont aussi utilisées par les Nouer du Soudan. Ainsi, la seule justice qui existe chez les Nouer est celle du chef, nommé « *chef à peau de léopard* »[625]. Ce chef à peau de léopard ne commande pas et ne juge pas mais agit comme un conciliateur afin d'assurer la paix et la cohésion au sein du groupe. Ainsi, chez les Dogons du Mali, par exemple, la justice est rendue par le chef de la famille (*Ginnabagna*). Le chef convoque les deux parties en conflit devant lui. À l'issue de cette audience familiale, le chef rend sa sentence sans équivoque et est exécutée sans appel.

423. Force est de constater qu'en milieu soninké, le chef de famille dispose d'une compétence large pour connaître tous les litiges intrafamiliaux. En matière pénale[626] comme en matière civile, le chef est le responsable officiel des relations entre les siens et ceux de l'extérieur. Rendre la justice est une composante essentielle du chef de famille en milieu soninké. Il a droit au respect et à l'obéissance de toute la famille. En l'absence de ce dernier, la justice est rendue par les autres membres de la famille.

2. Le règlement amiable des conflits par les autres membres de la famille

424. Les relations sociales en milieu soninké sont communautaires et hiérarchisées. Les institutions sociales telles que le chef de famille et les autres membres de la famille assurent une certaine stabilité et règlent les conflits pacifiquement. La famille est le pivot de la société soninké qui maintient un système de solidarité et de fraternité entre les membres qui la composent. Dans ces sociétés communautaires, les relations sociales hiérarchisées garantissent la stabilité sociale[627] et favorisent la prise en charge du conflit par l'ensemble de la famille lorsque l'ordre et l'unité de celle-ci sont menacés par des contestations internes[628].

425. L'institution famille est constituée par un ensemble de normes sociale et juridique depuis le temps du royaume soninké de *wagadou*. Elle a développé des mécanismes sociaux de prévention et de résolution des conflits. Sa première vocation est de restaurer la paix et la cohésion sociale à travers ces mécanismes pacifiques de règlement des conflits car pour les

Soninkés, le conflit trouble toujours l'ordre social, et pour rétablir cet ordre, il faudrait aller chercher la solution à l'intérieur du groupe avec les membres du groupe. Pour toutes les sociétés coutumières africaines comme celle des Soninkés, le désordre fait appel aux forces visibles et invisibles. À cet égard, les vivants vont se sentir mal à l'aise parce que la stabilité de la société est menacée. À en croire Samba TRAORÉ, « *Il serait sans doute hasardeux, si l'on veut comprendre une société africaine, de croire qu'elle n'est composée que des seuls vivants du monde du visible. La société africaine englobe aussi bien le visible que l'invisible, forces protectrices et dévastatrices, génies des maisons et ceux de la brousse, tout ce qui en somme donne sens à la vie en société* »[629]. C'est dans ce contexte de stabilité que le retour à la paix et à l'harmonie sociale se place avant toute considération personnelle et égoïste du groupe.

426. Ainsi, il est établi chez les Soninkés que l'intérêt du groupe prime sur les intérêts égoïstes et individuels. C'est dans ce sens que la paix en milieu soninké est considérée comme le dénominateur commun entre les membres du groupe ou du clan. À cet effet, la réconciliation/conciliation intervient dans les relations entre membres d'une même famille par le biais des frères et/ou sœurs ainés, des tantes, des oncles, voire des grands-parents en l'absence du chef de famille. Lorsque le chef exécutif de la famille est absent, la justice peut être rendue par ces autres membres de la famille d'ailleurs comme le prévoit la charte de Mandé ou charte de *Kurukan-Fuga*[630]. La charte de Mandé est l'ensemble des lois édictées par Soundiata Keita, roi du Mali en 1236. Il s'agit d'un ensemble de règles juridiques et sociales destinées à organiser la vie de la cité. À cet effet, il résulte de l'article 7 et suivants de la Charte, qu'entre beaux-frères et belles-sœurs, entre grands-parents et petits-enfants, la tolérance et le chahut doivent être le principe. Les dispositions de l'article 11 précisent aussi en substance quand votre femme ou votre enfant fuit, ne le poursuivez pas chez le voisin. La charte énonce ces principes pour faciliter la vie en harmonie et un règlement amiable des conflits entre les membres du groupe. Ses principes ou ses règles sont connus par tous et déterminent la place et le rôle de chaque individu dans le groupe afin de maintenir la cohésion sociale et l'ordre. Par exemple, le respect des parents, le respect des aînés et des règles de bonne conduite, renforcent l'harmonie et la cohésion sociale en milieu soninké.

427. La justice amiable chez les Soninkés constitue toujours un moyen principal pour atteindre la paix sociale. Ainsi, les autres instances familiales (les aînés, conseil familial, grands-parents, entre autres) qui interviennent d'office pour régler les conflits en l'absence du chef sont des instances légitimes et dignes de confiance. Les décisions rendues par celles-ci sont exécutées dans l'immédiat comme celles du chef famille. Lorsqu'un conflit éclate (par exemple, coups et blessures) entre frères ou sœurs, on fait appel à l'arbitrage des aînés de la famille afin de discuter de la situation et de prononcer un jugement. Les aînés interviennent pour apaiser les tensions et trouver un terrain d'entente entre les membres de la fratrie. Ils convoquent les parties et écoutent chacune d'elles avant de rendre une décision qui ne sera pas soumise à l'appel. Les aînés et les parties en conflit se rencontrent tous et discutent ouvertement sur une possible solution amiable afin de préserver l'unité familiale et fraternelle. C'est au cours de ces réunions dénuées de caractère formel que la solution conciliatoire peut être dégagée et acceptée par tous.

428. Quant aux grands-parents, ils peuvent intervenir dans ce processus amiable pour favoriser le dialogue et le compromis. Les grands-parents en effet peuvent également jouer la conciliation dans le conflit opposant leurs petits-enfants avec qui ils sont tenus d'entretenir des relations franches et de camaraderies (*Mâamatakhou*). La charte du Mandé n'a pas manqué de rappeler cette règle soucieuse et d'assurer aux enfants l'accès à la conciliation et à la médiation par les grands-parents. La négociation entre les parties en conflit se fait sans intermédiaire externe. Ainsi, la *djamâa* (l'assemblée familiale) en assume l'entière responsabilité. Elle agit en qualité d'autorité et de faiseurs de paix. Sa décision est irrévocable et s'impose à toute la famille[631]. Ces instances traditionnelles en milieu soninké sont chargées de rendre la justice et rétablir le lien social. Les interactions intrafamiliales selon François BERTHOME constituent, « *des rituels qui se substituent progressivement aux dispositions initiales des participants dans la détermination des émotions* »[632]. La conciliation est le mode prioritaire de règlement des conflits chez les Soninkés. En cas d'échec de l'instance familiale, le conflit peut être porté devant les instances externes du groupe familial.

B- Le règlement amiable des conflits hors de la cellule familiale

429. Du point de vue anthropologique, la société soninké conserve toujours les traditions et les normes sociales de résolution des conflits du royaume soninké de *wagadou*. Les relations sociales permettent « *au groupe et au clan de cultiver la paix, la cohésion sociale et l'obéissance aux coutumes et aux traditions* »[633]. Cette obéissance aux traditions soninké est synonyme du « respect » dans la société soninké. Respect des chefs, des personnes âgées, des notables, des religieux et des corps intermédiaires (les hommes de castes). C'est cela qui fonde la communauté soninké dans son ensemble à travers ses institutions sociales communautaires et judiciaires. C'est dans ce sens que Michel ALLIOT nous rappelle que « *les mécanismes des relations sociales dans les sociétés traditionnelles africaines sont apparemment de deux types principaux : à l'intérieur des groupes et entre groupes* »[634]. Cette citation est confirmée par les Soninkés. Car le conflit en milieu soninké peut se régler soit à l'intérieur du groupe soit en dehors du groupe par les acteurs sociaux externes de celui-ci. L'organisation communautaire soninké privilégie d'abord la résolution interne des conflits avant de les porter devant la place publique c'est-à-dire devant les autres institutions sociales externes à la famille ou au groupe. En cas d'échec du cercle familial, le conflit sera traité par les autres institutions sociales externes. Le regain d'intérêt vis-à-vis de la voie conciliatoire en matière de résolution des conflits offre aux Soninkés un processus des discussions publiques dans lequel tout le monde intervient afin de pouvoir trouver un compromis. Ce mode amiable de résolution des conflits dans les sociétés communautaires africaines peut être une occasion pour les États africains indépendants de revaloriser la justice autochtone africaine permettant de soigner les imperfections qui affectent les systèmes judiciaires africains contemporains afin d'incorporer celle-ci.

430. Ainsi, le conflit chez les Soninkés se règle à l'amiable et l'ensemble de la communauté est associé à la restauration de la paix sociale. Le règlement communautaire des conflits repose sur l'idée que le conflit met en cause l'équilibre et la tranquillité du groupe. En ce sens que le conflit inter-clanique ou intergroupe peut se régler soit par la médiation des agents diplomatiques soninkés (*Niakhamalanou*) (1), soit par l'apport du chef du village (2). Le conflit peut, afin aussi, être résolu par l'alliance à plaisanterie (3).

1. Le règlement des conflits par les hommes de castes (agents diplomatiques)

431. Comme le souligne Soazick KERNEIS, « *le conflit dans les sociétés communautaires ne concerne pas seulement les parties, il intéresse la communauté dans son ensemble et c'est la société tout entière qui va s'efforcer de rétablir la paix entre les parties. C'est pourquoi, le litige débouche sur des rencontres entre les parties, leurs familles, leurs amis, l'intervention des tiers qui vont s'efforce de trouver un consensus acceptable par tous* »[635]. Il s'agit là d'un droit en pratique dans les sociétés communautaires en particulier africaines y compris soninkés. Depuis l'empire de *wagadou* jusqu'à aujourd'hui, du moins dans les villages et dans les campagnes, les Soninkés pratiquent la justice amiable. Les conflits se règlent amiablement soit dans le ventre du groupe avec les acteurs internes de celui-ci soit devant les acteurs externes du groupe comme c'est le cas avec les hommes de castes, qui sont les détenteurs historiques de l'histoire collective soninké.

432. Pour sortir de l'impasse judiciaire et éviter les chaos, les sociétés autochtones et coutumières africaines ont mis en place des acteurs sociaux prédisposés comme, par exemple, les hommes de castes (en milieu soninké) et les médiateurs coutumiers (en milieu bambara) permettant de résoudre les conflits amiablement[636]. Ainsi, la communauté soninké a mis en place plusieurs types de mécanismes amiables de gestion des conflits depuis le temps du royaume de Ghana. Par exemple, les hommes de castes (griots, forgerons, les cordonniers, les pêcheurs…) que nous les appelons ici agents diplomatiques soninkés, qui constituent une instance traditionnelle de résolution des conflits entre familles, clans ou groupes, voire villages. La recherche pour la paix, l'harmonie et l'équilibre social en milieu soninké est le premier objectif pour tous mais en particulier pour les hommes de castes qui sont les narrateurs de la civilisation soninké mais aussi parce qu'ils maitrisent très bien la parole, les proverbes et les codes culturels soninkés. La communauté soninké dispose de divers processus pour résoudre ses conflits y compris le processus de la diplomatie autochtone. Ces valeurs endogènes sont liées à l'organisation sociale et judiciaire de la communauté soninké. Le règlement des conflits chez les Soninkés comme chez les Mandingues du Mali (qui sont des cousins à plaisanterie) privilégie des valeurs et des règles endogènes qui constituent une thérapie pour briser le cercle infernal de la violence afin de rétablir l'harmonie, l'ordre et la paix sociale.

433. Les agents diplomatiques soninkés sont connus et respectés dans l'exercice de leur mission. En milieu soninké, la diplomatie est définie en principe comme l'art d'accoucher des solutions pacifiques et consensuelles, consolidées par le va-et-vient de l'agent entre les protagonistes. En d'autres termes, il s'agit là de l'art des négociations en vue d'un accord négocié. La profession d'agent diplomatique est intrinsèquement liée à l'esprit de la communauté soninké et est un usage très ancien. Autrefois, les hommes de castes (*niakhamalanou*), appelés les faiseurs de paix (*fisorodanoo*) étaient considérés comme des agents diplomatiques. Ce sont eux qui jouent le rôle d'intermédiaire dans la résolution des conflits interfamiliaux, intergroupes, ou inter-claniques. Ces agents diplomatiques (hommes et femmes) disposent et maitrisent l'art de la parole. Ces agents sont issus de la caste artisanale et musicale : les griots (*jarou*), les forgerons (*togoo*), les cordonniers (*garankoo*), les traditionnistes (*guesserou*), entre autres. Ainsi, au temps du royaume soninké, les agents diplomatiques sont considérés comme les clients de la classe noble en particulier le roi et son entourage. Le terme homme de castes (*niakhamalaa*) signifie, « *fais la fête pour que je me colle à toi, je me mets à ton service. Il s'agit d'une classe d'exécutants jouant dans la stratification ancestrale un rôle subalterne, secondaire et accessoire mais qui bénéficient tout de même de petits privilèges qu'ils reçoivent généralement de la classe noble mais aussi des autres classes* »[637].

434. Historiquement, dans le contexte ouest-africain, la diplomatie était pratiquée entre les États soudanais médiévaux et leurs voisins nord-africains mais également entre les différents clans de la société pour régler les conflits pacifiquement[638] et maintenir la paix sociale. Les agents diplomatiques maitrisent le code langagier et culturel, les proverbes et l'importance de chaque mot dans la société soninké. Ils occupent de ce fait une place intéressante auprès de la population en matière de règlement des conflits entre groupes ou famille car ils disposent des réseaux de relations en milieu soninké et connaissent comment aborder les litigants avec méthode et respect. Ce sont des hommes issus d'une caste des communicateurs traditionnels. À cet effet, ils apparaissent comme des agents privilégiés du fait de l'immunité dont ils jouissent auprès de toute la communauté soninké.

435. En milieu soninké, le règlement des conflits intercommunautaires ou interfamiliaux est dévolu aux hommes de castes. Nous sommes en présence d'une société castée et hiérarchisée où les personnes âgées, les religieux et les hommes de castes bénéficient d'une immense considération et sont entendus et écoutés en toutes situations surtout quand il s'agit de régler les conflits pour rétablir le lien social. Les hommes de castes bénéficient également d'une immunité en temps de paix afin de discuter avec des communautés en conflit. Ce rôle incombe à des personnes dont on a la garantie qu'elles peuvent se faire écouter et écouter autrui sans courir aucun risque (bagarres, insultes, lynchage, entre autres). La fonction principale des *Niakhamalou* est d'imposer la paix et rétablir le lien social. Ainsi, le conflit arrive chez les agents diplomatiques lorsque les instances internes du groupe ont échoué. Lorsqu'un conflit risque d'éclater entre familles ou clans, un *Niakhamala* est saisi de l'affaire par un membre des familles en conflit. Il peut lui-même s'autosaisir lorsqu'il a connaissance de l'affaire car les *Niakhamalanou* sont considérés par la société comme le symbole de la paix et gardiens de la tradition. Après avoir pris connaissance de l'affaire, il commence à faire les navettes diplomatiques c'est-à-dire le va-et-vient entre les familles ou clans en conflit jusqu'à ce qu'il trouve un terrain d'entente entre les protagonistes. Par respect de la tradition et la fonction, les parties sont tenues d'accepter les solutions de paix proposées par le *Niakhamalaa* pour l'intérêt du groupe.

436. Cette interaction entre les groupes et les agents diplomatiques permet aux parties en conflit de transformer la situation conflictuelle en une situation de paix. Parmi ces agents diplomatiques, nous avons « *les griots, qui jouent un rôle particulier. Ils étaient et sont omniprésents dans nombre de sociétés ouest-africaines en tant que conseillers auprès des souverains agents diplomatiques entre princes, médiateurs-pacificateurs à l'intérieur de la société globale. Leur statut en faisait des "arbitres non engagés", des agents désignés de la médiation sociale. Les forgerons (togoo), de par leurs fonctions qui sont généralement de l'ordre du sacré (sacrificateur) parce que se rapportant aux cosmogonies et aux mythes fondateurs, sont des acteurs essentiels de la régulation sociale. Les cordonniers (garankoo), exercent également leurs talents dans la médiation et le conseil* »[639]. À ce titre, ils sont chargés de prévenir les conflits mais également de jouer le rôle de médiateurs traditionnels investis de pouvoirs de réconcilier les Soninkés, de faire régner la paix et l'harmonie au sein de la communauté. Il faut noter aussi qu'en milieu soninké les *Niakhamalanou* restent toujours une instance judiciaire efficace de résolution des conflits pour rétablir la paix et le lien social. En cas d'échecs de ces acteurs diplomatiques dans leur mission de conciliation, les parties sont convoquées devant le chef de village.

2. Le règlement amiable des conflits par le roi ou le chef du village

437. L'organisation juridique en milieu soninké est basée sur un ensemble de règles sociales et juridiques typiques, qui sont en parfaite harmonie avec les croyances et les mœurs soninkés. En effet, cette organisation se caractérise par le respect de décisions rendues par les instances communautaires telles que la justice du chef et/ou du roi. Le terme « chef » ou « roi » désigne ici littéralement le même personnage. Il est important de noter que la société soninké est sans doute une société sans écriture mais qui n'ignore pas la justice pour établir l'ordre et la paix entre ses membres. Comme le montre l'anthropologue français Louis ASSIER-ANDRIEU, « *les formes les plus élémentaires de règlement des conflits dans les sociétés sans État et sans écriture, n'ignorent pas le niveau judiciaire : jugement par une tierce partie investie d'une autorité reconnue* »[640]. Les instances judiciaires communautaires investies d'autorité y compris la justice royale ou chefferique constituent des moyens essentiels et efficaces pour la résolution des litiges en milieu soninké.

438. La justice en milieu soninké peut comprendre au moins trois catégories hiérarchiques : elle est d'abord familiale et inter-clanique ou interfamiliale. Enfin, en cas d'échec de ces instances (souvent ces instances échouent dans leur mission de réconciliation mais très rarement) la justice peut prendre une autre forme qu'est celle de la politique lorsqu'elle est rendue par le roi ou le chef de village et ses conseils[641]. Le chef est le gardien de la justice dans sa cité comme le président de la République islamique de Mauritanie est le garant de l'indépendance de la justice dans sa République selon l'article 89 de la Constitution de 1991. Il dirige les institutions sociales et judiciaires, et sa justice est fondée sur la palabre et le compromis afin de pouvoir maintenir sa communauté dans un état d'équilibre et de paix sociale. C'est en ce sens que Robert LINGA écrit que « *le roi est garant à l'égard de ses sujets de l'ordre et de la paix à l'intérieur de son royaume. Il est également le garant de la paix entre ses sujets. Il appartient donc au roi d'assumer une bonne administration de la justice* »[642].

439. Traditionnellement, le roi soninké de *wagadou* était le seul juge suprême. Cette instance suprême a pour mission de régler tous les conflits, ceux dont les clans, les familles et les agents diplomatiques (*Niakhmalanou*) n'ont pas réussi à résoudre. Elle est composée de deux catégories de personnages : le roi (*Tunka*) et les conseillers du roi (*Mangou*) et

(*Niakhamalanou*). Comme le veut la tradition, les rois ou les chefs dans les sociétés autochtones africaines étaient toujours assistés par des conseillers dans l'exercice de leurs fonctions y compris « la fonction juridictionnelle »[643]. Au temps de l'empire de *wagadou*, le roi (*Tunkâa*) était à la fois le chef politique et chef de justice suprême. Il est entouré de ses conseillers (*Mangou*) dans la gestion des affaires sociales et judiciaires. Les conseillers du roi sont généralement les (*Mangou*) et (*Niakhamalanou*) qui jouent un rôle de pacificateurs et de modérateurs au sein de la société et participent à la résolution des conflits intergroupes, interfamiliaux et inter-claniques. Le roi est une autorité morale et judiciaire suprême qui dit le droit pour établir et/ou rétablir l'ordre et l'équité dans son royaume. Pour le maintien de la paix sociale et l'équilibre dans le royaume, les Soninkés faisaient recours à la justice du sommet c'est-à-dire la justice royale pour régler les conflits les plus complexes et les plus ardus.

440. Le chef dispose de la qualité d'arbitrer les conflits survenant dans sa cité. Le chef et ses conseillers sont investis du pouvoir de conciliation en matière civile, pénale et commerciale suivant les normes sociales établies par la communauté[644]. Le chef convoque les parties pour les entendre avant la grande réunion de la palabre pour préserver les rapports sociaux. Il faut noter que l'instance du *Tunkâa* n'est pas seulement une instance juridictionnelle, elle est aussi une instance politique dédiée à la consolidation de sa domination politique. Selon une procédure établie, le chef présente l'affaire et donne la parole à son conseiller (*Mangué*), qui, à son tour, donne la parole au nom du chef au plaignant pour faire valoir ses griefs et ses réclamations ; le défendeur répond ; la parole revient alors au chef, à un marabout ensuite, puis à tous les hommes d'au moins quarante ans[645], l'âge de la sagesse. C'est ainsi que Nelson MANDELA écrit que « *l'axiome du chef est comme un berger. Il reste derrière son troupeau, il laisse le plus alerte partir en tête, et les autres suivent sans se rendre compte qu'ils ont tout le temps été dirigés par-derrière. Dans la grande demeure, les chefs réglaient les conflits. Bien qu'ils ne fussent pas des hommes de loi, ils présentaient des affaires et les jugeaient* »[646]. Après avoir entendu et écouté les protagonistes, le tribunal du chef rend une décision avec effet immédiat.

441. Ainsi, en milieu soninké, la tradition veut que le chef soit un faiseur de paix, un grand donateur de ses biens et un grand orateur ayant la maitrise des codes culturels et coutumiers. Le chef est chargé pour le maintien de paix et veille au respect de l'ordre public. Dans la même perspective de résolution amiable des conflits en milieu soninké, l'alliance à plaisanterie est aussi une autre instance traditionnelle de règlement amiable des conflits.

3. Le règlement amiable des conflits par l'alliance à plaisanterie

442. Selon le proverbe africain, « *Dieu le seul moment où il rit, c'est quand deux cousins ou deux clans plaisantent* ». Le système de vie communautaire et tribale en Afrique-Occidentale française plus particulièrement, la communauté soninké est composée de multiples rituels et relationnels. Les relations de parenté à plaisanterie entre cousins croisés ou entre clans sont des pratiques sociales ancestrales qui se sont transformées au fil de l'évolution des mœurs à des institutions sociales régissant les rapports sociaux et juridiques des communautés. Cette pratique est une invention sociale de génie en milieu soninké. Son institutionnalisation produit des effets positifs régulateurs de rapports sociaux. Ce mode de régulation sociale des conflits est basé sur de petits mots ou des petits trucs ou encore des proverbes, et qui ne sont compréhensibles que par les membres de ce milieu autochtone et conservateur. Comme le souligne l'anthropologue français et fervent connaisseur de la société africaine, Étienne Le ROY, « *la justice africaine repose sur un ensemble de petits riens qui ne sont compréhensibles et pertinents que pour ceux qui en connaissent le rôle [...]. Ces pratiques sociales expriment donc des modes d'appartenance et de reconnaissance* »[647]. Ces pratiques sociales se rapprochent aux valeurs de solidarité, de respect des différences et des fraternités permettant d'aborder les conflits d'une autre manière dans le groupe avec les acteurs de cette instance.

443. En matière de règlement amiable des conflits en milieu soninké, il est nécessaire d'évoquer l'institution de l'alliance à plaisanterie, en soninké (*Joohû*), en bambara (*Sanankouyâa*), et le droit d'asile lié à l'obligation pour l'hôte d'agir en médiation[648], qui sont des mécanismes traditionnels et autochtones de résolution des conflits pacifiquement chez les communautés ouest-africaines en particulier chez les Soninkés. Dans ce contexte-là, il faut savoir distinguer la parenté à plaisanterie (généralement la parenté à plaisanterie lie des cousins et cousines de la même lignée), et l'alliance à plaisanterie (un phénomène qui existe entre différents patronymes, groupes, ethniques ou clans)[649]. Le *Joohû* est un système de solidarité interfamilial ou intergroupe ou encore inter-ethnie très répandu chez les Soninkés. Ce phénomène ne repose pas sur le cousinage ou la parenté à plaisanterie *(Kâlougorakhou)*. La parenté à plaisanterie c'est la plaisanterie entre cousins ou cousines, qui est un moyen efficace pour régler les conflits en milieu soninké. Certains ethnologues africains assimilent la parenté à plaisanterie à l'alliance à plaisanterie. La différence entre l'alliance à plaisanterie et la parenté à plaisanterie se trouve au niveau de la forme. Sur le fond le « *Kâlougorakhou* » c'est « *Joohû* », qui est considéré par les Soninkés comme un mécanisme pacifique de règlement des conflits et des tensions sociales ayant pour but le rétablissement du lien social et la cohésion dans le groupe. En tout état de cause, les deux instances sont des instances sociales permettant de résoudre les conflits.

444. Le phénomène de *Kâlougorakhou* ou *Joohû* a fait l'objet d'étude de l'anthropologie classique qui en a donné une définition canonique selon Étienne SMITH : « *l'alliance à plaisanterie est une relation entre ethnie dans laquelle l'une est autorisée par la coutume, et dans certains cas, obligée de taquiner l'autre ou de s'en moquer ; l'autre, de son côté, ne doit pas en prendre ombrage* »[650]. Cette pratique sociale en milieu soninké a pour but non seulement de résoudre les tensions mais aussi de prévenir ou d'éviter les conflits entre groupes ou entre familles et permettre à la société de retrouver l'harmonie et la quiétude sociale. Il s'agit d'une instance conciliatrice entre les Soninkés.

445. Cette pratique sociale requiert une assistance mutuelle entre alliés en toutes circonstances et une obligation de médiation pour régler les tensions sociales. L'expression la plus remarquable du *Kâlougorakhou* réside dans les échanges de plaisanteries entre alliés. L'alliance permet de dire à l'autre la vérité sur un ton de la plaisanterie avec une interdiction absolue faite à l'autre de se vexer. Personne ne doit se fâcher parmi les alliés. Il résulte de l'article 7 de la charte de Kurukan-Fuga, qu'il est institué entre le mandenka, le sanankuya et le tanamanyoya (forme de totémisme). En conséquence, aucun différend né entre ces groupes ne doit dégénérer, le respect de l'autre étant la règle. De nombreuses études[651] consacrées à ce phénomène de *Kâlougorakhou* dans les sociétés communautaires ouest-africaines ont donné lieu à des interprétations différentes quant à ses origines et à sa signification. Il s'agit d'un pacte qui n'engage que les contractants et leurs descendants, et qui a une fonction conciliatrice. À cet égard, l'alliance unit des groupes, des clans et des ethnies portant des différents patronymes : (*Diarra/Traore), (Diallo/Ba), (Keita/Cissé).* Ainsi, les alliances entre groupes ethniques ou des castes : (*Griot-Forgeron), (Dogon-Bozo*). C'est dans ce contexte que Doulaye KONATE écrit : « *c'est à travers les échanges verbaux à caractères irrévérencieux entre alliés que l'alliance permet de canaliser les tensions éprouvées dans les rapports de parenté claniques et avec les alliés matrimoniaux. En effet, l'alliance établit une relation pacificatrice qui joue le rôle d'exutoire de tensions qui autrement dégénèreraient en violences. Il s'agit de désamorcer le conflit, de le jouer pour ne pas le faire. Ainsi, l'alliance à plaisanterie permet aux Africains de l'Ouest de différentes contrées de fraterniser au premier contact, de dédramatiser des situations qui ailleurs conduiraient à des conflits ouverts* »[652]. Ainsi, le *Kâlougorakhou* et le *Joohû* sont une thérapie en milieu soninké, qui participe quotidiennement à la régulation sociale des conflits depuis le temps de l'empire de *wagadou* jusqu'à aujourd'hui.

446. Cette pratique sociale participe au maintien de la paix, et est très bien appréciée par les populations autochtones. Sa place et son efficacité dans nos États modernes restent à prouver. Nous pensons que les autorités publiques devraient promouvoir et encadrer cette pratique sociale afin d'offrir aux justiciables une pluralité des voies pacifiques de résolution des conflits. Pour cela, il faudrait que les alliés ou les pratiquants de cette instance de régulation sociale doivent se débarrasser aujourd'hui de certaines grossièretés et insultes nauséabondes. Les autorités publiques doivent encadrer cette pratique et faire de celle-ci une vraie alternative à la justice étatique car l'objectif principal de cette pratique c'est de permettre aux groupes d'entretenir des bons rapports cordiaux et de dénouer amiablement les situations conflictuelles.

384. Ces pratiques sociales selon Étienne Le ROY, « *s'expriment donc des modes d'appartenance et de reconnaissance. Elles s'inscrivent dans un sentiment diffus mais perceptible par la voie de la comparaison ou par un effet de miroir et qui fait sentir à ses membres que le groupe est soudé par certaines valeurs (solidarité, respect des différences, de hiérarchies), par une manière d'aborder les problèmes de toutes sortes, de responsabiliser ou de déresponsabiliser les acteurs* »[653]. Elles illustrent qu'en milieu soninké, la parole est lourde de sens. Raison pour laquelle elle est réservée à celles et ceux qui ont la maitrise des coutumes, des proverbes, des mythes et des adages. Cela fait office de facteurs valorisants de leurs discours dans le cadre du règlement amiable des conflits intra ou intercommunautaires et/ou familiaux.

Conclusion du premier chapitre

385. L'étude réalisée dans cette partie atteste l'existence de nombreuses institutions sociales traditionnelles permettant de résoudre les conflits de manière amiable. L'accès à ces institutions ne pose aucune difficulté. Les audiences sont orales et se caractérisent par une absence totale de formalisme. Les décisions rendues par les différents modes de régulation sociale sont exécutées pour le respect, la paix sociale et la cohésion. La Mauritanie précoloniale est marquée par l'islamisation liée au mouvement almoravide. Cette islamisation de la société a donné aux religieux (marabouts, oulémas, imams, etc.), le pouvoir de conciliation, qui leur est destiné de régler pacifiquement les conflits dans une société fortement tribale et hiérarchisée. La prédominance du système tribal et clanique est d'autant plus forte que la dimension sociale de l'État. Par conséquent, l'État est devenu une institution faible face à ce système communautaire et tribal. Ce phénomène a permis, par conséquent, aux populations autochtones de se tourner tout naturellement vers leur groupe d'origine afin de pouvoir trouver des solutions à toute situation conflictuelle. En Mauritanie, la tribu, le clan et l'ethnie sont le produit des « *distinctions structurelles* » dans la vie sociale, politique et judiciaire.

386. En effet, la justice dans la société traditionnelle mauritanienne est marquée par des institutions judiciaires communautaires. C'est la marque des chefferies traditionnelles, qui sont souvent des royaumes forts et hiérarchisés. Ce fut le cas du royaume soninké, nommé l'« *empire du Ghana* » ou l'« *empire de Wagadou* ». Les Soninkés y habitent depuis près d'un millénaire, durant lequel ils ont forgé les solutions appropriées à leurs conflits afin d'instaurer la paix et de rétablir le lien social. Il s'agit d'une société conservatrice, fidèle à ses valeurs ancestrales et à ses mécanismes traditionnels de règlement des conflits. Les mécanismes traditionnels de résolution des conflits dans la société mauritanienne en particulier chez les Soninkés sont envisagés comme source de paix et de cohésion sociale. La justice amiable remplit une fonction pacificatrice des conflits, et contribue à l'harmonie de la société et à la fraternité au sein du groupe social. Il faut remarquer qu'en Mauritanie, il est toujours possible de repenser le lien social de telle manière qu'il puisse être l'expression de la liberté et de la reconnaissance solidaire entre les groupes sociaux et entre les membres du même groupe social. Au-delà de ces mécanismes traditionnels, la Mauritanie a aussi mis en place par le biais du législateur les mécanismes modernes de règlement des conflits pour une société en quête de son propre modèle de justice pour préserver son unité nationale tant abîmée par les conflits.

Chapitre II : La place de la médiation et la conciliation face à la justice étatique

« Il n'y a pas deux personnes qui ne s'entendent pas, il y a seulement deux personnes qui n'ont pas discuté »

Proverbe africain

387. En parallèle à la justice étatique, la médiation et la conciliation constituent aujourd'hui, en Mauritanie des modes amiables de règlement des conflits qui prennent de plus en plus d'importance en raison de leurs succès hier comme aujourd'hui dans le système judiciaire mauritanien. La résolution pacifique des conflits désigne un ensemble de mécanismes par lesquels les protagonistes organisent procéduralement leurs relations afin de pouvoir trouver une solution négociée. La justice amiable apparaît comme des emprunts de sagesse éternelle[654] dans les sociétés contemporaines africaines. La tendance est aujourd'hui donnée à la justice amiable face aux formalismes de la justice étatique tels que sa technicité, son coût et sa lenteur. « *La solution reste d'encourager les transactions, les arrangements entre les parties elles-mêmes, sans coûts ni lenteurs, sans formalismes et sous le regard bienveillant mais éclairé d'un tiers chargé de les réunir, c'est-à-dire de les concilier* »[655], même si le système judiciaire étatique reste toujours indispensable pour répondre à des besoins touchant à l'ordre public et les droits indisponibles. La conciliation et la médiation ne représentent pas une simple alternative à la justice publique en Mauritanie. Elles constituent une nouvelle forme de régulation sociale impliquant les populations et les instances communautaires pour la recherche d'une solution négociée. En ce sens les modes amiables pourraient aboutir à « *une transaction en cas de concessions réciproques mais également à un accord de nature distincte dans le cas contraire* »[656]. Les termes de « médiation » et de « conciliation » sont aujourd'hui employés dans tous les sens. La médiation et la conciliation sont devenues des termes ou des mots ordinaires et utilisés à tort et à travers. On assiste aujourd'hui à un afflux des MARC dans tous les domaines de la vie[657]. Ce qui fait qu'il existe une certaine confusion entre ces deux notions. Depuis plusieurs années, la doctrine tente de faire une distinction entre ces deux pratiques interactives qui mettent en œuvre plusieurs réalités et qui sont nées d'interventions sociales complexes.

388. Les termes « médiation » et « conciliation » font référence au processus de construction du consensus et de compromis. La médiation est une technique sociale de résolution des conflits, qui est destinée à amener les parties au compromis et permettant de mettre fin au litige qui les oppose. En ce sens, le médiateur est un intermédiaire professionnel en particulier dans la communication entre les parties. André-Jean ARNAUD donne une définition large de la médiation : « *La médiation est un processus le plus souvent formel par lequel un tiers neutre tente, à travers l'organisation d'échanges entre les parties, de permettre à celle-ci de confronter leurs points de vue et de rechercher avec son aide une solution au conflit qui les oppose* »[658] ; pour tenter d'« *établir ou de rétablir des liens de bonne qualité, en vue de prévenir ou de régler des conflits* »[659]. Du point de vue anthropologique, la médiation, c'est avant tout un certain rapport à l'autre. Comme le montre Étienne Le Roy, « *la médiation est une dialogie entre les ordonnancements de régulation sociale* »[660], et « *un facteur de socialisation* »[661]. Quant à la conciliation, elle est un modèle de justice amiable la plus ancienne dans les sociétés autochtones permettant aux parties de négocier amiablement l'issue de leur conflit. Elle est la forme de composition historiquement la plus ancienne[662] de règlement pacifique des conflits. Le terme « conciliation » peut par son étymologie se définir comme tout processus amiable dans lequel les parties recherchent un compromis. En ce sens, la conciliation est un processus amiable de résolution amiable des conflits comme la médiation. À l'issue de ces quelques définitions de ces deux notions, nous pouvons dire que la mission du tiers et ses qualités humaines constituent le critère de distinction entre médiation et conciliation. Celle-ci a été confirmée par Jean-Philippe TRICOIT qui pense que « *c'est la nature de l'intervention du tiers et les moyens utilisés dans ses missions, qui constituent le critère de distinction* »[663].

389. Historiquement, la médiation et la conciliation sont les « produits évolués » d'une culture très ancienne et sont présentes à toutes les époques et dans presque toutes les civilisations humaines. Il n'y a pas de « *société qui n'ait pas inventé et développé ses propres mécanismes de règlement des conflits en dehors du formalisme rigide de la justice officielle* »[664]. La justice négociée repose sur une tradition ancestrale des sociétés autochtones. Elle est notamment inhérente à la société communautaire africaine sous des formes diverses et variées[665]. Le droit mauritanien connait de longue date des procédures amiables.

Historiquement, la justice mauritanienne était une justice pacifique générée par une société à la fois nomade et sédentaire dans laquelle la communauté, le clan et la tribu sont des références premières juridictionnelles. À cet égard, les conflits sont réglés par la tribu ou le clan par le biais d'un conciliateur (*Mousilh*). La justice amiable est un outil de paix, de dialogue et de négociation paraissant, bien installée en Mauritanie depuis fort longtemps d'autant plus que son environnement culturel et religieux est très favorable au règlement amiable des conflits. Aujourd'hui, en Mauritanie, avec un droit positif grandement inspiré du droit français, la médiation et la conciliation sont de plus en plus sollicitées par rapport à la justice étatique car elles sont encadrées et codifiées par le législateur. La réforme de 2019 du Code de procédure civile, commerciale et administrative a permis aux législateurs mauritaniens de passer deux grandes lois sur les modes amiables de règlement des conflits particulièrement sur la médiation[666]. L'objectif de cette réforme est d'inviter le système judiciaire mauritanien à entrer de « plain-pied » dans le XXIe siècle et d'avoir des instances amiables bien encadrées. À la lecture des textes régissant la médiation et la conciliation en Mauritanie, nous allons étudier dans un premier temps les clarifications entre les notions de médiation et de conciliation (Section I). Le législateur mauritanien ayant entrepris un chantier de réformes en 2019 sur la médiation, il est important dans un second temps de nous intéresser à la médiation comme ordonnancement de régulation sociale des conflits en Mauritanie (Section II).

Section 1- Clarification des notions de médiation et de conciliation

390. La médiation et la conciliation sont devenues deux modes de régulation sociale des conflits dans le monde contemporain parallèle à la justice étatique. La distinction entre ces deux pratiques sociales de règlement des conflits n'est pas du tout aisée. Car le médiateur comme le conciliateur œuvrent tous à une résolution négociée du conflit. De ce fait, la question de différenciation divise la doctrine. Pour certains auteurs[667], le conciliateur peut proposer une solution aux parties, alors que le médiateur doit se contenter d'aider les parties à trouver elles-mêmes leur propre solution. D'autres, comme Serge GUINCHARD et Thierry DEBARD[668], pensent le contraire et vont jusqu'à considérer les deux missions comme identiques. C'est sans doute qu'il s'agit là d'un débat purement terminologique ou idéologique car la médiation est une forme de conciliation. Face aux difficultés de différenciation, nous nous efforcerons de donner une distinction nécessaire entre ces deux notions (§ 1) avant d'étudier les différentes catégories de médiation et de conciliation (§ 2).

§ 1- Distinction nécessaire entre médiation et conciliation

391. La médiation et la conciliation sont deux pratiques sociales différentes saisies depuis longtemps par le droit judiciaire mauritanien. Ces procédés sont ancrés dans le système juridique et juridictionnel mauritanien avant même la conversion du pays à l'islam. La médiation et la conciliation supposent qu'une justice contractuelle est toujours possible dans la sphère judiciaire de la République islamique de Mauritanie. Les notions de médiation et de conciliation nous mettent en présence d'une « *conception moderne de la justice, une justice qui observe, qui facilite la négociation, qui prend en compte l'exécution, qui ménage les relations futures entre les parties, qui préserve le tissu social* »[669]. Toutefois, quelques caractères communs à la médiation ne sauraient se confondre avec la conciliation, la transaction et l'arbitrage. La distinction entre la médiation et la conciliation peut être faite au niveau des textes en vigueur (A) mais également au niveau de la doctrine (B).

A- Distinction au niveau des textes

392. Le législateur mauritanien a semé le désordre dans les esprits des justiciables en parlant de médiateur et de conciliateur dans les différents codes nationaux du pays sans vouloir donner une distinction nette du contenu de leur mission. Il s'agit là d'un flou juridique imposé par ce dernier. La conciliation est ancrée dans le Code de statut personnel (CSP) et dans le Code du travail après la conversion du pays à l'islam. S'agissant de la médiation, la Mauritanie fait partie des premiers pays africains à s'être dotée d'une législation spécifique à la procédure amiable. Depuis 2000, la médiation et la conciliation cohabitent au sein du Code du travail et le Code de statut personnel. La médiation dans sa version contemporaine issue de la réforme de 2019 se trouve dans le Code de procédure civile, commerciale et administrative (CPCCA). Tous ces instruments juridiques (le CPCCA, le CSP et le Code du travail) ne donnent aucune définition du contenu de la mission du médiateur et celle du conciliateur. La loi n° 2019-020 du 29 avril 2019 et la loi n° 2019-008 du 19 février 2019, relatives aux médiations judiciaire et conventionnelle ont permis d'intégrer dans le Code de procédure civile, commerciale et administrative, la justice amiable au sens propre du terme. À cet effet, la loi n° 2019-020 modifiant et complétant certaines dispositions du CPCCA a créé un titre II : *La médiation conventionnelle* et la loi n° 2019-008 ont abouti à un titre unique : *De la médiation judiciaire*, posant un certain nombre de principes relatifs à la médiation en matière civile et commerciale. Ces dispositions visent à promouvoir les modes de résolution amiable des litiges dans la sphère judiciaire mauritanienne. Elles tendent aussi à instaurer une relation saine entre la médiation et les procédures judiciaires, et de promouvoir activement le recours à la justice amiable sans pour autant la rendre obligatoire ou l'assortir de sanctions spécifiques. La réforme du CPCCA de 2019 donne un cadre légal à la médiation judiciaire et extrajudiciaire. Cette réforme a permis également de donner une nouvelle philosophie du procès en prévoyant que la tentative de médiation suspend le cours de la prescription afin que la recherche d'une solution amiable ne puisse plus se retourner contre celui qui l'initie.

393. Les dispositions de l'article 166-12 du CPCCA se contentent de définir la médiation comme « *tout mode alternatif de règlement de litiges, quelle que soit son appellation, dans lequel les parties demandent à un tiers de les aider à parvenir à un règlement amiable d'un litige* ». Depuis 2019, la médiation peut porter sur tout ou partie du litige. Le juge saisi d'une instance peut procéder à la désignation d'un médiateur même en référé, en première instance et en appel. Il s'agit là la grande innovation de cette réforme. Aujourd'hui, le Code de procédure civile, commerciale et administrative permet aux magistrats de proposer la médiation judiciaire aux parties. Avec l'accord des parties, le magistrat désigne un médiateur indépendant et impartial pour un délai de 3 mois renouvelable une fois afin d'aider les parties à trouver un accord consensuel au conflit qui les oppose. En revanche, le Code de procédure civile, commerciale et administrative issu de la réforme de 2019 ne fait aucune mention sur la conciliation. Ce qui constitue une faute législative à notre sens.

394. C'est sans doute le Code du travail et le Code de statut personnel qui font mention de la conciliation. Le Code du travail prévoit la conciliation et la médiation comme deux modes de résolution amiable des différends sans préciser leur mission et sans les distinguer l'une de l'autre. Il précise tout simplement qu'en droit du travail, la conciliation et la médiation sont des techniques de résolution des conflits individuels et collectifs afin de pouvoir promouvoir le dialogue social. C'est le cas aussi en France, selon le rapport publié en 2002 par Philippe SOLIGNAC[670]. Dans le cadre de la Mauritanie, le Code du travail a créé un titre I : « *Règlement des différends individuels* », et un titre II : « *Règlement des différends collectifs* », où il parle de la « tentative de conciliation » devant l'inspecteur du travail avant la saisine d'une quelconque juridiction[671]. Cette tentative de conciliation est un préalable imposé par le Code du travail avant toute saisine de juridictions étatiques. En cas d'échec de la conciliation, les dispositions du code prévoient la médiation dans son Chapitre II du titre II, où il parle de « *la commission de médiation* ». Il résulte ainsi de l'article 342 du Code du travail que le directeur du travail doit obligatoirement, dans le délai de quinze jours suivant la date du procès-verbal de carence ou de non-conciliation totale ou partielle, saisir la commission de médiation et convoquer les parties et les membres de ladite commission pour la date, le lieu et l'heure fixés par lui.

395. Ainsi, le Code de statut personnel (code de famille) évoque brièvement la conciliation en droit de la famille. Il assimile la conciliation à la médiation et à l'arbitrage. Le code parle du conciliateur (*Mouslih*) pour désigner la médiation, la conciliation et l'arbitrage. La fonction du *Mouslih* a été instituée pour la première fois dans l'organisation mauritanienne en 1965 par la circulaire n° 1135/65 du ministre de la Justice et de l'Intérieur qui désigne tout mode négocié permettant de résoudre le conflit pacifiquement. Le conciliateur est celui qui aide les parties à trouver un accord amiable au conflit qui les oppose. Le code de famille ne fait aucune distinction entre la médiation et la conciliation et ne donne aucune définition de leur mission. Les dispositions de celui-ci posent le cadre et le principe relatifs à la conciliation en cas de conflit conjugal. Aux termes de l'article 83 du CSP, « *le mari qui désire divorcer d'avec son épouse, doit s'adresser au Mouslih*[672] *(conciliateur) [...]. Le Mouslih (conciliateur) doit, dans ce cas, convoquer la femme et procéder à une tentative de conciliation* »[673]. Il résulte ainsi de l'article 102 du même code qui précise que la conciliation entre les époux en matière de divorce est faite par le *Mouslih.* Le *Mouslih* est le tiers conciliateur ou médiateur qui aide les époux à se réconcilier en cas des conflits. La conciliation constitue un préalable obligatoire à tout procès en droit de la famille et en droit de succession.

396. Ce flou actuel des textes juridiques en République islamique de Mauritanie sur la médiation et la conciliation ne nous permet pas de faire une distinction nette et précise entre les deux notions communément très proches et très familières. Ce contexte de flou juridique sur la médiation et la conciliation existe aussi en France. Comme le montre Soraya AMRANI-MEKKI, « *le déploiement de ce qui ressemble singulièrement à une codification-promotion vise à inciter à utiliser les modes amiables qui n'ont pas été définis et dont l'utilisateur ne sait souvent pas de quoi il est fait* »[674]. Sur le plan international, la loi-type de la CNUDI sur la conciliation adoptée le 22 juin 2002 assimile purement et simplement les deux notions. En ce sens, il faudrait aller peut-être chercher la distinction entre ces deux notions dans la doctrine.

B- Distinction au niveau de la doctrine

397. Les sources doctrinales mauritaniennes relatives aux modes alternatifs de règlement des conflits sont très faibles, voire quasiment inexistantes. Face à ce manque, nous nous contenterons d'explorer les sources doctrinales françaises et étrangères. De prime abord, la distinction entre médiation et conciliation est difficile à faire car les positions doctrinales sont sans doute nombreuses, diverses et variées. En France, de très nombreux débats doctrinaux sans fin ont eu lieu sur les critères de distinction entre conciliateur et médiateur. Pour les uns, le conciliateur peut proposer une solution aux parties en conflit. En revanche, pour les autres, le médiateur n'a pas la possibilité de proposer un accord aux parties et doit se contenter tout simplement de les aider à trouver leur propre solution au conflit qui les oppose. L'étude de la doctrine selon le rapport de l'IGSJ « *n'est guère plus éclairante comme en témoignent les divergences au sujet de la distinction entre médiation et conciliation. La médiation et la conciliation, termes dont certains pensent qu'ils recouvrent des notions fondamentalement différentes, tandis que d'autres prétendent qu'ils englobent une seule et même réalité* »[675].

398. Le vocabulaire de la distinction entre médiation et conciliation reste toujours hésitant pour les auteurs. La médiation et la conciliation, deux pratiques sociales très proches l'une de l'autre. Pour les tenants de la distinction nette de ces notions, le critère qui les différencie se trouve au niveau de leur fonction principale. Le conciliateur dans l'exercice de ses fonctions joue sans doute un rôle actif et peut proposer un accord par opposition au médiateur qui se contente naturellement d'aider les parties à accoucher de leur propre accord. Comme le montre Bruno OPPETIT, « *les deux notions, quoique voisines, ne sont pas synonymes, encore que la pratique ne les distingue pas toujours très nettement : le médiateur a pour mission d'aider les parties à parvenir à un accord ; il s'efforce de clarifier leurs points de vue respectifs et de les rapprocher pour qu'elles puissent parvenir elles-mêmes à une solution de compromis. Le conciliateur, après avoir rencontré séparément ou ensemble les parties, propose lui-même à ces dernières un accord transactionnel susceptible de constituer une juste issue au différend qui les oppose* »[676]. En d'autres termes, la mission du médiateur se limite à aider les parties à trouver elles-mêmes des solutions à leur litige. Le médiateur joue un rôle passif contrairement au conciliateur n'imposant pas un accord aux parties dans la résolution de leur conflit. En effet, dans certains contentieux, le médiateur tout comme le conciliateur peut proposer un accord aux parties. C'est, par exemple, le cas du droit de la consommation et de l'action de groupe. Dans ce cas de figure, le médiateur et le conciliateur peuvent faire des propositions, voire formuler des recommandations en vue de trouver un compromis pour les parties.

399. Du point de vue conceptuel, la distinction relève d'un véritable problème. Le tiers médiateur dans l'exercice de ses missions joue un rôle plus actif que le conciliateur. L'intervention d'un tiers « *est consubstantielle à la médiation, mais elle est également fréquente dans la conciliation. On dit usuellement que le médiateur a un rôle plus actif que le conciliateur, mais il faut bien comprendre qu'il n'a pas plus de pouvoirs que lui, la procédure reste amiable* »[677]. La distinction entre le médiateur et le conciliateur se trouve au niveau de leurs missions, c'est-à-dire leurs rôles respectifs. Le médiateur peut se permettre de proposer des solutions, voire de formuler des recommandations en vue d'un compromis lorsque le litige présente une certaine sensibilité et un caractère collectif (droit de la consommation, action de groupe, entre autres). Au-delà de ces cas de figure, le médiateur se contente de faciliter les communications entre les parties sans avoir la capacité de trancher ou d'imposer un quelconque accord aux parties. C'est sans doute le conciliateur dans sa mission de réconcilier les parties qui peut faire des propositions et des suggestions aux parties afin de trouver un accord amiable et consensuel. La grande majorité des auteurs soutiennent que la distinction n'a aucun sens car les deux notions désignent une seule et même réalité.

400. En dépit de ces divergences sur la différence entre la médiation et la conciliation, une grande partie de la doctrine pense que le critère de distinction se trouve au niveau de leur mission particulièrement, c'est-à-dire au niveau de la proposition de solutions aux parties en conflit. À cet effet, il nous semble indispensable de souligner que contrairement au conciliateur, le médiateur ne propose pas les termes de l'accord, sauf si la loi l'exige. Sa mission se limite à aider les parties à rétablir la communication et à accoucher leur propre accord. Charles JARROSSON résume parfaitement ces deux notions distinctes lorsqu'il précise que « *le médiateur n'est qu'un conciliateur particulièrement actif* »[678]. Par conséquent, la conciliation, apparaît donc comme le résultat de la médiation. À notre sens, le débat entre médiation et conciliation est un débat purement sémantique et doctrinal dans la mesure où l'une et l'autre se ressemblent notamment dans leur finalité et exercent les mêmes missions de réconciliation et rétablissement du lien social.

§ 2- Les différentes catégories de médiation et de conciliation

401. Les modes amiables de règlement des conflits tels que la médiation et la conciliation se développent en Mauritanie avec une conception nouvelle de résolution des conflits. Cette manière de régler les conflits est différente de celle qui a été instaurée par les colonisateurs, à savoir la justice d'expression française venant d'en haut, qui est issue du droit moderne. Ce processus informel de pacification des relations sociales peut être engagé par les parties elles-mêmes (conventionnel) ou ordonné par un juge étatique avec l'accord des parties (judiciaire). Ainsi, depuis la réforme de 2019 du Code de procédure civile, commerciale et administrative, l'activité du juge ne se limite plus à trancher les conflits et à imposer une solution juridictionnelle conformément aux règles de droit, le juge peut désormais favoriser l'accord amiable des parties. Il peut également réconcilier les parties qui se présentent devant lui car la conciliation fait partie de ses missions principales. Cette analyse fait sortir le caractère judiciaire (médiation ou conciliation ordonnée par le juge) des modes amiables de résolution des litiges tels que la médiation et la conciliation et fait naître un lien juridique entre les parties et le tiers médiateur/conciliateur.

Le phénomène s'est considérablement développé ces dernières années dans les systèmes judiciaires africains, en particulier mauritanien.

402. Ainsi, la recherche d'une solution pacifique du conflit peut être menée à tout moment, même en référé selon la loi n° 2019-008 du 19 février 2019. Le conciliateur et le médiateur ont des missions identiques. Ils peuvent exercer en matière sociale, civile et commerciale. La catégorisation se fait dans un premier temps entre médiation et conciliation extrajudiciaires (A) et puis dans un second temps, entre médiation et conciliation judiciaires (B). Et enfin, nous traiterons la place de l'ordre public dans la résolution amiable des conflits, autrement dit la justice amiable et l'ordre public dans un État de droit (C).

A- Médiation et conciliation extrajudiciaires ou conventionnelles

403. Face au phénomène de déjudiciarisation, la meilleure manière pour rendre la justice consiste à éviter le juge institué par les pouvoirs publics. Les modes amiables extrajudiciaires reposent sur la recherche d'un accord transactionnel avec ou sans l'intervention d'un tiers neutre. La caractéristique principale et commune à toutes les résolutions amiables conventionnelles est qu'elle se déroule en dehors de l'institution judiciaire avec une absence totale d'intervention d'une quelconque autorité judiciaire. En ce sens, les parties font le choix d'une justice douce afin de pouvoir résoudre leur conflit sans l'intervention du juge étatique. Ce qui explique certainement que des « *situations conflictuelles nécessitent un mode de régulation des conflits non juridictionnel parce que le litige appelle une solution qui ne soit pas rigidement dictée par des textes* »[679]. La médiation et la conciliation conventionnelles sont des alternatives à la justice étatique. Elles existent en dehors de tout palais de justice ou de tout procès. Ces modèles conventionnels (médiation et conciliation) de résolution des conflits sont organisés comme les parties le souhaitent sans contrainte ni forme imposée par les autorités étatiques. Les parties et les conciliateurs/médiateurs choisissent un lieu neutre afin d'aller se retrouver et discuter amiablement de leur conflit. La médiation et la conciliation conventionnelles ont pour point commun de constituer un « *processus structuré, par lequel deux ou plusieurs parties tentent de parvenir à un accord, en dehors de toute procédure judiciaire en vue de la résolution amiable de leurs différends, avec l'aide d'un tiers choisi par elles qui accomplit sa mission avec impartialité, compétence et diligence* »[680]. Il s'agit d'un processus extrajudiciaire choisi et voulu par les parties elles-mêmes avec sans contrainte et aucun formalisme imposé.

447. La faculté de recourir à une autorité indépendante dite médiateur/conciliateur en République islamique de Mauritanie est prévue par les textes en vigueur. Les modes extrajudiciaires ou conventionnels de résolution des litiges sont pour l'essentiel soumis à la théorie générale du droit des contrats et à la liberté contractuelle. Ce qui explique que si les parties décident de faire recours à la médiation ou à la conciliation pour résoudre leur conflit, elles doivent se soumettre aux règles de la théorie générale du droit des contrats, c'est-à-dire naturellement aux dispositions générales du Code des obligations et des contrats et celles du Code de procédure civile, commerciale et administrative qui s'appliquent. À l'issue de la conciliation ou de la médiation, le conciliateur/médiateur établit soit un procès-verbal de conciliation, soit un procès-verbal de non-conciliation.

448. Le législateur mauritanien est venu lui-même donner une ampleur à ce processus conventionnel de règlement des conflits. Le Code de procédure civile, commerciale et administrative adopte une approche amiable et prévoit une médiation conventionnelle. L'article 166-12 du même Code prévoit que « *la médiation conventionnelle de résolution des conflits sont des modes alternatifs de règlement de litiges, quelle que soit son appellation, dans lesquels les parties demandent à un tiers de les aider à parvenir à un règlement amiable d'un litige, d'un rapport conflictuel ou d'un désaccord [...], impliquant des personnes physiques ou morales, y compris des entités publiques ou des États* ». Le CPCCA précise que le médiateur peut être une institution[681], dans ce cas, il faut alors désigner une personne physique en son sein et les parties choisissent le ou les médiateurs d'un commun accord. Il résulte de l'article 166-20 du CPCCA que le médiateur et toute institution offrant des services de médiation et conciliation adhèrent aux principes garantissant le respect de la volonté des parties, l'intégrité morale, l'indépendance et l'impartialité du médiateur, la confidentialité et l'efficacité du processus de médiation. Ces dispositions appartiennent à la catégorie conventionnelle. La procédure de médiation suspend le délai de prescription de l'action judiciaire. Le Code de procédure civile précise aussi que le délai de prescription recommence à courir pour une durée qui ne peut être inférieure à six mois, à compter du jour où la médiation s'est achevée sans accord. Toutefois, cette mission peut être renouvelée, le cas échéant, une fois pour la même durée, à la demande du médiateur et après accord des parties. La loi n° 2019-008 du 29 avril 2019 dispose que toutes les informations relatives à la procédure de médiation doivent demeurer confidentielles et secrètes, sauf convention contraire des parties.

449. En revanche, la conciliation qui est le mode traditionnel de règlement des conflits dans la sphère judiciaire mauritanienne est autorisée par le Coran et la sunna puis par le Code du travail et le Code de statut personnel pour régler pacifiquement les conflits conjugaux et sociaux. Il s'agit de la forme la plus ancienne. Aujourd'hui, un préliminaire de conciliation reste obligatoire en matière sociale et familiale avant toute saisine des tribunaux. C'est, par exemple, le cas de divorce, de répudiation, de conflit de voisinage, entre autres. En droit de la famille, le Code de statut personnel donne le pouvoir aux *Mouslihs* pour trouver une entente entre les couples lorsqu'un conflit éclate. Ancré dans son milieu social, le *Mouslih* est un acteur qui bénéficie de la confiance de la population et joue un rôle important en matière de prévention/conciliation des conflits permettant d'éviter le recours aux tribunaux étatiques. Ce processus conciliatoire permet aux parties en présence du *Mouslih* de s'entendre plus facilement sur les conséquences provisoires ou définitives du divorce. Ces modes de régulation conventionnelle de règlement des conflits sont donc prévus par le système judiciaire mauritanien. À cela s'ajoutent les modèles judiciaires de résolution des conflits.

B- Médiation et conciliation judiciaires

450. La médiation et la conciliation judiciaires sont des dispositifs mis en place et initiés par l'autorité judiciaire avec l'accord des parties. Ces modes judiciaires de régulation des conflits amiablement sont rattachés à l'institution judiciaire. Le Code de procédure civile, commerciale et administrative prévoit que le juge peut conduire lui-même la conciliation tout au long de l'instance judiciaire. Il peut aussi déléguer cette mission de conciliation à un conciliateur/médiateur afin de rapprocher les points des parties pour trouver un compromis. Naturellement, la conciliation et la médiation doivent normalement être faites par le juge dans le cadre de sa mission de trancher le litige car selon la règle générale, il entre dans la mission du juge de concilier les parties en conflit. En effet, le juge peut déléguer cette mission de conciliation à un tiers neutre, impartial et indépendant. Avec l'accord des parties, le juge désigne un tiers ayant pour mission de rechercher un compromis au conflit qui les oppose. Dans ce contexte, « *la médiation et la conciliation judiciaires sont sous l'égide d'un tiers mais à l'initiative du juge et sous son contrôle* »[682]. Dans ce sens, il revient au juge de décider le mode de résolution amiable approprié au conflit qui lui est soumis. Le juge ne peut recourir le mode judiciaire de règlement amiable qu'après avoir obtenu l'accord clair des parties. Si les parties ne donnent pas leur accord, alors la médiation et la conciliation judiciaires ne verront pas le jour. Le médiateur/conciliateur judiciaire est choisi librement par le juge avec son accord. Ainsi, la désignation d'un conciliateur/médiateur judiciaire ne peut pas dessaisir le juge du dossier. Le juge peut prendre à tout moment des mesures qui lui paraissent nécessaires selon l'article 166.2 du Code de procédure civile, commerciale et administrative. Le tiers désigné par le juge avec l'accord des parties a pour mission de réconcilier celles-ci[683].

451. La réforme du Code de procédure civile, commerciale et administrative de 2019 n'a pas traité la question de la conciliation judiciaire, mais plutôt celle de la médiation judiciaire. Le terme « conciliation judiciaire » ne se retrouve nulle part dans les textes juridiques. Mais en pratique, les tribunaux proposent la conciliation judiciaire aux parties bien évidemment avec leur accord explicite. Généralement, le juge propose, comme *Mouslih* (conciliateur), les imams de mosquées, les notables de la localité ou toute autre personne ayant une bonne moralité et respectée par tous afin d'entendre les parties et les aider à régler pacifiquement leur conflit. L'accord issu de la conciliation judiciaire est salué et entériné par le juge. Le législateur mauritanien se limitait lors de la grande réforme de 2019 à introduire la médiation judiciaire et conventionnelle dans le code de procédure civile, commerciale et administrative. La loi 2019-008 du 19 février 2019 s'est officialisée sur la médiation judiciaire et lui a donné un fondement légal et institutionnel. La médiation judiciaire menée en cours d'instance devant le juge est ainsi régie désormais par le code de procédure civile, commerciale et administrative. Aux termes de l'article 166.1 du CPCCA, « *le juge saisi d'un litige doit proposer la médiation aux parties, en toutes matières, exception faite des litiges relevant du Code de statut personnel, des conflits de travail et des questions susceptibles de porter atteinte à l'ordre public* ». Il découle des dispositions de l'article 166.1 alinéa 2 du même Code que si les parties acceptent cette proposition, le juge de première instance, le juge d'appel et celui des référés en cours d'instance désignent un médiateur pour entendre leurs points de vue de leur permettre de trouver une solution consensuelle au litige. La médiation, même d'origine judiciaire, suppose l'accord des parties comme tout mode amiable de règlement des conflits.

452. La médiation suspend le délai de prescription à compter de la date où le médiateur accepte sa mission. La décision qui ordonne une médiation judiciaire mentionne l'accord des parties, désigne le médiateur, fixe la durée de sa mission, qui ne peut excéder trois mois. Toutefois, selon les textes, cette mission peut être renouvelée, le cas échéant, une fois pour la même durée, à la demande du médiateur et après l'accord des parties. La notion de temps en matière de médiation, comme le souligne Jean Pierre BONAFÉ-SCHMITT, « *est importante car ce mode de résolution des conflits est souvent présenté comme étant plus rapide que les procédures judiciaires* »[684]. Ainsi, le juge peut mettre fin à la médiation/conciliation à tout moment sur demande de l'une des parties ou à l'initiative du médiateur lui-même lorsque le déroulement du processus lui paraît compromis. À cet effet, l'affaire sera rappelée à l'audience de la juridiction où les parties seront convoquées.

453. Ainsi, dans cette partie de distinction entre médiation et conciliation, il convient de souligner que les concepts de médiation donnés par les textes juridiques reflètent une réalité française. Or, il en ressort dans notre enquête de terrain que ces éléments de définitions sur la médiation/conciliation ne recouvrent absolument pas la réalité socio-judiciaire de la population mauritanienne. Le législateur mauritanien aurait dû prendre en compte la tradition de la société mauritanienne, les réalités sociologiques et anthropologiques du pays dans lequel ces concepts doivent s'appliquer. Ainsi, voyons l'ordre public et la justice amiable.

C- Médiabilité et conciliabilité des litiges

454. La médiation et la conciliation sont des processus de résolution amiable des conflits résultant d'un accord de volontés, et sa validité n'est que l'expression du principe de la liberté contractuelle. Ces processus amiables de résolution des conflits ne doivent pas violer les règles d'ordre public. Lorsque la règle est d'ordre public, on ne peut plus faire recours aux modes aimables pour régler le conflit. Le risque est grand que celui-ci constitue « *une convention dérogatoire à l'ordre public et aux bonnes mœurs* »[685]. Plus encore lorsque la matière est celle dans laquelle les parties n'ont pas la libre disposition de leurs droits, on ne conçoit même pas que les parties puissent contractualiser leur conflit. Le principe de la notion d'ordre public en France s'applique de la même manière qu'en Mauritanie. Le régime juridique de l'ordre public en Mauritanie est presque la même chose que celui de la France. Le champ d'application des modes alternatifs en particulier la médiation et la conciliation, est limité aux droits dont les parties ont la libre disposition. En d'autres termes, la médiation et la conciliation ne s'appliquent qu'aux droits disponibles. La notion des droits disponibles ou indisponibles est complexe et technique à comprendre et à expliquer. Pour la simplifier et la rendre compréhensible, nous retenons les explications de Xavier LAGARDE selon lesquelles « *les matières dans lesquelles les droits sont indisponibles sont celles où les manifestations de volontés des personnes privées sont en principe dépourvues d'effet* »[686]. On pense notamment à l'état et à la capacité des personnes, les questions liées à la nationalité, la matière pénale, la matière administrative, le statut personnel, entre autres. Dans ce contexte-là, nous pouvons souligner qu'il y a une interdiction totale des volontés privées de contractualiser les droits indisponibles ou de violer les règles d'ordre public. Cette absence de volontés privées signifie qu'il y a un transfert de compétence au profit d'autorités publiques compétentes, seules habilitées à statuer. Car la loi interdit aux parties de contractualiser les droits indisponibles.

455. Les limites du droit de recourir à la médiation et à la conciliation résultent de l'article 166.1 CPCCA et de l'article 3 de la loi n° 2019-021 du 29 avril 2019 portant règlement des petits litiges[687] et les articles 2059 et 2060 du Code civil français. Il découle de ces textes en substance que toute personne physique ou morale peut compromettre sur les droits dont elle a la libre disposition, ce qui veut dire *a contrario* qu'elle ne peut pas faire recours aux modes amiables de règlement des conflits sur les droits indisponibles. L'article 3 de la loi n° 2019-021 du 29 avril 2019 portant règlement des petits litiges abrogeant et remplaçant la loi n° 2017-019 du 18 juillet 2017 a exclu du champ de règlement alternatif le statut personnel, l'état et la capacité des personnes physiques, les atteintes à la vie privée et droit de la personnalité, les difficultés des entreprises, la sécurité sociale. Le Code de procédure civile mauritanien précise qu'on peut recourir à la médiation en toutes matières, exception faite des litiges relevant du Code du statut personnel et des questions susceptibles de porter atteinte à l'ordre public. Ce qui veut dire que les parties peuvent compromettre sur toutes les matières, sauf sur celles qui relèvent du domaine de l'ordre public. Quant au droit français, les dispositions de l'article 2060 du Code civil français prévoient les termes en indiquant qu'on ne peut compromettre sur les questions d'état et la capacité des personnes, sur celles relatives au divorce et à la séparation de corps ou sur les contestations intéressant les collectivités publiques et les établissements publics et, plus généralement, sur toutes les matières qui intéressent l'ordre public.

456. En Mauritanie, la loi n° 2019-019 du 29 avril 2019 exclut explicitement que l'administration négocie par voie de médiation ou conciliation ses pouvoirs de puissance publique. L'État, les établissements publics et les collectivités locales ne peuvent pas compromettre sur les matières touchant à l'ordre public. Il faut remarquer qu'en pratique, cette règle de l'ordre public et les droits indisponibles ne sont pas tout à fait respectés dans certaines localités du pays. Les parties contournent les règles de l'ordre public et les droits indisponibles. C'est les cas, par exemple, des conflits intertribaux (homicide, coups et blessures) ou familiaux (divorce ou violence conjugale) qui sont réglés à l'amiable par les autorités morales (chef des tribus ou des familles)[688] ou par un personnage connu pour sa piété, sa bonne moralité et son intégrité (un imam de mosquée). Cette situation s'explique par le fait que la Mauritanie est un pays immense pays désertique et communautaire. Plusieurs de ses localités souffrent d'enclavement et l'absence de structures étatiques et, par conséquent, les habitants de ses localités développent leur propre justice au détriment de l'ordre public.

457. En principe, la notion d'indisponibilité de droits reste préservée en droit mauritanien comme en droit français. La règle qui relève de l'ordre public est sanctionnée par une nullité absolue. En ce sens, il convient de remarquer que le recours aux MARC suppose en principe que les parties aient la libre disposition de leurs droits et qu'elles respectent l'ordre public et les bonnes mœurs du pays. Ainsi, nous nous intéresserons à la médiation entre l'ordre imposé et l'ordre négocié de régulation sociale des conflits.

Section 2 – La médiation, entre ordonnancement négocié et imposé

458. La médiation est considérée par les Mauritaniens comme une pratique sociale permettant de réguler les conflits pacifiquement. Ce mode social de régulation des conflits présente une nouvelle idéologie des relations sociales[689], mais pour quelle société ? La tradition mauritanienne d'une justice pacificatrice a conduit les autorités mauritaniennes à légiférer en 2019 en faveur de la médiation comme pratique amiable de règlement des conflits incitant les justiciables à aller à la table de négociation afin de trouver un compromis. Il s'agit là d'un processus volontaire, amiable et social s'inscrivant dans une idéologie de pacification sociale des conflits sur la base de négociations[690]. L'objectif de cette pratique sociale traditionnelle est de faire réunir les protagonistes autour d'une table de négociation avec une finalité qui est celle de « *construire un accord qui n'est pas nécessairement juridique, à partir d'un travail sur les valeurs et les intérêts de chacun* »[691]. Le tiers médiateur va écouter les parties et les aider à formuler leur propre accord consensuel. Le médiateur n'est pas là pour juger, encore moins pour imposer une solution. Au contraire, il est là pour diriger la communication et donner la parole à chacune des parties pour qu'elle exprime ce qu'elle ressent. Le médiateur mène les débats et facilite l'échange entre les parties dans le respect des principes directeurs de la justice pour apaiser la situation conflictuelle. En ce sens que le point plus essentiel de la médiation est le « *non-dit* », il arrive qu'au cours de la médiation, les parties ne disent pas tout. Comme le souligne Jacqueline MORINEAU : « *Ce qui est dit au cours d'échanges dans la médiation ne représente pas souvent ce que la personne ressent. C'est au tiers médiateur de donner la parole au sens caché des mots, non pas volontairement caché mais ignoré souvent par ceux qui les prononcent* »[692]. À cet effet, le médiateur doit être en principe le catalyseur entre le « *mot dit* » et le « *mot non dit* ».

459. La conception de ce mode de régulation sociale permet aux citoyens de se réapproprier la gestion de leur propre conflit. Le médiateur aide les parties à trouver une solution conciliatrice qui leur conviendra. La mission principale du médiateur est d'accompagner les parties dans la recherche des solutions satisfaisantes. À la différence du juge, le médiateur ne peut pas imposer une solution aux parties car il est dépourvu d'*imperium*. En revanche, il partage avec le juge et l'arbitre les mêmes devoirs : « *indépendance, impartialité et neutralité ; sans oublier la discrétion que lui impose l'obligation du secret à l'égard du tiers* »[693]. Il convient de souligner que la crédibilité du médiateur dans le processus de règlement des conflits repose sur sa capacité à se faire entendre et écouter. C'est dans cette optique que l'on voit dans la médiation une justice conciliatrice et pacificatrice (§ 1).

Ainsi, le médiateur un certain nombre de qualités. En ce sens, il convient de s'interroger sur la figure du tiers médiateur (§-2).

§ 1- La médiation, une justice conciliatrice pour une société tribale

460. Le conflit a une dimension humaine, sociale et normale de la vie des sociétés communautaires. Il est de notre responsabilité par la négociation et le compromis de procéder à le résoudre amiablement afin de pouvoir pacifier notre environnement social et communautaire. Étienne Le ROY nous donne une analyse anthropologie du conflit et de sa juridicité : « *Le conflit est le premier dans l'histoire d'une société, à la fois parce qu'il est associé au mouvement, donc à la vie dans son rapport à la mort, mais aussi parce que tous les mythes de fondation y associent un moment déterminant dans l'émergence de ce qui va faire société...* »[694]. À cet effet, la justice amiable, particulièrement la médiation, est considérée comme un modèle de construction ou de reconstruction du lien social axé sur la liberté et la responsabilité des personnes concernées. Elle permet à la communauté de se réconcilier avec elle-même pour pouvoir rétablir la paix, l'harmonie et le lien social dans le groupe.

461. L'approche anthropologique de la médiation nous permet de comprendre à quel point cette pratique sociale de régulation des conflits est importante dans les sociétés communautaires, comme c'est le cas de la société mauritanienne régie depuis l'indépendance du pays par le droit imposé d'expression française appelé communément le droit moderne. Cette forme de justice amiable émerge dans un contexte de crise sociale dans lequel l'« *État providence s'est affaibli et les institutions tombent en déclin* »[695]. À cet égard, nous pouvons souligner que la médiation illustre par là une société qui cherche des nouvelles formes de régulation sociale des conflits plus souples et mieux adaptées aux exigences de ses populations que des normes rigides et imposées. La médiation, pour Étienne Le ROY, « *est la réification du contexte de crise, considérée comme une dialogie entre les ordonnancements sociaux, qui se déploie dès lors comme une dialogie entre ordre imposé, accepté et contesté* »[696]. Aujourd'hui, nous pouvons dire qu'en République islamique de Mauritanie, la médiation répond à la logique de justice négociée, réclamée depuis les indépendances par les populations autochtones, et rend les parties responsables de créer leur propre juridicité en réglant leur conflit par elles-mêmes.

462. *Stricto sensu*, la médiation est présentée en Mauritanie comme une justice conciliatoire, c'est-à-dire une justice de paix et de fraternité. Ce processus informel paraît bien installé dans le pays, et est en pleine expansion. Sa validité repose certainement sur un accord de volontés des parties et une négociation contrôlée par un tiers neutre et indépendant. Dans ce sens, la médiation constitue une nouvelle forme de régulation sociale des conflits (A). Elle participe

donc à la construction et à la reconstruction du lien social, de la paix et le rétablissement de l'ordre social (B).

A- La médiation, un renouveau pour la régulation sociale des conflits

463. La conception classique de la justice, c'est-à-dire la justice rendue par les instances juridictionnelles étatiques, ne répond plus aux attentes et aux besoins des justiciables mauritaniens. En Mauritanie, la justice et le droit mettent aujourd'hui en œuvre plusieurs régulations sociales des conflits dans un seul espace juridique et juridictionnel comme l'arbitrage, la médiation et la conciliation qui sont une justice douce et pacificatrice. Dans ce sens, il y a lieu de penser les différents archétypes créés par Michel ALLIOT. L'auteur distingue trois archétypes : « *celui de soumission, qui révèle une conception unitariste du monde ; celui de l'identification, qui se manifeste par l'idée de dualité selon la pensée confucéenne, et celui de différenciation, qui est plus présent dans les sociétés africaines, où tout est pensé en termes multiples, spécialisés et interdépendants* »[697]. Ces archétypes sont des modèles ou des prototypes qui nous permettent de présenter les problématiques de la société mauritanienne par rapport à son organisation sociale et judiciaire. Dans ce contexte, nous nous posons la question, à savoir si la société mauritanienne se dirige vers l'archétype de différenciation (nouvelle forme de régulation des conflits) en quittant vraisemblablement l'ancien archétype qui est celui de la soumission. La réponse est affirmative car la médiation est la forme expressive de l'ordre négocié pour une société dont l'unité nationale est mise en cause par des évènements douloureux, et est traumatisée par une pratique ancestrale (l'esclavage) qui suscite de tensions et de conflits entre communautés. Dans ce sens, la médiation est l'une des réponses de ces archétypes qui laisse la solution du conflit à l'initiative des parties elles-mêmes.

464. Si la justice étatique est particulièrement conservatrice, la médiation, elle, constitue une voie privilégiée et conciliatrice pour réguler les contestations entre les Mauritaniens afin de pouvoir restaurer l'harmonie et la paix sociale. Elle est un outil de paix et de réconciliation pour les sociétés tribales ouest-africaines. Cette forme de justice sociale joue un rôle fondamental dans la société mauritanienne. Elle est l'expression la plus manifeste de la vitalité d'une culture de paix et de cohésion sociale dans un pays où la justice est fortement demandée. Ainsi, la médiation prend corps dans un contexte social en pleine mutation vers la justice informelle. Comme le montre Jean Pierre BONAFÉ-SCHMITT qu'« *à côté d'un modèle de régulation fondé sur une légitimité légale et rationnelle, pour reprendre la terminologie wébérienne, se seraient développées ou auraient émergé des* *formes de régulation sociale qui ont été qualifiées parfois d'informelles, alternatives ou encore intermédiaires qui font appel à d'autres formes de rationalités fondées sur les notions de contrat, de confiance, d'équité* »[698]. Il s'agit avant tout d'une justice institutrice de paix, de cohésion sociale et d'harmonie dans les communautés et entre les communautés.

465. L'émergence de cette nouvelle forme de régulation sociale des conflits est basée sur un compromis et un consensus qui mettent en lumière la pluralité des codes ou des ordres d'interprétation à partir des univers normatifs différents. La médiation est aussi un nouveau mode de communication permettant aux parties en conflit de trouver un compromis. Il s'agit là de la troisième voie ou la voie la plus douce, qui privilégie le pluralisme des ordres ou la pluralité judiciaire dans un espace juridictionnel mauritanien multiethnique. Avec cette nouvelle conception de régulation des rapports sociaux et juridiques, Étienne Le Roy montre les différentes réalités sociologiques et anthropologiques que peut impliquer la médiation à travers les différents niveaux d'appréciation : « *La médiation n'est fonctionnelle qu'en raison de l'interférence de ses différents étages qui, en se combinant, nous font progressivement saisir l'ensemble des enjeux sociaux qu'une pratique apparemment simple et banale peut recouvrir : la médiation. Elle se décline dans une gamme d'interventions, un procédé de gestion des conflits, à une procédure parajudiciaire de règlement des conflits, en passant par une idéologie de la pacification sociale. Cette conception de la médiation repose sur l'hypothèse que la diversité et la complexité de la vie sociale encouragent le développement de modes décentralisés de règlement des litiges permettant aux citoyens de se réapproprier les modes de gestion des conflits* »[699]. En ce sens que la médiation est considérée par les anthropologues comme un modèle amiable de régulation sociale des conflits.

466. Ce processus social, d'échange et d'écoute vise à mettre les parties autour d'une table de négociation et de concertation afin de retrouver la communion qui est brisée dans les relations sociales et humaines entre les parties. Ainsi, la médiation permet aux parties d'affronter les problèmes de cohésion et du vivre ensemble. Cet ordonnancement social et négocié aide les communautés et les tribus à restaurer la paix, l'harmonie, l'entente et le lien rompu par les conflits. Aujourd'hui, en Mauritanie, la médiation repose sur une nouvelle configuration entre identité sociale et altérité. Par le compromis, la rencontre et le dialogue, la médiation nous met devant la question de l'interdépendance dans une société multiethnique et autochtone comme celle de la Mauritanie. Elle nous oblige aussi à penser le droit et la justice différemment. En ce sens, il convient de remarquer que cette nouvelle forme de régulation des conflits nous conduit vers un espace de socialisation et de reconstruction du lien social.

B- La médiation, vers un espace de reconstruction du lien social

467. La première idée qui contredit l'image apparente de la société mauritanienne est celle d'une reconstruction constante de la paix et de l'équilibre social dans un espace multiethnique. Cette reconstruction de la paix passe d'abord par des régulations sociales des conflits telles que la médiation, la négociation et la conciliation. Aujourd'hui, la médiation entre dans le cadre de l'architecture judiciaire mauritanienne. Elle offre aux Mauritaniens un espace de dialogue et de reconstruction du lien social. Pour certains, elle est un outil pacifique de résolution des conflits le plus prometteur qui jouit aujourd'hui de la plus grande faveur auprès des autorités politiques mauritaniennes. Pour d'autres, la médiation représente pour les justiciables mauritaniens la clé de voûte de la paix sociale. Formellement, la société mauritanienne comme les autres sociétés communautaires africaines cherche « *la paix non seulement comme condition de sécurité des personnes et des biens mais, surtout, comme condition de la cohésion sociale* »[700] et la sauvegarde de l'équilibre permettant de recréer du lien social et rétablir l'ordre. Il s'agit là de médiation créatrice du lien social. Jean-François SIX nous a distingué quatre sortes de médiations dans son ouvrage *Les temps des médiateurs*[701] : la médiation créatrice du lien social, la médiation rénovatrice, la médiation préventive et la médiation curative. L'objectif principal de la médiation est la préservation de la paix et l'équilibre social.

468. La médiation favorise la paix et la création du lien entre les parties. Cette mission est menée par le médiateur qui est le nouveau régulateur social de paix. Ce processus amiable apporte une « *double bouffée d'oxygène. Elle apporte un peu de flexibilité à certains magistrats et à certains justiciables qui peuvent y trouver un équivalent de la justice de paix. L'autre bouffée d'oxygène est plus idéologique, qui est relative à une société réconciliée avec toutes ses forces sociales, donc difficile de continuer à imposer des normes juridiques sans l'accord des parties* »[702]. La médiation ne vise pas à répondre aux dysfonctionnements du système judiciaire classique mais plutôt à proposer un autre modèle de régulation des conflits basé sur la reconstruction du lien social. Il s'agit là de la création d'un nouvel espace social permettant à la fois de réguler les conflits mais aussi de recréer le lien au sein social.

469. Ce processus de socialisation cherche en effet à consolider la paix entre les Mauritaniens. Il favorise notamment la communication au sein de la société en confortant le lien social et la paix durable. Aujourd'hui, il est important de souligner que la médiation crée dans l'espace mauritanien d'interactions humaines, de compromis et de confiance qui se remplissent de relations et d'échanges réciproques entre les populations. Il s'agit d'un procédé pacifique des interactions sociales et de la socialisation, qui conduit à la reconstruction ou la construction de la paix et la tranquillité sociale. Avec l'avènement de la société postmoderne, il nous semble que nous soyons passés d'« *un modèle conflictuel de résolution des conflits basé sur l'opposition d'intérêts entre des individus égaux en droit qui est un modèle gagnant-perdant à un modèle plus social, plus consensuel par consentement mutuel, basé sur la responsabilité sans faute* »[703]. Cette socialisation des rapports sociaux nous permet de remarquer qu'aujourd'hui, en Mauritanie, les conflits ont changé de nature et demandent une justice plus humaine fondée sur un compromis et le vivre ensemble et non sur une décision violente et imposée aux parties. Dans ce contexte de vivre ensemble, l'accent a été mis sur la paix et la reconstruction de nouvelles relations sociales. À cet effet, la médiation place le médiateur comme figure importante d'autorité reposant sur sa personnalité, son indépendance, son impartialité et sa neutralité.

§ 2- La place du tiers médiateur dans le processus de médiation

470. La médiation constitue aujourd'hui en République islamique de Mauritanie la voie conciliatrice de règlement amiable des conflits. Le développement de ce paradigme de résolution amiable des conflits a permis d'inscrire toute démarche dans la « *pluralité d'ordonnancements sociaux permettant de retranscrire la complexité des formes de la juridicité* »[704]. La recherche d'une solution amiable suppose la négociation assistée par un tiers médiateur. La posture de ce tiers intermédiaire peut être définie comme celle d'un tiers indépendant, neutre, juste, impartial et sans pouvoir de décision, dont son rôle se limite tout simplement à organiser la communication entre les parties. Le tiers médiateur peut aussi aider les médiés (les parties en conflit) à trouver leur propre solution au cours de cette intercompréhension afin de rétablir le lien social déjà rompu par le conflit. Ainsi, il doit avoir une formation adéquate, des expériences solides et des compétences qui l'habilitent à diriger un tel processus de communication permettant d'apaiser les tensions et de résoudre les conflits pacifiquement. Dans ce processus informel et négocié, la communication est triangulaire, selon Étienne Le ROY : « *Le médiateur n'est pas le destinataire privilégié de la communication, mais plutôt un canal ; les parties discutent ensemble à travers le médiateur parce qu'elles sont elles-mêmes titulaires du pouvoir décisionnel. Le médiateur est un tiers, qui n'est pas concerné par le différend mais qui peut communiquer avec les parties* »[705]. Il s'agit là d'agir communicationnel entre acteurs du même espace social. Dans ce processus social de résolution des conflits, le respect d'un certain nombre d'étapes permettra de faciliter le dialogue et la communication. Certaines de ces étapes sont liées au processus lui-même (A) et d'autres aux médiés, c'est-à-dire les parties en médiation (B).

A- Les différentes étapes du processus de médiation

471. Si « *un mauvais arrangement vaut mieux qu'un bon procès* », encore faut-il que cet arrangement ne soit pas certainement mauvais pour les parties. En effet, la médiation est un processus négocié et un « acte d'intelligence »[706] ; son fondement se trouve dans l'accord préalable des parties à aller à la table du compromis. À cet égard, le consentement des parties est la pierre angulaire sans laquelle la médiation perdrait toute légitimité et toute efficacité. Il est absolument nécessaire que les parties donnent au préalable leur consentement éclairé et explicite pour aller au processus de médiation digne de ce nom. Car il s'agit d'une régulation sociale interactionnelle, qui ne se limite pas simplement à une gestion technique des conflits mais qui se construit à partir des interactions humaines pour une meilleure prise en compte du lien et des éléments affectifs entre les différentes parties. C'est dans ce sens que Charles JARROSSON écrit que « *le développement de la médiation peut s'expliquer par diverses raisons : tendance à la contractualisation de la justice, ou bien repli communautarien destiné à garder et à traiter le litige au sein d'une communauté donnée, ou encore recherche d'une prise en compte plus importante des éléments affectifs ou psychologiques* »[707]. Ainsi, les différentes étapes du processus de médiation sont dans un premier temps, une entrée en médiation (1) puis, dans un second temps, les outils du processus de médiation (2).

1. L'entrée en médiation du médiateur

472. Le processus de médiation se rapproche, selon Jean-Godfroy BIDIMA, de la technique de la palabre africaine. La palabre africaine est un processus social communautaire qui permet à la communauté ou à la tribu de régler leur conflit pacifiquement par le biais de médiateurs coutumiers. En Mauritanie, avant la réforme du Code de procédure civile, commerciale et administrative, on utilise le terme traditionnel « *Mouslih* » pour désigner le médiateur, conciliateur, l'arbitre ou toute personne qui s'interpose entre les parties afin de les aider à se réconcilier. Aujourd'hui, le terme « médiateur » prend une autre signification plus large et plus sociale qui est celui qui facilite la communication et un quelconque compromis entre les parties en conflit. En d'autres termes, il s'agit d'un tiers indépendant et neutre qui conduit les parties vers la réconciliation et la paix sociale. Le mécanisme de ce processus nécessite bien évidemment une avant-médiation (a) puis l'ouverture du processus de médiation (b).

a- L'avant-médiation

473. Le système judiciaire mauritanien a intégré la médiation comme mode négocié de résolution des conflits permettant à cette dernière d'être articulée avec l'action en justice. Les parties qui optent pour le processus de médiation décident d'éviter le juge et ses conséquences afin de trouver un compromis au conflit qui les oppose. Dans cette perspective, les parties choisissent de recourir à la médiation soit en amont de la naissance ou après l'apparition de leur différend selon l'article 166-12 du Code de procédure civile, commerciale et administrative. Dans la première hypothèse, la clause faisant référence à une médiation préalable oblige les parties à recourir à la médiation. En revanche, dans la seconde hypothèse, le compromis de médiation suppose un accord des parties alors qu'un conflit les oppose déjà. Les dispositions de l'article 166-12 du même code donnent la possibilité aux parties dans un conflit de conclure la convention de médiation même après la naissance du conflit.

474. La phase de prémédiation ou d'avant médiation constitue un moment très important dans ce processus triangulaire pour sa réussite et son efficacité. Cette phase décisive d'avant médiation permet au médiateur et aux parties de déterminer l'objet du conflit et de fixer les règles du jeu liées au déroulement du processus de médiation dans un cadre serein et acceptable pour tous. C'est sans doute que la médiation est en effet un certain rapport à l'autre, c'est-à-dire une construction des nouvelles relations sociales dans un espace de dialogue et de compromis. Accepter d'aller en médiation, selon Blorn BRENNEUR, « *c'est accepter de faire le premier pas vers l'autre. Ce premier pas est souvent le plus difficile à faire [...]. Et ce sont ces pas, toujours recommencés, qui font avancer les personnes. Elles deviennent responsables de la solution de leur conflit, et chacune contribue à renouer le lien et à bâtir l'accord* »[708]. En ce sens, la médiation est au service de la paix et de l'harmonie sociale pour pouvoir restaurer un équilibre social rompu par le conflit. L'étape de la phase de prémédiation ou avant-médiation est nécessaire pour la réussite des étapes suivantes du processus. À cet égard, « *le médiateur reçoit les parties en entretien individuel ou collectif, quoi qu'il en soit, ce premier entretien est important car il donne toutes les informations nécessaires avant de s'engager. Il sera expliqué ce qu'est la médiation et comment elle peut améliorer la situation* »[709]. Lors du premier entretien, le médiateur aborde également avec les parties les principes directeurs de la médiation tels que l'impartialité, l'indépendance et la confidentialité mais aussi la liberté de chacune des parties de s'engager ou de ne pas s'engager dans ce mode de régulation sociale des conflits.

474. Le médiateur avant de clôturer cette première phase de réunion vers le processus de médiation avec les médiés doit mettre l'accent sur les règles du déroulement du processus, le respect, l'écoute et la recherche d'une compréhension mutuelle qui rendront les échanges différents de ce qu'ils ont été dans le passé, lorsqu'ils ont pu être « agressifs ou stériles »[710]. Ainsi, à la fin de cet entretien avec les médiés, le médiateur demande aux parties si elles souhaitent s'engager ou non dans ce processus de règlement amiable de leur conflit. Processus que les parties doivent se sentir libres d'accepter ou de refuser. Le médiateur peut aussi donner aux parties un temps de réflexion et d'engagement si elles le souhaitent. Cela constitue une réalité de la justice amiable dans une société en pleine reconversion normative.

475. En pratique, la phase de prémédiation se termine régulièrement par la signature d'un accord. Cette signature n'est pas sans conséquence car elle engage les parties en médiation à respecter les règles fondamentales qui gouvernent le processus de médiation. C'est dans ce contexte que Jean-Pierre BONAFÉ-SCHMITT écrit que « *la signature d'un accord de médiation n'est pas sans conséquence, car elle participe à la constitution d'un rituel de la médiation qui vise à faire prendre conscience aux parties à travers des actes symboliques comme l'accord de participation, de l'importance du processus de médiation. Le rituel vise à consacrer le rappel des règles fondamentales de la médiation, comme son caractère volontaire, la confidentialité des débats, la neutralité du médiateur* »[711]. Ainsi, à la fin de cette rencontre, le médiateur suggère les médiés de respecter leur engagement donné mais également les règles du déroulement du processus dès l'ouverture de la séance.

b- L'ouverture du processus de médiation

476. La médiation est un processus social intrinsèquement consensuel et pacifique. Son succès et sa réussite dépendent nécessairement de la manière dont celle-ci est organisée et entreprise par les différents acteurs. L'objet principal de la médiation est de rétablir le dialogue et la communication entre les parties en conflit afin de trouver un accord ou un compromis permettant de mettre fin au conflit. Ce dialogue ne doit pas être conçu comme étant un « *face-à-face* »[712] mais plutôt comme un mécanisme constructif menant les parties vers la paix, la réconciliation et l'instauration du lien social. Ainsi, au-delà du rétablissement de la communication et du dialogue entre les parties, la médiation signifie aussi la reconnaissance de l'autre dans son altérité. De ce fait, la médiation est considérée comme un outil d'apaisement des relations sociales pour les justiciables. L'ouverture du processus de médiation est le premier acte qui permet au médiateur d'informer les parties sur ce qu'est la médiation et la manière dont cela doit se dérouler.

477. À la suite de la préméditation à l'issue de laquelle les parties ont donné leur accord d'aller en médiation et sur le respect des règles qui gouvernent le processus de médiation, le premier axe de travail que le médiateur doit mener concerne le désaccord qui existe entre les médiés. Le médiateur doit vérifier avant de commencer le fond de la médiation si les parties sont prêtes pour aller à la table de négociation et sont d'accord également sur leur désaccord, c'est-à-dire sur ce qui les oppose. Une fois que le médiateur est assuré de cela, il peut proposer un premier rendez-vous aux médiés dans un lieu neutre. Certains médiateurs suggèrent une rencontre individuelle avant la séance plénière. Cela peut sembler rassurant pour les parties afin de les aider à identifier l'origine du conflit et de ce qui les oppose en tenant compte de leur émotion et de leur réclamation. Comme le montre Béatrice BLOHORN-BRENNEUR, « *lorsque les personnes se présentent à la première réunion de médiation, elles sont dans l'émotion. Le médiateur doit donc occuper le terrain et les mettre en confiance. Il montre que le processus qu'il conduit donne à chacun toute sa place, et permet d'évoluer vers la résolution des problèmes. Il organise les échanges, et est responsable du processus* »[713].

478. Dans le cadre de sa mission de conciliation, le médiateur peut entendre chacune des parties séparément, comme il peut les entendre en séance plénière. Lors de la première séance plénière, le médiateur demande à chaque partie de bien préciser ses attentes respectives par rapport au processus de médiation. Cela rassure le Médiateur que les parties sont d'accord pour parler du même problème. Enfin, il doit vérifier que les parties sont dans un très bon état d'esprit pour entamer le dialogue et la discussion dans un climat serein. Ainsi, le dialogue triangulaire (médiateur et les deux parties) peut avoir lieu directement au cours de rencontre ou indirectement à travers ce que l'on appelle la diplomatie de la navette « *caucus* »[714] permettant de rapprocher les parties pas à pas afin de pouvoir faire des concessions réciproques dans la bonne direction vers la paix. Le médiateur s'efforce d'ouvrir le dialogue autour des attentes et des positions de chacune des parties. Il peut entendre avec l'accord des parties toute personne qui y consent et dont il estime que l'audition est utile pour trouver un accord selon le Code de procédure civile, commerciale et administrative. Il est certain que « *pour bien comprendre non seulement l'objet du litige, mais aussi ses raisons profondes et peut-être le climat d'hostilité dans lequel le différend est né, et ses raisons internes, l'audition devrait être avant tout contradictoire*[715]. *Dans la résolution amiable des conflits, la diffraction du contradictoire est en quelque sorte compensée par la nécessaire acceptation de la solution* »[716].

479. Au fur et à mesure que le médiateur parle et présente la médiation, « *les personnes vont respirer au rythme du médiateur. Si la respiration du médiateur est calme et régulière, elle influencera en ce sens les personnes présentes dans la salle de médiation* »[717]. Dans cette première étape, l'assistance des avocats n'est pas exclue selon le Code de procédure civile et commerciale. En outre, l'assistance des avocats est surtout nécessaire en médiation judiciaire afin de garantir les principes directeurs de la médiation tels que l'indépendance, l'impartialité et la neutralité. L'avocat joue un rôle important en médiation judiciaire mais sa présence n'est pas obligatoire. Dans ce contexte d'assistance des avocats, le Code de procédure civile, commerciale et administrative prévoit que lorsque le médiateur reçoit des informations concernant le différend, il peut en révéler la teneur aux avocats des parties en médiation. La médiation est en effet une régulation sociale des conflits, sa mise en place requiert différentes techniques favorables au processus.

2. Les techniques du processus de médiation

480. Les développements de cette partie sont issus de la doctrine française mais applicable à tout type de médiation, y compris celle issue des réformes de 2019 en Mauritanie. La procédure est théoriquement censée être pratiquée en France comme en Mauritanie car la philosophie de la médiation est la même partout dans le monde. Les textes sur la médiation en Mauritanie sont presque la copie conforme de ceux de la France qui définissent la médiation au fond, comme un processus volontaire pour permettre aux parties de rétablir la communication et faciliter une solution amiable au conflit qui les oppose. À cet effet, les entretiens doivent être menés par un professionnel qualifié : le médiateur, que nous appelons ici le technicien des relations sociales, doit être formé aux techniques qui entourent ce processus pour mener à bien ses missions de conciliation et de réconciliation. Ce technicien des relations sociales n'impose pas aux parties une solution mais les dirige vers leur propre choix de solutions avec les techniques adaptées à cela. En ce sens, nous étudierons les techniques de la Communication non violente (a) et celles de l'écoute et de la reformulation (b).

a- La Communication non violente

481. L'espace de médiation est un espace de socialisation, d'interaction et de coopération permettant de restaurer la communication entre les parties qui était brisée par le passé par les conflits. Le plus souvent, les parties ne supportent pas le conflit car ce dernier est une pathologie qui met à mal l'équilibre social, l'harmonie et la paix dans le groupe. De ce fait, il faut soigner ce mal qui détruit les rapports sociaux afin de rétablir un dialogue constructif sur la base d'une Communication non violente (CNV). Ce processus humain d'écoute et de compréhension est destiné à rétablir la communication entre les parties. Par sa souplesse, il nécessite des techniques de communication et des méthodes efficaces pour mener à bien les débats avec un « cadre d'expression non violente et des ressentis »[718]. C'est dans ce contexte de la Communication non violente qu'Étienne Le ROY écrit que « *la médiation interfère dans une communication qui est bloquée par suite d'une opposition que les parties n'ont pas accepté de dépasser ou de négliger. L'opposition est ainsi ouverte, déclarée et doit logiquement mener à une solution explicite* »[719]. Le rôle d'interférentiel permet de faciliter le dialogue et la communication. Il est censé favoriser le passage à un meilleur état de compréhension des uns et des autres.

482. Sans doute, la médiation est une fonction sociale qui aide les parties à mieux communiquer et à mieux dialoguer afin de trouver leur propre compromis. Dans ce sens, la communication constitue un acte social fondamentalement inscrit dans une interaction sociale et humaine dans le groupe. La communication est une technique qui permet au médiateur de prendre en compte très concrètement les « *besoins* » et les « *positions* » des médiés et de bien diriger les débats tout en restant neutre et indépendant. Le médiateur doit faire en sorte que ce que l'on souhaite « *émettre soit parfaitement en phase avec ce qui sera perçu par son interlocuteur* »[720] d'où l'intérêt d'évoquer la Communication non violente dans le processus des modes amiables de règlement des conflits. Cette technique crée une certaine interactivité sociale et humaine puisqu'elle désigne la dimension relationnelle entre les parties mais aussi entre le médiateur et les parties. Cette interactivité intentionnelle constitue donc un des aspects fondamentaux du processus des modes amiables de résolution des conflits. Les psychologues et psychosociologues ont évidemment trouvé intéressant ce qu'ils ont appelé « *l'agir communicationnel* » mis en œuvre à cette occasion par les acteurs les plus avisés[721]. Ainsi, au cours du processus de médiation, le médiateur peut pratiquer la méthode de la CNV fondée par le psychanalyste Marshall ROSENBERG[722]. Pour les psychologues, la médiation c'est la communication, les positions, les sentiments et les besoins de nouvelles relations mais aussi la production de la vie communautaire. En revanche, pour les professionnels du droit, la médiation renvoie avant tout aux notions de rationalité, de droits et de résolution négociée de conflits. C'est dans ce contexte de droit et de résolution des conflits que le technicien des relations sociales doit mettre l'accent sur la Communication non violente dans le processus de médiation afin d'encourager les parties à exprimer pleinement leurs « *sentiments* » et leurs « *besoins* » sans aucune gêne. Le tiers médiateur dirige la communication et facilite la prise des paroles de l'une ou de l'autre partie pour favoriser le passage d'un conflit vers un accord meilleur. Comme le montre Étienne Le ROY, « *le médiateur est le tiers, qui n'est pas concerné par le différend mais qui peut communiquer avec les parties* »[723]. Le médiateur est un professionnel et est plus qu'un être psychologique et social. Il est un « *Homme* » dans le sens de Jacqueline MORINEAU : « *L'Homme, qui doit être considéré dans sa totalité, car il est la synthèse et la cristallisation de souches successives* »[724].

483. Dans cet espace d'interaction, la Communication non violente s'appuie sur des mots choisis par les acteurs autour de la table de négociation pour exprimer une « *demande* », une « *position* » et un « *besoin* ». La médiation aide les parties à clarifier leurs attentes, leurs positions et leurs besoins. La technique de communication permet aux parties de dialoguer sans heurter son interlocuteur en face. Avec cette méthode, le médiateur apprend à communiquer et à identifier les besoins et les positions de chacune des parties au cours de la discussion. Comme le souligne Béatrice BLOHORN-BRENNEUR, « *la Communication non violente met en avant les sentiments, les besoins, les intérêts, et offre de réponse pouvant être acceptée par l'autre. Elle part de l'observation d'un fait précis et concret, et de l'expression des sentiments. Les sentiments (joie, tristesse, peur, colère...) sont les clignotants permettant de comprendre qu'un besoin essentiel est satisfait (joie), ou n'est pas satisfait (peur, colère, tristesse). Il s'agit alors de présenter à l'autre une demande négociable et non un ultimatum pour satisfaire ce besoin* »[725]. Dans cet espace d'échanges et des discussions, le tiers médiateur se concentre sur le contenu des échanges et ne prend pas en compte la dimension sensationnelle et émotionnelle des parties. Mais il doit avoir une certaine empathie envers les parties tout en gardant sa neutralité et son indépendance tout au long du processus. À cet effet, il faut remarquer que les techniques de la Communication non violente conduisent les parties à construire un accord équilibré dit « *gagnant-gagnant* »[726]. Au-delà de la Communication non violente, le médiateur dispose également d'autres techniques (l'écoute et la reformulation) pour mener à bien sa mission de paix et de reconstruction du lien social.

b- L'écoute et la reformulation

484. La communication, la reformulation et écoute sont au cœur du processus de médiation. À cette phase de la médiation, l'écoute et la reformulation constituent une pierre angulaire pour la réussite du processus. Le tiers intermédiaire doit être à l'écoute et ne doit porter aucun jugement, encore moins imposer quoi que ce soit aux parties. Il doit respecter les principes fondamentaux tels que l'impartialité, la confidentialité et l'indépendance qui gouvernent la médiation. Le médiateur doit avoir une attitude d'écoute, de compréhension et de reformulation de tout ce qui se dit dans l'espace de discussion triangulaire. Les techniques de compréhension, d'écoute et de la reformulation sont des éléments essentiels en matière de médiation comme elles les sont dans la plupart des techniques de communication et de thérapie. Le médiateur gère « *les relations entre les parties par des attitudes (écoute, regard, parole...), l'expression de sentiments (par rapport à un orgueil mal placé, la honte...) et des compétences dans la manière de nouer le dialogue et de faire émerger un consensus* »[727]. C'est ainsi que se sont développés des concepts tels que « empathie », ou « écoute active » ou encore « écoute non directive » ou encore « écoute neutre et écoute bienveillante »[728]. Le tiers médiateur doit bien écouter mais surtout bien comprendre attentivement ce que les parties expriment. Cette posture du médiateur donne une certaine confiance aux parties d'être bien entendues et bien écoutées par quelqu'un qui prend au sérieux leurs relations sociales et le conflit qui les oppose. Grâce à cette technique d'écoute et de compréhension, le médiateur peut établir en quelque sorte un diagnostic de la situation, c'est-à-dire identifier les besoins et les attentes de chacune des parties. Il faut noter que généralement, en médiation, tout ne se dit pas. Il y a toujours des non-dits. C'est à travers cette méthode d'écoute active que le médiateur devient un « *catalyseur entre le mot dit* » et le « *mot non-dit. Le protagoniste ne va plus entendre seulement la voix de ses mots mais aussi une autre voix qui dit quelque chose de différent* »[729].

485. Cette méthode d'écoute active a un double impact : « *Elle permet à celui qui parle d'entendre ses propres paroles et de mieux saisir comment elles peuvent être perçues. À celui qui écoute, de mieux comprendre ce qui est dit. Elle permet donc de modifier ses propos afin de mieux les ajuster à ce que l'on souhaite dire et à l'autre, de demander des explications pour sortir des malentendus* »[730]. La technique d'écoute et d'ouverture permet au tiers médiateur d'amener chacune des parties à se mettre à la place de l'autre pour mieux comprendre ses besoins et ses attentes. Le sens de l'écoute et de la compréhension constitue une qualité nécessaire pour le tiers médiateur afin de pouvoir bien mener le processus de médiation. À cela s'ajoutent également la patience et la persévérance mais aussi une formation et des expériences indispensables en la matière.

486. À côté du concept d'« écoute », il existe un autre concept qui est celui de la « reformulation ». La reformulation est une méthode clé pour la réussite et le succès du processus de médiation. Cette technique consiste à dire autrement ce que l'une des parties a dit afin que le message puisse être entendu d'une manière agréable et bienveillante. Dans le processus de médiation, le tiers intermédiaire joue un rôle très important dans les débats triangulaires en reformulant les mots de chacune des parties. À cet effet, la reformulation peut être considérée comme un outil essentiel pour arriver à un compromis. Elle permet au médiateur et aux parties, selon Jean-Pierre BONAFÉ-SCHMITT, « *de vérifier si ce que l'on a dit a été bien compris. Mais elle permet aussi de faire avancer le processus de médiation. En reformulant les points de vue, le médiateur peut aider les parties à préciser leurs demandes, et à déterminer les points d'accords et de divergences entre elles* »[731]. Cette technique rassure le médiateur qu'il a été entendu réellement, mais également aux médiés, que le médiateur les a bien entendus et bien écoutés. En ce sens, la reformulation rend possible la négociation. Son but est d'indiquer que ce qui a été dit a été bien compris. « *Elle réduit ainsi les malentendus. La personne comprend qu'elle est avec l'autre partie, au centre de la communication* »[732]. En fonction de la complexité de l'affaire, cette phase de médiation peut se dérouler sur plusieurs séances. Le médiateur peut utiliser des réunions séparées avec l'accord des parties. Ainsi, pour parvenir à un accord entre les protagonistes, le médiateur doit impérativement s'efforcer d'être en écoute des parties mais il doit aussi reformuler leurs prétentions. Cela permet en effet au médiateur de lever les oppositions[733] mais aussi de contribuer en effet à dégager un terrain d'entente pour un traitement de fond vers un accord négocié et consensuel[734]. Sans doute, une telle qualité d'écoute et de reformulation dépend des formations en médiation mais surtout des qualités intrinsèquement humaines du tiers médiateur.

B- La figure du tiers médiateur

487. Dans son article intitulé « *Médiation mode d'emploi* »[735], Étienne Le Roy précise que le médiateur est un tiers qui n'est pas concerné par le conflit. Ce qui est vrai et juste car le tiers est en principe une personne extérieure aux parties et au conflit. À cet effet, il est une tierce partie qui peut intervenir au processus de médiation lorsque toutes les parties y consentent. Il faut souligner que l'intervention de ce tiers médiateur n'est pas obligatoire dans le processus de règlement amiable des conflits. Son intervention dépend du bon vouloir des parties. L'idéologie de la justice amiable a pour conséquence la multiplication de ce procédé (tiers neutre et indépendant) avec pour mission d'écouter les parties, de rétablir le dialogue entre les médiés et d'éclairer les prétentions des parties en conflit avec neutralité, indépendance et impartialité. Le médiateur est considéré comme une « *figure d'autorité reposant sur l'indépendance, l'impartialité, la neutralité et son sens de l'équité* »[736]. Comme tout mode amiable de régulation sociale des conflits, le tiers intervenant doit respecter les principes déontologiques tels que le consentement libre et éclairé des parties, la confidentialité des débats mais surtout l'indépendance, la neutralité et l'impartialité afin de pouvoir bien mener sa mission avec certitude et confiance des médiés.

488. Sans doute, le tiers médiateur doit présenter à l'instar du juge un certain nombre de garanties (l'impartialité, la neutralité, l'indépendance…). La médiation place le médiateur comme un tiers indépendant et impartial, c'est-à-dire qu'il ne prend pas part et ne privilégie pas un point de vue sur un autre. Le Code de procédure civile, commerciale et administrative issu de la réforme du 29 avril 2019 pose les principes généraux applicables à toutes les formes de médiation quelles qu'en soient. Il résulte de l'article 166-18 du même Code que le médiateur accomplit sa mission avec impartialité, indépendance et discrétion. Autrement dit, le processus de médiation est soumis au respect des principes généraux de médiation, notamment l'indépendance, l'impartialité, la neutralité, la confidentialité et la compétence du médiateur que Jean-Pierre MARTEL les nomme l'« *autorité morale du médiateur* »[737]. Ces garanties nécessaires sont inhérentes à toute forme de médiation[738], y compris la médiation conventionnelle. L'indépendance, l'impartialité et la discrétion du médiateur sont des principes indispensables pour la réussite de tout procédé amiable de règlement des conflits mais également pour rendre les personnes en médiation comme des acteurs et responsables de leur propre conflit. Ces exigences éthiques permettent au médiateur de ne pas juger les parties et ne pas prendre parti car son rôle se limite tout simplement à aider les parties à trouver leur propre solution concrète au conflit qui les oppose. La médiation est par principe un processus basé sur l'accord des parties. À cet égard, il est demandé aux parties en médiation d'être en effet loyales, de bonne foi et de s'engager dans le respect mutuel.

489. Pour cela, la figure du tiers médiateur et les parties en médiation s'apprécieront à travers les règles éthiques auxquelles elles sont soumises dans le cadre de la médiation. Que l'on est en présence d'un tiers médiateur les qualités nécessaires doivent être requises (1) ou des parties en médiation la bonne foi et la loyauté des médiés sont très importantes pour le succès du processus (2). Les exigences requises de deux côtés diffèrent sensiblement.

1. Les qualités relatives au tiers médiateur

490. La médiation est une formidable justice amiable. Elle est souple, rapide, volontaire et moins coûteuse. Le médiateur représente la pièce maitresse de ce processus négocié. Son rôle principal est de faciliter la communication entre les médiés et de les aider à accoucher une solution négociée. À cet effet, le bon déroulement de ce processus dépend donc le plus souvent du respect des principes déontologiques et des qualités requises du médiateur. Dans ce sens, le choix du médiateur est fondamental pour la bonne tenue du processus. La médiation, qu'elle soit judiciaire ou conventionnelle, est un processus structuré reposant sur la responsabilité des parties avec l'aide d'un « *tiers neutre, impartial, indépendant et sans pouvoir décisionnel ou consultatif qui favorise, par des entretiens confidentiels, le rétablissement des liens, la prévention et le règlement des conflits* »[739]. Les qualités tenant au tiers médiateur sont principalement annoncées par les articles 6 § 1 de la Convention européenne des droits de l'homme et 166-18 du CPCCA, à savoir l'indépendance, l'impartialité, la neutralité et la confidentialité. En d'autres termes, le droit à une médiation équitable. Le tiers intermédiaire est tenu de respecter un certain nombre de principes directeurs relatifs au procès équitable dans le sens de la CEDH afin d'aboutir à une médiation équitable. Ainsi, sur le plan éthique, il est important que le médiateur présente à l'instar du juge toutes les qualités d'indépendance et d'impartialité (a) et celles de confidentialité et de neutralité (b).

a- L'indépendance et l'impartialité du tiers médiateur

491. La médiation est un espace de dialogue et de reconstruction de paix sociale. En un mot, de réconciliation humaine. L'un des rôles du tiers intercesseur est de diriger la communication et le dialogue vers cette réconciliation humaine lors des différentes réunions de médiation mais également de donner du temps aux médiés pour qu'ils réussissent ensemble à trouver un accord consensuel au conflit qui les oppose. La médiation permet aux médiés de construire conjointement les modalités relationnelles de l'après-conflit. Habituellement, dans les sociétés communautaires en cas de conflit, on fait appel à ce tiers médiateur/conciliateur indépendant et impartial afin de tenter de concilier les parties dans le respect de leurs droits[740], garantissant l'indépendance et l'impartialité. Les notions d'« *impartialité* » et d'« *indépendance* » sont des exigences consubstantielles aux modes amiables de règlement des conflits. Elles apparaissent comme des conditions nécessaires pour la réussite du processus de médiation. Le tiers intercesseur est tenu de les respecter. Comme le souligne Étienne Le ROY, « *le tiers médiateur doit apparaître comme une figure d'autorité non en vertu de sa place dans une institution ou en vertu d'un mandat (ce qui serait une confusion de rôle, de registre et de statut) mais par l'expression d'une neutralité, d'une objectivité et, finalement, d'un sens de l'équité* »[741].

492. À la différence du juge institué par l'État qui dit la loi et tranche les conflits, le médiateur accueille et accompagne les litigeants vers une sortie de crise pacifiquement. Sa mission principale est de rétablir la communication et le lien social. Dans ce sens, le médiateur doit être un intermédiaire indépendant comme le juge. Il propose un espace d'écoute et des solutions aux parties qui sont en conflit. Il est tenu au respect des principes fondamentaux tels que la confidentialité des débats, l'impartialité et l'indépendance. Ainsi, il faut remarquer que la notion d'indépendance est proche de l'impartialité. Néanmoins, l'indépendance se définit comme « *un statut qui permet à la personne de résister aux pressions provenant des autorités extérieures. Elle est une garantie pour le médiateur, que par sa probité professionnelle et non par son statut, comme c'est le cas pour le juge* »[742]. Ainsi, la loi du 29 avril 2019 dispose que le médiateur doit faire preuve de probité et présenter des garanties d'indépendance et d'impartialité. Il résulte de l'article 166-18 du Code de procédure civile, commerciale et administrative qu'au moment de sa désignation, le médiateur doit confirmer dans une déclaration écrite son indépendance, son impartialité ainsi que sa disponibilité pour assurer la procédure de médiation. Autrement dit, l'indépendance du médiateur tend à garantir l'impartialité de son action. Contrairement au juge et à l'arbitre qui tranchent le litige, le médiateur, lui, ne tranche pas mais aide les parties à trouver leur propre solution au conflit qui les oppose. Le médiateur a surtout besoin de la confidentialité des débats mais aussi de la confiance des parties pour poursuivre et réussir sa mission de paix et de réconciliation. Il a pour fonction d'aider les parties à surmonter le conflit et à provoquer l'émergence d'un consensus entre les médiés.

493. Ainsi, l'indépendance du médiateur s'avère essentielle pour la crédibilité et l'efficacité du processus de médiation. Son rôle sera de se comporter de manière indépendante pour que chacune des parties au conflit puisse ouvertement reformuler des revendications en vue de parvenir à un compromis. Pour Loïc CADIET, « *l'indépendance dans les MARC a assurément un sens s'agissant des tribunaux établis par loi ; il s'agit de protéger les parties en assurant la protection du juge par rapport à la puissance publique qui l'a institué. Mais lorsque le juge est investi par les parties elles-mêmes, est-ce la même chose ? La réponse est affirmative pour la raison, précisément, qu'il est un juge, même si c'est un juge privé. Comme le juge public, il doit être indépendant de ceux qui l'ont investi, si ce n'est qu'alors son indépendance et son impartialité ne font qu'une* »[743]. À cet effet, dès lors qu'un tiers (juge ou médiateur) s'impose entre les parties, la question de l'indépendance et de l'impartialité de ce tiers va de soi.

494. Quant à la notion d'« impartialité », celle-ci n'est pas récente, selon Emmanuel JEULAND : « *Il existe depuis fort longtemps des règles et des procédures de récusions permettant d'écarter un juge qui ne donne pas toutes les garanties d'impartialité* »[744]. L'impartialité est une qualité du médiateur comme chez le juge, qui se concrétise par une absence de parti pris, de préjugé, de préférence, d'idée préconçue. Ces exigences sont consubstantielles à la fonction de juger tout comme à la fonction de réconcilier. Le médiateur doit traiter les parties de manière égalitaire, juste et neutre. L'article 166-7 du Code de procédure civile, commerciale et administrative précise que, lorsqu'une personne est sollicitée en vue de sa désignation en qualité de médiateur, elle signale toutes circonstances de nature à soulever des doutes légitimes sur son impartialité. L'impartialité est ainsi essentielle afin de permettre la réussite du processus de médiation. C'est pourquoi le médiateur doit être libre de tout favoritisme ou de tout parti pris à l'égard de l'une ou l'autre des parties en médiation. En droit mauritanien, les conditions de moralité, de compétence, d'indépendance et d'impartialité sont fixées par l'article 166.5 du CPCCA. Cet article précise en substance que la personne physique ou morale chargée d'assurer une fonction de médiation doit satisfaire un certain nombre de conditions, c'est-à-dire n'avoir pas fait l'objet de condamnation à une peine infamante, ne pas être frappée d'incapacité ou de déchéance des droits civiques, posséder une expérience, être impartiale et indépendante… Le médiateur impartial peut identifier les besoins et les prétentions des parties, de prendre en compte les facteurs non rationnels ou en tout cas non juridiques qui participent à la prise de solutions[745] mais également de reformuler la position de chacune des parties en des termes propres à être compris par l'autre[746]. L'impartialité et l'indépendance du médiateur supposent la confidentialité.

b- La confidentialité et la neutralité du tiers médiateur

495. La médiation est un processus amiable soumis au principe de la confidentialité. Cette garantie est consubstantielle à tous les modes amiables de résolution des conflits. La confidentialité se traduit par une absence totale de publicité des débats tout au long du processus de médiation sauf accord contraire des parties. Elle s'oppose à la publicité des débats et au contradictoire qui sont des principes directeurs du procès. Pour Xavier LAGARDE, « *la confidentialité se substitue au contradictoire et c'est à l'issue des échanges informels que se dessine une solution permettant aux parties de dessiner un avenir commun* »[747]. Il faut noter que la réussite du processus de médiation repose sur l'impartialité et l'indépendance du médiateur mais aussi sur la confidentialité des débats. Ce qui signifie que même si la médiation échoue, les documents échangés entre les parties dans le cadre de la médiation resteront confidentiels. Ces documents ne peuvent en aucun cas être divulgués aux tiers ni invoqués devant les tribunaux sans l'accord des parties. Aux termes de l'article 166-22 du Code de procédure civile, commerciale et administrative, « *toutes les informations relatives au processus de médiation doivent demeurer confidentielles, sauf convention contraire des parties, à moins que leur divulgation ne soit exigée par la loi ou rendue nécessaire pour la mise en œuvre ou l'exécution de l'accord issu de la médiation* ». La directive européenne 2008/52/CE du 21 mai 2008 relative à la médiation en matière civile et commerciale a officiellement reconnu la confidentialité comme un principe directeur en droit communautaire. La confidentialité est également mise en avant par la loi française du 8 février 1995 sur la médiation et la conciliation judiciaire dans son article 24. À cet effet, la confidentialité est considérée à la fois comme la clé de voûte et une exigence fondamentale des modes amiables de règlement des conflits.

496. La loi du 29 avril 2019 précise que le médiateur est tenu à une obligation de confidentialité. Les dispositions de l'article 166-9 du code de procédure civile, commerciale et administrative imposent aux parties et au tiers médiateur le respect du principe de confidentialité et le secret professionnel. Même lorsque la médiation est judiciaire, le médiateur ne doit rien divulguer au juge ni à aucun autre tiers au processus. Les parties doivent s'abstenir de toute révélation sauf accord contraire des parties. Tous les spécialistes[748] des modes alternatifs de résolution des conflits s'accordent à analyser ce devoir de discrétion qui est une exigence indispensable au succès de la résolution amiable des conflits. Selon une partie de la doctrine[749], le principe de confidentialité est la garantie qui peut remplacer efficacement le contradictoire et la publicité relatifs au procès, car au titre de la confidentialité, aucune information échangée ne pourra être utilisée ou divulguée sans l'accord des parties.

497. Cependant, le principe de confidentialité n'est pas absolu. La confidentialité peut être levée dans certaines hypothèses prévues par la loi du 29 avril 2019. Effectivement, selon ladite loi, des informations relatives à la procédure de médiation peuvent être divulguées afin de permettre la mise en œuvre de l'accord issu de la médiation. La divulgation ne peut être ordonnée que par un tribunal arbitral, une juridiction étatique ou une autre autorité publique compétence. L'obligation de confidentialité ne s'étend pas aux éléments de preuve préexistants à la procédure de médiation ou constitués en dehors de toute relation avec celle-ci selon l'article 166-23 du CPCCA. Nous pouvons déduire que dans ces cas d'hypothèses, le médiateur est délié de son obligation de confidentialité. Les parties et le tiers intercesseur doivent travailler en toute confidentialité afin de parvenir à un compromis. Le processus est confidentiel et le médiateur doit être neutre tout au long du processus.

498. Ainsi, la neutralité peut être considérée comme le fait pour une partie de ne pas se prononcer sur l'autre. Le principe de neutralité du tiers intercesseur s'impose dans le cadre des modes amiables de résolution des conflits. Il est important de remarquer que la réussite du processus de médiation dépend d'un dialogue loyal, sérieux et constructif des médiés[750] mais également de la confidentialité des débats. L'article 166-17 du Code de procédure civile, commerciale et administrative précise que le médiateur doit être indépendant et neutre. La « notion » de neutralité est proche de l'indépendance. C'est cette notion que l'on retrouve avec le tiers neutre dans les procédures américaines du *mini trial (neutral advisor)* ou d'évaluation préalable (*early neutral evaluation*)[751]. La neutralité correspond « *au souci de ne pas infléchir, soit au profit d'une mission complémentaire (sécurité, assistance, aide, équité, justice...), soit d'un résultat que le médiateur estimerait bénéfique* »[752]. Cependant, si les principes directeurs des modes amiables tels que l'indépendance, la confidentialité, la neutralité et l'impartialité

restent difficiles à tenir, dans ce cas, la médiation restera en effet un processus social sans succès et sans valeur juridique et sociale. À cet égard, nous nous intéresserons aux médiés.

2. La bonne foi et la loyauté des parties en médiation

499. En principe, le processus de médiation est basé sur la volonté des parties. Il est une démarche soft, amiable et conciliatoire. Sans doute, la médiation « *est une démarche conciliatoire et une démarche volontaire, il convient de respecter le principe du consentement préalable et indispensable au succès de l'initiative, autrement appelé le principe du caractère strictement volontaire de l'entrée en conciliation* »[753]. Cette démarche conciliatoire nécessite un certain nombre de garanties de loyauté et de bonne foi liées aux médiés. Ces exigences de loyauté et de bonne foi sont admises unanimement par les professionnels afin d'éviter les mauvais comportements des parties en médiation.

500. Dans le sens où le règlement amiable des conflits est une justice contractuelle, il va de soi qu'il soit soumis aux principes généraux du contrat tels que la bonne foi et la loyauté des parties. Cela suppose que les principes généraux du contrat doivent être respectés même en cas de recours à la médiation. Lorsque le règlement amiable passe par l'intervention d'un tiers, il appartient à celui-ci de veiller sur la loyauté et la bonne foi des parties. La bonne foi et la loyauté sont des « notions juridiques » classiques qui jouent un rôle très important en matière de droit des contrats. Elles sont très proches l'une de l'autre. Ainsi, la bonne foi s'identifie à une règle de comportement. « *Elle apparaît finalement comme la consécration générale d'une exigence de loyauté dont le principe peut être défini par le législateur ou, à défaut, déterminé par la jurisprudence, à partir des usages et plus généralement des bonnes pratiques contractuelles* »[754]. Sans doute, la médiation est une justice contractuelle et, à ce titre, les parties qui s'engagent dans ce processus doivent coopérer de bonne foi, c'est-à-dire être loyales l'une envers l'autre afin de parvenir à une solution consensuelle. En ce sens, l'obligation de bonne foi pèse sur les parties au contrat. Il nous semble judicieux de souligner cette notion à partir du moment où les parties se sont engagées dans un processus de résolution amiable, en particulier la médiation, les règles de loyauté doivent être respectées. La bonne foi est un principe général du droit qui peut s'appliquer à tout processus amiable de règlement des conflits, y compris la médiation. Elle est utilisée comme une norme permettant d'appréhender les « *comportements déloyaux tout en n'affectant pas la simplicité et la souplesse de la médiation* »[755]. Ainsi, l'obligation de bonne foi tout comme celle de la loyauté sont des facteurs subjectifs qui s'imposent aux parties dans le processus de médiation.

501. La loyauté, dans la résolution amiable des conflits, est indissociable de l'idée même de la justice et de l'équité. À cet effet, elle est exigée en matière de médiation. Les médiés doivent adopter un comportement loyal et être de bonne foi pour faciliter la mission du médiateur mais également pour la réussite du processus de médiation car rien ne les oblige à aller à la table de négociation. La loyauté et la bonne foi doivent permettre de faire obstacle aux mauvais comportements des parties. Il est logique que le médiateur fasse respecter l'obligation de loyauté et de bonne foi qui incombent aux parties. La loyauté et la bonne foi doivent être considérées comme des principes directeurs au même titre que l'impartialité, la confidentialité et l'indépendance dans le processus de médiation. Ainsi, à l'issue de la médiation, le médiateur peut constater un accord amiable adopté par les parties.

§ 2- L'accord amiable des parties issu de la médiation

502. La résolution amiable des conflits est un mode de justice privée qui repose sur le consentement et l'adhésion des parties. En d'autres termes, les parties doivent donner leur accord pour aller à la médiation. À cet effet, lorsque le médiateur et les médiés trouvent un accord négocié et consensuel à l'issue de la médiation, ils doivent déterminer son contenu et sa forme. En matière de règlement des conflits dans les sociétés tribales, il n'est pas sans doute de meilleure nouvelle qu'une solution issue d'un processus de résolution amiable. L'accord négocié pacifiquement constitue pour le droit la marque des modes amiables de règlement des conflits[756]. Sans doute, cet accord n'est nullement imposé aux parties mais plutôt négocié et accepté par elles avec l'aide du médiateur indépendant et impartial. C'est dans ce sens que Jacques CHEVALLIER souligne que « *la médiation s'inscrit dans le cadre des transformations contemporaines de la régulation juridique de nos sociétés* »[757]. Le processus de résolution des conflits est considéré comme réussi dès lors que les médiés concluent un accord ou un compromis qui met fin partiellement ou totalement au conflit qui les oppose. Cet accord constitue au sens du droit un contrat ou une transaction.

503. La médiation, pour qu'elle aboutisse à une conclusion d'un l'accord, doit s'appuyer sur les principes de négociation raisonnée définie par les chercheurs américains FISHER et URY, professeurs auprès de la Harvard Law School. En tant que « *processus de prise de décision interpersonnelle par lequel deux ou plusieurs personnes arrivent à un accord intégratif qui exploite toutes les opportunités de gains mutuels* »[758], ceci vaut pour tous les processus de résolution amiable des conflits. L'accord issu de la médiation a pour but la reconstruction du lien social et la paix dans le groupe. Le médiateur, lorsqu'il concilie les parties, dresse un procès-verbal constatant l'accord adopté par les parties et précisant le contenu mettant fin à la situation litigieuse. Il résulte de l'article 166-20 du Code de procédure civile, commerciale et administrative que le médiateur doit s'assurer que l'accord envisagé reflète réellement la volonté des parties dans le respect des règles d'ordre public. Il est important de souligner qu'à l'issue des négociations, lorsque les parties ne trouvent pas une solution négociée, cela ne signifie pas un échec de médiation à vrai dire. Car la médiation a réussi au moins une partie de ses missions, qui est d'organiser des rencontres entre les médiés autour d'une table pour la première fois depuis la survenance du conflit et de rétablir la communication entre eux. À défaut d'accord, les parties sont informées du fait qu'elles peuvent saisir la juridiction compétente aux fins de jugement. Nous étudierons l'accord conclu entre les parties à l'issue de la médiation (A), la forme juridique que peut prendre cet accord (B) et enfin, nous nous intéresserons au renforcement de l'efficacité de l'accord issu de la médiation (C).

A- La conclusion de l'accord amiable à l'issue de la médiation

504. Le processus de médiation vise à la conclusion d'un accord entre les parties. L'issue de ce processus peut aboutir à un accord, soit oral soit écrit, selon la volonté des médiés. S'agissant de la forme de l'accord, on trouve des accords écrits et des accords verbaux. L'accord écrit entre les parties peut servir de preuve en cas de contestation mais également de base à un projet d'entente. Il peut être homologué par une juridiction compétente si les parties le souhaitent. Cet accord conclu n'est que la partie formelle de la reconstruction du lien, de l'équilibre social et de la paix durable dans le groupe. Il n'a de validité que dans la mesure où le lien social a été restauré, selon Étienne Le ROY. Il est important en cas de succès de la médiation de disposer d'un document, qu'il soit écrit (1) ou verbal (2) indiquant la forme et le contenu de celui-ci conclu par les parties.

1. L'établissement d'un accord écrit

505. L'accord issu de la médiation peut être un accord écrit ou oral. L'écrit n'est pas toujours obligatoire surtout lorsque les parties sont de bonne foi. La loi n° 2019.008 du 19 février 2019 sur la médiation exige un document écrit par le médiateur et signé par les parties lorsque la médiation a pour effet de renoncer à un droit. En d'autres termes, l'établissement d'un écrit est exigé dès lors que « *l'une des parties décide de renoncer à son droit d'agir en justice, avec ou sans contrepartie* »[759]. Selon le Code de procédure civile, commerciale et administrative, l'écrit est une preuve en cas de contestation des parties et permet de prouver le contenu de l'accord pour pouvoir l'exécuter. L'écrit permet d'éviter les malentendus en cas de contestation et d'identifier les souhaits des parties.

506. Aux termes de l'article 166.11 du Code de procédure civile, commerciale et administrative, « *en cas d'accord des parties, le médiateur rédige un procès-verbal, dans lequel est consignée la teneur dudit accord. Le procès-verbal est signé par les parties et le médiateur* »[760]. La procédure de médiation prend fin par la conclusion d'un accord écrit entre les parties. Mais le Code de procédure civile, commerciale et administrative et la loi n° 2019.008 du 19 février 2019 ne précisent pas le mode d'écriture. Contrairement au Code civil français qui a bien précisé dans son article 1316-1 que l'accord doit être un document écrit au sens ordinaire du terme, quel qu'en soit le mode d'écriture (manuscrite, dactylographique, électronique). L'accord écrit a ainsi une importance particulière, car la preuve écrite s'est imposée, comme l'exprime l'adage : « *Témoins passent, restent lettres* »[761]. La doctrine[762] accorde une très grande importance à l'écriture en matière de résolution amiable des conflits afin d'éviter les difficultés et les complications en cas de contestation. En pratique, l'écrit reste toujours recommandé par les professionnels de la justice amiable. Le droit judiciaire mauritanien est favorable à l'accord écrit issu du processus des modes amiables de résolution des conflits.

2. L'accord verbal ou oral

507. Selon Daniel MAINGUY, « *la question de l'accord amiable purement verbal se présente tout à la fois comme très évidente et de nature à* *laisser un peu pantois. À la source, en effet, à l'origine de tout accord, quel qu'il soit et quelle que soit la manière dont il est rendu efficace, il existe un accord, c'est-à-dire un échange de consentement, "amical", amiable donc, du moins à priori* »[763]. À cet effet, le Code de procédure civile, commerciale et administrative mauritanien reste silencieux sur la question de l'accord verbal. Nous trouvons la réponse à cette question dans le Code des obligations et des contrats et dans la doctrine. En effet, l'accord mettant fin au litige constitue un contrat. En ce sens, l'accord issu de la médiation est en effet considéré comme un accord contractuel reposant sur un échange de consentements. Il s'agit d'un accord de volontés en vue de produire des effets de droits. Donc, on peut déduire que l'accord issu d'un mode amiable de résolution des conflits peut rester purement oral, sauf si les parties décident de le matérialiser par écrit puisqu'elles considèrent que l'échange des consentements suffit largement. Dans ce sens l'accord est doté de la force obligatoire des contrats conformément aux dispositions du Code des obligations et des contrats. Le Code n'impose aucune forme particulière pour matérialiser l'accord entre les parties. Celui-ci peut alors consister dans l'engagement oral des parties d'exécuter de bonne foi la solution à laquelle elles sont parvenues pour mettre fin à leur conflit.

508. Le simple accord des volontés crée le contrat qui lie les parties avec la même force qu'une loi, étant entendu que les conventions légalement formées tiennent lieu de loi à ceux qui les ont faites. L'accord verbal conclu entre les parties peut largement suffire dans certains cas à mettre fin à un conflit sans qu'il soit nécessairement écrit. En pratique, il est fréquent que « *la médiation se traduise par un simple engagement à caractère unilatéral – telle la promesse de mettre fin à un trouble de voisinage – et corrélativement que l'une des parties ne souhaite pas qu'un écrit soit élaboré* »[764]. Dans cette perspective, l'accord peut rester purement oral sans l'établissement d'un écrit du moment qu'il est exécuté de bonne foi et avec loyauté. L'absence de l'écrit n'est pas un échec de médiation, selon les professionnels de la justice amiable. Ainsi, cet accord peut prendre plusieurs formes juridiques.

B- La forme juridique de l'accord amiable issu de la médiation

509. Pour Walid BEN HAMIDA, « *si le processus de résolution amiable des conflits est un enfant gâté, le résultat de ce processus est, pour le moment, un enfant délaissé. L'accord amiable recoupe une grande variété de modèles différents : il y a des accords amiables nommés – la transaction – et des accords amiables innommés – les autres accords* »[765]. Le Code de procédure civile, commerciale et administrative mauritanien n'est pas très explicite sur la forme de l'accord en matière de résolution amiable des conflits. L'article 166-27 du CPCCA laisse entendre tacitement que l'accord issu de la médiation porte le nom de contrat. La validité et les effets de l'accord auquel ont abouti les parties à la procédure de médiation sont soumis aux dispositions du Code des obligations et des contrats. En d'autres termes, l'accord doit répondre aux conditions de validité applicables au droit commun des obligations. À travers cette disposition du Code de procédure civile, commerciale et administrative, nous pouvons déduire que l'accord signé par les parties à l'issue de la médiation est un contrat au regard des dispositions du Code des obligations et des contrats et du Code de procédure civile, commerciale et administrative car il s'agit de la justice amiable contractuelle. C'est dans ce contexte que l'accord conclu entre les parties en matière de règlement amiable des conflits constitue soit un contrat, soit une convention.

510. Néanmoins, cet accord peut prendre la forme d'une transaction, selon la doctrine. C'est même la qualification la plus courante. Comme le souligne Xavier LAGARDE, « *la transaction est le point d'aboutissement des modes alternatifs de règlement des conflits* »[766]. En droit civil, la convention qui vise à prévenir une contestation ou à y mettre fin porte le nom de transaction. Il faut rappeler qu'étant un contrat de droit privé, la transaction obéit aux règles du droit commun des obligations, notamment en matière de capacité, consentement ou encore eu égard à la forme et l'objet du contrat. Il est nécessaire que « *les parties qui transigent aient la capacité de contracter et qu'elles y consentent librement et clairement, car la transaction est un acte de disposition grave et surtout, elle porte sur des objets ou droits dont les parties n'ont pas la libre disposition* »[767]. Au final, s'agissant d'un contrat au sens du Code des obligations et des contrats, l'accord a force obligatoire et tient lieu de loi pour les parties. Ainsi, les parties peuvent demander au juge compétent de renforcer leur accord amiable, c'est-à-dire de l'homologuer.

C- Le renforcement de l'efficacité de l'accord issu de la médiation

511. Lorsque les parties parviennent à un accord écrit, elles se voient reconnaître la possibilité d'en demander l'homologation auprès du tribunal compétent (1) suivant le souhait des parties. Les parties peuvent également ne pas la requérir car elle n'est pas obligatoire en matière de résolution amiable des conflits, selon le Code de procédure civile, commerciale et administrative. Le juge en homologuant confère une force exécutoire à l'accord des parties (2). En toute hypothèse, l'accord conclu entre les parties n'est qu'une convention privée. En revanche, lorsque les parties décident de ne pas homologuer leur accord par le juge compétent, celui-ci a la valeur juridique d'un accord sous seing privé signé entre les médiés.

1. L'homologation de l'accord des parties

512. Lorsque la médiation aboutit à un accord écrit, les parties peuvent demander au tribunal compétent de l'homologuer suivant la situation de celles-ci dans le cadre d'une procédure gracieuse. L'homologation donne une force exécutoire à l'accord issu de la justice amiable, en particulier de la médiation. L'accord ne peut être homologué que s'il est conforme à l'ordre public et aux bonnes mœurs. Ainsi, il ne peut porter que sur les droits dont les parties ont la libre disposition. Par ailleurs, dans le cadre d'une conciliation ou d'une médiation purement conventionnelle, le constat d'accord issu d'une conciliation ou médiation n'a force obligatoire au sens de l'article 166.11 du Code procédure civile, commerciale et administrative que lorsqu'il est homologué par le tribunal territorialement compétent. L'homologation, du latin *homologare*, qui signifie « reconnaître », se définit comme « *l'approbation judiciaire à laquelle la loi subordonne certains actes et qui, supposant du juge un contrôle d'opportunité, confère à l'acte homologué la force exécutoire d'une décision de justice* »[768]. L'homologation se rapproche de l'*exequatur* délivré par le juge national lorsqu'il est confronté à des décisions émanant des juridictions étrangères en matière du droit international. Le législateur mauritanien autorise les médiés s'ils le souhaitent à soumettre leur engagement moral à l'homologation. À cet égard, la loi n° 2019-008 du 19 février 2019 et les dispositions du Code de procédure civile, commerciale et administrative permettent aux parties de soumettre leur accord écrit au juge compétent aux fins d'homologation. Le juge homologue le procès-verbal d'accord par une ordonnance non susceptible de recours. Il est nécessaire de noter que, selon le Code de procédure civile, l'homologation relève de la matière gracieuse. Elle ne relève pas de la catégorie des actes contentieux. Il s'agit là d'une activité judiciaire de nature juridictionnelle qui va aboutir à une décision d'homologation de nature également juridictionnelle[769]. L'homologation confère force exécutoire à l'acte homologué dans les conditions prévues par le droit commun. Le juge homologateur doit vérifier que l'accord conclu dans le processus de médiation est conforme à l'ordre public et aux bonnes mœurs.

513. La saisine du juge peut être faite par une simple requête. Les parties n'ont pas besoin de faire une assignation comme dans le cadre d'une procédure contentieuse. Le Code de procédure civile précise que la demande d'homologation doit être faite sous forme d'une requête conjointe ou unilatérale si l'accord comprend une mention selon laquelle aucune des parties ne s'oppose à l'homologation. Ainsi, dans ce genre de procédure, le juge statue sans débat et ne peut modifier les termes de l'accord conclu par les médiés. Son rôle se limite à contrôler la légalité et de donner une valeur juridique à l'accord que les parties ont conclu amiablement[770]. Le juge homologateur, en revanche, peut refuser d'homologuer l'accord conclu lorsque celui-ci n'est pas conforme à l'ordre public et aux bonnes mœurs. La loi du 19 février 2019 exige du juge un minimum de contrôle a priori de la légalité de l'acte qui lui est soumis, avant de lui donner une valeur juridique. L'article 166-20 et suivant du Code de procédure civile, commerciale et administrative exigent que l'accord conclu à l'issue de la médiation ne doive pas porter atteinte à des droits dont les parties n'ont pas la libre disposition. En ce sens, l'intervention du juge est commandée par la nécessité de vérifier la conformité de l'accord aux bonnes mœurs ou de s'assurer que l'accord qui met fin au litige n'est pas contraire aux dispositions d'ordre public. Le juge homologateur est le président du tribunal compétent au regard de l'article 166-28 du Code de procédure civile, commerciale et administrative. Il faut noter que l'homologation de l'accord conclu issu de la médiation n'est pas obligatoire. Elle est facultative, les parties peuvent renoncer à cette procédure. En ce sens, Nathalie FRICERO souligne que « *l'homologation est parfois inutile lorsque l'exécution de l'accord a été immédiate ou lorsque les parties n'ont aucune raison de penser que l'accord ne sera pas exécuté* »[771]. Le juge, en homologuant l'accord conclu, donne une force exécutoire.

2. Force exécutoire

514. Lorsqu'un protocole d'accord est conclu entre le médiateur et les médiés, pour qu'il ait force exécutoire, c'est-à-dire qu'il produise les mêmes effets qu'une décision judiciaire, il doit être soumis à une homologation devant le tribunal compétent. À cet effet, l'homologation vaut titre exécutoire. Le Code de procédure civile, commerciale et administrative autorise les parties à demander au juge, si elles le souhaitent, de conférer une force exécutoire à leur accord consensuel issu de la médiation. Le juge à qui les parties soumettent leur accord pour lui conférer force exécutoire n'a aucun pouvoir de le modifier. La loi permet en outre au juge d'exercer un simple contrôle de légalité sur l'accord. C'est-à-dire s'assurer du respect de l'ordre public et les bonnes mœurs. Comme le montre Julie JOLY-HURARD, « *le juge exerce un contrôle portant exclusivement sur l'existence de l'accord, sur la réalité du consentement des parties ainsi que sur la conformité manifeste de l'acte des parties à l'ordre public et aux bonnes mœurs [...] Le juge rend un jugement d'homologation par lequel il constate l'accord des parties et lui confère, outre la force probante, également la force exécutoire* »[772].

515. Ainsi, il résulte de l'article 166-28 du Code de procédure civile, commerciale et administrative que l'accord des parties issu de la médiation jouit de l'autorité de la chose jugée. Il peut être revêtu de la formule exécutoire par le président du tribunal compétent. En ce sens que le président du tribunal compétent saisi par l'une des parties confère en toute légalité force exécutoire à l'accord qui lui est soumis si celui-ci n'est pas contraire à l'ordre public. Cet accord à deux aspects fondamentaux : « *En* *tant que contrat, il a déjà force obligatoire, et l'intervention du juge, fonctionnaire public, a pour effet de renforcer son autorité* »[773]. À ce titre pour conférer force exécutoire à l'accord des parties, le juge exerce un double contrôle : un contrôle de la légalité et un contrôle d'opportunité. Ce qui explique que son intervention donne à l'accord une valeur supérieure à celle d'un simple contrat.

Conclusion du deuxième chapitre

516. Malgré la judiciarisation disproportionnée de la société mauritanienne, le maintien du lien social et familial reste toujours la priorité pour les justiciables mais aussi pour les autorités. De ce fait, la médiation et la conciliation sont présentées par les autorités comme une alternative à la justice étatique classique instituée par l'État. Elles constituent des modes amiables de règlement des conflits et une nouvelle forme de régulation sociale dans une société en crise (de paix, de justice, de stabilité et de quête de son propre système de justice). L'idée de recourir à la justice amiable permet de régler les conflits plus pacifiquement que par la voie contentieuse. Cette voie progresse rapidement ces dernières années en Afrique, en particulier en République islamique de Mauritanie. La médiation et la conciliation répondent toutes les deux à un besoin fondamental de justice et de paix sociale dont les causes sont multiples. Cette forme de régulation sociale permet aux justiciables mauritaniens de rechercher une solution aux conflits, qui soit acceptée, voire négociée entre les parties plutôt qu'imposée par une quelconque autorité judiciaire étatique. Cette solution issue du processus conciliatoire a pour fonction de restaurer la paix et l'équilibre social au sein de la société mauritanienne mais aussi entre communautés. La médiation et la conciliation ont un objectif similaire : favoriser le rapprochement des parties pour une solution pacifique et consensuelle de leur conflit. Pour cela, le tiers médiateur ou conciliateur doit respecter les principes directeurs tels que l'indépendance, l'impartialité et la confidentialité du processus. Ces principes directeurs constituent une garantie pour une médiation équitable car le tiers n'est pas investi d'un pouvoir de trancher le litige.

517. La loi du 28 février 2019 sur la médiation judiciaire et celle du 29 avril 2019 sur la médiation conventionnelle répondent à un besoin d'accès à la justice pour tous. Elles s'inscrivent dans la tradition mauritanienne de règlement pacifique de conflits et incitent les populations, particulièrement les populations locales autochtones, à aller à la table de négociation avec un tiers médiateur de leur choix afin de pouvoir trouver un accord pacifique au conflit qui les oppose. Au-delà du contentieux, la médiation participe aussi à redéfinir les rapports sociaux entre les Mauritaniens avec un statut à part entière dans le règlement des conflits de la vie quotidienne de populations. Ainsi, cette nouvelle forme de régulation sociale n'est pas exclusivement fondée sur le droit mais elle ne se réalise pas non plus sans le droit. La rationalité de ce processus conciliatoire est largement tributaire aux principes directeurs du procès comme les autres modes alternatifs de règlement des litiges tels que l'arbitrage.

Chapitre III : L'arbitrage, un mode alternatif de résolution des litiges commerciaux

518. Avec la mondialisation et la libéralisation des échanges commerciaux, l'arbitrage se présente aujourd'hui dans le monde des affaires comme l'un des modes juridictionnels le plus approprié. Il s'agit là d'une justice privée qui fait appel à des particuliers afin qu'ils règlent le litige de manière juridictionnelle sans intervention du juge étatique. C'est dans cette perspective que François-Xavier TRAIN écrit que « *l'arbitrage est par essence une justice choisie : on choisit d'y avoir recours ; on choisit la personne qui sera juge ou les personnes qui composeront le tribunal arbitral ; on choisit le lieu où va se dérouler la procédure, ce qui revient, en matière internationale, à sélectionner les juridictions étatiques qui encadreront et contrôleront l'arbitrage et la sentence* »[774]. Il s'agit là d'une justice privée d'origine conventionnelle. L'arbitrage est assimilé à une sorte de justice privée dont les caractéristiques se distinguent des autres modes de résolution alternative des litiges tels que la médiation, le droit collaboratif et la conciliation. Il conserve aujourd'hui un statut privilégié dans le monde des affaires commerciales comme une alternative à la justice étatique. Il s'agit d'un modèle de justice plus rapide et moins couteux.

519. Aujourd'hui, l'arbitre est en train de prendre la place de la justice instituée par l'État au point que l'on se demande si « *le juge étatique n'est pas devenu le mode alternatif du règlement des différends commerciaux internationaux* »[775]. Il est en effet à remarquer que dans le milieu commercial contemporain, l'arbitre est devenu le juge naturel de règlement des litiges commerciaux. Son instauration en République islamique de Mauritanie répond à un grand besoin selon les autorités publiques, à savoir le désengorgement des tribunaux étatiques. En revanche, pour la société civile et les justiciables, la justice arbitrale permet, par exemple, de limiter la corruption des magistrats dans le monde judiciaire mais aussi d'éviter les formalismes de l'institution judiciaire étatique. Ce procédé de mode alternatif de règlement des litiges ou mode de régulation contractuelle attire de plus en plus de justiciables grâce à ses caractéristiques principales (sa rapidité, son coût et sa discrétion).

520. La doctrine s'est depuis longtemps aventurée à dégager une définition de l'arbitrage. Charles JARROSSON définit l'arbitrage comme « *l'institution par laquelle un tiers règle le différend qui oppose deux ou plusieurs parties, en exerçant la mission juridictionnelle qui lui a été confiée par celles-ci* »[776]. Historiquement, l'arbitrage remonte à l'Antiquité. Comme le montrent Charles JARROSSON et Sophie DEMARE-LAFONT[777], l'arbitrage est une justice aussi ancienne que l'humanité. On trouve les traces de cette justice alternative en Grèce et Rome, et dans la vie du Prophète Mahomet depuis La Mecque jusqu'à la Médine. Ainsi, à Rome, « *dans la période archaïque (VII*^{e}*-VI*^{e} *siècle J.-C.), on connaissait l'*arbitrium liti aestimandae *par lequel un* arbiter *fixait le montant de la réparation due par le coupable après que le juge* (iudex) *avait prononcé le jugement sur la culpabilité* »[778]. Il faut souligner que l'arbitrage n'est pas une institution uniquement gréco-romaine. Le Coran, dans la sourate 4[779], parle de l'arbitrage et distingue l'arbitre (*hakam*) du juge (*cadi*). À cet égard, le processus de l'arbitrage remonte selon les chercheurs musulmans[780] depuis la période de l'ignorance antérieure à l'islam, c'est-à-dire avant l'arrivée de la révélation du Coran au Prophète Mahomet. Contrairement « *aux Empires romain et perse, les pays arabes et musulmans ont, dans ce domaine, une longue tradition, car en absence d'un pouvoir central organisé, d'une justice instituée, l'arbitrage était l'approche indiquée pour régler les litiges* »[781]. La pratique de la justice arbitrale est en effet un phénomène très ancien en Afrique, en particulier en République islamique de Mauritanie. Les historiens en retrouvent des traces dans l'Égypte ancienne avant notre ère. Contrairement au droit français moderne, dans le système judiciaire mauritanien, l'arbitrage est considéré comme une partie intégrante du système judiciaire traditionnel. Le nouveau droit des affaires en Afrique (OHADA)[782] a fait de l'arbitrage un procédé de lutte contre l'insécurité juridique[783]. Dès 1993 (date du Traité constitutionnel de l'OHADA), les pays membres de l'organisation avaient exprimé leur volonté d'encourager le recours à l'arbitrage pour le règlement des litiges (préambule et article 1er du traité).

522. La justice arbitrale n'est pas un phénomène étranger dans le système juridictionnel mauritanien. Les autorités mauritaniennes voient l'arbitrage comme un mode négocié de règlement des conflits. Après un premier projet de loi datant de l'année 1998 et intervenant dans la foulée d'une refonte globale du système juridique engagée depuis les années 90, et surtout pour donner suite à des engagements internationaux concrets pris par l'État mauritanien, il faut attendre la réforme de 2019 pour que la Mauritanie soit dotée d'un cadre légal rénové du droit de l'arbitrage. La loi n° 2019-019 du 29 avril 2019 portant Code de l'arbitrage a abrogé et remplacé la loi du 18 janvier 2000 portant Code de l'arbitrage. Ce texte constitue une base légale du droit de l'arbitrage interne et international. Pour mieux comprendre le droit de l'arbitrage en Mauritanie, nous étudierons les sources de ce droit (Section 1) et la formation de la Convention d'arbitrage (Section 2). Et enfin, nous nous intéresserons à la constitution du tribunal arbitral ou l'instance arbitrale (Section 3).

Section 1 – Les sources du droit mauritanien de l'arbitrage

523. L'arbitrage est considéré par les professionnels et les praticiens comme une matière internationalisée dans les affaires commerciales. Il est un mode juridictionnel de résolution des litiges, dit pacifique, qui consiste à confier la résolution d'un contentieux aux personnes privées qui auront pour mission de trancher le différend conformément aux règles de droit en vigueur choisies par les parties. Il faut noter qu'aujourd'hui, à l'instar de la Convention de New York du 10 juin 1958 et celle de Washington du 18 mars 1965, il n'existe pas un droit international de l'arbitrage permettant d'harmoniser les droits nationaux.

524. Les sources de l'arbitrage en droit mauritanien sont riches et diversifiées. Après la période des indépendances, plusieurs États africains, en particulier la Mauritanie, ont élaboré des législations relatives à l'arbitrage comportant deux principales catégories de textes : les textes nationaux ou droit commun de l'arbitrage et les textes internationaux ou droit international des investissements. C'est dans cette perspective que la Mauritanie s'est dotée aujourd'hui, d'une part, d'une série de textes à caractère général de source nationale (§ 1) et, d'autre part, des textes relatifs au droit international à caractère de source universelle ou internationale, votés lors de la grande réforme de 2019 (§ 2).

§ 1- Les sources nationales

525. L'arbitrage devient l'objet d'un marché économique en République islamique de Mauritanie. Il constitue aujourd'hui en Mauritanie un facteur d'attractivité pour les investissements étrangers. Le souci pour les autorités mauritaniennes est d'offrir un droit de l'arbitrage compétitif, efficace et attractif. Cette question est devenue une préoccupation particulièrement vigoureuse pour les gouvernements successifs depuis les années 2000. Les activités législatives en faveur du droit de l'arbitrage continuent toujours en Mauritanie. La première réglementation sur l'arbitrage est l'œuvre de la loi n° 06/2000 du 18 janvier 2000 permettant d'ouvrir aux investisseurs étrangers un système de justice d'arbitrage, rapide, discret et moins coûteux. Ainsi, le législateur mauritanien par la loi n° 2019-019 du 29 avril 2019 portant le Code de l'arbitrage a remplacé et abrogé la loi n° 06/2000 du 18 janvier 2000 sur l'arbitrage afin de se mettre en conformité avec les règles internationales en matière d'arbitrage. Aujourd'hui, en République islamique de Mauritanie, les sources nationales du droit de l'arbitrage reposent sur les textes du droit musulman (A) et ceux du droit positif étatique (B).

A- Les textes du droit musulman relatifs à l'arbitrage

526. Le droit mauritanien est un droit issu de la *charia* islamique (un ensemble des règles régissant la vie des musulmans). La charia est l'une des principales sources du droit mauritanien comme l'indiquent le préambule et les dispositions de la Constitution du 20 juillet 1991. Le droit musulman est composé de quatre sources différentes : le *Coran*[784] et la *sunna*[785] du Prophète Mahomet sont considérés par les juristes musulmans comme les deux principales sources. Les sources secondaires sont l'*Idjmaâ* (consensus des savants de la communauté orthodoxe) et le *quyâs* (méthode de raisonnement par analogie). Dans l'ordre chronologique de sources, le Coran constitue la première source du droit musulman suivi par la sunna du Prophète Mahomet[786]. Ces deux principales sources du droit musulman reconnaissent l'arbitrage (*tahkim*) comme mode amiable de règlement des conflits. En ce sens, le droit musulman incite la *Oumaa* (la communauté musulmane) et les fidèles à recourir, l'arbitrage pour régler leurs contestations. Dans la perspective de faire régner la paix, la solidarité et l'union entre les fidèles, l'*idjimaâ* est devenu aussi un outil adapté pour les musulmans en matière de résolution amiable des conflits[787]. La charia[788] n'interdit pas le recours à l'arbitrage pour régler les conflits amiablement surtout quand il s'agit des conflits familiaux et conjugaux. Les dispositions générales du Coran et de la sunna considèrent l'arbitrage comme une régulation sociale ou un mode négocié de résolution des litiges entre les musulmans. En droit musulman, l'arbitrage est défini en général comme « *une opération spontanée, voire improvisée en vertu de laquelle deux ou plusieurs parties s'entendent pour confier à un tiers, appelé* hakam *ou* mouhakkam *(arbitre) qui possède les qualités du juge islamique, la mission de trancher un litige né et déterminé conformément à la charia* »[789]. Le *tahkim* (l'arbitrage), dans la charia, ne peut toutefois être assimilé à l'arbitrage de type occidental ou français. L'arbitre selon, le droit musulman, cherche à instaurer le dialogue ou à rapprocher les parties en conflit afin de pouvoir trouver un compromis ou une solution négociée dans leur intérêt commun (Coran, Sourate 4 – Les femmes, verset 152 ; Sourate 5 – La table servie, verset 42).

527. En République islamique de Mauritanie, comme ailleurs dans d'autres pays musulmans, l'histoire de l'arbitrage (*tahkim*) remonte depuis la période antérieure à la révélation islamique ou « la période de la Jahiliyya »[790]. L'institution de l'arbitrage est en effet très ancienne dans les pays de traditions musulmanes ou de cultures juridiques musulmanes. C'est dans ce sens que Nathalie NAJJAR dans son ouvrage, *Arbitrage dans les pays arabes et commerce international*, souligne que « *le système politico-judiciaire dans la péninsule arabique était, dans la période, de l'ignorance antérieure à l'islam fondé sur l'organisation tribale ; chaque tribu était dirigée par un Cheikh (chef) ayant une autorité sur les membres de sa tribu. Faute d'autorité centrale, la loi du talion était le principal moyen de se faire justice. Pour éviter les recours excessifs à la force, les Arabes de l'antéislam faisaient appel à leur chef ou membres de leur tribu pour la résolution des litiges. Les parties désignaient d'un commun accord l'arbitre* (hakam) *présentant certaines qualités personnelles* »[791]. Ainsi, avant la révélation islamique en Arabie, ce sont les parties elles-mêmes qui proposent d'aller en arbitrage. À cet effet, elles s'entendaient sur le choix de l'arbitre mais aussi sur l'objet du litige qu'elles voulaient soumettre au *hakam*. Il a été rapporté par des sources authentiques qu'avant la révélation divine, alors que le Prophète Mahomet n'est pas encore Prophète, était désigné comme « hakam *par les tribus de la Khourassie à La Mecque pour résoudre les conflits amiablement entre les différentes tribus de La Mecque mais aussi entre les habitants de cette ville* »[792].

528. Ainsi, l'avènement de l'islam et la révélation coranique ont marqué un tournant décisif dans la société arabique. Les musulmans et le Prophète Mahomet s'appuient désormais sur le Coran et la sunna pour régler leurs conflits. Selon l'opinion admise par les orientalistes, « *le Prophète n'a pas institué de système judiciaire nouveau, il est entré dans le rôle du* hakam *(arbitre)* »[793] pour pouvoir résoudre les litiges amiablement entre les croyants et les non-croyants. Le Coran a précisé que le Prophète n'est pas un devin car les textes du Coran parlent de *hakam* ou *tahkim* (sourate 59, verset 29 et sourate 81, verset 22). L'arbitrage même après la révélation coranique reste toujours considéré comme une institution légitime et licite pour régler les conflits pacifiquement. Ainsi, le Coran (sourate 10, verset 47) distingue le *hakam* (arbitre) du *cadi* (juge) et évoque la légalité et la légitimité de l'arbitrage notamment dans le domaine des contrats civils et commerciaux mais aussi en matière de conflits conjugaux[794]. Dans plusieurs versets du Coran, par exemple (sourate 5, verset 42), il est conseillé aux musulmans de favoriser la réconciliation. Tout comme les *fighs*, la sunna du Prophète Mahomet et les écrits de ses compagnons ont confirmé que l'arbitrage était une pratique régulière et validée entre musulmans pour pouvoir régler leur différend.

529. Le processus de l'arbitrage est un procédé particulièrement adapté au monde musulman et à la réalisation de l'équité et de la justice divine auxquelles le Prophète Mahomet aspirait dans sa communauté et entre musulmans. L'époque du Prophète est marquée par l'utilisation coutumière de l'arbitrage dans divers domaines du droit (droit des contrats, droit de la famille…). L'arbitrage était aussi utilisé comme une justice coutumière ou traditionnelle chez les musulmans pouvant aider les parties à régler leurs litiges pacifiquement relatifs aux affaires commerciales et sociales[795]. La justice arbitrale telle qu'elle est prévue par Coran a un champ d'action large en matière de résolution amiablement des litiges. Ainsi, le but principal de cette justice traditionnelle en milieu musulman est de maintenir la paix et l'harmonie dans la *Oumaa* musulmane. L'arbitre, personnage privé digne de confiance choisi par les parties, doit d'abord écouter les prétentions des litigeants et tenter de les concilier pacifiquement. Le Code mauritanien de l'arbitrage vise à règlementer cette technique de gestion des litiges commerciaux afin d'en faire un moyen le plus efficace dans ce domaine-là.

B- Les textes du droit positif mauritanien

530. La justice arbitrale est un mode juridictionnel ancien de résolution des litiges commerciaux. Il s'agit là d'un système privé de gestion des différends commerciaux dont les États ne s'en désintéressent pas. Comme le contrat, l'arbitrage est la manifestation de volontés privées ou l'accord de volontés des parties permettant de soumettre leur différend aux personnes privées. C'est dans ce contexte-là que Jean-Baptiste RACINE souligne que « *l'État a ainsi édicté des règles formant un droit étatique de l'arbitrage* »[796]. Car la justice arbitrale offre une nouvelle donne aux États en matière de règlement des litiges mais aussi elle a pour objectif de préparer un environnement favorable à l'investissement dans les États et entre États dans un monde où les affaires commerciales sont devenues l'objet du marché. L'arbitrage prend de plus en plus d'importance partout dans le monde, en particulier en République islamique de Mauritanie en raison de ses succès dans le monde des affaires.

531. Aujourd'hui, en République islamique de Mauritanie, le droit de l'arbitrage est fortement encadré. À cet effet, la réforme du Code de procédure civile, commerciale et administrative issue de la loi n° 62.052 du 2 février 1962 avait prévu de consacrer un chapitre entier au droit de l'arbitrage. Malheureusement, à cette époque, le pays n'était pas prêt pour instaurer une justice arbitrale privée. Il a fallu attendre la loi n° 89.013 issue du Code des investissements, qui a afin consacré un chapitre entier au droit à l'arbitrage. Ainsi, en 2000, le Code de l'arbitrage a vu le jour en République islamique de Mauritanie grâce à la loi n° 2000-06 du 18 janvier 2000 portant Code de l'arbitrage, qui a rendu nécessaire l'adhésion de la Mauritanie à la Convention internationale de New York de 1958, ainsi que celle de Washington de 1965. Cependant, la loi n° 2000-06 du 18 janvier a été abrogée et remplacée par la loi n° 2019-019 du 29 avril 2019 portant Code de l'arbitrage. Ce nouveau Code de l'arbitrage de 2019 contribue un tournant pour les autorités publiques car il a permis de poser le cadre législatif du droit mauritanien de l'arbitrage interne et international. Aujourd'hui, nous pouvons affirmer qu'il existe un texte principal qui sert de support normatif en droit mauritanien de l'arbitrage.

532. La loi du 29 avril 2019 portant Code de l'arbitrage constitue aujourd'hui une base essentielle de la nouvelle législation des affaires en Mauritanie. Elle s'articule autour de trois grandes parties : la première porte sur les dispositions générales, communes, valables pour tout type d'arbitrage quelle que soit sa nature. Il y est question particulièrement de la définition des notions comme la notion de l'arbitrage, de l'arbitre, de tribunal arbitral et des Conventions d'arbitrage (clause compromissoire et compromis), et les matières touchant à l'ordre public et aux bonnes mœurs, c'est-à-dire le problème lié à l'arbitrabilité des litiges en Mauritanie. La deuxième partie est consacrée à l'arbitrage interne qui jouait un rôle important dans le cadre des litiges entre sociétés privées ou entre l'État et les sociétés privées. Le développement de cette partie est axé sur la constitution du tribunal arbitral, la sentence arbitrale et les différentes voies de recours possibles. La dernière grande partie s'applique à l'arbitrage international, qui ne porte pas atteinte aux accords internationaux en vigueur en République islamique de Mauritanie, à savoir la Convention de New York du 10 juin 1958 ratifiée le 22 janvier 1989 et la Convention de Washington du 18 mars 1965 signée le 5 juillet 1995 et ratifié le 11 janvier 1996[797]. Il est important de noter que l'arbitrage international revêt d'une importance capitale car il répond aujourd'hui aux besoins du commerce international et des investisseurs étrangers. Ce mode de justice privée s'oriente de plus en plus vers le développement du commerce international qui se libéralise et qui ne se limite plus à l'Occident[798] mais partout dans le monde, en particulier en Afrique, qui est considéré aujourd'hui comme le continent le plus riche et le plus attractif en termes d'investissement et d'affaires commerciales.

533. On trouve également d'autres textes de références de valeur législative sur l'arbitrage comme mode alternatif de règlement des litiges. Par exemple, la loi n° 2002-03 du 20 janvier 2002 portant Code des investissements. Ce texte a prévu l'arbitrage comme mode de règlement des litiges mais aussi comme une garantie pour les investisseurs étrangers. Ainsi, la loi n° 2019- 008 modifiant et complétant certaines diapositives du Code de procédure civile, commerciale et administrative a permis de rendre l'arbitrage comme mode alternatif de règlement des différends. À côté du Code de procédure civile et du Code des investissements, nous avons également le Code minier qui a consacré son titre XI sur « *les différends et arbitrage* ». Aux termes de son article 103, « *en cas de désaccord entre le titulaire ou le demandeur d'un titre minier et l'État [...], l'administration des mines et le titulaire ou demandeur devront désigner conjointement un ou plusieurs arbitres indépendants pour résoudre le différend et se soumettre à* *la décision arbitrale rendue par l'(ex) expert(s)* ». La République islamique de Mauritanie dispose aujourd'hui des outils juridiques permettant de recourir à l'arbitrage comme mode de règlement des litiges commerciaux.

534. Le moteur principal de l'arbitrage réside dans la volonté des parties. La manifestation de la volonté des parties constitue un élément fondamental pour la procédure arbitrale. Il est important de souligner que toutes ces dispositions diverses et variées relatives au droit mauritanien de l'arbitrage ont en commun d'inciter les parties à recourir l'arbitrage du fait de ses vertus telles que la rapidité, la confidentialité, le coût mais aussi afin de désengorger les tribunaux étatiques de certains contentieux. Les sources internationales contribuent également la célérité et l'efficacité de l'arbitrage en Mauritanie.

§ 2- Les sources internationales

535. Le Code de l'arbitrage issu de la loi n° 2019-019 du 29 avril 2019 a instauré l'arbitrage international comme un outil juridique permettant d'attirer les investisseurs étrangers avec une certaine garantie au niveau des dispositions internationales dans la troisième partie de celui-ci. Le législateur mauritanien a mis les textes nationaux en conformité avec les Conventions internationales relatives à l'arbitrage international en matière du commerce international. La doctrine considère aujourd'hui l'arbitrage international comme le mode normal de résolution des litiges du commerce international. L'arbitrage est devenu « *le mode par excellence de résolution des conflits dans le commerce international* »[799]. Nous pouvons remarquer que ce modèle de justice fait l'objet d'un encadrement strict par des Conventions internationales et par des sources informelles du droit. Deux grandes séries de Conventions sont en vigueur en Mauritanie. Celles ayant une portée mondiale et universelle, qui ne sont pas propres à la Mauritanie, d'une part (A), et celles qui sont spécifiques à la République islamique de Mauritanie, d'autre part (B).

A- Les Conventions internationales de portée mondiale ou universelle

536. En matière d'arbitrage, les Conventions internationales jouent un rôle capital dans l'exécution des sentences à l'étranger. L'arbitrage international est considéré comme un instrument pour régler les litiges nés du commerce international. Il est sans doute le mode alternatif de résolution des litiges le mieux adapté dans le monde des affaires. Il s'agit d'une justice privée qui met en relation « *des parties, des experts et des arbitres qui peuvent provenir de plusieurs pays, langues et traditions juridiques* »[800]. Cette justice privée est objectivement adaptée au règlement de litiges commerciaux. Elle favorise en effet beaucoup plus les relations commerciales internationales. Les principales caractéristiques de l'arbitrage international sont la rapidité, la confidentialité, le choix des arbitres mais également le coût de cette justice privée internationale. En effet, il faut souligner que les conventions universelles relatives à l'arbitrage ont « *soit un objet, soit une portée relativement limitée. Il n'existe pas à proprement parler de Convention internationale qui énoncerait des règles uniformes couvrant l'ensemble de la matière arbitrale et qui lierait un nombre significatif d'États. Ceci dit, les conventions existantes ont généralement pour objectif, afin de favoriser le développement de l'arbitrage, de poser des règles relativement libérales réalisant une unification partielle du droit de l'arbitrage entre ces États, notamment en matière de reconnaissance réciproque des sentences arbitrales* »[801]. C'est dans ce sens que le législateur mauritanien a réformé le code de l'arbitrage afin de donner une garantie aux investisseurs étrangers pour l'exécution des sentences arbitrales.

537. Ainsi, au cours de ces dernières décennies, les autorités mauritaniennes ont pris conscience de l'importance que revêt la justice arbitrale dans le commerce international. Elles ont progressivement adhéré aux différentes Conventions internationales. La loi du 18 janvier 2000 portant Code de l'arbitrage a permis particulièrement l'adhésion de la Mauritanie à la Convention internationale pour la reconnaissance et l'exécution des sentences arbitrales étrangères de New York du 10 juin 1958 (CNY) en vue de renforcer la faveur envers l'arbitrage et d'en accroitre l'efficacité en matière de reconnaissance et l'exécution des sentences arbitrales considérées comme étrangères et celle de Washington du 18 mars 1965 concernant les différends relatifs aux investissements commerciaux.

538. La CNY est un traité multilatéral conclu sous les auspices des Nations unies[802] qui s'applique à tous les différends commerciaux. En 2016, la CNY a été ratifiée par 156 États, dont bien entendu la Mauritanie (qui l'a ratifiée le 22 janvier 1989). La Convention de NY facilite l'exécution des sentences arbitrales rendues dans n'importe lequel de ses États signataires. Une des particularités de la CNY tient à l'importance de son article VII qui prévoit que les dispositions de la Convention peuvent être écartées lorsque le droit national en cause est plus favorable à l'arbitrage pour les parties. Cette particularité est relative à l'exécution des sentences arbitrales prévue par la loi de 2019 portant code de l'arbitrage[803]. La CNY est devenue une norme fondamentale en matière d'arbitrage et elle exerce « *une influence remarquable sur les législations nationales* »[804]. Ce qui constitue une réussite internationale en matière d'arbitrage international.

539. Ainsi, la Mauritanie a aussi signé le 5 juillet 1995 et ratifié le 11 janvier 1996 une autre convention internationale qui se révèle aujourd'hui d'une grande importante pratique en matière d'arbitrage international. Il s'agit de la Convention de Washington (CW) relative aux investissements entre États du 18 mars 1965 conclue à l'initiative de la Banque mondiale et signée à Washington. La CW a institué un Centre international pour le règlement des différends relatifs aux investissements (CIRDI) qui concerne les contentieux relatifs aux investissements internationaux. Il s'agit d'un mécanisme institutionnel d'arbitrage spécialisé de règlement des litiges commerciaux. La CW a également créé un mécanisme supplémentaire pour les pays qui ne sont pas membres et qui accepteraient à l'occasion d'un litige la compétence de ce centre. Selon une doctrine établie, « *la CW aurait permis la création d'un système détaillé et indépendant, isolé des règles procédurales nationales* »[805]. En 2015, il existait 160 pays qui figuraient sur la liste des pays signataires et 152 avaient déposé des instruments de ratification. Le nombre d'adhérents des pays s'explique par l'efficacité du mécanisme CIRDI et les garanties qu'il donne aux États membres. Ainsi, l'arbitrage placé « *sous l'égide du CIRDI, régi par un traité international et ainsi protégé des droits étatiques, bénéficie d'une grande autonomie. La procédure CIRDI se caractérise notamment par le fait que la sentence rendue par un tribunal arbitral peut faire l'objet d'un recours en annulation devant un comité* ad hoc, *mais non d'un recours devant les tribunaux étatiques* »[806]. À cet effet, l'article 44 de la Convention accorde aux tribunaux arbitraux le pouvoir de trancher toute question de procédure non prévue par la Convention de Washington.

540. Par ailleurs, la Mauritanie a aussi ratifié le 8 octobre 1991 la Convention de Séoul du 11 octobre 1985. Celle-ci est entrée en vigueur le 12 avril 1988 et a créé un mécanisme de garantie : l'Agence multinationale pour la garantie des investissements (AMGI) et prévoit l'arbitrage comme un instrument international de règlement des litiges commerciaux. Il faut remarquer que ces textes internationaux disposent d'une immense importance aux yeux des États signataires, en particulier aux yeux des autorités mauritaniennes qui leur permettent de mettre en conformité le droit national avec ces Conventions universelles et régionales.

B- Les Conventions bilatérales et régionales

541. À l'instar des Conventions internationales de portée mondiale, les Conventions régionales et bilatérales jouent également un rôle décisif en matière d'arbitrage garantissant l'exécution des sentences à l'étranger. Parallèlement aux conventions de portée internationale, la République islamique de Mauritanie, comme les autres États africains de la sous-région, est signataire depuis plusieurs années d'une série des Conventions bilatérales et régionales avec les États partenaires occidentaux mais aussi avec ceux de la sous-région. À cet effet, la République islamique de Mauritanie est liée avec les États européens par des Conventions de protection des investissements qui renvoient toutes au centre du CIRDI. On peut citer ici à titre d'exemple les différents accords commerciaux et d'investissements conclus avec la France et les États-Unis qui prévoient l'arbitrage comme mode alternatif de solution des litiges commerciaux. Ces accords présentent la singularité d'offrir une garantie non pas à l'investisseur étranger mais à l'organisme d'assurance *Overseas Private Corparation* qui assure ou donne la garantie à l'investisseur ou fournisseur américain.

542. La Mauritanie est également signataire et membre de la Convention relative à la protection et la garantie des investissements des États membres de la Conférence de l'Organisation islamique (COI) de 1981. Elle est liée avec les pays arabes par la Convention unifiée pour l'investissement des capitaux entre pays arabes (CUICPA) de 1980. Ainsi, lors du 11e Sommet tenu à Amman (Jordanie) les 21 à 25 novembre 1980, les pays membres et la Ligue arabe ont adopté ladite convention. Cette convention a pour but, selon ses articles I et II, de « *réaliser les objectifs définis dans le pacte de la Ligue, le Traité de défense commune et de coopération économique arabe et au vu de l'ensemble des actions économiques arabes et des résolutions adoptées par le Conseil de la Ligue des États arabes* ». Cette Convention régionale s'inscrit dans le cadre des activités économiques et financières visant à mettre en place un marché économique arabe unifié[807]. La CUICPA est entrée en vigueur en 1981. Elle n'a pas créé de Centre d'arbitrage mais plutôt un secrétariat qui relève des Centres permanents d'arbitrage (CPA) qui a pour compétence la désignation des arbitres ou la prorogation des délais ou encore la fixation des honoraires en cas de litiges commerciaux entre les États membres. Cette convention, selon Trari-TANI, fixe trois moyens de règlement des litiges : « *le recours à la Cour arabe d'investissement (CAI) ; la conciliation, dont le rapport n'est pas obligatoire ; l'arbitrage, enfin, qui occupe une place de choix tant par rapport à la conciliation, étant donné le caractère facultatif du rapport de conciliation, qu'à l'égard de la Cour arabe d'investissement, puisque la compétence de celle-ci n'a qu'un caractère provisoire* »[808]. Ainsi, en 2013, la convention a été modifiée en établissant un seuil minimum de traitement des investissements des capitaux interarabes et a prévu des modes de règlement des conflits comme la conciliation, l'arbitrage et le recours à la CAI (art. 25 et 28 de la Convention). Le recours à la conciliation et à l'arbitrage se déroule conformément aux règles et procédures prescrites par les articles 26 et 24 de la Convention. Il résulte de l'article 4 de la Convention modifiée en 2013 que les États ont la possibilité de se référer au règlement de la CNUDCI pour les questions non prévues dans l'annexe.

543. La Convention relative à la promotion, la protection et la garantie des investissements des États membres de la Conférence de l'Organisation islamique (COI) de 1981 a été ratifiée par plusieurs pays arabes et musulmans (l'Égypte, la Tunisie, la Mauritanie, le Sénégal, entre autres). Les articles 16 et 17 de la Convention prévoient une offre d'arbitrage en ces termes : « *Les litiges qui pourraient se présenter seront réglés par voie de conciliation ou d'arbitrage* ». Il est désormais acquis que les articles 16 et 17 donnent à l'investisseur trois procédés suivants : le recours à la justice officielle, la conciliation et l'arbitrage. Ces dispositions sont analysées par les spécialistes comme étant un consentement préalable formulé par les États contractants de recourir à l'arbitrage, à la médiation ou à la conciliation. À cet effet, il n'est plus nécessaire d'écrire à nouveau une clause compromissoire en cas de litiges pour recourir à l'arbitrage ou à la médiation. Une simple adhésion à cette convention suffit d'office pour recourir aux modes alternatifs de résolution des litiges. Ainsi, la République islamique de Mauritanie est aussi liée à l'accord intermaghrébin d'Alger (accord conclu entre les pays du Maghreb) en date du 23 juillet 1990 qui prévoit l'arbitrage comme mode de résolution des différends commerciaux. Au-delà des sources nationales et internationales, l'écriture de la Convention de l'arbitrage nécessite une formation et l'accord des parties pour pouvoir recourir à l'arbitrage.

Section 2 – La formation de la Convention d'arbitrage

544. L'arbitrage prend sa source dans la liberté contractuelle. La Convention d'arbitrage peut se présenter sous deux formes distinctes : « *Tantôt, il s'agit d'un contrat autonome, par lequel les parties à un litige né décident de le soumettre à l'arbitrage : c'est le compromis. Tantôt, il s'agit d'un simple article au sein d'un contrat, dans lequel les parties conviennent par avance de porter à l'arbitrage les litiges qui pourraient naître relativement à ce contrat : c'est la clause compromissoire* »[809]. Les deux espèces de la Convention d'arbitrage sont envisagées conjointement par le Code mauritanien de l'arbitrage. Car la nature contractuelle de l'arbitrage permet aux parties de s'adapter à leurs besoins commerciaux par ce processus de justice privée de résolution des conflits[810]. En effet, il faut noter que dans les pays arabes et musulmans, en vertu de la charia islamique, il y a un lien proche entre l'arbitrage, la médiation et la conciliation dans la mesure où ils ont le même but, qui est de résoudre le litige pacifiquement.

545. La Convention d'arbitrage se distingue du contrat d'arbitre conclu entre les litigeants et l'arbitre. En matière internationale selon la CNY, la Convention d'arbitrage constitue en quelque sorte le socle sur lequel repose la légitimité de l'arbitrage international[811]. La première étape pour les parties consiste à conclure une Convention d'arbitrage sous la forme d'un compromis une fois le litige né, ou d'une clause compromissoire insérée dans un contrat et destinée à s'appliquer aux litiges à naître de celui-ci. Étant un contrat civil, « *le contrat de l'arbitrage est soumis aux règles de droit commun des contrats, et notamment à celles qui régissent ses conditions de formation* »[812]. Le recours à l'arbitrage repose toujours sur un accord de volonté des parties. À cet égard, la formation de la Convention d'arbitrage est en effet soumise à des conditions de fond (§ 1) et à des conditions de forme (§ 2).

§ 1- Les conditions de fond

546. Comme tout accord de volonté entre deux ou plusieurs parties, la Convention d'arbitrage obéit à des conditions de validité. Dès lors que l'origine est contractuelle, il existe nécessairement des conditions de fond afin que cet accord soit considéré comme valablement formé et produise des effets. Il convient donc de distinguer les conditions générales de validité de la Convention d'arbitrage (A) et les conditions de validité propres au droit d'arbitrage (B).

A- Les conditions générales de validité de la Convention d'arbitrage

547. L'arbitrage constitue en République islamique de Mauritanie un mode alternatif de résolution des différends commerciaux. En tant que manifestation de volonté et justice privée, les Conventions d'arbitrage obéissent d'une manière générale aux conditions applicables au droit des obligations et des contrats. C'est dans ce sens qu'en droit de l'arbitrage, l'accord de volonté des parties est considéré par les juristes et les arbitres comme une condition de validité de la Convention d'arbitrage. Cet accord de volonté suffit pour recourir à l'arbitrage mais aussi, par définition, pour créer de liens juridiques entre les parties[813]. En ce sens, AYNES écrit « *L'arbitrage ajoute au contrat un mode contractuel de résolution du litige* »[814].

548. Cependant, cet accord de volonté est d'une nature particulière car son objet est le règlement de litiges par un juge privé choisi par les parties elles-mêmes. L'article 23 du Code des obligations et des contrats (COC) mauritanien exige pour tout contrat les conditions générales relatives au consentement, à la capacité de s'obliger, à l'objet certain et à la cause licite. Ces conditions de validité relatives au contrat sont raisonnablement transposables à la Convention d'arbitrage. Dans ce contexte-là, il est nécessaire d'étudier successivement les différentes conditions telles qu'elles sont susceptibles d'être appliquées à la Convention d'arbitrage, à Savoir celles concernant le consentement (1), la capacité de contracter (2), et l'objet et la cause licite (3) afin de mieux comprendre les conditions générales de la Convention d'arbitrage.

1. Le consentement

549. Pour conclure tout accord de volonté, le consentement des parties est nécessaire et prioritaire pour la validation du contrat. Cette manifestation de volonté est un élément essentiel pour que la Convention d'arbitrage soit valide. Comme dans tout accord de volontés, la Convention d'arbitrage se forme quand l'acceptation rencontre l'offre[815]. Dans ce sens, la jurisprudence française (qui vaut aussi pour la Mauritanie) expose que l'acceptation de volonté en matière de contrats doit résulter d'une manifestation de volonté personnelle et irrévocable. Il s'agit là de vérifier si le consentement des parties de recourir à l'arbitrage est clair et lucide. Cela suppose que le consentement des cocontractants ait été donné alors qu'ils sont « *sains d'esprit* »[816]. Par définition, le consentement est l'accord de volonté de deux parties en vue de créer des liens juridiques. Il s'agit d'une garantie contractuelle pour les cocontractants, qui occupe effectivement une place prépondérante dans la formation des contrats.

550. En matière d'arbitrage en effet, il est absolument fondamental que les parties donnent un consentement éclairé et lucide qui est un critère nécessaire et suffisant pour la validation des Conventions de l'arbitrage. C'est dans ce sens que Jean-Baptiste RACINE souligne qu'« *il n'y a d'arbitrage que volontaire de telle sorte qu'en l'absence avérée de consentement, la Convention d'arbitrage doit être considérée comme nulle ou inexistante* »[817]. Le consentement est considéré en quelque sorte comme l'élément démocratique du contrat : « *son exigence garantit que personne ne puisse être obligé contre son gré* »[818]. Il est important de noter que le consentement constitue un élément subjectif dans la formation de contrats tout comme dans la formation des Conventions d'arbitrage. Ainsi, le contrat est au cœur des modes alternatifs de résolution des litiges, particulièrement de l'activité arbitrale.

551. Le consentement en matière contractuelle doit être exempt de tout vice de consentement, c'est-à-dire ne pas avoir été donné par erreur, surprise, dol ou extorqué par violence selon les dispositions du COC. En ce sens que l'article 59 du code des obligations et des contrats précise en substance qu'il est tout à fait envisageable qu'une Convention d'arbitrage soit nulle si la preuve d'un vice du consentement est apportée. En d'autres termes, la Convention d'arbitrage peut être frappée de nullité lorsque le consentement de l'autre partie est atteint du vice de consentement ou lorsque l'une des parties avait ignoré qu'un arbitre manquait d'indépendance et d'impartialité. Le Code des obligations et du contrat mauritanien est très clair sur les vices de consentement dans son article 59 qui précise en substance qu'est annulable le consentement donné par erreur, surpris par le dol, ou extorqué par violence. Mais la difficulté reste à prouver que le consentement de l'une des parties est entaché d'un vice de consentement ou des manœuvres dolosives au sens du Code des obligations et du contrat. Par ailleurs, la théorie de la manifestation de la volonté pour former une Convention d'arbitrage a été remise en cause par certains auteurs[819]. Ainsi, le consentement des parties seul ne suffit pas, il doit être suivi de la capacité des cocontractants à s'engager.

2. La capacité à s'engager

552. Les solutions relatives aux conditions de validité de la Convention d'arbitrage sont énoncées par le Code des obligations et des contrats mauritaniens dans son chapitre premier intitulé *Des obligations qui dérivent des conventions et autres déclarations de volonté.* Parmi ces conditions, nous avons la capacité à s'engager. À cet égard, le consentement de la partie oblige ainsi sa capacité à s'engager. La capacité et le consentement sont des éléments subjectifs au sens où ils constituent les conditions fondamentales pour une expression valable de la volonté du sujet qui s'engage dans une quelconque convention ou contrat. C'est dans cette perspective que la personne qui conclut une Convention d'arbitrage en son nom et pour son compte doit être capable selon l'article 24 et suivant du COC. Car la Convention d'arbitrage étant un acte juridique, qui crée des effets juridiques entre les parties.

553. Par définition, la capacité est « *l'aptitude à faire valoir par soi-même et seul un droit dont on est titulaire, sans avoir besoin d'être représenté ni assisté à cet effet par un tiers* »[820]. Dans ce sens, les parties doivent avoir la capacité de s'engager pour conclure une Convention d'arbitrage ou un contrat civil. La capacité de contracter est régie par la loi personnelle. Elle est l'élément fondamental en matière de droit des contrats et des obligations. En matière d'arbitrage, la capacité de chaque partie s'est établie conformément à son droit national. La capacité d'agir exige la capacité d'être titulaire de ce droit, selon le Code de l'arbitrage issu de la loi de 2019. Il résulte de l'article 3 du Code de l'arbitrage que la Convention d'arbitrage ne peut être conclue que par une personne physique ou morale qui a la capacité de disposer de ses droits. Ce qui est visé ici, c'est la capacité d'ester en justice certes mais aussi la capacité de disposer du droit litigieux[821]. Pour compromettre, il faut être capable. Il s'agit là de la capacité d'ester en justice. Il résulte de l'article 24 du Code des obligations et des contrats qu'il faut la capacité civile pour intenter une action en justice. Cependant, on admet qu'il s'agit de la capacité de contracter un contrat ou une Convention d'arbitrage en la matière.

554. La Convention d'arbitrage est un acte juridique. En application de l'article 24 du Code des obligations et des contrats, en principe, toute personne peut contracter, sauf si elle est déclarée incapable par la loi. En ce sens, les incapables légaux et judiciaires sont soumis à la loi personnelle. Le mineur non émancipé et le majeur protégé ne peuvent conclure une Convention d'arbitrage que par le biais de leurs représentants légaux. Dans ce sens, la Convention d'arbitrage conclue par les incapables sera considérée comme nulle. Mais la nullité est relative. Car, selon l'article 5 du Code des obligations et des contrats, seuls les représentants légaux peuvent les représenter à cet effet. C'est la capacité d'exercer qui est ici en cause car la conclusion d'une Convention d'arbitrage est classée parmi les actes de disposition.

555. En matière d'arbitrage international, la capacité est un motif de refus lorsqu'elle heurte l'ordre public international. Ainsi, en matière de l'exécution dans le cadre de la Convention de New York pour la reconnaissance et l'exécution des sentences arbitrales étrangères, l'article V(I) (a) considère l'incapacité comme un motif de refus d'application de la convention. De même, la loi relative à la CNUDCI sur l'arbitrage international fait de l'incapacité un motif de refus de l'exécution. L'incapacité du cocontractant peut être invoquée à tout moment de la procédure même pendant la phase d'exécution, car elle est l'une des conditions de validité du contrat. La capacité seule n'est pas suffisante pour conclure un contrat sans la présence de l'objet et la cause licites et clairs.

3. L'objet et la cause

556. En matière de droit des contrats, le consentement et la capacité sont considérés comme des éléments subjectifs par opposition à l'objet et à la cause licites de l'obligation qui forment des éléments objectifs du contrat. Ainsi, pour former un contrat ou une Convention d'arbitrage, l'objet doit exister mais également, il doit être licite et certain. De son côté, la cause doit être licite et déterminée. Comme l'écrit le Code des obligations et des contrats : « *On ne veut pas dans l'abstrait* ». Il faut que tout soit clair et licite. La détermination de l'objet du litige présente divers intérêts. En droit des contrats, l'objet, c'est ce « *à quoi* » on s'engage, autrement dit « ce qui est dû »[822]. L'analyse de l'objet et de la cause dans la Convention d'arbitrage selon la doctrine ne pose pas de difficulté majeure puisque le droit commun s'y applique. Dans ce contexte, il faut souligner que l'objet du litige en matière d'arbitrage résulte ainsi des prétentions des parties dans la Convention d'arbitrage.

557. L'objet de la Convention d'arbitrage est processuel. La Convention d'arbitrage est nulle lorsque l'objet du litige n'est pas déterminé. À cet égard, l'article 78 du Code des obligations et des contrats précise que l'objet de la convention doit être licite, clair et déterminé. Par exemple, est nulle l'obligation qui a pour objet une chose ou un fait impossible du fait de sa nature ou par une prohibition de la loi. La licéité de l'objet, selon Jean-Pierre RACINE, « *n'implique pas que le litige soumis à l'arbitre soit conforme à l'ordre public. L'arbitrabilité des litiges impliquant l'ordre public est désormais admise. L'arbitre étant un juge, il peut (et même doit) appliquer les règles d'ordre public et en sanctionner la violation* »[823]. C'est dans ce sens que l'objet doit exister et être licite et déterminé en matière de droit des contrats.

558. En ce qui concerne la cause de la Convention d'arbitrage : elle est liée à la violation de l'ordre public et aux bonnes mœurs. En d'autres termes, la cause de la Convention d'arbitrage doit être conforme aux règles qui régissent l'ordre public et aux bonnes mœurs. Le droit des contrats montre que la cause, c'est le pourquoi on s'engage à signer le contrat. Dans le cadre de la théorie de la cause, la Convention d'arbitrage doit avoir une cause noble, licite et déterminée. Aux termes de l'article 82 du Code des obligations et des contrats, « *l'obligation sans cause ou fondée sur une cause illicite est non avenue. La cause est illicite quand elle est contraire aux bonnes mœurs, à l'ordre public ou à la loi* [...]. *Toute obligation est présumée avoir une cause certaine et licite même si elle n'est pas explicite* ». La cause de l'obligation des parties est celle d'obtenir une sentence. Par ailleurs, la Convention d'arbitrage est normalement valable sauf si elle est contraire à l'ordre public et aux bonnes mœurs. Ainsi, l'« *objet qui devient les stipulations ; la cause qui devient le but* »[824]. Dans ce sens, le Code des obligations et des contrats exige que l'objet et la cause de la Convention d'arbitrage soient licites, déterminés et conformes à l'ordre public. Après l'étude des conditions générales du droit de l'arbitrage, nous nous intéresserons aux conditions spécifiques relatives aux Conventions d'arbitrage.

B- Les conditions spécifiques au droit à l'arbitrage

559. L'arbitrage est un droit d'origine contractuelle qui met en avant la volonté des parties contractantes. Il s'agit essentiellement d'un processus volontaire né d'une manifestation de volontés des parties concernées. En ce sens qu'en droit mauritanien, il est impossible d'imposer la convention d'arbitrage à une partie. Il faut la volonté des deux parties pour conclure celle-ci. Ce modèle de justice est présenté par les autorités mauritaniennes comme un mode alternatif de règlement des litiges parmi d'autres grâce à son efficacité, sa rapidité et son coût. Pour Loïc CADIET « *la justice arbitrale est souvent présentée comme une justice amiable par opposition à la justice étatique, autoritaire, hâtivement stigmatisée pour son cortège compliqué de procédures contentieuses, formalistes, longues et coûteuses. La distinction est excessive, mais il est vrai que le règlement amiable et la justice arbitrale ont partie liée* »[825]. Dans la conception française, l'arbitre est un juge, par conséquent, sa sentence est un jugement. La doctrine française considère l'arbitre comme un juge qui tranche les différends au vrai sens du terme et rend une décision de justice. En revanche, pour les autorités mauritaniennes, l'arbitre est certes un juge privé mais aussi un juge de paix qui règle pacifiquement les litiges commerciaux. En ce sens que l'arbitrage est considéré comme une instance des modes amiables de résolution des différends pour la plupart des Mauritaniens. L'avantage de cette procédure alternative dans la sphère judiciaire mauritanienne se trouve dans la volonté des parties de conclure une Convention d'arbitrage avec la liberté de déterminer le cadre de la résolution de leur litige.

560. La nature juridictionnelle de l'arbitrage n'est pas contestée par la doctrine mais son origine reste contractuelle et répond aux conditions générales des contrats. L'arbitrage est une justice privée, certes, mais une justice qui « *procède de la volonté des parties de confier à un tiers le* *pouvoir de juger* »[826]. La particularité du processus du droit d'arbitrage crée des conditions spécifiques de validité pour la formation de la Convention d'arbitrage[827] permettant de prévoir la manière dont les parties doivent régler leur litige. Certaines de ces conditions spécifiques sont propres à la clause compromissoire (1) et d'autres sont relatives au compromis (2). Il existe également des conditions communes à toute Convention d'arbitrage : ce sont celles qui concernent l'arbitrabilité du litige (3).

1. La clause compromissoire

561. L'arbitrage tire son origine dans la volonté contractuelle des parties. Cette volonté des parties constitue l'une des premières caractéristiques essentielles de l'arbitrage. Ainsi, en matière de Convention d'arbitrage, les clauses relatives au règlement des litiges sont en effet une technique contractuelle d'anticipation. Cette anticipation selon les juristes du droit processuel constitue un exercice de logique contractuelle. Le code de l'arbitrage issu de la loi n° 2019-019 précise que la clause compromissoire est une convention. Dans ce contexte, il résulte de l'article premier alinéa 8 du même code que « *la clause compromissoire est une convention par laquelle les parties à un contrat s'engagent à soumettre à l'arbitrage les litiges qui pourraient naître relativement à ce contrat* ». En ce sens, nous pouvons dire que cette clause a pour effet de se soustraire à la compétence des tribunaux de l'ordre judiciaire. Il s'agit là d'une convention insérée dans un contrat et stipulant que tout litige qui pourrait surgir à l'occasion de ce contrat sera réglé par voie d'arbitrage[828], qui a pour but d'organiser une solution arbitrale et de favoriser une solution conventionnelle du différend entre les parties au contrat. La clause compromissoire lie les parties et celles-ci sont obligées d'aller en arbitrage si elles s'y engagent. Lorsque la clause est mal rédigée ou lorsque les critères de compétences posent problème, le tribunal judiciaire sera compétent pour juger le litige. Dans un arrêt de 10/07/2018, la Cour d'appel de Nouakchott a jugé que les tribunaux étatiques sont compétents pour juger les litiges lorsque les parties ne trouvent pas d'arbitres répondant aux critères de compétence fixés par la clause compromissoire[829].

562. Il faut rappeler que la clause compromissoire est autonome et considérée d'ailleurs par certains juristes comme une convention dans la convention. Le principe de l'autonomie de la clause compromissoire « *signifie que la validité de celle-ci est indépendante de celle du contrat principal et vise à protéger la clause d'arbitrage de la nullité du contrat principal, ainsi qu'à assurer la validité du contrat de celui-ci* »[830]. Pour Pierre MAYER, il serait mieux de parler de « *séparabilité* »[831] plutôt que d'autonomie de la clause compromissoire. En tout état de cause, la clause compromissoire est une convention de procédure autonome qui ne suit pas le sort du contrat principal et dont son régime juridique est distinct de celui du contrat principal. À cet effet, si la Convention d'arbitrage est nulle, la clause qui est insérée à cette convention n'est pas nulle selon le droit mauritanien de l'arbitrage.

563. En matière d'arbitrage international, l'article 21-2 de la loi-type de la CNUDCI prévoit également le principe de l'autonomie de la clause d'arbitrage, qui est indépendant du contrat principal. Ce principe est l'agrément appuyé par le principe de compétence-compétence qui signifie que le droit du tribunal arbitral doit se prononcer sur sa propre compétence[832] et, le cas échéant, de déclarer son incompétence pour que les parties puissent se présenter devant les juridictions étatiques[833]. Il faut tout simplement retenir qu'en matière d'arbitrage international, tout comme l'arbitrage national, le principe reste le même : la clause compromissoire est autonome juridiquement du contrat principal, et en cas de nullité du contrat principal, cela n'entraine pas de plein droit la nullité de la clause compromissoire. À cet égard, il résulte de l'article 12 du code de l'arbitrage qu'on peut stipuler une clause compromissoire pour toute contestation pouvant naître au sujet d'obligations et de transactions civiles et commerciales ainsi que pour les litiges opposant des associés dans le cadre du contrat de société qui les lie. La validité de la clause est subordonnée au respect des conditions spécifiques.

564. Ainsi, la clause compromissoire doit être stipulée par un écrit lequel peut être un document extérieur se référant à cette convention principale. Cet écrit peut également être un écrit électronique comme le souligne la loi du 29 avril 2019 portant code de l'arbitrage au même titre que l'écrit papier. Le code mauritanien de l'arbitrage exige l'écriture de la clause pour qu'elle soit absolument valable et exempte de toute nullité.

2. Le compromis d'arbitrage

565. Selon le code de l'arbitrage issu de la loi du 29 avril 2019, la Convention d'arbitrage peut se présenter sous plusieurs formes. Lorsqu'elle se constitue sous forme d'un contrat autonome, par lequel les parties à un litige né décident de le soumettre à l'arbitrage. Il s'agit là d'un compromis. En d'autres termes, le compromis arrive après l'apparition d'un litige quand les parties décident de le soumettre à l'arbitrage. Contrairement à la clause compromissoire, aux termes de l'article 1er alinéa 5 du code de l'arbitrage issu de la loi du 29 avril 2019 « *le compromis est la convention par laquelle les parties à un litige déjà né soumettent celui-ci à un tribunal arbitral composé d'un arbitre unique ou de plusieurs arbitres* ». En ce sens, on peut convenir d'un compromis dans tout litige déjà né qui ne va pas à l'encontre de l'ordre public et aux bonnes mœurs. Pour Philippe FOUCHARD, « *le compromis est un accord entre deux parties qui décident de soumettre à tel ou tel arbitre ou institution arbitrale un litige précis qui les divise d'ores et déjà* »[834]. Nous pouvons constater que le compromis est donc une convention relative à un litige au sens juridique du terme. Ainsi, la clause compromissoire et le compromis forment tous deux une seule et unique appellation : *La Convention d'arbitrage*. La clause compromissoire est une clause parmi d'autres au sein d'un contrat pour prévenir le règlement d'un éventuel ou futur litige selon les dispositions du code de l'arbitrage. En revanche, en matière de compromis, l'accord des parties est donné après la naissance du litige. En ce sens que la loi du 29 avril 2019 portant code de l'arbitrage a bien précisé que le compromis est un accord de volonté conclu après la naissance du litige et autonome et distinct du contrat principal (convention arbitrale).

566. En matière d'arbitrage, le compromis est beaucoup moins utilisé en pratique. Car il suppose un accord des parties alors qu'un litige les oppose déjà. L'article 13 du code de l'arbitrage prévoit en substance que le compromis détermine sous peine de nullité l'objet du litige et le ou les noms des arbitres le cas échéant d'une manière expresse ou suffisamment précise pour qu'il ne reste aucun doute sur leur individualité. Dans ce cadre, l'objet du litige est déterminé respectivement par les parties. Comme la clause compromissoire, le compromis répond aux mêmes conditions de validité. Il résulte de l'article 2 du code de l'arbitrage que le compromis doit être conclu par écrit. L'écriture est absolument obligatoire à peine de nullité. Le compromis doit désigner l'arbitre ou les arbitres et indiquer les modalités de leur désignation.

567. Cependant, en matière internationale, les dispositions du code de l'arbitrage mauritanien ne disent rien en ce sens. Mais la doctrine précise qu'en droit international, les compromis sont rares. Loïc CADIET précise que « *les choses sont plus incertaines parce que les compromis internationaux étant rarissimes, la jurisprudence a aboli la distinction entre clause compromissoire et compromis en matière internationale. Ce qui revient à éliminer le compromis d'arbitrage. Cette affirmation ne convainc pas et on ne comprend pas pourquoi il n'y aurait pas de compromis en matière internationale – surtout avec le critère économique de l'internationalité qui fait facilement basculer dans l'empire de l'arbitrage international* »[835]. Il convient de voir que le litige soumis à l'arbitrage ne porte pas atteinte à l'ordre public mauritanien et aux bonnes mœurs. Ce qui pose la question de l'arbitrabilité (à savoir les litiges soumis à l'arbitrage sont-ils conformes à l'ordre public et aux bonnes mœurs ?) des litiges commerciaux en droit mauritanien de l'arbitrage. Nous étudierons le cas mauritanien en faisant la comparaison avec celui du droit français de l'arbitrage.

3. L'arbitrabilité du litige

568. L'étude des modes alternatifs de résolution des litiges en particulier l'arbitrage a mis en évidence l'« *ordre public juridictionnel et les* *bonnes mœurs* »[836]. Par ailleurs, un examen des articles 12 du code mauritanien de l'arbitrage et 2061 du Code civil français révèle que le domaine d'application de la clause compromissoire en droit mauritanien est plus large qu'en droit français. Puisqu'il s'étend aux obligations et transactions civiles et commerciales ainsi que pour les litiges opposant des associés dans le cadre du contrat de société qui les lie conformément à l'article 12 du code de l'arbitrage alors que la loi de modernisation de la justice du XXIe siècle a réécrit l'article 2061 du Code civil. Selon cet article 2061 du Code civil français, la clause compromissoire est valable dans les contrats conclus à raison d'une activité professionnelle.

569. Les limites du droit de recourir à l'arbitrage résultent de l'article 4 du code mauritanien de l'arbitrage et les articles 2059 et 2060 du Code civil français. Il résulte de ces textes que toutes les personnes peuvent compromettre sur les droits dont elles ont la libre disposition ce qui *a contrario* veut dire qu'elles ne peuvent recourir à l'arbitrage pour régler un litige mettant en cause des droits indisponibles. En d'autres termes, les droits indisponibles révèlent la compétence des juridictions étatiques et les parties n'ont pas la libre disposition de conclure une convention ou un contrat sur ces droits qui touchent à l'ordre public. Ainsi, « *l'histoire du droit de l'arbitrage et l'étude des droits contemporains démontrent que le domaine ne peut totalement échapper à l'ordre public et cela est positif dans la mesure où il assure un contrepoids permettant d'éviter ou de sanctionner les dérives d'un libéralisme pouvant être excessif* »[837]. Le respect de l'ordre public mauritanien est assuré par les juges étatiques. En ce sens que l'arbitrage reste prohibé lorsque l'ordre public et les bonnes mœurs sont enfreints. Il s'agit bien d'une question de compétence de l'arbitre face à l'ordre public, les bonnes mœurs et les droits indisponibles. À cet égard, la question est de savoir si tous les litiges sont arbitrables en droit mauritanien de l'arbitrage.

570. La réponse à cette question est évidemment non. Les dispositions du code de l'arbitrage issues de la loi du 29 avril 2019 sont claires sur cette interrogation. En Mauritanie, tous les litiges ne sont pas soumis à l'arbitrage. Le code mauritanien de l'arbitrage donne une liste des matières qui ne peuvent être soumises à l'arbitrage interne et international. Cette liste se compose de plusieurs matières qui sont évoquées dans cet ordre : « *les matières touchant à l'ordre public, les contestations relatives à la nationalité, les contestations relatives au statut personnel, les questions d'état et de capacité des personnes, les autres matières où on ne peut transiger, etc.* »[838]. L'arbitrabilité du litige est une des conditions de validité matérielle de la Convention d'arbitrage. Pour que les parties puissent soumettre leur litige à l'arbitrage, la clause d'arbitrage doit porter sur un litige arbitrable qui ne porte pas atteinte à l'ordre public. En ce sens, l'article 12 du code de l'arbitrage précise que l'arbitrage est possible tant en matière civile que commerciale. Autrement dit, seuls les droits disponibles peuvent faire l'objet d'une procédure arbitrale. Ainsi, si le litige est inarbitrable parce qu'il porte atteinte à l'ordre public soit national ou international, les arbitres choisis doivent se déclarer incompétents car l'inarbitrabilité protège l'intérêt général.

571. Par ailleurs, en droit français de l'arbitrage qui est la source d'inspiration des autorités mauritaniennes, les critères des litiges arbitrables sont prévus par les articles 2059 et 2060 du Code civil français. Il résulte de l'article 2059 du Code civil français que toutes les personnes peuvent compromettre sur les droits dont elles ont la libre disposition. Aux termes de l'article 2060 alinéa 1 du même code : « *On ne peut compromettre sur les questions d'état et de capacité des personnes, sur celles relatives au divorce et à la séparation de corps ou sur les contestations intéressant les collectivités publiques et les établissements publics et plus généralement dans toutes les matières qui intéressent l'ordre public* ». L'arbitrage ne peut porter que sur des droits disponibles dans les deux systèmes juridiques (français et mauritanien). Les matières qui intéressent l'ordre public sont exclues de l'arbitrage. La compétence de ces matières relève exclusivement des juridictions étatiques. En matière du droit de l'arbitrage international, il est difficile de se prononcer sur l'étendue de l'arbitrabilité. Le code mauritanien de l'arbitrage tient à la seule condition de la disponibilité des droits susceptibles de faire l'objet d'une Convention d'arbitrage et le respect de l'ordre public et les bonnes mœurs. La formation de la convention d'arbitrage, qui est un accord de volontés entre les parties exige également certaines conditions de forme pour être valable.

§ 2- Les conditions de forme de la Convention d'arbitrage

572. Le premier choix des parties pour aller à la procédure de l'arbitrage consiste d'abord à conclure dans un premier temps une Convention d'arbitrage tout en respectant les conditions fondamentales en particulier les conditions de forme de ladite convention. À cet effet, le respect des conditions de forme joue un rôle très important pour la formation de la convention. Comme le montre Rubino SAMMATANO, « *la forme est un autre élément de la Convention d'arbitrage influencé par la distinction entre un contrat successif au contrat de base, qui soumet à l'arbitrage un différend déjà né (donc un compromis), et une clause compromissoire* »[839]. Les conditions de forme en matière de Convention d'arbitrage dépendent de la position des parties vis-à-vis de l'arbitrage. Ces conditions ont revêtu une grande considération tant dans l'arbitrage national qu'international. Ainsi, l'exigence commune des textes juridiques est un écrit matérialisant la Convention d'arbitrage (A) et ensuite les exigences des mentions de la Convention d'arbitrage (B).

A- L'écriture de la Convention d'arbitrage

573. La conclusion de la Convention d'arbitrage au regard du droit mauritanien nécessite un écrit comme une des preuves tangibles. Les textes juridiques en vigueur exigent l'écrit. Il s'agit là d'une règle matérielle de la convention. Aux termes de l'article 2 du code de l'arbitrage « *la Convention d'arbitrage ne peut être établie que par écrit, soit par acte authentique ou sous seing privé, soit par procès-verbal d'audience ou procès-verbal dressé auprès du tribunal arbitral choisi* ». Reste à déterminer la question de la forme de l'écrit. Dans ce sens, l'article 2 et suivants du même code précisent que « *la convention arbitrale est réputée établie par écrit, lorsqu'elle est consignée dans un échange de lettres, de communications télex, télégrammes, d'échange par voies électroniques conformément aux règles régissant les transactions électroniques, de tout autre moyen de communication qui en atteste l'existence, ou encore dans l'échange de conclusion en défense dans lequel l'existence d'une Convention d'arbitrage est alléguée par une partie et n'est pas contestée par l'autre* ». Selon les dispositions du code de l'arbitrage mauritanien, la Convention d'arbitrage doit être écrite pour être valable.

574. Le droit mauritanien de l'arbitrage et les textes juridiques en vigueur ne se distinguent pas des principales Conventions internationales ratifiées par la Mauritanie notamment la Convention de New York (article II, 2, précité)[840] et celle de Washington[841] qui exigent l'écrit comme le seul moyen de preuve pour que la convention soit valable. L'article 7 de la loi-type de la CNUDCI prévoit aussi que l'écrit est une condition de validité de la Convention d'arbitrage. Ainsi à titre de comparaison, le droit français de l'arbitrage exige aussi l'écrit comme moyen de preuve. L'écrit est exigé par les articles 1443 et 1174 du Code civil français. Aux termes de l'article 1443 du même code, « *à peine de nullité, la Convention d'arbitrage est écrite. Elle peut résulter d'un échange d'écrits ou d'un document auquel il est fait référence dans la convention principale* ». La forme électronique de l'écrit prévue par l'article 1174 du Code civil français prévoit que « *lorsqu'un écrit est exigé pour la validité d'un contrat, il peut être établi et conservé sous forme électronique dans les conditions prévues aux articles 1366 et 1367* ». L'alinéa 1er du même article ajoute que lorsqu'est exigée une mention écrite de la main même de celui qui s'oblige, ce dernier peut l'apposer sous forme électronique si les conditions de cette apposition sont de nature à garantir qu'elle ne peut être effectuée que par lui-même. En tout état de cause, l'écrit est obligatoire pour que la convention soit valable et légale.

575. Dans cet ordre d'idées, la doctrine[842] a aussi exigé l'écrit. La Convention d'arbitrage est issue de la manifestation des volontés des parties. Partant de cela « *l'écrit permet également d'éviter qu'une partie ne puisse se voir privée du droit de porter le litige devant le juge étatique sans qu'elle ait formalisé, d'une manière ou d'une autre, son acceptation du principe du* *recours à l'arbitrage et donc, sa renonciation aux voies juridictionnelles de droit commun* »[843]. L'objet de l'écriture est surtout d'assurer que le consentement à l'arbitrage n'a pas été obtenu par la force et qu'il est bien réel et éclairé. L'écrit reste une des conditions de validité de la convention. Il est important de noter que l'écrit constitue une preuve tangible et importante en cas de contestation entre les parties. En cas de non-respect de l'exigence d'écrit, la sanction est la nullité de la Convention d'arbitrage. Le code mauritanien de l'arbitrage prévoit une nullité relative que les parties peuvent couvrir de manière expresse ou implicite.

B- Les mentions liées à la Convention d'arbitrage

576. Pour conclure une convention d'arbitrage valablement, la manifestation de volontés des parties ne suffit pas. Celle-ci doit être accompagnée avec un certain nombre des mentions essentielles liées à la validation de la convention. Ces mentions permettent de revêtir la convention. Pour cela, les dispositions du code de l'arbitrage distinguent les mentions liées à la définition de l'objet du litige et celles concernant la désignation des arbitres pour la formation de l'instance arbitrale.

577. Pour en ce qui concerne la détermination de l'objet du litige, la rédaction de la Convention d'arbitrage ne concerne pas la clause compromissoire de la convention car à ce moment-là, le litige n'est pas encore né. À cet effet, la seule chose qui concerne les parties à cet instant de la clause compromissoire consiste à définir la portée de leur accord qui existe entre les parties. Les dispositions du code de l'arbitrage précisent en revanche que la mention de l'objet du litige ne concerne que le compromis d'arbitrage. En d'autres termes, seul le compromis en matière d'arbitrage interne doit mentionner l'objet du litige. Par opposition à la clause compromissoire, le compromis est conclu une fois que le litige est déjà né. Dans ces conditions-là, les parties doivent par conséquent déterminer l'objet de leur litige pour que la convention soit valable. En ce sens, il résulte de l'article 13 du code de l'arbitrage que le compromis doit déterminer, sous peine de nullité, l'objet du litige. La détermination de l'objet est une condition nécessaire pour que la doctrine accorde beaucoup d'importance en matière de compromis. Comme le montre Jean-Baptiste RACINE, « *la détermination de l'objet du litige définit les contours et donc les limites de la compétence. Un compromis donnant pour mission aux arbitres de trancher tous les problèmes en suspens doit être tenu pour nul, la détermination du litige étant imprécise* »[844]. Cette exigence de déterminer l'objet du litige est très importante en matière de compromis pour l'arbitrage interne. Nous avions compris que l'objet du litige reste une condition de validité pour l'arbitrage interne. Qu'en est-il en matière d'arbitrage international ? Le code de l'arbitrage mauritanien ne fait aucune mention de cette question. En matière d'arbitrage international même si la détermination de l'objet du litige n'est pas obligatoire, elle est systématique dans la pratique en matière de compromis.

578. Quant aux exigences relatives à la désignation des arbitres, il faut souligner en ce sens que seules les parties et elles seules désignent ou choisissent les arbitres. Aux termes de l'article 14 du code de l'arbitrage, « *les parties doivent désigner l'arbitre ou les arbitres. Lorsque les parties désignent les arbitres en nombre pair, le tribunal arbitral est complété par un arbitre choisi conformément aux prévisions des parties. En l'absence de telles prévisions, il est choisi par les arbitres désignés* ». Cette exigence est applicable au compromis et à la clause compromissoire. Mais le plus souvent, la clause compromissoire ne désigne pas nommément les arbitres. La désignation des arbitres est pourtant une condition de validité tant de la clause compromissoire que du compromis. C'est dans ce sens que les dispositions de l'article 14 du code de l'arbitrage exigent aux parties de désigner les arbitres ou de prévoir leur modalité de désignation. Cette disposition est également applicable aux arbitrages internationaux.

579. En droit français de l'arbitrage, le code de procédure civile français précise que la désignation des arbitres est une condition de validité de la Convention d'arbitrage. Il résulte de l'article 1444 CPCF que la Convention d'arbitrage désigne le cas échéant par référence à un règlement d'arbitrage, le ou les arbitres, ou prévoit les modalités de leur désignation. À défaut, il est procédé conformément aux dispositions des articles 1451 à 1454 du CPCF. Pour ce qui concerne les effets de la Convention d'arbitrage, il existe l'effet principal et l'effet négatif : « *l'effet principal est celui de conduire les parties devant leurs arbitres ; on parle parfois de l'effet positif de la Convention d'arbitrage. L'effet positif principal est d'attribuer à l'arbitre sa compétence* »[845]. Ainsi, l'effet négatif est celui qui prive les juridictions étatiques de la compétence pour statuer sur le litige liant les parties. Les spécialistes français de l'arbitrage tels que Loïc CADIET et Thomas CLAY sont généralement très attachés à l'effet négatif de la compétence-compétence. Cela revient aux arbitres par priorité de se prononcer sur leur compétence ou incompétence. La Convention d'arbitrage oblige effectivement les parties à soumettre leur litige au tribunal arbitral composé des arbitres choisis par elles-mêmes.

Section 3- Le tribunal arbitral

580. L'arbitre est une personne physique à qui les parties confient la mission de trancher leur litige. En ce sens, il est toujours considéré comme un juge privé qui rend des décisions à caractère juridictionnel. Ainsi, le tribunal arbitral comme son nom l'indique est par définition une instance juridictionnelle qui rend des décisions appelées couramment : sentences arbitrales. Les décisions rendues par l'instance arbitrale peuvent faire l'objet d'appel devant la Cour d'appel selon les dispositions du code de l'arbitrage. La loi du 29 avril 2019 portant le code de l'arbitrage emploie ainsi le terme de « *tribunal arbitral* » pour appuyer le caractère juridictionnel de l'arbitrage. Par ailleurs, il faut noter qu'à la différence du juge, l'arbitre n'est pas investi en permanence du pouvoir de juger. Les arbitres choisis sont investis au même titre que les juges étatiques et jouent également le même rôle qu'eux. Car les Conventions d'arbitrage ont pour effet identique d'« *attribuer le pouvoir de trancher le litige au tribunal arbitral institué à cette fin, qui devient ainsi compétent à l'exclusion des juridictions étatiques* »[846]. Si le tribunal arbitral n'est pas encore saisi ou a déjà été saisi, la juridiction étatique doit se déclarer incompétente. Toutefois, l'article 15 du code de l'arbitrage prévoit que le juge étatique peut ne pas se déclarer incompétent si la Convention d'arbitrage est manifestement nulle ou manifestement inapplicable. Dans les deux cas, la juridiction ne peut soulever d'office son incompétence.

581. L'arbitre dit le droit et rend une sentence arbitrale. À cet égard, la notion de *juris dictio* est vraie mais contrairement au juge, l'arbitre ne dispose pas de l'*imperium,* même si « *l'arbitre choisi par les parties est un véritable juge, qui rend une sentence en toute indépendance et impartialité* »[847]. Cette règle d'indépendance et d'impartialité relève du droit au procès équitable de l'article 6 § 1er de la Convention européenne de droits de l'homme. Il s'agit là du droit à l'arbitrage équitable. Dans cette perspective du procès équitable, une partie de la doctrine admet la notion d'un « *droit à procès arbitral équitable* »[848]. À ce titre, le droit mauritanien de l'arbitrage consacre la primauté à la volonté des parties dans la constitution du tribunal arbitral. Cette primauté de la volonté des parties s'est toujours imposée même dans les règles régissant l'arbitrage international comme le prévoit le code de l'arbitrage. Le code précise que les arbitres sont désignés par les parties à la convention des parties. Il s'agit là le respect classique de l'accord des parties. Ce respect de volontés privées se retrouve en pratique indirectement en matière d'arbitrage international. La convention de New York dans son article II § 1er précise que chacun des États contractants reconnait la convention écrite par les parties qui s'engagent à se soumettre à un arbitrage.

582. Ainsi, le tribunal arbitral est constitué d'un arbitre unique ou d'un collège arbitral selon l'article 1 alinéa 3 du code de l'arbitrage. En cas de pluralité d'arbitres, leur nombre doit être impair. Il s'agit de la règle de l'imparité qui prime en droit mauritanien comme ailleurs en France. En matière internationale, la Convention de New York a soumis la question de la désignation des arbitres à la règle matérielle qu'est la volonté des parties et selon le droit choisi par les parties. Il résulte en substance de l'article 66 du code de l'arbitrage que les parties peuvent directement ou par référence à un règlement d'arbitrage désigner le ou les arbitres ou prévoir les modalités de leur désignation ainsi que de leur récusation ou de leur remplacement. La durée de la mission des arbitres est fixée par la convention. Si la Convention d'arbitrage ne fixe pas de délai, l'article 20 du code de l'arbitrage précise que la mission des arbitres ne peut excéder six mois à compter du jour où le dernier des arbitres l'accepte.

583. Le tribunal arbitral dispose d'un caractère juridictionnel. L'arbitre est un juge qui rend une décision de justice en disant le droit (ou l'équité en cas d'amiable composition) et en tranchant le litige (§ 1). La question des voies ordinaires et extraordinaires de recours contre la sentence arbitrale reste ouverte en droit mauritanien selon les textes en vigueur (§ 2).

§ 1- La sentence arbitrale

584. Si aujourd'hui l'arbitrage est la justice ordinaire des affaires commerciales, l'arbitre doit posséder un réel pouvoir juridictionnel. L'arbitre et le collège arbitral doivent respecter les principes directeurs d'un procès équitable tels que le contradictoire, l'indépendance et l'impartialité avec une obligation de délibération. La mission principale de l'arbitre est de trancher le litige, comme le fait le juge institué par l'État. Comme le souligne Philippe FOUCHARD, « *l'arbitre doit trancher le différend qui lui est soumis, c'est-à-dire, au sens propre, dire le droit, fixer les droits et obligations des parties, statuer sur leurs prétentions respectives* »[849]. Les dispositions du code de l'arbitrage issu de la loi du 29 avril 2019 autorisent les arbitres si les parties leur confèrent expressément soit les pouvoirs d'amiable compositeur soit de statuer en droit, c'est-à-dire trancher le litige qui oppose les parties.

585. Le code de l'arbitrage ne donne pas une définition exacte de la sentence arbitrale mais il faudrait aller chercher celle-ci dans la doctrine. La sentence arbitrale est définie comme, « *étant une décision rendue par le tribunal arbitral qui statue sur la compétence, sur une exception de procédure ou fin de non-recevoir qui met fin à l'instance ou sur tout ou partie du fond* »[850]. La sentence arbitrale est en effet revêtue de l'autorité de la chose jugée. Celle-ci peut faire l'objet d'un appel devant la Cour d'appel. En ce sens que l'instance arbitrale est une juridiction qui tranche le différend et rend une décision définitive. Pour cela, nous nous intéresserons au déroulement de la procédure (A) et ensuite les effets de la sentence arbitrale (B).

A- Le déroulement de la procédure

586. L'arbitrage est un mode juridictionnel de règlement des litiges au sens juridique des tribunaux étatiques. Les arbitres sont investis du pouvoir de juger les différends. Ce pouvoir juridictionnel prend sa source dans la Convention d'arbitrage conclue entre les parties. En ce sens, nous pouvons souligner que la sentence arbitrale, selon les dispositions du code de l'arbitrage issues de la loi du 29 avril 2019, a la même nature juridictionnelle qu'une décision rendue par les tribunaux étatiques. C'est sans doute dans ce contexte-là que la décision rendue par l'arbitre s'impose bel et bien aux parties comme celle rendue par le juge. Les parties lors de la conclusion de la convention choisissent ensemble les arbitres et les règles applicables à la procédure. Cela permet de donner davantage une certaine légitimité aux arbitres désignés. C'est dans ce sens que les règles de droit applicables font l'objet d'une souplesse (1). Le tribunal arbitral ne statue cependant pas forcément en droit, les parties ont également la libre faculté de lui conférer les pouvoirs d'amiable compositeur ce qui revient aux arbitres de statuer en équité (2). Enfin, après la délibération, la sentence arbitrale doit ordonner des mentions obligatoires et facultatives prévues par les textes en vigueur pour être valables (3).

1. Les règles applicables à la procédure

587. L'arbitre rend service aux parties à la convention. En ce sens qu'il est considéré comme le bon serviteur de l'accord de volontés signé par les parties. Pour une parfaite réussite du tribunal arbitrage, celui-ci doit respecter scrupuleusement la convention des parties et les règles de procédure applicables à cette convention. L'arbitre peut en revanche se référer à un droit étatique bien déterminé si toutefois les parties ont explicitement choisi les règles de droit de cet État. À défaut d'une telle entente entre les parties, l'article 53 du code de l'arbitrage précise que le tribunal applique les règles de droit qu'il juge les plus appropriées au différend qui lui est soumis. En matière interne, ce sont les règles de procédure du droit mauritanien qui s'appliquent. L'arbitre statue au regard de l'ensemble des normes composant l'ordre juridique mauritanien. Le Code de procédure civile, commerciale et administrative oblige le juge à trancher le litige conformément aux règles de droit qui lui sont applicables. De son côté, le code de l'arbitrage exige aussi que l'arbitre en tant que juge privé applique le droit et tranche le litige conformément aux règles de droit en vigueur. À cet effet, l'arbitre dispose d'un pouvoir de juger qui est né de la Convention d'arbitrage signée par les parties et qui lui donne tous les attributs de ce pouvoir de trancher le différend qui oppose les parties. La question des règles applicables en revanche se pose aussi bien à l'arbitrage international.

588. En matière internationale, les parties choisissent elles-mêmes le droit et les règles de procédure applicables. Comme le montre Jean-Baptiste RACINE, « *les parties choisissent les règles de droit applicables par une clause d'*electio juris. *Elle est très pratiquée dans le cadre de la rédaction des contrats internationaux. Une telle clause peut être formellement mêlée à la clause d'arbitrage. Les parties ont la possibilité de choisir à tout moment le droit applicable si elles ne l'ont pas fait dans leur contrat. Il est* *néanmoins désormais largement admis que les parties peuvent, devant un arbitre, choisir la* lex mercatoria *(droit anational ou droit marchand) comme applicable à leur contrat. L'arbitre qui, dans le silence des parties, désigne la* lex mercatoria *comme droit applicable, rend une sentence parfaitement valable* »[851]. Dans ce cadre, la sentence arbitrale rendue conformément aux dispositions du code de l'arbitrage n'est susceptible que du recours en annulation. L'article 57 du code de l'arbitrage donne une liste des cas d'annulation[852].

589. Il résulte de l'article 14 du code de l'arbitrage que lorsque les parties désignent l'arbitre ou le collège d'arbitres en nombre pair, le tribunal arbitral est complété par un arbitre choisi conformément aux prévisions des parties. En l'absence de telles prévisions, il est choisi par les arbitres désignés. À défaut d'accord entre ces derniers, il est choisi par le président du tribunal de la wilaya (tribunal régional) dans le ressort duquel se trouve le lieu de l'arbitrage, et ce, à la demande d'une partie par ordonnance de référé non susceptible de recours. Le tribunal arbitral lie les parties par l'accord de volonté des parties, donc le choix du troisième arbitre ne peut pas être contesté par les parties.

590. Ainsi, il faut souligner que la justice arbitrale est à la fois une justice concurrente et parallèle à la justice étatique. Elle est en effet appropriée aux différends commerciaux nationaux et internationaux et soumise aux principes fondamentaux du procès équitable prévu par l'article 6 de la CEDH, tels que l'indépendance, la confidentialité et l'impartialité. Aux termes de l'article 18 du code de l'arbitrage « *lorsqu'une personne est pressentie, en vue de sa nomination éventuelle en qualité d'arbitre, elle doit signaler toutes les causes de nature à soulever des doutes légitimes sur son impartialité ou sur son indépendance* ». À cela s'ajoutent les dispositions de l'article 12 de la loi-type de la CNUDCI, *l'Act* de 1996 ; qui considèrent la dépendance et la partialité de l'arbitre comme cause distincte de la disqualification d'un arbitre. En matière d'arbitrage international, la norme impérative c'est l'impartialité des arbitres. Mais les textes en vigueur précisent que cette impartialité n'exclut pas le contrôle de l'indépendance car les deux vont ensemble pour le respect des principes directeurs du procès étatique. Le code de l'arbitrage mauritanien autorise la récusation des arbitres qui représentent les critères prévus par les textes en vigueur.

591. Néanmoins, la récusation ne peut intervenir selon l'article 18 du code de l'arbitrage que s'il existe des causes de nature à soulever des doutes légitimes sur les agissements de l'arbitre ; ou encore lorsque celui-ci ne possède pas les qualifications suffisantes et convenues entre les parties. Lorsqu'il est mis fin à la mission d'un arbitre conformément au contenu des articles 17 et 18 du même code ou lorsque celui-ci se déporte pour toute autre raison ou lorsqu'il est révoqué par accord des parties ou dans tout autre cas où il est mis fin à sa mission, un arbitre remplaçant est nommé conformément aux règles qui étaient applicables à la nomination de l'arbitre remplacé. Pour ce qui concerne l'exequatur de la sentence arbitrale, le droit mauritanien de l'arbitrage facilite les conditions de celle-ci. Puisque la sentence est un acte juridictionnel comme la décision rendue par un juge étatique avec tous les effets juridiques qui y sont rattachés. Dans ce cas précis, les dispositions du code de l'arbitrage précisent que pour obtenir l'exequatur de la sentence, la demande doit être déposée au greffe de la juridiction compétente. Aux termes de l'article 27 alinéa 2 du code de l'arbitrage, « *si l'une des parties désire obtenir l'exequatur de la sentence arbitrale, le président de la juridiction compétence statue sur la requête et, si rien ne s'y oppose, ordonne l'exequatur, en bas de la sentence. En revanche, en cas de rejet de la demande, son ordonnance doit être motivée ; elle est susceptible d'appel. L'ordonnance qui accorde l'exequatur de la sentence arbitrale n'est susceptible d'aucun recours* ». Ainsi, il convient de noter que l'arbitre doit toujours s'efforcer de répondre à l'attente légitime des parties. Les parties ont aussi la faculté de conférer au tribunal d'arbitrage le pouvoir d'amiable compositeur.

2. L'amiable composition

592. Le code de l'arbitrage précise que l'arbitre peut trancher le litige en application de règles de droit comme le juge institué par l'État. Mais il peut aussi avec l'accord des parties trancher le litige en équité en tant qu'amiable compositeur en matière national et international. Les parties confèrent à l'arbitre une mission de statuer comme amiable compositeur. Ce dernier fonde sa décision sur les principes d'équité et de justice. Comme le prévoit l'article 10 du code de l'arbitrage, « *les arbitres appliquent le droit à moins que les parties ne leur confèrent dans la Convention d'arbitrage la qualité d'amiables compositeurs* ». Dans ce cas, les arbitres sont tenus de statuer en équité. Il s'agit là d'un pouvoir confié à l'arbitre ou au collège arbitral afin de dégager un compromis qui sera acceptable par toutes les parties. À cet effet, l'arbitre ne peut plus fonder sa décision sur les règles de droit applicables au litige qui lui est soumis. L'amiable compositeur est à la fois un pouvoir et un devoir confiés à l'arbitre par la convention qui lie ce

dernier et les parties. En ce sens l'arbitre est tenu de rendre une décision motivée qui sera conforme à l'équité. Statuer en amiable compositeur selon Mathieu De BOISSESON, « *ne consiste pas à trancher un litige suivant l'équité, mais plutôt en vue de l'équité. L'équité est plutôt une fin recherchée par l'arbitre, indéfiniment reculée ou perfectible, qui tend à dépasser les interprétations provisoires du droit positif et suppose la reconnaissance d'un droit supérieur aux droits étatiques, parce que plus soucieux d'équité. À ce titre, l'amiable composition, pour les arbitres, est une tentative de dépassement du droit au nom du droit lui-même* »[853]. L'arbitre amiable compositeur est un juge ayant reçu la mission de statuer en équité. Dans ce contexte, il doit complètement écarter la règle de droit applicable au litige afin de pouvoir chercher une solution en équité qui sera acceptée par toutes les parties. Ainsi, l'équité relève du bon sens et de l'égalité.

593. L'arbitre amiable compositeur est un juge qui tranche selon ce qu'il croit juste et équitable dans les cas d'espèce. Lorsque les parties confèrent à l'arbitre la mission de l'amiable composition, les parties abandonnent par conséquent leurs droits subjectifs. Dans ce contexte, l'amiable compositeur ne modifie pas la mission juridictionnelle arbitrale et l'objet du litige. En ce sens-là, il faut préciser que « *l'amiable compositeur est une forme de renonciation conventionnelle aux effets et au bénéfice de la loi, les parties perdant la prérogative d'en exiger la stricte application* » [854]. L'arbitrage de droit et l'amiable composition ont fondamentalement la mission de juger et de trancher le litige. Le droit mauritanien de l'arbitrage n'a pas évoqué des conséquences liées à cette clause d'amiable composition. Cependant, la Cour d'appel de Paris, dans un arrêt du 28 novembre 1996, résume les conséquences d'une telle clause : « *la clause d'amiable composition est une renonciation conventionnelle aux effets et au bénéfice de la règle de droit, les parties perdant la prérogative d'en exiger la stricte application et les arbitres recevant corrélativement le pouvoir de modifier ou de modérer les conséquences des stipulations contractuelles dès lors que l'équité ou l'intérêt commun bien compris des parties l'exige* »[855]. Il est important de noter que pour aller en amiable composition, les parties doivent donner leur accord explicite c'est-à-dire que la volonté des parties doit s'exprimer librement sans ambiguïté, à défaut l'arbitre doit statuer en droit et appliquer les règles de droit prévues par la Convention d'arbitrage. L'arbitre amiable compositeur reste toujours investi de son pouvoir juridictionnel comme l'arbitrage qui statue en droit et qui est tenu de respecter les principes directeurs du procès équitable. Il est également important de souligner que l'amiable composition est donc une exception à la règle. Il convient ainsi d'évoquer les mentions liées à la sentence arbitrale c'est-à-dire la décision rendue par le tribunal arbitral.

3. Les mentions liées à la sentence arbitrale

594. La sentence arbitrale dispose d'un caractère juridictionnel qui est susceptible de faire l'objet d'appel devant la Cour d'appel. Elle doit obligatoirement comporter certaines mentions sous peine de nullité. Le tribunal arbitral doit délibérer selon le code de l'arbitrage. Les dispositions de l'article 25 du code de l'arbitrage précisent qu'après l'instruction, l'affaire doit être mise en délibéré. C'est dans ce contexte que l'arbitre a donc une obligation de délibérer et cette délibération comme toute délibération judiciaire doit rester secrète. Ainsi, la sentence arbitrale rendue en territoire mauritanien a l'autorité de la chose jugée. Si la procédure arbitrale comporte plusieurs arbitres, la sentence arbitrale est donc rendue à la majorité des voix et doit exposer la prétention des parties sous peine de nullité. Cette décision doit être motivée. Le code de l'arbitrage prévoit aussi que la sentence peut faire l'objet d'une exécution spontanée par les parties comme elle peut aussi faire l'objet d'une exécution forcée par ordonnance du président du tribunal de commerce dans le ressort duquel la sentence est rendue.

595. La sentence arbitrale est prononcée au terme d'un délibéré et doit sans doute respecter certaines mentions pour l'arbitrage interne et international prévues par les articles 25 et 54 du code de l'arbitrage sous peine de nullité de la sentence. En pratique, toutes les sentences (nationale ou internationale) comportent les mêmes mentions. À cet égard, la sentence arbitrale est rendue par écrit après délibération du tribunal arbitral à la majorité des voix et signée par les arbitres. Elle doit également comporter l'indication des noms et prénoms des arbitres qui l'ont rendue. La sentence arbitrale est prescrite. La prescription de cette mention permet de s'assurer que la sentence a été rendue par les arbitres nommés dans la Convention d'arbitrage par les parties. La sentence doit aussi être motivée même si le tribunal arbitral a statué en équité sauf si les parties en conviennent autrement ou s'il s'agit d'une sentence rendue par accord des parties conformément à l'article 11 du code de l'arbitrage. La motivation est exigée par l'article 54 du code de l'arbitrage tant dans l'arbitrage interne qu'international. Il s'agit là d'une règle d'ordre public relevant du droit commun en matière d'arbitrage interne.

595. Par ailleurs, certaines mentions sont liées à la date de la sentence à peine de nullité. La sentence doit comporter l'indication de la date à laquelle elle a été rendue et les noms et l'adresse des parties conformément à l'article 46 du code de l'arbitrage. Selon ce texte, si l'absence de date est sanctionnée par la nullité de la sentence, la simple erreur quant à cette date en revanche ne l'est pas et peut faire l'objet d'une rectification d'erreur matérielle. Ainsi, s'ajoute la mention de signature des arbitres. Les articles 25 alinéa 2 et 54 du code de l'arbitrage exigent la signature de tous les arbitres. En cas de pluralité d'arbitres, les signatures de la majorité des membres du tribunal arbitral suffisent. Cette exigence permet de s'assurer que la sentence est le fruit de la collégialité. Ainsi, il existe d'autres mentions moins importantes prévues par le code qui ne sont pas assorties des sanctions. Ce sont les mentions liées aux honoraires des arbitres, les dépenses d'arbitrage ou à l'identification des parties, par exemple. Ces mentions moins importantes ne sont pas frappées de nullité en cas d'absence. En revanche, les mentions liées au lieu de la sentence, les prétentions et les moyens relèvent d'ordre public. En cas de manquement de ces mentions, la règle prévue est la nullité de la sentence. En tout état de cause, en cas de l'absence de mentions obligatoires qui relèvent de l'ordre public, la sanction prévue par les textes est la nullité de la sentence. La sentence arbitrale produit des effets juridiques comme toute décision juridictionnelle.

B- Les effets de la sentence arbitrale

596. La sentence arbitrale est une décision juridictionnelle destinée à développer des effets juridiques entre les parties. Elle développe ainsi des effets similaires au jugement rendu par un juge étatique. La sentence arbitrale dès qu'elle est rendue à l'autorité de la chose jugée (1) mais fait également l'objet d'une exécution (2).

1. L'autorité de la chose jugée

597. La notion d'autorité de la chose jugée est une notion juridique. Celle-ci tient à la fonction juridictionnelle des tribunaux étatiques. Elle constitue un ensemble d'effets juridiques attachés aux décisions rendues par les tribunaux judiciaires et arbitraux. Dans ce contexte, la notion de l'autorité de la chose jugée est donc attachée de plein droit à la sentence arbitrale rendue par l'instance arbitrale parce qu'elle constitue un acte juridictionnel susceptible de faire l'objet d'appel devant la Cour d'appel. Dans ce cas de figure, il n'est pas nécessaire d'accomplir une formalité particulière car l'autorité de la chose jugée se produit dès que la décision arbitrale est rendue. Ainsi, dès que la décision est rendue par l'instance arbitrale, la sentence dessaisit les arbitres de la contestation qu'elle tranche et dispose de plein droit l'autorité de la chose jugée. Aux termes de l'article 26 du code de l'arbitrage, « *la sentence arbitrale rendue en territoire mauritanien a dès qu'elle est rendue l'autorité de la chose jugée relativement à la contestation qu'elle tranche* ». À cet effet, il convient de noter que l'autorité de la chose jugée n'est pas attachée à toutes les décisions arbitrales rendues au cours de la procédure arbitrale. Elle n'est attachée qu'aux décisions arbitrales qui peuvent être qualifiées de sentence arbitrale selon le code de l'arbitrage. C'est dans ce contexte que Christophe SERAGLINE souligne que « *les décisions arbitrales qui ne peuvent être qualifiées de sentence ne sont en revanche pas assorties de cette autorité. Il en est notamment ainsi de l'acte par lequel le tribunal arbitral soumet l'exécution de sa décision au bon vouloir des parties. De même, le simple projet de sentence signé par un seul arbitre n'a pas l'autorité de la chose jugée* »[856].

598. En matière d'arbitrage international, il résulte de l'article 64 du code de l'arbitrage que la sentence arbitrale, quel que soit le pays où elle a été rendue a l'autorité de la chose jugée. Elle est exécutée sur requête écrite adressée au président du tribunal de commerce et sous réserve des articles 65 et 66 du présent code. L'alinéa 1 du même article précise en substance que la partie qui invoque une sentence arbitrale ou qui en demande l'exécution doit fournir l'original dûment authentique ou une copie certifiée conforme, ainsi que l'original de la Convention d'arbitrage ou une copie certifiée conforme. Les deux documents sus-indiqués sont accompagnés le cas échéant, d'une traduction officielle en langue arabe (langue officielle du pays). Les dispositions des articles 65 et 66 du code de l'arbitrage énumèrent une liste des cas où la sentence arbitrale peut faire l'objet de refus de reconnaissance ou d'exécution des sentences sur le territoire mauritanien. La Convention de New York pour la reconnaissance et l'exécution des sentences arbitrales étrangères dont la Mauritanie est signataire favorise l'« *effectivité des sentences arbitrales en limitant les cas de refus de reconnaissance ou d'exécution entre États membres* »[857].

599. Cependant, le droit mauritanien de l'arbitrage n'a pas prévu la règle de la triple identité. Cette règle est en revanche prévue par le droit français particulièrement l'article 1351 du Code civil français[858]. Cette règle est applicable en matière de sentence. À cet égard, l'autorité de la chose jugée n'a de sens qu'à l'égard de ceux qui ont été parties au différend. Il faut noter que la décision de l'amiable compositeur n'est pas susceptible d'appel sauf si les parties en décident autrement, c'est-à-dire laissent cette voie de recours ouverte à l'amiable compositeur. Au demeurant, en matière internationale, la sentence arbitrale ne devient exécutoire que si elle est revêtue de l'exequatur donné par les juridictions étatiques compétences.

2. L'exécution de la sentence arbitrale

600. Aujourd'hui, l'arbitrage s'impose dans le monde des affaires du commerce international. Pour certains, il s'agit d'une justice concurrente et pour d'autres, l'arbitrage constitue une justice parallèle à la justice étatique. Les décisions rendues par l'instance arbitrale sont à exécuter d'office car elles s'imposent naturellement aux parties liées juridiquement par la Convention d'arbitrage. Même si l'arbitre est dépourvu d'*imperium*, la sentence arbitrale doit être exécutée dès son prononcé par l'instance arbitrale. Lorsque la partie perdante refuse de l'exécuter, on peut dès lors faire appel au concours de la force publique. Selon le droit mauritanien, la sentence arbitrale peut faire l'objet d'une exécution spontanée par les parties. Cependant, elle peut aussi faire l'objet d'une exécution forcée par l'ordonnance du président du tribunal de commerce dans le ressort duquel la sentence est rendue. Aux termes de l'article 27 du code de l'arbitrage « *la partie ayant intérêt, notifie la sentence à l'autre partie, conformément au code de procédure civile et commerciale, pour faire courir les délais de recours. Si l'une des parties désire obtenir l'exequatur de la sentence arbitrale, le président de la juridiction compétente statue sur la requête et, si rien ne s'y oppose, ordonne l'exequatur, en bas de la sentence* ». Si le président de la juridiction compétente rejette la demande, son ordonnance doit être motivée. L'ordonnance du président de la juridiction est susceptible d'appel. Néanmoins, l'ordonnance qui accorde l'exequatur de la sentence n'est pas susceptible d'un recours.

601. Du point de vue international, les sentences arbitrales rendues quel que soit le pays sont soumises aux dispositions du code de l'arbitrage en vue de leur reconnaissance et de leur exécution, de même pour les sentences étrangères sous réserve de réciprocité. Le principe de réciprocité de l'exécution des sentences arbitrales est soulevé par le droit mauritanien de l'arbitrage. L'article 65 du code de l'arbitrage établit une liste sur laquelle la reconnaissance ou l'exécution d'une sentence arbitrale, quel que soit le pays où elle a été rendue ne peut être refusée que dans les cas qui figurent sur la liste. Par exemple, si l'exécution de la sentence arbitrale est contraire à l'ordre public ou lorsque la Convention d'arbitrage a été frappée d'une incapacité ou encore lorsque les mentions obligatoires sont omises. La Mauritanie est, par ailleurs, liée par plusieurs Conventions internationales, bilatérales et multilatérales dont l'objectif est la reconnaissance et l'exécution des sentences arbitrales. À cet effet, la Convention internationale de New York du 10 juin 1958 pour la reconnaissance et l'exécution des sentences arbitrales étrangères joue un rôle très important dans ce sens. Aux termes de l'article V, 1 de ladite convention, « *la reconnaissance et l'exécution de la sentence ne seront refusées, sur requête de la partie contre laquelle elle est invoquée, que si cette partie fournit à l'autorité compétente du pays où la reconnaissance et l'exécution sont demandées la preuve : que la sentence n'est pas encore devenue obligatoire pour les parties ou a été annulée ou suspendue par une autorité compétente du pays dans lequel, ou d'après la loi duquel, la sentence a été rendue ; que, d'après la loi de ce pays, l'objet du différend n'est pas susceptible d'être réglé par voie arbitrale ; ou que la reconnaissance ou l'exécution de la sentence serait contraire à l'ordre public de ce pays* »[859]. Il résulte aussi de l'article 54 de la Convention CIRDI que chaque État contractant reconnait toute sentence rendue dans le cadre de la présente convention comme obligation et assure l'exécution sur son territoire des obligations à respecter. À cet effet, nous pouvons noter que l'efficacité de l'exécution de sentence en matière internationale dépend de la collaboration des États et des juges étatiques ; car les sentences internationales, pour être reconnues et exécutées, doivent faire l'objet d'un minimum de contrôle. Il s'agit là pour le droit mauritanien d'un contrôle de légalité permettant au juge national de vérifier si la sentence ne contient pas des dispositions contraires à l'ordre public et aux bonnes mœurs du pays.

602. Si une demande d'annulation ou de suspension d'une sentence arbitrale selon les dispositions de l'article 66 du code de l'arbitrage est présentée à la juridiction du pays dans lequel elle a été rendue, le tribunal compétent, saisi de la demande de reconnaissance ou d'exécution doit surseoir à statuer mais peut également, à la requête de la partie demandant la reconnaissance ou l'exécution de la sentence arbitrale, ordonner à l'autre partie de fournir des suretés convenables. En Mauritanie, la reconnaissance et l'exécution des sentences étrangères sont soumises aux mêmes conditions de procédure et de contrôle par le juge national. La sentence doit être revêtue de l'exequatur par une ordonnance du président du tribunal de la wilaya, qui vérifie également si la sentence n'est pas contraire à l'ordre public et aux bonnes mœurs pour être exécutée sur le territoire mauritanien par la force. Dans ce contexte de l'exequatur, « *un juge d'État va conférer à la sentence, simple acte privé, la force exécutoire et va ainsi offrir le recours au bras armé de l'État en vue de son exécution* »[860]. Ainsi, le code de l'arbitrage prévoit aussi l'octroi de l'exécution provisoire des décisions arbitrales permettant de pallier l'effet suspensif des voies de recours.

§ 2- Les voies de recours

603. La loi n° 2019-019 portant code de l'arbitrage remplaçant et abrogeant la loi du 18 janvier 2000 portant code de l'arbitrage modifie profondément les voies de recours contre les sentences arbitrales. Ces modifications tendent à simplifier et à moderniser le droit mauritanien de l'arbitrage. La question des voies de recours est extrêmement sensible tant dans l'arbitrage interne que dans l'arbitrage international. L'exercice des voies de recours contre la sentence arbitrale pour Robert PERROT, « *a priori ne cadre pas avec l'esprit de l'arbitrage, qui est une justice entre soi* »[861]. Il faut rappeler que l'arbitrage repose sur un accord de volontés des parties avec un choix légitime des arbitres par les parties.

604. Néanmoins, la sentence arbitrale est la décision rendue par l'instance arbitrale qui dispose d'un caractère juridictionnel susceptible de faire l'objet de voies de recours. Conformément au droit commun des actes juridictionnels, les parties peuvent contester la décision du tribunal arbitral. En d'autres termes, les voies de recours consistent à corriger les erreurs et les injustices. Il s'agit en réalité d'introduire un contrôle minimal de la sentence devant les juridictions étatiques compétentes. Le droit mauritanien de l'arbitrage prévoit différentes voies de recours contre la sentence arbitrale. La décision de l'arbitre en tant qu'elle tranche le litige qui lui est soumis n'est pas susceptible au regard du code de l'arbitrage mauritanien de toutes les voies de recours ordinaires (A) et extraordinaires (B).

A- Les voies de recours ordinaires

605. L'arbitrage est une question de liberté et de volonté entre les parties. En ce sens que cette liberté contractuelle ne doit pas contenir d'abus. « *Cette liberté doit être soumise au contrôle qu'exerce exclusivement le juge étatique, soit à l'occasion des recours contre la sentence, soit lors de la demande de reconnaissance ou d'exequatur de cette sentence* »[862]. Ce contrôle n'est rien d'autre qu'une vérification judiciaire, c'est-à-dire examiner si la sentence ne contient pas d'erreurs ou si elle n'est pas contraire à l'ordre public. Ainsi, ce contrôle inciterait l'arbitre à veiller davantage au respect des règles de procédure et des principes directeurs du procès équitable. À cela s'ajoute également le manque d'*imperium* de l'arbitre qui nécessite l'intervention de la force publique et du juge étatique pour un contrôle opportun de légalité. Dans ce cadre-là, le code de l'arbitrage reconnaît aux parties les différentes voies de recours ordinaires contre la décision arbitrale qui sont ouvertes en droit commun. Ainsi, la sentence arbitrale est susceptible d'appel mais également d'un recours en annulation. Le recours en annulation est la voie de recours ordinaire de droit commun. La loi du 29 avril 2019 ouvre aux parties la possibilité de faire le recours en annulation contre la sentence arbitrale (1). Ce recours produit en effet des conséquences juridiques (2).

1. Le recours en annulation

606. Au regard du droit mauritanien, le recours en annulation est un recours ordinaire qui doit être exercé selon les conditions prévues par le droit commun. Ainsi, en soumettant la sentence arbitrale au contrôle du juge étatique par le biais d'un recours en annulation, le législateur mauritanien tient à assurer l'efficacité de l'arbitrage en veillant à la fois au respect de la volonté des parties mais également au respect de la loi, de l'ordre public et des bonnes mœurs. Le recours en annulation contre la sentence arbitrale selon Jean-Baptiste RACINE, « *est une voie de recours ouverte à titre exceptionnel (lorsqu'une décision est normalement insusceptible de contestation) de manière à redresser des irrégularités graves (un excès de pouvoir)* »[863]. Il s'agit d'un recours de droit commun ouvert aux parties à la convention mais dirigé contre la décision arbitrale définitive. Cette voie de recours est utilisée par le requérant lorsqu'il y a des causes ou des erreurs graves.

607. Depuis la réforme de 2019 du code de l'arbitrage, la sentence arbitrale n'est plus susceptible d'opposition. Seul le recours en annulation est admis pour les voies de recours ordinaires. En matière interne, l'article 33 du code de l'arbitrage précise que la sentence arbitrale peut faire l'objet d'un recours en annulation devant la Cour d'appel dans le ressort de laquelle la sentence est rendue. Le recours en annulation contre la sentence arbitrale est ouvert dans le respect des conditions prévues par l'article 34 du même code ayant établi une liste des cas de recours en annulation[864]. Le recours exercé dans le délai de quinze jours à partir de la signature de la sentence est suspensif. Cependant, les parties peuvent convenir d'y renoncer à condition que la sentence arbitrale ne soit pas contraire à l'ordre public. En matière interne, la doctrine précise que les annulations de sentence sont plus fréquentes.

608. En matière internationale, les dispositions de l'article 56 du code de l'arbitrage prévoient que la sentence arbitrale rendue conformément aux dispositions de la loi n° 2019-019 du 29 avril 2019 n'est susceptible que du recours en annulation. Cela signifie que la sentence arbitrale ne peut être annulée que dans les cas prévus par l'article 57 du code de l'arbitrage : « *lorsque la sentence arbitrale est contraire à l'ordre public et lorsque l'auteur de la demande en annulation apporte une preuve établissant qu'une partie de la Convention d'arbitrage a été frappée d'une incapacité ou que ladite convention n'est pas valable en vertu de la loi à laquelle les parties l'ont soumise ou, à défaut du choix de la loi applicable, en vertu des règles du droit international privé ; ou encore l'auteur de la demande en annulation n'a pas été dûment informé de la nomination des arbitres, etc.* »[865]. Le code de l'arbitrage précise aussi que la demande en annulation ne peut être présentée après l'expiration d'un délai d'un mois à compter de la date à laquelle le requérant s'est fait délivrer la sentence. Ce recours est porté devant les tribunaux du pays où la sentence est rendue. Il convient de noter que le rejet du recours en annulation confère l'exequatur à la sentence arbitrale selon les dispositions du code de l'arbitrage. Le recours en annulation est la voie de recours la plus utilisée en droit international. Par ailleurs, en matière d'arbitrage international, « *les parties à la Convention d'arbitrage international peuvent choisir par avance de renoncer l'exercice de voie de recours en annulation contre la sentence arbitrale* »[866]. Ainsi, l'ordre juridique mauritanien se reconnaît ainsi une « *paternité* » à l'égard de toutes les sentences rendues en Mauritanie y compris celles rendues en matière internationale. Il résulte de l'article 62 du code de l'arbitrage que les parties qui n'ont en Mauritanie ni domicile, ni résidence principale, ni établissement, peuvent convenir expressément d'exclure tout recours, total ou partiel, contre toute décision du tribunal arbitral. Le recours en annulation tant dans l'arbitrage interne que dans l'arbitrage international est formé, instruit et jugé suivant les règles de procédure du Code de procédure civile, commerciale et administrative. Ce recours dispose d'un caractère suspensif. Il est la voie de recours de droit commun la plus usuelle en droit national tout comme en droit international contre les décisions arbitrales. Ainsi, la sentence arbitrale comporte des conséquences juridiques.

2. Les conséquences du recours en annulation

609. L'une des conséquences du recours en annulation est la validation de la décision rendue par l'instance arbitrale. Lorsque la Cour d'appel rejette le recours en annulation, cela revient à conférer l'exequatur à la sentence. En organisant cette voie de recours contre la décision du tribunal arbitral, le législateur mauritanien s'inspire directement du droit français de l'arbitrage tant au niveau du domaine d'application du recours que des modalités de la procédure à suivre devant la Cour d'appel. La loi du 2019-019 du 29 avril 2019 précise que lorsque le recours est rejeté par la Cour d'appel, la sentence arbitrale est validée. Si la Cour d'appel confirme la sentence arbitrale attaquée, elle en donne l'exequatur. Si elle l'annule, il appartient à la partie la plus diligente d'engager, si elle le souhaite, une nouvelle procédure arbitrale conformément aux dispositions de l'article 33 et suivants du code de l'arbitrage.

610. Le but principal de ce recours ordinaire n'est donc pas de faire rejuger l'affaire au fond mais d'invalider la décision rendue par l'instance arbitrale entachée des graves erreurs. C'est dans ce cadre-là que le code de l'arbitrage prévoit des conséquences relatives à la voie de recours en annulation. Aux termes de l'article 35 du code de l'arbitrage « *si la juridiction admet le bien-fondé du recours en annulation, elle annule la sentence ou la procédure d'arbitrage, en tout ou partie, selon les cas. Si elle décide le rejet du recours, l'arrêt de rejet emporte de plein droit la validité de la sentence et confère l'exequatur à la sentence arbitrale* ». En matière internationale, la Cour d'appel saisi de la demande en annulation peut, le cas échéant et à la demande d'une partie, suspendre la procédure d'annulation pendant une période dont elle fixe la durée afin de donner au tribunal arbitral la possibilité de reprendre la procédure arbitrale ou de prendre toute mesure qu'il juge susceptible d'éliminer les motifs d'annulation selon les dispositions de l'article 59 du code de l'arbitrage.

611. Par ailleurs, lorsque le recours est admis pour l'un des motifs visés par les dispositions du code de l'arbitrage, la sentence est annulée. Ainsi, lorsque la juridiction compétente estime que la requête en annulation est bien fondée, elle annule la sentence en tout ou partie selon les cas.

La sanction attachée à la sentence est l'annulation qui vise à régulariser ou à corriger les graves erreurs. Il convient de rappeler que l'exercice du recours en annulation relève du droit commun mais ce droit est souvent utilisé abusivement par le requérant. La sentence arbitrale est également soumise aux voies de recours extraordinaires.

B- Les voies de recours extraordinaires

612. Le code de l'arbitrage issu de la loi du 29 avril 2019 ouvre les voies de recours extraordinaires contre les décisions arbitrales. Ces voies de recours n'ont pas d'effet suspensif d'exécution[867]. Les voies de recours extraordinaires sont ouvertes contre les décisions arbitrales nationales et internationales. La sentence peut être frappée à la fois de la tierce opposition ou de recours en révision devant le tribunal arbitral (1) mais également elle peut aussi faire l'objet d'un pourvoi en cassation (2). Ainsi, chacune de ces voies de recours est soumise à des règles de procédure particulières selon le code de l'arbitrage.

1. La tierce opposition et le recours en révision

613. La tierce opposition et le recours en révision sont des voies de recours extraordinaires prévues par les dispositions du code de l'arbitrage contre la sentence arbitrale. En droit mauritanien de l'arbitrage, la voie de recours de la tierce opposition est réservée aux tiers et permet de leur rendre inopposable la sentence arbitrale car la décision arbitrale est en effet susceptible de causer des griefs aux tiers. Dans la très grande majorité des cas selon Jacques HÉRON, « *la décision de justice n'intéresse que les parties et n'affecte pas les droits des tiers de quelque façon que ce soit. De manière exceptionnelle, cependant, il peut arriver qu'un jugement soit susceptible d'affecter les droits des tiers et c'est en prévision de telles situations qu'est instituée la tierce opposition* »[868]. En ce sens que la tierce opposition est ouverte à toute personne qui a un intérêt légitime. La personne qui souhaite exercer cette voie de recours doit justifier l'existence d'un préjudice par l'effet d'une décision arbitrale à laquelle elle est restée étrangère. Le but principal de la tierce opposition est de solliciter la réformation de la sentence au profit du tiers qui l'attaque. Dans ces conditions, la recevabilité de cette voie de recours extraordinaire est subordonnée à l'existence d'un intérêt.

614. Le droit mauritanien de l'arbitrage est clair sur la tierce opposition qui peut être exercée par les personnes physiques ou morales. Il résulte de l'article 33 alinéa 2 du code de l'arbitrage que la sentence arbitrale peut faire l'objet d'une tierce opposition devant le tribunal arbitral par une personne physique ou morale qui n'a pas été appelée et lorsque cette sentence préjudicie à ses droits. La tierce opposition ne suspend pas l'exécution de la sentence arbitrale comme les autres voies de recours ordinaires en particulier le recours en annulation. En d'autres termes, la tierce opposition n'est pas dotée d'un effet suspensif. Elle est exercée selon les dispositions de l'article 33 et suivants du code de l'arbitrage devant l'instance arbitrale. À titre principal, la voie de recours de la tierce opposition est exercée devant le tribunal étatique dans le ressort duquel la décision arbitrale est rendue. Ainsi, la décision rendue par l'instance arbitrale sur la tierce opposition a l'autorité de la chose jugée à l'égard des parties liées par la Convention d'arbitrage. En matière internationale, la loi n° 2019-019 du 29 avril 2019 n'a pas voulu étendre cette voie de recours aux sentences internationales. De son côté, le code mauritanien de l'arbitrage ne fait aucune mention sur la tierce opposition en matière internationale.

615. Quant au recours en révision, il est prévu dans le code de l'arbitrage mauritanien comme étant un recours extraordinaire. Il s'agit d'une voie de recours qui est exercée de la même manière et aux mêmes conditions que les autres voies de recours de droit commun. La seule différence avec les autres recours est que le recours en révision s'avère toujours porté devant le tribunal arbitral. Si jamais ce dernier ne peut ne pas être réuni à nouveau selon la doctrine « *le recours en révision peut être porté devant la Cour d'appel compétente pour connaître les autres recours contre la sentence* »[869]. Dans ce cas de figure, la Cour d'appel ne conserve qu'une compétence subsidiaire à cet effet. Les voies extraordinaires en particulier le recours en révision a pour but de reformer la sentence arbitrale qui est passée en force de chose jugée. Il s'agit là de demander au tribunal arbitral de statuer à nouveau en fait et en droit. En d'autres termes, la révision permet d'obtenir la rectification des erreurs liées à la sentence. En principe, n'importe quelle décision de justice est susceptible de faire l'objet d'un recours en révision à condition d'être passée en force de chose jugée. Selon les dispositions du code de l'arbitrage, le recours en révision n'est ouvert qu'en matière interne et n'est pas suspensif.

616. Aux termes de l'article 33 et suivants du code de l'arbitrage « *la sentence arbitrale peut faire l'objet d'un recours en révision devant le tribunal arbitral en raison de la découverte d'un fait de nature à exercer une influence décisive et qui, avant le prononcé de la sentence, était inconnu du tribunal arbitral et de la partie qui demande la révision* ». Le recours en révision permet à l'arbitre d'examiner à nouveau l'affaire. Le recours en révision comme les autres recours extraordinaires ne sont pas dotés d'un effet suspensif comme le recours en annulation. Il est en revanche doté d'un effet dévolutif. Le code de l'arbitrage prévoit aussi le pourvoi en cassation comme un recours extraordinaire.

2. Le pourvoi en cassation

617. Le pourvoi en cassation est une voie de recours extraordinaire comme le recours en révision et la tierce opposition qui sont ouverts contre les décisions rendues par l'instance arbitrale. Selon le code de procédure civile, commerciale et administrative, la plus haute instance judiciaire mauritanienne (Cour suprême) ne juge pas le fond de l'affaire. En d'autres termes, la Cour suprême est le juge de droit et non le juge du fond. Lorsqu'elle estime que les règles de procédure ne sont pas respectées lors du procès, elle annule la décision rendue par la Cour d'appel et renvoie l'affaire soit devant la même Cour d'appel avec une nouvelle composition soit devant une autre Cour d'appel habilitée à rejuger l'affaire. Les dispositions du CPCCA précisent que le pourvoi en cassation en droit mauritanien n'est ouvert qu'à l'encontre des décisions judiciaires rendues en dernier ressort.

618. Cependant, le code de l'arbitrage de 2000 n'a pas prévu le pourvoi en cassation. Mais la loi n° 2019-019 du 29 avril 2019 portant code de l'arbitrage a rendu possible le pourvoi en cassation contre les décisions de la Cour d'appel en matière d'arbitrage. C'est l'une des innovations de la réforme de 2019 sur le droit mauritanien de l'arbitrage. Le pourvoi n'est pas formé contre la sentence elle-même, mais contre les décisions rendues par la Cour d'appel. C'est dans ce sens que l'article 36 alinéa 1 du code de l'arbitrage précise que les décisions de la Cour d'appel en matière d'arbitrage sont susceptibles d'un pourvoi en cassation devant la Cour suprême conformément aux dispositions du Code de procédure civile, commerciale et administrative. La Cour suprême, à la demande de l'auteur du pourvoi, ordonne en sa formation compétente de surseoir à l'exécution de la sentence arbitrale attaquée, le délai de ce sursis à exécution ne pouvant dépasser trois mois. Au-delà de ce délai si la Cour n'a pas rendu sa décision sur le pourvoi, la suspension cesse sans pouvoir être reconduite. C'est dans ce sens qu'Emmanuel JEULAND écrit que « *le pourvoi en cassation est un recours objectif permettant de contrôler la légalité d'un jugement* »[870]. Il peut aussi être formé contre la décision de l'arbitre qui a statué en amiable compositeur.

619. Contrairement au droit français, la sentence arbitrale n'est pas susceptible de pourvoi en cassation en matière interne selon l'article 1503 du Code de procédure civile. Nous pouvons déduire de cette disposition que le législateur français a souhaité limiter peut-être les voies de recours possibles contre les décisions arbitrales rendues par l'instance arbitrale afin de pouvoir limiter au minimum l'intervention du juge étatique dans les domaines de l'arbitrage qui relèvent de l'accord de volonté des parties.

Conclusion du troisième chapitre

620. En parallèle de la justice instituée par l'État, l'arbitrage constitue bel et bien un mode alternatif de règlement des litiges dans le monde des affaires. Il est donc un système de justice pluriel comme les autres modes de régulation sociale. L'arbitrage est d'origine conventionnelle. Cela veut dire que ce mode de résolution des litiges repose sur un accord de volontés des parties. Par conséquent, le recours à l'arbitrage ne peut être imposé comme tout autre mode alternatif de règlement des conflits d'ailleurs. En ce sens, le principe de l'autonomie constitue le maître mot de l'arbitrage. Les avantages offerts par l'arbitrage sont nombreux : la rapidité, la maîtrise de la direction du procès par les parties, le coût, la confidentialité et les délais sont des avantages qui constituent la justice arbitrale.

621. Cependant, l'arbitrage est une justice privée à part entière, qui se mondialise et s'internationalise. Les arbitres désignés par la convention rendent une sentence à caractère juridictionnel. En conséquence, l'arbitre est un juge privé choisi par les parties, qui rend une décision de justice susceptible d'appel (la sentence). Le code de l'arbitrage issu de la loi du 29 avril 2019 a ouvert aux parties les différentes voies de recours contre la sentence arbitrale. Parmi ces voies de recours, nous avons le recours en annulation (voie de recours ordinaire), la tierce opposition (voie de recours extraordinaire), et le pourvoi en cassation contre les décisions rendues par la Cour d'appel.

622. L'analyse juridique et anthropologique révèle que l'arbitrage est une régulation sociale de plus en plus adaptée à la pratique des affaires commerciales nationales et internationales. Le droit mauritanien est, par conséquent, très favorable à l'arbitrage pour son efficacité et sa rapidité.

L'adoption du code de l'arbitrage issu de la loi du 29 avril de 2019 est considérée comme un moyen de la promotion de l'arbitrage en Mauritanie. À l'ère de la mondialisation commerciale, le droit mauritanien de l'arbitrage est devenu un droit attractif, car il est avant tout un droit qui se modernise et qui se réinvente face à un monde qui bouge plus rapidement qu'on imagine. Aujourd'hui, en Mauritanie, l'arbitrage constitue un des meilleurs vecteurs de développement pour les opérateurs économiques internationaux. C'est dans ce contexte que le législateur mauritanien a vite renforcé le droit à l'arbitrage même si les dispositions relatives à l'arbitrage interne n'ont pas été faciles à élaborer en raison de la multiplicité des sources d'inspiration (droit musulman, droit coutumier et droit positif). Il nous semble que ce dernier ait réussi même s'il reste encore beaucoup des choses à améliorer afin d'être à la hauteur de ses ambitions affichées dans ce domaine-là, en particulier en matière de l'arbitrage international.

Conclusion de la seconde partie

623. Le conflit par définition n'a absolument rien d'accidentel, dans la mesure où il détermine que toute vie en société est bien – et sur ce point Karl Marx avait tout à fait raison. Dans ce cas, peut-on considérer le conflit comme une partie intégrante de la vie en société comme la réussite et l'échec ? Les modes alternatifs de règlement des conflits nous marquent dans une réalité où le conflit est constitutif de notre vie sociale. Il est évident que le recours aux MARC en République islamique de Mauritanie traduit aujourd'hui par le déclin de la loi et de la faiblesse de l'État jacobin dans ses missions régaliennes face au phénomène de la justice tribale et communautaire, la volonté de rapprocher le citoyen de la justice, la nécessité de rétablir un dialogue entre les parties au conflit à travers la recherche de solutions pacifiques, conciliatoires et consensuelles. À cet effet, nous pouvons dire que les MARC constituent aujourd'hui en République islamique de Mauritanie l'archétype du sujet de la postmodernité de la justice.

624. Dans une démocratie libérale, les modes alternatifs font appel à des pratiques conventionnelles par les mécanismes de transaction dont la base est l'accord de volonté c'est-à-dire le contrat. Il s'agit là d'une justice contractuelle, ou de la « *contractualisation de la justice* ». En République islamique de Mauritanie, la justice alternative est conçue comme une liberté publique dans ses deux aspects : la liberté de se réconcilier et de ne pas se réconcilier. Les citoyens mauritaniens conçoivent la justice alternative comme un modèle de justice très ancien qui existait déjà avant la colonisation c'est-à-dire une justice traditionnelle et coutumière. Ainsi, la modernisation de cette justice ancienne pour les autorités et les justiciables ouvre de nouvelles formes de régulation des conflits sur la base du compromis et le rétablissement de la paix sociale.

625. La première image que renvoie la société mauritanienne dans son ensemble est celle d'une société à la recherche constante de la paix à travers ses nombreuses institutions sociales (chef de village, de tribu, de famille, imam, religieux, etc.), permettant de régler les conflits pacifiquement. Dans une société fortement hiérarchisée et tribalisée, le pouvoir de concilier les parties en conflit est confié traditionnellement aux instances coutumières. L'accès à ces institutions pour résoudre les conflits ne pose aucune difficulté. Les audiences sont orales, c'est-à-dire dénuées de tout formalisme et les décisions rendues par ces différentes instances sociales sont exécutées pour respecter le vivre ensemble et la paix sociale. Ce phénomène a permis par conséquent aux populations autochtones de se tourner tout naturellement vers leur groupe d'origine afin de pouvoir trouver des solutions amiables à leur situation conflictuelle. Ce fut le cas de la communauté soninké à travers ces instances communautaires de l'« *empire de Wagadou* ». Il s'agit d'une communauté conservatrice fidèle à ses valeurs ancestrales et à ses mécanismes traditionnels de règlement des conflits. La justice remplit une fonction pacificatrice des conflits, et contribue à l'harmonie et à la fraternité au sein du groupe. Pour préserver cette harmonie sociale, les populations font appel à la médiation et à la conciliation.

626. La médiation et la conciliation dans leur version postmoderne sont au cœur de la justice sociale en République islamique de Mauritanie. Ces deux modèles de justice amiable sont avant tout un processus de régulation sociale des conflits ou de communication éthique reposant sur la responsabilité et l'autonomie des parties dans lequel un tiers – impartial et indépendant – favorise le dialogue à travers la recherche du compromis, la sauvegarde de la paix durable et le rétablissement du lien social entre les différentes communautés. Cette forme de régulation sociale permet aux justiciables mauritaniens de rechercher une solution aux conflits qui soit acceptée, voire négociée entre les parties elles-mêmes, plutôt qu'imposée par une autorité étatique quelconque. La solution issue du processus conciliatoire a pour fonction de restaurer la paix et la cohésion sociale au sein du groupe. En Mauritanie, l'idée de recourir à ces processus amiables et négociés permettant de régler les conflits pacifiquement progresse rapidement ces dernières années.

627. Depuis les années 2000, le législateur mauritanien ne cesse de légiférer en faveur des modes alternatifs de règlement des conflits. Les dernières lois en date sont celles de 2019 : la loi n° 2019-008 du 19 février 2019 modifiant et complétant certaines dispositions du Code de procédure civile, commerciale et administrative, sur la médiation judiciaire et la loi n° 2019-020 du 29 avril 2019 modifiant et complétant certaines dispositions du Code de procédure civile, commerciale et administrative créant un titre II intitulé : « médiation conventionnelle ». Ces textes non seulement permettent l'accès à la justice pour tous, mais ils incitent aussi et encouragent les populations à aller à la table de négociation avec un tiers médiateur/conciliateur indépendant et impartial afin de pouvoir trouver un accord négocié et pacifique au conflit qui les oppose. La médiation, la conciliation et l'arbitrage sont des contre-pouvoirs démocratiques. En effet, l'arbitrage constitue aussi un mode efficace de règlement des conflits dont le législateur mauritanien a fait appel pour l'intégrer dans le système juridictionnel mauritanien.

628. En parallèle au système judiciaire étatique mauritanien, l'arbitrage constitue aujourd'hui un mode alternatif de règlement des litiges, qui rencontre un certain succès grâce à sa rapidité et à son efficacité dans le monde des affaires. Il est donc un système de justice pluriel comme les autres modes de régulation sociale. Par conséquent, le recours à l'arbitrage ne peut être imposé à une partie comme tout autre mode alternatif de règlement des conflits. L'autonomie de la volonté des parties joue un rôle très important dans ce processus alternatif. Ainsi, l'arbitre est un juge privé qui rend une sentence à caractère juridictionnel susceptible de faire l'objet d'appel devant la Cour d'appel. En clair, l'arbitre est un juge et sa sentence est une décision judiciaire qui s'impose aux parties. L'adoption du code de l'arbitrage issu de la loi du 29 avril de 2019 est considérée comme un moyen de promouvoir l'arbitrage en Mauritanie. Le droit mauritanien de l'arbitrage est devenu un droit attractif, car il est avant tout un droit qui se modernise, s'internationalise et qui se réinvente dans le monde des affaires. Aujourd'hui, en Mauritanie, l'arbitrage s'impose dans les affaires commerciales internationales comme l'une des solutions les plus usitées par les investisseurs.

CONCLUSION GÉNÉRALE

629. « *Le droit n'est pas tant ce qu'en disent les textes que ce qu'en font les citoyens* »[871]. La justice ne détient pas une fonction seule et unique. Elle ne doit pas se concevoir seulement comme l'institution permettant de trancher, par la stricte application des jurisprudences et des textes légaux, le conflit qui oppose les parties. Au cours de l'histoire de la justice et de sociétés, les philosophes[872] et anthropologues[873] ont su démontrer à de nombreuses occasions qu'il existe aussi une fonction sociale de justice et une autre manière de rendre justice, qui offre une seconde chance aux justiciables de se réconcilier pacifiquement. Le constat réalisé dans ce travail justifie un plaidoyer en faveur des modes amiables de règlement des conflits (MARC) et le pluralisme juridique dans un espace mouvant. Le contexte mauritanien de pluralisme juridique implique une diversité de « *manière de mettre en ordre* » les différentes conceptions juridiques et juridictionnelles pour pouvoir assurer la paix et le lien social. En un mot, l'équilibre de la société mauritanienne au sens large du terme. Cependant, la justice étatique et la justice informelle se concurrencent parfois, se côtoient et cohabitent de façon plus ou moins harmonieuse. Ces deux formes de justice partagent un seul et unique objectif, celui de faire régner la paix et l'ordre au sein de la société. Dans cette période de transition politique, sociétale et sociale que vit la société mauritanienne, la solution est celle proposée par l'anthropologue français et fervent connaisseur de l'Afrique, Étienne Le ROY : « *la solution n'est ni dans le refuge, dans la tradition ni dans la volonté de modernité à tout prix. Le système judiciaire ne doit pas renier l'une au profit de l'autre, mais s'impliquer dans un effort d'adaptation des solutions de justice à un environnement spécifique où se côtoient souvent les extrêmes, où la tradition résiste à l'assaut du modernisme, et où tout bouge à une allure à donner le vertige* »[874].

630. Cependant, la problématique qui nous a retenus tout au long de notre travail est celle-ci : « *En Mauritanie, les justiciables ont-ils recours à la justice étatique ou les MARC, ou l'un et l'autre dans un seul espace judiciaire ?* ». Nos développements ont répondu à cette question par l'affirmation. C'est-à-dire que les justiciables mauritaniens ont recours dans un premier temps aux MARC quel que soit le type de conflits afin de pouvoir trouver une solution négociée permettant de préserver la paix sociale et l'équilibre de la société comme le recommandent le Coran et la sunna. La saisine du juge étatique vient en dernier ressort après l'échec de la justice négociée et tout autre mode amiable. Les MARC, comme la médiation, l'arbitrage et la conciliation ont toujours été pratiqués entre Mauritaniens avec une absence totale de formalisme permettant de conserver la cohésion sociale entre les différentes communautés qui composent la société mauritanienne. Existant sous une forme traditionnelle, coutumière, non formalisée et non règlementée, les MARC se développent, se légalisent et s'institutionnalisent aujourd'hui sous une forme nouvelle pour les rendre plus efficaces et moins stigmatisants. Il s'agit là, de la forme contemporaine de la justice amiable qui est visée par les autorités étatiques dans la réforme de 2019. En Mauritanie, le contentieux est globalement peu soumis au juge étatique dans la mesure où la tradition mauritanienne veut que les conflits soient d'abord résolus, coûte que coûte à l'amiable par les instances officieuses (tribus, clans, chefs, imams…)[875]. D'ailleurs, le juge et sa fonction juridictionnelle sont très mal vus par les populations autochtones. La justice au sens moderne du terme est considérée comme un instrument ou un produit venant de l'extérieur, susceptible d'aggraver la situation conflictuelle et de couper le lien social et familial par opposition aux MARC, qui cherchent avant tout la paix et l'harmonie sociales. C'est dans ce contexte et pour répondre aux besoins de la population que les autorités mauritaniennes ont mis en place un système de justice plurielle : les MARC. Les modes alternatifs de règlement des conflits doivent être considérés en République islamique de Mauritanie comme la pluralité des ordres juridiques et juridictionnels s'inscrivant dans un contexte de crise du système judiciaire classique. À cet égard, la justice alternative ou amiable et la justice étatique vont de pair et permettent toutes deux aux justiciables de résoudre leur conflit et de faire régner la paix. Dans le cadre de la justice amiable, il faut noter que la négociation et le compromis jouent un rôle prépondérant entre les parties lesquelles la plupart des temps aboutissent à un accord consensuel. Les MARC offrent les moyens juridiques et juridictionnels pour que sur tout le territoire mauritanien, les citoyens puissent avoir accès au droit et à la justice.

631. En réaction à cette situation de dualité en matière de conception du droit et de la justice, R.-A. MACDONALD écrit : « *le droit n'est pas autant un fait social, qu'une construction sociale. Le droit n'existe comme phénomène normatif que dans la mesure où il est reconnu à ce titre par les citoyens. L'idéologie de la modernité soutient essentiellement que le droit est uniquement rattaché à l'état politique (centralisme) ; qu'il ne peut y avoir qu'un seul ordre juridique correspondant à un seul espace géographique (monisme) ; et que le droit est toujours le produit d'une* *activité explicite d'institutions telles que le législateur (positivisme). Ni l'une ni l'autre de ces trois perspectives idéologiques ne sont soutenables aujourd'hui comme hypothèse pour penser le droit dans les sociétés multiculturelles* »[876], comme celle de la Mauritanie. La notion de justice et les MARC guideront nos réflexions finales qui se feront en deux temps. Nous insisterons d'abord sur la nécessité d'un accès à la justice pour tous. Puis, nous formulerons des propositions de réformes issues de nos enquêtes de terrain et des idées que nous avons soulignées tout au long de ce travail.

I. Les MARC : une justice pour tous en Mauritanie

632. Selon Alain MOYARAND, « *Trop d'obstacles liés essentiellement aux structures socioculturelles, constituent un frein puissant pour que l'État de droit s'avère un modèle efficace et positif pour l'Afrique* »[877]. Cela est vrai car le « concept d'État de droit » en Mauritanie tire son origine de celui qui est né en Occident particulièrement en France. Ce concept occidental du droit et de la justice est très difficilement transposable en République islamique de Mauritanie, car la société mauritanienne depuis le 28 novembre 1960, date à laquelle le pays a accédé à son autonomie interne jusqu'à aujourd'hui, se sent étrangère au concept du droit et de la justice d'inspiration française. Cette forme de justice à l'occidentale est mal vue par une partie des Mauritaniens surtout dans les campagnes et villages.

633. Notre enquête de terrain pendant ces six années de recherche nous a permis d'entrer en contact avec les justiciables et les magistrats et ainsi de comprendre que la perception de la justice en RIM n'est pas la même chose qu'en France. Cela s'explique dans un premier temps par la différence civilisationnelle qui existe entre les deux systèmes ou du moins entre les deux sociétés. Par ailleurs, même si l'exportation du modèle français du droit et de la justice a permis de poser les premiers jalons d'une culture juridique mauritanienne, cette transposition a eu pour inconvénient de conduire la RIM à nier sa propre réalité sociale et culturelle au profit d'une nouvelle culture juridique dite moderne et occidentale. En quête de modernité judiciaire, le système judiciaire mauritanien est aujourd'hui dépourvu de structures adéquates pour la réalisation de ses objectifs en particulier la nécessité d'assurer un procès équitable.

634. Au lendemain des indépendances, la Mauritanie s'est lancée dans un véritable chantier de réformes juridiques et juridictionnelles. À cette époque-là, les pays de l'Afrique-Occidentale française, et en particulier la République islamique de Mauritanie ont entrepris des réformes allant dans le sens de la consolidation du système juridique et politique en place grâce à la codification de certaines matières juridiques. La première organisation judiciaire mauritanienne est issue de la loi n° 61-012 du 27 juin 1961. Cette organisation judiciaire a été marquée dès l'indépendance par la séparation du droit musulman et du droit moderne (droit positif) d'inspiration française. Ce dualisme des institutions judiciaires a donné naissance à deux corps des magistrats : les juges pour le droit moderne et les cadis pour le droit musulman. L'opposition entre droit musulman issu de la charia et droit moderne d'inspiration française a marqué le système juridique mauritanien depuis longtemps à tel point que le cadi a été qualifié de « *super juge* » par les observateurs. La Mauritanie ayant hérité d'une justice hybride partagée entre charia et loi moderne d'inspiration française, la question de l'unification des juridictions s'est posée dès l'accession du pays à l'indépendance. Il faut noter que pendant longtemps, la justice mauritanienne a souffert de ce dualisme judiciaire tant au niveau organisationnel qu'au niveau fonctionnel. C'est sans doute dans cette perspective de réunification de institutions judiciaires que des réformes – considérées comme l'une des priorités du pays – ont été entreprises au lendemain des indépendances par les autorités mauritaniennes.

635. C'est dans ce contexte que les réformes judiciaires de 1993 et 1999 ont permis dans une certaine mesure de dépasser l'opposition entre droit musulman et droit moderne français. La réforme de 2007 s'inscrit dans le même cheminement, en unifiant la justice sans jamais faire référence ni au droit musulman ni au droit moderne d'inspiration française pour délimiter les juridictions et leur compétence respective. De ce fait, ces réformes judiciaires successives semblent réaliser l'unification des juridictions tant recherchée par le législateur et les autorités mauritaniennes. Toutefois, il reste beaucoup à réaliser en ce qui concerne la formation des magistrats tant au niveau de la connaissance du droit que de l'éthique.

636. Ces dysfonctionnements de tribunaux ont conduit les justiciables mauritaniens à renoncer à la justice étatique au profit de la justice amiable. Nous avons constaté dans le cadre de nos enquêtes de terrain que la justice en République islamique de Mauritanie connaît de graves dysfonctionnements qui constituent des obstacles au bon fonctionnement du service public de la justice. Ces dysfonctionnements sont dus en particulier au coût exorbitant de la justice, à la lenteur excessive des procédures, à la corruption des magistrats, au formalisme excessif et au langage juridique – inaccessible pour une partie importante de la population, utilisé devant les tribunaux. Ces écueils conduisent à une perte de confiance des citoyennes et citoyens en leur propre justice. Les populations ont une mauvaise perception de la justice mauritanienne se rendant compte qu'elle est corrompue, tribalisée et aux ordres du pouvoir en place et d'une seule ethnie (maure) au détriment des autres composantes du pays. Pour les ONG et associations de droits de l'homme, la justice mauritanienne est perçue comme un instrument de domination aux mains des puissants, discriminant la majorité de la population qui vit dans la pauvreté. Les justiciables mauritaniens rencontrent de grandes difficultés parfois insurmontables à chaque phase de la procédure juridictionnelle. Le système juridictionnel mauritanien est en effet déconnecté des réalités vécues par les justiciables qui ont peur de ne pas être écoutés et entendus. On ajoutera que la désertification judiciaire et le prix du transport pour aller saisir le tribunal le plus proche constituent souvent un frein pour les justiciables les plus pauvres.

637. Le cadre global de la justice en Mauritanie est marqué par une absence totale de volonté politique de créer des institutions fortes et compétentes. La justice en Mauritanie est incapable de régler de manière satisfaisante tous les litiges, faute des moyens suffisants. Cette incapacité a produit des conséquences multiples, tant sur le plan économique, que social et politique. Aujourd'hui, l'urgence en Mauritanie est de refonder la justice mais également de former des magistrats non pas seulement pour qu'ils deviennent des décideurs tranchant les litiges mais qu'ils facilitent le règlement amiable de la justice. Il s'agit de doter les juridictions de moyens humains et financiers suffisants afin qu'elles puissent répondre en temps et en heure aux besoins de nos populations. Pour cela, il faut des réformes ambitieuses et efficaces. L'efficacité, c'est d'abord d'instituer des tribunaux indépendants et impartiaux qui rendent des décisions humaines, justes et équitables en toute indépendance dans des délais raisonnables mais aussi l'efficacité au niveau des activités parlementaires pour légiférer en faveur des MARC.

638. Souvent qualifiés de justice informelle ou amiable, les modes alternatifs de règlement des conflits s'avèrent adaptés aux aspirations des Mauritaniens et à la réalité socioculturelle du pays. La justice informelle est généralement plus proche des populations que la justice formelle qui a perdu toute crédibilité aux yeux des justiciables en raison de la mauvaise pratique du service public de la justice marquée par la corruption, le tribalisme judiciaire et la mauvaise gestion des moyens humains et financiers. C'est dans cette optique de tribalisme judiciaire qu'Ahmed BABOU souligne que « *la mauvaise gestion des moyens déjà minimes et la faiblesse des structures étatiques, ont vu leurs missions se faire remplir par les groupes tribaux* »[878]. Pour les justiciables, la justice formelle n'a de justice que le nom. Le recours aux mécanismes traditionnels de règlement des conflits constitue toujours en République islamique de Mauritanie une possibilité de règlement alternatif des différends. Les institutions tribales et communautaires de la société mauritanienne offrent aux justiciables une résolution pacifique des conflits. La justice coutumière et la justice cadiale constituent toujours en Mauritanie une voie de résolution amiable des conflits et restent le modèle de justice le plus proche des populations autochtones. Ainsi, il faut noter qu'en République islamique de Mauritanie, les autorités coutumières en particulier en milieu soninké apportent une contribution importante en matière de résolution amiable de leurs conflits.

639. La justice en milieu soninké était, et est marquée toujours par des institutions judiciaires communautaires. C'est la marque des chefferies traditionnelles qui sont souvent des royaumes forts et hiérarchisés. Ce fut le cas du royaume soninké nommé l'« *empire du Ghana* » ou l'« *empire de Wagadou* ». Les Soninkés réglaient leurs conflits pacifiquement avec des solutions appropriées et négociées afin de pouvoir instaurer la paix et rétablir le lien social. Il s'agit d'un règlement interne des conflits c'est-à-dire un conflit qui se règle dans le ventre de la communauté ou du groupe. Les mécanismes traditionnels de règlement des conflits dans la communauté soninké sont envisagés comme des sources de paix et de cohésion sociale. Dans ce sens, nous pouvons souligner que la justice amiable remplit une fonction pacificatrice en milieu soninké, hier comme aujourd'hui, et crée un lien de fraternité entre les membres du groupe.

640. Ainsi, il conviendrait de légaliser ou moderniser ces structures tribales et communautaires de règlement amiable des conflits et de les adapter à l'évolution de la société contemporaine mauritanienne. À cet égard, une approche pragmatique a pris en compte les particularités traditionnelles de règlement des conflits : « *La conciliation judicieuse, dans nos États, de la (justice traditionnelle) et de la (justice moderne) devrait permettre d'asseoir des systèmes judiciaires (fondés sur une dualité) adaptés et efficaces, garants de la stabilité et de la paix, et plus largement, de la sécurité humaine* »[879]. Sans doute avec la réforme de 2019, une plus grande place a été accordée aux modes alternatifs en particulier à la médiation et à l'arbitrage dans l'échiquier judiciaire mauritanien.

641. Le mouvement « *Alternative Dispute Resolution* » répond à deux objectifs contradictoires selon Jacques FAGET : « *Pour certains, il prend place dans une stratégie militante qui dénonce le coût, la lenteur, l'inadaptation du système et de la logique juridique aux besoins de la paix sociale et des justiciables, et considère que les MARC sont le moyen de désinstitutionnaliser le traitement des conflits pour en rendre la propriété aux citoyens. Pour d'autres, le but est de gérer la surcharge des tribunaux, embouteillés par l'inflation de la demande sociale de droit, en dérivant une part du contentieux vers des modes alternatifs de régulation* »[880]. Les MARC ne remettent pas en cause les prérogatives de la justice étatique. Au contraire, les modes alternatifs sont perçus comme l'antithèse de la justice instituée par l'État. C'est dans ce sens que Loïc CADIET souligne que « *les MARC ne doivent pas être analysés comme la manifestation d'un nouveau paradigme social, caractérisé par un déclin de l'État au profit d'un droit qui se négocierait spontanément au sein de la société civile directement entre eux par les acteurs sociaux [...]. La contractualisation qu'expriment les MARC doit être conçue comme étant de l'ordre du contrat social avant de prendre forme dans des conventions privées* »[881].

642. Les MARC sont considérés dans le système juridictionnel mauritanien comme une justice complémentaire. Une nouvelle forme de régulation sociale des conflits permettant de faciliter l'accès à la justice pour tous mais également comme une justice de paix et du lien social. Effectivement, bien souvent, les MARC s'avèrent mieux adaptés à garantir l'intérêt général que la justice étatique. La justice en Mauritanie est composée dans un même espace de plusieurs ordres juridiques, conceptions et ordonnancements normatifs. Il s'agit du pluralisme juridique. Comme le dit Jean Carbonnier : « *le droit est plus petit que les relations entre les hommes* ». Il faut penser dans un même mouvement « *l'ensemble des régulations juridiques et sociales, identifier leurs zones de pertinences respectives, les jeux de passage qui les unissent ou les opposent. L'éthique de la justice alternative a ouvert un tel débat car elle porte le principe selon lequel les conflits ne doivent pas être réglés par rapport à une norme transcendante (prêt-à-porter juridique) mais par un accord conclu entre leurs protagonistes (sur mesure)* »[882].

643. La pluralité de justice n'est pas un phénomène nouveau. Dans les sociétés africaines en particulier mauritaniennes, cela vise à diversifier les réponses susceptibles d'être proposées aux justiciables. L'anthropologie juridique s'intéresse de près à ce phénomène d'internormativité dans les sociétés communautaires. « *La normativité étatique est sédimentée dans la normativité des autres ordres juridiques informels et inversement* »[883]. Le pluralisme de voies de résolution des conflits constitue un gage pour les citoyens et pour la démocratie participative. La portée de ce pluralisme juridique dépend d'un certain nombre de facteurs sociaux, culturels et idéologiques. Il s'agit d'un mouvement qui privilégie les interactions humaines dans le groupe.

644. Les exigences d'un État de droit en Mauritanie impliquent une modernisation de son système judiciaire et de concéder à la justice la place qui lui revient c'est-à-dire une justice plus humaine. Cette modernisation consiste à répondre aux attentes des justiciables et à adapter en conséquence le système judiciaire du pays aux impératifs contemporains. C'est dans ce contexte que le législateur mauritanien a pu marquer ces dernières années la volonté de soutenir les MARC. Les réformes législatives entreprises par les autorités mauritaniennes de 2019 vont dans ce sens en intégrant les modes alternatifs de règlement des conflits dans le système juridictionnel mauritanien, et en offrant aux justiciables une possibilité d'éviter le formalisme de procédures judiciaires, la lenteur et la lourdeur de la justice étatique.

645. La médiation est un concept philosophique connu et pratiqué par les populations autochtones sous une forme traditionnelle. Aujourd'hui, ce concept de médiation est modernisé, encadré et réglementé par le législateur mauritanien, et est pratiqué par les populations. La montée en puissance de ce modèle de justice en Mauritanie est liée à la fois à la lenteur, au coût exorbitant et à l'inefficacité de la justice étatique mais encore à l'émergence de l'individualisme et à la nécessité de retisser à nouveau le lien social entre Mauritaniens. C'est dans ce sens qu'Étienne Le ROY souligne que « *cette montée en puissance de la médiation au cœur du dispositif social remet en question un certain nombre d'institutions et de valeurs auxquelles nous étions peut-être trop témérairement attachés et qui nous faisaient croire que le droit était celui de l'État...* »[884]. Le mode amiable de régulation constitue en effet un instrument permettant aux minorités d'accéder à la justice comme les autres citoyens. Si la médiation est un mode amiable de règlement des conflits, l'arbitrage est aussi désigné comme une pratique alternative de résolution des litiges, qui s'inscrit dans des modèles moins formalisés et plus flexibles.

646. En parallèle de la justice étatique, l'arbitrage constitue en Mauritanie un mode alternatif de règlement des litiges dans le monde des affaires. Il s'agit là d'un système de justice pluriel comme les autres modes alternatifs de règlement des litiges. La solution du différend résulte du juge (arbitre) désigné par les parties à la convention. Selon le code des obligations et des contrats, l'arbitrage est d'origine conventionnelle. Cela veut dire qu'il repose sur l'accord de volontés des parties. Par conséquent, le recours à l'arbitrage ne peut pas être imposé aux parties comme d'ailleurs tout autre mode alternatif de règlement des conflits. Les avantages offerts par l'arbitrage sont nombreux : la rapidité, la confidentialité, la maitrise de la direction du procès par les parties, le coût et les délais. L'arbitrage peut être vu comme une privatisation de la justice étatique. L'arbitre rend une sentence susceptible de faire l'objet d'appel devant la Cour d'appel. Le code de l'arbitrage a soumis la sentence arbitrale aux voies de recours ordinaires et extraordinaires.

647. L'analyse juridique montre que l'arbitrage est une régulation sociale des litiges commerciaux de plus en plus adaptée à la pratique des affaires mauritaniennes. Le droit mauritanien est très favorable à l'arbitrage grâce à ces avantages : son efficacité, son coût et sa célérité. L'adoption du code de l'arbitrage issu de la loi du 29 avril de 2019 a été considérée comme un moyen de la promotion de l'arbitrage en Mauritanie. À l'ère de la mondialisation commerciale, le droit mauritanien de l'arbitrage est attractif, car il est avant tout un droit qui se modernise et se réinvente. Aujourd'hui, en Mauritanie, l'arbitrage constitue un des meilleurs vecteurs de développement pour les opérateurs économiques internationaux. C'est dans ce contexte que le législateur mauritanien a vite renforcé le droit à l'arbitrage pour les litiges internes tout comme pour les litiges internationaux.

648. Par ailleurs, il est intéressant de souligner qu'avant l'arrivée du mouvement alternatif, il existait déjà en Mauritanie une justice similaire (justice de proximité) à cela rendue par le Cadi. Aujourd'hui, le cadi (juge unique, président du tribunal de *mouhgataa*) est le juge de droit commun, compétent pour connaître en première instance toutes les affaires civiles et commerciales, voire pénales (les contraventions). Il est également un conciliateur par définition dans l'exercice de ses fonctions judiciaires. Le cadi est le magistrat le plus proche de la population mauritanienne. L'article 58 de l'ordonnance de 2007 portant l'organisation judiciaire confirme cette mission de conciliation du cadi : « *Dans le cadre de son pouvoir de conciliation, le président du tribunal de la moughataa (cadi) peut valider le règlement amiable*

des différends relevant de la compétence du tribunal réalisé par les Mouslihs en dehors de toute procédure judiciaire ». La juridiction cadiale est ancrée dans la tradition mauritanienne. Supprimer celle-ci reviendrait à supprimer un patrimoine culturel pour les populations autochtones. Ainsi, pour les autorités politiques, le cadi reste une pierre angulaire pour le bon fonctionnement du système judiciaire mauritanien. En effet, le cadi instruit et juge un nombre conséquent d'affaires.

II. Propositions de réformes

649. À partir de la seconde moitié du XXe siècle, on assiste à une prise de conscience des justiciables sur l'importance de l'indépendance du pouvoir judiciaire dans les États dits démocratiques et postmodernes. Le juge est au cœur de l'État de droit, et est considéré comme le gardien de la paix sociale mais aussi comme un régulateur social des rapports sociaux et juridiques. C'est dans ce sens que la justice en Mauritanie fait l'objet depuis fort longtemps d'un examen critique. Les autorités mauritaniennes doivent réformer efficacement le système judiciaire et promouvoir les MARC. La période que la société mauritanienne traverse actuellement peut être qualifiée de transition judiciaire et politique. La justice se cherche et se réadapte. Elle tente de concilier le passé et l'avenir par la synthèse du droit traditionnel et des règles du droit moderne d'inspiration française. Cette tentative de concilier le passé et la modernité ne doit pas se faire en oubliant la tradition. Il s'agit de trouver un juste milieu entre la modernité et la tradition. Pour sortir de cette impasse judiciaire et avoir une justice de confiance, plus humaine et efficace qui permettra de souder les Mauritaniens entre eux et d'instaurer une paix durable, nous allons proposer quelques mesures efficaces aux autorités politiques mauritaniennes tirées dans nos enquêtes de terrain.

A- Pour une justice indépendante et fonctionnelle digne de confiance

650. L'indépendance de la justice fait défaut en République islamique de Mauritanie. Cette notion fait depuis fort longtemps l'objet d'un examen critique par les observateurs nationaux et internationaux. Le juge est au cœur de la démocratie judiciaire dans les États libéraux. Il assure la prééminence du droit en tant que régulateur des rapports sociaux et, en même temps, comme puissance modératrice. La faiblesse des garanties statutaires, les atteintes au principe de l'inamovibilité, l'emprise du ministre de la Justice sur les magistrats et la composition du Conseil supérieur de la magistrature constituent des limites qui compromettent le bon fonctionnement de la justice institutionnelle en Mauritanie.

651. La justice en République islamique de Mauritanie devrait être une justice républicaine, indépendante, impartiale et efficace. Nous pensons que ces qualités liées au procès équitable permettraient de redonner confiance aux justiciables. Pour ce faire, d'abord une réforme du Conseil supérieur de la magistrature (CSM) est nécessaire afin de garantir l'indépendance de la justice et redonner une bonne image de la justice auprès de nos concitoyens. Il faudrait en particulier que le président de la République ne préside plus le CSM. Cela supposerait de donner désormais la présidence du CSM au président de la Cour suprême ou au procureur général de la République. Dans le même ordre d'idées, il faudrait également attribuer des prérogatives au CSM en tant que garant de l'indépendance du pouvoir judiciaire afin de pouvoir assurer une application effective des textes de loi, des règlements et des décisions judiciaires. Par ailleurs, pour éviter les risques d'influence, le garde des Sceaux, ministre de la Justice devrait s'abstenir de donner des instructions individuelles aux magistrats du parquet dans les affaires sensibles touchant les membres du gouvernement ou d'autres personnalités issues de grandes familles et ethnies[885]. Cela permettrait d'éviter tout risque d'influence et de soupçon.

652. Ensuite, le ministère de la Justice en collaboration avec le CSM devrait adopter un code de déontologie et de bonnes conduites qui régirait l'ensemble des professionnels de la justice, les magistrats, les greffiers, les avocats et les auxiliaires de la justice. De cette manière, il serait possible de lutter contre la corruption, un fléau qui gangrène le milieu judiciaire (c'est ce que les Mauritaniens appellent la corruption de robes) et dans toutes les administrations du pays. Le ministère de la Justice devrait également mobiliser des ressources humaines, financières et matérielles supplémentaires afin d'améliorer le bon fonctionnement de l'institution judiciaire tout en privilégiant la compétence et l'expérience et non le patronyme, l'ethnie et communauté. C'est sans doute que tant que l'État continuera à privilégier le communautarisme et le régionalisme dans les services publics particulièrement dans le domaine de la justice, la corruption, le détournement des derniers publics et la gabegie financière règneront toujours en Mauritanie. Dans la perspective de privilégier les compétences, le gouvernement devrait exiger un Bac+5 (Master 2) en droit et/ou en charia islamique au concours de la magistrature afin de pouvoir intégrer l'École nationale d'administration (ENA). Enfin, le ministère de la Justice devrait élaborer un plan de formation visant à améliorer la qualité et les compétences des magistrats et auxiliaires de justice en mettant l'accent sur les MARC et la spécialisation des magistrats.

B- Pour la promotion des modes alternatifs de règlement des conflits

653. Les MARC contribuent à la paix sociale dans une société musulmane comme celle de la Mauritanie de plus en plus fracturée, individualisée et conflictuelle. Pour consolider la justice alternative, les autorités mauritaniennes devraient mener une campagne nationale d'information (dans toutes les langues nationales) afin de promouvoir les vertus de la justice amiable et créer des cliniques du droit dans chaque région et département. Le gouvernement devrait aussi actualiser et modifier le Code de procédure civile, commerciale et administrative et le code des obligations et des contrats en y intégrant les MARC au sens large du terme avec une distinction précise entre la mission du conciliateur et celle du médiateur.

654. Les autorités mauritaniennes devraient adopter un plan national de formation des magistrats, avocats et auxiliaires de justice en insistant sur le rôle majeur de paix et de l'équilibre social de la justice amiable. Ce plan national de formation devrait ainsi intégrer les MARC dans les programmes de formation de l'ENA (École nationale d'administration). En ce qui concerne la formation des avocats, le barreau de Nouakchott devrait intégrer dans la formation des jeunes avocats les MARC afin que les avocats connaissent les techniques de médiation et de conciliation et proposent un large panel de solutions à leurs clients. En ce sens, le ministre de la Justice devrait aussi penser à encadrer et à légaliser la fonction des conciliateurs traditionnels (chefs de village, chefs de quartier, et imams, entre autres). Cela permettrait aux autorités de donner un statut à tous ces conciliateurs traditionnels. À cet effet, les autorités devraient créer des centres de formation dans chaque wilaya (région) du pays. Enfin, en matière d'enseignement universitaire, le ministre de l'Enseignement supérieur devrait collaborer avec les recteurs des universités afin de mettre en place des diplômes universitaires orientés autour des modèles de justice amiable. Cette stratégie permettrait de promouvoir la justice amiable auprès des chercheurs et des étudiants mais aussi en direction des populations qui aspirent à la paix et à la cohésion sociale entre les différentes communautés.

655. La matérialisation de ces différentes propositions en matière de la justice plus humaine permettrait de faciliter l'accès pour tous à une justice efficiente, plus rapide moins couteuse. Cela permettrait aussi le rétablissement du lien social entre les justiciables dans une République islamique soucieuse de paix, le bon vivre ensemble et de l'équité comme l'exige la religion musulmane. En ce sens, le verbe « trancher » laisserait la place pour les verbes négocier, pacifier et réconcilier.

LES ANNEXES

ANNEXE 1

Carte géographique de la République islamique de Mauritanie

Source : Ministère du Commerce et du Tourisme

ANNEXE 2

EXTRAITS DES ENTRETIENS

A/ ENTRETIEN AVEC LE CHEF DE VILLAGE[1], GUIDIMAKHA-Mauritanie

(Village soninké, 20/03/2017)

1- Vous êtes désigné ou élu comme chef de village ?

Chef de village (*débégoumé*) : On parle d'élection en Europe ou ailleurs. Ici le chef est désigné parmi les personnes les plus âgées de la famille censées diriger le village.

2- Débégoumé, vous avez quel âge si je peux me permettre de vous poser cette question ?

Chef de village : Je vais bientôt avoir 80 ans.

3- Comment se compose la juridiction de chef du village ?

Chef de village : La justice du chef est composée du chef de village qui est le président en quelque sorte avec ses conseillers. Généralement, les conseillers sont les jeunes frères et les personnes de castes (agents diplomatiques). Ceux-ci sont choisis par le chef en fonction de leur bonne moralité et de leur qualité humaine aux yeux des habitants du village.

4- Débégoumé, votre juridiction traite quel type d'affaires exactement ?

Chef de village : La justice du chef de village connait toutes sortes d'affaires, pénales, civiles et commerciales. En matière civile, par exemple, nous connaissons le divorce, la pension alimentaire, le conflit familial, entre autres. En matière pénale, nous connaissons le vol, les bagarres, les violences conjugales et les coups et blessures. Enfin, nous connaissons également le conflit foncier entre nos habitants.

5- Comment se déroule le procès ou l'audience devant la juridiction du chef ?

Chef de village : Lorsqu'une affaire s'éclate, les habitants viennent nous saisir oralement contre un clan, une famille ou un quartier ou encore une personne. Mais nous sommes aussi saisis pour des affaires interfamiliales ou interclaniques. Je convoque d'abord mes conseillers pour les informer de cette affaire et discuter sur les tenants et les aboutissants de cette affaire. Le lendemain, je convoque les parties en fixant la date et l'heure pour traiter l'affaire. Le jour de l'audience, j'ouvre le débat, puis je donne la parole à l'un de mes conseillers (mangué), qui sera le gardien de la parole, c'est-à-dire qui donne la parole aux parties. Nous écoutons toutes les parties présentes à l'audience. S'il y a des témoins, ils sont interrogés. Après les avoir écoutés, nous disons aux parties pour l'intérêt du village et pour une paix durable qu'il serait mieux de trouver ensemble une solution amiable au conflit qui les oppose. À la fin du débat, nous essayons de rapprocher les points de vue des uns et des autres pour les amener à trouver un terrain d'entente. On finira par trouver toujours une solution négociée pour l'intérêt du village.

6- Vous appliquez les lois de la République ou les règles coutumières ? Les décisions prises par votre tribunal sont-elles appliquées ?

Chef de village : Vous savez, le chef veut toujours la paix et la cohésion sociale dans son village. On est en présence d'une justice traditionnelle ou coutumière. Par conséquent, nous utilisons les règles coutumières c'est-à-dire les règles de la justice négociée et consensuelle pour le bien de tous. Les lois de la République sont faites pour individualiser la société contrairement aux règles coutumières. Par ailleurs, la justice du chef se réfère aussi aux valeurs religieuses (car la Mauritanie est une République islamique) et les règles morales. Oui, toutes nos décisions sont exécutées car la plupart de nos décisions sont de décisions consensuelles et négociées. Je voudrais vous dire que la justice du chef n'inflige pas de sanctions. Elle a pour rôle de rapprocher les points de vue des parties. Le chef ne cherche pas à prononcer des sanctions, mais plutôt de réconcilier les parties en conflit. Par exemple, pour certaines affaires, nous demandons la partie fautive de demander pardon (un simple pardon suffit largement pour mettre fin au conflit) et l'audience finit par un repas de conciliation ou un verre de thé à la mauritanienne.

7- Avez-vous une idée sur le nombre de conflits traités par mois ou par an ?

Chef de village : Nous n'avons pas un registre pour noter les affaires traitées. Nous traitons les affaires par lesquelles la justice intrafamiliale ou intracommunautaire n'a pas pu trouver de solutions amiables. Les parties font recours d'abord aux institutions internes, après la tribu ou à la communauté pour régler leur conflit. En cas d'échec, le conflit arrive chez le chef. Généralement, les affaires qui arrivent chez moi sont des affaires interclaniques ou interfamiliales. La justice du chef c'est la plus haute juridiction.

8- Votre dernier mot, débégoumé ?

Chef de village : Quand on est chef, on pense d'abord le bien commun. On pense surtout la paix et la tranquillité pour ses administrés. Je pense que la justice du chef c'est la paix, l'harmonie et la cohésion sociale dans le village.

B/ ENTRETIEN AVEC LE MAGISTRAT DE LA COUR SUPRÊME DE MAURITANIE

(Nouakchott le 30/10/2019)

1- De manière générale, la justice qui a pour fonction principale de réguler les rapports sociaux conflictuels, est la clé de voute de l'État de droit. Consolider la justice, c'est renforcer l'État de droit, assurer la protection des libertés publiques et la promotion de la bonne gouvernance démocratique. À l'heure où je vous parle, qu'en est-il de l'état de lieux de la justice en République islamique de Mauritanie ?

Magistrat : C'est tout à fait vrai, la justice est la clé de voute de l'État de droit. Sans la justice, ce serait le règne du chaos dans une société libre et démocratique. Vous savez, on ne peut dire qu'en Mauritanie tout va bien, on ne peut pas non plus dire : tout va mal. L'institution judiciaire est humaine. Elle est composée d'hommes et de femmes. Là où il y a l'humain, il y a toujours des corrections à faire. Il reste encore beaucoup de choses à faire en Mauritanie en termes de moyens humains et financiers pour faire bien fonctionner la justice comme cela se doit. Bien sûr que oui, au niveau de formation des magistrats, certainement, il y a beaucoup de choses à améliorer sans doute.

2- Monsieur le juge, comme vous le dites, la justice est composée d'hommes et de femmes. Je voudrais savoir quelles sont les difficultés que vous rencontrez dans l'exercice de votre fonction de magistrat ?

Magistrat : Les principales difficultés sont surtout d'ordre humain, financier et matériel. Il nous manque de personnel, d'outils de travail et de financements nécessaires pour mener à bien notre mission. Il faut doter la justice de moyens surtout le moyen humain. Les dotations de tribunaux sont presque insignifiantes et ne permettent pas à la justice de fonctionner assez rapide et efficace. À cela s'ajoutent les conditions sociales et économiques du magistrat qui ne lui permettent pas de faire le travail en toute sérénité. Il faut que l'on mette le magistrat dans de très bonnes conditions de travail.

3- Quels sont vos rapports avec le pouvoir exécutif, particulièrement avec le ministre de la Justice ?

Magistrat : Vous savez, le ministre de la Justice est un professeur de droit et fut pendant plusieurs années chargé de missions au ministère de la Justice. Il connait les rouages de cette institution et les conditions de travail de magistrats. Par conséquent, pour répondre à ta question, nos rapports sur le plan personnel sont cordiaux. Par ailleurs, sur le plan professionnel, la Constitution a défini séparément les pouvoirs judiciaire et exécutif. En principe, c'est une relation de collaboration dans le respect de la Constitution. Le ministre de la Justice veille sur le bon fonctionnement de la justice et au respect du droit.

4- À vos avis, l'organisation actuelle du système judiciaire mauritanien permet-elle de répondre efficacement aux aspirations de la population mauritanienne ?

Magistrat : Je pense que l'organisation de la justice mauritanienne ne pose pas de problème en tant que telle, puisque l'on retrouve toutes les juridictions tant dans l'ordre administratif que dans l'ordre judiciaire. Ce qui pose problème aujourd'hui c'est l'incompréhension de la justice par les populations, la méfiance de justiciables à l'égard de leur justice et l'éloignement de celle-ci. Il faut rendre la justice accessible à tous.

5- L'indépendance et l'impartialité de la justice sont prévues par la Constitution du 20 juillet 1991. Sauf que les justiciables mauritaniens reprochent à la justice d'être dépendante et partiale. Que suggérez-vous pour que la justice fonctionne en toute indépendance dans notre pays ?

Magistrat : Il faut tout simplement respecter le principe de séparation des pouvoirs prévu par l'article 89 de la Constitution du 20 juillet 1991. Puis doter le pouvoir judiciaire des moyens humains, matériels et financiers. Dernier point capital, il faut surtout revoir les conditions de vie sociale et économique des magistrats afin de les mettre à l'abri de la corruption. Car vous savez, c'est trop facile de corrompre un magistrat.

6- En effet, en parlant de la corruption, les justiciables reprochent à la justice d'être corrompue et ethnicisée, voire une justice au solde du pouvoir. Ce qui fait que la population ne fait plus confiance en cette justice. Cette accusation, selon vous, est-elle fondée ?

Magistrat : La corruption est un phénomène mondial qui touche dans tous les domaines de la vie humaine. Je pense que cette affirmation doit être nuancée. Il ne faut pas généraliser car il existe toujours de magistrats honnêtes et dignes dans notre pays. L'institution judiciaire n'est pas corrompue. En revanche, il existe des magistrats corrompus partout dans le monde, et dans tous les systèmes judiciaires ailleurs en Europe comme en Afrique. Il est vrai que la corruption existe mais elle n'atteint pas tous les magistrats fortement, heureusement. Pour lutter contre la corruption en Mauritanie d'une manière générale, il faut la fermeté et l'application stricte des textes (Code pénal et Code de procédure pénale), qui répriment cette pratique dans l'administration d'une façon générale. Je pense que cela suppose un engagement politique clair et précis du pouvoir exécutif.

7- La réforme de 2019 a permis d'intégrer dans le système juridictionnel mauritanien les modes alternatifs de règlement des conflits par le biais de la médiation et de l'arbitrage. Que pensez-vous de ces mécanismes alternatifs ?

Magistrat : C'est une bonne idée. Cela permet d'élargir l'accès à la justice pour tous. C'est le retour du *Mouslih* dans la sphère judiciaire. Le justiciable aura désormais plusieurs choix afin de se faire entendre et régler son conflit.

8- Que représentent-ils, les MARC, pour vous ? Les MARC, s'agit-il d'une innovation ou le retour aux sources pour vous ?

Magistrat : Les MARC, c'est la justice négociée, comme les Mauritaniens appelaient jadis le *Mouslih.* Une justice qui permet aux justiciables d'éviter la saisine des tribunaux étatiques pour régler leur litige. Vous savez, la Mauritanie a une histoire ; une histoire très ancienne avec la justice amiable. La justice amiable existe en Mauritanie bien avant même l'arrivée des colonisateurs. C'est une justice ancienne fondée sur le consensus et la négociation. Avant l'arrivée de l'islam en Mauritanie vers le XXIe siècle, il existait une justice que l'on appelle : la justice coutumière fondée sur la négociation et le consensus. Après l'islamisation du pays, la justice n'est plus coutumière mais cadiale. Donc le phénomène des MARC n'est pas nouveau chez les Mauritaniens, car les Mauritaniens ont toujours privilégié le dialogue plutôt que la violence.

9- Dernière question, monsieur le juge : Que pensez-vous de la composition du Conseil supérieur de la magistrature (CSM) ? Faut-il le réformer ? Si oui, pourquoi ?

Magistrat : Le CSM est un organe de gestion de carrières de magistrats. Oui, je pense qu'au regard de l'évolution de la société et du droit, il est nécessaire de revoir la composition de cet organe. Il faut penser à le réformer. Car le président de la République qui est le garant de l'indépendance de la justice ne peut plus présider le CSM. Cela laisse penser de forts soupçons de la dépendance du pouvoir judiciaire. Je pense qu'au pire, le ministre de la Justice et le président de la Cour suprême peuvent présider le CSM. C'est une bonne chose en soi…

C/ ENTRETIEN AVEC DIARRA BAKARY, PROFESSEUR DE FRANÇAIS ET PORTE-PAROLE DE L'EX-CANDIDAT AUX ÉLECTIONS PRÉSIDENTIELLES DE 2019, BIRAM DAH ABEID

(Nouakchott, 25/10/2020)

1- Si je vous dis la justice en Mauritanie, vous pensez quoi automatiquement ?

Bakary DIARRA : Dès que j'entends le mot justice en Mauritanie, je pense automatiquement à une communauté ; celle maure. En Mauritanie, le pouvoir est concentré entre les mains de la communauté maure depuis l'indépendance. Par conséquent, c'est cette communauté qui gère la justice à leur manière. La justice est corrompue du président du tribunal jusqu'au greffier.

2- Vous pensez sérieusement que la justice est corrompue en Mauritanie ? Comment expliquez-vous cela ?

M. DIARRA : La justice en Mauritanie n'est basée sur rien du tout, même pas sur une loi. Les lois sont votées mais ne sont pas appliquées. Il y a un décalage entre une loi votée et une loi appliquée en Mauritanie. Donc je devrais dire que la justice est basée sur une communauté ou une ethnie. On a ethnicisé la justice à tel point que certains Mauritaniens pensent que la justice c'est eux ; l'État, c'est eux également. Allez-y voir les tribunaux, vous verrez vous-même que la justice est corrompue jusqu'à la moelle épinière. Tous les Mauritaniens sont conscients de ce phénomène y compris les autorités elles-mêmes. Je ne veux même pas vous parler des arrestations bidon comme celles de notre leader Birama.

3- En 2019, les autorités mauritaniennes ont voté une réforme en faveur de la justice amiable. Êtes-vous au courant de cette réforme ? Savez-vous ce que signifie la justice amiable ?

M. DIARRA : Oui, je vois ce que vous êtes en train de me parler. Vous parlez de la conciliation et la médiation. Cette justice existe déjà dans les zones rurales en particulier dans les villages. Cette justice, ça marche très bien entre les villageois. En milieu soninké, les populations n'ont pas besoin d'aller à la gendarmerie pour régler les petits conflits. Le conflit se règle soit au sein de la famille, soit devant le chef de quartier (comme mon père qui fut un grand conciliateur), soit également devant le chef de village.

4- Vous dites que votre père fut un conciliateur. Pouvez-vous me donner des détails sur la manière dont votre père menait la conciliation au village ?

M. DIARRA : Mon père fut un chef de quartier et l'un des notables du village avec une certaine notoriété. Il était respecté par tous les habitants du village et du quartier. Lorsqu'un conflit survenait au village, les parties venaient le voir afin de pouvoir trouver une solution amiable à leur conflit. Vous savez, le traitement des conflits à l'intérieur de la société soninké par ses propres instances traditionnelles permet de privilégier le retour à la paix et la cohésion sociale dans les villages soninkés. Mon père était un conciliateur très connu dans son village et aux alentours du village. J'étais presque comme son greffier, car il m'appelait pour venir assister aux débats soit dans sa chambre personnelle, soit dans la grande cour.

5- Avez-vous une idée sur le genre de conflits réglés par votre père ?

M. DIARRA : Il réglait tout type de conflits : le conflit civil (divorce et problème foncier) et le conflit pénal (vol de moutons ou volailles, coups et blessures, bagarre entre les éleveurs et les agriculteurs). Le conflit qui n'a pas pu être réglé intracommunautaire, les parties viennent voir mon père pour les aider à trouver une solution négociée.

6- Votre père s'appuyait sur quoi pour pouvoir aider les parties à trouver une solution amiable ? Est-ce les solutions sont exécutées ?

M. DIARRA : Comme je vous ai dit, mon père fut un notable et un chef de quartier. Sa parole pesait beaucoup. Du coup, ses qualités humaines et sa personnalité suffisaient pour rendre une justice amiable. C'est un homme équitable. Toutes les décisions ou solutions rendues par mon père sont exécutées à cent pour cent. Il arrive des fois dans les affaires délicates (par exemple, quand il évite un divorce ou une division d'une famille) le lendemain les parties revenaient le remercier avec des cadeaux (cola, lait, mouton, entre autres) parce qu'il les a aidés à trouver une solution consensuelle. La justice amiable est une réalité africaine surtout dans les villages et les localités reculées du pays.

D/ ENTRETIEN AVEC TRAORE GAYE ACTIVISTE DE DROITS DE L'HOMME ET PRÉSIDENT DE L'ASSOCIATION ARMEPES-FRANCE

(Paris, le 11 octobre 2021)

1- Pouvez-vous vous présenter ? Nom, prénom et votre profession ?

Gaye TRAORE : Je m'appelle Traore Gaye, je suis activiste de droits de l'homme.

2- Avez-vous déjà eu affaire avec la police ou à la gendarmerie dans le cadre de l'exercice de votre métier en Mauritanie ?

M. TRAORE : En Mauritanie, à titre personnel, je n'ai pas eu affaire avec la police. Mais, j'ai fait la garde à vue qui remonte en 1995 au commissariat de Sélibaby et à la gendarmerie en 2001 à la brigade de Sélibaby. Sinon dans le cadre de ma fonction de défenseur de droits humains, je n'ai pas eu affaire avec la police. Je suis en contact régulier avec la police et la gendarmerie locale quand nos militants sont arrêtés.

3- Avez-vous une fois saisi la police ou la gendarmerie pour une quelconque affaire en Mauritanie ? Si oui, êtes-vous satisfait de la suite donnée à votre saisine ?

M. TRAORE : À travers nos activités des droits humains, surtout dans le cadre de la lutte contre les pratiques d'esclavage et ses séquelles, nous saisissons les autorités régulièrement quand il y a des faits avérés de discriminations motivées par la condition d'esclave ou par le fait d'apologie d'esclavage. Des fois, nous avons eu gain de cause mais en tant que novice, certains rebondissements dans nos dossiers au tribunal de Sélibaby sont spectaculaires. Il y a mieux à faire…

4- Connaissez-vous l'organisation judiciaire mauritanienne ?

M. TRAORE : Non, je n'ai pas une connaissance particulière de l'organisation judiciaire mauritanienne. Cependant, je collabore avec des collègues militants mauritaniens qui connaissent mieux que moi le fonctionnement de la justice en RIM. Parmi ces collègues, certains sont avocats et d'autres docteurs en droit qui maitrisent très bien le système judiciaire mauritanien. Mais connaître cela me permettrait de parer certaines frustrations ressenties au niveau des militants dans le déroulé de beaucoup d'affaires judiciaires.

5- Dans l'exercice de nos activités associatives et de droits de l'homme, avez-vous eu une affaire avec les tribunaux mauritaniens ? Si oui, lequel ?

M. TRAORE : Nous avons eu beaucoup d'affaires avec les tribunaux mauritaniens depuis 2016 avec l'avènement de Ganbanaaxu (mouvement associatif). Les dossiers s'enchainent au niveau des tribunaux de Sélibaby et de Kiffa sur les affaires concernant le foncier, les mosquées sur fond d'esclavage, bien sûr que oui. Mais, le gros de nos affaires se porte sur l'esclavage. Sache que l'esclavage est désormais criminalisé en Mauritanie par de la loi 031-2015.

6- Êtes-vous satisfait du dénouement de cette affaire ? La justice a-t-elle été rendue ?

M. TRAORE : Nous ne sommes pas satisfaits du déroulement de la majorité de ses affaires pour dire vrai. Car le clientélisme prévaut beaucoup en République islamique de Mauritanie. On a le sentiment qu'en Mauritanie, les tribunaux et le tribunal de Sélibaby plus particulièrement marchandent avec la sentence. Ce constant est inquiétant pour un républicain que je suis ! Trop souvent, on a recours à la justice amiable précisément la conciliation et la médiation, qui constituent un boulevard pour les provocateurs. Rarement, la justice n'a été rendue équitablement en Mauritanie. Elle est assujettie à des diverses appréciations ; n'étant pas spécialiste, je ne peux faire qu'une description empirique.

7- Connaissez-vous la loi du 10 septembre 2015 portant l'assistance judiciaire en Mauritanie ?

M. TRAORE : À titre personnel, j'ignore tout de cette loi. Je crois que j'ai une fois entendu parler maître Fatimata Mbaye de l'assistance judiciaire. Mais cette loi mérite d'être connue par le public mauritanien.

8- Avez-vous déjà bénéficié d'une aide judiciaire en Mauritanie ?

M. TRAORE : Non ! Pourtant nous avons un partenaire de notre mouvement citoyen Ganbanaaxun fedde en l'occurrence AMEES (association de droits de l'homme en Mauritanie), qui pouvait nous aider en ce sens. Car l'ONG, SOS Esclaves (qui s'est constitué partie civile) a eu droit à un avocat commis d'office lors du premier procès engagé par Ganbanaaxu.

9- La Constitution mauritanienne du 20 juillet 1991 prévoit un pouvoir judiciaire indépendant du pouvoir exécutif et du pouvoir législatif. La justice en Mauritanie est-elle indépendante et impartiale ?

M. TRAORE : La justice mauritanienne est loin d'être indépendante. Elle est instrumentalisée. Ce constat est connu et fait par tout citoyen mauritanien averti. L'impunité en République islamique de Mauritanie est la règle.

10- Pensez-vous que le principe de séparation des pouvoirs prévu par la Constitution est-il respecté en Mauritanie ?

M. TRAORE : La séparation des pouvoirs reste un vœu pieux. Elle est loin d'être respectée par les autorités mauritaniennes. L'intrusion de la tribu, des politiques et des hommes influents dans le cercle du pouvoir judiciaire est manifeste. Ce phénomène dénature parfois les procès et la justice rendue.

11- Faites-vous confiance aux magistrats mauritaniens ?

M. TRAORE : Les magistrats mauritaniens sont une partie intégrante de l'appareil judiciaire, ils ne sont pas libres de leurs actions et sont sous influence et corruptibles.

12- Pensez-vous que la justice est corrompue en Mauritanie ?

M. TRAORE : Oui ! Je suis catégorique. La sentence, voire la durée d'emprisonnement se marchandent en tout cas en ce qui concerne l'administration judiciaire de Sélibaby (capitale régionale du Guidimakha). Il y a des courtiers en affaires judiciaires et des greffiers qui se prennent pour des procureurs. Ainsi, l'interprète se prend pour un magistrat. Cela enlève tout crédit à l'administration judiciaire.

13- En 2019, les autorités mauritaniennes ont légiféré en faveur des modes alternatifs de règlement des conflits (MARC) ou justice alternative afin de faciliter l'accès à la justice. Cette manière de rendre justice permet aux citoyens d'éviter le formalisme, le coût et les complications de la procédure judiciaire traditionnelle. Êtes-vous favorable aux modes alternatifs de règlement des conflits ?

M. TRAORE : Je suis réticent à cette forme alternative de règlement de confits. À mes yeux, cela ne renforce pas l'ordre républicain. Car la société mauritanienne est marquée par la solidarité mécanique avec la prédominance des mœurs et des coutumes. Ma réticence s'explique par le fait que les modes alternatifs ne sont pas contraignants et du coup, chacun fait ce qu'il veut dans ce sens. À titre d'exemple à Dafort, un village situé dans le département d'Ould Yenge, lors d'un conflit sur fond d'esclave, un protocole d'accord a été signé mais cela n'a jamais été respecté par la partie féodale. À Ndiéo, un autre village de la même région, lors d'un conflit, un protocole d'accord a été signé entre les parties. Ce protocole aussi n'a pas été respecté par la partie féodale. Hors de nos frontières, au Mali, un colloque a été organisé du 18 au 22 août 2021 pour la paix et le bon voisinage dans la région de Kayes (villages). Ce colloque a été sanctionné par une charte de 13 articles que chaque chef coutumier est censé veiller sur l'application.

Dans cette charte sous le haut patronage du gouverneur de région de Kayes, il était question de restituer les terres et la fin de certaines privations de jouissances ainsi que des violences à l'encontre des membres de

Ganbanaaxu. Hélas, certains chefs de village refusent de la restitution des terres, voilà de manière illustrative ma réticence vis-à-vis des MARC. C'est pourquoi lors de notre colloque sur Esclavage et Migrations forcées (Projet **universitaire EMIFO) sous la direction de Docteure MARIE RODET de SOAS UNIVERSITY OF LONDON** à Kayes du 26 au 27 octobre 2021, nous avons suggéré au président de la société civile de KAYES la transformation de cette charte en un arrêté administratif pour avoir plus de coercition.

14- Les MARC sont considérés comme une justice alternative dans une société en mutation. Pensez-vous que la finalité des modes alternatifs est d'apaiser et favoriser la paix et le dialogue pour résoudre les conflits ?

M. TRAORE : Les MARC ont leurs limites mais dans une société comme la nôtre où l'on croit plus à la communauté, à la tribu ou le clan que la République. Une telle démarche m'intrigue. Généralement, les MARC remplissent les fauteurs de gloriole. Prenons le cas de l'apologie de l'esclavage, les mises en garde des autorités n'ont pas suffi, il a fallu emprisonner deux ou trois personnes pour que l'intensité de cette provocation baisse. En matière de lutte contre les pratiques de l'esclavage, les MARC ne sont pas adaptés en matière de lutte contre l'esclavage. Car cela est source de récidive en donnant le sentiment d'impunité.

15- Les MARC sont-ils conçus comme une manifestation de la liberté contractuelle ? Une liberté qui permet aux parties de transiger sur l'exercice de leurs droits subjectifs afin de mettre fin à un conflit ?

M. TRAORE : À mes yeux, les MARC sont adaptés à certaines étapes de l'évolution judiciaire et à certains litiges, certes. Mais, dans nos pays, et je me répète, on croit beaucoup plus aux références coutumières et tribales qu'aux lois de la République. Dans ce sens, les MARC peuvent être vecteur de faiblesse de nos institutions républicaines. C'est mon analyse car on a vu des parties recourir aux MARC dans un premier temps pour finir en procès.

16- Pensez-vous qu'en Mauritanie, tous les litiges nécessitent une solution juridictionnelle ?

M. TRAORE : En Mauritanie, tous les litiges n'ont pas la même intensité. De fois, quand il s'agit du foncier, par exemple, il suffit du témoignage d'un doyen du village ou l'intervention d'un patriarche de la communauté de la lignée et de la famille pour que les choses rentrent dans l'ordre. Donc, on peut dire avec certitude que tous les litiges ne nécessitent pas une solution juridictionnelle.

17- Préférez-vous aller en médiation en cas de conflit ou plutôt la saisine du juge étatique ?

M. TRAORE : Dans nos communautés, beaucoup de saisines du juge étatique surviennent après avoir épuisé les médiations mais ces derniers temps, avec l'avènement du mouvement citoyen Ganbanaaxu qui lutte contre les pratiques de l'esclavage et leurs séquelles, la médiation n'est plus privilégiée. Maintenant, le conflit finit par la saisine du juge étatique. Donc, je préfère la médiation dans un premier temps.

18- Le recours à la justice amiable constitue-t-il une violation grave du droit au juge indépendant et impartial ?

M. TRAORE : Dans un pays musulman comme le nôtre, le recours à l'amiable est systématique. Cela ne constitue pas à mes yeux une quelconque violation.

L'adage dit « un mauvais accord vaut mieux qu'un bon procès », j'y crois même si des fois, la réalité ne nous y aide pas.

E/ ENTRETIEN AVEC MAITRE AHMED MINE AVOCAT AU BARREAU DE NANCY

(Paris le 14/10/2021)

1- Pouvez-vous vous présenter ?

Maître : Je suis né en Mauritanie et j'y ai vécu, je dispose de la nationalité mauritanienne, j'ai fait une bonne partie de mes études en Mauritanie. Je suis en France depuis plus de deux décennies où j'ai fréquenté les Universités de Reims et Dijon avant d'obtenir le CAPA à l'EFB Paris.

2- Nom, prénom et profession ?

Maître : Je m'appelle Ahmed MINE, je suis avocat inscrit auprès du barreau de Nancy.

3- J'imagine bien que vous êtes avocat au barreau de Nouakchott et celui de Nancy. Quel type de rapports, le barreau entretient-il avec les justiciables mauritaniens ?

Maître : Je suis seulement inscrit au barreau de Nancy mais j'ai un correspondant au barreau de Nouakchott avec qui je travaille sur tout ce qui concerne les dossiers de conseils ou de contentieux en Mauritanie. Le barreau de Nancy n'est pas saisi des demandes de Mauritaniens qui résident en France notamment à Nancy. J'ai été désigné une seule fois par le bâtonnier pour assister un Mauritanien.

4- Que pensez-vous de l'organisation actuelle du système judiciaire mauritanien ? Le système judiciaire actuel est-il en mesure de répondre aux aspirations des populations ?

Maître : Le système judiciaire mauritanien souffre de son organisation notamment la confusion entre les ordres juridictionnels et le défaut de produire des décisions écrites et motivées. Certaines décisions ressemblent plus à une communication du dispositif de la décision.

5- La Constitution mauritanienne du 20 juillet 1991 prévoit un pouvoir judiciaire indépendant du pouvoir exécutif et du pouvoir législatif. Pensez-vous que la justice en Mauritanie est-elle indépendante ?

Maître : Difficile d'affirmer que la justice en Mauritanie est indépendante, il s'agit d'une justice qui n'arrive pas à s'émanciper du poids du pouvoir exécutif surtout. La présidence du Conseil supérieur de la magistrature est assurée par le chef de l'État qui donne l'impression d'une volonté de domestiquer la justice. Les affaires à résonance politique sont souvent l'occasion d'observer le peu d'indépendance de la justice mauritanienne qui suit les accords politiques entre les parties quid de ses procédures en cours qui vont être mises en veilleuse.

6- Le principe de séparation des pouvoirs prévu par la Constitution est-il respecté en Mauritanie ? Sinon, comment le faire respecter ?

Maître : Le principe de la séparation des pouvoirs en Mauritanie n'est pas respecté car il y a une constante présence du régime de type présidentialiste hérité des régimes d'exception successifs, la forte concentration des pouvoirs entre les mains de l'exécutif notamment le chef fait qu'il parait comme l'omnipotent et l'omniprésent dans tout même au niveau de la justice. Le système mauritanien doit se muer vers un régime présidentiel tel que prévu par la Constitution afin de garantir une réelle séparation des pouvoirs.

7- Dans mes enquêtes de terrain en Mauritanie auprès de justiciables presque 2/3 de la population pensent que la justice en Mauritanie est corrompue. Selon vous, cette affirmation est-elle vraie ? La justice est-elle corrompue en Mauritanie ? Si oui, comment lutter contre la corruption en République islamique de Mauritanie ?

Maître : La justice en Mauritanie est malade des effets des tiraillements entre les citoyens sur des considérations subjectives, les décisions judiciaires sont perçues comme une revanche d'une entité ou composante sur l'autre. La corruption est présente, ce qui donne le sentiment pour le justiciable que vaut mieux s'adjuger les services du décideur à savoir le juge que d'investir dans les services d'un avocat.

La lutte contre la corruption doit commencer par la dynamisation des services d'inspection au ministère de la Justice, obliger les magistrats à rédiger leurs décisions et à les motiver. Reformer le conseil supérieur de la magistrature, notamment en supprimant la présidence d'un tel conseil par le chef et créer un conseil de discipline devant lequel les magistrats doivent être convoqués en cas de manquement à leurs obligations professionnelles…

8- Pourquoi en Mauritanie l'exécution des décisions de justice pose-t-elle souvent problème ?

Maître : L'exécution des décisions de justice pose un réel problème en Mauritanie du fait des magistrats eux-mêmes et de la redondance des procédures. Parfois, une affaire pour laquelle une décision a été rendue par une juridiction et de première instance, un autre juge va se saisir de la même affaire alors qu'elle bénéficie d'une décision devenue définitive, il va lui aussi prendre une décision contraire et parfois sans la présence de l'autre partie qui bénéficie d'une décision qui a l'autorité de la chose jugée. Les huissiers sont méconnus dans le système judiciaire mauritanien et ils sont sollicités souvent dans les affaires relevant du tribunal de commerce comme s'ils étaient destinés seulement aux riches.

D'autre part, si l'État et ses établissements publics refusent d'exécuter les décisions de justice pour donner l'exemple, les autres justiciables ne vont pas s'exécuter.

9- En 2019, les autorités mauritaniennes ont légiféré en faveur des modes alternatifs de règlement des conflits (MARC), ou justice alternative afin de faciliter l'accès à la justice pour tous. Cette manière de rendre justice permet aux citoyennes et citoyens mauritaniens d'éviter le formalisme excessif et le coût de la justice traditionnelle étatique. Êtes-vous favorable aux modes alternatifs de règlement des conflits ?

Maître : Ce mode de règlement fait partie des coutumes de toutes les composantes de la Mauritanie, en effet, il est ancré dans l'histoire des populations, mais il peut nécessiter un formalisme au lieu de garder l'image de rassemblement autour de l'arbre à palabres. Les accords doivent être écrits et homologués et consignés dans un répertoire tenu par un greffier. Toutefois, cette façon de règlement des conflits ne doit pas remettre en cause l'ordre public. Ce règlement ne doit pas porter sur les affaires criminelles, léser l'État et permettre au citoyen d'y renoncer au profit d'un juge.

10- Je suppose bien que vous êtes avocat médiateur car en France actuellement, on a de plus en plus des avocats qui se forment en médiation (avocats médiateurs). Est-ce qu'il vous arrive souvent de proposer à vos clients d'aller en médiation pour aller plus vite mais aussi pour éviter le coût et la lenteur de la justice ?

Maître : Dans certaines matières notamment affaires familiales, je recommande toujours une médiation, puisque la solution réside dans les positions des parties.

À titre personnel, je ne pratique pas la médiation mais je partage le cabinet avec un confrère avocat de la médiation membre de Lorraine justice amiable (LJA).

11- Pensez-vous que les MARC participent pleinement à l'amélioration des conditions d'accès à la justice pour tous en Mauritanie ?

Maître : Les MARC en Mauritanie ne permettront pas l'accès à la justice mais aux justiciables de se départir de la lourdeur et de la longueur d'une justice dont ils n'ont aucune confiance.

12- On voit en Mauritanie, la question de la cohabitation des communautés pose problème. Ce qui explique que l'unité nationale n'est pas toujours au rendez-vous. Pensez-vous que la justice amiable peut jouer un rôle essentiel pour l'unité nationale et la cohabitation des communautés en République islamique de Mauritanie ?

Maître : La justice permettra à chacun de voir la solution en fonction de ses us et coutumes et, par conséquent, pour chaque communauté de se sentir écoutée.

13- Les MARC sont considérés comme une justice alternative dans une société en mutation. Pensez-vous que la finalité des modes alternatifs est d'apaiser et favoriser la paix et le dialogue entre les Mauritaniens ?

Maître : Ce type de règlement permettra aux uns et aux autres de se retrouver et de dialoguer avec le sentiment d'être sur le même piédestal.

14- Les justiciables trouvent que la justice en Mauritanie est trop couteuse, trop complexe, trop lente mais également le juge ne prend pas en compte leur personne. À tout cela s'ajoute la crise de confiance qui affecte la justice étatique. Peut-on parler que les MARC sont un symbole des maux dont souffrent les tribunaux étatiques mauritaniens ?

Maître : La justice en Mauritanie a toutes ces tares mais la panacée n'est pas un règlement alternatif des conflits mais de réformer la justice. Les MARC doivent être perçus comme une étape avant la judiciarisation du conflit sans remettre en cause la nécessité de saisir un juge.

15- Les MARC constituent-ils un remède à la crise de la justice en Mauritanie ?

Maître : Les MARC peuvent constituer un moyen de sensibilisation à la justice qui reste abstraite pour beaucoup de Mauritaniens.

16- Les MARC sont-ils conçus comme une manifestation de la liberté contractuelle ?

Maître : Les MARC permettent à chacun de se positionner en toute conscience.

17- Le développement des MARC traduit-il une volonté de gérer différemment les conflits en faisant appel à la contractualisation ?

Maître : Effectivement par son formalisme, il s'agit de quelque chose d'innovant mais dans le fait, traditionnellement, les Mauritaniens ont toujours eu recours à ce type de règlement des conflits.

18- Pensez-vous qu'en Mauritanie, tous les litiges nécessitent une solution juridictionnelle ?

Maître : Non, certains litiges n'ont pas besoin d'une solution juridictionnelle, les MARC sont plus adaptés vu la nature de la société mauritanienne.

19- Le recours aux MARC en Mauritanie constitue-t-il une violation grave du droit à un juge indépendant ?

Maître : Les MARC ne concernent pas tous les litiges et le citoyen est libre d'adhérer ou pas à un règlement non judiciaire de son litige.

20- Le recours aux MARC garantit-il le principe d'une justice équitable au sens de l'article 6 de la Convention européenne des droits de l'homme ?

Maître : Étant donné que la solution n'est pas imposée et pour son application, elle requiert l'accord de la personne, il ne saurait être évoqué l'absence de garantie d'un quelconque droit.

21- En France, les juristes se sont interrogés sur la signification de ce phénomène des MARC dans la société contemporaine. D'un côté, les pénalistes pensent qu'il s'agit de la déjudiciarisation ou la privatisation de la justice. De l'autre, les civilistes donnent le vocabulaire de contractualisation. Où vous situez-vous entre ces deux courants de pensée en tant qu'avocat au barreau de Nancy ?

Maître : En matière pénale, à mon sens, la question ne se pose pas dès lors que la médiation ne concerne que de petites infractions qui au plus peuvent être tranchées par un tribunal de police. Par contre, en matière civile, *in fine* va se poser le choix de la judiciarisation ou non des contentieux à l'aune du développement des MARC.

22- Quel jugement portez-vous sur les MARC dans une société en quête de sa propre identité ?

Maître : Les MARC sont adaptés à la société mauritanienne et font partie des pratiques anciennes de la société.

23- Faut-il avoir peur des MARC dans leur version moderne en Mauritanie ?

Maître : Il n'y a pas lieu d'avoir crainte des MARC.

24- Votre dernier mot maitre sur le développement des MARC dans le système juridictionnel mauritanien ?

Maître : À mon sens, ça sera une bonne chose notamment pour le justiciable de se sentir écouté.

F/ ENTRETIEN AVEC HAMADI GATTA WAGUE PROFESSEUR MAURITANIEN DE DROIT À L'UNIVERSITÉ GASTON BERGER DE SAINT-LOUIS (SÉNÉGAL)

(Paris le 13/10/2021)

1- Pouvez-vous vous présenter ?

Nom : Wagué,

Prénom : Hamadi Gatta, maître de Conférences titulaire à l'Université Gaston Berger de Saint-Louis (Sénégal)

Votre Profession : enseignant-chercheur

2- En votre qualité d'universitaire, êtes-vous satisfait de l'organisation judiciaire actuelle ? Le système judiciaire actuel est-il en mesure de répondre aux aspirations des justiciables mauritaniens ? Faut-il le reformer ?

Professeur : Je suis loin d'être satisfait. Le système judiciaire actuel mauritanien traine beaucoup de lacunes. Il a besoin d'être revu de fond en comble pour bien répondre aux attentes des justiciables mauritaniens.

3- La Constitution mauritanienne du 20 juillet 1991 prévoit un pouvoir judiciaire indépendant du pouvoir exécutif et du pouvoir législatif. Pensez-vous que la justice en Mauritanie est-elle indépendante ?

Professeur : La séparation des pouvoirs est plutôt théorique que pratique. À l'instar d'autres pays, il y a toujours une immixtion entre les trois pouvoirs. La Mauritanie n'échappe pas à ce phénomène qui plombe la justice au quotidien.

4- Le principe de séparation des pouvoirs prévu par la Constitution est-il respecté en Mauritanie ? Sinon, comment le faire respecter ?

Professeur : Ce principe n'est pas respecté. Pour le faire respecter, il faut former des magistrats intègres, compétents et bien payés pour qu'ils ne soient pas corrompus.

5- Dans mes enquêtes de terrain en Mauritanie presque 2/3 de la population pensent que la justice en Mauritanie est corrompue. Selon vous, cette affirmation est-elle vraie ? La justice est-elle corrompue en Mauritanie ?

Professeur : Oui, la justice mauritanienne est corrompue. L'influence politico-tribale y est pour quelque chose.

6- La corruption dans le milieu judiciaire n'est plus un sujet tabou, elle mine la justice mauritanienne.

Comment lutter contre ce mal dans le milieu judiciaire ?

Professeur : La meilleure solution de lutter contre la corruption, c'est de mettre des moyens conséquents à la disposition de la justice et, par ricochet, mettre les magistrats dans des conditions confortables.

7- Le justiciable ne peut être satisfait que s'il se reconnait dans sa justice. Pensez-vous que les justiciables mauritaniens sont satisfaits de leur justice ?

Professeur : D'après les informations judiciaires, les justiciables mauritaniens se plaignent beaucoup de la qualité de leur justice.

8- Le conseil supérieur de la magistrature, organe de nomination et de gestion de la carrière des magistrats est présidé par le président de la République. Or, la Constitution prévoit la séparation des pouvoirs. Que pensez-vous de la composition du Conseil supérieur de la magistrature ? Faut-il le reformer ?

Professeur : Ce conseil a besoin d'être reformé pour garantir l'indépendance de la justice par rapport aux autres pouvoirs. Un magistrat nommé par un président n'est pas un bon garant d'une justice équitable.

9- En 2019, les autorités mauritaniennes ont légiféré en faveur des modes alternatifs de règlement des conflits (MARC), ou justice alternative afin de faciliter l'accès à la justice pour tous. Cette manière de rendre justice permet aux citoyennes et citoyens mauritaniens d'éviter le formalisme excessif et le coût de la justice traditionnelle étatique. Êtes-vous favorable aux modes alternatifs de règlement des conflits ?

Professeur : Je suis très favorable car ce mode permet de trouver une justice rapide en prenant en compte les réalités sociales. Mieux, il permet de faire l'économie du temps, du gain et maintenir les liens sociaux.

10- Pensez-vous que les MARC participent pleinement à l'amélioration des conditions d'accès à la justice pour tous en Mauritanie ?

Professeur : Oui.

11- On voit en Mauritanie que la question de la cohabitation des communautés pose problème. Ce qui explique que l'unité nationale n'est pas toujours au rendez-vous. Pensez-vous que la justice amiable peut jouer un rôle essentiel pour l'unité nationale et la cohabitation des communautés en République islamique de Mauritanie ?

Professeur : Oui, la justice amiable est le meilleur mode pour régler les différents conflits qui déchirent le tissu social en Mauritanie.

12- Les MARC constituent-ils un remède à la crise de la justice en Mauritanie ?

Professeur : Oui, à l'instar de plusieurs pays, les MARC sont devenus une alternative à la justice étatique. D'ailleurs, toutes les législations encouragent les MARC.

13- Les MARC sont-ils conçus comme une manifestation de la liberté contractuelle ?

Professeur : Je ne dirai pas liberté contractuelle mais plutôt la contractualisation de la justice par le choix d'un mode pour régler son contentieux comme l'arbitrage, la médiation, la conciliation, la transaction.

14- Le développement des MARC traduit-il une volonté de gérer différemment les conflits en faisant appel à la contractualisation ?

Professeur : Oui.

15- Les procédures alternatives sont vécues par certains juristes et chercheurs comme une simple volonté de désencombrer les juridictions. Partagez-vous cette analyse ?

Professeur : Elles ne se limitent pas qu'à ce premier aspect. Elles permettent après le contentieux de maintenir les liens sociaux et de réduire la durée des procédures, etc.

16- Pensez-vous qu'en Mauritanie tous les litiges nécessitent une solution juridictionnelle ?

Professeur : Non, il est des litiges qui doivent être tranchés en amiable composition compte tenu de leur sensibilité.

17- Le recours aux MARC en Mauritanie constitue-t-il une violation grave du droit à un juge indépendant ?

Professeur : Non, car les MARC sont reconnus par la loi.

18- En France, les juristes se sont interrogés sur la signification de ce phénomène des MARC dans la société contemporaine. D'un côté, les pénalistes pensent qu'il s'agit de la déjudiciarisation ou la privatisation de la justice. De l'autre, les civilistes donnent le vocabulaire de contractualisation.

Où vous situez-vous entre ces deux courants de pensée en tant que professeur de droit ?

Professeur : Je penche du côté de la contractualisation de la justice.

19- Quel jugement portez-vous sur les MARC dans une société en quête de sa propre identité ?

Professeur : Elles permettent de maintenir les liens sociaux, ce qui n'est pas mal pour la quête de l'identité.

20- Faut-il avoir peur des MARC en Mauritanie ?

Professeur : Non ! Bien au contraire, les MARC doivent être encouragés pour aspirer à une justice équitable et profitable aux justiciables.

G/ ENTRETIEN AVEC SIDI N'DIAYE, CHARGE DE COURS EN SCIENCE POLITIQUE A L'UNIVERSITE DE PARIS-NANTERRE

(Paris le 14/10/2021)

1- Pouvez-vous vous présenter ?

Sidi N'Diaye : Je m'appelle Sidi N'Diaye. Je suis politiste de formation et actuellement chargé de cours en science politique.

2- En votre qualité d'universitaire, êtes-vous satisfait de l'organisation judiciaire actuelle de la Mauritanie ? Le système judiciaire actuel est-il en mesure de répondre aux aspirations des justiciables mauritaniens ? Faut-il le changer ?

M. N'Diaye : On ne peut se satisfaire d'un système qui fonctionne à deux vitesses et fonctionne mal. Sans être un spécialiste du fonctionnement de la justice mauritanienne, je dirais qu'il faut la dégager de l'emprise de l'exécutif (le chef de l'État qui y tient une place importante), travailler à améliorer le système, l'ajuster aux réalités domestiques.

3- La Constitution mauritanienne du 20 juillet 1991 prévoit un pouvoir judiciaire indépendant du pouvoir exécutif et du pouvoir législatif. Pensez-vous que la justice en Mauritanie est indépendante ?

M. N'Diaye : En toute objectivité, non. Elles sont très nombreuses ces affaires qui atterrissent devant les tribunaux mauritaniens et dont les conclusions ne satisfont que très moyennement (et il s'agit là d'un euphémisme) les parties lésées ou demanderesses. Et si on s'intéresse aux élites et aux quelques affaires politiques et économiques emblématiques de ces dernières années, on voit bien que l'intrusion du politique dans des questions relevant du judiciaire a été très fréquente. Quelques exemples : le procès et la détention des militants d'IRA sous Mohamed Ould Abdel Aziz. Les ordres, et c'est un secret de polichinelle, venait de ce dernier. Même leur libération. Deuxième exemple, l'affaire Bouamatou et sa gestion.

4- Le principe de séparation des pouvoirs prévu par la Constitution est-il respecté en Mauritanie ? Sinon, comment le faire respecter ?

M. N'Diaye : Absolument pas. La Mauritanie partage ce problème avec de nombreux États. La séparation rigoureuse des pouvoirs se fera dans la durée. Son acceptation et sa quasi-naturalisation s'inscrivent dans un processus de démocratisation au long cours. La démocratie et la séparation des pouvoirs sont le fruit d'un long apprentissage.

5- Dans mes enquêtes de terrain auprès des justiciables mauritaniens, presque 2/3 de la population pensent que la justice en Mauritanie est corrompue. Selon vous, cette affirmation est-elle vraie ? La justice est-elle corrompue en Mauritanie ?

M. N'Diaye : S'il existe, individuellement, quelques exceptions, force est de constater la corruption généralisée des institutions. Quelques rapports et travaux scientifiques ont rendu compte de cet aspect. Le constat que font vos enquêtés est donc très juste.

6- La corruption dans le milieu judiciaire n'est plus un sujet tabou, elle mine la justice mauritanienne. En votre qualité d'universitaire, comment lutter contre ce mal dans le milieu judiciaire mauritanien ?

M. N'Diaye : Le moyen le plus radical et dont les effets pourraient être immédiats est la sanction pénale. L'effet dissuasif de ses sanctions permettrait au moins de régler en partie le problème. L'autre moyen est la sensibilisation des praticiens du droit à ces « pratiques honteuses ». Les universités et écoles de formation des magistrats/avocats devraient insister ou prévoir des modules spécialement dédiés à cette problématique de la corruption. Dernier élément : la rémunération des professionnels.

7- Le justiciable ne peut être satisfait que s'il se reconnaît dans sa justice. Pensez-vous que les justiciables mauritaniens soient satisfaits de leur justice ?

M. N'Diaye : Si on s'en tient aux témoignages et aux travaux que j'évoquais plus haut, on peut, sans risque de se tromper, dire non. Les griefs sont nombreux.

8- Le Conseil supérieur de la magistrature, organe de nomination et de gestion de la carrière de magistrats, est présidé par le président de la République. Or, la Constitution prévoit la séparation des pouvoirs. Que pensez-vous de la composition du Conseil supérieur de la magistrature ? Faut-il le reformer ?

M. N'Diaye : Absolument ! On peut faire le parallèle avec la Cour suprême des États-Unis dont les membres sont nommés par le président de la République sur vote majoritaire du Sénat. On a vu ce que cela a produit très récemment avec la nomination d'un nouveau membre par Donald Trump. Pourquoi a-t-il nommé une conservatrice ? Nous en avons tous entendu parler. Pourquoi les choses seraient différentes en Mauritanie ? Réformer est donc un impératif.

9- En 2019, les autorités mauritaniennes ont légiféré en faveur des modes alternatifs de règlement des conflits (MARC), ou justice alternative afin de faciliter l'accès à la justice pour tous. Cette manière de rendre justice permet aux citoyennes et citoyens mauritaniens d'éviter le formalisme excessif et le coût de la justice traditionnelle étatique. Êtes-vous favorable aux modes alternatifs de règlement des conflits ?

M. N'Diaye : Oui, je pense que cela peut être bénéfique pour le justiciable et son rapport à la justice. La simplification des procédures dans un pays où le taux d'alphabétisation des adultes est encore moyen, où

l'image associée à la conduite de la justice « moderne » est négative, recourir aux MARC paraît pertinent. Point de vigilance cependant : veiller à l'efficacité de ces modes de règlement alternatifs des conflits et à l'exécution de leurs décisions si on ne veut pas courir le risque d'une « démonétisation ».

10- On voit en Mauritanie que la question de la cohabitation des communautés pose problème. Ce qui explique que l'unité nationale n'est pas toujours au rendez-vous dans une République islamique. Pensez-vous que la justice amiable peut jouer un rôle essentiel pour l'unité nationale et la cohabitation des communautés en République islamique de Mauritanie ?

M. N'Diaye : La question de la cohabitation et de l'unité nationale n'est pas neuve, elle commence avec l'indépendance de la Mauritanie. Les communautés afro-mauritaniennes ont fait l'expérience de violences symboliques et physiques qui ont largement contribué à rompre un lien social fragilisé par des années de politiques d'exclusion. L'expression paroxystique de cette exclusion viendra avec les massacres et déportations de 1989. Ils ont été un véritable traumatisme social et ont laissé des traces dans la mémoire collective. La grande majorité des victimes et des organisations de victimes exigent encore la vérité sur ces années de plomb et réclament la justice. Elles attendent encore. Une justice « amiable » dans ce cas précis ne saurait être pertinente.

11- Les justiciables trouvent que la justice en Mauritanie est trop coûteuse, trop complexe, trop lente mais également le juge ne prend pas en compte leur personne. À tout cela s'ajoute la crise de confiance qui affecte la justice étatique. Peut-on parler que les MARC sont un symbole des maux dont souffrent les tribunaux étatiques mauritaniens ?

M. N'Diaye : Oui, très certainement. Prenons le cas de la signature des actes de vente pour faire un parallèle. Lorsque vous achetez un terrain, vous avez le choix entre l'imam et le notaire. L'acte notarial coûtant plus cher, les parties préfèrent bien souvent se tourner vers les imans agréés par l'État. Les coûts sont plus bas mais les garanties en cas de litiges sont quasi inexistantes.

12- Les MARC constituent-ils un remède à la crise de la justice en Mauritanie ?

M. N'Diaye : Non, je ne pense pas. La Mauritanie s'est dotée, au moins principalement, d'institutions modernes. Elle se doit de proposer aux justiciables un système judiciaire à la hauteur de ses ambitions. Les MARC ne peuvent être qu'un outil auquel on fait appel quand les conditions s'y prêtent et quand le problème le permet.

13- Les procédures alternatives sont vécues par certains juristes et chercheurs comme une simple volonté de désencombrer les juridictions. Partagez-vous cette analyse ?

M. N'Diaye : Lorsque la justice ne dispose pas de moyens suffisants pour fonctionner, convoquer des procédures alternatives peut en effet être un moyen de désencombrer les juridictions. Mais dans le cas

mauritanien, il y a quelques raisons de penser que ces procédures jouent un véritable rôle social. Elles sont plus accessibles et moins intimidantes.

14- Pensez-vous qu'en Mauritanie, tous les litiges nécessitent une solution juridictionnelle ?

M. N'Diaye : Non, comme partout du reste. Tous les litiges ne peuvent faire l'objet d'un traitement strictement juridictionnel. Ce serait contre-productif.

15- Faut-il avoir peur des modes alternatifs de règlement des conflits en Mauritanie ? Si oui, pourquoi ?

M. N'Diaye : Non ! Les modes alternatifs de règlement des conflits, comme je le dis plus haut, remplissent une fonction sociale précieuse.

ANNEXE 3

ORDONNANCE N° 2007/012 PORTANT ORGANISATION JUDICIAIRE EN RÉPUBLIQUE ISLAMIQUE DE MAURITANIE

Honneur-fraternité-justice

PRÉSIDENCE DU CONSEIL MILITAIRE POUR LA JUSTICE ET LA DÉMOCRATIE

Ordonnance n° *2007/012 portant organisation judiciaire. Le Conseil militaire pour la justice et la démocratie a délibéré et adopté :*

Le président du Conseil militaire pour la justice et la démocratie, chef de l'État promulgue l'ordonnance dont la teneur suit :

TITRE PREMIER : DISPOSITIONS GÉNÉRALES

Article 1er : Sur le territoire de la République islamique de Mauritanie, la justice est rendue, conformément aux dispositions de la présente ordonnance, par la Cour suprême, les Cours d'appel, les Tribunaux de *Wilaya*, les Cours criminelles, les Tribunaux de commerce, les tribunaux du travail, les Tribunaux de *moughataa*, et par toute autre juridiction créée par la loi.

Ces juridictions connaissent de toutes les affaires civiles, commerciales, administratives, pénales et des différends du travail.

Elles statuent conformément aux lois et règlements en vigueur.

Article 2 : Le siège et le ressort des juridictions sont fixés par décret, pris en Conseil des ministres sur rapport du ministre de la Justice, à l'exception de la Cour suprême dont le siège est fixé à Nouakchott et dont le ressort s'étend à l'ensemble du territoire national.

Article 3 : L'année judiciaire commence le 1er janvier et se termine le 31 décembre. Elle comprend une période de vacances judiciaires de trois mois qui commence le 16 juillet et prend fin le 15 octobre.

Les jours, heures et lieux d'audience des Cours et Tribunaux sont fixés par ordonnance du président de la juridiction, au début de chaque année judiciaire.

Les ordonnances prévues ci-dessus sont affichées au siège de la juridiction et publiées au *Journal officiel.*

Article 4 : Les Cours et Tribunaux peuvent tenir des audiences foraines dans le ressort de leur juridiction.

Article 5 : Les audiences des juridictions sont publiques, à moins que cette publicité soit dangereuse pour l'ordre public ou les bonnes mœurs ou interdite par la loi. Le président de la juridiction ordonne, alors, le huis clos.

Dans tous les cas, les jugements ou arrêts sont prononcés publiquement et doivent, à peine de nullité, être motivés.

Article 6 : La justice est gratuite, sous réserve des droits de timbre et d'enregistrement, des émoluments des auxiliaires de justice et des frais effectués pour l'instruction des affaires ou l'exécution des décisions judiciaires.

Les tarifs des frais de justice sont fixés par décret.

L'aide juridique peut être accordée aux parties justifiant de leur indigence, dans les conditions prévues par la loi.

Article 7 : Nul ne peut être jugé sans être mis en mesure de présenter ses moyens de défense. La défense et le choix du défenseur sont libres.

Les avocats exercent librement leur ministère devant toutes les juridictions. Nul ne peut être distrait de ses juges naturels.

Seules les juridictions prévues par la loi peuvent prononcer des condamnations.

Article 8 : La justice est rendue au nom d'Allah Le Très Haut, Le Tout-Puissant.

L'exécution forcée des mandats de justice et des premières expéditions des arrêts, jugements,

ordonnances, contrats notariés ou autres actes susceptibles d'exécution forcée a lieu dans les conditions prévues par le Code de procédure civile, commerciale et administrative et par le Code de procédure pénale.

Article 9 : En vue d'assurer le bon fonctionnement des juridictions, il est institué, au sein des Cours et Tribunaux, une formation non contentieuse dénommée « Assemblée générale ».

L'Assemblée générale regroupe, sous la présidence du président de la juridiction, l'ensemble des membres de celle-ci. L'Assemblée générale règle les questions relatives à l'organisation et au fonctionnement de la juridiction.

Elle est consultée sur le calendrier des audiences.

Les délibérations de l'Assemblée générale sont prises à la majorité simple des voix. En cas d'égalité des voix, celle du président est prépondérante.

Article 10 : Une inspection générale de l'administration judiciaire et pénitentiaire, placée sous l'autorité directe du ministère de la Justice, exerce une mission permanente et générale d'inspection sur les Cours et Tribunaux, la Cour suprême exceptée, ainsi que sur l'ensemble des services et organismes relevant du ministère de la Justice.

L'organisation, le fonctionnement et les attributions de l'inspection générale de l'administration judiciaire et pénitentiaire sont fixés par décret.

TITRE II : DES JURIDICTIONS

CHAPITRE PREMIER : DE LA COUR SUPRÊME

Section I : COMPÉTENCES ET PROCÉDURES

Article 11 : La Cour suprême est la plus haute instance judiciaire du pays. À ce titre, elle statue sur les pourvois en cassation formés contre les jugements et arrêts rendus en dernier ressort par les autres juridictions.

Elle connaît, en matière administrative, en premier et dernier ressort, des affaires qui lui sont dévolues par la loi.

Sauf dispositions législatives contraires, la Cour suprême est juge du droit, elle ne connaît pas des faits.

La procédure suivie devant la Cour suprême est celle prévue par le Code de procédure civile, commerciale et administrative et par le Code de procédure pénale ou par toute autre disposition législative applicable.

Article 12 : La Cour suprême peut être invitée par le gouvernement à donner son avis sur les projets de textes législatifs ou réglementaires et sur toutes les questions pour lesquelles son intervention est prévue par une disposition législative ou réglementaire expresse.

Elle peut également être consultée par les ministres sur les difficultés d'ordre juridique soulevées à l'occasion du fonctionnement du service public.

Section II : COMPOSITION

Article 13 : La Cour suprême se compose d'un président, de présidents de Chambre, dont l'un est vice-président de la Cour suprême et de conseillers.

Elle comprend les formations de jugement suivantes :

• Les Chambres ;

• La Chambre du Conseil ;

• Les Chambres réunies.

Sous-section première : Du président de la Cour suprême

Article 14 : Le président de la Cour suprême est nommé par décret du président de la République, pour un mandat de cinq ans, renouvelable.

Il est choisi parmi les magistrats de haut rang ou les juristes jouissant d'une haute considération morale et connus pour leurs compétences, leur intégrité et leur expérience. Avant d'entrer en fonction, le président de la Cour suprême prête serment devant le président de la République en ces termes :

« Je jure par Allah l'Unique de bien et fidèlement remplir ma fonction, de l'exercer en toute probité et impartialité, dans le respect de la charia islamique, de la Constitution et des lois, de garder le secret des délibérations, de ne prendre aucune position publique et de ne donner aucune consultation à titre privé sur des questions relevant de la compétence des cours et Tribunaux et de me comporter, en tout, comme un digne et loyal magistrat ».

Acte est dressé de la prestation de serment par le greffier en chef de la Cour suprême :

Le rang, le traitement et les avantages en nature alloués au président de la Cour suprême sont fixés par décret. **Article 15 :** Les dispositions du statut de la magistrature relative à l'inamovibilité, à l'indépendance et à la liberté de décision, aux incompatibilités, au port du costume de magistrat à l'audience, et celles relatives aux obligations qui pèsent sur le magistrat, sont applicables de plein droit au président de la Cour suprême, pendant toute la durée de l'exercice de ses fonctions.

Article 16 : Le président de la Cour suprême préside les audiences solennelles de la Cour, les Chambres réunies, la Chambre du Conseil et l'Assemblée générale.

Il peut, s'il l'estime nécessaire, présider une des Chambres de la Cour suprême.

Il administre les services de la Cour et exerce toute autre fonction d'administration judiciaire que lui confèrent les lois et règlements.

En cas d'absence ou d'empêchement temporaire, le président de la Cour suprême est suppléé de plein droit, dans ses fonctions, par le vice-président de la Cour suprême.

En cas d'empêchement définitif dûment constaté, le président de la Cour suprême est remplacé dans les formes prévues pour sa nomination, dans un délai maximum d'un mois.

Article 17 : Le titre de vice-président de la Cour suprême est attribué au président de Chambre le plus ancien dans le grade le plus élevé, et en cas d'égalité de grade et d'ancienneté, le plus âgé et, à âge égal, le plus ancien au sein de la Cour suprême.

En cas d'absence ou d'empêchement temporaire, le vice-président de la Cour suprême est suppléé de plein droit, dans ses fonctions, par le président de Chambre le plus ancien dans le grade le plus élevé, et en cas d'égalité de grade et d'ancienneté, le plus âgé et, à âge égal, le plus ancien au sein de la Cour suprême.

Article 18 : Le président de la Cour suprême ne peut être suspendu ou admis à cesser ses fonctions avant le terme normal de son mandat que dans les formes prévues pour sa nomination et sur sa demande ou pour cause d'incapacité physique, pour perte de droits civils et politiques ou pour manquement aux convenances, à l'honneur et à la dignité de sa fonction.

Sauf le cas de crime ou de délit flagrants, aucune poursuite pénale ne peut être exercée contre le président de la Cour suprême sans l'autorisation préalable du Conseil supérieur de la magistrature.

Sous-section II : Des Chambres de la Cour suprême

Article 19 : La Cour suprême comprend :

- deux Chambres civiles et sociales ;
- une Chambre commerciale ;
- une Chambre administrative ;
- une Chambre pénale.

Article 20 : Les Chambres de la Cour suprême se composent d'un président de Chambre, et de quatre conseillers ayant voix délibérative.

Le président de Chambre est nommé en fonction de son grade et de sa spécialisation. Il préside les audiences de la formation de sa Chambre.

En cas d'absence ou d'empêchement, il est remplacé, par ordonnance du président de la Cour suprême, par l'un des présidents de Chambre.

Les conseillers de la Cour suprême sont répartis entre les Chambres par ordonnance du président de la Cour suprême, les présidents de Chambre consultés.

En cas d'absence ou d'empêchement d'un conseiller, il est remplacé par un conseiller désigné par ordonnance du président de la Cour suprême, parmi les conseillers.

Sous réserve des cas prévus à l'article 22 ci-dessous, les Chambres de la Cour suprême siègent en Chambre du Conseil, selon leur spécialisation, dans les cas où la loi prévoit que ces Chambres ou la Cour suprême se prononcent en Chambre du Conseil.

Sous-section III : Des Chambres réunies

Article 21 : La Cour suprême siégeant en Chambres réunies se compose de son président, des présidents de Chambre et des conseillers.

Elle peut valablement délibérer lorsque sont présents, en plus du président de la Cour suprême, un président de Chambre et deux conseillers de chaque Chambre.

Article 22 : La Cour suprême statue, en Chambres réunies, sur les questions suivantes :

1- Les litiges relatifs à la contrariété d'arrêts ou jugements rendus en dernier ressort entre les mêmes parties et pour les mêmes moyens par une ou plusieurs juridictions ;

2- Les pourvois dans l'intérêt de la loi introduits par le procureur général près de la Cour suprême lorsqu'aucune des parties ne s'est pourvue dans les délais ;

3- Les demandes de révision des arrêts de condamnation à la peine de mort ;

4- Les arrêts et jugements – qui reviennent devant la Cour suprême pour un second pourvoi. Les avis formulés en application de l'article 12 ci-dessus sont donnés par la Cour suprême siégeant, dans la même formation que les Chambres réunies, en Assemblée plénière consultative.

Sous-section IV : De la Chambre du Conseil de la Cour suprême

Article 23 : La Chambre du Conseil de la Cour suprême se compose du président de la Cour suprême et des présidents de Chambre.

Article 24 : La Chambre du Conseil de la Cour suprême statue sur les questions suivantes :

• Les conflits de compétence entre deux ou plusieurs juridictions ;

• Les prises à partie formulées contre les magistrats ;

• Les poursuites dirigées contre les magistrats ou certains fonctionnaires dans les cas prévus par le Code de procédure pénale ;

• Les récusations, abstentions et renvois.

Sous-section V : Du greffe de la Cour suprême

Article 25 : Les services de greffe de la Cour suprême sont tenus par un greffier en chef central assisté de greffiers en chef, de greffiers et de secrétaires des greffes et parquets affectés aux différentes Chambres de la Cour suprême.

Sous-section VI : Du Ministère public près la Cour suprême

Article 26 : Les fonctions du Ministère public près la Cour suprême et ses diverses formations sont assurées par le procureur général près ladite Cour ou par ses substituts.

Le procureur général près la Cour suprême est nommé par décret pris en Conseil des ministres, sur proposition du ministre de la Justice.

Les services de greffe du parquet près la Cour suprême sont tenus par un greffier en chef assisté de greffiers et de secrétaires de greffes et parquets.

Le rang, le traitement et les avantages en nature alloués au procureur général près la Cour suprême sont fixés par décret.

Sous-section VII : Du Secrétaire Général de Cour suprême

Article 27 : L'administration et la gestion des ressources de la Cour suprême sont assurées, sous l'autorité du président, par un secrétaire général nommé par décret pris en Conseil des ministres sur proposition du ministre de la Justice.

Le rang, les attributions, le traitement et les avantages en nature alloués au secrétaire général de la Cour suprême sont fixés par décret.

Section III : DE LA PUBLICATION DES ARRÊTS DE LA COUR SUPRÊME

Article 28 : Sans préjudice de dispositions législatives spéciales prescrivant la publication de certains arrêts de la Cour suprême au *Journal officiel*, les arrêts de la Cour suprême sont publiés dans un bulletin périodique.

CHAPITRE II : DES JURIDICTIONS DU SECOND DEGRÉ

Section I : DES COURS D'APPEL

Article 29 : Il est créé au moins une Cour d'appel sur le territoire national et, au plus, une Cour d'appel au chef-lieu de chaque *wilaya*.

Article 30 : Les Cours d'appel comprennent les formations de jugement suivantes :

• Une ou plusieurs Chambres civiles et sociales
• Une ou plusieurs Chambres commerciales ;
• Une Chambre administrative.
• Plusieurs Chambres pénales dont une Chambre d'accusation et une Chambre pour mineurs.

Article 31 : Les Chambres de la Cour d'appel connaissent en appel et en dernier ressort, en fonction de leur compétence, des jugements et ordonnances rendus en premier ressort par les juridictions de premier degré.

Article 32 : Les Chambres de la Cour d'appel statuent en formation de trois magistrats, dont le président de Chambre et deux conseillers ayant voix délibérative.

Toutefois, la Chambre pénale de la Cour d'appel statuant sur les appels interjetés contre les jugements de la Cour criminelle se compose de cinq magistrats dont un président et quatre conseillers.

Section II : DU PRÉSIDENT DE LA COUR D'APPEL

Article 33 : Le titre de président de la Cour d'appel est attribué au président de Chambre le plus ancien dans le grade le plus élevé, et en cas d'égalité de grade et d'ancienneté, au président le plus âgé et, à âge égal, au président le plus ancien au sein de la Cour d'appel.

Le rang protocolaire, le traitement et les avantages en nature alloués au président de la Cour d'appel sont fixés par décret.

En cas d'absence ou d'empêchement du président de la Cour d'appel, il est remplacé, par ordonnance du président de la Cour suprême, par un président de Chambre au sein de la même juridiction.

Article 34 : En cas d'absence ou d'empêchement d'un président de Chambre de la Cour d'appel, il est remplacé, par ordonnance du président de la Cour d'appel, par un président de Chambre au sein de la même juridiction. En cas d'absence ou d'empêchement de l'un des conseillers de l'une des Chambres de la Cour d'appel, il est remplacé par un autre conseiller par ordonnance du président de la Cour d'appel.

Article 35 : Les services de greffe de la Cour d'appel sont tenus par un greffier en chef central assisté de greffiers en chef, de greffiers et de secrétaires des greffes et parquets affectés aux différentes Chambres de la Cour d'appel.

Article 36 : Le Ministère public près la Cour d'appel est représenté par un procureur général près la Cour d'appel ou par ses substituts.

Le greffe du Ministère public près la Cour d'appel est tenu par un greffier en chef ou un greffier assistés d'un ou de plusieurs secrétaires de greffes et parquets.

Article 37 : L'administration et la gestion des ressources de la Cour d'appel sont assurées par un secrétaire général nommé par décret pris en Conseil des ministres.

Le rang, les attributions, le traitement et les avantages en nature alloués au secrétaire général de la Cour d'appel sont fixés par décret.

CHAPITRE III : DES JURIDICTIONS DU PREMIER DEGRÉ

Section I : DES TRIBUNAUX DE WILAYA

Article 38 : Il est institué au chef-lieu de chaque *wilaya* un tribunal dénommé tribunal de la *wilaya*. Le tribunal de la *wilaya* comprend les formations de jugement suivantes :

- Une ou plusieurs Chambres civiles ;
- Une chambre commerciale, sous réserve des dispositions de l'article 46 ci-dessous ;
- Une Chambre administrative ;
- Plusieurs Chambres pénales dont une pour mineurs.

Article 39 : Les Chambres du tribunal de la *wilaya* se composent d'un juge unique qui porte le titre de Président de Chambre du tribunal de la *wilaya*.

En cas d'absence ou d'empêchement d'un président de Chambre du tribunal de la *wilaya*, il est remplacé par un président de Chambre du même tribunal par ordonnance du président du tribunal de la *wilaya* ou du tribunal de la *wilaya* voisine, désigné par ordonnance du président de la Cour d'appel du ressort.

En cas d'absence ou d'empêchement d'un président de Chambre du tribunal de la *wilaya* comprenant seulement deux présidents de Chambre, il est remplacé par le président du tribunal de la *wilaya*.

Article 40 : Le titre de président du tribunal de la *wilaya* est attribué au président de Chambre le plus ancien dans le grade le plus élevé, et en cas d'égalité de grade et d'ancienneté, au président le plus âgé et, à âge égal, au président le plus ancien au sein du tribunal de la *wilaya*.

Le rang, le traitement et les avantages en nature alloués au président du tribunal de la *wilaya* sont fixés par décret.

Article 41 : Le tribunal de la *wilaya* statue en toutes matières, et sous réserve des compétences que la loi reconnaît à d'autres juridictions, sur les affaires prévues par le Code de procédure civile, commerciale et administrative et par le Code de procédure pénale.

Article 42 : Les services de greffe du tribunal de la *wilaya* sont tenus par un greffier en chef assisté de greffiers en chef, de greffiers et de secrétaires des greffes et parquets affectés aux différentes Chambres dudit tribunal.

Article 43 : Au sein du tribunal de la *wilaya*, les fonctions de juge d'instruction sont assurées par un ou plusieurs magistrats, conformément aux dispositions du Code de procédure pénale. Le greffe du cabinet d'instruction est tenu par un greffier en chef ou un greffier assisté de secrétaires de greffes et parquets.

Article 44 : Les fonctions du Ministère public près le tribunal de la *wilaya* sont assurées par le procureur de la République dudit tribunal ou par ses substituts.

Le greffe du Ministère public est tenu par un greffier en chef ou un greffier assisté d'un ou de plusieurs secrétaires de greffes et parquets.

Article 45 : Il peut être créé au sein du tribunal de la *wilaya* un juge de la mise en état et un juge de l'application des peines dont les compétences sont déterminées par la loi.

Section II : DES TRIBUNAUX DE COMMERCE

Article 46 : Il peut être institué un tribunal de commerce au chef-lieu de chaque *wilaya.* Dans les *wilayas* où il n'existe pas de Tribunaux de commerce, les compétences de ces derniers sont exercées par les Chambres commerciales des Tribunaux de *wilayas.*

Article 47 : Le tribunal de commerce se compose d'un magistrat président et de deux magistrats assesseurs qui ont voix délibérative.

Le tribunal de commerce statue en formation collégiale sauf dispositions contraires de la loi. En cas d'absence ou d'empêchement du président du tribunal de commerce, il est remplacé par le président du tribunal de la *wilaya* par ordonnance du président de la Cour d'appel du ressort.

En cas d'absence ou d'empêchement de l'un des assesseurs, il est remplacé par ordonnance du président de la Cour d'appel du ressort.

Le greffe du tribunal de commerce est tenu par un greffier en chef ou un greffier assisté de secrétaires de greffes et parquets.

Article 48 : Les fonctions du Ministère public près le tribunal de commerce sont assurées par le procureur de la République près le tribunal de la *wilaya* ou par ses substituts.

Section III : DES TRIBUNAUX DU TRAVAIL

Article 49 : Il est institué un tribunal du travail au chef-lieu de chaque *wilaya.*

Le tribunal du travail se compose d'un magistrat, président, assisté par des assesseurs désignés conformément aux dispositions du Code du travail.

En cas d'absence ou d'empêchement, le président du tribunal du travail est remplacé par le président du tribunal de la *wilaya.*

Le greffe du tribunal du travail est tenu par un greffier en chef ou un greffier assistés de secrétaires de greffe et parquets.

Section IV : DES COURS CRIMINELLES

Article 50 : Il est institué, au chef-lieu de chaque *wilaya*, une Cour criminelle qui statue, en premier ressort, sur les affaires qui lui sont dévolues par la loi.

La Cour criminelle est composée d'un président, de deux assesseurs magistrats et de deux jurés choisis conformément aux dispositions du Code de procédure pénale.

Elle comprend une formation pour juger les mineurs dans les conditions définies par la législation relative à la protection pénale de l'enfant.

La Cour criminelle est présidée par le président du tribunal de la *wilaya* ou, si le volume des affaires l'exige, par un magistrat désigné à cet effet.

Article 51 : Le service des greffes de la Cour criminelle est tenu par un greffier en chef ou par un greffier assisté d'un ou plusieurs secrétaires de greffes et parquets.

Article 52 : Le Ministère public près la Cour criminelle est représenté par le procureur de la République près le tribunal de la *wilaya* ou par ses substituts.

Article 53 : La compétence et le fonctionnement des Cours criminelles sont déterminés par le Code de procédure pénale et par la législation relative à la protection pénale de l'enfant.

Section V : DES TRIBUNAUX DE MOUGHATAA

Article 54 : Il est institué un tribunal dénommé tribunal de *moughataa* au chef-lieu de chaque *moughataa* excepté les *moughataas* centrales des *wilayas*.

Nonobstant les dispositions précédentes, il est institué un tribunal de *moughataa* dans chaque moughataa de Nouakchott

Le tribunal de *moughataa* statue sur les affaires civiles et commerciales qui ne sont pas de la compétence du tribunal de la *wilaya*.

En matière pénale, les Tribunaux de *moughataa* connaissent des contraventions de simple police.

Article 55 : Le tribunal de *moughataa* se compose d'un juge unique qui porte le titre de Président du tribunal de la *moughataa.*

Le Ministère public près le tribunal de la *moughataa* est représenté par le procureur de la République ou par l'un de ses substituts ou par un officier de police judiciaire délégué à cet effet.

La présence du représentant du Ministère public aux audiences de simple police n'est pas obligatoire.

Article 56 : En cas d'absence ou d'empêchement provisoire, le président est remplacé par le président du tribunal de l'une des *moughataas* relevant du ressort de la Cour d'appel ou par un magistrat du tribunal de la *wilaya* désigné par ordonnance du président de ladite Cour d'appel du ressort.

Article 57 : Le greffe des Tribunaux de *moughataa* est tenu par un greffier en chef ou un greffier, assisté de secrétaires de greffes et parquets.

Article 58 : Dans le cadre de son pouvoir de conciliation, le président du tribunal de la *moughataa* peut valider le règlement amiable des différends relevant de la compétence du tribunal réalisé par les *Mouslihs* en dehors de toute procédure judiciaire.

Le statut et les compétences de ces *Mouslihs* sont déterminés par décret.

TITRE III : DISPOSITIONS TRANSITOIRES ET FINALES

Article 59 : Sans préjudice des dispositions de la présente ordonnance et en cas d'insuffisance, soit de l'effectif des magistrats, soit du volume des affaires, les Cours et Tribunaux peuvent avoir, à titre transitoire ; dans leur ressort, pendant une période à laquelle il sera mis fin par décret, une ou plusieurs *wilayas* ou *moughataas*.

Article 60 : Les affaires pendantes devant les juridictions et non encore définitivement jugées sont réparties, selon les cas, par le président du tribunal de la *wilaya* ou par le président de la Cour d'appel entre les nouvelles juridictions.

Article 61 : Les minutes, dossiers, enquêtes, archives, pièces à conviction et documents divers concernant les procédures définitivement jugées par les juridictions sous l'empire de la loi n° 99.039 du 24 juin 1999 portant organisation judiciaire demeurent classés, le cas échéant, au greffe, parquet et secrétariat de ces juridictions, même en ce qui concerne des affaires n'entrant plus dans leur compétence.

Article 62 : La présente ordonnance abroge et remplace la loi n° 99.039 du 24 juin 1999 fixant organisation judiciaire.

Article 63 : La présente ordonnance sera publiée selon la procédure d'urgence et au *Journal officiel* et exécutée comme loi de l'État.

Nouakchott le 8 février 2007
Le Colonel : ELY OULD MOHAMED VALL
Premier ministre
SIDI MOHAMED OULD BOUBACAR
ministre de la Justice
Maitre : MAHFOUDH OULD BETTAH

ANNEXE 4

LOI N° 2019-019 PORTANT CODE DE L'ARBITRAGE
29 avril 2019
JOURNAL OFFICIEL DE LA RÉPUBLIQUE ISLAMIQUE DE MAURITANIE

BIMENSUEL
Paraissant les 15 et 30

30 avril 2019 | **61e année** | **N° 1436**

SOMMAIRE

I – LOIS & ORDONNANCES

Loi n° **2019-019 portant Code de l'arbitrage. L'Assemblée nationale a adopté.**

Le président de la République promulgue la loi dont la teneur suit :

Chapitre premier : Dispositions générales

Article premier : Définitions

Au sens de la présente loi, les expressions suivantes signifient :

Arbitrage : mode alternatif de règlement des litiges par lequel des personnes physiques ou morales confient, en vertu d'une Convention d'arbitrage, la mission de trancher leur litige à un ou plusieurs arbitres. La procédure arbitrale s'achève par le prononcé d'une décision définitive appelée sentence arbitrale.

Arbitre : la personne physique à qui les parties confient la mission de trancher leur litige.

Tribunal arbitral : l'arbitre unique ou le collège arbitral.

Règlement d'arbitrage : le document accepté par les parties à un litige préalablement au démarrage de la procédure d'arbitrage. Il permet de définir les modalités pratiques de la procédure d'arbitrage, qui laisse une grande part de liberté aux parties pour organiser le processus.

Amiable compositeur : l'arbitre auquel la Convention d'arbitrage confère de statuer sur le litige suivant les principes de justice et d'équité et non selon les règles de droit.

Juridiction : le collège ou l'organe de l'organisation judiciaire.

Convention d'arbitrage : engagement des parties à régler par la voie de l'arbitrage toutes ou certaines contestations nées ou pouvant naître entre elles concernant un rapport de droit déterminé, contractuel ou non contractuel.

La Convention d'arbitrage revêt la forme d'une clause compromissoire ou d'un compromis.

Clause compromissoire : Convention par laquelle les parties à un contrat s'engagent à soumettre à l'arbitrage les litiges qui pourraient naître relativement à ce contrat et ayant pour effet de se soustraire à la compétence des Tribunaux de l'ordre judiciaire.

Compromis : Convention par laquelle les parties à un litige déjà né soumettent celui-ci à un tribunal arbitral composé d'un arbitre unique ou de plusieurs arbitres. Les parties ont la faculté de compromettre même au cours d'une instance déjà engagée devant une juridiction.

Article 2 : Nécessité d'un écrit

La Convention d'arbitrage ne peut être établie que par écrit, soit par acte authentique ou sous seing privé, soit par procès-verbal d'audience ou procès-verbal dressé auprès du tribunal arbitral choisi.

La Convention arbitrale est réputée établie par écrit, lorsqu'elle est consignée dans un document signé par les parties ou dans un échange de lettres, de communications télex, télégrammes, d'échange par voies électroniques conformément aux règles régissant les transactions électroniques, de tout autre moyen de communication qui en atteste l'existence, ou encore dans l'échange de conclusions en demandes ou de conclusions en défense dans lesquelles l'existence d'une Convention d'arbitrage est alléguée par une partie et n'est pas contestée par l'autre.

La référence, dans un contrat, à un document contenant une clause compromissoire vaut Convention d'arbitrage, à condition que ledit contrat soit établi par écrit et que la référence soit telle qu'elle fasse de la clause une partie du contrat.

Article 3 : Capacité

La Convention d'arbitrage ne peut être conclue que par une personne physique ou morale qui a la capacité de disposer de ses droits.

Article 4 : Champ d'application

On ne peut compromettre :

1. dans les matières touchant à l'ordre public ;
2. dans les contestations relatives à la nationalité ;
3. dans les contestations relatives au statut personnel qui ne sont pas soumises à l'arbitrage prévu par le présent code, à l'exception des contestations d'ordre pécuniaire en découlant. Toutefois, les personnes physiques ou morales peuvent compromettre sur les droits dont elles ont la libre disposition, y compris l'État, les établissements publics et les collectivités locales.

Article 5 : Début de la procédure d'arbitrage

Sauf convention contraire des parties, la procédure arbitrale concernant un différend déterminé débute à la date à laquelle la demande de soumission de ce différend à l'arbitrage est reçue par le défendeur.

Article 6 : Désignation et capacité des arbitres

L'arbitre est une personne physique, majeure, jouissant de tous ses droits civils. Il est indépendant et impartial vis-à-vis des parties. Si la Convention d'arbitrage a désigné une personne morale, la mission de cette dernière se limite à désigner le tribunal arbitral.

Le magistrat peut être arbitre à la double condition de ne pas faillir à ses fonctions principales et d'obtenir, préalablement à toute mission d'arbitrage, une autorisation de l'autorité compétente.

Article 7 : Preuve

La preuve de l'acceptation et de la renonciation par l'arbitre à sa mission est établie par écrit, par la signature du compromis ou par l'accomplissement d'un acte qui indique le commencement de sa mission.

Il ne peut, sous peine de dommages-intérêts, se déporter, sans cause valable, après son acceptation.

Article8 : Révocation et récusation

Les demandes de révocation ou de récusation de l'arbitre formulées après la clôture des plaidoiries sont irrecevables.

Article 9 : Systèmes d'arbitrage

L'arbitrage est *ad hoc* ou institutionnel.

En cas d'arbitrage *ad hoc*, le tribunal arbitral l'organise en fixant la procédure à suivre, sauf si les parties en conviennent autrement ou choisissent un règlement d'arbitrage déterminé. En cas d'arbitrage porté devant une institution d'arbitrage, celle-ci l'organise conformément à son règlement.

Article 10 : Amiables compositeurs

Les arbitres appliquent le droit, à moins que les parties ne leur confèrent, dans la Convention d'arbitrage, la qualité d'amiables compositeurs. Ils ne sont pas, dans ce cas, tenus d'appliquer les règles de droit, et statuent en équité.

Article 11 : Sentence d'accord parties

Si durant la procédure arbitrale, les parties s'entendent pour régler le litige, le tribunal arbitral met fin à la procédure arbitrale, et si les parties lui en font la demande, et s'il n'y voit pas d'objection, le tribunal arbitral constate le fait par une sentence arbitrale rendue par accord des parties.

La sentence arbitrale d'accord parties est rendue conformément aux dispositions des articles **25** et **53** du présent code, et mentionne le fait qu'il s'agit d'une sentence d'accord parties.

Cette sentence a le même effet que toute autre sentence prononcée sur le fond de l'affaire.

Dans tous les cas, les principes de la procédure civile et commerciale, notamment les règles relatives aux droits de la défense, seront respectés.

Chapitre II : L'arbitrage interne

Article 12 : Domaine de la clause compromissoire et du compromis

Sous réserve des dispositions de l'article **4** du présent code, on peut convenir d'un compromis dans tout litige déjà né.

On peut également stipuler une clause compromissoire pour toute contestation pouvant naître au sujet d'obligations et

Transactions civiles et commerciales, ainsi que pour les litiges opposant des associés dans le cadre du contrat de société qui les lie.

Article 13 : Nullité du compromis

Le compromis détermine, sous peine de nullité, l'objet du litige et le ou les noms des arbitres, le cas échéant, d'une manière expresse ou suffisamment précise pour qu'il ne reste aucun doute sur leur individualité.

Article 14 : Désignation des arbitres

En cas de pluralité d'arbitres, leur nombre doit être impair.

Lorsque les parties désignent les arbitres en nombre pair, le tribunal arbitral est complété par un arbitre choisi conformément aux prévisions des parties. En l'absence de telles prévisions, il est choisi par les arbitres désignés. À défaut d'accord entre ces derniers, il est choisi par le président du tribunal de la *wilaya* dans le ressort duquel se trouve le lieu de l'arbitrage, et ce, à la demande d'une partie par ordonnance de référé non susceptible de recours.

En cas de désignation d'un règlement d'arbitrage déterminé, la procédure de nomination du tribunal arbitral sera celle prévue par ce règlement.

Article 15 : Incompétence du juge ordinaire

Lorsqu'un litige pendant devant un tribunal arbitral, en vertu d'une Convention d'arbitrage, est porté devant une juridiction, celle-ci doit, à la demande de l'une des parties, se déclarer incompétente.

Si le tribunal arbitral n'est pas encore saisi du litige, la juridiction doit aussi se déclarer incompétente à moins que la Convention d'arbitrage ne soit manifestement nulle ou manifestement inapplicable.

Dans les deux cas, la juridiction ne peut soulever d'office son incompétence.

Le juge de référé peut prendre toutes mesures provisoires et conservatoires, dans les limites de sa compétence, tant que le tribunal d'arbitrage n'a pas engagé la procédure.

Lorsque le tribunal arbitral entame la procédure, l'adoption de toutes mesures provisoires et

relève de sa compétence. Le président du tribunal de commerce dans le ressort duquel se trouve le lieu de l'arbitrage donne l'exequatur aux décisions provisoires ou préliminaires prises par le tribunal arbitral.

Article 16 : Dissolution du tribunal arbitral

Le tribunal arbitral est dissous suite au décès, à l'empêchement, au refus, au désistement ou à la révocation conformément à l'article 17 ci-dessous de l'arbitre unique ou de deux arbitres composant le collège arbitral. Il est également dissous à l'expiration du délai d'arbitrage, sauf prorogation prévue à l'article 20 du présent code.

Toutefois, les parties peuvent convenir de suivre la procédure arbitrale en levant les empêchements mentionnés à l'alinéa précédent.

Article 17 : Carence ou incapacité d'un arbitre

Lorsqu'un arbitre se trouve dans l'impossibilité de droit ou de fait de remplir sa mission ou, pour d'autres raisons, ne s'acquitte pas de ses fonctions dans un délai de vingt-huit jours, sa mission prend fin s'il se déporte ou si les parties conviennent d'y mettre fin. Au cas où il subsiste un désaccord quant à l'un quelconque de ces motifs, l'arbitre encourt la révocation.

La révocation ne peut être prononcée qu'avec l'accord unanime de toutes les parties. En cas de désaccord, elle est prononcée par la juridiction à la demande de la partie la plus diligente par décision non susceptible de recours. La juridiction compétente, au cas où elle n'est pas prévue à la Convention d'arbitrage, est le tribunal de *wilaya* dans le ressort duquel se trouve le lieu de l'arbitrage.

Il doit être statué dans le plus bref délai, et dans tous les cas, dans un délai ne dépassant pas huit jours à compter de la date de l'introduction de la demande.

En cas de recours à une institution d'arbitrage, la demande de révocation est examinée conformément à son règlement.

Article 18 : Récusation des arbitres

Lorsqu'une personne est pressentie, en vue de sa nomination éventuelle en qualité d'arbitre,

elle doit signaler toutes les causes de nature à soulever des doutes légitimes sur son impartialité ou sur son indépendance. À partir de la date de sa nomination, et durant toute la procédure arbitrale, elle doit signaler sans tarder de telles causes aux parties, à moins qu'elle ne l'ait déjà fait. Elle leur impartit un délai pour répondre, en avisant qu'elle n'accepterait sa mission ou ne consentirait à la poursuivre, qu'après leur accord exprès.

La récusation de l'arbitre ne peut intervenir que s'il existe des causes de nature à soulever des doutes légitimes sur son impartialité ou son indépendance ou si celui-ci ne possède pas les qualifications convenues entre les parties. Une partie ne peut récuser l'arbitre qu'elle a nommé ou à la nomination duquel elle a participé, que pour des causes dont elle a eu connaissance après cette nomination.

L'arbitre peut être également récusé pour les mêmes causes que le magistrat.

La demande de récusation fondée sur une allégation de défaut d'indépendance ou d'impartialité est portée devant le tribunal de *wilaya* dans le ressort duquel se trouve le lieu de l'arbitrage, qui l'examinera conformément aux dispositions du Code de procédure civile, commerciale et administrative.

Lorsqu'une demande de récusation ou de révocation d'un arbitre est présentée, la procédure d'arbitrage est suspendue jusqu'à ce qu'il soit statué sur la demande.

Article 19 : Remplacement de l'arbitre

Lorsqu'il est mis fin à la mission d'un arbitre conformément au contenu des articles 17 et 18 ci-dessus, ou lorsque celui-ci se déporte pour toute autre raison, ou lorsqu'il est révoqué par accord des parties, ou dans tout autre cas où il est mis fin à sa mission, un arbitre remplaçant est nommé conformément aux règles qui étaient applicables à la nomination de l'arbitre remplacé.

Article 20 : Durée de la mission des arbitres

Si la Convention d'arbitrage ne fixe pas de délai, la mission des arbitres ne peut excéder six mois à compter du jour où le dernier des arbitres l'a acceptée.

Le délai d'arbitrage, légal ou conventionnel, peut être prorogé, soit par accord des parties, soit à la demande de l'une d'entre elles ou du tribunal arbitral.

Cette prorogation peut avoir lieu une ou deux fois s'il a été impossible au tribunal arbitral de trancher le litige dans les délais visés au premier alinéa du présent article.

La décision de prorogation n'est susceptible d'aucune voie de recours.

Article 21 : Déclinaison de compétence

Si, devant le tribunal arbitral, est soulevée une question relative à sa propre compétence dans l'examen du litige, il rentre dans ses attributions de statuer sur la question par une ordonnance qui n'est susceptible de recours qu'avec la sentence rendue au fond.

Si le tribunal arbitral décline sa compétence, sa décision sera motivée et susceptible d'appel.

Article 22 : Question préjudicielle

Si, devant le tribunal arbitral, est soulevée une question préjudicielle n'entrant pas dans les limites de sa compétence, mais liée à l'arbitrage, le tribunal sursoit à statuer jusqu'à ce que la juridiction saisie rende sa décision. Dans ce cas, le délai imparti pour rendre la sentence est suspendu jusqu'à notification au tribunal arbitral du jugement définitif rendu sur la question.

Article 23 : Preuves et assistance de la Cour

Le tribunal arbitral procède à toutes investigations par audition de témoins, commissions d'experts ou par toutes autres mesures nécessaires à la manifestation de la vérité.

Si une partie détient un moyen de preuve, le tribunal arbitral peut lui enjoindre de le produire. Il peut également procéder à l'audition de toute personne qu'il estime utile d'entendre pour l'appréciation des éléments du litige. De même, le tribunal peut désigner par écrit un de ses membres pour accomplir un acte déterminé.

Le tribunal arbitral peut demander assistance à la justice étatique pour obtenir toute décision lui permettant d'atteindre les objectifs prévus dans le présent article.

Article 24 : Mise en état de la procédure

Lorsque l'affaire est mise en état d'être jugée, le tribunal arbitral avise les parties de la date de la clôture de la procédure.

Article 25 : Forme et effet de la sentence arbitrale

Les délibérations des arbitres sont secrètes. Dans la procédure arbitrale comportant plus d'un arbitre, la sentence arbitrale est rendue à la majorité des voix, sauf convention contraire des parties.

Toutefois, les questions de procédure peuvent être tranchées par le président du tribunal arbitral s'il y est autorisé par les parties ou par les autres membres de ce tribunal. La sentence arbitrale est signée par tous les membres. Toutefois, si la majorité d'entre eux refuse de la signer, les autres en font mention et la sentence a le même effet que si elle avait été signée par tous les arbitres.

Article 26 : Territorialité et autorité de la chose jugée de la sentence arbitrale

La sentence arbitrale est rendue en territoire mauritanien. Elle a, dès qu'elle est rendue, l'autorité de la chose jugée relativement à la contestation qu'elle tranche.

Article 27 : Exécution de la sentence arbitrale

La sentence arbitrale peut faire l'objet d'une exécution spontanée par les parties.

Elle peut faire l'objet d'une exécution forcée par ordonnance du président du tribunal de commerce du ressort duquel la sentence est rendue.

La partie, ayant intérêt, notifie la sentence à l'autre partie, conformément au Code de procédure civile, commerciale et administrative pour faire courir les délais de recours.

Si l'une des parties désire obtenir l'exequatur de la sentence arbitrale, le président de la juridiction compétente statue sur la requête et, si rien ne s'y oppose, ordonne l'exequatur, en bas de la sentence.

Si le président de la juridiction compétente rejette la demande, son ordonnance doit être motivée ; elle est susceptible d'appel.

L'ordonnance qui accorde l'exequatur de la sentence arbitrale n'est susceptible d'aucun recours.

Toutefois, le recours en annulation de la sentence emporte de plein droit, dans les limites de la saisine du juge étatique, recours contre la décision ayant accordé l'exequatur.

Article 28 : Correction

Dans les vingt jours qui suivent le prononcé de la sentence arbitrale, le tribunal arbitral peut d'office rectifier l'erreur d'écriture ou de calcul ou toute erreur matérielle qui s'est insinuée dans la sentence.

Article 29 : Sentence additionnelle

Sur la demande d'une partie dans les quinze jours à partir de la signification de la sentence arbitrale, et après sa notification à l'autre partie qui présentera, le cas échéant, ses conclusions dans les dix jours à compter de la réception de la notification, le tribunal arbitral peut, sans recourir de nouveau à la plaidoirie et aux débats :

1. Rectifier l'erreur d'écriture ou de calcul ou toute erreur matérielle dans la sentence ;
2. Interpréter une partie déterminée de la sentence ;
3. Rendre une sentence complémentaire relative à un chef de demande sur lequel il a été omis de statuer.

La décision rendue dans l'un des cas sus-indiqués est considérée comme partie intégrante de la sentence initiale.

Le tribunal arbitral se prononce dans les quinze jours de sa saisine s'il s'agit d'une sentence rectificative ou interprétative, et dans les trente jours s'il s'agit d'une sentence complémentaire. Il peut prolonger, si besoin est, le délai dont il dispose pour rendre la sentence d'interprétation ou la sentence complémentaire.

Article 30 : Suppléance du tribunal arbitral

Si le tribunal arbitral ne peut se réunir de nouveau, la sentence rectificative, interprétative ou complémentaire est rendue par le président de la juridiction dans le ressort de laquelle est rendue la sentence arbitrale, dans un délai ne dépassant pas trente jours. Ce pouvoir appartient à la juridiction qui est compétente à défaut d'arbitrage.

Article 31 : Suspension des délais de recours

En cas d'exécution spontanée de la sentence initiale d'arbitrage, les parties ne peuvent obtenir une sentence rectificative, interprétative ou complémentaire.

La demande en rectification, interprétation ou complément d'une sentence suspend les délais de recours et la demande d'exécution jusqu'au prononcé de ladite sentence.

Article 32 : Copie de la sentence rectificative

Le tribunal arbitral adresse aux parties une copie de la sentence rectificative, interprétative ou complémentaire dans le délai de huit jours à compter du jour de son prononcé.

Article 33 : Tierce opposition, révision et annulation

La sentence arbitrale n'est pas susceptible d'opposition, d'appel, ni de pourvoi en cassation.

La sentence arbitrale peut faire l'objet d'une tierce opposition devant le tribunal arbitral par toute personne physique ou morale qui n'a pas été appelée et lorsque cette sentence préjudicie à ses droits.

Elle peut faire l'objet d'un recours en révision devant le tribunal arbitral en raison de la découverte d'un fait de nature à exercer une influence décisive et qui, avant le prononcé de la sentence, était inconnu du tribunal arbitral et de la partie qui demande la révision.

Lorsque le tribunal arbitral ne peut plus être réuni, le recours en révision est porté devant la juridiction compétente à défaut d'arbitrage.

La sentence arbitrale peut faire l'objet d'un recours en annulation. Ce recours doit être porté devant la Cour d'appel du lieu de l'arbitrage.

Le recours en annulation contre la sentence arbitrale est ouvert dans le respect de l'article **34**.

Si la Cour d'appel confirme la sentence arbitrale attaquée, elle en donne l'exequatur.

*Si elle l'annule, il appartient à la partie la plus diligente d'engager, si elle le souhaite, une

nouvelle procédure arbitrale, conformément à la présente loi.

Article 34 : Cas de recours en annulation

Le recours en annulation n'est ouvert que dans les cas suivants :

1. Si la sentence arbitrale a été rendue sans Convention d'arbitrage ou sur convention nulle ou expirée
2. Si le tribunal arbitral a été irrégulièrement composé ou l'arbitre unique irrégulièrement désigné ;
3. Si l'arbitre a statué sans se conformer à la mission qui lui avait été conférée ;
4. Si l'arbitre a violé les bonnes mœurs ou une règle d'ordre public ;
5. Si les règles fondamentales de procédure relatives aux droits de la défense et au principe de la contradiction ne sont pas respectées ;
6. Si la sentence a été fondée sur la fraude ;
7. Si la sentence n'est pas motivée.

Le recours en annulation est porté devant la Cour d'appel dans le ressort de laquelle la sentence a été rendue.

Le délai pour exercer le recours suspend l'exécution de la sentence arbitrale.

Le recours exercé dans le délai est également suspensif. Ce recours est introduit suivant les règles de procédure du Code de procédure civile, commerciale et administrative devant la Cour d'appel dans le ressort de laquelle la sentence est rendue.

Le recours en annulation cesse d'être recevable s'il n'a pas été exercé dans le délai de quinze jours à partir de la signification de la sentence revêtue de l'exequatur.

Article 35 : Conséquences du recours en annulation

Si la juridiction compétente admet le bien-fondé du recours en annulation, elle annule la sentence ou la procédure d'arbitrage, en tout ou partie, selon les cas. Si elle décide le rejet du recours, l'arrêt de rejet emporte de plein droit validité de la sentence et confère l'exequatur à la sentence arbitrale.

Article 36 : Pourvoi en cassation

Les décisions de la Cour d'appel en matière d'arbitrage sont susceptibles de pourvoi en

cassation devant la Cour suprême conformément aux dispositions du Code de procédure civile, commerciale et administrative.

Si la Cour suprême, à la demande de l'auteur du pourvoi, ordonne, en sa formation compétente, qu'il soit sursis à l'exécution de la sentence arbitrale attaquée, le délai de ce sursis à exécution ne peut dépasser trois mois. Au-delà de ce délai, si la Cour suprême n'a pas rendu sa décision sur le pourvoi, la suspension d'exécution cesse sans pouvoir être reconduite.

Chapitre III : L'arbitrage international

Section I : Dispositions générales

Article 37 : Domaine d'application

Le présent chapitre s'applique à l'arbitrage international. Il ne porte pas atteinte aux accords internationaux en vigueur en Mauritanie.

Article 38 : Définitions et règles d'interprétation

1. L'arbitrage est international dans l'un des cas suivants :

a) Si les parties à une Convention d'arbitrage ont, au moment de la conclusion de ladite convention, leur établissement dans deux États différents ;

b) Si l'un des lieux ci-après indiqués est situé hors de l'État dans lequel les parties ont leur établissement :

1. Le lieu de l'arbitrage, s'il est stipulé dans la Convention d'arbitrage ou déterminé en vertu de cette convention.

2. Tout lieu où doit être exécutée une partie substantielle des obligations issues de la relation commerciale ou le lieu avec lequel l'objet du différend a le lien le plus étroit ;

c) Si les parties ont convenu expressément que l'objet de la Convention d'arbitrage a des liens avec plus d'un pays.

2. L'établissement est déterminé de la manière suivante :

la plus étroite avec la Convention d'arbitrage ;

b) Si une partie n'a pas d'établissement, sa résidence habituelle en tient lieu.

Article 39 : Réception de correspondance écrite

Toute correspondance écrite est réputée avoir été reçue si elle a été expédiée à l'établissement du destinataire, à sa résidence habituelle ou à son adresse postale.

Si aucun de ces lieux n'a pu être trouvé, après une enquête raisonnable, la correspondance écrite est réputée avoir été reçue, si elle a été envoyée au dernier établissement, à la dernière résidence habituelle ou à la dernière adresse postale connue du destinataire, par lettre recommandée ou tout autre moyen attestant la remise de cette correspondance écrite, y compris par voie électronique.

Article 40 : Renonciation au droit de faire objection

Est réputée avoir renoncé à son droit de faire objection toute partie qui, bien qu'elle sache que l'une des dispositions ou des conditions énoncées dans le présent code n'a pas été respectée, poursuit néanmoins l'arbitrage sans formuler d'objection.

Article 41 : Domaine d'intervention des juridictions

Lorsque le litige fait l'objet d'une Convention d'arbitrage international, les juridictions étatiques sont tenues d'appliquer les dispositions du présent code.

Section II : Convention d'arbitrage et compétence du tribunal arbitral

Article 42 : Juridiction saisie

Le tribunal, saisi d'un différend sur une question faisant l'objet d'une Convention d'arbitrage, renverra les parties à l'arbitrage si l'une d'entre elles le demande, au plus tard lorsqu'elle soumet ses premières conclusions sur le fond du différend, à moins qu'il ne constate que ladite convention est nulle, inopérante ou non susceptible d'être exécutée.

Article 43 : Principe de compétence-compétence

a) Si une partie a plus d'un établissement, l'établissement à prendre en considération est celui qui a la relation

Le tribunal arbitral statue sur sa propre compétence et sur toute opposition relative à l'existence ou à la validité de la Convention d'arbitrage. À cette fin, la clause compromissoire, insérée dans le contrat, est considérée comme une convention distincte de ces clauses.

La constatation de nullité du contrat par le tribunal arbitral n'entraîne pas de plein droit la nullité de la clause compromissoire.

L'exception d'incompétence du tribunal arbitral est soulevée au plus tard lors du dépôt des conclusions en défense sur le fond. Le fait, pour une partie, d'avoir désigné un arbitre ou d'avoir participé à sa désignation, ne la prive pas du droit de soulever cette exception. Le tribunal arbitral peut, dans l'un ou l'autre cas, admettre une exception soulevée après le délai prévu, s'il estime que le retard est dû à une cause valable.

Lorsque le tribunal arbitral, par sentence partielle, statue sur une exception visée à l'alinéa **3** du présent article, l'une des parties peut, dans un délai de dix jours après avoir été avisée de cette décision, demander à la Cour d'appel de rendre une décision sur ce point, conformément aux dispositions de l'article **60** du présent code.

La Cour doit statuer sur la demande au plus tôt et, dans tous les cas, dans un délai ne dépassant pas un mois à partir de la date de dépôt de la demande.

La reprise de la procédure sera subordonnée au résultat de la décision prise sur le recours.

Les exceptions soulevées après le prononcé de la sentence arbitrale ayant tranché ledit recours seront examinées avec le fond.

Article 44 : Mesures provisoires et conservatoires

Le tribunal arbitral peut, sauf convention contraire des parties, à la demande d'une partie, ordonner toute mesure provisoire ou conservatoire qu'il juge nécessaire en ce qui concerne l'objet du différend.

Le président du tribunal de commerce, dans le ressort duquel se trouve le lieu de l'arbitrage, donne l'exequatur aux décisions provisoires ou préliminaires prises par le tribunal arbitral. Le juge de référé peut prendre toutes mesures provisoires et conservatoires, dans les limites de sa compétence, tant que le tribunal arbitral n'a pas engagé la procédure.

Dans l'un ou l'autre cas, le tribunal arbitral ou le juge peut, à ce titre, exiger, de l'une ou de l'autre partie, le versement d'une provision.

Section III : Conduite de la procédure arbitrale

Article 45 : Égalité de traitement des parties

Les parties doivent être traitées sur un pied d'égalité, et chaque partie doit avoir toutes possibilités de faire valoir ses droits.

Article 46 : Lieu de l'arbitrage

Sous réserve des dispositions de l'article 37 du présent code, les parties sont libres de convenir du lieu de l'arbitrage dans ou hors le territoire de la République islamique de Mauritanie.

Faute d'une telle convention, ce lieu est fixé par le tribunal arbitral, compte tenu des circonstances de l'affaire, y compris les convenances des parties.

Article 47 : Transport sur les lieux

Nonobstant les dispositions de l'article précédent, le tribunal arbitral peut, sauf convention contraire des parties, se réunir en tout lieu qu'il jugera approprié pour l'organisation de consultations entre ses membres ou l'audition des témoins, des experts ou des parties en cause, pour l'inspection des marchandises ou d'autres biens ou pièces.

Article 48 : Langue

À défaut d'accord entre les parties, le tribunal arbitral détermine la ou les langues à utiliser dans la procédure arbitrale.

Les conclusions écrites d'une partie, les plaidoiries et toutes les décisions ou autres communications du tribunal arbitral sont rédigées dans la langue de choix des parties ou, à défaut d'accord entre les parties, dans la langue choisie par le tribunal.

Le tribunal arbitral peut ordonner que toute pièce soit accompagnée d'une traduction dans la ou les langues convenues entre les parties ou choisies par le tribunal arbitral.

Article 49 : Conclusions en demande et en défense a) Le demandeur ne présente pas sa demande

Dans le délai convenu par les parties ou fixé par le tribunal arbitral, le demandeur doit énoncer les faits à

conformément à l'article 49, le tribunal arbitral met fin à la procédure ;

l'appui de sa demande, les questions litigieuses et ses b) le défendeur ne présente pas ses défenses

conclusions.

Le défendeur doit présenter ses défenses à propos de ces questions, à moins que les parties ne soient

conformément à l'article 49, le tribunal arbitral poursuit la procédure arbitrale sans considérer ce défaut en soi comme une acceptation des allégations du demandeur ;

c) l'une des parties omet de comparaître à

autrement convenues des éléments devant figurer dans les conclusions.

Les parties accompagnent leurs conclusions de tous moyens qu'elles jugent pertinents ou peuvent y mentionner les moyens et autres preuves qu'elles comptent produire.

À défaut d'accord entre les parties, l'une ou l'autre

l'audience ou de produire des documents, le tribunal arbitral peut poursuivre la procédure et statuer sur la base des éléments de preuve dont il dispose.

Article 52 : Désignation de l'expert par le tribunal

Sauf convention contraire des parties, le tribunal arbitral peut :

partie peut modifier ou compléter sa demande ou ses a) nommer un ou plusieurs experts chargés de lui

défenses au cours de la procédure arbitrale, à moins que le tribunal arbitral considère ne pas devoir

faire rapports sur les points précis qu'il déterminera ;

autoriser un tel amendement en raison du retard avec b) demander à une partie de fournir à l'expert tous lequel il est formulé.

Article 50 : Procédure orale et procédure écrite

À moins que les parties ne décident autrement, le tribunal arbitral décide s'il devra tenir une ou plusieurs audiences au cours desquelles il procédera à l'audition des parties ou se contentera de statuer sur documents et pièces. Cependant, il peut, sur demande d'une partie, tenir une audience en temps opportun.

Les parties doivent recevoir, dans un délai suffisant, notification de tout acte de procédure à accomplir par le tribunal arbitral.

Toutes les conclusions, pièces ou informations qu'une partie fournit au tribunal doivent être communiquées aux autres parties ; doit également leur être communiqué tout rapport d'expertise ou moyen sur lequel le tribunal pourrait se baser pour rendre sa sentence.

Article 51 : Défaut d'une partie

Sauf convention contraire des parties, si, sans invoquer d'empêchement légitime :

renseignements appropriés ou de lui soumettre ou de lui rendre accessible, aux fins d'examens, toutes pièces ou toutes marchandises ou autres biens pertinents.

Sauf convention contraire des parties, et après présentation de son rapport écrit ou oral, l'expert peut, si une partie en fait la demande ou à l'initiative du tribunal arbitral, assister à une audience pour répondre aux questions des parties. D'autres experts peuvent être convoqués en qualité de témoins pour contribuer, par leur avis complémentaire, à la résolution de questions litigieuses.

Section IV : Prononcé de la sentence et clôture de la procédure

Article 53 : Règles applicables au fond du litige

Le tribunal arbitral tranche le fond du litige conformément aux règles de droit choisies par les deux parties.

À défaut d'une telle entente entre les parties, le tribunal arbitral applique les règles de droit qu'il juge les plus appropriées.

Le tribunal arbitral peut statuer selon les règles d'équité, si les parties l'y ont expressément autorisé.

Dans tous les cas, le tribunal arbitral décide conformément aux stipulations du contrat et tient compte des usages du commerce applicable de la transaction.

Article 54 : Forme et contenu de la sentence

La sentence arbitrale est rendue par écrit après délibération du tribunal arbitral, à la majorité des voix et signée par le ou les arbitres. En cas de pluralité d'arbitres, les signatures de la majorité des membres du tribunal arbitral suffisent, pourvu que soit mentionnée la raison de l'omission des autres.

Les délibérations des arbitres sont secrètes.

La sentence arbitrale doit être motivée, sauf si les parties en conviennent autrement ou s'il s'agit d'une sentence rendue par accord des parties conformément à l'article 11 du présent code.

La sentence mentionne la date à laquelle elle est rendue ainsi que le lieu de l'arbitrage déterminé conformément à l'article **46** du présent code. La sentence arbitrale est réputée avoir été rendue audit lieu.

La sentence arbitrale doit fixer les honoraires des arbitres, les dépenses d'arbitrage et les modalités de leur répartition entre les parties. Si les parties et les arbitres ne se mettent pas d'accord sur la fixation des honoraires des arbitres, lesdits honoraires sont fixés par décision indépendante du tribunal arbitral. Cette décision est susceptible de recours devant le président du tribunal de la *Wilaya* dans le ressort duquel se situe le tribunal arbitral dont la décision est définitive et non susceptible de recours.

Après le prononcé de la sentence, une copie signée par le ou les arbitres est remise à chacune des parties. Elle ne peut être publiée en tout ou en partie qu'après l'accord des deux parties.

Si les parties le souhaitent, la sentence peut leur être notifiée sous forme électronique, conformément aux règles régissant les transactions électroniques.

Article 55 : Clôture de la procédure arbitrale

Le tribunal arbitral prononce la clôture des débats lorsqu'il estime que les parties ont eu

une possibilité suffisante d'être entendues et après le prononcé de la sentence sur le fond.

La procédure arbitrale est close également par ordonnance de clôture rendue par le tribunal arbitral conformément au paragraphe 3 du présent article.

Le tribunal arbitral ordonne la clôture de la procédure arbitrale lorsque :

b) le demandeur retire sa demande, à moins que le défendeur y fasse objection et que le tribunal arbitral reconnaisse qu'il a légitimement intérêt à ce que le différend soit définitivement réglé ;

c) les parties conviennent de clore la procédure ;

d) le tribunal arbitral constate que la procédure est pour toute autre raison devenue superflue ou impossible.

Le mandat du tribunal arbitral prend fin avec la clôture de la procédure arbitrale, sous réserve des dispositions des articles 34 et 66 du présent code.

Section IV : Recours contre les sentences arbitrales rendues sur le territoire mauritanien

Article 56 : Recours en annulation de la sentence arbitrale

La sentence arbitrale rendue conformément aux dispositions de la présente loi n'est susceptible que du recours en annulation.

Article 57 : Cas d'annulation

La sentence arbitrale internationale ne peut être annulée que dans les deux cas suivants :

1. Lorsque l'auteur de la demande en annulation apporte une preuve établissant l'un des éléments ci-après :

a) Qu'une partie à la convention d'arbitrage était frappée d'une incapacité ou que ladite convention n'est pas valable en vertu de la loi à laquelle les parties l'ont soumise ou, à défaut du choix de la loi applicable, en vertu des règles du droit international privé ;

b) Qu'il n'a pas été dûment informé de la nomination des arbitres ou de la

procédure d'arbitrage, ou qu'il lui a été impossible, pour une autre raison, de faire valoir ses droits ;

c) Que la sentence arbitrale porte sur un différend non visé dans le compromis, ou non compris dans la clause compromissoire, ou qu'elle a statué sur des questions n'entrant pas dans le cadre du compromis ou de la clause compromissoire.

Toutefois, seule la partie de la sentence statuant sur les questions non soumises à l'arbitrage pourra être annulée.

d) Que la condition du tribunal arbitral, ou la procédure d'arbitrage suivie n'a pas été conforme aux stipulations d'une Convention d'arbitrage, à un règlement d'arbitrage choisi, à la loi d'un pays retenue comme applicable ou aux règles édictées par les dispositions du présent chapitre relatives à la constitution du tribunal arbitral ;

2. Lorsque la sentence arbitrale est contraire à l'ordre public.

Article 58 : Délai d'annulation

La demande d'annulation ne peut être présentée après l'expiration d'un délai d'un mois à compter de la date à laquelle le requérant s'est fait délivrer la sentence ou, si une demande a été faite en vertu de l'article 34 du présent code, à compter de la date à laquelle le tribunal arbitral a pris une décision.

Article 59 : Suspension de la procédure

La Cour saisie de la demande en annulation peut, le cas échéant et à la demande d'une partie, suspendre la procédure d'annulation pendant une période dont elle fixe la durée afin de donner au tribunal arbitral la possibilité de reprendre la procédure arbitrale ou de prendre toute mesure qu'il juge susceptible d'éliminer les motifs d'annulation.

Article 60 : Annulation partielle

Lorsque la Cour saisie de la demande en annulation annule partiellement ou totalement la sentence, elle peut, le cas échéant et à la demande de toutes les parties, statuer au fond.

Elle agira en qualité d'amiable compositeur prévu à l'article **10** du présent code, si le tribunal arbitral remplit lui-même les conditions requises.

Article 61 : Rejet du recours en annulation

Le rejet du recours en annulation confère l'exequatur à la sentence arbitrale.

Article 62 : Exclusion de recours

Les parties qui n'ont en Mauritanie ni domicile, ni résidence principale, ni établissement, peuvent convenir expressément d'exclure tout recours, total ou partiel, contre toute décision du tribunal arbitral.

Si elles demandent la reconnaissance de l'exécution sur le territoire mauritanien de la sentence arbitrale ainsi rendue, il est fait obligatoirement application des articles **64, 65** et **66** du présent code.

Section VI : Reconnaissance et exécution des sentences rendues sur le territoire d'un autre État

Article 63 : Domaine d'application

Sont soumises aux dispositions de la présente section, en vue de leur reconnaissance et de leur exécution en Mauritanie, les sentences arbitrales rendues en matière d'arbitrage international dans tout pays ainsi que sous réserve de réciprocité, les sentences arbitrales étrangères.

Article 64 : Autorité de la chose jugée

La sentence arbitrale, quel que soit le pays où elle a été rendue, a l'autorité de la chose jugée prévue à l'article **26** du présent code. Elle est exécutée sur requête écrite adressée au président du tribunal de commerce et sous réserve des dispositions du présent article et des articles **65** et **66** du présent code.

La partie qui invoque une sentence arbitrale ou qui en demande l'exécution doit fournir l'original dûment authentifié ou une copie certifiée conforme, ainsi que l'original de la Convention d'arbitrage ou une copie certifiée conforme de cette convention.

Les deux documents sus-indiqués seront accompagnés, le cas échéant, d'une traduction officielle en langue arabe.

Article 65 : Refus de reconnaissance ou d'exécution des sentences

La reconnaissance ou l'exécution d'une sentence arbitrale, quel que soit le pays où elle a été rendue, ne peut être refusée que dans les deux cas suivants :

1. Sur la demande de la partie contre laquelle elle est invoquée, si cette dernière présente, au tribunal compétent saisi de la demande de reconnaissance d'exécution, une preuve établissant l'un des cas ci-après :

a) Qu'une partie à la Convention d'arbitrage était frappée d'une incapacité, ou que cette convention n'est pas valable au regard de la loi à laquelle les parties l'ont soumise ou, à défaut d'une telle indication, au regard des règles du droit international privé ;

b) Que la partie contre laquelle la sentence est invoquée n'a pas été dûment informée de la désignation des arbitres ou de la procédure arbitrale, ou qu'il lui a été impossible, pour une autre raison, de faire valoir ses droits ;

c) Que la sentence arbitrale porte sur un différend non visé par le compromis ou non compromis dans la clause compromissoire ou qu'elle a statué sur des questions n'entrant pas dans le cadre du compromis ou de la clause compromissoire.

Toutefois, si les dispositions de la sentence qui ont trait à des questions soumises à l'arbitrage peuvent être dissociées de celles qui ont trait à des questions non soumises à l'arbitrage, seule la partie de la sentence statuant sur les questions soumises à l'arbitrage pourra être reconnue et exécutée.

Que la constitution du tribunal arbitral ou que la procédure arbitrale suivie n'était pas conforme aux stipulations d'une Convention d'arbitrage, à un règlement d'arbitrage choisi, à la loi du pays retenue comme applicable ou aux règles édictées par les dispositions du présent chapitre relatives à la constitution du tribunal arbitral ;

d) Que la sentence arbitrale a été annulée ou suspendue par une juridiction du pays dans lequel ou en vertu de la loi duquel elle a été rendue ;

2. Si la reconnaissance ou l'exécution de la sentence arbitrale est contraire à l'ordre public.

Article 66 : Demande de reconnaissance ou d'exécution

Si une demande d'annulation ou de suspension d'une sentence arbitrale a été présentée à la juridiction visée à l'alinéa (e) de l'article **65** du présent code, le tribunal compétent, saisi de la demande de reconnaissance ou d'exécution, doit surseoir à statuer mais peut également, à la requête de la partie demandant la reconnaissance ou l'exécution de la sentence arbitrale, ordonner à l'autre partie de fournir des sûretés convenables.

Article 67 : Abrogation

La présente loi abroge toutes les dispositions antérieures qui lui sont contraires, notamment la loi n° **2000.06** du **18 janvier 2000** portant Code de l'arbitrage.

Article 68 : La présente loi sera exécutée comme loi de l'État et publiée au *Journal officiel* de la République islamique de Mauritanie.

Fait à Nouakchott, le 29 avril 2019
Mohamed Ould Abdel Aziz
Le Premier ministre
Mohamed Salem Ould Bechir
Le ministre de la Justice
Moctar Malal Dia

ANNEXE 5

Loi n° 2019.008 MODIFIANT ET COMPLÉTANT CERTAINES DISPOSITIONS DU CODE DE PROCÉDURE CIVILE COMMERCIALE ET ADMINISTRATIVE SUR LA MÉDIATION JUDICIAIRE

19 FÉVRIER 2019

***JOURNAL OFFICIEL* DE LA RÉPUBLIQUE ISLAMIQUE DE MAURITANIE**

BIMENSUEL

Paraissant les 15 et 30

28 février | **61e année** | **N°143**

SOMMAIRE

I– LOIS & ORDONNANCES

***Journal officiel* de la République islamique de Mauritanie 28 février 2019**

Loi n° 2019-008 modifiant et complétant certaines dispositions du Code de procédure civile, commerciale et administrative, sur la médiation judiciaire

L'Assemblée nationale a adopté ; le président de la République promulgue la loi dont la teneur suit :

Article premier : Les dispositions de la loi n° 99.035 du 24 juillet 1999 portant Code de procédure civile, commerciale et administrative, modifiées et complétées par l'ordonnance n° 2007.035 du 10 avril 2007 sont complétées conformément aux dispositions de la présente loi.

Article 2 : Il est inséré un troisième livre dans la loi n° 99.035 du 24 juillet 1999 portant Code de procédure civile, commerciale et administrative, après l'article 166, ainsi qu'il suit :

Livre III bis : Des modes alternatifs de règlement des litiges

Titre unique : De la médiation judiciaire

Article 166.1 (nouveau) : Le juge doit proposer la médiation aux parties, en toutes matières, exception faite des litiges relevant du code du statut personnel, des conflits de travail et des questions susceptibles de porter atteinte à l'ordre public.

Si les parties acceptent cette proposition, le juge de première instance, le juge d'appel et celui des référés en cours d'instance désignent un médiateur pour entendre leurs points de vue et essayer de les rapprocher en vue de leur permettre de trouver une solution consensuelle au litige.

Article 166.2 (nouveau) : La médiation peut porter sur tout ou partie du litige.

En aucun cas, elle ne dessaisit le juge qui peut prendre, à tout moment, les autres mesures qui lui paraissent nécessaires.

La médiation suspend les délais de
prescription à compter de la date où le médiateur accepte sa mission.

Le délai reprend à courir dès que la
médiation s'achève par un résultat négatif. **Article 166.3 (nouveau)** : La durée de la médiation ne peut excéder trois mois. Toutefois, cette mission peut être renouvelée, le cas échéant, une fois pour la même durée, à la demande du médiateur et après accord des parties.

Article 166.4 (nouveau) : La médiation peut être confiée à une personne physique ou à une institution.

Si le médiateur désigné est une institution, son représentant habilité soumet à l'agrément du juge le nom de la ou des personnes physiques qui assureront, au sein de celle-ci et en son nom, l'exécution de la mesure.

Dans tous les cas, le juge s'assure de la disponibilité du médiateur pressenti avant sa désignation.

Article 166.5 (nouveau) : La personne physique chargée de l'exécution de la mesure de médiation doit satisfaire aux conditions suivantes :

1. N'avoir pas fait l'objet de condamnation à une peine infamante, d'incapacité ou de déchéance des droits civiques ;

2. Posséder, par l'exercice présent ou passé d'une activité, la qualification requise pour l'examen du litige qui lui est soumis ;

3. Être impartial et indépendant dans l'exercice de sa mission ;

4. Être agréé par une institution de médiation.

Les modalités de l'application du présent article seront déterminées par décret.

Article 166.6 (nouveau) : La décision qui constate une médiation doit mentionner le nom du médiateur, la durée initiale de sa mission et la date à laquelle l'affaire sera rappelée à l'audience de la juridiction.

Elle fixe le montant de la provision à valoir sur la rémunération du médiateur à un niveau aussi proche que possible de la rémunération prévisible et désigne la ou les parties qui consigneront la provision dans le délai imparti. Si plusieurs parties sont désignées, la décision indique dans quelle proportion chacune des parties devra consigner la provision.

À défaut de consignation de cette provision, la décision devient caduque et l'instance se poursuit.

Article 166.7 (nouveau) : Dès le prononcé de la décision désignant le médiateur, le greffe de la juridiction en notifie copie aux parties et à l'institution si la mesure lui est confiée ou au médiateur, dans les plus brefs délais.

Le médiateur ou l'institution de médiation fait connaitre, sans délai, au juge son acceptation et invite les parties à la première rencontre de médiation.

Article 166.8 (nouveau) : Le médiateur peut avec l'accord des parties entendre toute personne qui y consent et dont il estime l'audition utile pour le règlement du litige. Il informe le juge de toute difficulté qu'il rencontre dans l'accomplissement de sa mission.

Article 166.9 (nouveau) : Le médiateur est tenu de préserver le secret professionnel.

Article 166.10 (nouveau) : Le juge peut mettre fin, à tout moment, à la médiation à la demande du médiateur ou des parties. Il peut y mettre fin d'office lorsque son déroulement est compromis ou devient impossible.

Dans tous les cas, l'affaire est rappelée à l'audience à laquelle sont convoqués le médiateur et les parties par les soins du greffe.

Article 166.11 (nouveau) : À l'expiration de sa mission, le médiateur ou l'institution de médiation informe par écrit le juge de ce que les parties sont parvenues à trouver comme solution.

En cas d'accord des parties, le médiateur rédige un procès-verbal, dans lequel est consignée la teneur dudit accord. Le procès-verbal est signé par les parties et le médiateur.

L'affaire revient devant le juge au jour préalablement fixé.

Le juge homologue le procès-verbal d'accord par ordonnance non susceptible de recours. L'homologation confère force exécutoire au procès-verbal de médiation.

Article 3 : La présente loi sera exécutée comme loi de l'État et publiée au *Journal officiel* de la République islamique de Mauritanie.

Fait à Nouakchott le 19 février 2019

Mohamed Ould Abdel Aziz

Le Premier ministre

Mohamed Salem Ould BECHIR

Le ministre de la Justice

Moctar Malal Dia

ANNEXE 6

LOI N° 2019-018 SUR LA MÉDIATION CONVENTIONNELLE

29 avril 2019

***JOURNAL OFFICIEL* DE LA**

RÉPUBLIQUE ISLAMIQUE DE MAURITANIE

BIMENSUEL
Paraissant les 15 et 30

30 avril 2019	**61e année**	**N° 1436**

SOMMAIRE

I– LOIS & ORDONNANCES

Article 166-12 (nouveau) : Au sens de la présente loi, les expressions suivantes signifient : **Médiation conventionnelle :** tout mode alternatif de règlement de litiges, quelle que soit son appellation, dans lequel les parties demandent à un tiers de les aider à parvenir à un règlement amiable d'un litige, d'un rapport conflictuel ou d'un désaccord (ci-après le « différend ») découlant d'un rapport juridique, contractuel ou autre ou lié à un tel rapport, impliquant des personnes physiques ou morales, y compris des entités publiques ou des États.

La médiation conventionnelle est mise en œuvre par les parties. Elle peut être ad hoc ou institutionnelle.

Convention de médiation : elle peut revêtir deux formes :

- Compromis de médiation ;
- Clause de médiation.

Compromis de médiation : offre la possibilité aux parties dans un différend de conclure la Convention de médiation, même après la naissance du litige. C'est un recours conventionnel à la médiation sans clause contractuelle préalable.

Clause de médiation : stipulation inscrite et contenue dans le contrat principal, par laquelle chacune des parties s'engage, lors de la survenance d'un différend entrant dans le champ d'application de celui-ci, à mettre en œuvre un processus de médiation sous l'égide d'un médiateur.

Médiateur : tout tiers sollicité pour mener une médiation.

Article 166-13 (nouveau) : Le présent titre s'applique à la médiation conventionnelle. Toutefois, il ne s'applique pas aux cas dans lesquels un juge ou un arbitre, pendant une instance judiciaire ou arbitrale, tente de faciliter un règlement amiable directement avec les parties.

Chapitre II : Procédure de médiation

Article 166-14 (nouveau) : Les parties peuvent décider de ne pas recourir à un centre de médiation. Elles peuvent alors faire établir entre elles un accord

préalable rappelant les règles essentielles de la procédure.

Ces règles essentielles comprennent la confidentialité, la désignation et le rôle du médiateur, ainsi que la durée de la médiation.

Article 166-15 (nouveau) : Le fait de recourir à une institution de médiation emporte adhésion des parties au Règlement de médiation de ladite institution.

Article 166-16 (nouveau) : La procédure de médiation débute le jour où la partie la plus diligente met en œuvre toute Convention de médiation.

Si, en l'absence de convention, la partie qui a invité une autre partie à la médiation n'a pas reçu d'acceptation de son invitation écrite dans les quinze jours de la date de réception de l'invitation ou à l'expiration de tout autre délai qui y est spécifié, elle peut considérer l'absence de réponse comme un rejet de l'invitation à la médiation.

Une juridiction étatique ou arbitrale peut, en accord avec les parties, suspendre la procédure et les renvoyer à la médiation.

Dans les deux cas, la juridiction étatique ou arbitrale fixe le délai de suspension de la procédure.

Sauf convention contraire des parties, le début de la procédure de médiation suspend le délai de prescription de l'action.

Lorsque la procédure de médiation a pris fin sans qu'un accord issu de la médiation soit intervenu, le délai d'une durée qui ne peut être inférieure à six mois, à compter du jour où la médiation s'est achevée sans accord.

Article 166-17 (nouveau) : Les parties choisissent le ou les médiateurs d'un commun accord.

Pour la désignation des médiateurs, les parties peuvent demander l'assistance de toute personne physique ou morale, notamment un centre ou une institution offrant des services de médiation, appelée « autorité de désignation ».

À cet effet, une partie peut demander à l'autorité de désignation de recommander des personnes ayant les qualités et compétences requises pour servir de médiateur.

Les parties peuvent également convenir que l'autorité de désignation nomme directement le ou les médiateurs.

Lorsqu'elle recommande ou nomme des médiateurs, l'autorité de désignation tient compte des considérations propres à garantir la désignation d'une personne indépendante, impartiale et disponible.

Lorsqu'une personne est sollicitée en vue de sa désignation en qualité de médiateur, elle signale toutes circonstances de nature à soulever des doutes légitimes sur son impartialité ou son indépendance.

À compter de la date de sa nomination et durant toute la procédure de médiation, le médiateur révèle aux parties, sans tarder, toutes circonstances nouvelles susceptibles de soulever des doutes légitimes sur son impartialité ou son indépendance.

Article 166-18 (nouveau) : Au moment de sa désignation, le médiateur confirme, dans une déclaration écrite, son indépendance et son impartialité ainsi que sa disponibilité pour assurer la procédure de médiation.

Lorsque le médiateur révèle aux parties après sa nomination la survenance

de circonstances nouvelles susceptibles de soulever des doutes légitimes sur son impartialité ou son indépendance, il les informe de leur droit de s'opposer à la poursuite de sa mission.

Si l'une des parties refuse en conséquence de poursuivre la médiation, il est mis fin à la mission du médiateur.

Article 166-19 (nouveau) : Les parties sont libres de convenir, y compris par référence à un règlement de médiation, de la manière dont la médiation doit être conduite. À défaut, le médiateur mène la médiation comme il l'estime appropriée, compte tenu des circonstances de l'affaire, des souhaits exprimés par les parties et de la nécessité de parvenir rapidement à un règlement du différend.

Dans tous les cas, le médiateur accomplit sa mission avec diligence et accorde, dans la conduite de la médiation, un traitement équitable aux parties et, ce faisant, prend en compte les circonstances de l'affaire.

Le médiateur n'impose pas aux parties une solution au différend. Toutefois, il peut, à tout stade de la médiation, en fonction des demandes des parties et des techniques qu'il estime les plus appropriées au vu des circonstances du différend, faire des propositions en vue du règlement du différend.

Après consultation des parties, le médiateur peut inviter celles-ci à désigner un expert en vue de recueillir un avis technique.

Article 166-20 (nouveau) : Le médiateur et toute institution offrant des services de médiation adhèrent aux principes garantissant le respect de la volonté des parties, l'intégrité morale, l'indépendance et l'impartialité du médiateur, la confidentialité et l'efficacité du processus de médiation.

Le médiateur s'assure que la solution envisagée reflète réellement la volonté des parties dans le respect des règles d'ordre public.

Article 166-21 (nouveau) : Le médiateur peut rencontrer les parties ou communiquer avec elles, ensemble ou séparément.

Lorsque le médiateur souhaite rencontrer ou s'entretenir avec l'une des parties et/ou son conseil séparément, il en informe l'autre partie et/ou son conseil au préalable ou dès que possible après sa rencontre ou communication unilatérale avec l'une des parties.

Lorsque le médiateur reçoit d'une partie des informations concernant le différend, il peut en révéler la teneur à toute autre partie à la médiation. Toutefois, lorsqu'une partie donne au médiateur une information sous la condition expresse qu'elle demeure confidentielle, celle-ci ne doit être révélée à aucune autre partie à la médiation.

Article 166-22 (nouveau) : Toutes les informations relatives à la procédure de médiation doivent demeurer confidentielles, sauf convention contraire des parties, à moins que leur divulgation ne soit exigée par la loi ou rendue nécessaire pour la mise en œuvre ou l'exécution de l'accord issu de la médiation.

Article 166-23 (nouveau) : Une partie à la procédure de médiation, le médiateur et toute tierce personne, y compris celles qui ont été associées à l'administration de la procédure de médiation, ne peuvent, dans une procédure arbitrale ou judiciaire ou dans une procédure analogue, invoquer ni présenter, ni témoigner sur l'un ou l'autre des éléments de preuve ci-après :

a) une invitation à la médiation adressée par une partie ou le fait qu'une partie était disposée à participer à une

procédure de médiation, sauf lorsqu'une partie doit prouver l'existence d'un accord ou de l'envoi d'une invitation pour engager le processus de médiation en relation avec l'article **166-14** de la présente loi ;

b) les vues exprimées ou les suggestions faites par une partie au cours de la médiation concernant une solution éventuelle de règlement du différend ;

c) les déclarations faites ou les faits admis par une partie au cours de la procédure de médiation ;

d) les propositions faites par le médiateur ou par l'une des parties ;

e) le fait qu'une partie ait indiqué être disposée à accepter une proposition de règlement présentée par le médiateur ou par l'autre partie ;

f) un document établi aux seules fins de la procédure de médiation.

L'alinéa 1 du présent article s'applique quel que soit le support ou la forme des informations ou des éléments de preuve qui s'y trouvent visés.

La divulgation des informations visées à l'alinéa 1 du présent article ne peut être ordonnée par un tribunal arbitral, une juridiction étatique ou une autre autorité publique compétente.

Si de telles informations sont présentées comme éléments de preuve en violation des dispositions de l'alinéa **1** du présent article, ceux-ci sont irrecevables. Néanmoins, ces informations peuvent être divulguées ou reçues comme éléments de preuve dans la mesure exigée par la loi ou nécessaire à la mise en œuvre ou à l'exécution de l'accord issu de la médiation.

Les dispositions des alinéas **1, 2** et **3** du présent article s'appliquent, que la procédure arbitrale ou judiciaire ou toute procédure analogue se rapporte ou non au différend qui fait ou a fait l'objet de la procédure de médiation.

L'obligation de confidentialité ne s'étend pas aux éléments de preuve préexistants à la procédure de médiation ou constitués en dehors de toute relation avec celle-ci.

Article 166-24 (nouveau) : La procédure de médiation prend fin par :

a) la conclusion d'un accord écrit, issu de la médiation, signé par les parties et le médiateur ;

b) la déclaration écrite du médiateur indiquant, après consultation des parties, que de nouveaux efforts de médiation ne se justifient plus, à la date de la déclaration, ou lorsqu'une des parties ne participe plus aux réunions de médiation malgré des relances du médiateur ;

c) la déclaration écrite des parties adressée au médiateur indiquant qu'elles mettent fin à la procédure de médiation, à la date de la déclaration ;

d) la déclaration écrite d'une partie adressée à l'autre partie ou aux autres parties et, si un médiateur a été nommé, au médiateur, indiquant qu'il est mis fin à la procédure de médiation, à la date de la déclaration ;

e) l'expiration du délai de médiation, sauf si les parties décident conjointement de prolonger ce délai en accord avec le médiateur.

En cas d'échec de la médiation pour quelque cause que ce soit, le médiateur remet aux parties une attestation de non-conciliation signée par elles. Lorsque la médiation ordonnée par le juge ou par l'arbitre prend fin sans que les parties ne parviennent à un accord, la procédure judiciaire ou arbitrale reprend son cours normal.

Lorsqu'une telle procédure de médiation prend fin par accord amiable des parties, le juge ou l'arbitre constate cet accord, qui peut faire médiation.

Conformément à l'article **166-28** de la présente loi.

Article 166-25 (nouveau) : Les parties déterminent, soit directement, soit par référence à un règlement de médiation, les frais de la médiation, y compris les honoraires du médiateur. Si une partie ne verse pas sa quote-part des frais fixés, il est permis à l'autre partie de la verser afin que la médiation puisse être mise en œuvre.

Les frais de la médiation sont supportés par les parties à parts égales, sauf convention contraire.

Article 166-26 (nouveau) : Sauf convention contraire des parties, le médiateur ne peut assumer les fonctions d'arbitre ou d'expert dans un différend qui a fait ou qui fait l'objet de la procédure de médiation ou dans un autre différend né du même rapport juridique ou lié à celui-ci.

Le médiateur ne peut assumer les fonctions de conseil dans un différend qui a fait ou qui fait l'objet de la procédure de médiation, ou dans un autre différend né du même rapport juridique ou lié à celui-ci.

Article 166-27 : La validité et les effets de l'accord auquel ont abouti les parties à la procédure de médiation sont soumis aux dispositions du Code des obligations et des contrats.

Article 166-28 (nouveau) : L'accord des parties issu de la médiation jouit de l'autorité de la chose jugée. Il peut être revêtu de la formule exécutoire par le président du tribunal compétent.

Titre III : Dispositions diverses

Article 166-29 (nouveau) : Les parties ayant recours à la médiation sont dispensées de payer la taxe de l'État relative à l'approbation, l'enregistrement, ou à l'exécution de l'accord de l'objet d'exécution.

Si, avant le dépôt de la demande au

tribunal, les parties ont engagé une procédure de médiation non aboutie, les frais de l'État sont réduits de **25** pour cent lors du dépôt de la requête ou de déclaration introductive de l'instance.

Les parties qui ont eu recours à la médiation après avoir déposé une requête ou une déclaration introductive de l'instance bénéficient des avantages suivants :

a) paiement échelonné des droits de l'État ;

b) dans le cas où le processus de médiation est achevé par la conclusion d'un accord de règlement concernant toutes les demandes d'indemnisation, le retour de la taxe d'État d'un montant égal aux montants suivants :

- **100 %** – dans le cas d'un accord de médiation en premier lieu

- **75 %** – en cas d'un accord de médiation dans la procédure d'appel

- **50 %** – en cas d'un accord de médiation en cassation

c) en cas de clôture de la procédure de médiation par accord de médiation partiel des parties, en ce qui concerne les réclamations portant sur des biens, réduction et remboursement de la taxe de l'État proportionnellement au montant de l'indemnisation réglé par accord de médiation.

Article 4 : Sont abrogées toutes dispositions antérieures contraires à la présente loi.

Article 5 : La présente loi sera exécutée comme loi de l'État et publiée au *Journal officiel* de la République islamique de Mauritanie.

Fait à Nouakchott, le 29 avril 2019
Mohamed Ould Abdel Aziz
Le Premier ministre
Mohamed Salem Ould Bechir
Le ministre de la Justice
Moctar Malal Dia

BIBLIOGRAPHIE GÉNÉRALE

Ouvrages généraux, spécifiques et articles :

ABA'A OYONO, J.-C., « Les mutations de la justice à la lumière du développement constitutionnel de 1991 », Verfassung und Recht in Übersee/Law and Politics in Africa, Asia and Latin America, vol. 34, n° 2, 2001.

ADANDE, A., « L'organisation judiciaire et l'évolution législative générale au Dahomey », *Penant*, n° 705, 1965.

ALLIOT, M., « Anthropologie et juristique. Sur les conditions de l'élaboration d'une science du droit », *Bull. de liaison du LAJP*, n° 6, 1983.

ALLIOT, M., *Le droit et le service public au miroir de l'anthropologie.* Textes choisis et édités par C. KUYU, Karthala, 2003.

ALLINNE, J.-P., « L'anthropologie juridique au milieu du gué : crise idéologique ou crise épistémologique », *Clio@Thémis, REHD*, n° 9, 2015.

AMBOULOU, H.-D., *Le droit de l'arbitrage et des institutions de médiation dans l'espace OHADA*, L'Harmattan, 2015.

AMMAR, M., « L'arbitrage en Tunisie depuis l'édiction du Code de l'arbitrage », *Rev. arb.*, 2000.

AMRANI-MEKKI, S. ; DAVY, G. ; KERNEIS, S. et ROCCATI, M. (dir.), *Les chimères de l'alternativités ? Regards croisés sur les modes alternatifs le règlement des conflits,* Mare & Martin, 2018.

AMRANI-MEKKI, S., « Le point de vue d'une universitaire », *in* L'ordre des avocats au Conseil d'État et à la Cour de cassation (dir.), *La justice prédictive*, Dalloz, 2018.

AMRANI-MEKKI, S. ; STRICKLER, Y., *Procédure civile*, 1re éd., PUF, 2014.

AMRANI-MEKKI, S., *Le temps et le procès civil*, Dalloz, 2002.

AMRANI-MEKKI, S., « Chantier de l'amiable : concevoir avant de construire », *La Semaine Juridique*, n° 13, mars 2018.

AMRANI-MEKKI, S., « La déjudiciarisation », *Gaz. Palais*, n° 157, juin 2008.

AMRANI-MEKKI, S., « La médiation, expériences, évaluations et perspectives », actes du colloque, juillet 2018.

ANDRÉ MORAND, P., *La transaction. Transaction judiciaire, extrajudiciaire et arbitrage*, Stampfli éd., 2016.

ANCEL, P., « Force obligatoire et contenu obligatoire du contrat », RTD Civ., 1999.

ANCEL, P. « Contractualisation », *in* L. CADIET (dir.), *Dictionnaire de la justice*, 2004, PUF.

ANCEL, P. « Les modes alternatifs de règlement des différends et le droit des contrats », *in* P. CECCHI-DIMEGLIO et B. BRENNEUR (dir.), *Manuel interdisciplinaire des modes amiables de résolution des conflits*, Larcier, 2015.

ANCEL, P., « Justice alternative – alternatif à la justice ? Contractualisation de la justice ? », *in* L. CADIET (dir.), *Médiation et arbitrage. Alternative Dispute Resolution*, Litec, 2005.

ANTA DIOP, CH., *L'unité culturelle de l'Afrique noire. Domaines du patriarcat et du matriarcat dans l'Antiquité classique*, Présence Africaine, 2e éd., Paris, 1982.

ANTA DIOP, CH., *Nations nègres et culture : de l'Antiquité nègre égyptienne aux problèmes culturels de l'Afrique noire d'aujourd'hui*, Présence Africaine, Paris, 1979.

ARCHAN, C., « *Ius septentrionalis*. La diversité juridique dans les îles Britanniques », *in* S. KERNEIS (dir.), *Une histoire juridique de l'Occident. Le droit et la coutume (IIIe-IXe siècle)*, PUF, 2018.

ARNAUD, A. J. et FARINAS DULCE, M.-J., *Introduction à l'analyse sociologique des systèmes juridiques*, Bruxelles, Bruylant, 1998.

ARNAUD, R., « Pays maures de la Rive Droite du Sénégal », *Précis de politique musulmane*, tome I, 1906.

ARDANT, P., « Comment les Cours constitutionnelles peuvent-elles, par les garanties données à la justice, contribuer à la démocratie ? », *in* S. GABORIAU et H. PAULIAT (dir.), *Justice et démocratie*, PUL, 2003.

ARNAUD, A. J. (dir.), *Dictionnaire encyclopédique de théorie et de sociologie du droit*, 2e éd., LGDJ, 1993.

ARNAUD, A., « Du lien tribal dans le village planétaire », *in* C. EBERHARD et G. VERNICOS (dir.), *La quête anthropologique du droit*, Karthala, 2006.

ASSAF, C., « Le rôle du juge étatique dans l'arbitrage interne », thèse de doctorat, Université de Liban, 2017.

ASMIS, R. et CORNEVIN, R., « Les coutumes des tribus du cercle d'Atakpame (protectorat du Togo) », *in* M. ALLIOT, J. POIRIER (dir.), *Nomos, cahiers d'ethnologie et de sociologie juridiques*, éd. Cujas, 1973.

ASSIER-ANDRIEU, L., *Le droit dans les sociétés humaines*, Nathan, 1996.

ASSIER-ANDRIEU, L., *L'autorité du passé. Essai anthropologique sur la Common Law*, Dalloz, 2011.

ASSIER-ANDRIEU, L., *Le peuple et la loi. Anthropologie historique des droits paysans en Catalogne française,* LGDJ, 1987.

ASSIER-ANDRIEU, L., « Coutume en anthropologie », *in* A.-J. ARNAUD (dir.), *Dictionnaire encyclopédique de théorie et de sociologie du droit*, LGDJ, 1993.

ASSIER-ANDRIEU, L., « Coutumes et usages », *in* D. ALLAND, S. RIALS (dir.), *Dictionnaire de la culture juridique*, PUF, 2003.

ASSIER-ANDRIEU, L., « Le juridique des anthropologues », in *Questions d'anthropologie, Droit et société*, n° 5, 1987.

AYNES, L., « Le contrat devant l'arbitre à l'épreuve de la réforme française du droit des contrats. Présentation générale ». *Rev. arb.*, n° 1, 2017.

BA, A., « Médiation en Afrique, l'exemple du Sénégal », *in* B. BRENNEUR (dir.), *Panorama des médiations du monde. La médiation langage universel de règlement des conflits*, L'Harmattan, 2010.

BA, T., « Guerre, pouvoir et société dans l'Afrique précoloniale », thèse de doctorat, Université Paris 1-Sorbonne, 1985.

BACHAND, F., « Les rapports entre juridictions nationales et tribunaux internationaux », *in* AHJUCAF (dir.), Internalisation droit, internalisation de la justice, 3e Congrès de l'Ahjucaf, Canada, 2010.

BADINI, A., « Les relations de parenté à plaisanterie : élément des mécanismes de régulation sociale et principe de résolution des conflits au Burkina Faso », *in* R. OTAYEK, F. M. SAWADOGO & J.-P. GUILLAUME (dir.), *Le Burkina Faso entre révolution et démocratique*, Karthala, 1996.

BALANDIER, G., *Anthropologie politique*, PUF, 1991.

BALBO-IZARN, N., « L'étude du champ contractuel ouvert à la médiation familiale », *in* J.-B. RACINE (dir.) *Pluralisme des modes alternatifs de résolution des conflits, pluralisme du droit*, L'Hermès, 2002.

BALDE, S., *La convergence des modèles constitutionnels. Études de cas en Afrique subsaharienne*, éd. Publibook, 2011.

BAH, T., « Les mécanismes traditionnels de prévention et de résolution des conflits en Afrique noire », in UNESCO, *Les fondements endogènes d'une culture de la paix en Afrique*, Actes de colloque, octobre 1999.

BARRAUD, B., « L'anthropologie du droit », in *La recherche (les branches de la recherche juridique)*, L'Harmattan, 2016.

BARTHE, B., « La justice dans l'État », in AHJUCAF (dir.), Justice et État de droit, Colloque de l'AHJUCAF, 17 et 18 novembre, Dakar (Sénégal), 2014.

BATTISTONI, E., « *De arte juris*, méthodologie des métiers du droit et de la justice, modèles conceptuels et instruments de travail », *in* P. CECCHI-DIMEGLIO et B. BRENNEUR (dir.), *Manuel interdisciplinaire des modes amiables de résolution des conflits,* Lacier, 2015 ;

BATOKO, O., président de la Cour suprême du Bénin, « Discours introductif », in AHJUCAF, *Justice et état de droit*, Colloque de L'AHJUCAF, novembre, Dakar (Sénégal), 2014.

BAROIN, C., « Justice traditionnelle ou justice étatique ? Le jeu des plaideurs chez les Rwa du Mont Méru Tanzanie », *in* S. AMRANI-MEKKI, G. DAVY, S. KERNEIS et M. ROCCATI (dir.), *Les chimères de l'alternativité ? Regards croisés sur les modes alternatifs de règlement des conflits*, Mare & Martin, 2018.

BAUDOT, P.-Y. ; REVILLARD, A., « Le Médiateur de la République : périmètre et autonomisation d'une institution », *RFAP*, n° 139, 2011.

BAYLAC-MARTRES, P., « Contribution des modes alternatifs et plus particulièrement de la médiation à l'évolution du règlement des conflits », thèse de doctorat, Université, Panthéon-Assas, 2002.

BEAUJOUR, J.-C., « L'indépendance du médiateur », 138e année, n° 4, *Gaz. Pal.*, janvier 2018.

BEKHECH, M.-A., « L'arbitrage commercial international en droit algérien », *RDIDC*, 1994.

BELVAUDE, C., *Ouverture sur la littérature en Mauritanie*, L'Harmattan, 1989.

BEN HAMIDA, W., « L'intérêt de l'arbitrage en droit du commerce international dans la zone Afrique-océan Indien », *in* N. JAY et N. LIGNEUL (dir.), *Arbitrage, commerce international et investissement en Afrique et dans l'océan Indien*, LexisNexis, 2018.

BEN HAMIDA, W., « Rapport introductif », *in* W. BEN HAMIDA, D. MOURALIS (dir.), *L'accord amiable : Et après ?*, PUAM, 2020.

BERNABÉ, B., « Le chemin de l'amiable résolution des différends », *Les Cahiers de la Justice*, n° 4, 2014.

BERTOME, F. « Démêler, raccommoder. Analyse interactionnelle de quelques dispositifs de conciliation », *Cahiers d'anthropologie sociale*, n° 5, 2009/1.

BEZERD, P., « Réflexions sur le fonctionnement de la justice économique et financière », in *Le droit de l'entreprise dans ses relations externes. À la fin du XXe siècle*, Mélanges en l'honneur de Claude CHAMPAUD, Dalloz, 1997.

BLEUCHOT, H., *Droit musulman. Essai d'approche anthropologique*, tome I, PUAM, 2000.

BLEUCHOT, H., *Droit musulman. Essai d'approche anthropologique*, tome II, PUAM, 2002.

BLEUCHOT, H., « Introduction », *in* H. BLEUCHOT (dir.), *Les institutions traditionnelles dans le monde arabe*, Karthala, 1996.

BLOHORN-BRENNEUR, B., *La médiation pour tous*, Médias & Médiations, 2013.

BLOHORN-BRENEUR, B. (dir.), *La médiation pour tous dans l'espace OHADA et en Afrique de l'Ouest*, L'Harmattan, 2018.

BIDIMA, J.-G., « Rationalité et procédures juridiques en Afrique », *Diogène*, n° 202, 2003,

BIDIMA, J.-G., *La palabre, une juridiction de la parole*, Michalon, 1997.

BIDIMA, J.-G., « Médiation, mutualité et historicité », *in* C. YOUNES et E. LE ROY (dir.), *La médiation et diversité culturelle pour quelle société ?*, Karthala, 2002.

BILAIDI, R., « La résolution des litiges disciplinaires en droit du travail. Contribution aux modes alternatifs de règlement des conflits », thèse de doctorat, tome I, 2003.

BILAIDI, R., « La résolution des litiges disciplinaires en droit du travail. Contribution aux modes alternatifs de règlement des conflits », tome I, 2003.

BILLEMONT, J., *La liberté contractuelle à l'épreuve de l'arbitrage*, LGDJ, 2013.

BIPOUN-WOUM, M., *Le droit international africain. Problèmes généraux, règlement des conflits*, LGDJ, 1970.

BIRNBAUM, P. ; CHAZEL, F., *Théorie sociologique*, 1re éd., PUF, 1975.

BRET, J.-M., *Le cadre juridique du processus de médiation*, Médias & Médiations, 2014.

BRUNENGO, S., « La rédaction de l'accord amiable : Aspects pratiques », *in* W. BEN HAMIDA, D. MOURALIS (dir.), *L'accord amiable : Et après ?*, PUAM, 2020.

BOLLEE, S., *Les méthodes du droit international privé à l'épreuve des sentences arbitrales*, Economica, 2004.

BONAFÉ-SCHMITT, J.-P., *La médiation : une justice douce*, Syros, 1992.

BONAFÉ-SCHMITT, J.-P., « La médiation : du droit imposé au droit négocié », *in* PH. GÉRARD, F. OST, M. VAN DE KERCHOVE (dir.), *Droit négocié, droit imposé ?*, PUSL, 1996.

BONAFÉ-SCHMITT, J.-P., *La médiation pénale en France et aux États-Unis*, LGDJ, 2010.

BONAFÉ-SCHMITT, J.-P., « Les modes alternatifs de règlement des conflits – approche sociologique », *in* P. CECCHI-DIMEGLIO et B. BRENNEUR (dir.), *Manuel interdisciplinaire des modes amiables de résolution des conflits,* Larcier, 2015.

BONAFÉ-SCHMITT, J.-P., « La médiation, un nouveau mode de régulation sociale », Histoire de développement, n° 20, 1992.

BOIS DE GAUDUSSON, J. D., « Le statut de la justice dans les États d'Afrique francophone », in *La justice en Afrique*, *Afrique contemporaine*, n° 156, 1990.

BONTE, P., *L'émirat de l'Adrar mauritanien. Hariim, compétition et protection dans une société tribale saharienne*, Karthala, 2008.

BONTE, P., « Tribus, tribalisme, territorialité », *in* A.W. OULD-CHEIKH (dir.). *État et société en Mauritanie. Cinquante ans après l'indépendance*, Karthala, 2014.

BONTE, P., « L'ordre de la tradition évolution des hiérarchies statutaires dans la société maure contemporaine », *in* P.-R. BADUEL (dir.), *Mauritanie, entre arabité et africanité*, éd. Édisud, 1986.

BONTE, P. ; IZARD, M., « Juridique (anthropologie) », in *Dictionnaire de l'ethnie et de l'anthropologie*, PUF, 1991.

BONTE, P. et GUILLAUME, H., « Mauritanie : question pour l'avenir », *Politique africaine*, n° 55, 1994.

BONTE, P., « L'ordre de la tradition évolution des hiérarchies statutaires dans la société maure contemporaine », *in* P.-R. BADUEL (dir.), *Mauritanie, entre arabité et africanité*, éd. Édisud, 1990.

BOUBOU, B., « La justice précoloniale en Mauritanie : Entre coutume et charia islamique », *in* C. GAU-CABEE (dir.), *Le métissage des droits en Afrique subsaharienne francophone. Regards croisés*, CTHDIP, 2022.

BOUBOU, B., « Les modes alternatifs de règlement des conflits dans le système juridictionnel mauritanien », *Les Cahiers de la Justice*, 2021/1, p. 37-50.

BOUBOU, B., « L'indépendance du pouvoir judiciaire en Mauritanie », mémoire de recherche, Master 2, Droit pénal et procédure pénale, Université, Paris-Nanterre, 2010.

BOUBOU, B., « Qu'est-ce qu'une médiation réussie ? », mémoire de recherche, DU des modes alternatifs de résolution des différends, Université Paris-Nanterre, 2018.

BOUMAKANI, B., « Les Médiateurs de la République en Afrique noire francophone : Sénégal, Gabon et Burkina Faso », *RDIDC*, vol. 51, n° 2, avril-juin 1999.

BOURDIEU, P., « La force du droit. Élément pour une sociologie du champ juridique », Actes de la recherche en sciences sociales. Vol. 64, septembre 1986.

BOTIVEAU, B., *Loi islamique et droit dans les sociétés arabes*, Karthala, 1993.

BULLER, A.-J., « Le droit comparé dans l'enseignement. Le droit comparé est-il un passe-temps inutile ? » *RDIC*, vol. 2-3, 2008.

CABON, S.-M., « La négociation en matière pénale », thèse de doctorat, Université de Bordeaux, LGDJ, 2014.

CADIET, L., « Le spectre de la société contentieuse », in Droit civil, procédure, linguistique judiciaire, écrit en hommage à Gérard CORNU, PUF, 1994.

CADIET, L., *Découvrir la justice*, Dalloz, 1999.

CADIET, L. ; NORMAND, J. ; AMRANI-MEKKI, S., *Théorie générale du procès*, 1re éd., PUF, 2010.

CADIET, L., NORMAND, J. ; AMRANI-MEKKI, S., *Théorie générale du procès*, 2e éd., PUF, 2013.

CADIET, L. et JEULAND, E., *Droit judiciaire privé*, LexisNexis, 8e éd., 2013.

CADIET, L. et JEULAND, E., *Droit judiciaire privé*, LexisNexis, 7e éd., 2011.

CADIET, L. ; CLAY, T.-H., *Les modes alternatifs de règlement des conflits*, Dalloz, 2e éd., 2017-2018.

CADIET, L. ; T.-H. CLAY, *Les modes alternatifs de règlement des conflits*, Dalloz, 1re éd., 2016.

CADIET, L., « Une justice contractuelle, l'autre », Études offertes à J. GHESTIN, *Le contrat au début du XXIe siècle*, LGDJ, 2015.

CADIET, L., « L'arbitrage et l'évolution contemporaine des modes de règlement des conflits », *in* P. CECCHI-DIMEGLIO et B. BRENNEUR (dir.), *Manuel interdisciplinaire des modes amiables de résolution des conflits*, Larcier, 2015.

CADIET, L. ; PAULIAT, H., « Finalités du jugement », *in* L. CADIET, J.-P. JEAN et H. PAULIAT (dir.), *Mieux administrer pour mieux juger*, tome 58, éd. IRJS, 2014.

CADIET, L., « Solution judiciaire et règlement amiable des litiges : de la contradiction à la conciliation », in *Les droits de l'entreprise dans ses relations externes à la fin XXe siècle*, Mélanges en l'honneur de Claude CHAMPAUD, Dalloz, 1997.

CADIET, L., « L'alternativité, entre mythe et réalité ? Observations conclusives », *in* S. AMRANI-MEKKI, G. DAVY, S. KERNEIS et M. ROCCATI (dir.), *Les chimères de l'alternativité ?*, Mare & Martin, 2018.

CADIET, L., « L'arbitrage et l'évolution contemporaine des modes de règlement des conflits », *in* Y. STRICKLER et J.-B. RACINE (dir.), *L'arbitrage. Questions contemporaines*, L'Harmattan, 2012.

CADIET, L., « Des modes alternatifs de règlement des conflits en général et de la médiation en particulier », *in* S. AMRANI-MEKKI *et alii.*, *La médiation*, Dalloz, Société de législation comparée, 2009.

CADIET, L., « Avant-propos », *in* L. CADIET (dir.), *Médiation et arbitrage : Alternative Dispute Resolution. Alternative ou justice alternative ? Perspectives comparatives*, Litec, 2005.

CADIET, L., « Les modes alternatifs de règlement des conflits et le droit », *in* P. CHEVALIER, Y. DESDEVISES, P. MILNURN (dir.), *Les modes alternatifs de règlement des litiges : les voies nouvelles d'une autre justice,* Documentation française, 2003.

CADIET, L., « Les jeux du contrat et du procès », Mélanges offerts à G. FARJAT, éd. Frison-Roche, 1999.

CADIET, L., « Panorama des modes alternatifs de règlement des conflits », *Ritsumeikan Law Review*, n° 28, 2011.

CADIET, L., « L'effet processuel des clauses de médiation », n° 1, RDC décembre 2003 ;

CADIET, L., « Liberté des conventions et clauses relatives au règlement des litiges », *Petites Affiches*, n° 90, mai 2000.

CADIET, L., « La justice et paix civile », *in* AHJUCAF (dir.), *Justice et État de droit*, Colloque, Dakar, Sénégal, AHJUCAF, 2014.

CADINOT, C., « La justice traditionnelle Bashingantahe (Burundi) : une reconnaissance nécessaire ? », *Les Cahiers de la Justice*, 2021/1.

CAMARA, O., « Le Médiateur de la République du Sénégal », *RFAP*, n° 64, 1992, p. 678.

CAMARA, F.-K., *Pouvoir et justice dans la tradition des peuples noirs*, L'Harmattan, 2004.

CAMARA, F.-K. et CISSE, A., « Arbitrage et médiation dans les cultures juridiques négro-africaines : entre la prédisposition à dénouer et la mission de trancher », *Rev. arb.*, n° 2, 2009 ;

CANIVET, G., « Médiation et justice », *Gaz. Pal.*, n°s 165-166, 2006.

CANIVET, G., « La médiation comme mode de règlement des conflits dans la vie des affaires », Petites affiches, n° 138, 1999.

CALAZEL, M., *La médiation institutionnelle de proximité apporte-t-elle une réponse satisfaisante aux attentes des citoyens face à l'administration ?*, éd. Auteur, 2000.

CAPRASSE, O., « Le nouveau droit belge de l'arbitrage », *Rev. arb.*, 2013.

CARBONNIER. J., *Sociologie juridique*, PUF, Quadrige Manuels, 2e éd., 2004.

CARPENTIERI, L., « La justice restauratrice : analyse critique d'un modèle américain de règlement alternatif des conflits », thèse de doctorat, Université Panthéon-Assas, Paris II, 2006.

CARIO, R., *Justice restaurative. Principes et promesses*, L'Harmattan, 2e éd., 2010.

CARBONNIER, J., *Flexible droit,* LGDJ, 1969.

CAPRASSE, O., « L'application du droit européen de la concurrence par l'arbitre », *in* P. MAYER (dir.), *Arbitrage et droit de l'Union européenne*, LexisNexis, 2012.

CHAMBON, M., « L'arbitrage international en droit administratif, où l'impossible conciliation de deux phénomènes antagonistes », *Civitas Europa*, n° 31, 2013.

CHARPY, E., « L'application des principes directeurs du procès à la médiation : Cas du principe du contradictoire », *in* F. OSMAN (dir.), *La médiation en matière civile et commerciale,* Bruylant, 2012.

CHAINAIS, C. ; FERRAND, F. ; GUINCHARD, S., *Procédure civile. Droit interne et européen du procès civil,* Dalloz, 2016.

CHAINIAS, C., « Exigences du procès équitable et arbitrage : existence et essence du droit à un procès arbitral équitable », *in* L. MILANO (dir.), *Convention européenne des droits de l'homme et droit de l'entreprise*, Nemesis/Anthemis, 2016.

CHAINAIS, C. ; FERRAND, F. ; GUINCHARD, S., *Procédure civile. Droit interne et européen du procès civil*, Dalloz, 2016.

CHARLES, R., *Le droit musulman*, PUF, 1972.

CHAPPE, N. ; LAMBERT, E.-A. ; TIRVAUDEY, C., « Vers des principes directeurs de la médiation : Une analyse juridico-économique », *in* F. OSMAN (dir.), *Médiation en matière civile et commerciale,* Bruylant, 2012.

CHEVALIER, J., « Le Défenseur des droits : unité ou diversité », *RFDA*, 2011.

CHEIKH BOUYE, D. D., « Islam et esclavage coutumier en milieu soninké », *in* S. ZAKARIA, CH. WAGUE, S. N'DIAYE (dir.), *Penser et écrire la société soninké aujourd'hui*, L'Harmattan, 2020.

CHEIKH BOUYE, D. D., *La société soninké. Hier, aujourd'hui et demain*, L'Harmattan, 2017.
CHEVALIER, P. ; DESDEVISE, Y. ; MILBURN, PH. (dir.), *Les modes alternatifs de règlement des litiges : les voies nouvelles d'une autre justice,* Documentation française, 2003.
CHEVALIER, P., « Les modes alternatifs de règlement des litiges : entre contrat et procès », *in* CHEVALIER, P. ; DESCEVISES, Y. ; MILBURN, P. (dir.), *Les modes alternatifs de règlement des litiges : les voies nouvelles d'une autre justice*, Documentation française, 2003.
CHEVALIER, J., « Vers un droit postmoderne », *in* J. CLAM et G. MARTIN (dir.), *Les transformations de la régulation juridique*, LGD, 1998.
CHEVALIER, J., *L'État de droit*, 6e éd., LGDJ, 2017.
CLAY, TH., « Contrat d'organisation de l'arbitrage et Convention européenne des droits de l'homme », *Rev. arb.*, n° 3, 2001.
CLAY, TH., « Arbitrage et modes alternatifs de règlement des litiges », Recueil de Dalloz, 2020.
CLAY, TH., « Arbitre », *in* L. CADIET (dir.), *Dictionnaire de la justice*, 1re éd., PUF, 2004 ;
CLAY, TH., « L'enseignement et la recherche en droit de l'arbitrage », *in* F. OSMAN et A.-C. YILDIRIM (dir.), *Où va l'arbitrage international ? De la crise au renouveau*, LexisNexis, 2017.
CLASTRES, P., *La société contre l'État. Recherches d'anthropologie politique,* Paris, Minuit, 1974.
CLASTRES, P, *Recherches d'anthropologie politique*, éd. du Seuil, 1980.
CLAEYS, A., « Résoudre autrement les différends avec l'administration : l'éclairage des droits étrangers », *in* A. CLAEYS, A.-L. GIRAD (dir.), *Les modes alternatifs de règlement des litiges en droit administratif*, LGDJ, 2018.
CIAVOLELLA, R., *Les Peuls et l'État en Mauritanie. Une anthropologie des marges*, Karthala, 2010.
CIAVOLELLA, R. et FRESIA, M., « Entre démocratisation et coups d'État. Hégémonie et subalternité en Mauritanie », *Politique africaine*, n° 114, 2009.
CISSE, CH., « Les Soninkés en Côte d'ivoire. Une migration de longue durée d'une diaspora marchande sahélo-soudanaise vers le golfe de Guinée (XIVe-XXIe siècle) », *Migrations Société*, n° 144, 2012.
COHEN, D., « Le juge, gardien des libertés ? », *Pouvoirs*, n° 130, 2009.
COLLIOU, Y. & BURCHILL, K. H., *Le droit coutumier et la justice juvénile*, éd. Terre des hommes, 2016.
Commission d'enquête parlementaire (CEP), « Rapport d'enquête parlementaire », Nouakchott-Mauritanie, juillet 2020.
Comité interministériel, « Rapport sur la justice », octobre 2005, Nouakchott, Mauritanie.
CNDH, « Rapport annuel sur la situation des droits de l'homme en Mauritanie », Nouakchott-Mauritanie, 2009.
CNDH, « Rapport annuel sur la situation des droits de l'homme en Mauritanie », Nouakchott, Mauritanie, 2010.
CNDH, « Rapport annuel sur la situation des enfants en Mauritanie », Nouakchott, Mauritanie, 2016.

CNDH, « Rapport annuel sur la situation des droits de l'homme en Mauritanie », Nouakchott-Mauritanie, 2018.

Cour de cassation française, « Rapport annuel », Documentation française, 2019.

COUCHEZ, G. ; LAGARDE, X., *Procédure civile*, 17e édition, Dalloz, 2014.

CUPERLIER, O., « Culture africaine et arbitrage international », *in* F. OSMAN et A.-C. YILDIRIM (dir.), *Où va l'arbitrage international ? De la crise au renouveau*, LexisNexis, 2017.

CRETON, V., *Négocier le conflit à Fidji. Cérémonies du pardon et enjeux du coup d'État de 2000,* L'Harmattan, 2007.

CROZE, H. ; CH. MOREL, CH. ; FRADIN, O., *Procédure civile,* 3e éd. Litec, 2005.

CROOK, R., « Règlement alternatif des conflits et Tribunaux de district au Ghana », Revue *Afrique contemporaine*, n° 250, 2014.

CORNU, G. (dir.), *Vocabulaire juridique,* 11e éd., PUF, 2016.

CORNU, G. (dir.), *Vocabulaire juridique,* 12e éd., PUF, 2018.

CORNU, G. (dir.), *Vocabulaire juridique,* 9e éd., PUF, 2011.

CORNU, G. (dir.), *Vocabulaire juridique,* 10e éd., PUF, 2015.

CORNU, G., « Les modes alternatifs de règlement des conflits. Rapport de synthèse », *RIDC*, vol. 49, n° 2, 1997.

DAGNAUD, J.-B ? ; LIEBERHERR, J.-G. ; GUILLAUME, M., *Du don usage de la médiation,* Descartes & Cie, 2018.

DALLARI, S. G., « Démocratie participative : le rôle du pouvoir judiciaire », *RDH*, mars, 2013.

DARBON, D., « Un royaume divisé contre lui-même. La régulation défaillante de la production du droit dans les États d'Afrique noire », *in* D. DARBON et J. B. de GAUDUSSON (dir.), *La création du droit en Afrique*, Karthala, 1997.

DAVALLON, J., « La médiation : la communication en procès ? », *MEI*, n° 19, 2003.

DAVY, G., « Juger seul ou les avatars de l'alternativité dans l'Islande médiévale », *in* AMRANI-MEKKI, S. ; DAVY, G. ; KERNEIS, S. et ROCCATI, M. (dir.), *Les chimères de*
l'alternativité ? Regards croisés sur les modes alternatifs de règlement des conflits, Mare & Martin, 2018.

DAVID, R. ; JAUFFRET-SPINOSI, C. ; GORE, M., *Les grands systèmes de droit contemporains,* 12e éd. Dalloz, 2016.

DEBBASCH, C. ; BOURDON, J. ; PONTIER, J.-M. et RICCI, J.-C., *Droit constitutionnel et institutions politiques*, Economica, 1990.

DE DINECHIN, S., *La médiation familiale. Un outil efficace pour résoudre les conflits du couple et de la famille,* Eyrolles, 2016.

DEFFAINS, B., « Les modes alternatifs de règlement des litiges – analyse économique », *in* P. CECCHI-DIMEGLIO et B. BRENNEUR (dir.), *Manuel interdisciplinaire des modes amiables de résolution des conflits*, Larcier, 2015.

DE CHASSEY, F., « Vers une histoire anthropologique et sociologique de l'ethnie en Mauritanie », *in* A. W. OULD CHEIKH (dir.), *État et société en Mauritanie. Cinquante ans après l'indépendance*, Karthala, 2014.

DELMAS-MARTY, M., *Le flou du droit,* PUF, 1986.

DELMAS-MARTY, M., « Le mou, le doux et le flou sont-ils des garde-fous ? », *in* J. CLAM et G. MARTIN, *Les transformations de la régulation juridique*, LGDJ, 1998.

DELEVOYE, J.-P. et HELPTER, C., « Du Médiateur de la République au Défenseur des droits », *Informations sociales*, 2/2010.

DELAUNA, B., « La protection non juridictionnelle des droits publics subjectifs des administrés », in *Les droits publics subjectifs des administrés*, Acte du colloque des 10 et 11 juin 2010.

DE GAUDUSSON, J.D.B., « La justice en Afrique : nouveaux défis, nouveaux acteurs », n° 250, *Afrique contemporaine*, 2014/2.

DELAUNAY, B., *Le Médiateur de la République*, Coll. « Que sais-je » ? PUF, 1999.

DE GAUDUSSON, J.D.B., « Les nouvelles constitutions africaines et le mimétisme », *in* D. DARBON et J. B. de GAUDUSSON (dir.), *La création du droit en Afrique*, Karthala, 1997.

DE CHASSEY, F., « Vers une histoire anthropologie et sociologie de l'ethnie en Mauritanie », *in* A.W. OULD-CHEIKH (dir.), *État et société en Mauritanie. Cinquante ans après l'indépendance*, Karthala, 2014.

DESGREES DU LOU, D.-M., *Institutions administratives*, PUF, Coll. « Thémis », 1re éd., 2011.

DESDEVISES, Y., « Conciliation et médiation », *in* L. CADIET (dir.), *Dictionnaire de la justice*, 1re éd., PUF, 2004.

DESDEVISES, Y., « Les recherches sur les MARL : aspects juridiques », *in* P. CHEVALIER, Y. DESDEVISSE, P. MILBURN (dir.), *Les modes alternatifs de règlement des litiges : les voies nouvelles d'une autre justice*, Documentation française, 2003.

DESIRÉ-VUILLEMIN, G., « Aperçu historique de la Mauritanie du XIXe siècle à l'indépendance », *in* IREMAM (dir.), *Introduction à la Mauritanie*, éd. CNRS, 1979.

DESIRÉ-VUILLEMIN, G., *Histoire de la Mauritanie. Des origines à l'indépendance*, Karthala, 1997.

DEVEY, M., *La Mauritanie*, Karthala, 2005.

DJAE-OULOVAVO, M., « Le pluralisme juridique de la justice et ses limites dans l'union des Comores », thèse de doctorat, Université de Lyon 2, 2018.

DIDACE-AMBOULOU, H., *La déjudiciarisation et les procédures non contentieuses en Afrique*, L'Harmattan, 2015.

DIAW, M., *La politique étrangère de la Mauritanie*, L'Harmattan, 1998.

DIEUDONNÉ, P., OHADA. *Traité, actes uniformes. Règlements de procédure et arbitrage. Jurisprudence annotée*, 5e éd., Juriafrica, 2018.

DIENG, A., « Approches culturelles des ADR en OHADA », *in* Cercle Horizon, Club OHADA Orléans, *Les modes alternatifs de règlement des conflits en OHADA*, Actes de colloque des 17-18 mars 2009.

DUMONT, L., *Essais sur l'individualisme, une perspective anthropologique sur l'idéologie moderne*, éd. Seuil, 1983.

DUMONT, L., *Essais sur l'individualisme – Une perspective anthropologique sur l'idéologie moderne,* Seuil, 3e éd., 1991.

DUMONT, L., Homo hierarchicus. *Essai sur le système des castes*, Gallimard, 1966.

DUMAS, R., « Dialogue sur l'avenir de l'institution », *in* J. PELLETIER, *La médiation : quel avenir ?*, Actes du colloque des 5 et 6 février à la Sorbonne, 1998.

DURKHEIM, E., *De la division du travail social*, 5e éd., PUF, 1893 (1998).

DURKHEIM, E., *De la division du travail social*, PUF, 9e éd., 2e trimestre, 1973.

DU BOIS, J. ; CONAC, G. (dir.), « La justice en Afrique », *Afrique contemporaine*, n° 156, 1990.

DU COUEDIC DE KJERGOALER, H., « Conférence sur les tribunaux locaux et le droit coutumier à Dar es Salam », *RIDC*, septembre 1963.

DU BLED et R. DE QUENAUDON, S., *Forum pour la régulation de l'Europe sociale. Conciliation, médiation et arbitrage vers une régulation européenne des modes alternatifs du règlement des conflits collectifs du travail*, Bruylant, 2011.

DUVANEL, L., *La justice contractuelle dans la philosophie antique et le droit romain*, éd. Schulthess, 2004.

DRAGO, R., « Problème de l'existence d'un ministère de la Justice en France », in *Le juge entre les deux millénaires*, Mélanges offerts à Pierre DRAI, Dalloz, 2000.

DONIER, V. ; GERBAY, N. ; HOURQEBIE, F. ; ICARD, P. ; LAPEROU-SCHENEIDER, B., « Propos introductifs », *in* V. DONIER et B. LAPEROU-SCHENEIDER (dir.), *L'accès au juge*, Bruyant, 2013.

DOCKES, E., « Injustes alternatives et justes conflits. Critique des justices alternatives à partir du droit social », *in* S. KERNEIS (dir.), *Les justices alternatives et leurs avatars, Droit et Cultures*, L'Harmattan, 2013.

EBERHARD, C., « Science de l'Autre, sens du Droit à la découverte du vivre-ensemble », *in* C. EBERHARD et G. VERNICOS (dir.), *La quête anthropologique du droit. Autour de la démarche d'Étienne Le Roy*, Karthala, 2006.

EBERHARD, C. et SIDI NDONGO, A., « Relire Amadou Hampaté Ba, pour une approche africaine du Droit. Images réfléchies de la pyramide et du réseau », *RIEJ*, n° 47, 2001.

EBBETTI, Y. et OULD SALAH, M., « Rapport de synthèse de journée de réflexion sur la justice en Mauritanie », RMDE, 1988.

EL HOUDAIGUI, N.-S., *Arbitrage commercial international au Maghreb*, L'Harmattan, 2012.

EHUI, F. T., « L'Afrique noire : de la superpuissance au sous-développement », *NEI*, 2002.

EVANS-PRITCHARD, E. E., *Les Nuer. Description des modes de vie et des institutions politiques d'un peuple nilote*, Gallimard, 1994.

États-Unis d'Amérique, Département d'État, « Mauritania Human Rights Rapport », 2015.

EVANS-PRITCHARD. E. E., « Les Nouer du Soudan méridional », *in* M. FORTES et E. E. EVANS-PRITCHAR (dir.), *Systèmes politiques africains*, PUF, 1964.

FABRE-MAGNAN, M. et BRUNET, F., *Introduction générale au droit*, PUF, 2017.

FAGET, J., « Éloge du fluide. Une sociopolitique de la médiation », *in* C. EBERHARD et G. VERNICOS (dir.), *La quête anthropologique du droit autour de la démarche d'Étienne Le Roy*, 2006, Karthala.

FAGET, J. (dir.), *Médiation et action publique. La dynamique du fluide, Pessac*, PUB, 2005.

FARROUKH, O., *La famille en droit musulman en arabe*, éd. Beyrouth, 1951.

FAUVARQUE-COSSON, B., « L'enseignement du comparé », *RDIC*, vol. 54, n° 2, avril/juin 2002.

FAUVELLE-AYMAR, F. X et HIRSCH, B., « Le Mali, pays du métal jaune », *RH*, n° 367, 2011.

FAUCHER, B., « La conciliation judiciaire », thèse de doctorat d'État, Université Paris II-Assas, 1980.

FENEON, A., « Commentaire de l'acte uniforme relatif à la médiation du 23 novembre 2017 », *in* N. AKA, A. FENON et J.-M. TCHAKOUA (dir.), *Le nouveau droit de l'arbitrage et de la médiation en Afrique (OHADA)*, LGDJ, 2018.

FESSARD DE FOUCAULT, B., « Premiers jalons pour l'étude d'une nation nouvelle. La Mauritanie : 1955-1972 », thèse de doctorat, Faculté de droit de Paris, 1972.

FRÉMEAUX, J., « Justice civile, justice pénale et pouvoirs répressifs en territoire militaire (1830-1870) », in Actes du colloque sur la justice en Algérie, le 22 et 23 octobre 2002 à la Bibliothèque nationale de France.

FRICERO, N., *Les Institutions Judiciaires, les principes fondamentaux de la justice ; les organes de la justice ; les acteurs de la justice, Mémentos*, 2e éd., Lextenso, 2012.

FRICERO, N. & *alii*, *Le guide des modes amiables de résolution des différends (MARD),* Dalloz, 2017-2018.

FRICERO, N. & *alii*, *Le guide des modes amiables de résolution des différends (MARD),* Dalloz, 2016.

FOMBA, M., « Les magistrats de terrain au Mali », *Afrique contemporaine*, n° 250, 2014.

FONADH et SOS-ESCLAVE, « Programme de prévention et de résolution des conflits fonciers intercommunautaires en Mauritanie », Nouakchott, 2011.

FONDATION CORDOUE de GENÈVE, « Rapport sur diversité et citoyenneté en Mauritanie », Nouakchott, décembre 2014.

FOUCHARD, PH. ; GAILLARD, E. et GOLDMAN, B., *Traité de l'arbitrage commercial international,* Litec, 1996.

FOUCHARD, PH., *L'arbitrage commercial international,* Dalloz, 1965.

FOULETIER, M., Recherches *sur l'équité en droit public français*, LGDJ, 2008.

FOUCHARD, PH., « Notes », *Rev. arb.*, 1996.

FOUDA, G.-J., « L'accès au droit : richesse et fécondité d'un principe pour la socialisation juridique et l'État de droit en Afrique noire francophone », *REA*, 01/2000.

FOUÉRÉ, M.-A., « L'africanité à travers le prisme des relations à plaisanterie », *Cahiers d'études africaines (CEA)*, n° 184, 2006.

FORGET, B., « L'organisation judiciaire en Mauritanie », *Revue juridique et politique RJP*, nos 1-2, janvier-juin 1986.

FORGE, A., « Les modes alternatifs de règlement des litiges en droit du travail », mémoire de Master, Université Paris II-Assas, 2016.

GAL, C., « Le jeu psychodramatique médiateur de styles existentiels », *in* HOMO XXXVII, *La médiation*, PUM, 2002.

GARDET, L., *La cité musulmane. Vie sociale et politique,* éd. Vrin, 1954.

GARAPON, A., *Les juges. Un pouvoir irresponsable ?*, éd. Nicolas-Philippe, 2000 ; **GARAPON, A.**, « La justice pénale internationale à l'épreuve du cosmopolitisme », *in* C. EBERHARD et G. VERNICOS (dir.), *La quête anthropologique du droit. Autour de la démarche d'Étienne Le Roy*, Karthala, 2006.

GARAPON, A., « Le rituel juridique. Étude de sociologie juridique sur les formes symboliques du droit », thèse de doctorat, Université de Paris II-Assas, 1982.

GASTON, S., « La culture juridique commune est une valeur à préserver », Revue *Gazette du Palais*, 138e année, n° 6, février 2018.

GEORG, S., « Le conflit », in *Sociologie. Études sur les formes de la socialisation*, Paris, PUF, 1999 [trad. de l'éd. originale, 1908].

GEORGES-ALBERT, G., « Les chefferies en Mauritanie », thèse de doctorat, Université de Paris, 1949.

GILLES, D., « Arbitrage et médiation : outils juridiques alternatifs ou martingale historique du pluri-juridisme canadien », *in* S. AMRANI-MEKKI, G. DAVY, S. KERNEIS et M. ROCCATI. *Les chimères de l'alternative ?*, Mare & Martin, 2018.

GIRAUD, P., *Le devoir de l'arbitre de se conformer à sa mission*, Bruylant, 2017.

GUILLAUME-HOFNUNG, M., *La médiation*, 4e éd., PUF, 2007.

GUILLAUME-HOFNUNG, M., *La médiation*, 6e éd., PUF, 2012.

GUILLAUME, G. ; LIEBERHERR, J.-G. ; DAGNAUD, J.-B., *Plaidoyer pour la médiation*, Descartes et Cie, 2017.

GUIHAL, A., « La conciliation et la médiation administrative », *Gaz. Pal.*, 1996.

GUINCHAD. S. & *alii*, *Droit processuel. Droits fondamentaux du procès*, 10e éd., Dalloz, 2019.

GUINCHARD S. & *alii*, *Droit processuel. Droits fondamentaux du procès*, 9e éd., Dalloz, 2017.

GUINCHARD, S. & *alii*, *Droit processuel. Droits fondamentaux du procès*, 8e éd., Dalloz, 2015.

GUINCHARD, S., « Rapport, l'ambition raisonnée d'une justice apaisée », Paris, 2008.

Inspection générale des services judiciaires (IGSJ), « Rapport sur le développement des modes amiables de règlement des différends », Paris, avril 2015.

GUINCHARD, S. & *alii*, *Droit processuel, droits fondamentaux du procès*, 6e éd., Dalloz, 2011.

GUINCHARD, S. & *alii*, *Droit processuel. Droit commun et droit comparé du procès*, Dalloz, 3e éd. 2005.

GUINCHARD, S. ; VARINARD, A. ; DEBARD, TH., *Institutions juridictionnelles*, 15e éd., Dalloz, 2019.

GUINCHARD, S. ; VARINARD, A. ; DEBARD, TH., *Institutions juridictionnelles*, 14e éd., Dalloz, 2017.

GUINCHARD, S. et DEBARD, T. (dir.), *Lexique des termes juridiques*, 18e éd., Dalloz, 2011.

GUINCHARD, G. (dir.), *Lexique des termes juridiques*, 16e éd. Dalloz, 2007.

GUY-ECABERT, C., *Procédure administrative et médiation. Inscription d'un modèle procédural dans un contexte en mutation*, Bruylant, 2002.

GOUGBEMON, S., « Des ressources pour penser la justice, Ricœur et Derrida », *in* J.-F. PETIT, L. KI-ZERBO (dir.), *Justice transitionnelle, justice alternative*, Les éditions franciscaines, 2017.

GORCHS, B., « La conciliation comme enjeu dans la transformation du système judiciaire », *Droit et société*, n° 62, 2006.

GORCHS, B., « La médiation dans le procès civil : sens et contresens. Essai de mise en perspective du conflit et du litige » *RTD civ.*, n° 3, 2003.

GRANIER, T., « La Cour spéciale de justice dans les textes », *RMDE*, n° 3 1985.

GRADJEAN, P., « L'expérience d'un médiateur », *Gaz. Pal.*, 1996.

GRAB, A.-R., « La réforme administrative en Tunisie : vers une redéfinition des rapports administration-citoyens », thèse de doctorat, Université Paris I-Sorbonne, 2004.

GRESY, J.-P., « Les dynamiques du conflit. Une modélisation systémique pour aborder le droit selon une anthropologie du différend », thèse de doctorat, Université Paris I-Sorbonne, 2008.

HAMIDOU-NBODJ, H., « L'organisation de la justice pénale en Afrique-Occidentale française. Le cas du Sénégal de 1887 à l'aube des indépendances (1887-1960) », thèse de doctorat, Université Côte d'Azur (France), 2017.

HAMPATE BA, A., *Amkoullel. L'enfant peul,* Actes Sud, 1991 ; *Il n'y a pas de petite querelle*, éd. Stock, 1999.

HAIBA MOHAMED YAHYA, O. S., « Les spécificités de la Mauritanie au sein du Maghreb », thèse de doctorat, Université Paris I-Panthéon-Sorbonne, 1994.

HELMIS, A., « Jacques Phytilis tel qu'en lui-même », *in* A. HELMIS, N. KALNOKY et S. KERNEIS, *Vertiges du droit.* Mélanges franco-helléniques à la mémoire de Jacques Phytilis, L'Harmattan, 2011.

HEUZE, V., « Une variété de transactions : La Convention d'arbitrage », *Rev. arb.*, 2015.

HERON, J. ; LE BARS, TH., *Droit judiciaire privé*, 6e éd., LGDJ, 2015.

HERVOUET, J. P., « Types d'adaptations sahéliennes. L'exemple de la Mauritanie centrale méridionale », thèse de doctorat, Université de Rouen, 1975.

HOURQUEBI, F. et GERVIER, P., « Les enjeux du pluralisme juridique et judiciaire », *Les Cahiers de la Justice*, 2021/1.

HOURQUEBIE, F., *Le pouvoir juridictionnel en France*, LGDJ, 2010.

HOURQEBIE, F., « Le juge à la jonction d'un pluralisme désordonné en Afrique centrale », *in* G. OTIS (dir.), *Le juge et le dialogue des cultures juridiques*, Karthala, 2013.

HOURQUEBIE, F., « L'indépendance de la justice dans les pays francophones », *Les Cahiers de la Justice*, n° 2, 2012.

IBRAHIMA, C., « Les droits de la défense en droit mauritanien », thèse de doctorat, Université de Vincennes, Paris 8, 2018.

ISMAÏLA-KONATÉ, M., « Avant-propos », *in* N. AKA, A. FÉNÉON et J.-M. TCHAKOUA (dir.), *Le nouveau droit de l'arbitrage et de la médiation en Afrique (OHADA)*, LGDJ, 2018.

IZAC, L., « La confidentialité dans la médiation. Une garantie au service de la loyauté », *in* L. CASAUX-LABRUNEE et J.-F. ROBERGE (dir.). *Pour un droit du règlement amiable des différends. Des défis à relever pour une justice de qualité*, LGDJ 2018.

JACCOUD, M. (dir.), *Justice réparatrice et médiation pénale. Convergences ou divergences ?*, L'Harmattan, 2003.

JACCOUD, M., « La justice pénale et les Autochtones : une justice imposée au transfert de pouvoirs », *RCDS*, vol. 17, n° 2, 1998.

JACQUELINE, F.-D. ; VAN DER MENSBRUGGHE, F. (dir.), « L'utilisation de la méthode comparative en droit européen », *RDIC*, vol. 57, n° 1, 2005.

JALLAMION, C., « Tradition et modernité de l'arbitrage et de la médiation au regard de l'histoire », *Gaz. Pal.*, janvier 2009.

JARROSSON, CH., La *notion d'arbitrage*, LGDJ, 1987.

JARROSSON, CH., « Médiation et droit des contrats », *in* L. CADIET (dir.), *Médiation et arbitrage. Alternative Dispute Resolution*, Litec, 2005.

JARROSSON, CH., « La contractualisation de la justice : jusqu'où aller ? », *in* L. CADIET et L. RICHER (dir.), *Réforme de la justice, réforme de l'État*, PUF, 2003.

JARROSSON, CH., « La portée des clauses de recours au règlement amiable », *in* P. CHEVALIER, Y. DESCEVISES, P. MILBURN (dir.), *Les modes alternatifs de règlement des litiges : les voies nouvelles d'une autre justice,* Documentation française, 2003.

JARROSSON, CH., « Les clauses de renégociation de médiation et de conciliation », *in* J. MESTRE (dir.), *Les principales clauses des contrats conclus entre professionnels*, PUAM, 1990.

JARRPSSON, CH., « Médiation », *in* D. ALLAND et S. RIALS (dir.), *Dictionnaire de la culture juridique*, 5e éd., PUF, 2014.

JARROSSON, CH., *La notion d'arbitrage*, LGDJ, 1987.

JARROSSON, CH., « Préface », *in* J.-P. TRICOIT, *La médiation judiciaire*, L'Harmattan, 2008.

JARROSSON, CH., « L'acceptabilité de la sentence », *Rev. arb.*, 2012.

JARROSSON, CH., « Les dispositions sur la conciliation et la médiation judiciaire de la loi du 8 février 1995 », *Rev. arb.*, 1995.

JARROSSON. CH, « Médiation et conciliation : définition et statut juridique », *Gaz. Pal.*, 1996.

JARROSSON, CH., « Les modes alternatifs de règlement des conflits. Présentation générale », *RIDC*, n° 2, 1997.

JARROSSON, CH., « La médiation et la conciliation : essai de présentation », *Droit et Patrimoine*, 1999.

JARROSSON, CH., « Les modes alternatifs de règlement des conflits. Présentation générale », *RIDC*, n° 2, 1997.

JARROSSON, CH. et PELLERIN, J., « Le droit français de l'arbitrage après le décret du 13 janvier 2011 », *Rev. arb.*, 2011.

JEAN-ARNAUD, A., « Introduction », *in* J. CLAM et G. MARTIN (dir.), *Les transformations de la régulation juridique*, LGDJ, 1998.

JEAN, J.-P., « Les besoins de connaissances dans le champ des modes alternatifs de règlement des litiges », *in* P. CHEVALIER, Y. DESDEVISES, PH. MILBURN (dir.), *Les modes alternatifs de règlement des litiges : les voies nouvelles d'une autre justice*, Documentation française, 2003.

JEAN-GODEFROY, B., *La palabre. Une juridiction de la parole*, Michalon, 1997.

JEAMMAUD, A., « Conflit, différend, litige », *Droits*, n° 34, 2001.

JEAN, J.-P., « L'évolution du statut du magistrat entre 1918 et 1958 : La justice dans l'État, avant la justice dans l'État de droit », *Les Cahiers de la Justice*, revue trimestrielle de l'École nationale de la magistrature, #2018/1.

JEAN, J.-P., « Le libéralisme autoritaire », *Le Monde diplomatique*, 1987.

JEULAND, E., *Droit processuel général*, 3e éd., LGDJ, 2014.

JULIEN, P., FRICERO, N., *Droit judiciaire*, 3e éd., 2009, LGDJ.

JOHN-NAMBO, J., « Quelques héritages de la justice coloniale en Afrique noire », *Droit et société*, nos 51-52, 2002.

JOLY-HURARD, J., « Conciliation et médiation judiciaires », thèse de doctorat, Université Paris II-Assas, PUAM, 2003.

JOUDAA, L., « Le développement des règlements conventionnels des litiges en droit administratif », *in* M. LEI et L. YBOUD (dir.), *De la mobilisation du fait à la réalisation du droit,* L'Harmattan, 2016.

KAMTO, M., *Pouvoir et droit en Afrique noire. Essai sur les fondements du constitutionnalisme dans les États d'Afrique noire francophone*, LGDJ, 1987.

KANDEEL, M.-E. M., « La conciliation et la médiation judiciaires », thèse de doctorat, Université Paris I-Sorbonne, 2001.

KAYSER, P., « La recherche en France de la diminution des contentieux judiciaire et administratif par le développement des règles amiables », *Revue Justices (RJ)*, n° 3, 1996.

KELSEN, H., *Théorie pure du droit,* traduction de CH. ESENNMAN, Dalloz, 1962.

KENFACK, H., « La médiation dans les droits africains », *in* W. BEN-HAMIDA et S. BOSTANDJI (dir.), *La médiation dans tous ses états*, éd. A. Pedone, 2018.

KERNEIS, S. et POLY, J.-P., « Coutume, entre le ciel des idées et le gouvernement des hommes », *in* S. KERNEIS (dir.), *Une histoire juridique de l'Occident. Le droit et la coutume (IIIe-IXe siècle)*, PUF, 2018.

KERNEIS, S., « La justice au théâtre. Sommes-nous redevenus grecs ? », *in* S. AMRANI-MEKKI, G. DAVY, S. KERNEIS et M. ROCCATI (dir.), *Les chimères de l'alternativité ?*, Mare & Martin, 2018.

KERNEIS, S., « Aspects anthropologiques des MARC », *in* P. CECCHI-DIMEGLIO et B. BRENNEUR (dir.), *Manuel interdisciplinaire des modes amiables de résolution des conflits*, Larcier, 2015.

KERNEIS, S., « Les mots du droit. Archéologie du discours juridique », *in* A. HELMIS, N. KALNOKY et S. KERNEIS, *Vertiges du droit. Mélanges franco-helléniques à la mémoire de Jacques PHYTILIS,* Droits et Cultures, L'Harmattan, 2011.

KERNEIS, S., « Aspect historique, anthropologique et comparatif des modes alternatifs de règlement des conflits », *in Kulturelle Bedingungen des Verfassungsstaates. Les aspects culturels de l'État constitutionnel. Los aspectos culturales del Estado constitucional*. éd. C. Gonzalez Palacios, Tudpress, 2012.

KERNEIS, S., « Le droit à l'épreuve de l'anthropologie historique : le cas des modes alternatifs de résolution des conflits », REHD, n° 5, 2012.

KERNEIS, S., « Des justices populaires dans l'Empire romain (IIe-IVe siècles) », *in* S. KERNEIS (dir.), *Les justices alternatives et leurs avatars. Droit et Cultures*, n° 65, 2013.

KESSEDJIAN, C., « L'arbitre, juge naturel du commerce international », *in* P. CECCHI-DIEGLIO et B. BRENNEUR (dir.), *Manuel interdisciplinaire des modes alternatifs de résolution des conflits*, Larcier, 2015.

KETTAB, A., « La médiation en Algérie : réalités et perspectives », *in* B. BRENNEUR (dir.), *Panorama des médiations du monde*, L'Harmattan, 2010.

KINÉ CAMARA, F., *Pouvoir et justice dans la tradition des peuples noirs. Philosophie et pratique*, L'Harmattan, 2004.

KITAMURA, I., *L'avenir de la justice conciliatoire, Mélanges en hommage à François TERRÉ*, PUF, 1999.

KIZERBO, J., *Histoire de l'Afrique noire. D'hier et demain*, Hatier, 1972.

KOMOIN, F., « Préface », *in* BLOHORN-BRENNEUR, B. (dir.), *La médiation pour tous dans l'espace OHADA et en Afrique de l'Ouest*, L'Harmattan, 2018.

KONDE, K., « Demandes de justice et accès au droit en Guinée », *Droit et société*, n°s 51/52, 2002.

KONATE, D., Les *fondements endogènes d'une culture de paix au Mali : Les mécanismes traditionnels de prévention et de résolution des conflits*, éd. UNESCO, 1999.

KOUASSIGAN, G.-A., *Quelle est ma loi ? Tradition et modernité dans le droit privé de la famille en Afrique noire francophone,* Paris, Pedone, 1974.

LAGARDE, X., « Ce que "mode alternatif" veut dire », *La Semaine Juridique*, n° 13, mars 2018.

LADDH et la LADH, « Rapport alternatif de la société civile sur la mise en œuvre du pacte international relatif aux droits civils et politiques », Nouakchott, Mauritanie, janvier 2016.

LAMINE, H., « Principe de régulation juridique de la mêlée normative au Nord-Cameroun. Essai d'anthropologie du droit », thèse de doctorat, Université Paris I-Sorbonne, 2007.

LAMOTTE, J.-L., *Introduction à la théorie de la médiation*, éd., De Boeck Université, Bruxelles, 2001.

LAFARGUE, R., *La coutume face à son destin. Réflexions sur la coutume judiciaire en Nouvelle-Calédonie et la résilience des ordres juridiques infra-étatiques*, LGDJ, 2010.

LAFONT, S., « Nouvelles données sur la royauté mésopotamienne », *RHD*, n° 73, 1995.

LAFONT, S., « L'arbitrage en Mésopotamie », *Rev. arb.*, 2000.

LAGARDE, X. *& alii*, *Droit processuel. Droit commun et droit comparé du procès équitable*, Dalloz, 5e éd., 2009.

LAGARDE, X., « Les modes de l'alternativité », *in* S. AMRANI-MEKKI, G. DAVY, S. KERNEIS et M. ROCCATI (dir.), *Les chimères de l'alternativité ?*, Mare & Martin, 2018.

LAGARDE, X., « Droit processuel et modes alternatifs de règlement des litiges », *in* P. CHEVALIER, Y. DESDEVISE, PH. MILBURN, *Les modes alternatifs de règlement des litiges : les voies nouvelles d'une autre justice,* Documentation française, 2003.

LAGARDE, X., « Droit processuel et modes alternatifs de règlement des litiges », *Rev. arb.*, 2001.

LAGARDE, X., « Transaction et ordre public », *D. Chrom*, 2000.

LAGARDE, X., « L'efficacité des clauses de médiation ou de conciliation », *Rev. arb.*, n° 3, 2000.

LALLEMENT, M., *Histoire des idées sociologiques*, Armand Colin, 3e éd., 2007.

LARRIEUL, P., « Les caractéristiques juridiques de la médiation », *in* J. FISCHER-LOKOU et P. LARRIEU (dir.), *La médiation efficace*, L'Harmattan, 2013.

LARRIBAU-TERNEYRE, V., « La médiation, expériences, évaluations et perspectives », Actes de colloque, juillet 2018.

LASSANA BAKARY, D., « Le nouveau droit judiciaire mauritanien à la recherche de son identité, entre modernité et tradition », thèse de doctorat, Université de Metz, 1997.

LAURO, A., « Notes sur la fabrique du droit coutumier, le pouvoir colonial et l'ordre du mariage dans le Congo belge de l'entre-deux-guerres », *in* B. PIRET, CH. BRAILLON, L. MONTEL et P.-L. PLAMAN (dir.), *Droit et justice en Afrique coloniale*, PUSL, 2014.

LAOTBINIERE-MCDOUGAL, A.D. et GIRAUD, P., « L'aspect international de l'arbitrage : 10 réflexions de praticien », *in* P. CECCHI-DIMEGLIO et B. BRENNEUR (dir.), *Des modes amiables de résolution des conflits*, Larcier, 2015.

LAZERGES, CH., « Essai de classification des procédures de médiation », *Arch. Pol. crim.*, n° 14, 1992.

LEBOULANGER, PH., « Arbitrage international et déni de justice », *in* F. OSMAN et A.-C. YILDIRIM (dir.), *Où va l'arbitrage international ?* LexisNexis, 2017.

LEGRAND, A. ; MARGOU, G. ; WENNEGREN, B., « Ombudsmans et prokuratures », *in* G. BRAIBANT, *Le contrôle de l'administration en Europe de l'Est et de l'Ouest*, éd. du CNRS, 1985.

LEKEAL, F., « Justice et pacification : de la régence d'Alger à l'Algérie : 1830-1839 », in Actes du colloque sur la justice en Algérie 183061962, le 22 et 23 octobre 2002 à la Bibliothèque nationale de France.

LE ROY, E., Les *Africains et l'institution de la justice, entre mimétismes et métissages*, Dalloz, 2004.

LE ROY, E., Le *jeu des lois – Une anthropologie dynamique du droit,* LGDJ, 1999.

LE ROY, E., *La politique française de coopération judiciaire : bilan et perspectives*, Karthala, 1997.

LE ROY, E., « Afrique », *in* L. CADIET (dir.). *Dictionnaire de la justice*, PUF, 2004.

LE ROY, E., « Anthropologie de la justice », *in* L. CADIET (dir.). *Dictionnaire de la justice*, PUF, 2004.

LE ROY, E., « Norme en anthropologie du droit », *in* A.-J. ARNAUD *& alii* (dir.). *Dictionnaire encyclopédique de théorie et de sociologie du droit*, 2e éd., LGDJ, 1993.

LE ROY, E., « La médiation comme dialogie entre les ordonnancements de régulation sociale », *in* C. YOUNES et E. LE ROY (dir.), *Médiation et diversité culturelle pour quelle société ?*, Karthala, 2002.

LE ROY, E., « La voie étroite de la médiation, entre les ordonnancements imposé et négocié de régulation des différends », revue *Négociations*, n° 28, 2017.

LE ROY, E., « Présentation de la modernité de la justice contemporaine en Afrique francophone », *Droit et société*, n°s 51/52, 2002.

LE ROY, E., « La médiation mode d'emploi », *Droit et société*, n° 29, 1995.

LE ROY, E., « Justice africaine et oralité juridique », *Bulletin de l'institut français d'Afrique noire*, n° 3, 1974.

LE ROY, E., « La voie étroite de la médiation, entre les ordonnancements imposé et négocié de régulation des différends », n° 28, *négociations*, 2017.

LÉVI-STRAUSS, C., *Anthropologie structurale*, Plon, 1958.

LEWALLE, P. et DONNAY, L., *Contentieux administratif*, 3e éd., Larcier, 2008.

LINGAT, R., *Les sources du droit dans le système traditionnel de l'Inde*, Mouton, 1967.

LINANT DE BELLEFONDS, X. ; HOLLANDE, A., *L'arbitrage et la médiation*, PUF, 1re éd., 2003.

LENDHARD, A. et KETTIGER, D., « Vers un management adéquat pour la justice », *Revue trimestrielle de l'École nationale de la magistrature*, 2018/1.

LESERVOISIER, O., « Démocratisation et renégociations sociales : Les enjeux de la participation politique des groupes d'origine servile haalpulaaren en Mauritanie », *Politique africaine*, n° 114, 2009.

LENDHARD, A. et KETTIGER, D., « Vers un management adéquat pour la justice », *Les Cahiers de la Justice, Revue trimestrielle de l'école nationale de la magistrature*, #2018/1.

LOQUIN, E., « Les obligations de confidentialités dans l'arbitrage », *Rev. arb.*, 2006.

LOQUIN, E., notes, *Rev. arb.*, 1997.

LOQUIN, E., « L'apport de la doctrine à la science juridique dans l'arbitrage international » *in* F. OSMAN et A.-C. YILDIRIM (dir.), *Où va l'arbitrage international ? De la crise au renouveau*, LexisNexis, 2017.

LUHAHE, G V., « Les juridictions Gacaca au Rwanda : un outil de la relance après le génocide de 1994 », *in* J.-F. PETIT, L. KI-ZERBO (dir.), *Justice transitionnelle, justice alternative. Quels enjeux éthiques et politiques en Afrique ?*, Actes du colloque à la Cour de cassation, REPHI, Paris, janvier 2016.

MACDONALD, R.-A., « Normativité, pluralisme et sociétés démocratiques avancées. L'hypothèse du pluralisme pour penser le droit », *in* C. YOUNES et E. LE ROY (dir.), *Médiation et diversité culturelle pour quelle société ?*, Karthala, 2002.

MACDONALD, R.-A. et SAVOIE, P.-O., « Une phénoménologie des modes alternatifs de résolution des conflits : résultats, processus et symbolisme », *in* C. EBERHARD et G. VERNICOS (dir.), *La quête anthropologique du droit autour de la démarche d'Étienne Le Roy*, Karthala, 2006.

MADY-IBRAHIM, K., « Les cultures africaines et la mondialisation : "cas des Soninkés" », *in* S. ZAKARIA, C. WAGUE, S. N'DIAYE (dir.), *Penser et écrire la société soninké aujourd'hui*, L'Harmattan, 2020.

MALIGNIER, B., *Les fonctions du médiateur*, PUF, 1979.

MAHAMADOU KODO, S., « L'organisation sociopolitique en milieu soninké », *in* S. ZAKARIA, C. WAGUE, S. N'DIAYE (dir.), *Penser et écrire la société soninké aujourd'hui,* L'Harmattan, 2020.

MANDELA, N., *Long walk to freedom, the autobiographie of Nelson Mandela*, traduit de l'anglais par Jean GUILOINEAU, Fayard, 1995.

MANCHUELLE, F., *Les diasporas des travailleurs soninkés (1848-1960),* Karthala, 2004.

MAGNANT, J.-P., « Le droit et la coutume dans l'Afrique contemporaine », *Droit et Cultures*, 48/2004.

MAINGUY, D., « L'accord amiable purement oral », *in* W. BEN HAMIDA, D. MOURALIS (dir.), *L'accord amiable : Et après ?*, PUAM, 2020.

MARCHESIN, P., *Tribus, ethnies et pouvoir en Mauritanie*, Karthala, 1992.

MAR, F. ; PERDEREAU, M., *La Justice : un droit pour tous,* Le Cavalier Bleu, 2009.

MARCHESIN, PH., « Origine et évolution des partis et groupes politiques », *Politique africaine*, n° 55, 1994.

MARION DE CAYEUX, A. ; DENOIT-BENTEUX, C. ; EMMANUEL, C., « Médiation avec avocats », Revue A J Famille, novembre 2017.

MARTEL, J.-P., « Quelles conditions pour une médiation réussie ? », *Petites Affiches*, n° 138, 1999.

MATATA-TALA, L., « L'ineffectivité du droit positif en Afrique subsaharienne », *Civitas Europa*, n° 31, 2013.

MAUSS, M., *Sociologie et anthropologie*, 12e éd., Quadrige PUF, 2010.

MAQUET, J.-J., « Droit coutumier traditionnel et colonial en Afrique centrale », *Journal de la société des africanistes*, tome 35, fascicule 2, 1965.

MAYABA, J., « Le juge béninois à l'heure du déclin officiel du dualisme juridique », *in* G. OTIS (dir.), *Le juge et le dialogue des cultures juridiques*, Karthala, 2013.

MAYER, P., « La circulation des Conventions d'arbitrage », *in* L. CADIET (dir.), *Médiation et arbitrage. Alternative Dispute Resolution. Alternative à la justice ou justice alternative ?* Litec, 2005.

MAYER, L., « Précisions sur le contrôle léger exercé par le juge homologateur d'une transaction », *Gaz. Pal.*, juin 2015.

MAYER, P., « Les limites de la séparabilité de la clause compromissoire », *Rev. arb.*, 1998.

MAYER, P., « L'insertion de la sentence d'ans l'ordre juridique français », *in* Y. DERAIN (dir.). *Droit et pratique de l'arbitrage international*, éd. Feducu, 1984.

MAZABRAUD, B., « Rendre justice à la justice transitionnelle », *in* J.-F. PETIT, L. KI-ZERBO (dir.), *Justice transitionnelle, justice alternative*, éd. Franciscaines, 2017.

MBOW, P., « Contexte de la réforme du Code de la famille au Sénégal », *Droit et Cultures*, 59/2010-1.

MÉDIATEUR de la RÉPUBLIQUE, *Le Médiateur de la République : une autorité indépendante au service des citoyens 1973-2003*, Documentation française, 2003.

MÉDIATEUR de la RÉPUBLIQUE (MR), « Rapport annuel », Paris, 2010.

MESSAHEL, M., « La médiation en tant que mode alternatif de règlement des litiges dans le Code de procédure civile et administrative algérien de 2008 », *in* B. BRENNEUR (dir.), *Panorama des médiations du monde*, L'Harmattan, 2010.

MEYER, P., *OHADA, droit de l'arbitrage,* Bruylant, 2002.

MICHEL, J., « La réforme de la justice en Mauritanie », *Penant*, 1963.

MILBURN, PH., « Les recherches sur les MARL : aspects économiques et sociologiques », *in* P. CHEVALIER, Y. DESDEVISE, PH. MILBURN (dir.), *Les modes alternatifs de règlement des litiges : les voies nouvelles d'une autre justice,* Documentation française, 2003.

MILLOT, L. et BLANC, F. P., *Introduction à l'étude du droit musulman*, Sirey, 1987.

MILLIOT, L., « La conception de l'État et de l'ordre légal dans l'Islam », RCADI, vol. 75, 1949.

MINIATO, L., « Rôle des parties et office du juge dans les modes amiables de règlement des différends », *in* L. CASAUX-LABRUNEE et J.-F. ROBERGE (dir.), *Pour un droit du règlement amiable des différends. Des défis à relever pour une justice de qualité*, LGDJ, 2018.

Ministère de l'Enseignement national, « Rapport d'État sur le système éducatif national », Nouakchott, Mauritanie, 2015.

Ministère de la Justice, « Stratégie nationale d'accès à la justice 2020-2014 (SNAJ) », Nouakchott, octobre 2019.

MOHAMED-SALAH, M.-M., « Médiation, conciliation, transaction, jugement sur accord-parties : Essai de définition », *in* F. OSMAN (dir.), *La médiation en matière civile et commerciale,* Bruylant, 2012.

MOHAMED OULD ABDAYEM, S., « Décentralisation en Mauritanie : aspects juridiques et socioculturels », thèse de doctorat, Université Panthéon-Assas-Paris II, 2002.

MOHAMED SALAH, M.-M., « Arbitrage international et droit de l'homme », *in* F. OSMAN et A.C. YILDIRIM (dir.), *Où va l'arbitrage international ? De la crise au renouveau*, LexisNexis, 2017.

MONETTE, P.-Y, « De la médiation comme mode de résolution des conflits et de ses différentes applications », *APT*, 1999.

MONTEIL, V., *L'Islam noir*, éd., du Seuil, 1964.

MONTESQUIEU, *L'esprit des lois*, 1748, Livre XI chapitre VI.

MOTULSKY, H, *Écrits. Études et notes sur l'arbitrage*, Dalloz, 1974.

MUSILA, G, « L'État de droit et le rôle des Tribunaux de droit coutumier dans le processus du Soudan du Sud », *Rapport spécial*, n° 4, juillet 2018.

NAJJAR, N., *Arbitrage dans les pays arabes et commerce international*, LGDJ, 2016.

N'DIAYE, S., « Des "restes" résistants en milieu soninké : esclavage, sens de l'honneur et mécanisme d'émancipation », *Critique internationale*, n° 72, 2016/3.

N'DIAYE, S., « Le passé violent et la politique du repentir en Mauritanie : 1989-2012 », thèse de doctorat, Université Paris 10-Nanterre, LGDJ, 2013.

N'DIAYE, H., « Une ville africaine en Île-de-France ? Les Soninkés entre Montreuil et le Val-Fourré », thèse de doctorat, Université, Paris-Nanterre, 2014.

NENE BI, S., *Histoire du droit et des institutions méditerranéennes et africaines. Des origines au début du XVIIIe siècle*, éd. ABC, 2018.

NKILIDZINIMI, E.-G., « Les modes de règlement pacifique des conflits en Afrique », thèse de doctorat, Université Paris 5-Descartes, 1997.

NGANGO YOUMBI, E. M., « Les modes alternatifs de résolution des litiges administratifs en Afrique noire francophone », *RIDE*, 2019/4.

N'GARY, B., « Le système judiciaire mauritanien. Unité de juridiction et dualité de régimes », thèse de doctorat, Université de Perpignan, 2007.

NICOLAU, G. ; PIGNARRE, G ; LAFARGUE, R., *Ethnologie juridique. Autour de trois exercices*, Dalloz, 2007.

NICOLAU, G., « Éprouver le droit, instituer la vie. Médiation et cadre juridique », *in* C. EBERHARD et G. VERNICOS (dir.), *La quête anthropologique du droit, autour de la démarche d'Étienne Le Roy*, Karthala, 2006.

NICOLAS-GRECIANO, M., « La médiation civile : bilan et perspectives », *in* P. GRECIANO (dir.), *La médiation dans un monde sans frontières*, Mare & Martin, 2017.

NONNOU, G. E., « L'indépendance du pouvoir judiciaire dans les États d'Afrique francophone : cas du Bénin et du Sénégal », thèse de doctorat, Université d'Abomey-Calavi (Bénin), 2016.

NYALUMA-MULAGANO, A., « Les modes alternatifs de règlement des conflits. Une clé d'accès à la justice administrative congolaise ? », thèse de doctorat, Université Libre, Belgique, Bruylant, 2016.

PACTET, P., *Institutions politiques et droit constitutionnel*, Armand Colin, 18e éd., 1999.

PATTON-BOGGS, S., « Résolution traditionnelle des conflits au Mali », *Revue Squire Patton*, juin 2008.

PAUVERT, B., « Regards sur le sens de la dignité », *RGDM* numéro spécial, « Le sens des mots en droit des personnes et droit de la santé », 2008.

PERAYA, D., « Médiation et médiatisation », n° 25, Hermès, 1999.

PERRIER, J.-B., « La déjudiciarisation : la justice hors le juge », *in* S. AMRANI-MEKKI (dir.), *Et si on parlait de la justice du XXIe siècle ?*, Dalloz, 2019.

PERROT, R., « Les voies de recours en matière d'arbitrage », *Rev. arb.*, 1980.

PETIT, J.-F. ; KI-ZERBO, L. (dir.), *Justice transitionnelle, justice alternative*, éd. Franciscaines, 2017.

PETIT, J.-F., « Propos introductifs », *in* J.-F. Petit, L. KI-ZERBO (dir.), *Justice transitionnelle, justice alternative. Quels enjeux éthiques et politiques en Afrique ?*, Actes du colloque à la Cour de cassation, Paris, janvier 2016.

PELLERIN, J., « La nouvelle articulation des recours en arbitrage interne », *in* TH. CLAY (dir.), *Le nouveau droit français de l'arbitrage*, éd. Lextenso, 2011.

PELLERIN, J., « La nouvelle articulation des recours en arbitrage interne », *in* TH. CLAY (dir.), *Le nouveau droit français de l'arbitrage*, Lextenso, 2011.

POLLET, E. ; WINTER, G., *La société soninké*, éd. Université Libre de Bruxelles, 1971.

PONS, B., *Contrat de transaction. Solutions transactionnelles : Conciliation, médiation, procédure participative,* Dalloz, 2014.

POTTAGE, A., « Le droit d'après l'anthropologie : objet et technique en droit romain », Clio@Themis, REHD, 19/2020.

PIQUEMAL-PASTRE, M., *La République islamique de Mauritanie*, éd. Berger-Levrault, 1969.

POUMAREDE, J., « La conciliation, la mal-aimée des juges », *Les Cahiers de la Justice,* n° 1, 2013.

OLAWALE-ELIAS, T., La *nature du droit coutumier africain*, Présence Africaine, 1961.

ONDOUO, S., « La médiation judiciaire au Gabon », *in* B. BRENNEUR (dir.). *Panorama des médiations du monde. La médiation langage universel de règlement des conflits*, L'Harmattan, 2010.

ONS, « Rapport sur le profil de la pauvreté en Mauritanie », Nouakchott-Mauritanie, 1996.

OPPETIT. B, « Les modes alternatifs de règlement des différends de la vie économique », Justices n° 1, 1995.

OULD AHMED BABOU, C. A., « Le système judiciaire mauritanien », thèse de doctorat, Université d'Orléans, 2001.

OULD NE, B., Ex-ministre de la Justice de la République islamique de Mauritanie, « Conférence des ministres de la Justice des États africains », Paris, 1996.

OULD BOULKHEIR, M., « La Mauritanie d'abord. Contribution à la recherche d'un compromis national », Nouakchott, Mauritanie, 2014-2015.

OULD CHEIKH, A. W., « Nomadisme, islam et pouvoir politique dans la société maure précoloniale », thèse de doctorat, Université Paris V, 1985.

OULD CHEIKH, A. W., « Des voix dans le désert sur les élections de l'ère pluraliste », *Politique africaine*, n° 55, 1994.

OULD BAH, A., « Introduction au thème justice et démocratie », *RMDE*, n° 10, mai 1994.

OULD BEIDY, S. M., « Caractéristiques de la Constitution mauritanienne du 20 juillet 1991 », RMDE, n° 9, 1993.

OULD MOHAMED SALAH, M. M., « Quelques aspects de la réception du droit français en Mauritanie », *RMDE*, n° 5, 1989.

OULD DAHI, M. L., « Essai sur le pouvoir exécutif dans la Constitution du 20 juillet 1991 », *RMDE*, n° 9, 1993.

OULD KHABAZ, M., « Propos introduction du colloque sur : justice et démocratie », *RMDE*, n° 10, 1994.

OULD KHABAZ, M., « Le contrôle de la constitution des lois », *RMED*, n° 10, mai 1994.

OTIS, L. ; ROUSSEAU-SAINE, C., « Le médiateur et les dilemmes éthiques : proposition d'un cadre de réflexion », *in* P. CECCHI-DIMEGLIO et B. BRENNEUR (dir.), *Manuel interdisciplinaire des modes amiables de résolution des conflits*, Larcier, 2015.

OPPETIT, B., *Théorie de l'arbitrage*, PUF, 1998.

OULD BOUBOUTT, A. S., « L'évolution des institutions de la République islamique de Mauritanie », *in* P. R. BADUEL (dir.), *Mauritanie, entre arabité et africanité*, éd Édisud, 1986.

OULD DADDAH, M., *La Mauritanie. Contre vents et marées*, Karthala, 2003.

OULD-CHEIKH, A. W., « Pluralisme monolithique, sultanisme, État à mi-temps », *in* A. W. OULD CHEIKH (dir.), *État et société en Mauritanie. Cinquante ans après l'indépendance*, Karthala, 2014.

OULD CHEIKH, A. W., *La société maure. Contribution à l'étude anthropologique et historique d'une identité culturelle ouest-saharienne*, Actes Sud, 1999.

OUERFELLI, A., « Culture arabe et arbitrage international », *in* F. OSMAN et A.-C. YILDIRIM (dir.), *Où va l'arbitrage international ? De la crise au renouveau*, LexisNexis, 2017.

OUTOUMA, S., « Cohérences et contours d'une auto-gouvernance intégrée de la société soninké, dans sa dimension autochtone et expatriée », *in* S. ZAKARIA,

C. WAGUE, S. N'DIAYE (dir.), *Penser et écrire la société soninké aujourd'hui*, L'Harmattan, 2020.

RACINE, J.-R., *Le droit de l'arbitrage*, 1re éd., PUF, 2016.

RACINE, J.-B. (dir.), *Pluralisme des modes alternatifs de résolution des conflits, pluralisme du droit,* L'Hermès, 2002.

RAMDAN, H., « Le fonctionnement de la justice dans les pays en voie de développement. Le cas de la Mauritanie », thèse de doctorat, Université Gaston Berger-Saint-Louis (Sénégal), L'Harmattan, 2009.

RAMDAN, H., « Étude et plaidoyer pour la réforme du statut du Médiateur de la République en Mauritanie », Rapport, Nouakchott-Mauritanie, avril 2013.

RAJOELISOA, P., « La perception de l'État de droit comme fondement du pouvoir politique à Madagascar », *in* D. DARBON et J. B. de GAUDUSSON (dir.), *La création du droit en Afrique*, Karthala, 1997.

RICŒUR, P., *Le juste,* Esprit, 1995.

RICŒUR, P., *Soi-même comme un autre*, Le Seuil, 1990.

REVILLARD, A. ; BAUDOT, P.-Y. ; CHAPPE, V.-A. ; RIBEMONT, TH., *La fabrique d'une légalité administrative. Sociologie du Médiateur de la République*, Mission de recherche Droit et Justice, 2011.

RIVIER, M.-C., « Les modes alternatifs de règlement des conflits. Un objet nouveau dans le discours des juristes français ? », *in* P. CHEVALIER, Y. DESDEVISES, P. MILBURN (dir.), *Les modes alternatifs de règlement des litiges : les voies nouvelles d'une autre justice*, Documentation française, 2003.

RIVIER, M.-C. (dir.). « Les modes alternatifs de règlement des conflits : un objet nouveau dans le discours des juristes français ? Rapport de synthèse », CERCRID, Université Jean Monnet, Saint-Étienne, avec le soutien de Mission de recherche Droit et Justice, mai 2001.

RIVIER M.-C. ; « Arbitrage », *in* L. CADIET (dir.). *Dictionnaire de la justice,* 1re édition, PUF, 2004.

RUBINO-SAMMATANO, M., *Arbitrage international. Droit et pratique, Tome 1*, Bruylant, 2019.

RUSSO, C., « Les modes alternatifs de règlement des conflits dans le domaine des assurances : l'exemple de la médiation », *in* J.-P. RACINE (dir.), *Pluralisme des modes alternatifs de résolution des conflits, pluralisme du droit,* L'Hermès, 2002.

ROBERGE, J.-F., « Les défis d'une justice participative. Garantir des qualités procédurales aux modes de prévention et règlement des différends », *in* L. CASAUX-LABRUNEE et J.-F. ROBERGE (dir.), *Pour un droit du règlement amiable des différends*, LGDJ, 2018.

ROBERT, J., *L'arbitrage. Droit interne. Droit international privé*, 6e éd., Dalloz, 1993.

ROBERT, J., « L'origine et le développement de la médiation dans les institutions publiques », *in* J. PELLETIER, *La médiation : quel avenir ?*, Actes du colloque des 5 et 6 février, à la Sorbonne, Médiateur de la République, 1998.

ROCHEFOUCAULT, L., *Réflexions ou sentences et maximes morales*, L'Harmattan, 1989.

ROULAND, N., *Introduction historique au droit*, 1re éd., PUF, 1998.

ROULAND, N., *L'anthropologie juridique*, 5e éd., PUF, 1995.

ROULAND, N., *Anthropologie juridique*, 1re éd., PUF, 1988.

ROULAND, N., *Aux confins du droit, anthropologie juridique de la modernité*, Odile Jacob, 1991.

ROULAND, N., « Anthropologie juridique », *in* D. ALLAND, S. RIALS (dir.). *Dictionnaire de la culture juridique*, PUF, 2003.

ROUSSEAUX, X., « Introduction. Vers une histoire postcoloniale de la justice et du droit en situation coloniale », *in* B. PIRET, CH. BRAILLON, L. MONTEL et P.-L. PLAMAN (dir.), *Droit et justice en Afrique coloniale*, PUSL, 2014.

SAADA, E., « Citoyens et sujets de l'empire français. Les usages du droit français en situation coloniale », *Genèses*, n° 53, 2003, p. 4-24.

SCHMITZ, J., « Anthropologie des conflits fonciers et hydropolitique du fleuve Sénégal (1975-1991) », *Cahier de sciences humaines*, n° 29, 1993.

SCOTT-RAU, A. et PEDAMON, C., « La contractualisation de l'arbitrage : le modèle américain », *Rev. arb.*, 2001.

SALL, A., « L'arbitrage : un mode de règlement de différends à promouvoir », *Bulletin Juridique*, n° 5, octobre 2017.

SAM, M., « À propos de la résurgence de la médiation comme mode alternatif de résolution des conflits sociaux en Afrique », Penant, n° 894, 2016.

SANDERS, A. J., « La production du droit au Botswana », *in* D. DARBON et J. B. De GAUDUSSON (dir.), *La création du droit en Afrique,* Karthala, 1997.

SEDDIKI-EL HOUDAIGUI-S. *Arbitrage commercial international au Maghreb*, L'Harmattan, 2012.

SMITH, E., « Les cousinages de plaisanterie en Afrique de l'Ouest. Entre particularisme et universalisme », *Raisons politiques*, n° 13, 2014.

SERAGLINI, C. ; ORTSCHEIDT, J., *Droit de l'arbitrage interne et international*, Montchrestien, 2013.

SERIAUXP, A., « La place de la médiation civile dans l'œuvre de justice », *in* A. LEBORGNE (dir.), *La médiation civile : Alternative ou étape du procès ?*, PUAM, 2018.

SIBIBE, A. S., *Le pluralisme juridique en Afrique : l'exemple du droit successoral sénégalais*, LGDJ, 1998.

SIGNORILE, A., La *sentence arbitrale en droit commercial international*, L'Harmattan, 2013.

SOLIGNAC, PH., « Rapport sur les modes alternatifs de résolution des conflits relevant du droit civil et commercial », Paris, 2002.

SOUNAYE, A., « L'Islam au Niger : éviter l'amalgame », *RH*, n° 28, 2011.

SOSSA, D.-C., « L'extension de l'arbitrabilité objective aux accords de développement économique dans l'espace OHADA », *Penant*, n° 884, 2013.

SIX, J.-F., *Les médiateurs*, Le Cavalier Bleu, 2003.

SIX, F.-F., *Le temps des médiateurs*, Le Seuil, 1990.

SY, Y., « L'esclavage chez les Soninkés : du village à Paris », *Journal des Africains*, n° 70, 2000.

SY, S.-M., « Médiateur de la République du Sénégal », *in* J. PELLETIER, *La médiation : quel avenir ?*, Actes du colloque des 5 et 6 février, à la Sorbonne, Médiateur de la République, 1998.

IDOT, L., « L'arbitrage et le contrôle des engagements en droit de la concurrence », *in* P. MAYER (dir.), *Arbitrage et droit de l'Union européenne*, LexisNexis, 2012.

TARZIA, G., « Médiation et institution judiciaire », *in* L. CADIET (dir.). *Médiation et arbitrage. Alternative Dispute Resolution. Alternative à la justice ou justice alternative ? Perspectives comparatives*, Litec, 2005.

TERRE, F. ; SIMLER, P. et LEQUETTE, Y., *Droit civil. Les obligations*, 10e éd., Dalloz, 2009.

TIMSIT, G., « Pour une nouvelle définition de la norme », *Chron*, 1988.

TIMERA, M., *Les Soninkés en France. D'une histoire à l'autre,* Karthala, 1996.

TIMSIT, M., « Présentation de l'institution du Médiateur de la République », *in* La médiation, Dalloz, 2009.

TILLIER, M., *L'invention du cadi : La justice des musulmans, des juifs et des chrétiens aux premiers siècles de l'islam*, éditions de la Sorbonne, 2017.

TILLIER, M., « Arbitrage et conciliation aux premiers siècles de l'islam : théories, pratiques et usages sociaux », *in* M. TILLIER (dir.), *L'arbitrage et conciliation dans l'islam médiéval et moderne, REMMM*, n° 140, 2016.

TRAORE, A., « L'islam en Mauritanie », *in* IREMAM (dir.). *Introduction à la Mauritanie*, éd. CNRS/Aix-Marseille, Université, 1979.

TRAORE, S., « Droit coutumier et coutume réflexion sur le langage du juriste des institutions traditionnelles africaines. Quelques exemples de concepts tirés du droit soninké du Gajaaga, Senegal », *Annales africaines*, RDEG de la faculté des sciences juridiques et économiques de l'Université Cheikh Anta Diop de Dakar, 1991.

TRAIN, F.-X., « L'arbitrage à l'épreuve des procédures pénales », *Rev. arb.*, 2019.

TRAIN, F.-X., « L'arbitrage entre standardisation, spécialisation et communautarisation », *in* **S. AMRANI-MEKKI, G. DAVY, S. KERNEIS et M. ROCCATI** (dir.), *Les chimères de l'alternativité*, Mare & Martin, 2018.

TRARI-TANI, M., *L'arbitrage commercial international*, Bruylant, 2011.

TRARI TANI, M., « Arbitrage commercial international et Convention de New York de 1958 sur la reconnaissance et l'exécution des sentences arbitrales », *in* F. OSMAN et A.-C. YILDRIM (dir.), *Où va l'arbitrage international ? De la crise au renouveau,* LexisNexis, 2017.

TRICOIT, J.-P., *La médiation judiciaire*, L'Harmattan, 2008.

TRONCHE, D., « Médiation familiale et lien social », *Empan*, n° 72, 2008.

TSHINYAMA-KADIMA, I., « Comprendre les pratiques policières en contexte congolais. Une étude ethnographique » revue *Droit pénal*, 2011.

TOUPET, C. ; PITTE, J.-R., *La Mauritanie*, PUF, 1977.

TOURRILHES, C., « La médiation, innovation sociale ou nouveau mode de régulation ? Vers des espaces tiers de socialisation », n° 18, *Pensée plurielle*, 2008.

TOUSCOZ, J., « Le règlement des différends dans la convention instituant l'agence multimodale de garantie des investissements, un développement de l'arbitrage international et du droit des investissements internationaux », *Rev. arb.*, 1988.

TYAN, E., *Histoire de l'organisation judiciaire en pays d'Islam*, Annales de l'Université de Lyon, Sirey, 1938.

VANACKER, C., « La Mauritanie jusqu'au XXe siècle », in Centre de recherches et d'études sur les sociétés méditerranéennes, Centre d'étude d'Afrique noire (dir.), Introduction à la Mauritanie, CNRS/Aix Marseille Université, 1979.

VANDERLINDEN, J., « Liminaire », *in* A. RYCKMANS, C. MWELANZAMBI-BAKWA (dir.), *Droit coutumier africain*, L'Harmattan, 1992.

VANDERLINDEN, J., *Anthropologie juridique*, Dalloz, 1996.
VANDERLINDEN, J., *Les systèmes juridiques africains*, PUF, 1983.
VANDERLINDEN, J., « À propos de la création du droit en Afrique. Regards d'un absent », *in* D. DARBON et J. B. de GAUDUSSON (dir.), *La création du droit en Afrique*, Karthala, 1997.
VANDERLINDEN, J., « Vers une nouvelle conception du pluralisme juridique », *RRJ*, 1993.
VAN DER MENSBRUGGHE, F., « L'utilisation de la méthode comparative dans la thèse de doctorat », *RDIC*, 2006/3.
VALLIERE LUHAHE, G., « Les juridictions gacaca au Rwanda : un outil de la reliance après le génocide de 1994 », *in* J.-F. PETIT, L. KI-ZERBO (dir.), *Justice transitionnelle, justice alternative. Quels enjeux éthique et politique en Afrique*, Actes du colloque à la Cour de cassation, Paris, 29 janvier 2016.
VARAUT, J.-M., « Indépendance », *in* L. CADIET (dir.) *Dictionnaire de la justice*, PUF, 2004.
VERDIER, R., « Justice de la Nature et rituels ordaliques. Le verdict du feu chez les montagnards Kabyé du Togo », *in* J. HOAREAU-DODINAU et P. TEXIER (dir.), *Résolution des conflits. Jalons pour une anthropologie historique du droit,* PUL, 2003.
VIDAL, D., *Droit français de l'arbitrage interne et international*, Lextenso, 2012.
VILLASANTE-CERVELLO, M., « Les droits humains et les tensions sociales en République islamique de Mauritanie. De l'emprisonnement de Biram Ould Abeid et de la condamnation à mort de Ould MKaitir », *Essai sur la Mauritanie*, n° 1, mars 2015.
VINCENT, J. ; GUINCHARD, S. ; MONTAGNIER, G. et VARINARD, A., *Institutions judiciaires*, 6e éd., Dalloz, 2001.
VINCENT, J. ; GUINCHARD, S. ; MONTAGNIER, G. ; VARINARD, A., *La justice et ses institutions*, Dalloz, 5e éd., 1999.
VINCENT-THOMAS, L., « Préface », *in* A. RYCKMANS, C. MWELANZAMBI-BAKWA (dir.), *Droit coutumier africain*, L'Harmattan, 1992.
VILLASANTE CERVELLO, M., « Textes sur les concepts, l'histoire et l'ordre politique contemporain en Mauritanie », *in* M. VILLASANTE CERVELLO (dir.), *Colonisations et héritages actuels au Sahara et au Sahel. Problèmes conceptuels, état des lieux et nouvelles perspectives de recherche (XVIIIe-XXe siècle),* L'Harmattan, 2007.
VILLASANTE DE BEAUVAIS, M., *Parenté et politique en Mauritanie. Essai d'anthropologie historique*, L'Harmattan, 1998.
WALWENGA, E., « Le cadre légal et règlementaire de la médiation pénale en France », *RDPC*, 2002.
WAGUÉ, C., « Quand les identités sociales s'affrontent, la coexistence devient difficile au fouta toro. Les Soninkés face aux mutations du XXe siècle », la Sorbonne, Hypothèses, 2007.
WARSCHEID, I., *Droit musulman et société au Sahara prémoderne*, éd. Brill, 2018.
WEILLER, L., « L'arbitrage du XXIe siècle », LexisNexis, n° 2, 2017.
WEILLER, L., « L'efficacité interne de l'accord amiable », *in* W. BEN HAMIDA, D. MOURALIS (dir.), *L'accord amiable : Et après ?*, PUAM, 2020.

WIEDERKEHR, C., « Sens, signifiance et signification de l'autorité de la chose jugée », in Études offertes à J. NORMAND, *Justice et droits fondamentaux*, Litec, 2003.

WOLLIAM-ZARTMAN, I., *La résolution des conflits en Afrique*, traduit de l'anglais par M. C. Gamberini et l'auteur, L'Harmattan, 1990.

YACOUB-AHMAT, M., « La gestion des conflits. À travers la Médiature du Tchad », thèse de doctorat, Université de Le Mans, 2018.

YAHYA OULD CIRE, M., *La Mauritanie. Entre l'esclavage et le racisme*, L'Harmattan, 2014.

YOUNES, C., « Médiation, subjectivisation de la norme et décentrage du sujet », *in* C. YOUNES et E. LE ROY (dir.), *La médiation et diversité culturelle pour quelle société ?*, Karthala, 2002.

YOUNES, C. ; LOTETEKA, J., « La place du tiers dans la médiation », *in* C. EBERHARD et G. VERNICOS (dir.), *La quête anthropologique du droit,* Karthala, 2006.

ZAKARIA, S., « Pourquoi et comment se marie-t-on chez les Soninkés », *in* S. ZAKARIA, C. WAGUÉ, S. N'DIAYE (dir.), *Penser et écrire la société soninké aujourd'hui*, L'Harmattan, 2020.

ZAKARIA, S., *La société soninké entre hier et aujourd'hui*, éd. Les Impliqués, 2017.

ZAOUANI-DENOUX, S., « L'alternance comme médiation », *in* HOMO XXXVII, *La médiation*, PUM, 2002.

ZIHIRI, M., « L'institution de juge au Maroc : vers une conciliation entre tradition et modernité (1894-1974) », thèse de doctorat, Université de Laval, Canada, 2013.

Sources web

AAHJ, F., « Les modes alternatifs de règlement des conflits en Afrique. Défi ou évolution de la justice », octobre 2017, à Porto-Novo (Bénin), http://elvirevignon.net.

ACKA, F.-S., « Un médiateur dans les institutions publiques ivoiriennes : l'organe présidentiel de médiation », disponible, www.afrilex.u-bordeaux4.fr/un-mediateur-dans-les-institutions.

Amnesty International, « Rapport sur la situation des droits de l'homme en Mauritanie », Nouakchott, août 2019, disponible sur https://www.amnesty.org/fr/

BAH, T., « Les mécanismes traditionnels de prévention et de résolution des conflits en Afrique noire », disponible, www.unesco.org

BERTHE, B., « La justice dans l'État », *in* AHJUCAF (dir.), *Justice et État de droit*, Colloque, Dakar, Sénégal, 17 et 18 novembre 2014, https://www.ahjucaf.org

BOUBOU, B., « Guidimakha-Mauritanie : l'organisation sociale et la hiérarchie des castes en milieu soninké », disponible, www.kassataya.com, 2017.

CNDH, « Rapport sur la situation des Droits de L'Homme en Mauritanie », Nouakchott, 2010 et 2016, disponibles sur www.cndh.mr

Défenseur des droits, www.defenseurdesdroits.fr/fr/institution/organisation/

DELEVOYE, J.-P., « Le rôle du Médiateur de la République et son regard sur la société française », disponible, www.france-ameriques.org

DIARRA, A., « La protection constitutionnelle des droits et libertés en Afrique noire francophone depuis 1990 : les cas du Mali et du Bénin », disponible, www.academia.édu, septembre 2001.

DOUSSOU KOMARA, M., « La corruption coûte 25 % du PIB de l'Afrique : la réponse BAD/OCDE », disponible, www.financialafrik.com, avril 2019.

FRICERO, N. et VERT, F., « La médiation face aux enjeux du numérique et du service public de la justice : quelle perspective ? », Dalloz-actualité, www.dalloz-actualité.fr, janvier 2018.

GALSEN, W., « L'empire du Ghana », disponible sur www.academia.edu

GUICHETEAU, C., « La médiation conventionnelle, pour résoudre vos litiges à l'amiable », disponible sur www.chefdentreprise.com, février 2013.

GUICHETEAU, C., « La médiation conventionnelle, efficace mais peu utilisée », disponible https://www.afje.org/actualite/la-mediation-conventionnelle-efficace-mais-peu-utilisee--199, juillet 2019.

KERNEIS, S., « Les modes alternatifs de règlement des conflits. Droit pénal, histoire et anthropologie », disponible sur, www.academia.edu

KERNEIS, S., « Les étranges formes du droit romain. Normes romaines et valeurs coutumières du IIe-IVe siècle », disponible, www.academia.edu

KHIAL, A., « L'arbitrage en droit marocain », disponible : www.cimeda.org, mars 2015.

KOUROUMA, M. F., « La charte de kouroukan-fouga : simple patrimoine culturel immatériel de l'humanité ou un texte juridique qui devrait inspirer ? », disponible sur www.hal.archives-ouvertes.fr, février 2017.

La charte de Mandé, www.ich.unesco.org

La charte de Mandé, www.afrik.com/IMG/doc/

MALINOWSKI, B., « Le crime et la coutume dans les sociétés primitives », un texte intégral extrait de mœurs et coutumes des Mélanésiens, traduit de l'anglais par le Dr S. JANKÉLÉVITCH, disponible www.uqac.uquebec.ca

MINZOTO, B., « Le nouveau droit de l'arbitrage de l'espace OHADA », disponible : www.academie.edu, 2017.

Ministère de la Justice, www.justice.gov.mr

MUSTAPHA, E., « Voilà où les dirigeants mauritaniens déposent leurs détournements à l'étranger », disponible, www.haut-et-fort.blogspot.com, juillet 2020.

VILLASANTE CERVELLO, M., « Les formes extrêmes de dépendance en Mauritanie et la loi 2015-031 portant incrimination de l'esclavage », disponible, www.academia.ed, septembre
2019.

NDIAYE, I. K., « Sénégal : séparation des pouvoirs (exécutif, judiciaire, législatif) et des institutions fortes : la panacée contre tous les abus », disponible www.iknews.fr/index.php, 2021.

OGO SECK, P., « La singularité du pouvoir politique traditionnel en Afrique : Exemples comparés des sociétés wolof et bantu », disponible, https://www.academia.edu.

OULD CHEIKH, A.-W., « La Mauritanie et les études postcoloniales », https://www.academia.edu, 2011.

OULD CHEICKH, A.-W., « Tribu et État en Afrique », disponible, https://www.academia.edu, 2014.

OULD-CHEIKH, A.-W., « Le contexte social en Mauritanie », https://www.academia.edu, mars 2006.
OULD CHEIKH, A.-W., « Tribu : mode d'emploi », disponible https://www.academia.edu
OULD CHEIKH, A.-W., « Histoire de la Mauritanie », disponible https://www.academia.edu.
STATI, B., « L'institution française du Médiateur de la République », disponible, www.democratie.francophonie.org
TAGNE TOIKADE, T.-S., « La conciliation en droit judiciaire privé camerounais », disponible, www.hal.archives-ouvertes.fr, 2016.
TALFI, B.-I., « Quel droit applicable à la famille au Niger ? Le pluralisme juridique en question », Research Partnership, 4/2008, disponible, www.academia.edu

TABLE DES MATIÈRES

TABLE DES ANNEXES

NOTES

[1] S. N'DIAYE, « Le passé violent et la politique du repentir en Mauritanie : 1989-2012 », Thèse de doctorat,Université Paris-Nanterre, LGDJ, 2013, p. 7.
[2] G. DÉSIRÉ-VUILLEMIN, « Aperçu historique de la Mauritanie du XIXe siècle à l'indépendance », *in* Centre de recherches et d'études sur les sociétés méditerranéennes, Centre d'étude d'Afrique noire (dir.), *Introduction à la Mauritanie*, CNRS/Aix-Marseille Université, 1979, p. 67-100.
[3] Moktar Ould DADDAH, le premier président de la République islamique de Mauritanie (1960 à 1978).
[4] Selon Mohamed Yahya OULD CIRE, « le mot Haratine, en hassanya (dialecte arabo-berbère), signifie affranchis de l'esclavage maure ». Les Haratines (une catégorie de la population mauritanienne) sont les anciens esclaves des Maures blancs.
[5] A. G. PAZZANITA, « *Historical dictionary of Mauritania* », 2008, cité par PH. ALSTON, « Rapport sur les droits de l'homme et l'extrême pauvreté en République islamique de Mauritanie », *op. cit.*, p. 8.
[6] PH. ALSTON, « Rapport sur les droits de l'homme et l'extrême pauvreté en Mauritanie », *op. cit.*, p. 8.
[7] États-Unis d'Amérique, Département d'État, « *Mauritania Human Rights Raport* », 2015, p. 14.
[8] J.-P. HERVOUËT, « Types d'adaptations sahéliennes. L'exemple de la Mauritanie centrale méridionale », Thèse de doctorat, Université de Rouen, 1975, p. 44.
[9] La Commission nationale des droits de l'homme (CNDH), « Rapport annuel sur la situation des enfants enMauritanie », Nouakchott, 2016, disponible sur www.cndh.mr, p. 8.
[10] PH. ALSTON, « Rapport sur les droits de l'homme et l'extrême pauvreté en Mauritanie », *op. cit.*, p. 3.
[11] Rapport de la Commission d'enquête parlementaire (RCEP), Nouakchott, juillet 2020. Selon le rapport « les textes méconnus des autorités publiques en charge de les respecter sont les textes relatifs à la passation et à l'exécution des marchés publics. Au regard de l'ampleur des irrégularités relevées par la Commission d'enquête, force est de constater que les contrôles n'ont pas toujours été réalisés, tant par l'autorité de régulation des marchés publics que par les autres organes comme la Cour des comptes ou l'inspection générale d'État, sans que l'on sache exactement les motifs de cette carence ».
[12] PH. ALSTON, « Rapport sur les droits de l'homme et l'extrême pauvreté en Mauritanie », *op. cit.*, p. 1 et s.
[13] PH. MARCHESIN, « Origine et évolution des partis et groupes politiques », *Politique africaine*, n° 55, 1994, p. 21 et s. ; A-W. OULD CHEIKH, « Des voix dans le désert sur les élections de l'ère pluraliste », *Politique africaine*, n° 55, 1994, p. 39 : « Le processus électoral engagé en République islamique de Mauritanie depuis la démocratisation officielle des institutions n'a pas, comme on le voit, essentiellement bouleversé le paysage politique qui lui préexistait ».
[14] O. LESERVOISIER, « Démocratisation et renégociations sociales : Les enjeux de la participation politique des groupes d'origine servile haalpulaaren en Mauritanie », *Politique Africaine*, n° 114, 2009, p. 24-43.

[15] A. K. OULD MOHAMED, *Mauritanie. Chronique des sables mouvants*, L'Harmattan, 2016, p. 13.

[16] La Commission nationale des droits de l'homme (CNDH) de Mauritanie, créée par l'ordonnance 2006-015 du 12 juillet 2006 est une institution nationale consultative indépendante à composition plurielle qui a des compétences de conseil, d'observation, d'alerte, de médiation et d'évaluation en matière de respect des droits de l'homme. La CNDH est un cadre national de concertation entre les administrations et les organisations non gouvernementales en matière de promotion et de protection des droits de l'homme. Dans le but de renforcer l'indépendance de la CNDH et de lui octroyer une assise juridique plus conforme aux principes de paris relatifs à l'indépendance et au fonctionnement des institutions nationales des droits de l'homme, les pouvoirs publics ont adopté la loi 031-2010 du 20 juillet 2010 portant abrogation et remplacement de l'ordonnance précitée. La promulgation de cette loi a incontestablement été comprise comme une des manifestations les plus concrètes de la détermination du gouvernement à vouloir promouvoir et soutenir l'instauration d'une culture des droits de l'homme en Mauritanie. La CNDH publie un rapport annuel sur la situation des droits de l'homme en Mauritanie. Ce rapport est adressé annuellement au président de la République et au président de l'Assemblée nationale. Le rapport fait l'état des lieux des droits de l'homme dans le pays et formule des recommandations pour leur amélioration.

[17] PH. ALSTON, « Rapport sur les droits de l'homme et l'extrême pauvreté en Mauritanie », *op. cit.*, p. 3.

[18] Amnesty International, « Rapport sur la situation des droits de l'homme en Mauritanie », Nouakchott, août, 2019, disponible sur https://www.amnesty.org.

[19] *Ibid.*

[20] Sur cette question, cf. S. N'DIAYE, « Le passé violent et la politique du repentir en Mauritanie : 1989-2012 », Thèse de doctorat, Université Paris-Nanterre, LGDJ, 2013.

[21] CNDH, « Rapport sur la situation des droits de l 'homme en Mauritanie », Nouakchott, 2010 et 2016,disponibles sur www.cndh.mr.

[22] N. ROULAND, *Introduction historique au droit*, 1re éd., PUF, 1998, p. 21.

[23] J. VINCENT, S. GUINCHARD, G. MONTAGNIER, A. VARINARD, *La justice et ses institutions*, Dalloz, 5e éd., 1999, p. 6 ; L. ROCHEFOUCAULT, *Réflexions ou sentences et maximes morales*, L'Harmattan, 1989, p. 5 ; J. NGOUMBONGO KOHETO, « L'accès au droit et à la justice des citoyens en République centrafricaine », Thèse de doctorat, Université Bourgogne, 2013, p. 1.

[24] Coran, *La table servie*, XXXIX, V, 49 et V, 42. Dieu dit dans le Coran : « Et si tu juges, alors juge entre eux en équité. Car Allah aime ceux qui jugent équitablement ».

[25] Le 3 août 2005, la prise du pouvoir par le Conseil militaire pour la justice et la démocratie (CMJD). Un coup d'État perpétré par les militaires en l'absence du Président Ould Taya du pays ; lui-même est arrivé au pouvoir par coup d'État en 1984.

[26] Rapport du Comité interministériel, « Sur la justice en Mauritanie », Nouakchott, Mauritanie, 2005, p. 12.

[27] G. CORNU (dir.), *Vocabulaire juridique*, PUF, 12e éd., 2018, p. 594 ; N. FRICERO, *Les institutions judiciaires, les principes fondamentaux de la justice : les organes de la justice ; les acteurs de la justice*, Lextenso,2012, p. 15 : « Le terme de juriste peut être conçu comme recouvrant l'ensemble des institutions chargées de trancher, selon une procédure équitable, les litiges qui peuvent opposer des particuliers entre eux ou avec les autorités publiques ».

[28] L. CADIET, « Justice et paix civile », *in* AHJUCAF (dir.), *Justice et État de droit*, Colloque de l'Ahjucaf, Dakar (Sénégal), 17 et 18 novembre 2014, p. 78 ; A-J. ARNAUD (dir.), *Dictionnaire encyclopédique de théorie et de sociologie du droit*, LGDJ, 2e éd., 1993, p. 327 et s.

[29] P. RICŒUR, *Le juste*, éd. Esprit, 1995, p. 192 et s.

[30] A. GARAPON, « La justice pénale internationale à l'épreuve du cosmopolitisme », *in* C. EBERHARD et G. VERNICOS (dir.), *La quête anthropologique du droit. Autour de la*

démarche d'Étienne Le Roy, Karthala, 2006, p. 54 : « Le leitmotiv de la justice, qui est devenu une sorte de bréviaire, consiste à dire : "il faut punir pour empêcher que les violences reviennent" ». Mais une société comme celle de la Sierra Leone pencherait pour une conclusion radicalement opposée : « il faut s'occuper d'eux (sous-entendu les miliciens auteurs d'exactions) pourne pas qu'ils recommencent ». Pour Antoine Garapon, cette seconde proposition a du sens et est peut-être même plus réaliste que la précédente.

[31] M. KAMTO, *Pouvoir et droit en Afrique noire. Essai sur les fondements du constitutionnalisme dans les États d'Afrique noire francophone*, LGDJ, 1987, p. 39 et s.

[32] A.-J. ARNAUD (dir.), *Dictionnaire encyclopédique de théorie et de sociologie du droit, op. cit.*, p. 327 et s.

[33] M. ALLIOT, *Le droit et le service public au miroir de l'anthropologie*, Textes choisis et édités par C. KUYU, Karthala, 2003, p. 179.

[34] N. ROULAND, *Anthropologie juridique*, PUF, 1988, p. 264 et s.

[35] C. BAROIN, « Justice traditionnelle ou justice étatique ? Le jeu des plaideurs chez les Rwa du mont Méru (Tanzanie) », *in* S. AMRANI-MEKKI, G. DAVY, S. KERNEIS et M. ROCCATI (dir.), *Les chimères de l'alternativité ? Regards croisés sur les modes alternatifs, le règlement des conflits*, Mare & Martin, 2018, p. 165. [36] Art. 7 de la Charte africaine des droits de l'homme et des Peuhls ; art. 2 § 3 et 14 § 1 du Pacte international relatif aux droits civils et politiques.

[37] G.-J. FOUDA, « L'accès au droit : richesse et fécondité d'un principe pour la socialisation juridique et l'État dedroit en Afrique noire francophone », *REA*, 01/2000, p. 1-11.

[38] Le droit positif mauritanien est un droit d'inspiration occidentale. Il est la copie conforme du droit français, qui est l'une des sources principales du droit mauritanien depuis l'indépendance du pays.

[39] Ministère de la Justice, l'UE, « Enquête de perception de la justice », Nouakchott, 2012.

[40] Ministère de la Justice, « Stratégie nationale d'accès à la justice 2020-2014 (SNAJ) », Nouakchott, octobre2019.

[41] H. RAMDAN, ministre de la Justice et Professeur des Universités, « Entretien ouvert », ministère de la Justice, Nouakchott, 03/11/2019.

[42] M-C. RIVIER, « Les modes alternatifs de règlement des conflits. Un objet nouveau dans le discours des juristes français ? », *in* P. CHEVALIER, Y. DESDEVISES, PH. MILBURN (dir.), « Les modes alternatifs de règlement des litiges : les voies nouvelles d'une autre justice », Documentation française, 2003, p. 30.

[43] X. LAGARDE, « Les modes de l'alternativité », *in* S. AMRANI-MEKKI, G. DAVY, S. KERNEIS et M. ROCCATI (dir.), *Les chimères de l'alternativité ?*, Mare & Martin, 2018, p. 238.

[44] L. CADIET, TH. CLAY, *Les modes alternatifs de règlement des conflits*, Dalloz, 2e éd., 2017, p. 29 et s. ; G. CORNU, « Les modes alternatifs de règlement des conflits. Rapport de synthèse », *RIDC*, vol. 49, n° 2, 1997, p. 313-323 ; R. BILAIDI, *La résolution des litiges disciplinaires en droit du travail. Contribution aux modes alternatifs de règlement des conflits*, Tome I, 2003, p. 11.

[45] E. DOCKES, « Injustes alternatives et justes conflits. Critique des justices alternatives à partir du droit social » *in* S. KERNEIS (dir.), « Les justices alternatives et leurs avatars », *Droit et cultures*, n° 65, 2013, p. 101-110 ; S. KERNEIS, « Aspect historique, anthropologique et comparatif des modes alternatifs de règlement des conflits », *in* kulturelle Bedingungen des Verfassungsstaates. *Les aspects culturels de l'État constitutionnel. Los aspectos culturales del Estado constitucional*, éd. C. Gonzalez Palacios, Tudpress, 2012, p. 211-219. Selon l'auteur, les « justices alternatives », « modes alternatifs de résolution des litiges », « modes alternatifs de résolution des conflits » ou « Alternative Dispute Resolution » – parfois résumés en MARL, MARC, ou ADR – sont des expressions sinon parfaitement synonymes du moins largement utilisées les unes pour les autres.

[46] R.-A. MACDONALD et P.-O. SAVOIE, « Une phénoménologie des modes alternatifs de résolution des conflits : résultat, processus et symbolisme », *in* C. EBERHARD et

G. VERNICOS (dir.), *La quête anthropologique du droit. Autour de la démarche d'Étienne Le Roy*, Karthala, 2006, p. 277.

[47] L. CADIET, *Découvrir la justice*, Dalloz, 1999, p. 67 ; L. CADIET, « Panorama des modes alternatifs de règlement des conflits », *Ritsumeikan Law Review* (*RLR*), n° 28, 2011, p. 154.

[48] A.-J. ARNAUD (dir.), *Dictionnaire encyclopédique de théorie et de sociologie du droit*, 2e éd., LGDJ, 1993.

[49] J.-B. RACINE (dir.), *Pluralisme des modes alternatifs de résolution des conflits, pluralisme du droit*, L'Hermès, 2002, p. 8 et s.

[50] J.-E. M. PORTALIS, « Discours préliminaire du premier projet du Code civil », Paris, le 21 janvier 1801.

[51] P. KAYSER, « La recherche en France de la diminution des contentieux judiciaire et administratif par le développement des règles amiables », *RJ*, n° 3, 1996, p. 206.

[52] Ministère de la Justice, « Stratégie nationale d'accès à la justice 2020-2024 (ANAJ) », Nouakchott, octobre 2019, p. 14 et s.

[53] H. CROZE, CH. MOREL, O. FRADIN, *Procédure civile*, 3e éd., Litec, 2005, p. 221 et s.

[54] J.-P. BONAFÉ-SCHMITT, *La médiation pénale en France et aux États-Unis*, LGDJ, 2010, p. 11.

[55] E. DOCKES, « Injustes alternatives et justes conflits. Critique des justices alternatives à partir du droit social » *in* S. KERNEIS (dir.), *Les justices alternatives et leurs avatars*, Droit et Cultures, L'Harmattan, 2013, p. 101-110.

[56] *Ibid.*

[57] S. DU BLED et R. DE QUENAUDON, *Forum pour la régulation de l'Europe sociale. Conciliation, médiation et arbitrage vers une régulation européenne des modes alternatifs du règlement des conflits collectifs du travail, op. cit.*, p. 5.

[58] R.-A. MACDONALD, « Normativité, pluralisme et sociétés démocratiques avancées », *in* C. YOUNES et E. LE ROY (dir.), *Médiation et diversité culturelle. Pour quelle société ?*, Karthala, 2002, p. 26.

[59] C. DEBBASCH, J. BOURDON, J.-M. PONTIER et J.-C. RICCI, *Droit constitutionnel et institutions politiques*, Economica, 1990, p. 17.

[60] C. DEBBASCH, J. BOURDON, J.-M. PONTIER et J.-C. RICCI, *Droit constitutionnel et institutions politiques,* Economica, 1990, p. 17 ; B. BARTHE, « La justice dans l'État » *in* AHJUCAF, *Justice et état de droit,* Colloque de l'Ahjucaf, 17 et 18 novembre, Dakar (Sénégal), 2014, p. 46 : « L'État apparaît comme le contenant, la réalité englobante et la justice, la réalité englobée ».

[61] G. CORNU (dir.), *Vocabulaire juridique*, *op. cit.*, p. 422.

[62] H. KELSEN, *Théorie pure du droit, traduction* de CH. Esennman, Dalloz, 1962, p. 383 et s.

[63] S. GUINCHARD *& alii*, *Droit processuel. Droits fondamentaux du procès*, Dalloz, 2015, p. 1301.

[64] B. PAUVERT, « Regards sur le sens de la dignité », *RGDM* numéro spécial, « Le sens des mots en droit des personnes et droit de la santé », 2008, p. 77.

[65] L. CADIET, « Des modes alternatifs de règlement des conflits en général et de la médiation en particulier », *in* S. AMRANI MEKKI *et alii*, La médiation, Dalloz, Société de législation comparée, 2009, p. 15 ; CH. JARROSSON, « Les modes alternatifs de règlement des conflits. Présentation générale », *op. cit.*, p. 325-345 : « Comme leur nom l'indique, les modes alternatifs de règlement forment une catégorie ouverte, et donc mal délimitée qui regroupe un ensemble des modes de règlement des différends » ; CH. JARROSSON, « La médiation et la conciliation : essai de présentation », *Droit et Patrimoine*, 1999, p. 36.

[66] J.-B. RACINE (dir.), *Pluralisme des modes alternatifs de résolution des conflits, pluralisme du droit, op. cit.*, p.10.

[67] L. CADIET, TH. CLAY, *Les modes alternatifs de règlement de conflits, op. cit.*, p. 15.

[68]A. FORGE, « Les modes alternatifs de règlement des litiges en droit du travail », Mémoire de Master,Université Paris II-Assas, 2016, p. 9.

[69] *Ibidem*, p. 10.

[70] *Ibidem.*
[71] L. CADIET, TH. CLAY, *Les modes alternatifs de règlement de conflits, op. cit.*, p. 16.
[72] *Ibidem.*
[73] G. CORNU (dir.), *Vocabulaire juridique*, 12e éd., PUF, 2018, p. 59.
[74] *Ibid.*
[75] S. KERNEIS, « Aspect historique, anthropologique et comparatif des modes alternatifs de règlement des conflits », in kulturelle Bedingungen des Verfassungsstaates. *Les aspects culturels de l'État constitutionnel. Los aspectos culturales del Estado constitucional, op. cit.*, p. 211-219.
[76] L. CADIET, TH. CLAY, *Les modes alternatifs de règlement de conflits, op. cit.*, p. 17 ; L. CADIET, « L'alternativité entre mythe et réalité ? Observations conclusives », *in* S. AMRANI-MEKKI, G. DAVY, S. KERNEIS et M. ROCCATI (dir.), *Les chimères de l'alternativité ?*, Mare & Martin, 2018, p. 247.
[77] M.-C. RIVIER, « Les modes alternatifs de règlement des conflits. Un objet nouveau dans le discours des juristes français ? », *in* P. CHEVALIER, Y. DESDEVISES, P. MILBURN (dir.), *Les modes alternatifs de règlement des litiges : les voies nouvelles d'une autre justice*, Documentation française, 2003, p. 30.
[78] X. LAGARDE, « Les modes de l'alternativité », *in* S. AMRANI-MEKKI, G. DAVY, S. KERNEIS et M. ROCCATI (dir.), *Les chimères de l'alternativité ?, op. cit.*, p. 238 et s.
[79] A. FORGE, Les modes alternatifs de règlement des litiges en droit du travail, *op. cit.*, p. 11.
[80] A. REY, *Dictionnaire historique de la langue française*, 2010, cité par A. FORGE, « Les modes alternatifs de règlement des litiges en droit du travail », *op. cit.*, p. 11.
[81] G. CORNU (dir.), *Vocabulaire juridique, op. cit.*, p. 884.
[82] R. A. MACDONALD et P.-O. SAVOIE, « Une phénoménologie des modes alternatifs de résolution des conflits : résultat, processus et symbolisme », *in* C. EBERHARD et G. VERNICOA (dir.), *La quête anthropologique du droit. Autour de la démarche d'Étienne Le Roy*, Karthala, 2006, p. 276.
[83] G. CORNU (dir.), *Vocabulaire juridique, op. cit.*, p. 917.
[84] L. CADIET, TH. CLAY, *Les modes alternatifs de règlement des conflits, op. cit.*, p. 21.
[85] S. GEORG, « Le conflit » in *Sociologie. Études sur les formes de la socialisation*, Paris, PUF, 1999 (trad. de l'Éd., originale, 1908) ; J. CARBONNIER, *Sociologie juridique*, PUF, 2e éd., Quadrige Manuels., 2004, p. 363.
E. JEULAND, *Droit processuel général*, 3e éd., LGDJ, 2014, p. 15.
[86] L. CADIET, « Panorama des modes alternatifs de règlement des conflits en droit français », *R.L.R.*, n° 28, 2011, p. 147-167. « Si tous les conflits ne se prêtent pas à une solution extrajudiciaire, à l'inverse, tous les conflits ne se prêtent pas non plus à une solution juridictionnelle : de même que toutes les maladies ne justifient pas d'aller d'emblée voir le service spécialisé de l'hôpital public, tous les conflits ne justifient pas d'emblée d'aller voir un tribunal ».
[87] M.-C. RIVIER (dir.), « Les modes alternatifs de règlement des conflits : un objet nouveau dans le discours des juristes français ? » Rapport de synthèse, *op. cit.*, p. 4.
[88] L. CADIET, TH. CLAY, *Les modes alternatifs de règlement des conflits, op. cit.*, p. 22.
[89] A. JEAMMAUD, « Conflit, différend, litige », *Droits*, n° 34, mots de justice 2001, p. 15.
[90] P. BOURDIEU, « La force du droit. Élément pour une sociologie du champ juridique », *Actes de la recherche en sciences sociales.* Vol. 64, septembre 1986, p. 3-19 ; E. BATTISTONI, « De arte juris, méthodologie des métiers du droit et de la justice, modèles conceptuels et instruments de travail », *in* P. CECCHI-DIMEGLIO et B. BRENNEUR (dir.), *Manuel interdisciplinaire des modes amiables de résolution des conflits*, Larcier, 2015, p. 730 : « tout conflit est l'expression d'une tension relationnelle qui perturbe les rapports humains. Plus précisément, une relation humaine devient toujours problématique lorsqu'elle est gangrenée par un sentiment d'injustice ».
[91] A. FORGE, *Les modes alternatifs de règlement des litiges en droit du travail, op. cit.*, p. 12.

[92] G. CORNU (dir.), *Vocabulaire juridique*, *op. cit.*, p. 620.
[93] A. JEAMMAUD, « Conflit, différend, litige », *op. cit.*, p. 18 ; I. KITAMURA, *L'avenir de la justiceconciliatoire*, Mélanges en hommage à François Terré, PUF, 1999, p. 801-818.
[94] L. CADIET, TH. CLAY, *Les modes alternatifs de règlement de conflits*, *op. cit.*, p. 23 et s.
[95] B. GORCHS, « La médiation dans le procès civil : sens et contresens. Essai de mise en perspective du conflit etdu litige » *RTD* civ, n° 3 2003, p. 409.
[96] CH. JARROSSON, « Les modes alternatifs de règlement des conflits. Présentation générale », *RIDC*, vol. 49, n° 2, 1997, p. 325-345.
[97] J.-B. RACINE (dir.), *Pluralisme des modes alternatifs de résolution des conflits, pluralisme du droit*, *op. cit.*, p. 11 ; M. M. MOHAMED-SALAH, « Médiation, conciliation, transaction, jugement sur accord-parties : Essai de définition », *in* F. OSMAN (dir.), *La médiation en matière civile et commerciale*, Bruylant, 2012, p. 77 ; E. M. NGANGO YOUMBI, « Les modes alternatifs de résolution des litiges administratifs en Afrique noire francophone », *RIDE*, 2019/4, p. 449-476 : « Que l'on appelle encore les solutions de rechange au règlement des litiges pour user du vocabulaire québécois, Alternative Dispute Resolution selon les termes utilisés aux États-Unis, modes non juridictionnels ou encore modes alternatifs de résolution des litiges selon les formules les plus utilisées en France ».
[98] C. JARROSSON, « Les modes alternatifs de règlement des conflits. Présentation générale », *op. cit.*, p. 329 ; L. CADIET, TH. CLAY, *Les modes alternatifs de règlement de conflits*, *op. cit.*, p. 16 ; E. M. NGANGO YOUMBI, « Les modes alternatifs de résolution des litiges administratifs en Afrique noire francophone », *RIDE*, 2019/4, p. 449-476 : « L'expression modes alternatifs de règlement des conflits, c'est l'ensemble de procédés visant à résoudre des conflits ou des litiges, sans recourir à un juge, notamment par la voie de la conciliation ou de la médiation conduite par un tiers ».
[99] CH. JARROSSON, « La contractualisation de la justice : jusqu'où aller ? », *in* L. CADIET et L. RICHER (dir.),
Réforme de la justice, réforme de l'État, PUF, 2003, p. 185.
[100] S. KERNEIS, « Aspect historique, anthropologique et comparatif des modes alternatifs de règlement des conflits », *in* kulturelle Bedingungen des Verfassungsstaates. *Les aspects culturels de l'État constitutionnel. Los aspectos culturales del Estado constitucional*, *op. cit.*, p. 211-219.
[101] L. CARPENTIERI, « La justice restauratrice : analyse critique d'un modèle américain de règlement alternatif des conflits », Thèse de doctorat, Université Panthéon-Assas, Paris II, 2006.
[102] S. KERNEIS, « Le droit à l'épreuve de l'anthropologie historique : le cas des modes alternatifs de résolutiondes conflits », *Revue électronique d'histoire du droit*, disponible sur, www.cliothemis.com n ° 5, 2012.
[103] E. LE ROY, « Médiation comme dialogie entre les ordonnancements de régulation sociale », *in* C. YOUNES et E. LE ROY, *Médiation et diversité culturelle. Pour quelle société ?*, Karthala, 2002, p. 84.
[104] L. CADIET, « Panorama des modes alternatifs de règlement des conflits en droit français », *Ritsumeikan LawReview*, n° 28, 2011, p. 147.
[105] V. annexe : Entretien avec le président de la Cour suprême de Mauritanie, Nouakchott, le 27 octobre 2020.
[106] F.-K. CAMARA et A. CISSE, « Arbitrage et médiation dans les cultures juridiques négro-africaines : entre laprédisposition à dénouer et la mission de trancher », *Rev. arb*, n° 2, 2009, p. 285.
[107] Ordonnance n° 83. 144 du 23 juin 1983 portant réorganisation de la justice en Mauritanie. Cette réorganisation ou réforme de la justice est intervenue sous l'impulsion des nouveaux dirigeants militaires, qui ont pris le pouvoirle 10 juillet 1978. Elle est marquée par des choix politiques, en particulier, l'arabisation et l'islamisation du pays. Le but principal de cette réforme était la généralisation du droit musulman, supposé plus adapté aux aspirations du peuple mauritanien, afin d'unifier les institutions judiciaires et abolir le dualisme judiciaire.

[108] L. DUMONT, *Essais sur l'individualisme, une perspective anthropologique sur l'idéologie moderne*, Seuil, 1983, p. 119 et s : « L'englobement du contraire consiste tout d'abord à poser un cadre englobant, qui est un référent commun et ensuite à introduire à l'intérieur de ce cadre un principe discriminant qui consiste à penser l'autre comme le contraire de soi ».
[109] E. LE ROY, *Les Africains et l'institution de la justice. Entre mimétisme et métissages, op. cit.*, p. 16.
[110] S. NENE BI, *Histoire du droit et des institutions méditerranéennes et africaines. Des origines au début du XVIII*[e] *siècle,* éd. ABC, 2018, p. 36.
[111] V. annexe : Entretien avec le magistrat de la Cour suprême de Mauritanie, Cour suprême de Mauritanie, Nouakchott, 30/10/2019.
[112] CH. TROPET et J. PILLET, *La Mauritanie*, PUF, 1977, p. 9. « Le cadi est un juge dans la société musulmane. Il juge seul tous les litiges entre les musulmans. On peut le qualifier de "super juge". La fonction de cadi est un devoir religieux précis et une tradition qu'il faut suivre. En principe, le cadi ne statue qu'entre ses coreligionnaires en appliquant la loi musulmane (charia). Mais, deux exceptions sont reconnues par la doctrine dans lesquelles la compétence du cadi peut s'exercer sur les justiciables non musulmans. La première exception se présente lorsquedes justiciables non musulmans choisissent, par accord commun, de porter leur litige devant le cadi. La deuxièmeexception se présente lorsque la compétence du cadi est considérée comme exclusive pour des raisons d'ordre public et afin de permettre le maintien des bonnes mœurs de l'islam ».
[113] V. annexe : Entretien avec Haimoud Ramdan, ministre de la Justice et professeur des universités, ministère dela Justice, Nouakchott, 03/11/2019.
[114] J.-G. BIDIMA, *La palabre : une juridiction de la parole*, Michalon, 1997.
[115] A. FÉNÉON, « Commentaire de l'acte uniforme relatif à la médiation du 23 novembre 2017 », *in* N. AKA, A. FÉNÉON et J.-M. TCHAKOUA, « Le nouveau droit de l'arbitrage et de la médiation en Afrique » (OHADA), LGDJ, 2018, p. 276 ; J.-G. BIDIMA, « Médiation, mutualité et historicité », *in* C. YOUNES et E. LE ROY, *La médiation et diversité culturelle pour quelle société ?*, Karthala, 2002, p. 128.
[116] I. TSHINYAMA-KADIMA, « Comprendre les pratiques policières en contexte congolais. Une étudeethnographique », *RDP*, 2011, p. 161.
[117] T. BAH, « Les mécanismes traditionnels de prévention et de résolution des conflits en Afrique noire »,disponible, www.unesco.org ; P. MEYER, *OHADA, droit de l'arbitrage*, Bruylant, 2002, p. 9 et s.
[118] C. A. OULD AHMED BABOU, « Le système judiciaire mauritanien », Thèse de doctorat, Universitéd'Orléans, 2001, p. 10.
[119] J.-P. JEAN, « Les besoins de connaissances dans le champ des modes alternatifs de règlement des litiges », *in* P. CHEVALIER, Y. DESDEVISES, PH. MILBURN (dir.), *Les modes alternatifs de règlement des litiges : les voies nouvelles d'une autre justice*, Documentation française, 2003, p. 15.
[120] S. AMRANI-MEKKI, G. DAVY, S. KERNEIS et M. ROCCATI (dir.), *Les chimères de l'alternativité ? Regards croisés sur les modes alternatifs le règlement des conflits*, Mare & Martin, 2018 ; P. CECCHI-DIMEGLIO et B. BRENNEUR (dir.), *Manuel interdisciplinaire des modes amiables de résolution des conflits*, Larcier, 2015.
[121] N. ROULAND, *Anthropologie juridique*, 1re éd., PUF, 1988 p. 47.
[122] A. POTTAGE, « Le droit d'après l'anthropologie : objet et technique en droit romain », Clio@Themis, *REHD*, n° 19/2020, p. 9 ; J.-P. ALLINNE, « L'anthropologie juridique au milieu du gué : crise idéologique ou crise épistémologique », Clio@Thémis, *REHD*, n° 9, 2015, p. 2 : « L'anthropologie a pour vocation de rendre compte dans la diachronie des fonctionnements concrets et évolutifs des institutions de contrôle social ».
[123] C. LÉVI-STRAUSS, *Anthropologie structurale*, Plon, 1958, p. 388 ; B. BERRAUD, *La recherche juridique. Sciences et pensées du droit*, L'Harmattan, 2016, p. 129 : « le préfixe "*anthropo*" permettant de signaler ce qui se rapporte à l'"*être humain*", donc l'anthropologie

est la science de l'interconnaissance, c'est-à-dire des rapports entre gens qui se connaissent par la famille ou par le voisinage. La sociologie serait donc l'étude de la société et l'anthropologie celle de l'homme ».

[124] N. ROULAND, *Anthropologie juridique*, *in* D. ALLAND, S RIALS (dir.), *Dictionnaire de la culture juridique*, PUF, 2003, p. 65.

[125] L. ASSIER-ANDRIEU, « Le juridique des anthropologues », in *Questions d'anthropologie*, *op. cit.*, p. 89-108.

[126] M. ALLIOT, *Le droit et le service public au miroir de l'anthropologie*. Textes choisis et édités par C. KUYU,Karthala, 2003, p. 105 ; L. ASSIER-ANDRIEU, « Coutumes et usages », *in* D. ALLAND, S. RIALS (dir.), *Dictionnaire de la culture juridique*, PUF, 2003, p. 317 : « L'anthropologie juridique doit d'abord conquérir son autonomie conceptuelle, c'est-à-dire s'affranchir de l'emprise exercée sur son objet par les catégories constituéesdans un savoir juridique qui est, au fond, une théorie partielle de la société, non pas une science des rapports sociaux » ; E. LE ROY, *Le jeu des lois. Une anthropologie dynamique du droit*, LGDJ, 1999, p. 177.

[127] H. LAMINE, « Principe de régulation juridique de la mêlée normative au Nord-Cameroun. Essai d'anthropologie du droit », *op. cit.*, p. 13.

[128] F. HOURQUEBI et P. GERVIER, « Les enjeux du pluralisme juridique et judiciaire », *Les Cahiers de la justice*,2021/1, p. 30.

[129] R. A. MACDONALD, « Normativité, pluralisme et sociétés démocratiques avancées. L'hypothèse du pluralisme pour penser le droit », *in* C. YOUNES et E. LE ROY (dir.), *La médiation et diversité culturelle. Pour quelle société ?*, Karthala, 2002, p. 21.

[130] M. ALLIOT, *Le droit et le service public au miroir de l'anthropologie*. Textes choisis et édités par C. KUYU,*op. cit.*, p. 87 et s. ; E. LE ROY, « Pourquoi, en Afrique, le droit refuse-t-il toujours le pluralisme que le communautarisme induit ? », *Anthropologie et Sociétés*, Vol. 40, n° 2, 2016, p. 25-42 : « La juridicité est plus grande que la conception du droit. Elle englobe du droit, et ne saurait être considérée comme une alternative, car c'est le droit qui doit être historiquement compris comme un de ses sous-produits ».

[131] S. KERNEIS, « Aspects anthropologiques des MARC », *in* P. CECCHI-DIMEGLIO et B. BRENNEUR (dir.),
Manuel interdisciplinaire des modes alternatifs de résolution des conflits, Larcier, 2015, p. 153.

[132] E. LE ROY, « Justice africaine et oralité juridique », *Bulletin de l'institut français d'Afrique noire*, n° 3, 1974, p. 576 ; E. LE ROY, « La voie étroite de la médiation, entre les ordonnancements imposés et négociés de régulation des différends », *Revue Négociations*, n° 28, 2017, p. 107-117.

[133] N. ROULAND, *Aux confins du droit, anthropologie juridique de la modernité*, Odile Jacob, 1991, p. 194.

[134] J.-P. BONAFÉ-SCHMITT, « Les modes alternatifs de règlement des conflits – approche sociologique », *in* P. CECCHI-DIMEGLIO et B. BRENNEUR (dir.), *Manuel interdisciplinaire des modes amiables de résolution des conflits,* Larcier, 2015, p. 83.

[135] P. BOURDIEU, « La force du droit. Élément pour une sociologie du champ juridique », *op. cit.*, p. 11 ; L. ASSIER-ANDRIEU, « Coutumes et usages », *in* D. ALLAND, SRIALS (dir.), *Dictionnaire de la culture juridique*,2003, p. 317.

[136] L. DUMONT, *Essais sur l'individualisme – Une perspective anthropologique sur l'idéologie moderne*, 3e éd., Seuil, 1991, p. 310.

[137] N. ROULAND, *Anthropologie juridique*, *op. cit.*, p. 163.

[138] R. LAVARGUE, *La coutume face à son destin – Réflexion sur la coutume judiciaire en Nouvelle-Calédonie etla résilience des ordres juridiques infra-étatiques*, LGDJ, 2010, p. 35 et s.

[139] N. ROULAND, *Anthropologie juridique*, *op. cit.*, p. 175.

[140] E. LE ROY, *Le jeu des lois. Une anthropologie dynamique du droit*, *op. cit.*, p. 177 et s.

[141] R.-A. MACDONALD, « Normativité, pluralisme et sociétés démocratiques avancées. L'hypothèse du pluralisme pour penser le droit », *in* C. YOUNES et E. LE ROY (dir.), *Médiation et diversité culturelle pour quellesociété ?*, *op. cit.*, p. 24.

[142] A. J. ARNAUD et M.-J. FARINAS DULCE, *Introduction à l'analyse sociologique des systèmes juridiques*, Bruylant, 1998, p. 313.

[143] F. HOURQUEBIE, « Le juge à la jonction d'un pluralisme en Afrique centrale », *in* G. OTIS (dir.), *Le juge et le dialogue des cultures juridiques,* Karthala, 2013, p. 152.

[144] J. VANDERLINDEN, *Les systèmes juridiques africains*, PUF, 1983 ; J. VANDERLINDEN, « Vers une nouvelle conception du pluralisme juridique », *RRJ,* 1993, p. 574.

[145] E. LE ROY, *Les Africains et les institutions de la justice. Entre mimétisme et métissage*, Dalloz, 2004, p. 82.

[146] E. LE ROY, *Le jeu des lois – Une anthropologie dynamique du droit*, *op. cit.*, p. 177.

[147] N. ROULAND, *Anthropologie juridique*, p. 198 ; M. SAM, « À propos de la résurgence de la médiation comme mode alternatif de résolution des conflits sociaux en Afrique », *Pénant*, n° 894, 2016, p. 12.

[148] N. FRICERO *& alii*, *Le guide des modes amiables de résolution des différends (MARD)*, Dalloz, 2017/2018, p. 11 et s.

[149] B. MAZABRAUD, « Rendre justice à la justice transitionnelle », *in* J.-F. PETIT, L. KI-ZERBO (dir.), *Justice transitionnelle, justice alternative*, éd. Franciscaines, 2017, p. 33. Pour l'auteur, « la fin de la justice transitionnellec'est l'instauration du régime démocratique avec un équilibre suffisant entre les factions d'un peuple pour soutenir les nouvelles institutions, pérenniser la paix, ouvrir à une réconciliation. Selon les contextes, il peut s'agir d'une restauration d'une communauté politique gagée sur une amitié politique ou seulement de permettre la restaurationd'une coexistence pacifiée des libertés ».

[150] N.-J. KRIZ, "The dilemmas of transitional justice", *in* N.-J. KRIZ (éd.), *Transitional justice. How emerging democracies reckon with former regimes*, cité par S. N'DIAYE, « Le passé violent et la politique du repentir en Mauritanie : 1989-2012 », *op. cit.*, p. 37.

[151] N. ROULAND, *Anthropologie juridique*, *op. cit.*, p. 164 et s.

[152] V. annexe : Entretien avec Haimoud RAMDAN, ministre de la Justice et professeur des universités, ministèrede la Justice, Nouakchott, 03/11/2019. Le ministre prévoit de donner une formation adaptée et en langue locale à ces acteurs. Ces derniers sont ancrés dans le milieu social et jouent un rôle très important en matière de gestion et de prévention des conflits, ce qui permet aux justiciables d'éviter le recours aux tribunaux étatiques. Ces acteursdisponibles et disposés sont gratifiés d'un important taux de satisfaction auprès des justiciables selon l'enquête surperception de la justice en RIM de 2012. Leur fonction (mouslih, chef de village, chef de quartier, entre autres) n'étant ni bien organisée, ni structurée, ni soumise à une autorité hiérarchique, le ministre souhaite adopter un texte fixant leur mode de désignation, leur attribution et leur indemnité. Cela permettra de reconnaitre légalement leur travail et de sécuriser les procédures visant à rendre une justice de proximité adaptée aux besoins des communautés.

[153] Nouakchott est la capitale politique de la République islamique de Mauritanie. Cette ville est peuplée d'environun million cinq cent mille habitants. Nouadhibou est la deuxième capitale économique du pays.

[154] Guidimakha est la 10e région parmi les 13 régions que compte le pays. Elle est composée de trois départements : département de Selibaby, Khabou et d'Ould Yengé. Cette région est au carrefour entre les trois pays : Mali, Sénégal et Mauritanie. Un territoire peuplé d'environ 267 029 habitants, selon l'office national de la statique et le recensement général de populations et de l'habitat. Elle est abritée majoritairement de populations noires en particulier les Soninkés. Une communauté agropastorale, qui ne vit que de l'agriculture, l'élevage et l'immigration vers l'Europe. Une région délaissée par les autorités mauritaniennes dont règnent la pauvreté, l'insécurité alimentaire et la souffrance de malnutrition.

[155] J. NGOUMBONGO KOHETO, *L'accès au droit et à la justice des citoyens en République Centrafrique*,
op. cit., p. 15.
[156] F. VAN DER MENSBRUGGHE, « L'utilisation de la méthode comparative dans la thèse de doctorat », *RDIC*, vol. 2006, n° 3, p. 281-284.
[157] B. FAUVARQUE-COSSON, « L'enseignement du comparé », *RDIC*, vol. 54, n° 2, avril/juin 2002, p. 293-309 ; A. J. BULLER, « Le droit comparé dans l'enseignement. Le droit comparé est-il un passe-temps inutile ? » *RDIC*, vol. 2-3, 2008, p. 167 ; F.-D. JACQUELINE, F. VAN DER MENSBRUGGHE (dir.), « L'utilisation de la méthode comparative en droit européen », *RDIC*, vol. 57, n° 1, 2005, p. 230-234 ; F. VAN DER MENSBRUGGHE, « L'utilisation de la méthode comparative dans la thèse de doctorat », *op. cit.*, p. 281-284.
[158] La loi du 18 novembre 2016 intitulée « loi portant sur la modernisation de la justice du XXIe siècle. »
[159] H. LAMINE, « Principe de régulation juridique de la mêlée normative au Nord-Cameroun. Essai d'anthropologie du droit », Thèse de doctorat, Université Paris I-Sorbonne, 2007, p. 22.
[160] S. N'DIAYE, « Le passé violent et la politique du repentir en Mauritanie : 1989-2012 », *op. cit.*, p. 22.
[161] H. LAMINE, « Principe de régulation juridique de la mêlée normative au Nord-Cameroun. Essai d'anthropologie du droit », *op. cit.*, p. 23 : « l'infiltration ne doit pas être confondue avec la technique d'immersion du chercheur en situation d'observation participante. L'immersion consiste pour le chercheur à se plonger dans un milieu socioculturel donné, afin qu'il puisse penser et agir de la même manière que les membres de cette collectivité ».
[162] Centre d'anthropologie et d'histoire de droit, Université Paris-Nanterre.
[163] S. N'DIAYE, « Le passé violent et la politique du repentir en Mauritanie : 1989-2012 », *op. cit.*, p. 51.
[164] Y. ASSOGBA, *La raison démasquée. Sociologie de l'acteur et recherche sociale en Afrique*, Québec, Les presses de l'Université Laval, 2007, p. 82 et s. Selon ce sociologue, parmi les difficultés, sont le plus souvent soulevées par les chercheurs ayant enquêté en Afrique, il y a le contexte social et politique, la pénurie des sources et des moyens logistiques.
[165] Résurgence du mouvement abolitionniste, fondée en 2008 par Biram Dah Abeid, pour lutter contre l'esclavageet toute forme de racisme en Mauritanie.
[166] Association mauritanienne pour l'éradication de l'esclavage et ses séquelles.
[167] M. VILLASANTE CERVELLO, « Les droits humains et les tensions sociales en République islamique de Mauritanie. De l'emprisonnement de Biram Ould Abeid et de la condamnation à mort de Ould MKaitir », *op. cit.*, p. 4.
[168] E. MUSTAPHA, « Voilà où les dirigeants mauritaniens déposent leurs détournements à l'étranger », disponible,www.haut-et-fort.blogspot.com, juillet 2020. Ce phénomène n'est pas propre à la Mauritanie mais concerne tout le continent. Une étude publiée en 2019 par Mme Komara, spécialiste en droit bancaire et financier, nous expliqueque la corruption est l'un des plus gros freins au développement du continent africain. Elle cause, à elle seule, uneperte annuelle estimée à 148 milliards de dollars, selon la BAD (Banque africaine du développement). Ce montantreprésente 25 % du PIB de l'Afrique.
[169] P. F. NKOT, *Usages politiques du droit en Afrique. Le cas du Cameroun*, Bruylant, 2005, p. 147, cité par H. LAMINE, « Principe de régulation juridique de la mêlée normative au Nord-Cameroun. Essai d'anthropologie du droit », *op. cit.*, p. 27.
[170] Premier coup d'État perpétré par les militaires à l'encontre du premier Président mauritanien, Ould Daddad.
[171] En juillet 2017, j'avais un rendez-vous avec un chef de village (au sud de la Mauritanie) pour un entretien ouvert sur le règlement amiable des conflits dans la société traditionnelle. Cet homme est un intellectuelpolitiquement et socialement. Malheureusement notre entretien n'a duré qu'une quinzaine de minutes alors que mon interlocuteur avait beaucoup des choses à me dire. J'ai appelé le conseiller municipal qui nous a mis en contactpour déplorer la brièveté de

l'entretien et indiquer que le chef de village ne semblait pas à l'aise avec moi. L'agent administratif m'a alors demandé si j'avais amené du cola ou un petit déjeuner, c'est-à-dire de l'argent. Je lui ai dit non. Il m'a suggéré de recontacter cet homme afin de solliciter un nouveau rendez-vous. Lors du deuxième rendez-vous, j'ai amené du « cola » et l'entretien a duré toute la journée. Nous avons pu évoquer sa vie privée et son engagement politique.

[172] H. LAMINE, « Principe de régulation juridique de la mêlée normative au Nord-Cameroun. Essai d'anthropologie du droit », *op. cit.*, p. 25 et s.

[173] *Ibidem*, p. 28.

[174] N. ROULAND, *Anthropologie juridique*, *op. cit.*, p. 164.

[175] C. IBRAHIMA, « Les droits de la défense en droit mauritanien », *op. cit.*, p. 114.

[176] F. MAR, M. PERDEREAU, *La Justice : un droit pour tous*, Le Cavalier Bleu, 2009, p. 9.

[177] Art. 6 de la Convention européenne des droits de l'homme : « Toute personne a droit à ce que sa cause soit entendue équitablement, par un tribunal indépendant et impartial, établi par la loi, qui décidera, soit des contestations sur ses droits et obligations de caractère civil, soit du bien-fondé de toute accusation en matière pénale dirigée contre elle ».

[178] J.-P. JEAN, « Les besoins de connaissances dans le champ des modes alternatifs de règlement des litiges », *in*
P. CHEVALIER, Y. DESDEVISES, PH. MILBURN (dir.), *Les modes alternatifs de règlement des litiges : lesvoies nouvelles d'une autre justice*, *op. cit.*, p. 17.

[179] Ministère de la Justice, « Stratégie nationale d'accès à la justice 2020-2024 », Nouakchott, octobre 2019.

[180] J.-P. JEAN, « Les besoins de connaissances dans le champ des modes alternatifs de règlement des litiges », *in* P. CHEVALIER, Y. DESDEVISES, PH. MILBURN (dir.), *Les modes alternatifs de règlement des litiges : lesvoies nouvelles d'une autre justice*, *op. cit.*, p. 17.

[181] Arrêt de la Chambre sociale de la Cour suprême de Nouakchott, 24 janvier 2019.

[182] H.-H. MBOD, « L'organisation de la justice pénale en Afrique-Occidentale française. Le cas du Sénégal de 1887 à l'aube des indépendances (1887-1960) », Thèse de doctorat, Université de Côte d'Azur, 2017, p. 28.

[183] F. HOURQUEBIE, « La justice dans l'État », *in* AHJUCAF (dir.), *Justice et État de droit*, Colloque, Dakar-Sénégal, 17 et 18 novembre, AHJUCAF, 2014, p. 27.

[184] N. ROULAND, *Introduction historique au droit*, 1re éd., PUF, 1998, p. 21 ; ASSIER-ANDRIEU, *Le droit dans les sociétés humaines*, Nathan, 1996, p. 5 ; J.-B. Racine, « Introduction », *in* J.-B. Racine (dir.), *Pluralisme des modes alternatifs de résolution des conflits, pluralisme du droit*, L'Hermès, 2002, p. 22.

[185] J.-P. ROYER, N. DERASSE, J.-P. ALLINNE, B. DURAND, J.-P. JEAN, *Histoire de la justice en France, duXVIIIe siècle à nos jours*, 5e éd., PUF, 2016, p. 153.

[186] J.-P. BONAFÉ-SCHMITT, *La médiation pénale en France et aux États-Unis*, LGDJ, 2010, p. 16.

[187] B. N'GARY, « Le système judiciaire mauritanien. Unité de juridiction et dualité de régimes », Thèse dedoctorat, Université de Perpignan, 2007, p. 42.

[188] H. RAMDAN, « Le fonctionnement de la justice dans les pays en voie de développement : le cas de la Mauritanie », Thèse de doctorat, Université Gaston-Berger, Saint-Louis, Sénégal, L'Harmattan, 2009, p. 41 ; B. FORGET, « L'organisation judiciaire en Mauritanie », *RJP* nos 1-2, janvier-juin 1986, p. 113 et s. ; B. BOUBOU,
« L'indépendance du pouvoir judiciaire en Mauritanie », Mémoire de recherche, Master 2, Droit pénal et procédure pénale, Université Paris-Nanterre, 2010, p. 10 ; MM. Y. ABDELWEDOUD, « Le système judiciaire mauritanienavant l'indépendance », *RJPIC*, n° 1 2001, p. 88 : « Par cette politique, la justice de droit musulman ou justice autochtone conserve son champ d'application de prédilection, à savoir les litiges qui relèvent du droit musulman au grand bonheur des populations locales qui y voyaient une concession arrachée de haute lutte au colonisateur, lajustice moderne se spécialisant dans les conflits de nature économique et ceux, notamment, concernant l'administration et les colons ».

[189] Pour rappel, Saint-Louis du Sénégal fut la capitale de la République islamique de Mauritanie pendant la colonisation. La ville était le siège de toutes les institutions politiques et judiciaires du pays jusqu'à l'indépendance.

[190] A. W. OULD CHEIKH, « Nomadisme, islam et pouvoir politique dans la société maure précoloniale (XIe siècle-XIXe siècle) », Thèse d'État, Université Paris-V, 1985, p. 473 et s. ; S. MOHAMMED OULD ABDAYEM, « Décentralisation en Mauritanie : aspects juridiques et socioculturels », Thèse de doctorat, Université Panthéon-Assas-Paris II, 2002, p. 54.

[191] S. NENE BI, *Histoire du droit et des institutions méditerranéennes et africaines. Des origines au début du XVIIIe siècle*, éd., ABC, 2018, p.23 ; J.-P. MAGNANT, « Le droit et la coutume dans l'Afrique contemporaine »,*Droit et Cultures*, 48/2004, p. 167-192.

[192] H. RAMDAN, « Le fonctionnement de la justice dans les pays en voie de développement. Cas de la Mauritanie », Thèse de doctorat, Université Gaston Berger, Saint-Louis, Sénégal, 2009.

[193] A. BABOU, « Le système judiciaire mauritanien », Thèse de doctorat, Orléans, 2001.

[194] M. KAMTO, « Pouvoir et droit en Afrique noire. Essai sur le fondement du constitutionnalisme dans les États d'Afrique noire francophone », Thèse de doctorat, LGDJ, 1987.

[195] E. LE ROY, *Les Africains et les institutions de la justice*, Dalloz, 2004.

[196] M. ALLIOT, *Le droit et le service public au miroir de l'anthropologie*. Textes choisis et édités par C. KUYU,Karthala, 2003.

[197] J. VANDERLINDEN, *Anthropologie juridique,* Dalloz, 1996.

[198] E. LE ROY, *Les Africains et les institutions de la justice. Entre mimétismes et métissages*, *op. cit.*, p. 227.

[199] F. M. SAWADOGO, « Les systèmes juridiques au Burkina Faso », in *Mode de production des droits africainset Common Law,* Université de Moncton, Canada, *CICLEF*, 1993, p. 32.

[200] *Ibid.*, p. 40 : « Dans le second cas, la coutume peut être définie comme dans un système étatique par la réunion de deux éléments : un élément matériel à savoir la pratique sociale suivie au sein d'un groupe social, et un élémentpsychosociologique à savoir la perception du caractère obligatoire de la pratique » ; J.-P. MAGNANT, « Le droit et la coutume dans l'Afrique contemporaine », *op. cit.*, p. 167-192.

[201] G. CORNU, *Vocabulaire juridique*, 11e éd., PUF, 2016, p. 284. « La coutume, c'est l'ensemble des habitudes et usages nés de comportements antérieurs répétés qui guident et façonnent les comportements ultérieurs ».

[202] E. LE ROY, *Les Africains et l'institution de la justice. Entre mimétisme et métissage*, Dalloz, 2004, p. 92. Ce mode de régulation est en France soumis au contrôle royal : « Coutume est un raisonnable établissement non scripts et pour commun profit, mis au pays et par le principe gardé et approuvé notoirement, par le cours de XL ans ».

[203] J. VANDERLINDEN, *Anthropologie juridique*, *op. cit.*, p. 48 et s. ; G. GUINCHARD (dir.), *Lexique des termes juridiques*, 16e éd. Dalloz, 2007, p. 198 et s. ; R. DAVID, C. JAUFFRET-SPINOSI, M. GORE, *Les grands systèmes de droit contemporains*, 12e éd., Dalloz, 2016, p. 116 : « La coutume joue un rôle prépondérant : elle constitue en effet l'infrastructure sur laquelle le droit est édifié et elle guide la manière dont il est appliqué et développé par le législateur, juges et doctrine ».

[204] M. ALLIOT, « La coutume dans les droits originellement africains », Société Jean Bodin, La coutume, Bruxelles, De Boeck Université, Recueil n° 51, 1989, cité par E. LE ROY, *Les Africains et l'institution de la justice*, *op. cit.*, p. 93-94.

[205] L. ASSIER-ANDRIEU, *Le droit dans les sociétés humaines*, Nathan, 1996, p. 48 et s. ; Pour mieux comprendre le droit coutumier africain et son caractère de l'oralité, Cf. M. THIOYE, « Le droit coutumier africain, un droit à part entière et un droit largement à part », *in* C. GAUDE-CABEE (s), *Les métissages du droit en Afrique subsaharienne francophone. Regards croisés*, CTHDIP, 2022, p. 65 et s.

[206] N. ROULAND, *Anthropologie juridique*, *op. cit.*, p. 191 : « Le premier caractère de la coutume est sa répétition. Elle consiste en une série d'actes semblables qui forment un modèle de

comportement social, en général légitiméspar leur liaison au mythe. Ainsi se trouvent résolus deux problèmes : celui de l'origine (attribuée au mythe), celuide la légitimité (on doit répéter inlassablement le mythe sous peine de s'aliéner les puissances invisibles qui protègent la communauté) de la coutume. Ce refoulement dans le passé mythique de l'origine de la coutume témoigne en fait de son deuxième caractère, sa spontanéité. Son apparition n'est en général pas datée suivant le temps terrestre dans la mémoire de ceux qui l'appliquent : on constate une coutume alors qu'elle est déjà formée plus qu'on n'assiste consciemment à sa naissance. Enfin, la coutume est obligatoire ».

[207] M. WEBER, « La sociologie du droit », *in Économie et Société*, Paris, Plon, 1971, p. 332, cité par L. ASSIER-ANDRIEU, *Le droit dans les sociétés humaines*, *op. cit.*, p. 48 ; G. NICOLAU, G. PIGNARRE, R. LAFARGUE, *Ethnologie juridique. Autour de trois exercices*, Dalloz, 2007, p. 150.

[208] A. LAURO, « Notes sur la fabrique du droit coutumier, le pouvoir colonial et l'ordre du mariage dans le Congo belge de l'entre-deux-guerres », *in* B. PIRET, CH. BRAILLON, L. MONTEL et P.-L. PLAMAN (dir.), *Droit et justice en Afrique coloniale*, PUSL, 2014, p. 165-188.

[209] L. ASSIER-ANDRIEU, *L'autorité du passé. Essai anthropologique sur la Common Law*, Dalloz, 2011, p. 25 ; N. ROULAND, *Anthropologie juridique*, *op. cit.*, p. 191.

[210] S. NENE BI, *Histoire du droit et des institutions méditerranéennes et africaines. Des origines au début du XVIIIe siècle*, *op. cit.*, p. 101 ; L. ASSIER-ANDRIEU, *Coutume et rapports sociaux. Étude anthropologique des communautés paysannes du Capcir*, éd. CNRS, 1981, p. 31.

[211] H. DU COUEDIC DE KJERGOALER, « Conférence sur les tribunaux locaux et le droit coutumier à Dar es-Salaam », *RIDC*, septembre 1963, p. 614 et s.

[212] J. ARMAUD, *La Mauritanie*, PUF, 1975, p. 15 et s. ; C. A. OULD AHMED BABOU, *Le système judiciairemauritanien*, *op. cit.*, p. 21.

[213] R. LAFARGUE, *La coutume face à son destin. Réflexions sur la coutume judiciaire en Nouvelle-Calédonie et à résilience des ordres juridiques infra-étatiques*, *op. cit.*, p. 7 ; M. KAMTO, *Pouvoir et droit en Afrique noire. Essai sur le fondement du constitutionnalisme dans les États d'Afrique noire francophone*, *op. cit.*, p. 27 et s. ; E. A. B. VAN ROUVEROY, « Chef coutumier : un métier difficile », *Politique Africaine*, 1987, p. 22 : « Ces instances sociales communautaires doivent utiliser toutes leurs connaissances coutumières et morales et toutes leurs qualités humaines pour remplir leur mission, qui fait d'elles la conscience morale d'une société en quête d'une paix sociale et d'une harmonie entre les différentes composantes de la société ».

[214] V. annexe : « Entretien avec le chef de village, Guidimakha », Mauritanie, le 20 mars 2017.

[215] N. ROULAND, *Anthropologie juridique*, *op. cit.*, p. 317.

[216] S. NENE BI, *Histoire du droit et des institutions méditerranéennes et africaines. Des origines au début duXVIII^e^ siècle*, *op. cit.*, p. 520.

[217] E. TYAN, *Histoire de l'organisation judiciaire en pays d'Islam*, Annales de l'Université de Lyon, Sirey, 1938, p. 1 ; L. GARDET, *La cité musulmane. Vie sociale et politique*, éd., Vrin, 1954, p. 33 et s.

[218] H. BLEUCHOT, *Droit musulman*, PUAM, 2000, p. 38 et s. ; L. MILLIOT, « La conception de l'État et del'ordre légal dans l'Islam », *RCADI*, vol. 75, 1949, p. 628.

[219] E. TYAN, *Histoire de l'organisation judiciaire en pays d'Islam*, *op. cit.*, p. 13.

[220] *Ibid.*

[221] L. MILLOT et F. P. BLANC, *Introduction à l'étude du droit musulman*, Sirey, 1987, p. 529.

[222] M. TILLIER, *L'invention du cadi : La justice des musulmans, des juifs et des chrétiens aux premiers siècles del'islam*, éditions de la Sorbonne, 2017, p. 15.

[223] M. GAUDEFROY-DEMOMBYNES, « Sur les origines de la justice musulmane », Paul Gauthner, 1939, cité par M. TILLIER, *L'invention du cadi : La justice des musulmans, des juifs et des chrétiens aux premiers siècles de l'islam*, *op. cit.*, p. 16.

[224] V. MONTEIL, *L'Islam noir*, éd., du Seuil, 1964.

[225] M. KAMTO, « *Pouvoir et droit en Afrique noire. Essai sur les fondements du constitutionnalisme dans lesÉtats d'Afrique noire francophone* », *op. cit.*, p. 102.

[226] H. RAMDAN, *Le fonctionnement de la justice dans les pays en voie de développement : Le cas de laMauritanie*, *op. cit.*, p. 43.

[227] M. DEVEY, *La Mauritanie*, Karthala, 2005, p. 94.

[228] H. BLEUCHOT, « *Droit musulman. Essai d'approche anthropologique* », *op. cit.*, p. 155.

[229] P. BONTE, *L'émirat de l'Adrar mauritanien. Hariim, compétition et protection dans une société tribale saharienne*, Karthala, 2008, p. 200 ; C. TOUPET, J.-R. PITTE, *La Mauritanie*, *op. cit.*, p. 57 et s.

[230] S. NENE BI, *Histoire du droit et des institutions méditerranéennes et africaines. Des origines au début duXVIII*e *siècle*, *op. cit.*, p. 505.

[231] B. BOTIVEAU, *Loi islamique et droit dans les sociétés arabes*, Karthala, 1993, p. 27.

[232] M. DJAE-OULOVAVO, « Le pluralisme juridique de la justice et ses limites dans l'union des Comores »,thèse de doctorat, Université de Lyon 2, 2018, p. 78.

[233] Cf. Coran, sourate 2, verset, 179 et s.

[234] S. LAGHAMANI, *Droit musulman et droit positif, le cas de la Tunisie*, éd. Centre d'études et de recherchesde la Faculté des sciences politiques et économiques de Tunis, 1994, cité par H. RAMDAN, Le *fonctionnement de la justice dans les pays en voie de développement : Le cas de la Mauritanie*, *op. cit*., p. 44.

[235] H. BLEUCHOT, *Droit musulman*, *op. cit*., p. 623 et s. ; M. TILLIER, *Les cadis d'Iraq et l'État abbasside (132/750-334/945)*, IFPO, 2009, p. 225 et s. ; L. MILLOT et F. P. BLANC, *Introduction à l'étude du droit musulman*, *op. cit.*, p. 537.

[236] OMAR IBN EL-KHATAB, c'est le deuxième calife de l'islam, après la mort d'Abou Bakr As-Siddiq, le premier calife.

[237] A. IBN KHALIDOUN, *Discours sur l'histoire universelle*, éd. Sanibad, Beyrouth, 1962, traduction, V. Mouteil, Tome I, p. 438-439, cité par C. A. OULD AHMED BABOU, *Le système judiciaire mauritanien*, *op. cit.*, p. 26.

[238] N. ROULAND, *Aux confins du droit. Anthropologie juridique de la modernité*, Odile Jacob, 1991, p. 55.

[239] L. MILLOT et F. P. BLANC, *Introduction à l'étude du droit musulman*, *op. cit.*, p. 546.

[240] O. FARROUKH, *La famille en droit musulman en arabe*, éd. Beyrouth, 1951, p. 42.

[241] P. MBOW, « Contexte de la réforme du code de la famille au Sénégal », *Droit et Cultures*, 59/2010-1, p. 87-96. Pour l'auteur, « la relation entre l'islam et la démocratie se pose en termes de revendication des pouvoirs, parconséquent, la problématique de la laïcité. Pour les islamistes, la démocratie se fonde sur la consultation (*shura*) de la communauté des croyants » ; A. SOUNAYE, « L'Islam au Niger : éviter l'amalgame », *Revue Humanitaire* (RH), n° 28, 2011, p. 3.

[242] H. HAMIDOU-NBODJ, *L'organisation de la justice pénale en Afrique-Occidentale française. Le cas du Sénégal de 1887 à l'aube des indépendances (1887-1960)*, *op. cit.*, p. 9 ; X. ROUSSEAUX, « Introduction. Versune histoire postcoloniale de la justice et du droit en situation coloniale », *in* B. PIRET, CH. BRAILLON, L. MONTEL et P.-L. PLAMAN (dir.), *Droit et justice en Afrique coloniale*, PUSL, 2014, p. 9-26.

[243] M. DEVEY, *La Mauritanie*, *op. cit.*, p. 134 ; E. SAADA, « Citoyens et sujets de l'empire français. Les usagesdu droit français en situation coloniale », *Genèses,* n° 53, 2003, p. 4-24.

[244] J. JOHN-NAMBO, « Quelques héritages de la justice coloniale en Afrique noire », Droit et société, n°s 51-52, 2002, p. 325-343.

[245] M. M. OULD MOHAMED SALAH, « Quelques aspects de la réception du droit français en Mauritanie », *RMDE,* n° 5, 1989, p. 4.

[246] D. LASSANA BAKARY, « Le nouveau droit judiciaire mauritanien à la recherche de son identité, entre modernité et tradition », thèse de doctorat, Université de Metz, 1997, p. 55.
[247] J. FRÉMEAUX, « Justice civile, justice pénale et pouvoirs répressifs en territoire militaire (1830-1870) », in *Actes du Colloque sur la justice en Algérie,* 1830-1962, le 22 et 23 octobre 2002 à la Bibliothèque nationale de France, p. 33.
[248] N. ROULAND, *Introduction historique au droit, op. cit.*, p. 536 ; A. J. SANDERS, « La production du droit au Botswana », *in* D. DARBON et J. B. DE GAUDUSSON (dir.), *La création du droit en Afrique,* Karthala, 1997, p. 79.
[249] H. RAMDAN, *Le fonctionnement de la justice dans les pays en voie de développement : Le cas de la Mauritanie, op. cit.*, p. 49 ; B. BOUBOU, « La justice précoloniale en Mauritanie : entre coutume et charia islamique », *in* C. GAU-CABEE (dir.), « Le métissage des droits en Afrique subsaharienne francophone ». *Regards croisés*, CTHDIP, 2022, p. 86-98.
[250] M. DEVEY, *La Mauritanie, op. cit.*, p. 118.
[251] E. LE ROY, « Présentation de la modernité de la justice contemporaine en Afrique francophone », *Droit et société*, n°s 51/52, 2002, p. 298.
[252] B. BRUNET-LA RUCHE et L. MANIERE, « Situation coloniale : impossible transition du Code de l'indigénat vers la justice indigène en AOF », *in* B. PIRET, CH. BRAILLON, L. MONTEL et P.-L. PLAMAN (dir.), *Droit etjustice en Afrique coloniale, op. cit.*, p. 117-141.
[253] J. JOHN-NAMBO, « Quelques héritages de la justice coloniale en Afrique noire », *op. cit.*, p. 325-343 ; D. DARBON, « Un royaume divisé contre lui-même. La régulation défaillante de la production du droit dans les États d'Afrique noire », *in* D. DARBON et J. B. DE GAUDUSSON (dir.), *La création du droit en Afrique,* Karthala, 1997, p. 103.
[254] J.-P. JEAN, « L'évolution du statut du magistrat entre 1918 et 1958 : La justice dans l'État, avant la justice dans l'État de droit », *Les Cahiers de la Justice*, 2018/1, p. 15 ; J. CHEVALIER, *L'État de droit*, 6e éd., LGDJ, 2017, p. 9 ; V. DONIER, N. GERBAY, F. HOURQEBIE, P. ICARD, B. LAPEROU-SCHENEIDER, « Propos introductifs », *in* V. DONIER et B. LAPEROU-SCHENEIDER (dir.), *L'accès au juge*, Bruyant, 2013, p. 42.
[255] J. JOHN-NAMBO, « Quelques héritages de la justice coloniale en Afrique noire », *op. cit.*, p. 325-343.
[256] M. FABRE-MAGNAN et F. BRUNET, *Introduction générale au droit*, PUF, 2017, p. 5 ; P. RAJOELISOA, « La perception de l'État de droit comme fondement du pouvoir politique à Madagascar », *in* D. DARBON et J. B. De GAUDUSSON (dir.), *La création du droit en Afrique,* Karthala, 1997, p. 273.
[257] S. M. OULD BEIDY, « Caractéristiques de la Constitution mauritanienne du 20 juillet 1991 », *RMDE,* n° 9,1993, p. 67.
[258] J. CHEVALIER, *L'État de droit*, *op. cit.*, p. 149 et s.
[259] C'est le premier coup d'État après les indépendances. Depuis lors, le coup d'État est devenu en Mauritanie unerègle de jeux politiques et démocratiques pour les militaires.
[260] B. OULD-NE, ex-garde des sceaux, ministre de la Justice de la République islamique de Mauritanie, « Conférence des ministres de la Justice des États africains », *op. cit.*, p. 68 et s. ; L. DJIBRIL, « L'État de droit dansla Constitution mauritanienne du 20 juillet 1991 », n° 9, *RMDE*, 1993, p. 48.
[261] M. JOEL, *La réforme de la justice en Afrique noire*, Pedone, 1963, p. 58 et s.
[262] Loi n° 61-123 du 23 juin 1961, *JORIM* du 4 juillet 1961.
[263] A. OULD BAH, « Introduction au thème justice et démocratie », *RMDE,* n° 10, mai 1994, p. 20.
[264] *Ibid.*
[265] S. M. OULD BEIDY, « Caractéristiques de la Constitution mauritanienne du 20 juillet 1991 », *op. cit.*, p. 67.
[266] *Ibid.*
[267] V. *Lexique des termes juridiques*, 8e éd., Dalloz, 1990, p. 37.

[268] J.-P. ROYER, *Histoire de la justice en France. Du XVIIIe siècle à nos jours*, *op. cit.*, p. 1101.
[269] *Ibid.*, p. 69.
[270] J.-C. ABA'A OYONO, « Les mutations de la justice à la lumière du développement constitutionnel de 1991 », *Verfassung und Recht in Übersee / Law and Politics in Africa, Asia and Latin America*, vol. 34, n° 2, 2001, p. 196-219.
[271] MAAOUYA OULD SID'AHMED TAYA, ancien président de la République islamique de Mauritanie de 1984à 2005. Il était arrivé au pouvoir en 1984 par coup d'État. En 2005, il a été renversé du trône par son compagnon d'armes Ely Ould Vall. Arrivé au pouvoir en 84, il a mis en place le Comité militaire de salut national (CMSN).
[272] M. L. OULD DAHI, « Essai sur le pouvoir exécutif dans la Constitution du 20 juillet 1991 », n° 9, *RMDE*, 1993, p. 1 : « Le Président Ould TAYA a exposé publiquement dans son discours à la nation le 15 avril 1991 à l'occasion de la fête d'*Al fitr* (fête de ramadan) dans lequel il annonça l'organisation, en juillet 1991, d'un référendum populaire pour adopter une Constitution qui mettra en place un régime démocratique avec un président et un parlement bicaméral élus au suffrage universel, dans un cadre de multipartisme intégral et de liberté totale de la presse ».
[273] J.-P. ROYER, N. DERASSE, J.-P. ALLINNE, B. DURAND, J.-P. JEAN, *Histoire de la justice en France, du XVIIIe siècle à nos jours*, *op. cit.*, p. 153 et s.
[274] A. DIOUF, « Conférence des ministres francophones de la Justice », Paris, 13 février 2008.
[275] F. HOURQUEBIE, *Le pouvoir juridictionnel en France*, *op. cit.*, p. 29 ; F. HOURQUEBIE, « L'indépendance de la justice dans les pays francophones », Les Cahiers de la Justice, n° 2, 2012, p. 41-61 ; S. G. DALLARI, « Démocratie participative : le rôle du pouvoir judiciaire », *RDH*, mars 2013, p . 7 ; J.-M. VARAUT, « Indépendance », in *Dictionnaire de la justice* (dir.), L. CADIET, PUF, 2004, p. 622.
[276] G. CORNU (dir.), *Vocabulaire juridique*, *op. cit.*, p. 538 ; L. CADIET et E. JEULAND, *Droit judiciaire privé*, LexisNexis, 8e éd., 2013, p. 65 ; S. GUINCHARD *et alii*, *Droit processuel, droits fondamentaux du procès*, 6e éd., Dalloz, 2011, p. 790 et s.
[277] B. BOUBOU, « L'indépendance du pouvoir judiciaire mauritanien », mémoire de recherches, Master II, Université Paris-Nanterre, 2011, p. 3 et s.
[278] P. PACTET, *Institutions politiques et droit constitutionnel*, Armand Colin, 18e éd., 1999, p. 126 ; G. E. NONNOU, « L'indépendance du pouvoir judiciaire dans les États d'Afrique francophone : cas du Bénin et du Sénégal », thèse de doctorat, Université d'Abomey-Calavi, 2016, p. 31. L'article 48 de la loi du 17 février 1994, portant l'actuel statut de la magistrature, prévoit la composition du CSM : « président de la République, président du CSM ; ministre de la Justice, vice-président… ».
[279] Rapport du Comité interministériel sur « la justice en Mauritanie », *op. cit.*, p. 17 : « Dans l'exercice de sa fonction, le juge dispose de garanties qui le protègent contre toute forme de pression. L'indépendance du pouvoir judiciaire se justifie du reste par la spécificité de la mission dévolue à la magistrature, se matérialise alors par la mise en place de garde-fous institutionnels qui protègent le corps, et le met à l'abri des pressions de toutes sortes. L'indépendance des magistrats est garantie par un principe : l'inamovibilité et l'institution du Conseil supérieur de la magistrature. Le principe de l'inamovibilité signifie que le magistrat du siège ne peut sans son consentementrecevoir une affectation nouvelle sauf à l'issue d'une procédure disciplinaire. Malgré le fait que la Constitution de1991 ne lui aménage pas de statut constitutionnel ».
[280] On trouve son équivalent à l'article 88 de la Constitution sénégalaise du 22 janvier 2001, l'article 81 de la Constitution malienne du 12 janvier 1991.
[281] J. VINCENT *& alii*, *Institutions judiciaires*, *op. cit.*, p. 438 : « L'inamovibilité est l'institution en vertu de laquelle les magistrats ne peuvent être révoqués, ni suspendus, ni mis à la retraite prématurément par la volonté arbitraire du gouvernement en dehors de cas et sans observation des formes prévues par la loi ».

[282] Le principe d'inamovibilité signifie que le magistrat ne peut recevoir d'affection nouvelle, même en avancement qu'avec son consentement. Cela permet aux magistrats d'éviter les sanctions du gouvernement par une mutation.

[283] F. HOURQUEBIE, « La justice dans l'État », *in* AHJUCAF (dir.), *Justice et état de droit*, Colloque, Dakar, Sénégal, 17 et 18 novembre, AHJUCAF, 2014, p. 27 ; J. DU BOIS DE GAUDUSSON, « Le statut de la justice dans les États d'Afrique francophone », in *La justice en Afrique*, *Afrique contemporaine*, n° 156, 1990, p. 6-12 ; D. COHEN, « Le juge, gardien des libertés ? », *Pouvoirs*, n° 130, 2009, p. 113-125 ; F. HOURQUEBIE, « L'indépendance de la justice dans les pays francophones », *Les Cahiers de la Justice*, n° 2, 2012, p. 41-61 ; I. K. NDIAYE, « Sénégal : séparation des pouvoirs (exécutif, judiciaire, législatif) et des institutions fortes : la panacée contre tous les abus », disponible www.iknews.fr/index.php 2021 ; J. DU BOIS DE GAUDUSSON, « La justice en Afrique : nouveaux défis, nouveaux acteurs », *Afrique contemporaine*, n° 250, 2014, p. 13-28.

[284] H. RAMDAN, « Le fonctionnement de la justice dans les pays en voie de développement : Le cas de laMauritanie », *op. cit.*, p. 63.

[285] Affaire Ahmed Ould Daddah et Mohameden Ould Babah. « Ces deux dirigeants politiques sont inculpés par le juge d'instruction pour incitation à l'intolérance et provocation de nature à compromettre l'ordre public, la paix et la sécurité publique. À l'issue du procès, ils étaient relaxés de toutes charges… », et affaire de putschistes présumés dans la garnison de Ouad Naga.

[286] « La loi n° 93-23 du 14 juin 1993 portant amnistie pleine et entière sur les années noires de la Mauritanie sous le régime d'Ould TAYA », *JORIM* du 15 juin 1993.

[287] Le président de la République est le président du Conseil supérieur de la magistrature, le ministre de la Justice en est le vice-président, le président de la Cour suprême est membre…

[288] H. RAMDAN, « Le fonctionnement de la justice dans les pays en voie de développement : Le cas de la Mauritanie », *op. cit.*, p. 237.

[289] L'article 9 de la loi n° 94-012 du 17 février 1994 portant statut de la magistrature. Par rapport à la notation et àl'avancement de leur carrière, « les magistrats du siège sont notés par le président de la Cour suprême après avis du procureur près ladite Cour. En revanche, les magistrats du Ministère public sont notés par le procureur général près la Cour suprême après avis du président de la Cour suprême ».

[290] C. A. AHMED BABOU, « Le système judiciaire mauritanien », *op. cit.*, p. 73. En réalité, le principe est une valeur symbolique en Mauritanie. La vague affectation des magistrats, en mars 1999 au milieu de l'année judiciaire, démontre bien la relativité du principe dans un pays comme la Mauritanie. On admet que les textes sont des faux visages qui ne correspondent pas à la réalité.

[291] V. annexe : Entretien avec le ministre de la Justice, Nouakchott le 3 novembre 2019.

[292] A. LENDHARD et D. KETTIGER, « Vers un management adéquat pour la justice », Les *Cahiers de la Justice*,2018/1, p. 165 ; L. BENAZZI, « La séparation entre le domaine de la loi et celui du règlement dans la Constitution de 1991 », *RMDE*, n° 9, 1993, p. 19 et s.

[293] A. LENDHARD et D. KETTIGER, « Vers un management adéquat pour la justice », *Les Cahiers de la Justice*, *op. cit.*, p. 168.

[294] L'arrivée des militaires au pouvoir le 10 juillet 1978 est marquée par l'islamisation de la justice et le système judiciaire mauritanien. L'ordonnance n° 83. 144 du 23 juin 1983 portant réorganisation de la justice en Mauritanie a introduit le droit musulman, supposé plus adapté aux aspirations de la société, et d'unifier les institutions judiciaires sous la bannière de la généralisation du système judiciaire. Cette réforme a aboli le dualisme judiciaire en mettant en place un appareil judiciaire unifié qui comprend : le tribunal départemental, le tribunal régional, la Cour d'appel et la Cour suprême. Au sein de ces juridictions, on ne retrouve plus la distinction entre les juges de droit musulman et les juges de droit moderne. Ces juridictions jugent suivant la règle de droit musulman, et la justice n'est plus rendue au nom du peuple mais au nom d'Allah, le Tout-Puissant.

[295] *JORM*, 1993. « La loi n° 93. 010 du 21 janvier 1993, portant organisation judiciaire en Mauritanie, se caractérisepar l'arabisation des noms des juridictions de premier degré ».
[296] T. GRANIER, « La Cour spéciale de justice dans les textes », *RMDE*, n° 3 1985, p. 32. « La Cour spéciale de justice a été créée par l'ordonnance n° 78. 003 du 14 septembre 1978. Elle était compétente pour juger les crimeset délits commis par toute personne contre la sureté intérieure et extérieure de l'État. La Cour est composée exclusivement par les membres des forces armées. Son président est désigné par le Comité militaire de salut national parmi ses membres. Il est assisté de quatre assesseurs choisis parmi les officiers des forces armées. L'avocat général et son substitut, le juge d'instruction et les membres du greffe sont également nommés parmi lesmembres des forces armées. Ainsi, la procédure en vigueur devant la Cour spéciale de justice déroge aux règles procédurales de droit commun ».
[297] La Cour suprême exerçait le rôle de la Cour des comptes avant la réforme de 1993 (entre 1961 à 1978). La Coursuprême avait pour mission l'assistance des pouvoirs politiques dans le contrôle de l'exécution des lois de finances. Elle juge les comptes des comptables publics, contrôle la gestion financière et comptable des entreprises nationales et des établissements publics et des sociétés mixtes à caractère industriel et commercial et la Cour, statuant en matière de comptabilité publique, est chargée aussi du contrôle administratif des comptes financiers des administrations publiques. Elle établit annuellement un rapport public dans lequel elle signale les irrégularités et propose éventuellement des réformes et améliorations. Ce rôle a été dévolu au secrétariat chargé du contrôle d'État en 1987, puis à une toute nouvelle institution prévue par l'article 68 de la Constitution qui est la Cour de comptes instituée par la loi n° 93-019 du 26 janvier 1993 portant institution et organisation de la Cour des comptes.
[298] C. ARENS, première présidente de la Cour de cassation, « Rapport annuel de la Cour de cassation », Documentation française, 2019, p. 9.
[299] V. loi n° 93-019 du 26 janvier 1993 portant institution et organisation de la Cour des comptes. Cf. C. A. OULDAHMED BABOU, « Le système judiciaire mauritanien », *op. cit.*, p. 65 : « Dans la pratique en effet, ces juridictions n'ont jamais fonctionné de la façon dont elles devaient. Elles se heurtent souvent à des obstacles sociaux qui les empêchent de suivre leur mission. Le fait que les infractions soient relevées contre des hommes issusdes groupes tribaux puissants, ou à de grands commerçants en matière des infractions économiques, de sorte qu'onpuisse affirmer que toutes les classes politiques et commerciales depuis l'indépendance à nos jours sont impliquéesdans ce genre d'affaires ».
[300] P. BEZARD, « Réflexions sur le fonctionnement de la justice économique et financière », in *Le droit de l'entreprise dans ses relations externes. À la fin du XXe siècle,* Mélanges en l'honneur de CLAUDE CHAMPAUD, *op. cit.*, p. 60.
[301] Comité militaire pour la justice et la démocratie (CMJD).
[302] Colonel à la tête du coup d'État perpétré contre Ould Taya le 3 août 2005.
[303] L'ordonnance n° 2007-012 du 8 février 2007 portant organisation judiciaire. Cette réforme a permis la création de secrétaires généraux au niveau des trois Cours d'appel (Nouakchott, Nouadhibou et Kiffa). La nouveauté est aussi la création de tribunaux de commerce à Nouakchott et à Nouadhibou. En matière de justice civile, on note une modification de certaines règles de procédure (CPCCA) visant « l'affirmation du principe du contradictoire et de l'obligation de son respect par le juge ». Quant à la réforme de la procédure pénale, elle consacre l'enracinement des garanties constitutionnelles relatives aux procès équitables, la séparation des autorités chargées de l'instructionet du jugement et la présomption d'innocence. La loi de 2017 a instauré un statut particulier pour le personnel desgreffes. Il a été également institué un corps de surveillants des établissements pénitentiaires dépourvu d'un statut particulier.
[304] La Mauritanie est le pays de l'Afrique continentale à avoir battu le record des coups d'État. Depuis le 10 juillet1978, date à laquelle le premier coup d'État a été perpétré par Ould Saleck, jusqu'en 2007, le dernier coup d'Étatqui a été fomenté par le colonel Ould Aziz. Il est très difficile de parler d'un État de droit et d'une démocratie en Mauritanie, car depuis 78 jusqu'à

l'actuel président (Ghazouani, élu en 2019, suite à des élections contestées par l'opposition), ce sont les militaires qui gouvernent ce pays.

[305] J.-G. BIDIMA, « Rationalité et procédures juridiques en Afrique », *Diogène*, n° 202, 2003, p. 81-97.

[306] P. RICŒUR, Le *juste*, Esprit, 1995, p. 198.

[307] Cette réforme est instituée suite à l'arrivée au pouvoir des militaires par un coup d'État le 10 juillet 1978. Le choix politique était marqué par l'arabisation du pays et des institutions. Désormais, les juridictions jugent suivant la règle de droit musulman. Les autorités ont jugé que le droit musulman était mieux adapté pour répondre aux aspirations de la société musulmane.

[308] M. BA OULD NE, ex-garde des Sceaux, ministre de la Justice de la République islamique de Mauritanie, « Conférence des ministres de la Justice des États africains », *op. cit.*, p. 76.

[309] B. BADIE, « L'État importé. L'occidentalisation de l'ordre politique », Fayard, 1992, p. 208.

[310] J.-P. ROYER, N. DERASSE, J.-P. ALLINNE, B. DURAND, J.-P. JEAN, *Histoire de la justice en France, du XVIIIe siècle à nos jours*, *op. cit.*, p. 159 et 160.

[311] L. CADIET, J. NORMAND, S. AMRAN-MEKKI, *Théorie générale du procès*, *op. cit.*, p. 109 et s.

[312] G. E. NONNOU, « L'indépendance du pouvoir judiciaire dans les États d'Afrique francophone : cas du Bénin et du Sénégal », *op. cit.*, p. 233 ; R. DRAGO, « Problème de l'existence d'un ministère de la Justice en France », in *Le juge entre deux millénaires*, Mélanges offerts à PIERRE DRAI, Dalloz, 2000, p. 37.

[313] V. annexe : Entretien avec maitre Ahmed MINE, Paris le 14 octobre 2021. Il ajoute que « le principe de la séparation des pouvoirs en Mauritanie n'est pas respecté car il y a une constante présence de régime de type présidentialiste hérité des régimes d'exception successifs, la forte concentration des pouvoirs entre les mains de l'exécutif, notamment le chef fait qu'il parait comme l'omnipotent et l'omniprésent dans tout, même au niveau de la justice. Le système mauritanien doit se muer vers un régime présidentiel tel que prévu par la Constitution afin de garantir une réelle séparation des pouvoirs ».

[314] J.-P. JEAN, « L'évolution du statut du magistrat entre 1918 et 1958 : La justice dans l'État, avant la justice dansl'État de droit », *Les Cahiers de la Justice*, *op. cit.*, p. 147 et s.

[315] Voir l'ordonnance du 8 février 2007 portant l'organisation judiciaire.

[316] Voir le Rapport de la Commission d'enquête parlementaire (RCEP), juillet 2020, Nouakchott-Mauritanie. Unrapport impliquant l'ancien chef d'État, Mohamed Ould Abdallah Aziz et certains de ces collaborateurs dans des affaires de corruption, de détournement de fonds publics et enrichissement illicite pour ses deux mandats à la tête de la République islamique de Mauritanie.

[317] Voir l'ordonnance n° 78-03 du 14 septembre 1978 modifiée par les ordonnances n° 83-144 du 23 juin 1983, n° 85-118 du 28 mai 1985, n° 86-121 du 13 juillet 1986 ; H. RAMDAN, « Le fonctionnement de la justice dans les pays en voie de développement : Le cas de la Mauritanie », *op. cit.*, p. 271.

[318] F. GUICHARD & J.-P. JEAN, « La justice comme amplificateur des clivages sociaux », *op. cit.*, p. 14-15.

[319] Articles 67 et 68 de la Constitution française de 1958.

[320] Articles 68-1 à 68-3 de la Constitution française de 1958.

[321] M. FABRE-MAGNAN, F. BRUNET, *Introduction générale au droit*, *op. cit.*, p. 376.

[322] Le seul régime civil et démocratique que la Mauritanie ait connu est celui de Sidi Ould Cheikh Abdallah, 2007.Ce dernier a été destitué par le général Mohamed Ould Abdel Aziz.

[323] Association initiative civique, « Justice et développement en Mauritanie », *op. cit.*, p. 30 et s.

[324] C. A. OULD AHMED BABOU, « Le système judiciaire mauritanien », *op. cit.*, p. 65.

[325] Le fait que les infractions économiques soient relevées contre des hommes issus des groupes puissants, ou des grands commerçants, ou encore des politiques, tout cela empêche

ces juridictions de remplir leurs missions judiciaires depuis l'indépendance jusqu'à nos jours, mais aussi enfreint la tenue d'une bonne gouvernance.
[326] C. A. OULD AHMED BABOU, « Le système judiciaire mauritanien », *op. cit.*, p. 65.
[327] B. I. ABDOURHAMANE, « Les juges à l'épreuve de la démocratie, l'exemple du Niger », *Afrilex*, n° 3, 3003, p. 1.
[328] M. FOMBA, « Les magistrats de terrain au Mali », *Afrique contemporaine*, n° 250, 2014, p. 84-85.
[329] Association initiative civique, « Justice et développement en Mauritanie », *op. cit.*, p. 30.
[330] V. annexe : Entretien avec le professeur de droit Hamadi Gatta Wagué, Paris le 13 octobre 2021.
[331]J. D. DE GAUDUSSON, « La justice en Afrique : nouveaux défis, nouveaux acteurs », *op. cit.*, p. 13-28.
[332] V. annexe : Entretien avec Sidi N'DIAYE chargé des cours à l'Université de Paris-Nanterre, Paris, le 14 octobre2021.
[333] F. HOURQUEBIE, « L'indépendance de la justice dans les pays francophones », *op. cit.*, p. 41-61.
[334] A. OULD BAH, « Introduction au thème justice et démocratie », *op. cit.*, p. 21 et s.
[335] Ordonnance n° 2006. 015 en date du 12 juin 2006 portant institution d'une Commission nationale des droits del'homme.
[336] CNDH, « Rapport annuel sur la situation des droits de l'homme en Mauritanie », *op. cit.*, p. 49 et s.
[337] P. ALSTON, « Rapport des Nations unies sur les droits de l'homme et l'extrême pauvreté en Mauritanie », *op. cit.*, p. 18 ; CNDH, « Rapport annuel de la Commission des droits en Mauritanie », *op. cit.*, p. 42.
[338] Rapport de la Commission d'enquête parlementaire, juillet 2020, Nouakchott-Mauritanie.
[339] V. annexe : Entretien avec le professeur de droit Hamadi Gatta Wagué, Paris le 13 octobre 2021.
[340] V. annexe : Entretien avec Gaye Traore, président de l'association ARMEPES-France et activiste des droits del'homme : « La séparation des pouvoirs reste un vœu pieux, elle est loin d'être respectée par les autorités mauritaniennes. L'intrusion de la tribu, des politiques et des hommes influents dans le cercle du pouvoir est manifeste. Ce phénomène dénature parfois les procès et la justice rendue. La justice mauritanienne est loin d'être indépendante. Elle est instrumentalisée. Ce constat est connu et fait par tout citoyen mauritanien averti. L'impunitéen République islamique de Mauritanie est la règle ».
[341] S. GASTON, « La culture juridique commune est une valeur à préserver », *Gazette du Palais*, 138ᵉ année, n° 6, février 2018, p. 9.
[342] P. BEZARD, « Réflexions sur le fonctionnement de la justice économique et financière », in *Le droit de l'entreprise dans ses relations externes. À la fin du XXᵉ siècle,* Mélanges en l'honneur de CLAUDE CHAMPAUD, *op. cit.*, p. 62.
[343] S. KERNEIS, « Les mots du droit. Archéologie du discours juridique », *in* A. HELMIS, N. KALNOKY et S. KERNEIS (dir.), *Vertiges du droit. Mélanges franco-helléniques à la mémoire de Jacques Phytilis, op. cit.*, p. 125.
[344] S. DU BLED et R. DE QUENAUDON, « Les modes alternatifs de règlement des conflits : généralité », *in* M. RIGAUX, P. HUMBLET (dir.), *Conciliation, médiation et arbitrage. Vers une régulation européenne des modes alternatifs du règlement des conflits (collectif) du travail ?* Bruylant, 2011, p. 3 ; B. FAUCHER, « La conciliation judiciaire », thèse pour le doctorat d'État, Université Paris II-Assas, 1980, p. 10.
[345] S. KERNEIS, « Les modes alternatifs de résolution des conflits. Droit pénal, histoire et anthropologie », disponible : www.academia.edu, 2012.
[346] J.-B. RACINE, « Introduction », *in* J.-B. RACINE (dir.), *Pluralisme des modes alternatifs de résolution des conflits, pluralisme du droit*, *op. cit.*, p. 19.
[347] S. AMRANI-MEKKI, « Chantier de l'amiable : concevoir avant de construire », *La semaine juridique*, n° 13,mars 2018, p. 63 et 64.

[348] F.-K. CAMARA et A. CISSÉ, « Arbitrage et médiation dans les cultures juridiques négro-africaines : entre la prédisposition à dénouer et la mission de trancher », *Rev. arb.*, n° 2, 2009, p. 285.

[348] M. ALLIOT, *Le droit et le service public au miroir de l'anthropologie.* Textes choisis et édités par C. KUYU, *op. cit.*, p. 179 ; R. CROOK, « Règlement alternatif des conflits et tribunaux de district au Ghana », *Afrique contemporaine*, n° 250, 2014, p. 29-54.

[349] L. CADIET, « Les modes alternatifs de règlement des conflits et le droit », *in* P. CHEVALIER, Y. DESDEVISES, P. MILNURN (dir.), *Les modes alternatifs de règlement des litiges : les voies nouvelles d'une autre justice*, Documentation française, 2003, p. 258 ; L. CADIET, « Avant-propos », *in* L. CADIET (dir.), *Médiation et arbitrage : Alternative, dispute, résolution. Alternative ou justice alternative ? Perspectives comparatives,* Litec, 2005, p. 7.

[350] J. FAGET, « Éloge du fluide. Une sociopolitique de la médiation », *in* C. EBERHARD et G. VERNICOS (dir.), *La quête anthropologique du droit autour de la démarche d'Étienne Leroy,* 2006, Karthala, p. 298 ; CH. JARROSSON, « La médiation et la conciliation : essai de présentation », *Droit et patrimoine*, 1999, p. 36.

[351] S. KERNEIS, « Aspects anthropologiques des MARC », *in* P. CECCHI-DIMEGLIO et B. BRENNEUR (dir.), *Manuel interdisciplinaire des modes amiables de résolution des conflits*, Larcier, 2015, p. 152.

[352] E. LEVINAS, *Autrement qu'être ou au-delà de l'essence*, Poche, 2004, cité par S. GOUGBEMON, « Des ressources pour penser la justice, Ricœur et Derrida », *in* J.-F. PETIT, L. KI-ZERBO (dir.), *Justice transitionnelle, justice alternative*, Les éditions Franciscaines, 2017, p. 67.

[353] A. GARAPON, « Le rituel juridique. Étude de sociologie juridique sur les formes symboliques du droit », *op. cit.*, p. 355 et s. : « Le procès est un rituel social et collectif, qui s'est tenu devant une juridiction étatique. Le rituel judiciaire indique donc que cette recherche du juste que poursuit le droit passe tout d'abord par la nécessité de préserver le vide du lieu, duquel vient le sens et par l'obligation d'offrir un cadre commun à une pluralité de discours de force équivalente ».

[354] P. RICŒUR, *Soi-même comme un autre*, Le Seuil, 1990, p. 310 et s.

[355] J.-J. ROUSSEAU, « *Œuvres complètes. Lettres à Christophe de Beaumont* », vol. IV, p. 235, cité par L. CARPENTIERI, « La justice restaurative : Analyse critique d'un modèle américain de règlement alternatif des conflits », *op. cit.*, p. 36 ; L. DUVANEL, *La justice contractuelle dans la philosophie antique et le droit romain*, éd. Schulthess, 2004, p. 104.

[356] L. CADIET, H. PAULIAT, « Finalités du jugement », *in* L. CADIET, J.-P. JEAN et H. PAULIAT (dir.), Mieuxadministrer pour mieux juger, tome 58, éd. IRJS, 2014, p. 114.

[357] L. CADIET, J. NORMAND, S. AMRANI-MAKKI, *Théorie générale du procès*, *op. cit.*, p. 55. Pour Platon, « la vertu même de justice est, d'abord, rapport à soi, question d'ordre interne, de for intérieur, qui conditionne secondairement, l'harmonie dans les relations à autrui. De ce point de vue, les procès sont un trouble qui signalel'échec de la recherche du juste ».

[358] L. DUVANEL, *La justice contractuelle dans la philosophie antique et le droit romain, op. cit.*, p. 123.

[359] PLATON, *La République, livre I,* cité par L. CADIET, J. NORMAND, S. AMRANI-MAKKI, « Théorie générale du procès », *op. cit.*, p. 55.

[360] ARISTOTE, *Éthique* V, 1, 13, cité par L. DUVANEL, « La justice contractuelle dans la philosophie antique et le droit romain », *op. cit.*, p. 105.

[361] PH. RAYNAUD, *Le juge et le philosophe. Essai sur le nouvel âge du droit*, Armand Colin, 2008, p. 89 et s.

[362] A. GARAPON, *Les juges. Un pouvoir irresponsable ?*, Éd. Nicolas Philippe, 2003, p. 107.

[363] J. RAWLS, "A theory of justice", Harvard University Press, 1971, p. 225, cité par L. CARPENTIERI, « La justice restaurative : Analyse critique d'un modèle américain de règlement alternatif des conflits », *op. cit.*, p. 38 et s. ; P. RICŒUR, *Le juste*, *op. cit.*, p. 71.

[364] P. RICŒUR, *Le juste*, *op. cit.*, p. 185 et s.

365 S. GUINCHARD & *alii*, *Droit processuel. Droits fondamentaux du procès*, 10e éd., Dalloz, 2019, p. 1386.
366 L. CADIET, « Des modes alternatifs de règlement des conflits en général et de la médiation en particulier », *in* Soraya AMRANI-MEKKI *et al.*, *La Médiation*, p. 25 ; N. FRICERO & *alii*, N. FRICERO, « Le guide des modesamiables de résolution des différends (MARD) », *op. cit.*, p . 6 ; M.-C. RIVIER, « Les modes alternatifs de règlement des conflits, un objet nouveau dans le discours des juristes français ? », *in* P. CHEVALIER, Y. DESDEVISES, P. MILBURN (dir.), *Les modes alternatifs de règlement des litiges : les voies nouvelles d'une autre justice*, Documentation française, 2003, p. 25.
367 P. ANGEL, « Les modes alternatifs de règlement des différends et le droit des contrats », *in* P. CECCHI-DIMEGLIO et B. BRENNEUR (dir.), *Manuel interdisciplinaire des modes amiables de résolution des conflits*, Larcier, 2015, p. 208 ; P. ANCEL, « Force obligatoire et contenu obligationnel du contrat », *RTD* civ., 1999, 771.
368 L. CADIET, « Les jeux du contrat et du procès », Mélanges offerts à G. FARJAT, éd. Frison-Roche, 1999 ; N. BALBO-IZARN, « L'étude du champ contractuel ouvert à la médiation familiale », *in* J.-B. RACINE (dir.), *Pluralisme des modes alternatifs de résolution des conflits, pluralisme du droit*, L'Hermès, 2002, p. 173.
369 G. CORNU (dir.), *Vocabulaire juridique*, *op. cit.*, p. 258.
370 L. CADIET, « Solution judiciaire et règlement amiable des litiges : contradiction à la condition », Mélanges en l'honneur de Claude CHAMPAUD, Dalloz, 1997, p. 123 et s. P. CHEVALIER, « Les modes alternatifs de règlementdes litiges : entre contrat et procès », *in* P. CHEVALIER, Y. DESCEVISES, P. MILBURN (dir.), *Les modes alternatifs de règlement des litiges : les voies nouvelles d'une autre justice*, Documentation française, 2003, p. 141.
371 S. AMRANI-MEKKI, Y. STRICKLER, *Procédure civile*, *op. cit.*, p. 259.
372 L. CADIET, J. NORMAND, S. AMRANI MEKKI, *Théorie générale du procès*, *op. cit.*, p. 208 ; CH. JARROSSON, « Médiation et droit des contrats », *in* L. CADIET (dir.), *Médiation et arbitrage. Alternative Dispute Resolution,* Litec, 2005, p. 44.
373 M. ALLIOT, *Le droit et le service public au miroir de l'anthropologie*, Textes choisis et édités par C. KUYU *op. cit.*, p. 129 ; J. CARBONNIER, *Sociologie juridique*, *op. cit.*, p. 16 : « La sociologie juridique est une branche de la sociologie générale ayant pour objet l'étude d'une variété de phénomènes sociaux : les phénomènes juridiques ou phénomènes de droit ».
374 N. ROULAND, *Aux confins du droit, anthropologie juridique de la modernité,* Odile Jacob, 1991, p. 142.
375 E. LE ROY, « Norme en anthropologie du droit », *in* A.-J. ARNAUD & *alii* (dir.), *Dictionnaire encyclopédique de théorie et de sociologie du droit*, 2e édition, LGDJ, 1993, p. 402.
376 C. YOUNES, « Médiation, subjectivisation de la norme et décentrage du sujet », *in* C. YOUNES et E. LE ROY, *La médiation et diversité culturelle pour quelle société ?,* Karthala, 2002, p. 59 : « Dans ces circonstances, le conflit cesse d'apparaitre comme une pathologie du lien social. Le conflit devient une occasion de socialisation. La solidarité se construit désormais autant sur des liens positifs que sur la conflictualité ».
377 N. ROULAND, *Anthropologie juridique*, PUF, 1988, p. 309. « La justice amiable, associée à la maitrise des individus, la relation homme-homme permet à la société de se perpétuer et de faire face aux conflits et aux tensions, soit en restaurant l'équilibre initial, soit en en trouvant un nouveau ».
378 *Ibid.*, p. 262 et s. ; J.-P. GRESY, « Les dynamiques du conflit. Une modélisation systémique pour aborder le droitselon une anthropologie du différend », thèse de doctorat, Université Paris I-Sorbonne, 2008, p. 145.
379 V. annexe : Entretien avec le chef de village.
380 J.-F. ROBERGE, « Les défis d'une justice participative. Garantir des qualités procédurales aux modes de prévention et règlement des différends », *in* L. CASAUX-LABRUNEE et J.-F. ROBERGE (dir.), *Pour un droit durèglement amiable des différends,* LGDJ, 2018, p. 64.

[381] A.-J. ARNAUD (dir.), *Dictionnaire encyclopédique de théorie et de sociologie du droit*, LGDJ, 1993, p. 11.

[382] S. KERNEIS, « Aspects anthropologiques des MARC », *in* P. CECCHI-DIMEGLIO et B. BRENNEUR (dir.),
Manuel interdisciplinaire des modes amiables de résolution des conflits, op. cit., p. 153.

[383] J.-P. BONAFÉ-SCHMITT, « Les modes alternatifs de règlement des conflits – approche sociologique », *in* P. CECCHI-DIMEGLIO et B. BRENNEUR (dir.), *Manuel interdisciplinaire des modes amiables de résolution des conflits, op. cit.*, p. 83 ; P. BOURDIEU, « La force du droit. Éléments pour une sociologie du champ juridique », in *Actes de la recherche en sciences sociales*, vol. 64, septembre 1986, p. 12.

[384] A.-J. ARNAUD (dir.), *Dictionnaire encyclopédique de théorie et de sociologie du droit*, 2e éd., LGDJ, 1993.

[385] J. CARBONNIER, *Flexible droit. Pour une sociologie du droit sans rigueur*, 10e éd., LGDJ, 2014, p. 25.

[386] S. KERNEIS, « Le droit à l'épreuve de l'anthropologie historique : le cas des modes alternatifs de résolution des conflits », in *Clio et Thémis,* n°°5, 2012 : www.cliothemis.com ; M. DELMAS-MARTY, *Le flou du droit*, PUF,1986 ; M. DELMAS-MARTY, « Le mou, le doux et le flou sont-ils des garde-fous ? » , *in* J. CLAM et G. MARTIN, *Les transformations de la régulation juridique*, LGDJ, 1998, p. 209.

[387] M. DELMAS-MARTY, *Le flou du droit, op. cit.*, p. 12. Selon l'auteure, la justice alternative est qualifiée de droit mou « *soft law* », ou doux, parce que dépourvue de dimension contraignante ; J. CARBONNIER, *Flexible droit. Pour une sociologie du droit sans rigueur, op. cit.*, p. 26.

[388] J. CHEVALIER, « Vers un droit postmoderne », *in* J. CLAM et G. MARTIN (dir.), *Les transformations de la régulation juridique, op. cit.*, p. 36.

[389] S. KERNEIS, « Le droit à l'épreuve de l'anthropologie historique : le cas des modes alternatifs de résolution des conflits », *op. cit.*, n° 5, 2012.

[390] S. KERNEIS et J.-P. POLY, « Coutume, entre le ciel des idées et le gouvernement des hommes », *in* S. KERNEIS (dir.), *Une histoire juridique de l'Occident. Le droit et la coutume (IIIe-IXe siècle)*, PUF, 2018, p. 344.

[391] L. CARPENTIERI, « La justice restaurative : analyse critique d'un modèle américain de règlement alternatif des conflits », *op. cit.*, p. 3 ; R. CARIO, *Justice restaurative. Principes et promesses*, L'Harmattan, 2e éd., 2010, p. 54 et s. ; J.-F. ROBERGE, « Les défis d'une justice participative. Garantir des qualités procédurales aux modes de prévention et règlement des différends », *in* L. CASAUX-LABRUNEE et J.-F. ROBERGE (dir.), *Pour un droit du règlement amiable des différends, op. cit.*, p. 64.

[392] R. CARIO, *Justice restaurative. Principes et promesses*, *op. cit.*, p. 14.

[393] L. CADIET, TH. CLAY, *Les modes alternatifs de règlement des conflits, op. cit.*, p. 29 ; P. BAYLAC-MARTRES, « Contribution des modes alternatifs et plus particulièrement de la médiation à l'évolution du règlement des conflits », thèse de doctorat, Université, Panthéon-Assas, 2002, p. 140.

[394] G. CORNU, « Les modes alternatifs de règlement des conflits. Rapport de synthèse », vol. 49, n° 2, RIDC, 1997, p. 313-323. Dans Matt., 18, 15-20, l'appel à la conciliation et à la médiation pour délier entre litigants ce qui peut l'être « Va lui parler seul à seul… s'il ne t'écoute pas, prends avec toi une ou deux personnes » ; P. KAYSER, « La recherche en France de la diminution des contentieux judiciaire et administratif par le développement des règlements amiables », *op. cit.*, p. 204. Pour l'auteur, « dans un texte souvent cité, l'apôtre Paul reproche aux chrétiens de Corinthe de porter leurs différends devant les tribunaux païens, au lieu de les fairearbitrer par un des leurs. Il leur demande aussi de savoir renoncer à leurs droits, et par suite, implicitement, de se faire des concessions réciproques ».

[395] C. ARCHAN, « *Ius septentrionalis*. La diversité juridique dans les iles britanniques », *in* S. KERNEIS (dir.),

Une histoire juridique de l'Occident. Le droit et la coutume (IIIe-IXe siècle), PUF, 2018, p. 314 et s.
[396] A. MAGDELAIN, « Aspects arbitraux de la justice archaïque à Rome », *Revue internationale des droits de l'Antiquité*, 1980, p. 205, cité par CH. JARROSSON, *La notion d'arbitrage*, LGDJ, 1987, p. 1.
[397] E. JEULAND, *Droit processuel général*, 3e éd., LGDJ, 2014, p. 58 et s.
[398] L. CADIET, « Panorama des modes alternatifs de règlement des conflits en droit français », *Ritsumeikan Law Review*, n° 28, 2011, p. 150 : « *Le Grand Robert de la langue française*, qui est un dictionnaire historique du français, révèle du reste que le premier sens attesté du mot *procès*, en 1174, est celui de titre juridique, contrat ; latrace de ce sens primitif se retrouve d'ailleurs encore dans la langue d'aujourd'hui avec l'expression procès-verbal d'accord qui désigne l'acte recueillant un accord. Le développement contemporain des modes alternatifs de règlement des conflits est une sorte de retour aux sources » ; CH. JARROSSON, *La notion d'arbitrage*, *op. cit.*, p. 178. Comme le souligne l'auteur, dans le Titre III, Chap. V du pouvoir judiciaire, art. 6 : « Les tribunaux ordinairesne peuvent recevoir aucune action au civil, sans qu'il leur soit justifié que les parties ont comparu, ou que le demandeur a cité sa partie adverse devant les médiateurs, pour parvenir à une conciliation ».
[399] J. POUMAREDE, « La conciliation, la mal-aimée des juges », *Les Cahiers de la Justice*, 2013, p. 125 : « La justice amiable fut l'idée de la révolution judiciaire de 1790 sous la forme d'une conciliation obligatoire devant unbureau de paix avant toute saisine d'un tribunal. Le Code de procédure civile de 1806 en a maintenu le principe enconfiant le rôle de conciliateur aux juges de paix. Mais la jurisprudence des Cours, soutenue par la doctrine juridique, s'est employée à contourner cette procédure gracieuse jusqu'à sa suppression en 1949 avant la disparition des justices de paix en 1958 » ; G. CORNU, « Les modes alternatifs de règlement des conflits », *op. cit.*, p. 313-323 : « … en vérité, on aurait tort de ne voir que de la modernité dans cet attrait, quand il y a depuis toujours la tradition, qu'il s'agisse de bons arrangements, directs ou par bons offices (transaction, conciliation, médiation, arbitrage), ou des actes de renonciation unilaterala (abdication, pardon, grâce, remise de dette). La faveur aux modes alternatifs est millénaire. Elle est biblique, elle est proverbiale. Elle appartient à la sagesse des nations et à la penséeantique ».
[400] CH. JARROSSON, La *notion d'arbitrage*, *op. cit.*, p. 176.
[401] S. KERNEIS, « Le droit à l'épreuve de l'anthropologie historique : le cas des modes alternatifs de résolution des conflits », *op. cit.*, n° 5, 2012, disponible : www.cliothemis.com ; J.-P. BONAFÉ SCHMITT, *La médiation pénale en France et aux États-Unis*, LGDJ, 2010, p. 145.
[402] M. ALLIOT, *Le droit et le service public au miroir de l'anthropologie*. Textes choisis et édités par C. KUYU,*op. cit.*
[403] E. LE ROY, *Le jeu des lois. Une anthropologique dynamique du droit*, *op. cit ;* E. LE ROY, *Les Africains etl'institution de la justice. Entre mimétisme et métissages*, *op. cit.*
[404] N. ROULAND, *Anthropologie juridique*, *op. cit.*
[405] *Ibid.*, p. 195.
[406] H. KENFACK, « La médiation dans les droits africains », *in* W. BEN-HAMIDA et S. BOSTANDJI (dir.), *La médiation dans tous ses états*. Pedone, 2018, p. 356 et s. ; A. WILFRIED ELOUNDOU & D. LUTRAN, « La médiation dans l'espace OHADA : États des lieux et perspectives », *RDAA*, janvier 2022, p. 5 et s.
[407] V. annexe : Entretien avec le chef de village, Guidimakha le 20 juillet 2017.
[408] M. SAM, « À propos de la résurgence de la médiation comme mode alternatif de résolution des conflits sociaux en Afrique », *Penant*, n° 894, 2016, p. 894 : « Les vieillards, symbole de sagesse, jouent un rôle prééminentdans la conduite des débats et dans la prise de décisions. La description dévalorisante de la palabre, qui en réalitéest une véritable instance délibérative coutumière africaine, émane du contexte colonial où la palabre était une session de concertation où siégeaient le commandant européen et le chef indigène, avec le recours à un interprète, pour discuter des problèmes de la localité et informer l'autorité coloniale sur les

points de vue des populations indigènes » ; E. WA LWENGA, « Le cadre légal et règlementaire de la médiation pénale en France », RDPC, vol. 82, 2002, p. 1156-1176 : « La palabre africaine est entendue non pas dans le sens souvent employé en Occidentde discussions interminables et sans résultat, mais est un mode de gestion des relations fondé sur une conception de l'ordre social négocié » ; J.-G. BIDIMA, *La palabre : une juridiction de la parole*, Michalon, 1997.

409 Voir l'entretien avec le chef de village, Guidimakha le 20 juillet 2017 ; A. FENEON, « Commentaire de l'acte uniforme relatif à la médiation du 23 novembre 2017 », *in* N. AKA, A. FENEON et J.-M. TCHAKOUA, *Le nouveau droit de l'arbitrage et de la médiation en Afrique (OHADA)*, LGDJ, 2018, p. 276 ; J.-G. BIDIMA, « Médiation, mutualité et historicité », *in* C. YOUNES et E. LE ROY, *La médiation et diversité culturelle pour quelle société ?*, Karthala, 2002, p. 128 : « Dans ce sens, la palabre est conçue comme un processus dans lequel une société songe à son avenir pour préserver l'harmonie sociale. Elle est donc *un agir* qui, le regard tourné vers l'après-conflit ».

410 N. MANDELA, *Long walk to freedom, the autobiographie of Nelson Mandela*, traduit de l'anglais par Jean GUILOINEAU, Fayard, 1995, p. 94. « Les litiges se réglaient soit au sein des familles devant le chef de famille ou de collectivité, soit devant le chef de tribu ou devant le roi ».

411 J. JOHN-NAMBO, « Quelques héritages de la justice coloniale en Afrique noire », *op. cit.*, p. 325-343 ; J. MAYABA, « Le juge béninois à l'heure du déclin officiel du dualisme juridique », *in* G. OTIS (dir.), *Le juge et le dialogue des cultures juridiques*, *op. cit.*, p. 137.

412 V. annexe : Entretien avec le chef de village, Guidimakha le 20 juillet 2017.

413 Cf. le développement supra sur le règlement des conflits en milieu soninké.

414 E. LE ROY, « Présentation de la modernité de la justice contemporaine en Afrique francophone », *Droit et société*, 51-52/2002, p. 299 ; E. LE ROY, « Le justiciable africain et la redécouverte d'une voie négociée de règlement des conflits », *Afrique contemporaine*, 1990, p. 111-120.

415 F. HOURQEBIE, « Le juge à la jonction d'un pluralisme désordonné en Afrique centrale », *in* G. OTIS, *Le juge et le dialogue des cultures juridiques*, Karthala, 2013, p. 155 ; F. KINE-CAMARA, *Pouvoir et justice dans la tradition des peuples noirs. Philosophie et pratique*, L'Harmattan, 2004, p. 4.

416 CH. ANTA DIOP, « Nations nègres et culture : de l'Antiquité nègre égyptienne aux problèmes culturels de l'Afrique Noire d'aujourd'hui », *Présence Africaine*, Paris, 1979 ; CH. ANTA DIOP, *L'unité culturelle de l'Afrique Noire. Domaines du patriarcat et du matriarcat dans l'Antiquité classique, Présence Africaine*, 2e éd., Paris, 1982.

417 O. CUPERLIER, « Culture africaine et arbitrage international », *in* F. OUSMA et A. CEMIL-YILDIRIM (dir.),
Où va l'arbitrage international ? De la crise au renouveau, LexisNexis, 2017, p. 315.

418 L. CADIET, TH. CLAY, *Les modes alternatifs de règlement des conflits*, *op. cit.*, p. 35.

419 R. CARIO, *Justice restaurative. Principes et promesses*, *op. cit.*, p. 54 et s. ; J.-F. PETIT, « Propos introductifs », *in* J.-F. PETIT, L. KI-ZERBO (dir.), *Justice transitionnelle, justice alternative. Quels enjeux éthiques et politique en Afrique ?*, Actes du colloque à la Cour de cassation, REPHI, Paris, janvier, 2016, p. 14 ; S. KERNEIS, « Aspects anthropologiques des MARC », *in* P. CECCHI-DIMEGLIO et B. BRENNEUR (dir.), *Manuel interdisciplinaire des modes amiables de résolution des conflits*, *op. cit.*, p. 163 ; G. V. LUHAHE, « Les juridictions gacaca au Rwanda : un outil de la relance après le génocide de 1994 », *in* J.-F. PETIT, L. KI-ZERBO (dir.), *Justice transitionnelle, justice alternative. Quels enjeux éthiques et politique en Afrique ?*, Actes du colloque à la Cour de cassation, REPHI, Paris, janvier, 2016, p. 111 : « Le terme *gacaca* signifie étymologiquement une pelouse d'herbes où s'asseyaient les membres d'une communauté pour débattre d'un problème commun. La plupart du temps, c'était près de l'enclos du plus vénérable des sages du village. Il s'agissait d'une réunion communautaire rassemblant soit des membres d'un même lignage familial, soit

des individus n'ayant aucun lien familial, mais partageant l'espace commun de vie sociale et d'activité ».

[420] J.-G. BIDIMA, *La palabre. Une juridiction de la parole*, *op. cit.*, p. 9.

[421] Discours du ministre de la Justice, M. Dia Moctar MALAL, en séance plénière lors de l'adoption d'un projet deloi sur la médiation judiciaire, le 30/07/2018. Le ministre a souligné que le développement du mécanisme de médiation judiciaire dans le domaine civil et commercial s'inscrit dans le cadre des efforts du gouvernement pourréformer le climat des affaires et améliorer le classement de la Mauritanie au niveau de l'indice Doing Business.

[422] S. AMRANI-MEKKI, « Chantier de l'amiable : concevoir avant de construire », *Semaine Juridique*, *op. cit.*, p. 63.

[423] V. annexe : Entretien avec H. RAMDAN, ancien ministre de la Justice et professeur des universités,Nouakchott, le 3 novembre 2019.

[424] V. annexe : Entretien avec maître Ahmed MINE, Paris le 14 octobre 2021.

[425] S.-M. CABON, « La négociation en matière pénale », thèse de doctorat, Université de Bordeaux, LGDJ, 2014, p. 9.

[426] X. LAGARDE, « Les modèles de l'alternativité », *in* S. AMRANI-MEKKI, G. DAVY, S. KERNEIS et M. ROCCATI (dir.), *Les chimères de l'alternativité ?*, Mare et Martin, 2018, p. 237 et s.

[427] G. MUSILA, « L'État de droit et le rôle des tribunaux de droit coutumier dans le processus du Soudan du Sud »,*Rapport spécial*, n° 4, juillet 2018.

[428] V. annexe : Entretien avec maitre Ahmed MINE, Paris le 14 octobre 2021.

[429] CH. TOUPET et J.-R. PITTE, *La Mauritanie*, *op. cit.*, p. 51 ; M. YAYA OULD CIRE, *La Mauritanie. Entrel'esclavage et le racisme*, L'Harmattan, 2014, p. 21.

[430] M. VILLASANTE DE BEAUVAIS, *Parenté et politique en Mauritanie. Essai d'anthropologie historique*,L'Harmattan, 1998, p. 23.

[431] Voir le Coran, sourate « Les Femmes », verset n° 35.

[432] V. annexe : Entretien avec le président de la Cour suprême, EL HOUSSEIN OULD NAGI, le 27 octobre 2020,à la Cour suprême de Mauritanie.

[433] M. VILLASANTE CERVELLO, « Le Passé colonial et les héritages actuels en Mauritanie », Séminaire au Centre Jacques-Berque Rabat, 12 janvier 2015, www.academia.edu

[434] P. BONTE, « Tribus, tribalisme, territorialité », *in* A.W. OULD-CHEIKH (dir.), *État et société en Mauritanie. Cinquante ans après l'indépendance*, Karthala, 2014, p. 147 et s. ; F. DE CHASSEY, « Vers une histoire anthropologie et sociologie de l'ethnie en Mauritanie », *in* A.W. OULD-CHEIKH (dir.), *État et société en Mauritanie. Cinquante ans après l'indépendance*, Karthala, 2014, p. 167 : « Ces structures tribales sont le fruit d'une histoire multiséculaire partagée, où les apports venus du nord, comme évidemment l'islam, ou du sud commecertaines stratifications politiques ou sociales, se sont syncrétiquement fondus dans la société mauritanienne, compte tenu de la division sociale, primaire et antérieure, entre pasteurs nomades et sédentaires cultivateurs largement imposées par les conditions géoclimatiques ».

[435] M. YAHYA OULD CIRE, *La Mauritanie. Entre l'esclavage et le racisme*, *op. cit.*, p. 17 ; M. YAHYA OULDCIRE, « L'abolition de l'esclavage en Mauritanie et les difficultés de son application », thèse de doctorat, Université Paris II-Assas, 2006.

[436] CNDH, « Rapport annuel sur la situation de droits de l'homme », Nouakchott-Mauritanie, août 2009, p. 79.

[437] Rapport de la LADDH et la LADH, « Alternatif de la société civile sur la mise en œuvre du pacte international relatif aux droits civils et politiques », Nouakchott-Mauritanie, janvier 2016.

[438] CNDH, « Rapport annuel sur la situation de droits de l'homme », Nouakchott-Mauritanie, août, 2009, p. 42 ; Voir, loi n° 2016.014 relative à la lutte contre la corruption. Selon l'art. 3 de ladite loi, « sont punis d'un emprisonnement de cinq (5) à dix (10) ans et d'une amende de cinq cent mille (500 000) à un million (1 000 000)d'ouguiyas : 1° l'agent public qui sollicite

ou accepte, directement ou indirectement, un avantage indu, soit pour lui-même ou pour une autre personne ou entité, afin qu'il accomplisse ou s'abstienne d'accomplir un acte dans l'exercice de ses fonctions ; 2° toute personne qui promet, offre ou accorde à un agent public, directement ou indirectement, un avantage indu au profit du fonctionnaire lui-même ou pour l'intérêt d'un individu ou d'une autreentité afin qu'il accomplisse ou s'abstienne d'accomplir un acte relevant de ses fonctions ».

[439] N. SIDI, « Le passé violent et la politique du repentir en Mauritanie : 1989-2012 », *op. cit.*, p. 186 ; CNDH, « Rapport annuel sur la situation de droits de l'homme », Nouakchott-Mauritanie, 2010, p. 63.

[440] X. LADARDE, « Ce que mode alternatif veut dire », *La Semaine juridique*, n° 13, mars 2018, p. 72.

[441] Enquête diligente en mai 2012 par le « *projet de renforcement et de réhabilitation du secteur de la justice* », sur financement de l'Union européenne, et réalisée sur tout le territoire auprès de 2 500 personnes, www.justice.gouv.mr

[442] X. LADARDE, « Ce que mode alternatif veut dire », *op. cit.*, p. 72.

[443] B. DEFFAINS, « Les modes alternatifs de règlement des litiges – analyse économique », *in* P. CECCHI-DIMEGLIO et B. BRENNEUR (dir.), *Manuel interdisciplinaire des modes amiables de résolution des conflits*, *op. cit.*, p. 65.

[444] L. CADIET, « Le spectre de la société contentieuse », in *Droit civil, procédure, linguistique, judiciaire,* écrit en hommage à Gérard CORNU, PUF, 1994.

[445] L. CADIET, « Les modes alternatifs de règlement des conflits et le droit », *in* P. CHEVALIER, Y. DESDEVISES, PH. MILBURN (dir.), *Les modes alternatifs de règlement des litiges : les voies nouvelles d'une autre justice,* Documentation française, 2003, p. 260. « Les processus de règlement amiable des conflits ne sont pas des sous-procédures pour des sous-citoyens ».

[446] L. JOURDAA, « Le développement des règlements conventionnels des litiges en droit administratif », *in* M. LEI et L. YBOUD (dir.), *De la mobilisation du fait à la réalisation du droit*, L'Harmattan, 2016, p. 73 et s.

[447] D. LÖHRER, « La protection non juridictionnelle des droits fondamentaux en droit constitutionnel comparé »,thèse de doctorat, Université de Pau, 2013, p. 29.

[448] L. CADIET, « Les modes alternatifs de règlement des conflits et le droit », *in* P. CHEVALIER, Y. DESDEVISES, PH. MILBURN (dir.), *Les modes alternatifs de règlement des litiges : les voies nouvelles d'une autre justice, op. cit.*, p. 264 ; PH. MILBURN, « Les recherches sur les MARL : aspects économiques etsociologiques », *in* P. CHEVALIER, Y. DESDEVISE, PH. MILBURN (dir.), *Les modes alternatifs de règlement des litiges : les voies nouvelles d'une autre justice*, Documentation française, 2003, p. 65.

[449] CH. JARROSSON, « Les dispositions sur la conciliation et la médiation judiciaire de la loi du 8 février 1995 », *Rev. arb.*, 1995, p. 219 et s.

[450] D.-M. DESGREES DU LOU, *Institutions administratives*, PUF, 1re éd., 2011, p. 216 et s. L'auteur précise aussi que certaines autorités administratives indépendantes, intervenant dans des domaines très divers et pas seulement en matière de régulation économique, reçoivent d'ailleurs le pouvoir de régler des litiges en équité, c'est-à-dire éventuellement en s'affranchissant de l'application stricte des règles de droit, ce que l'Administration classique, soumise au principe de légalité, ne saurait faire.

[451] J. FAGET (dir.), *Médiation et action publique. La dynamique du fluide*, Pessac, Presse universitaire de Bordeaux, 2005, p. 10 et s. : L'« *Ombudsman*, dans son sens classique issu de la première institution éponyme créée en Suède en 1809, désigne une autorité indépendante, chargée du règlement amiable des litiges entre l'administration publique et les citoyens ».

[452] S. GUINCHARD et T. DEBARD (dir.), *Lexique des termes juridiques*, 18e éd., Dalloz, 2011, p. 559 ; G. CORNU, *Vocabulaire juridique*, *op. cit.*, p. 651 : « L'*Ombudsman* est le nom donné à la personnalité élue par le Parlement et chargée, d'office ou sur plainte, de surveiller les autorités administratives et les tribunaux : organe d'une institution scandinave de protection contre les abus administratifs » ; A. REVILLARD, P.-Y. BAUDOT, V.-

A. CHAPPE, TH. RIBEMONT, *La fabrique d'une égalité administrative. Sociologie du Médiateur de la République*, Mission de recherche Droit et Justice, 2011, p. 11.

[453] A. MICHAUD, in Communication au premier Congrès des *Ombudsman* et des Médiateurs de la Francophonie,Québec, juin 1997, p. 1-2. L'*Ombusman* fut institué pour la première fois par la constitutionnalisation suédoise de 1809 ; A.-R. GRAB, « La réforme administrative en Tunisie : vers une redéfinition des rapports administration-citoyens », thèse de doctorat, Université Paris I-Sorbonne, 2004, p. 27.

[454] F.-S. ACKA, « Un médiateur dans les institutions publiques ivoiriennes : l'organe présidentiel de médiation », disponible sur www.afrilex.u-bordeaux4.fr/un-mediateur-dans-les-institutions : « Dans l'administration antique romaine de l'an 200 avant Jésus-Christ, le *Tribun*, magistrat protecteur des droits et des intérêts des plébéiens contre les patriciens, exerçait un pouvoir de contrôle sur l'appareil gouvernemental et administratif. Pareillement, dans les institutions publiques de l'Égypte ancienne, des officiers publics, mandatés par les Pharaons, avaient le pouvoir d'intervenir pour contenir les débordements de l'Administration. Dans la Chine des dynasties, le *Yuan,* agent public doté d'un droit de surveillance exercé sur les autres agents, disposait d'un pouvoir d'audition des plaintes contre la mauvaise administration, en vue de réparer en équité les torts faits aux victimes. De même, la Turquie du *Quadi Alquat* avait institué un système de surveillance, de détection et de répression des abus et des excès du pouvoir administratif, placé sous l'autorité du Bureau » ; B. BOUMAKANI, « Les Médiateurs de la Républiques en Afrique noire francophone : Sénégal, Gabon et Burkina Faso », *RDIDC*, vol. 51 n° 2, avril-juin, 1999, p. 307-329.

[455] S. BALDE, *La convergence des modèles constitutionnels. Études de cas en Afrique subsaharienne*, éd. Publibook, 2011, p. 279.

[456] V. loi du 3 janvier 1973, *JORF*, du 6 janvier 1973, version consolidée au 29 décembre 2008, abrogeant par la loi organique n° 2011-333 du 29 mars 2011, relative au Défenseur des droits, *JORF*, 30 mars 2011.

[457] H. RAMDAN, « Étude et plaidoyer pour la réforme du statut du Médiateur de la République en Mauritanie », Rapport, Nouakchott-Mauritanie, avril 2013, p. 5 ; P.-Y. BAUDOT, A. REVILLARD, « Le Médiateur de la République : périmètre et autonomisation d'une institution », *RFAP*, n° 139, 2011, p. 339 à 352.

[458] P.-Y. MONETTE, « De la médiation comme mode de résolution de conflits et de ses différentes applications »,
in *La médiation,* Symposium international de Bamako, 2006, p. 53 ; M. DELMAS-MARTY, « Introduction », *in* J. CLAM et G. MARTIN (dir.), *Les transformations de la régulation juridique,* LGDJ, 1998, p. 209 ; M. CALAZEL, La *médiation institutionnelle de proximité apporte-t-elle une réponse satisfaisante aux attentes des citoyens face à l'administration ?*, éd. Auteur, 2000, p. 51.

[459] M. TIMSIT, « Présentation de l'institution du Médiateur de la République », in *La médiation*, Dalloz, 2009, p. 82 et s. ; B. DELAUNAY, *Le Médiateur de la République*, Coll. « Que sais-je ? » PUF, 1999, p. 15.

[460] V. la loi n° 93 du 27 juillet 1993 instituant le Médiateur de la République.

[461] M. DELMAS-MARTY, « Introduction », *in* J. CLAM et G. MARTIN (dir.), *Les transformations de la régulation juridique, op. cit.*, p. 213.

[462] Loi n° 93.27 du 7 juillet 1993 et organisée par le décret n° 94.082 du 28 août 1994, abrogé et remplacé par le décret n° 065 2008 du 3 avril 2008, « L'institution du Médiateur de la République en Mauritanie » ; Loi du 11 février1991, instituant le Médiateur de la République du Sénégal ; dahir royal n° 1-01-298 du 9 décembre 2001 créant le« Diwan Al Madhalim ».

[463] Loi n° 2008-36 du 10 juillet, instituant le Médiateur de la République du Niger, disponible sur : www.droit-afrique.com.

[464] J. ROBERT, « L'origine et le développement de la médiation dans les institutions publiques », *in* J. PELLETIER, *La médiation : quel avenir ?*, Actes du colloque des 5 et 6 février, à la Sorbonne, « Médiateur de la République », 1998, p. 38.

[465] Décret du 10 décembre 1992 et la loi du 3 mai 1993, instituant le Médiateur administratif en Tunisie.
[466] R. DUMAS, « Dialogue sur l'avenir de l'institution », *in* J. PELLETIER, *La médiation : quel avenir ?*, Actesdu Colloque des 5 et 6 février, à la Sorbonne, *op. cit.*, p. 114.
[467] S.-M. SY, « Médiateur de la République du Sénégal », *in* J. PELLETIER, *La médiation : quel avenir ?*, Actes du colloque des 5 et 6 février, à la Sorbonne, « Médiateur de la République », 1998, p. 76.
[468] F.-S. ACKA, « Un médiateur dans les institutions publiques ivoiriennes : l'organe présidentiel de médiation », disponible, www.afrilex.u-bordeaux4.fr/un-mediateur-dans-les-institutions ; P. LEWALLE et L. DONNAY, *Contentieux administratif*, 3e éd., Larcier, 2008, p. 239.
[469] G. CORNU (dir.), *Vocabulaire juridique*, *op. cit.*, p. 109.
[470] Loi n° 91-14 du 11 février 1991, instituant le Médiateur de la République du Sénégal.
[471] A. NYALUMA MULAGANO, « Les modes alternatifs de règlement des conflits. Une clé d'accès à la justiceadministrative congolaise ? », *op. cit.*, p. 227.
[472] Loi n° 97. 022 du 14 mars 1991 instituant le Médiateur de la République au Mali.
[473] Loi n° 91. 14 du 11 février 1994 instituant le Médiateur de la République du Sénégal.
[474] Loi n° 2000-513 du 1er août 2000 portant Constitution de la IIe République de la Côte d'Ivoire et instituant unorgane de médiation dénommé le Médiateur de la République.
[475] Art. 3 de la loi du 11 août 2009 instituant le Médiateur de la République.
[476] Article 3 de la loi n° 1/03 du 25 janvier 2010 instituant organisation et fonctionnement de l'*Ombudsman*burundais.
[477] H. RAMDAN, « Étude et plaidoyer pour la réforme du statut du Médiateur de la République en Mauritanie »,*op. cit.*, p. 16.
[478] H. RAMDAN, « Le fonctionnement de la justice dans les pays en voie de développement : Le cas de laMauritanie », *op. cit.*, p. 120.
[479] Loi n° 91. 14 du 11 février 1994 instituant le Médiateur de la République du Sénégal. En Côte d'Ivoire, « les Médiateurs de la République sont nommés par le président de la République pour une durée de cinq ans renouvelable », art. 3 du décret de création.
[480] « Il est créé auprès du président de la République une autorité indépendante dénommée Médiateur de la République. Le Médiateur de la République est nommé par décret du président de la République », art. premier de la loi n° 93.27 du 7 juillet 1993 instituant le Médiateur de la République.
[481] P.-Y. MONETTE, « De la médiation comme mode de résolution de conflits et de ses différentes applications », APT, 1999, p. 30-55 ; A. JEAN-ARNAUD, « Introduction », *in* J. CLAM et G. MARTIN (dir.), *Les transformations de la régulation juridique*, LGDJ, 1998, p. 77 ; B. BOUMAKANI, « Les Médiateurs de la République en Afrique noire francophone : Sénégal, Gabon et Burkina Faso », *op. cit.*, p. 307-329.
[482] J. FAGET, « Éloge du fluide. Une lecture sociopolitique de la médiation », *in* C. EBERHARD et G. VERNICOS (dir.), *La quête anthropologique du droit*, *op. cit.*, p. 299 ; « Médiateur de la République », Rapport annuel 2010, Paris, *op. cit.*, p. 20 : « Dans ce contexte, il faudrait chercher un moyen de simplifier les relations avec les administrations, d'améliorer la qualité du service rendu, retisser du lien social dans les relations et adoucir la confrontation afin de surmonter les litiges amiablement dans la dignité et dans le respect des libertés dechacun » ; B. DELAUNAY, *Le Médiateur de la République*, *op. cit.*, p. 99 : « Le traitement des réclamations des administrés, mais aussi la formulation de propositions de réforme, afin de s'attaquer aux causes des phénomènes de mauvaise administration et agir en amont pour régler et prévenir les différends entre l'administration et les administrés » ; A. CLAEYS, « Résoudre autrement les différends avec l'administration : l'éclairage des droits étrangers », *in* A. CLAEYS, A.-L. GIRAD (dir.), *Les modes alternatifs de règlement des litiges en droitadministratif*, LGDJ, 2018, p. 32.
[483] M. GUILLAUME-HOFNUNG, *La médiation*, *op. cit.*, p. 31.

[484] Art. 2 de la loi du 7 juillet 1993 instituant le Médiateur de la République ; P.-Y. BAUDOT, A. REVILLARD,
« Le Médiateur de la République : périmètre et autonomisation d'une institution », *op. cit.*, p. 339-352.

[485] Art. 10, alinéa 3 de la loi du 7 juillet 1993 ; contrairement au Médiateur de la République française institué parla loi de 3 janvier 1973, son article premier pose le principe général de l'étendue du champ d'action : « Le médiateur reçoit les réclamations concernant, dans leurs relations avec les administrés, le fonctionnement des administrations de l'État, des collectivités publiques territoriales, des établissements publics et de tout autre organisme investi d'une mission de service public ».

[486] J. CHEVALIER, « Vers un droit postmoderne », *in* J. CLAM et G. MARTIN (dir.), *Les transformations de la régulation juridique*, *op. cit.*, p. 32 et s.

[487] A.-R. GHRAB, « *La réforme administrative en Tunisie : vers une redéfinition des rapports administration-citoyen* », *op. cit.*, p. 97 ; Voir, le décret du 10 décembre 1992 et la loi du 3 mai 1993 relative au Médiateur administratif en Tunisie : « L'objectif tunisien est d'établir un contact direct entre le médiateur et le citoyen, ce qui permet à la fois le rapprochement entre les deux et le renforcement du contrôle exercé par le médiateur sur lesservices publics » ; Au Burundi, selon la loi du 25 janvier 2010 portant organisation et fonctionnement de l'Ombudsman, la saisine est directe. Le droit burundais organise même une saisine incidente. L'administré peut formuler devant l'administration dont il conteste l'acte sa volonté de soumettre le litige au médiateur. Dans ce cas, l'autorité publique est tenue de communiquer le dossier au médiateur ».

[488] P.-Y. BAUDOT et A. REVILLARD, « Le Médiateur de la République : périmètre et autonomisation d'uneinstitution », *RFDA*, 3/2011, p. 339-359.

[489] B. DELAUNA, « La protection non juridictionnelle des droits publics subjectifs des administrés », in *Les droitspublics subjectifs des administrés*, acte du colloque ? 10 et 11 juin 2010, Lexis Nexis-Litec, p. 212 ; C. GUY-ECABERT, *Procédure administrative et médiation. Inscription d'un modèle procédural dans un contexte en mutation*, Bruylant, 2002, p. 24.

[490] A. NYALUMA MULAGANO, « Les modes alternatifs de règlement des conflits. Une clé d'accès à la justiceadministrative congolaise ? », *op. cit.*, p. 256.

[491] Art. 2 de la loi n° 93. 27 du 7 juillet 1993 instituant le Médiateur de la République.

[492] P. LEWALLE et L. DONNAY, *Contentieux administratif*, *op. cit.*, p. 259.

[493] Art. 2 de l'ordonnance n° 2007-035 portant Code de procédure civile, commerciale et administrative.

[494] V. article 3 du décret n° 94.082 du 28 août 1994 abrogé et remplacé par le décret n° 2008.65 du 3 avril 2008 portant organisation et fonctionnement de l'institution du Médiateur de la République.

[495] B. MALIGNIER, *Les fonctions du médiateur*, PUF, 1979, p. 17.

[496] D. RENDERS et T. BOMBOIS, « La médiation en droit public », *in* P.-P. RENSON (dir.), *La médiation. Voie d'avenir aux multiples facettes ou miroir aux alouettes*, Louvain-la-Neuve, Anthemis, 2008, p. 165-166, cité par A. NYALUMA MULAGANO, « Les modes alternatifs de règlement des conflits. Une clé d'accès à la justice administrative congolaise ? », *op. cit.*, p. 236.

[497] O. CAMARA, « Le Médiateur de la République du Sénégal », *RFAP*, n° 64, 1992, p. 678.

[498] F.-K. CAMARA, *Pouvoir et justice dans la tradition des peuples noirs*, L'Harmattan, 2004, p. 13 et s.

[499] *Ibid.*, p. 113.

[500] M. FOULETIER, *Recherches sur l'équité en droit public français*, LGDJ, 2008, p. 122.

[501] O. CAMARA, « Le Médiateur de la République du Sénégal », *op. cit.*, p. 676 et s.

[502] Loi constitutionnelle référendaire n° 2017-022/P. R portant révision de certaines dispositions de la Constitution du 20 juillet 1991.

[503] Article 94 (nouveau) de la Constitution issue de la loi constitutionnelle référendaire du 15 août 2017.
[504] « Art. 44 de la loi organique n° 2011-333 du 29 mars 2011 relative au Défenseur des droits », *JORF*, du 30 mars 2011.
[505] « Loi du 3 janvier 1973 instituant le Médiateur de la République en France, version consolidée le 9 décembre 2008, puis abrogée par la loi organique n° 2011-333 du 29 mars 2011 relative au Défenseur des droits », *JO* du 30 mars 2011.
[506] Médiateur de la République, « Rapport annuel 2010 », *op. cit.*, p. 18.
[507] « Art. 6 de la loi du 3 janvier 1973 », *JORF* du 6 janvier 1973.
[508] P.-Y. BAUDOT, A. REVILLARD, « Le Médiateur de la République : périmètre et autonomisation d'une institution », *op. cit.*, p. 339-352.
[509] Médiateur de la République, « Rapport annuel 2010 », *op. cit.*, p. 4 ; P.-Y. BAUDOT, A. REVILLARD, « Le Médiateur de la République : périmètre et autonomisation d'une institution », *op. cit.*, p. 339-352. « Recevant environ 70 000 requêtes par an, elle prend appui sur un personnel permanent d'une centaine de personnes en son siège à Paris, et sur 286 délégués bénévoles répartis sur l'ensemble du territoire, lesquels reçoivent des plaintes au niveau local en assurant des permanences de deux demi-journées par semaine ».
[510] *JORF* du 30 juillet 2011. « Le Défenseur des droits est né de la réunion de quatre institutions : le Médiateur de la République, le Défenseur des enfants, la Haute Autorité de lutte contre les discriminations et pour l'Égalité (HALDE) et la Commission Nationale de Déontologie de la Sécurité (CNDS) ».
[511] Art. 71-1 de la Constitution de la Ve République française.
[512] J.-P. DELEVOYE et C. HELPTER, « Du Médiateur de la République au Défenseur des droits », *Informations sociales*, 2/2010, p. 66.
[513] P.-Y. BAUDOT, A. REVILLARD, « Le Médiateur de la République : périmètre et autonomisation d'une institution », *op. cit.*, p. 339-352.
[514] J. CHEVALIER, « Le Défenseur des droits : unité ou diversité », *RFDA*, 2011, p. 433. A. LEGRAND, « Ombudsman nordique des droits », *RFDA*, 2011, p. 499 et s.
SECONDE PARTIE
[515] L. ASSIER-ANDRIEU, *Le droit dans les sociétés humaines*, *op. cit.*, p. 163.
[516] M. ISMAILA-KONATE, « Avant-propos », *in* N. Aka, A. Feneon et J.-M. Tchakoua (dir.), *Le nouveau droit de l'arbitrage et de la médiation en Afrique (OHADA)*, LGDJ, 2018, p. 9.
[517] S. AMRANI-MEKKI, G. DAVY, S. KERNEIS, M. ROCCATI, « L'alternativité, entre mythe et réalité ? Introduction », *in* S. AMRANI-MEKKI, G. DAVY, S. KERNEIS, M. ROCCATI (dir.), *Les Chimères de l'alternativité ?, Regards croisés sur les modes alternatifs le règlement des conflits,* Mare & Martin, 2018, p. 13.
[518] H. DIDACE-AMBOULOU, *La déjudiciarisation et les procédures non contentieuses en Afrique*, L'Harmattan, 2015, p. 7.
[519] M. ISMAILA-KONATE, « Avant-propos », *in* N. AKA, A. FENEON et J.-M. TCHAKOUA (dir.), *Le nouveau droit de l'arbitrage et de la médiation en Afrique (OHADA)*, *op. cit.*, p. 10.
[520] L. VINCENT-THOMAS, « Préface », *in* A. RYCKMANS, C. MWELANZAMBI-BAKWA (dir.), *Droit coutumier africain,* L'Harmattan, 1992, p. 5 et s. ; C. EBERHARD et A. SIDI NDONGO, « Relire Amadou Hampaté Ba, pour une approche africaine du Droit. Images réfléchies de la pyramide et du réseau », *RIEJ*, n° 47, 2001, p. 77.
[521] A. BA, « Médiation en Afrique, l'exemple du Sénégal », *in* B. BRENNEUR (dir.), *Panorama des médiations du monde. La médiation, langage universel de règlement des conflits*, L'Harmattan, 2010, p. 237.
[522] R. ARNAUD, « Pays maures de la rive droite du Sénégal », *Précis de politique musulmane*, Tome I, 1906, p. 106.
[523] V. annexe : « Entretien avec maître Ahmed MINE », Paris le 14 octobre 2021.

[524] R. ASMIS et R. CORNEVIN, « Les coutumes des tribus du cercle d'Atakpame (protectorat du Togo) », *in* M. ALLIOT, J. POIRIER (dir.), *Nomos*, Cahiers d'ethnologie et de sociologie juridiques, éd., Cujas, 1973, p. 234.
[525] E. LE ROY, *Le jeu des lois. Une anthropologie dynamique du Droit, op. cit.*, p. 178 et s.
[526] F.-K. CAMARA et A. CISSE, « Arbitrage et médiation dans les cultures juridiques négro-africaines : entre la prédisposition à dénouer et la mission de trancher », *op. cit.*, p. 290.
[527] AHMED BABA MISKE (ancien diplomate mauritanien), cité par P. MARCHESIN, *Tribus, ethnies et pouvoir en Mauritanie*, *op. cit.*, p. 13 ; O. S. HAIBA MOHAMED YAHYA, « Les spécificités de la Mauritanie au sein du Maghreb », Thèse de doctorat, Université Paris I – Panthéon-Sorbonne, 1994, p. 49 ; CH. TOUPET et J.-R. PITTE, *La Mauritanie*, *op. cit.*, p. 69 et s. ; M. YAHYA. OULD-CIRE, *La Mauritanie. Entre l'esclavage et le racisme*, *op. cit.*, p. 21.
[528] A. W. OULD CHEIKH, *La société maure. Contribution à l'étude anthropologique et historique d'une identité culturelle ouest-saharienne*, Actes Sud, 1999, p. 45 et s.
[529] A. LIJPHART, « The politics of accomodation. Pluralism and democracy in the netherlands, Berkeley », University of California Press, 1986, cité par S. N'DIAYE, *Le passé violent et la politique du repentir en Mauritanie : 1989-2012*, *op. cit.*, p. 329.
[530] S. N'DIAYE, « Le passé violent et la politique de repentir en Mauritanie : 1989-2012 », *op. cit.*, p. 61.
[531] N. ROULAND, *Anthropologie juridique*, *op. cit.*, p. 297.
[532] G. DÉSIRÉ-VUILLEMIN, *Histoire de la Mauritanie. Des origines à l'indépendance*, Karthala, 1997, p. 316.
A. W. OULD CHEIKH, *La société maure. Contribution à l'étude anthropologique et historique d'une identité culturelle ouest-saharienne*, Actes Sud, 1999.
[533] M. KAMTO, *Pouvoir et droit en Afrique noire. Essai sur les fondements du constitutionnalisme dans les États d'Afrique noire francophone*, *op. cit.*, p. 27 et s.
[534] E. DURKHEIM, *De la division du travail social*, PUF, 9e éd., 2e trimestre, 1973, p. 29.
[535] G. DAVY, « Juger seul ou les avatars de l'alternativité dans l'Islande médiévale », *in* S. AMRANI-MEKKI,
G. DAVY, S. KERNEIS et M. ROCCATI (dir.), *Les chimères de l'alternativité ? Regards croisés sur les modes alternatifs de règlement des conflits*, Mare & Martin, 2018, p. 36 et s.
[536] B. BLOHORN-BRENNEUR (dir.), « *La médiation pour tous dans l'espace OHADA et en Afrique de l'Ouest* », L'Harmattan, 2018, p. 35 ; F. KOMOIN, « Préface », *in* B. BLOHORN-BRENNEUR (dir.), *La médiation pour tous dans l'espace OHADA et en Afrique de l'Ouest*, L'Harmattan, 2018, p. 23.
[537] E. JEULAND, *Droit processuel général*, *op. cit.*, p. 58 : « L'apparition du procès pour remplacer les vengeances privées est un processus généalogique et non historique que décrit la Bible à propos de Moise et de Jethro ».
[538] M. LALLEMENT, *Histoire des idées sociologiques*, *op. cit.*, p. 128.
[539] M. KAMTO, *Pouvoir et droit en Afrique noire. Essai sur les fondements du constitutionnalisme dans les États d'Afrique noire francophone*, *op. cit.*, p. 27.
[540] P. BOURDIEU, « Esquisse d'une théorie de la pratique », Genève-Paris, Droz, 1972, p. 118-119, cité par M. LALLEMENT, *Histoire des idées sociologiques*, *op. cit.*, p. 127 ; P. BONTE, « Tribus, tribalisme, territorialité », *in* A. W. OULD CHEIKH (dir.), *État et société en Mauritanie. Cinquante ans après l'indépendance*, Karthala, 2014, p. 152.
[541] E. DURKHEIM, *De la division du travail social*, *op. cit.*, p. 29.
[542] C. WAGUE, « Quand les identités sociales s'affrontent, la coexistence devient difficile au fouta toro. Les Soninkés face aux mutations du XXe siècle », éd. la Sorbonne, *Hypothèses*, 2007, p. 220.
[543] S. ONDOUO, « La médiation judiciaire au Gabon », *in* B. BRENNEUR (dir.), *Panorama des médiations du monde. La médiation langage universel de règlement des conflits*, L'Harmattan, 2010, p. 233.

[544] A.-J. ARNAUD, « Du lien tribal dans le village planétaire », *in* C. EBERHARD et G. VERNICOS (dir.), *La quête anthropologique du droit. Autour de la démarche d'Étienne Le Roy*, Karthala, 2006, p. 27.
[545] L. MATATA-TALA, « L'ineffectivité du droit positif en Afrique subsaharienne », *Civitas Europe*, n° 31, 2013, p. 239-260. « Le clan est un ensemble plus ou moins étendu de personnes unies par des liens de sang et se considérant comme descendant du même ancêtre. En revanche, l'ethnie se compose d'un ensemble d'individus unis par un certain nombre de caractères spécifiques de civilisation et de culture, qui peuvent être soit la langue, soit un système de valeurs établies » ; E. JEULAND, *Droit processuel général, op. cit.*, p. 58. « Les anthropologues définissent d'ailleurs la tribu comme étant la communauté qui considère qu'en son sein les différends doivent se régler à l'amiable et qui s'unit lorsque survient un litige avec une autre communauté. L'apparition du procès pour remplacer les vengeances privées est un processus généalogique et non historique que décrit la Bible à propos de Moise et de Jethro ».
[546] P. BONTE, « Tribus, tribalisme, territorialité », *in* A. W. OULD CHEIKH (dir.), *État et société en Mauritanie. Cinquante ans après l'indépendance,* Karthala, 2014, p. 147.
[547] A. W. OULD CHEIKH, « La tribu : mode d'emploi », www.academia.edu, 1993, p. 2.
[548] A. W. OULD CHEIKH, « Tribu et État en Afrique », disponible sur www.academia.edu, 2009, p. 2.
[549] Nous utilisons ce terme pour désigner à la fois la tribu et la communauté. En effet, certains anthropologues définissent la tribu comme étant une communauté. A. W. OULD CHEIKH « Pluralisme monolithique, sultanisme, État à mi-temps », *in* A. W. OULD CHEIKH (dir.), *État et société en Mauritanie. Cinquante ans après l'indépendance*, Karthala, 2014, p. 50 : « Le champ politique mauritanien est polarisé par les appartenances tribales. Dans la société maure traditionnelle, tout individu était présumé se rattacher à une tribu. C'est ainsi que l'on rend généralement en français le terme vernaculaire arabe qaliba ».
[550] V. annexe, entretien avec le chef d'un village Soninké, Guidimakha-Mauritanie, le 20 mars 2017.
[551] M.-A. FOUERE, « L'africanité à travers le prisme des relations à plaisanterie », Revue *Cahiers d'études africaines*, n° 184, 2006, p. 991.
[552] A. W. OULD CHEIKH, *La société maure. Contribution à l'étude anthropologique et historique d'une identité culturelle ouest-saharienne, op. cit.*, p. 48 ; A. W. OULD-CHEIKH, « Pluralisme monolithique, sultanisme, État à mi-temps », *in* A. W. OULD CHEIKH (dir.), *État et société en Mauritanie. Cinquante ans après l'indépendance, op. cit.*, p. 52.
[553] S. NENE BI, *Histoire du droit et des institutions méditerranéennes et africaines. Des origines au début du XVIIIe siècle, op. cit.*, p. 39.
[554] C. BAROIN, « Justice traditionnelle ou justice étatique ? Le jeu des plaideurs chez les Rwa du mont Méru (Tanzanie) », *in* S. AMRANI-MEKKI, G. DAVY, S. KERNEIS et M. ROCCATI (dir.), *Les chimères de l'alternativité ? Regards croisés sur les modes alternatifs du règlement des conflits, op. cit.*, p. 165 et s.
[555] A. W. OULD CHEIKH, « Tribu : mode d'emploi », *op. cit.*, p. 2.
[556] L'islam est un phénomène religieux caractérisé par la révélation monothéiste, prêché par Mahomet en Arabie au VIIe siècle et répandu au cours des temps sur toute une partie des terres habitées. L'islam, par définition, c'est « la soumission à Dieu » ; Dieu étant également symbole de paix. En effet, la Charia islamique est définie comme un ensemble de règles juridiques qui régissent les rapports entre les membres de la communauté musulmane.
[557] A. K. OULD-MOHAMED, *Mauritanie, chronique des sables mouvants*, *op. cit.*, p. 39 et s.
[558] A. W. OULD-CHEIKH, « Pluralisme monolithique, sultanisme, État à mi-temps », *in* A. W. OULD CHEIKH (dir.), *État et société en Mauritanie. Cinquante ans après l'indépendance, op. cit.*, p. 53. Moktar Ould Daddah est le premier président de la République islamique de Mauritanie (1960 à 1978). Il a dirigé le pays avant d'être évincé par un coup d'État militaire orchestré par des colonels de l'armée mauritanienne. Après 29 ans d'exil en France, il est rentré en Mauritanie en 2001, deux ans plus tard, il est décédé le 23 octobre 2003.

[559] Cf. le préambule de la Constitution du 20 juillet 1991.
[560] Art. 23 ; art. 5 ; art. 94 de la Constitution du 20 juillet 1991.
[561] B. N'GARRY, « Le système judiciaire mauritanien. Unité de juridiction et dualité de régimes », *op. cit.*, p. 59. Ce jeu d'appellation résulte de la volonté manifeste d'arabisation de la part des autorités mauritaniennes. Il s'agit de la version islamique du tribunal départemental proche des populations autochtones.
[562] Voir les art. 8 et 9 de la loi n° 61-123 du 27 juin 1961 et les art. 8, 9 et 10 de la loi n° 65-123 du 20 juillet 1965 ; les art. 9 et 11 de l'ordonnance n° 83-144 du 23 juin 1983.
[563] Article 58 de l'ordonnance du 8 février 2007.
[564] Art. 56 de l'ordonnance du 8 février 2007. Dans l'ordonnance du 23 juin 1965, la désignation du remplaçant incombe au président de la Cour suprême. En cas d'empêchement du président du tribunal de moughataa, il était remplacé par le président du tribunal de la moughataa voisin sur l'ordonnance du président de la Cour suprême. Depuis la réforme judiciaire de 1993, le remplacement se fait sur ordonnance du président de la Cour d'appel.
[565] Comité interministériel chargé de la justice, « Rapport sur la justice en Mauritanie », *op. cit.*, p. 27. Ce rapport préconise de conforter les tribunaux de moughataa dans leur rôle de justice de proximité. Pour les conforter dans ce rôle, il est nécessaire de leur permettre d'avoir une organisation adaptée et modulable et d'élargir leurs compétences. Dans le cadre de l'organisation judiciaire, on peut prévoir la possibilité de nommer plusieurs magistrats et de donner au président du tribunal le pouvoir de les affecter aux différents dossiers. Le rapport préconise également d'étendre les compétences des tribunaux de moughaataa en matière correctionnelle.
[566] A. ADANDE, « L'organisation judiciaire et l'évolution législative générale au Dahomey », *Penant*, n° 705, 1965, p. 432.
[567] R. CROOK, « Règlement alternatif des conflits et tribunaux de district au Ghana », *Revue Afrique contemporaine*, n° 250, 2014, p. 29-54.
[568] *Ibid.*
[569] D. LASSANA-BAKARY, « Le nouveau droit judiciaire mauritanien à la recherche de son identité, entre modernité et tradition », *op. cit.*, p. 12.
[570] I. WARSCHEID, *Droit musulman et société au Sahara prémoderne*, Brill, 2018, p. 170.
[571] C. J. GREENHOUSE, "Praying for justice. Faith, order and Community in an American town, itharca", Cornell University Press, 1985, cité, par L. ASSIER-ANDRIEU, *Le droit dans les sociétés humaines*, *op. cit.*, p. 173.
[572] KERNEIS, « Des justices populaires dans l'Empire romain (IIe-IVe siècles) », *in* S. KERNEIS (dir.),
Les justices alternatives et leurs avatars, *Droit et Cultures*, n° 65, 2013, p. 89 et 92.
[573] R. VERDIER, « Justice de la Nature et rituels ordaliques. Le verdict du feu chez les montagnards kabyé du Togo », *in* J. HOAREAU-DODINAU et P. TEXIER (dir.), *Résolution des conflits. Jalons pour une anthropologie historique du droit*, PUL, 2003, p. 234.
[574] La Constitution du 20 juillet 1991 parle des langues nationales pour désigner les communautés. Au cours de notre étude, nous utilisons les termes « société » ou « communauté » pour désigner l'ethnie soninké. Car la communauté soninké était un royaume, un des grands empires de l'Afrique de l'Ouest connue par les voyageurs arabes et les historiens africains sous le nom de l'empire du Ghana. Ainsi, de par notre origine ethnique à la fois soninké et peuhl, nous avons choisi de traiter la question de résolution des conflits en milieu soninké. Pour le souci de préserver le vivre-ensemble et la cohésion sociale, la société soninké privilégie le règlement amiable des conflits. Il faut noter que dans la période coloniale, l'empire de wagadou ou l'empire du Ghana, était un relais très important dans le commerce transsaharien en Afrique. Traditionnellement en Mauritanie, on associe généralement le chameau au Maure, la vache au Peul et le cheval au Soninké. Nous utilisons les termes « société » ou « communauté » pour désigner la même chose, l'ethnie soninké ou le peuple soninké.

[575] Cela veut dire que le linge sale se lave dans le ventre de la maison ou au sein de la famille. En d'autres termes, le conflit se règle dans le ventre du groupe. Pas question d'aller étaler l'affaire familiale en place publique. Les Soninkés, n'ont pas l'habitude d'aller plaider en public depuis l'empire du Ghana (royaume soninké). Ils règlent leurs affaires en privé, sauf si la famille n'a pas pu trouver une solution amiable ; dans ce cas de figure, on s'adresse à d'autres instances coutumières jusqu'à la dernière instance coutumière judiciaire afin de pouvoir trouver une solution consensuelle.

[576] CH. CISSE, « Les Soninkés en Côte d'Ivoire. Une migration de longue durée d'une diaspora marchande sahélo-soudanaise vers le golfe de Guinée (XIVe-XXIe siècle) », *Migrations Société*, n° 144, 2012, p. 147-162 M. TIMERA, *Les Soninkés en France. D'une histoire à l'autre*, Karthala, 1996, p. 17 ; F. MANCHUELLE, *Les diasporas des travailleurs soninkés (1848-1960)*, *op. cit.*, p. 24 et s. ; S. ZAKARIA, *La société soninké entre hier et aujourd'hui*, édition Les impliqués, 2017, p. 9.

[577] F. MANCHUELLE, *Les diasporas des travailleurs soninkés (1848-1960)*, Karthala, 2004, p. 29 ; W. GALSEN, « L'empire du Ghana », disponible sur www.academia.edu, p. 1.

[578] T. BAH, « Les mécanismes traditionnels de prévention et de résolution des conflits en Afrique noire », *in* UNESCO, *Les fondements endogènes d'une culture de la paix en Afrique*, Colloque, octobre 1999, disponible : www.unesco.org, p. 1.

[579] DAVID CONRAD & HUMPHREY FISHER, Reprenant dans "The conquest that never waq: Ghana and the Almoravids, 1076", *History in Africa*, vol. 9 (1982), p. 21-59 et vol. 10 (1983), 53-78, les répertoires des sources arabes établis par Joseph Cuoq [...] d'un côté, Levtzion & Hopkins [...] de l'autre, ainsi que 17 versions de « la légende du Wagadu », fournissent un résumé des données essentielles sur Ghana et ses relations avec les Almoravides, cité par A. W. OULD CHEIKH, « Histoire de la Mauritanie ».

[580] F. MANCHUELLE, *Les diasporas des travailleurs soninkés (1848-1960)*, *op. cit.*, p. 13.

[581] D. D. CHEIKH BOUYE, *La société soninké. Hier, aujourd'hui et demain*, L'Harmattan, 2017, p. 17.

[582] S. OUTOUMA, « Cohérences et contours d'une auto-gouvernance intégrée de la société soninké, dans sa dimension autochtone et expatriée », *in* S. ZAKARIA, C. WAGUE, S. N'DIAYE (dir.), *Penser et écrire la société soninké aujourd'hui*, L'Harmattan, 2020, p. 173 ; W. GALSEN, « L'empire du Ghana », disponible sur www.academia.edu, *op. cit.*, p. 1.

[583] A. W. OULD CHEIKH, « Histoire de la Mauritanie », disponible, www.academia.edu. [584] W. GALSEN, « L'empire du Ghana », disponible sur www.academia.edu, *op. cit.*, p. 1. [585] CH. ANTA DIOP, *Nations nègres et cultures*, *op. cit.*, p. 73.

[586] K. MADY-IBRAHIM, « Les cultures africaines et la mondialisation : "cas des Soninkés" », *in* S. ZAKARIA, CH. WAGUE, S. N'DIAYE (dir.), *Penser et écrire la société soninké aujourd'hui*, L'Harmattan, 2020, p. 147 et s. L'auteur témoigne de son voyage en Égypte en 2010 : « Je suis allé à Aswan (Sooni) au sud de l'Égypte ; à l'entrée de la ville, le nom est écrit Sooni. À ma demande, un vieux Nubien m'a dit que le vrai nom d'Aswan est Sooni ».

[587] D. D. CHEIKH BOUYE, *La société soninké. Hier, aujourd'hui et demain*, *op. cit.*, p. 45 et s.

[588] H. N'DIAYE, « Une ville africaine en Île-de-France ? Les Soninkés entre Montreuil et le Val-Fourré », Thèse de doctorat, *op. cit.*, p. 41.

[589] L. DUMONT, *Homo hierarchicus. Essai sur le système des castes*, Gallimard, 1966, p. 14.

[590] S. NENE BI, *Histoire du droit et des institutions méditerranéennes et africaines. Des origines au début du XVIIIe siècle*, *op. cit.*, p. 39 ; P. BIRNBAUM, F. CHAZEL, *Théorie sociologique*, 1re éd., PUF, 1975, p. 22.

[591] L. DUMONT, *Homo hierarchicus. Essai sur le système des castes*, *op. cit.*, p. 36 : « la caste est un "*état d'esprit*", un état d'esprit qui se traduit par l'émergence, dans diverses situations, de groupes de divers ordres auxquels on donne généralement le nom de *castes* » ; G. BOETSCH, J.-N. FERRIÉ, « De la modernité paradoxale, du point de vue de

l'anthropologie physique sur les groupes serviles au Sahara », *in* M. VILLASANTE-DE BEAUVAIS (dir.), *Groupes serviles au Sahara. Approche comparative à partir du cas arabophone de Mauritanie*, CNRS, 2000, p. 275.

592 B. BOUBOU, « Guidimakha, Mauritanie : l'organisation sociale et la hiérarchie des castes en milieu soninké », 2017, disponible www.kassataya.com.

593 A. W. OULD CHEIKH, « Nomadisme, islam et pouvoir politique dans la société maure précoloniale », Thèse de doctorat, Université Paris V, 1985, p. 366 et s.

594 Y. SY, « L'esclavage chez les Soninkés : du village à Paris », *Journal des Africains*, 70, 2000, p. 43-69. Selon l'auteur, en Afrique de l'Ouest, les castes sont définies par la pureté, la professionnalisation et l'endogamie avec cependant, contrairement à l'Inde, une certaine permissivité des mariages transversaux (mariage entre deux individus appartenant à des castes différentes), des critères de professionnalisation et de pureté moins poussés.

595 D. D. CHEIKH BOUYE, « Islam et esclavage coutumier en milieu soninké », *in* S. ZAKARIA, C. WAGUE, S. N'DIAYE (dir.), *Penser et écrire la société soninké aujourd'hui*, L'Harmattan, 2020, p. 247.

596 B. BOUBOU, « Guidimakha, Mauritanie : L'organisation sociale et la hiérarchie des castes en milieu soninké », disponible, www.kassataya.com 2017. « Parler de l'esclavage en milieu soninké reste toujours tabou. À la suite de la publication de cet article, j'étais l'objet d'une convocation du chef de village ici à Paris dans un foyer à Épinay-sur-Seine (93) pour aller s'expliquer devant le tribunal populaire que le chef du village avait organisé avec ses conseillers spéciaux. On m'accusait d'avoir brisé les codes du vivre ensemble et d'être à l'origine du désordre social et la révolte des jeunes contre l'esclavage dans son village. La réunion a duré plus de 2 h dans une salle bien remplie de toutes castes confondues. Depuis lors je suis devenu le méchant, le traitre, le déraciné, bref l'homme à abattre. La société soninké, elle est atteinte d'une phobie du changement et de toute évolution de son organisation sociale et politique ».

597 E. DURKHEIM, *De la division du travail social*, *op. cit.*, p. 26.

598 F. X. FAUVELLE-AYMAR et B. HIRSCH, « Le Mali, pays du métal jaune », *Revue l'histoire*, n° 367, 2011, p. 50.

599 S. ZAKARIA, « Pourquoi et comment se marie-t-on chez les Soninkés », *in* S. ZAKARIA, C. WAGUE, S. N'DIAYE (dir.), *Penser et écrire la société soninké aujourd'hui*, *op. cit.*, p. 18. P. OGO SECK, « La singularité du pouvoir politique traditionnel en Afrique : exemples comparés des sociétés Wolof et Bantu », disponible, https://www.academia.edu

600 D. KINTZ, « L'amant blessé ou une discussion peule sur le pluralisme juridique », *Politique africaine*, vol. 40, 1990, p. 46.

601 H. N'DIAYE, « Une ville africaine en Île-de-France ? Les Soninkés entre Montreuil et le Val-Fourré », *op. cit.*, p. 45.

602 S. N'DIAYE, « Des "restes" résistants en milieu soninké : esclavage, sens de l'honneur et mécanisme d'émancipation », *op. cit.*, p. 113-125.

603 F. CHASSEY, « Vers une histoire anthropologique et sociologique de l'ethnie en Mauritanie », *in* A. W. OULD CHEIKH (dir.), *État et société en Mauritanie. Cinquante ans après l'indépendance*, *op. cit.*, p. 161 : « Ces formes politiques surgissent aux points de rencontre et d'échange fructueux entre la demande du Maghreb au nord et l'offre des producteurs d'or et des esclaves plus au sud ».

604 S. N. EISENSTADT et L. RONIGER, « Patron-Client, relations as a model of Structuring social exchange », *Comparative studes in society and history*, vol. 22, n° 1, 1980, p. 24-77, cité par F. MANCHUELLE, Les *diasporas des travailleurs soninkés (1848-1960)*, *op. cit.*, p. 33.

605 P. OGO SECK, « La singularité du pouvoir politique traditionnel en Afrique : exemples comparés des sociétés Wolof et Bantu », *op. cit.*, p. 4 et s.

606 A. BATHYLY, "Imerialism and colonial expansion in Senegal in the nineteenth century; with particular reference to the economic, social and political development of the kingdom of Gajaaga (Galam)", Dissertation de doctorat, centre of west african studies, University of

Birmingham, Royaume-Uni, 1975, p. 330-332, cité par F. MANCHUELLE, *Les diasporas des travailleurs soninkés (1848-1960)*, *op. cit.*, p. 33.

[607] S. KERNEIS, « Le droit à l'épreuve de l'anthropologie historique : le cas des modes alternatifs de résolution des conflits », *op. cit.*, p. 5 ; L. ASSIER-ANDRIEU, *Le droit dans les sociétés humaines*, *op. cit.*, p. 66 : « La société est conçue comme un tout préalable animé par les tensions qu'il est indispensable de réduire sous peine d'éclatement. Chaque tension, chaque revendication, chaque conflit recèle une faculté d'ordre et d'harmonie. L'addition des pressions divergentes socialement exercées en direction d'objectifs variés au sein d'une matrice sociale constitue le véritable théâtre des activités juridiques d'un groupe. Réclamations et différends sont manifestés et traités en vertu d'un sentiment de justesse présent dans toutes les composantes de la société ».

[608] R. A. MACDONALD et P. OLIVIER SAVOIE, « Une phénoménologie des modes alternatifs de résolutions des conflits : résultat, processus et symbolisme », *in* C. EBERHARD et G. VERNICOS (dir.), *La quête anthropologique du droit. Autour de la démarche d'Étienne Le Roy*, *op. cit.*, p. 283.

[609] V. annexe : « Entretien avec le chef d'un village soninké », Guidimakha-Mauritanie, le 20 mars 2017 ; C. CADINOT, « La justice traditionnelle bashingantahe (Burundi) : une reconnaissance nécessaire ? », *Les Cahiers de la Justice*, 2021/1, p. 67-79.

[610] L'oralité judiciaire dans la société soninké est un moyen de préserver les relations sociales et interindividuelles. Les règles sont non écrites et s'expriment par tradition orale, proverbe et adage qui ont une valeur d'usages reconnus par les Soninkés.

[611] D. KINTZ, « L'amant blessé ou une discussion peule sur le pluralisme juridique », *op. cit.*, p. 47.

[612] V. annexe, entretien : B. DIARRA, professeur de français, porte-parole de Biram Dah Abeid et membre actif d'IRA. Entretien réalisé le 25 octobre 2020 à Nouakchott. Ce grand professeur fut un conseiller ou un greffier auprès de son père conciliateur dans un grand village soninké composé de toutes les ethnies de la Mauritanie. Son père avant sa mort était l'un des grands conciliateurs, il traitait toutes sortes de conflits, voire le conflit relevant de la matière pénale et commerciale.

[613] Cette justice communautaire, on la retrouve également chez d'autres sociétés traditionnelles africaines. Par exemple, chez les Nuer du (Soudan) et chez les Peuhls du Sénégal avec une obligation morale de régler les différends par des méthodes pacifiques qui incombent à la communauté. Voir E. E. EVANS-PRITCHARD, Les *Nuer. Description des modes de vie et des institutions politiques d'un peuple nilote,* Gallimard, 1994, p. 198.

[614] N. ROULAND, *L'anthropologie juridique*, *op. cit.*, p. 201 : « Si l'écriture insiste surtout sur le message qu'elle véhicule et tend à l'anonymat des relations sociales, l'oralité valorise l'individualisation des rapports sociaux. Si le contenu du message oral est important, les qualités d'individualisation du message vont de pair avec les contraintes matérielles impliquées par l'oralité… Les groupes concernés ne peuvent donc être trop étendus. L'oralité implique donc une double proximité : géographique et sociale (la relation interindividuelle doit être assez étroite pour que la parole puisse être reçue). Mais l'oralité ne valorise pas seulement les relations interindividuelles. Car les groupes qui composent la société jouent un rôle déterminant dans la conservation de la parole : à eux, et non à un texte écrit, incombe la mémorisation du message. Celle-ci est d'autant plus spécialisée que la société est plus stratifiée et que la conservation des paroles est politiquement décisive » ; E. LE ROY, *Les Africains et les institutions de la justice. Entre mimétismes et métissages*, *op. cit.*, p. 33 : « La relation entre justice africaine et oralité juridique était le thème central. L'écrit juridique est fondamental dans les cultures juridiques occidentales. Dans l'un et dans l'autre cas, un facteur, le critère de juridicité, assure la fonction de la sanction non au sens de punition mais de reconnaissance qu'une norme ou une décision est reconnue comme juridique et opposable tant aux parties qu'aux tiers. Les paroles prononcées ou échangées sont lourdes de sens et de portée. Mais, à l'encontre de ce que nous pensions en 1974, ce n'est pas la parole qui lie les protagonistes, c'est le geste. C'est donc le geste qui sert de critère à la juridicité, même si la

parole en mémorise les conditions et les conséquences. La parole est un témoin et un support. Mais, dans une pensée réaliste, c'est le rapport entre la chose et le geste, ou plus exactement le geste sur la chose qui fait le droit. « La parole peut être à la fois source du bien et du mal. La parole peut être facteur d'ordre et d'organisation comme facteur de désordre. Elle est au centre du conflit pour le créer ou pour le résoudre [...]. La parole tue donc comme elle guérit et sa manipulation hasardeuse peut causer de telles conséquences que son usage fait l'objet d'interdits et que le langage qui pèse dans la société est réservé aux initiés ».

615 L. MATATA-TALA, « L'ineffectivité du droit positif en Afrique subsaharienne », *op. cit.*, p. 239-260 ; G. A. KOUASSIGAN, *Quelle est ma loi ? Tradition et modernité dans le droit privé de la famille en Afrique noire francophone, op. cit.*, p. 199 et s. « La notion traditionnelle africaine de la parenté ou de la famille est sociale et religieuse, en tant qu'elle est appartenance et participation mythique à un groupe social, à tous les préceptes religieux et les valeurs morales de ce groupe. Ce qui caractérise la parenté, c'est donc la communauté de pensée religieuse et de vie sociale. Dans la société traditionnelle africaine, la famille se présente comme une série de cercles concentriques, chaque cercle représentant une génération, la génération des enfants, des parents et des grands-parents, chacune ayant ses droits et ses devoirs bien définis » ; R. CIAVOLELLA, *Les Peuls et l'État en Mauritanie. Une anthropologie des marges*, Karthala, 2010, p. 70.

616 N. ROULAND, *L'anthropologie juridique*, *op. cit.*, p. 184.

617 S. TRAORÉ, « Droit coutumier et coutume réflexion sur le langage du juriste des institutions traditionnelles africaines. Quelques exemples de concepts tirés du droit soninké du Gajaaga-Sénégal », *Annales africaines*, Revue de droit, d'économie et de gestion de la faculté des sciences juridiques et économiques de l'Université Cheikh Anta Diop de Dakar, 1991, p. 50 et s.

618 L. ASSIER-ANDRIEU, *Le droit dans les sociétés humaines, op. cit.*, p. 171.

619 F. LE PLAY, « La constitution essentielle de l'humanité. Exposé des principes et des coutumes qui créent la prospérité ou la souffrance des nations », Paris, Mame, 1881, cité par L. ASSIER-ANDRIEU, *Le droit dans les sociétés humaines, op. cit.*, p. 164.

620 S. ZAKARIA, *La société soninké entre hier et aujourd'hui, op. cit.*, p. 55 : « Cette notion de sacralité familiale soninké est à revoir. Traditionnellement, le Kâa s'organisait autour du Kâagoumé (chef de maison), qui est l'aîné de la famille. Tout le monde le respectait, sa parole était incontestable, ses décisions appliquées à la lettre par tous les membres de la famille. Actuellement, cependant, on assiste dangereusement à l'éclatement de l'unité familiale en milieu soninké dû notamment au phénomène migratoire. Selon l'auteur, il est maintenant fréquent de voir deux frères ne partageant pas le même repas familial. En effet, chez les Soninkés, les membres d'une même famille partagent tous ensemble (ration alimentaire, travaux domestiques et champêtres... ».

621 S. MAHAMADOU KODO, « L'organisation sociopolitique en milieu soninké », *in* S. ZAKARIA, C. WAGUE,
S. N'DIAYE (dir.), *Penser et écrire la société soninké aujourd'hui*, L'Harmattan, 2020, p. 53.

622 G. NICOLAU, G. PIGNARRE, R. LAFARGUE, *Ethnologie juridique. Autour de trois exercices, op. cit.*, p. 250 ; G. VALLIERE LUHAHE, « Les juridictions gacaca au Rwanda : un outil de la reliance après le génocide de 1994 », *in* J.-F. PETIT, L. KI-ZERBO (dir.), *Justice transitionnelle, justice alternative. Quels enjeux éthique et politique en Afrique,* Actes du colloque à la Cour de cassation, Paris 29 janvier 2016, Franciscaines, p. 99.

623 S. MAHAMADOU KODO, « L'organisation sociopolitique en milieu soninké », *in* S. ZAKARIA, C. WAGUE,
S. N'DIAYE (dir.), *Penser et écrire la société soninké aujourd'hui, op. cit.*, p. 55 et s. ; L. ASSIER-ANDRIEU, *Le droit dans les sociétés humaines, op. cit.*, p. 164 : « toutes les dérogations au principe fondamental de l'autorité du chef lui apparaissent comme autant de péchés ».

624 E.-G. NKILIDZINIMI, « Les modes de règlement pacifique des conflits en Afrique », Thèse de doctorat, Université Paris 5-Descartes, 1997, p. 21.

[625] E. E. EVANS-PRITCHARD, « Les Nouer du Soudan méridional », *in* M. FORTES et E. E. EVANS-PRITCHAR, *Systèmes politiques africains*, PUF, 1964, p. 251.

[626] L'État est pratiquement absent dans ces localités ou villages. Par conséquent, ces populations sont des laissées-pour-compte. La seule justice qui marche chez la justice familiale, clanique et ethnique. La rare fois où l'État est présent ou sollicité, il demande aux populations elles-mêmes de régler leurs affaires à l'amiable.

[627] A. DIENG, « Approches culturelles des ADR en OHADA », *in* Cercle Horizon, Club OHADA Orléans, *Les modes alternatifs de règlement de conflits en OHADA*, Actes de colloque du 17-18 mars, 2009, disponible sur www.ohada.com/fichiers/newsletters/1078/intervention6.pdf, p. 5 ; D. KONATE, « Les fondements endogènes d'une culture de paix au Mali : Les mécanismes traditionnels de prévention et de résolution des conflits », UNESCO, 1999.

[628] E. LE ROY, « *Les Africains et l'institution de la justice. Entre mimétismes et métissages* », *op. cit.*, p. 9. « On sait quand commence un conflit, jamais quand il se termine vraiment, une décision judiciaire n'étant pas nécessairement la marque de la clôture. Des conflits immémoriaux sont toujours susceptibles d'être rouverts dès lors que les rapports de force entre les parties viennent à changer ou qu'un nouvel arbitre apparaît. Nous l'avons observé dans le delta intérieur du Niger au Mali dans les conflits entre les djiro, ou maitre de pâturages dits bourgoutières. Un différend ne peut être considéré comme clos que sous certaines conditions. L'ordre du monde ayant été affecté, il faut que cet ordre soit réparé selon les exigences de la coutume et les rituels de purification ». [629] S. TRAORÉ, « Droit coutumier et coutume réflexion sur le langage du juriste des institutions traditionnelles africaines. Quelques exemples de concepts tirés du droit soninké du Gajaaga-Sénégal », *op. cit.*, p. 50.

[630] M. F. KOUROUMA, « La charte de Kouroukan-Fouga : simple patrimoine culturel immatériel de l'humanité ou un texte juridique qui devrait inspirer ? », février 2017, disponible sur www.hal.archives-ouvertes.fr, p. 7. Selon l'auteur, « la charte de Kouroukan-Fouga ou charte du Mandén est un ensemble de règles juridiques proclamées en 1236 par l'empereur du Mandén (Soundiata Keita, 1190-1255) à Kouroukan-Fouga, actuel cercle de Kangaba (République du Mali) après la bataille historique de Kirina. Elle fut la constitution de l'empire mandingue (appelé aussi empire du Mali). Classée patrimoine culturel immatériel de l'humanité par l'UNESCO en 2009. La charte de kouroukan-fouga est l'un des premiers textes à vocation constitutionnelle connus dans le monde à l'image de la *magna carta* britannique de 1215. Proclamée en 1236, elle n'était pas écrite car l'Afrique n'avait pas d'écriture encore. Son contenu fut transmis de génération en génération à travers les *Djély* (griots : caste des communicateurs traditionnels en Afrique de l'Ouest). De peur qu'elle ne disparaisse ou qu'elle ne soit profondément altérée, elle a été organisée en chapitres et transcrite en 1998 sur l'initiative conjointe du Centre d'étude linguistique historique et de la tradition orale (CELTHO) et d'inter-média consultants (ONG-Suisse). Intégrée dans la liste des patrimoines culturels immatériels de l'UNESCO en 2009 sur la demande de l'État malien. De nos jours, le Mali, la Guinée, la Guinée-Bissau, la Gambie, le Burkina Faso, le Sénégal, la Mauritanie et une grande partie de la Côte d'Ivoire, forment l'empire mandingue ». La charte est disponible sur le site de l'UNESCO : www.ich.unesco.org ; www.afrik.com/IMG/doc/LA_CHARTE_DE_KURUKAN_FUGA.doc ; D. D. CHEIKH BOUYE, *La société soninké. Hier, aujourd'hui et demain*, *op. cit.*, p. 50 : « Cette charte, selon l'auteur, régissait la vie sociale entre les individus et entre les communautés de l'empire du Mali et elle permit à cet empire de maintenir son unité jusque vers 1400. La charte de Mandé a été selon les historiens et anthropologues africains la première Déclaration universelle de droits de l'homme avant celle de 1945 ».

[631] A. AHMED, « Les typologies des infrastructures de paix en Mauritanie », Nouakchott, 12 septembre 2013.

[632] F. BERTOME, « Démêler, raccommoder. Analyse interactionnelle de quelques dispositifs de conciliation », *Cahiers d'anthropologie sociale*, n° 5, 2009/1, p. 139-161.

[633] P. CLASTRES, *La société contre l'État. Recherches d'anthropologie politique*, Paris, Minuit, 1974, p. 7.

[634] M. ALLIOT, *Le droit et le service public au miroir de l'anthropologie*. Textes choisis et édictés par C. KUYU, *op. cit.*, p. 118.
[635] S. KERNEIS, « Le droit à l'épreuve de l'anthropologie historique : le cas des modes alternatifs de résolution des conflits », *op. cit.*, p. 7.
[636] T. BAH, « Les mécanismes traditionnels de prévention et de résolution des conflits en Afrique noire », *in* UNESCO, *Les fondements endogènes d'une culture de la paix en Afrique*, Colloque, octobre 1999, p. 9 : « Contrairement à la société soninké, dans la société dioulaa du Cameroun, le rôle des agents diplomatiques est joué par les neveux utérins des leaders de village (mulato a si mawobila) ».
[637] D. D. CHEIKH BOUYE, « Islam et esclavage coutumier en milieu soninké », *in* S. ZAKARIA, CH. WAGUE, S. N'DIAYE (dir.), *Penser et écrire la société soninké aujourd'hui*, *op. cit.*, p. 247.
[638] D. KONATE, « Les fondements endogènes d'une culture de paix au Mali : Les mécanismes traditionnels de prévention et de résolution des conflits », *op. cit.*, p. 8 et s. ; M. F. KOUROUMA, « La charte de kouroukan-fouga : simple patrimoine culturel immatériel de l'humanité ou un texte juridique qui devrait inspirer ? », *op. cit.*, p. 3 : « En 1235 se tint la bataille de Kirina (actuel cercle de Kangaba au Mali) qui opposa Soundiata Keita du royaume mandingue à Soumawolo Kantè du royaume Sosso. Pour le premier, il s'agissait de libérer le territoire de ses ancêtres de la domination Sosso tandis que pour le second, il était question de maintenir ce royaume sous son contrôle. Mais la troupe mandingue remporta la victoire et se libéra ».
[639] D. KONATE, « Les fondements endogènes d'une culture de paix au Mali : Les mécanismes traditionnels de prévention et de résolution des conflits », *in* UNESCO, *Les fondements endogènes d'une culture de la paix en Afrique*, *op. cit.*, p. 37.
[640] L. ASSIER-ANDRIEU, *Le droit dans les sociétés humaines*, *op. cit.*, p. 167 ; P. CLASTRES, *La société contre l'État. Recherches d'anthropologie politique*, *op. cit.*, p. 18 et s.
[641] V. annexe : « Entretien avec le chef d'un village soninké », Guidimakha-Mauritanie le 20 mars 2021.
[642] R. LINGAT, *Les sources du droit dans le système traditionnel de l'Inde*, Mouton, 1967, p. 248.
[643] C. CADINOT, « La justice traditionnelle bashingantahe (Burundi) : une reconnaissance nécessaire ? », *Les Cahiers de la Justice*, 2021/1, p. 67-79 ; S. PATTON-BOGGS, « Résolution traditionnelle des conflits au Mali », *op. cit.*, p. 4.
[644] V. annexe : « Entretien avec le chef d'un village soninké », Guidimakha-Mauritanie, le 20 mars 2017.
[645] E. POLLET, G. WINTER, *La société Soninké*, *op. cit.*, p. 296.
[646] N. MANDELA, *Un long chemin vers la liberté*, *op. cit.*, p. 31. Selon un proverbe soninké, « le chef est comme un berger. Il reste derrière ses troupeaux pour les encadrer jusqu'à la solution négociée ».
[647] E. LE ROY, *Les Africains et les institutions de la justice. Entre mimétisme et métissages*, *op. cit.*, p. 27.
[648] M. F. KOUROUMA, « La charte de kouroukan-fouga : simple patrimoine culturel immatériel de l'humanité ou un texte juridique qui devrait inspirer ? », *op. cit.*, p. 5 et s. ; F. K. CAMARA et A. CISSE, « Arbitrage et médiation dans les cultures juridiques négro-africaines : entre la prédisposition à dénouer et la mission de trancher », *op. cit.*, p. 293.
[649] S. CAMARA, « *Gens de la parole. Essai sur la condition et le rôle des griots dans la société malinké* », Paris, Mouton, p. 1975, p. 39.
[650] E. SMITH, « Les cousinages de plaisanterie en Afrique de l'Ouest. Entre particularisme et universalisme », Revue, *Raisons politiques*, n° 13, 2014, p. 157 : « Les relations à plaisanterie ne sont que l'envers des relations d'évitement et de respect dû à certaines catégories d'ethnie, clan ou parents, sorte de défoulement du poids de l'étiquette » ; M.-A. FOUERE, « L'africanité à travers le prisme des relations à plaisanterie », *Cahiers d'études africaines*,

184/2006, p. 987-1012. « Les relations à plaisanterie sont une coutume ou une tradition, c'est-à-dire une institution transmise telle quelle au cours du temps sans jamais subir de changements. Il s'agit des moqueries, des interpellations obscènes, des vols rituels et des rites d'opposition entre clans et ethnies… ».

651 M.-A. FOUERE, « L'africanité à travers le prisme des relations à plaisanterie », *Cahiers d'études africaines*, 184/2006, p. 987-1012 ; E. SMITH, « Les cousinages de plaisanterie en Afrique de l'Ouest. Entre particularisme et universalisme », Revue, *Raisons politiques*, n° 13, 2014.

652 D. KONATE, « Les fondements endogènes d'une culture de paix au Mali : Les mécanismes traditionnels de prévention et de résolution des conflits », *in* UNESCO, *Les fondements endogènes d'une culture de la paix en Afrique*, *op. cit.*, p. 32.

653 E. LE ROY, « Les Africains et les institutions de la justice », *op. cit.*, p. 33.

654 CH. JARROSSON, « Médiation et conciliation : définition et statut juridique », *Gaz. Pal.* 1996, p. 951.

655 J. POUMAREDE, « La conciliation, la mal-aimée des juges », *Les Cahiers de la justice*, n° 1, 2013, p. 125-139 ; H. CROZE, CH. MOREL, O. FRADIN, *Procédure civile*, 3e éd., Litec, 2005, p. 221.

656 S. AMRANI-MEKKI, *Le temps et le procès civil*, Dalloz, 2002, p. 342.

657 S. DE DINECHIN, *La médiation familiale. Un outil efficace pour résoudre les conflits*, Erolles, 2016, p. 11 ; CH. JARROSSON, « Préface », *in* J.-P. TRICOIT, *La médiation judiciaire*, L'Harmattan, 2008, p. 7 ; J.-F. SIX, *Les médiateurs*, Le Cavalier Bleu, 2003, p. 5 : « L'utilisation excessive d'un terme contribue à le rendre polysémique et, par là même, insaisissable ».

658 A.-J. ARNAUD, *Dictionnaire encyclopédique de théorie et de sociologie du droit*, *op. cit.*, p. 13 : « La conciliation comme un « processus le plus souvent informel par lequel les parties, avec l'intervention ou non d'un tiers, tentent de rapprocher leurs points de vue afin de parvenir à trouver une solution à leur litige » ; J.-P. BONAFÉ-SCHMIT, *La médiation : une autre justice*, *op. cit.*, p. 16-17 ; X. LINANT DE BELLEFONDS, A. HOLLANDE, *L'arbitrage et la médiation*, PUF, 1re éd., 2003, p. 19 ; B. BERNABÉ, « Le chemin de l'amiable résolution des différends », *Les Cahiers de la justice*, n° 4, 2014, p. 631-643 ; J. DAVALLON, « La médiation : la communication en procès ? », *Médiation et information*, n° 19, 2003, p. 37-59 : « La notion de médiation semble donc désigner, en ce cas, les opérations – ainsi que leurs effets – de technicisation du processus de communication (médiation technique) et, en même temps, de l'intervention de la dimension subjective dans les pratiques de communication (médiation sociale) ».

659 M. GUILLAUME, J.-G. LIEBERHERR, J.-B. DAGNAUD, *Plaidoyer pour la médiation*, Descartes et Cie, 2017, p. 42 ; J.-P. BONAFÉ-SCHMITT : « La médiation pénale en France et aux États-Unis », *op. cit.*, p. 10 et s. : « La médiation est un phénomène plus profond qui traduit non seulement une recomposition des rapports entre l'État et la société civile en matière de gestion des conflits, mais aussi une évolution de nos sociétés vers une plus grande complexité ».

660 E. LE ROY, « La médiation comme dialogie entre les ordonnancements de régulation sociale », *in* C. YOUNES et E. LE ROY (dir.), *Médiation et diversité culturelle pour quelle société ?*, Karthala, 2002, p. 77.

661 J.-F. SIX, *Les médiateurs*, *op. cit.*, p. 99 et s. : « La conception sociologique de la médiation est un idéal. La perspective, en obligation morale, de susciter sans cesse des liens ».

662 S. AMRANI-MEKKI, *Le temps et le procès civil*, *op. cit.*, p. 343 ; B. BERNABÉ, « Le chemin de l'amiable résolution des différends », *op. cit.*, p. 631-643.

663 J.-P. TRICOIT, *La médiation judiciaire*, *op. cit.*, p. 14.

664 M. MESSAHEL, « La médiation en tant que mode alternatif de règlement des litiges dans le Code de procédure civile et administrative algérien de 2008 », *in* B. BRENNEUR (dir.), *Panorama des médiations du monde*, L'Harmattan, 2010, p. 259.

[665] C. CHAINAIS, F. FERRAND, S. GUINCHARD, *Procédure civile. Droit interne et européen du procès civil,* Dalloz, 2016, p. 1646.
[666] Loi n° 2019-018 du 29 avril 2019 sur la médiation conventionnelle, *JORIM* du 28 février 2019 et la loi n° 2019-008 du 19 février sur la médiation judiciaire, *JORIM* du 30 avril 2019.
[667] B. OPPETIT, « Les modes alternatifs de règlement des différends de la vie économique », *op. cit.*, p. 56 ; A. LEMPEREUR, « Médiation responsable », *in* P. CECCHI-DIMEGLIO et B. BRENNEUR (dir.), *Manuel interdisciplinaire des modes amiables de résolution des conflits*, Larcier, 2015, p. 675 : « Le médiateur, au-delà de sa mission principale d'aider les parties à trouver une solution, dispose également d'autres responsabilités. La responsabilité du médiateur est d'empêcher une partie (ou les deux) de s'enferrer dans une logique positionnelle qui présuppose qu'à un problème corresponde une solution unique, la sienne. C'est le moment d'encourager les parties à un exercice de créativité, d'user de la technique de remue-méninges qui vise à imaginer un maximum de solutions possible tout en suspendant l'évaluation, le jugement pour l'instant. Le médiateur expliquera que son objectif à ce stade est d'ouvrir l'espace des possibles, de repousser à plus tard les enjeux de répartition de la valeur (comme en un jeu à somme nulle qui se réduit à répartir un gâteau fixe) pour se focaliser d'abord sur les enjeux de création de valeur (comme en un jeu à somme positive où le préalable est d'augmenter la taille du gâteau) ».
[668] S. GUINCHARD, A. VARINARD, TH. DEBARD, *Institutions juridictionnelles*, 14e éd., Dalloz, 2017, p. 56 et s. : « Il s'agit là d'un débat purement terminologique car la médiation est une forme de conciliation. La distinction n'a plus de sens en législation au moins lorsque le processus amiable se déroule en dehors de toute procédure juridictionnelle ».
[669] G. CANIVET, « Médiation et justice », *Gaz. Pal*, nos 165-166, 2006, p. 1720.
[670] PH. SOLIGNAC, « Rapport sur les modes alternatifs de résolution des conflits relevant du droit civil et commercial », Paris, 2002, p. 20.
[671] Article 292 du Code du travail. Si les parties parviennent à un accord, l'inspecteur dresse un procès-verbal de conciliation signé par les parties. S'il n'y a pas de conciliation, l'inspecteur constate le désaccord dans un délai qui ne peut excéder sept jours par un procès-verbal où il consigne les motifs de l'échec.
[672] Le *Mouslih* est le conciliateur ; un acteur qui bénéficie de la confiance de la population et joue un rôle important en matière de prévention de résolution amiable des conflits. La fonction du *Mouslih* n'étant ni organisée, ni structurée, ni soumise à une autorité hiérarchique, elle fait courir un risque d'inefficacité et d'incertitude quant à son impact sur la justice de proximité. Ainsi, constat est fait que beaucoup de *Mouslihs* procèdent aux conciliations de manière informelle et orale, sans consignation des problèmes et solutions apportées, ni homologation de l'accord par le président du tribunal de la moughataa compétent.
[673] Article 83 du Code de statut personnel.
[674] S. AMRANI-MEKKI, « La médiation, expériences, évaluations et perspectives », Actes du colloque, juillet 2018, Mission de recherche droit et justice, juillet 2018, p. 32.
[675] IGSJ, « Rapport sur le développement des modes amiables de règlement des différends », *op. cit.*, p. 14 ; S. GUICHARD, A. VARINARD, TH. DEBARD, *Institutions juridictionnelles*, *op. cit.*, p. 59 :
« Traditionnellement on considérait que le médiateur se rapprochait du conciliateur en ce qu'il n'a pas à trancher lui-même le litige, mais qu'il s'en distinguait par son rôle plus actif qui s'exprimerait par la recherche des éléments d'une entente qu'il propose aux parties, sans d'ailleurs pouvoir la leur imposer ».
[676] B. OPPETIT, *Théorie de l'arbitrage, op. cit.*, p. 35 ; B. OPPETIT, « Les modes alternatifs de règlement des différends de la vie économique », *Justices*, n° 1, 1995, p. 56 ; CH. JARROSSON, « Les modes alternatifs de règlement des conflits : présentation générale », *op. cit.*, p. 330 : « La question de distinction de médiation et de conciliation n'est pas d'un intérêt fondamental, sauf dans une certaine mesure, en matière judiciaire. Considérons que conciliation et médiation sont deux modes pacifiques de règlement des litiges, et que le médiateur est un conciliateur particulièrement actif puisqu'il ne se limite pas

à favoriser le dialogue entre les parties, mais qu'il propose des solutions. La conciliation – pour laquelle l'intervention d'un tiers n'est pas obligatoire – privilégie le résultat, tandis que celui de médiation s'attache davantage aux moyens utilisés pour y parvenir » ; X. LAGARDE & *alii*, *Droit processuel. Droit commun et droit comparé du procès équitable*, Dalloz, 5e éd., 2009, p. 1188.

677 H. CROZE, CH. MOREL, O. FRADIN, *Procédure civile*, *op. cit.*, p. 226 ; G. FLECHEUX et P. LAFARGE,
« La médiation », Mélanges offerts à Pierre Drai, *Le juge entre deux millénaires*, *op. cit.*, p. 303 ; B. BERNABÉ,
« Le chemin de l'amiable résolution des différends », *Les Cahiers de la Justice*, *op. cit.*, p. 631-643 : « La médiation est un processus par lequel les parties conviennent de demander à un tiers, le médiateur, de les accompagner dans la recherche d'une solution à leurs conflits. Le médiateur est là pour aider les parties à trouver elles-mêmes des solutions à leur conflit et non pour leur imposer des solutions ».

677 CH. JARROSSON, « Médiation et conciliation : définition et statut juridique », *op. cit.*, p. 951 ; A. GUIHAL, « La conciliation et la médiation administrative », *Gaz. Pal.*, 1996, p. 954.

678 CH. JARROSSON, *La notion de l'arbitrage*, *op. cit.*, p. 177 ; Y. DESDEVISES, « Conciliation et médiation », *in* L. CADIET (dir.), *Dictionnaire de la justice*, 1re éd., PUF 2004, p. 195 ; S. GUINCHARD & *alii*, S. GUINCHARD, *Droit processuel. Droit commun et droit comparé du procès*, Dalloz, 3e éd. 2005, p. 1009 ; C. CHAINAIS, F. FERRAND, S. GUINCHARD, *Procédure civile. Droit interne et européen du procès civil*, *op. cit.*, p. 1659 : « Mais en réalité, lorsqu'on se situe en dehors de tout cadre judiciaire, la frontière entre les deux notions est si ténue qu'elles sont employées indifféremment par les auteurs ou par les textes. En revanche, lorsque la médiation et la conciliation résultent d'une initiative judiciaire, la distinction se fait plus précise ».

679 S. GUICHARD, A. VARINARD, TH. DEBARD, *Institutions juridictionnelles*, 15e éd., Dalloz, 2019, p. 55.

680 B. PONS, *Contrat de transaction. Solutions transactionnelles : Conciliation, médiation, procédure participative*, Dalloz, 2014, p. 545 ; S. GUINCHARD & *alii*, *Droit processuel. Droits fondamentaux du procès*, *op. cit.*, p. 1392 ; Rapport du ministère de la Justice en Mauritanie, « Stratégie nationale d'accès à la justice – 2020/2024 », octobre 2019, p. 6 ; JOLY-HURARD, *Conciliation et médiation judiciaires*, *op. cit.*, p. 32 ; J. VINCENT, S. GUINCHARD, G. MONTAGNIER et A. VARINARD, *Institutions judiciaires*, 6e éd., Dalloz, 2001, p. 35.

681 Centre international de médiation et d'arbitrage, créé le 17 février 2017 par un arrêté conjoint n° 0707 du ministre du Commerce, de l'Industrie et du Tourisme et du ministre de la Justice. La Chambre de commerce, d'industrie et d'agriculture de Mauritanie, dans le cadre de sa politique de promotion de l'investissement en Mauritanie, a décidé de contribuer au renforcement des liens de confiance, nécessaires au développement des affaires, en créant son Centre international de médiation et d'arbitrage de Mauritanie – CIMAM. Cet outil de règlement des litiges favorise bien le drainage des investissements. Selon l'article 2 du règlement intérieur du CIMAM, les activités du CIMAM consistent à mettre en œuvre et à administrer des mécanismes de prévention et de gestion des litiges par le recours à la conciliation, à la médiation et à l'arbitrage.

682 CH. JARROSSON, « Les dispositions sur la conciliation et la médiation judiciaires de la loi du 8 février 1995 », *op. cit.*, p. 219 ; J. JOLY-HURARD, « Conciliation et médiation judiciaires », *op. cit.*, p. 76 ; B. GORCHS, « La conciliation comme enjeu dans la transformation du système judiciaire », *Droit et société*, n° 62, 2006, p. 250.

683 C. CHAINAIS, F. FERRAND, S. GUINCHARD, *Procédure civile. Droit interne et européen du procès civil*, Dalloz, 2016, p. 1674. L. CADIET, TH. CLAY, « Les modes alternatifs de règlement des conflits », *op. cit.*, p. 99 et s. : « L'idée de la médiation judiciaire est apparue dans la pratique des tribunaux, plus spécialement dans la pratique du tribunal de

grande instance et de la Cour d'appel de Paris à partir des années 1960-1970. Elle a d'abord été mise en œuvre par le juge des référés à l'occasion des conflits sociaux dont il était saisi » ; CH. JARROSSON, « Les dispositions sur la conciliation et la médiation judiciaires de la loi du 8 février 1995 », *op. cit.*, p. 224.

[684] J. P. BONAFÉ-SCHMITT, *La médiation pénale en France et aux États-Unis*, *op. cit.*, p. 116 : « Sur ce point, il existe une confusion car il convient de ne pas confondre les délais dans lesquels doivent intervenir les médiateurs, avec la durée du processus de médiation. Un des facteurs de réussite de la médiation repose sur la saisine rapide des médiateurs, mais aussi sur le temps accordé aux parties pour négocier leur accord, qui peut être aussi long qu'une procédure judiciaire ».

[685] S. GUINCHARD *& alii*, *Droit processuel. Droits fondamentaux du procès*, *op. cit.*, p. 1409.

[686] X. LAGARDE, « Transaction et ordre public », *D. Chrom*, 2000, p. 217 et s. ; S. GUINCHARD *& alii*, *Droit processuel. Droits fondamentaux du procès*, *op. cit.*, p. 1409.

[687] Art. 2 de la loi, « on entend par petits litiges, les litiges dont la valeur pécuniaire n'excède pas quatre cent mille (400 000) ouguiyas, environ 1 500 euros ».

[688] H. RAMDAN, « Le fonctionnement de la justice dans les pays en voie de développement. Le cas de la Mauritanie », *op. cit.*, p. 55.

[689] C. TOURRILHES, « La médiation, innovation sociale ou nouveau mode de régulation ? Vers des espaces tiers de socialisation », n° 18, *Pensée plurielle*, 2008, p. 109-120.

[690] E. LE ROY, « La médiation mode d'emploi », *Droit et société*, n° 29, 1995, p. 39-55.

[691] S. AMRANI-MEKKI, « Chantier de l'amiable : concevoir avant de construire », *op. cit.*, p. 64 ; M. GUILLAUME-HFNUNG, *La médiation*, 6e éd., 2012, p. 68.

[692] J. MORINEAU, *L'esprit de la médiation*, Èrès, 1re éd., 2005, p. 89.

[693] P. GRADJEAN, « L'expérience d'un médiateur », *Gaz. Pal.*, 1996, p. 963.

[694] E. LE ROY, « La voie de la médiation, entre les ordonnancements imposé et négocié de régulation des différends », n° 28, *Négociations*, 2017, p. 107-117.

[695] J. FAGET, « Éloge du fluide une lecture sociopolitique de la médiation », *in* C. EBERHARD et G. VERNICOS (dir.), *La quête anthropologique du droit, autour de la démarche d'Étienne Le Roy*, *op. cit.*, p. 298.

[696] E. LE ROY, « La médiation comme dialogie entre les ordonnancements de régulation sociale », *in* C. YOUNES et E. LE ROY (dir.), *Médiation et diversité culturelle. Pour quelle société ?*, Karthala, 2002, p. 94 et s. ; E. LE ROY, « La voie de la médiation, entre les ordonnancements imposé et négocié de régulation des différends », *op. cit.*, p. 107-117.

[697] M. ALLIOT, « Anthropologie et juristique. Sur les conditions de l'élaboration d'une science du droit », *Bull. de liaison du LAJP*, n° 6, 1983, p. 113 et s.

[698] J.-P. BONAFÉ-SCHMITT, « La médiation : du droit imposé au droit négocié », *in* PH. GERAD, F. OST, M. VAN DE KERCHOVE (dir.), *Droit négocié, droit imposé ?* PUSL, 1996, p. 419 et s.

[699] E. LE ROY, « La médiation mode d'emploi », *op. cit.*, p. 39-55 : « La réflexion sur la médiation montre que cette dernière ne pouvait cependant être cantonnée à un mode de régulation des conflits, qu'elle est un mode de régulation sociale, voire une valeur fondatrice des sociétés contemporaines dans le cadre d'un projet de société intéressant tant le juriste que l'anthropologue du droit ».

[700] E. LE ROY, « La médiation mode d'emploi », *op. cit.*, p. 39-55 ; C. TOURRILHES, « La médiation, innovation sociale ou nouveau mode de régulation ? Vers des espaces tiers de socialisation », *op. cit.*, p. 109-120.

[701] J.-F. SIX, *Le temps des médiateurs*, Le Seuil, 1990, p. 165 : « la médiation est une action accomplie par un tiers

– entre des personnes ou des groupes qui y consentent librement, y participent et auxquels appartiendra la décision finale – destinée soit à faire naitre ou renaitre entre eux des relations nouvelles, soit à prévenir ou guérir entre eux des relations perturbées ».

[702] E. LE ROY, « La voie de la médiation, entre les ordonnancements imposé et négocié de régulation des différends », n° 28, *Négociations*, 2017, p. 107-117 ; D. TRONCHE, « Médiation familiale et lien social », *Empan*, n° 72, 2008, p. 33-39 : « La médiation n'est pas un outil, mais une réponse à une problématique, en amont ou en aval, d'un conflit qui perturbe ou risque de perturber, parfois gravement, les relations interpersonnelles, et prend son sens dans la nature du lien social ».
[703] *Ibidem*.
[704] C. YOUNES, J. LOTETEKA, « La place du tiers dans la médiation », *in* C. EBERHARD et G. VERNICOS (dir.), *La quête anthropologique du droit, autour de la démarche d'Étienne Le Roy*, *op. cit.*, p. 333.
[705] E. LE ROY, « La médiation mode d'emploi », *op. cit.*, p. 39-55 ; J. FAGET (dir.), « Médiation et action publique. La dynamique du fluide », in *Médiation et action publique. La dynamique du fluide*, *op. cit.*, p. 17 et s.
[706] C. GUICHETEAU, « La médiation conventionnelle, efficace mais peu utilisée », disponible sur le site de https://www.afje.org/actualite/la-mediation-conventionnelle-efficace-mais-peu-utilisee--199, juillet 2019.
[707] CH. JARROSSON, « Médiation », *in* D. ALLAND et S. RIALS, *Dictionnaire de la culture juridique*, *op. cit.*, p. 1011 ; J.-P. BONAFÉ-SCHMITT, *La médiation : une justice douce*, *op. cit.*, p. 210. E. LE ROY, « La médiation comme dialogie entre les ordonnancements de régulation sociale », *in* C. YOUNES et E. LE ROY (dir.), *Médiation et diversité culturelle*, Karthala, 2002, p. 82.
[708] B. BLORN-BRENNEUR, *La médiation pour tous*, *op. cit.*, p. 43 ; J.-P. BONAFÉ-SCHMITT, *La médiation : une justice douce*, *op. cit.*, p. 211.
[709] B. BLORN-BRENNEUR, *La médiation pour tous*, *op. cit.*, p. 43 et s.
[710] DE DINECHIN, *La médiation familiale. Un outil efficace pour résoudre les conflits du couple et de la famille*, Eyrolles, 2016, p. 44.
[711] J.-P. BONAFÉ-SCHMITT, *La médiation : une justice douce*, *op. cit.*, p. 213.
[712] J.-P. MARTEL, « Quelles conditions pour une médiation réussie ? », *Petites affiches*, n° 138, 1999, p. 17.
[713] B. BLOHORN-BRENNEUR, *La médiation pour tous*, *op. cit.*, p. 45 ; G. CANIVET, « *La médiation comme mode de règlement des conflits dans la vie des affaires* », *Petites affiches*, n° 138, 1999, p. 3.
[714] J.-P. BONAFÉ-SCHMITT, *La médiation : une justice douce*, *op. cit.*, p. 214.
[715] G. TARZIA, « Médiation et institution judiciaire », *in* L. CADIET (dir.), *Médiation et arbitrage. Alternative Dispute Resolution. Alternative à la justice ou justice alternative ? Perspectives comparatives*, Litec, 2005, p. 26. [716] L. CADIET, TH. CLAY, *Les modes alternatifs de règlement des conflits*, *op. cit.*, p. 125.
[717] B. BLOHORN-BRENNEUR, *La médiation pour tous*, *op. cit.*, p. 45.
[718] M. GUILLAUME-HFNUNG, *La médiation*, 6e éd., PUF, 2012, p. 70.
[718] A. MARION DE CAYEUX, C. DENOIT-BENTEUX, C. EMMANUEL, « Médiation avec avocats », *Revue AJ famille*, 2018, p. 572.
[719] E. LE ROY, « La médiation mode d'emploi », *op. cit.*, p. 39-55 : « L'interposition de la tierce partie s'inscrit dans une ou des histoires et ainsi dans la durée. Elle consiste principalement dans l'établissement des conditions et des moyens d'une nouvelle communication entre les protagonistes. Comprendre l'enjeu du différend puis les conditions explicites et implicites au rétablissement de la communication sont les exigences principales du médiateur » ; D. PERAYA, « Médiation et médiatisation », Hermès, n° 25, 1999, p. 153-167.
[720] S. DE DINECHIN, *La médiation familiale. Un outil efficace pour résoudre les conflits du couple et de la famille*, *op. cit.*, p. 130.
[721] Y. DESDEVISES, « Les recherches sur les MARL : aspects juridiques », *in* P. CHEVALIER, Y. DESDEVISSE, P. MILBURN (dir.), *Les modes alternatifs de règlement des litiges : les voies nouvelles d'une autre justice,* Documentation française, 2003 ; C. GAL,

« Le jeu psychodramatique médiateur de styles existentiels », *in* HOMO XXXVII, *La médiation*, Presses universitaires du Mirail, 2002, p. 79.

722 M. ROSENBERG, *Les mots sont des fenêtres*, La Découverte, 2005.

723 E. LE ROY, « La médiation mode d'emploi », *op. cit.*, p. 39-55 ; J. DAVALLON, « La médiation : la communication en procès ? », *MEI*, n° 19, 2003, p. 37-59.

724 J. MORINEAU, *L'esprit de la médiation*, *op. cit.*, p. 34.

725 B. BLOHORN-BRENNEUR, *La médiation pour tous*, *op. cit.*, p. 60.

726 S. BRUNENGO, « La rédaction de l'accord amiable : Aspects pratiques », *in* W. BEN HAMIDA, D. MOURALIS (dir.), *L'accord amiable : Et après ?*, PUAM, 2020, p. 100 : « Cet accord judicieux est de nature à projeter les parties dans la construction d'un nouveau cadre relationnel. Il s'oppose à l'accord cristallisé sur des concessions certes réciproques mais dont l'effet se limite à un assouplissement des positions de chacun des protagonistes sans approfondissement de leurs intérêts, objectifs et aspirations essentielles (le processus est alors celui d'une négociation sur positions, classiquement utilisé dans la transaction). Concrètement, le travail s'appuie sur l'extériorisation par la parole dans l'espace amiable confidentiel tant des difficultés rencontrées que des intérêts en présence et des options de solution envisageables ».

727 E. LE ROY, « La médiation mode d'emploi », *Droit et société*, n° 29, *op. cit.*, p. 43 ; S. DE DINECHIN, *La médiation familiale. Un outil efficace pour résoudre les conflits du couple et de la famille*, *op. cit.*, p. 141.

728 J.-P. MARTINEAU, « Homediator », *in* HOMO XXXVII, *La médiation*, Presses universitaires du Mirail, 2002, p. 6 : « La médiation répond de la reconnaissance de l'hétéromorphie des jeux de langage et renonce à la terreur qui essaie de réaliser leur isomorphie ».

729 J. MORINEAU, « *L'esprit de la médiation* », *op. cit.*, p. 89.

730 S. DE DINECHIN, *La médiation familiale. Un outil efficace pour résoudre les conflits du couple et de la famille*, *op. cit.*, p. 141 : « L'écoute doit être totale et active. Le médiateur se rend disponible à l'autre qu'il écoute avec toute son attention, en accueillant ce qui est dit sans le juger et sans manifester son opinion, qu'il soit d'accord ou pas ».

731 J.-P. BONAFÉ-SCHMITT, *La médiation : une justice douce*, *op. cit.*, p. 214.

732 B. BLOHRN-BRENNEUR, *La médiation pour tous*, *op. cit.*, p. 66.

733 CH. JARROSSON, « La médiation et la conciliation : essai de présentation », *Droit et patrimoine*, 1999, p. 40. 734 E. GIRARDOT-ROUHETTE, « La mission du tiers dans les modes alternatifs de résolution des conflits : une mission aux contours incertains », *in* J.-B. RACINE (dir.), *Pluralisme des modes alternatifs de résolution des conflits, pluralisme du droit*, L'Hermès, 2002, p. 39.

735 E. LE ROY, « La médiation mode d'emploi », *op. cit.*, p. 39-55.

736 *Ibid.*

737 J.-P. MARTEL, « Quelles conditions pour une médiation réussie ? », *op. cit.*, p. 17.

738 J. JOLY-HURARD, « Conciliation et médiation judiciaires », *op. cit.*, p. 350.

739 C. GUICHETEAU, « La médiation conventionnelle, efficace mais peu utilisée », disponible sur le site de https://www.afje.org/actualite/la-mediation-conventionnelle-efficace-mais-peu-utilisee--199- juillet 2019.

740 C. TOURRILHES, « La médiation, innovation sociale ou nouveau mode de régulation ? Vers des espaces tiers de socialisation », *op. cit.*, p. 109-120 ; M. NICOLAS-GRECIANO, « La médiation civile : bilan et perspectives », *in* P. GRECIANO (dir.), *La médiation dans un monde sans frontières,* Mare & Martin, 2017, p. 39 : « Le médiateur doit être indépendant vis-à-vis des parties afin que celles se sentent en confiance tout au long de la négociation et puissent faire des concessions réciproques sans craindre que le médiateur soit la voix (ou le mandant) de l'une des parties ».

741 E. LE ROY, « La médiation mode d'emploi », *op. cit.*, p. 39-55 ; J.-C. BEAUJOUR, « L'indépendance du médiateur », 138e année, n° 4, *Gaz. Pal.*, janvier 2018, p. 12.

[742] N. CHAPPE, E.-A. LAMBERT, C. TIRVAUDEY, « Vers des principes directeurs de la médiation : Une analyse juridico-économique », *in* F. OSMAN (dir.), *Médiation en matière civile et commerciale*, Bruylant, 2012, p. 43. « L'indépendance du médiateur se traduit par l'absence de pression ou de pouvoir d'une instance extérieure qui aurait droit de regard ou d'intervention sur la médiation ».
[743] L. CADIET, TH. CLAY, *Les modes alternatifs de règlement des conflits*, *op. cit.*, p. 127.
[744] E. JEULAND, *Droit processuel général*, *op. cit.*, p. 251.
[745] C. CHANAIS, FR. FERRAND, S. GUINCHARD, *Procédure civile. Droit interne et européen du procès civil*, Dalloz, 2016, p. 1649 ; C. RUSSO, « Les modes alternatifs de règlement des conflits dans le domaine des assurances : l'exemple de la médiation », *in* J.-P. RACINE (dir.), *Pluralisme des modes alternatifs de résolution des conflits, pluralisme du droit*, L'Hermès, 2002, p. 104.
[746] M. NICOLAS-GRECIANO, « La médiation civile : bilan et perspectives », *in* P. GRECIANO (dir.), *La médiation dans un monde sans frontières, op. cit.*, p. 40.
[747] X. LAGARDE, « Ce que mode alternatif veut dire », *op. cit.*, p. 73 ; PH. SOLIGNAC, « Rapport sur les modes alternatifs de résolution des conflits relevant du droit civil et commercial », novembre 2002, p. 4 ; G. CORNU (dir.), *Vocabulaire juridique*, 10e éd., PUF, 2015, p. 230.
[748] X. LAGARDE, « L'efficacité des clauses de médiation ou de conciliation », *Rev. arb.*, n° 3, 2000, p. 393.
[749] S. AMRANI-MEKKI, *Le temps et le procès civil*, *op. cit.*, p. 348 ; J.-B. RACINE, « Les garanties de loyauté dans les modes alternatifs de résolution des conflits », *in* J.-B. RACINE (dir.), *Pluralisme des modes alternatifs de résolution des conflits, pluralisme du droit*, *op. cit.*, p. 80 : « Ce principe ne doit pas s'appliquer à la médiation et à la conciliation. Vouloir appliquer ce principe risquerait de porter atteinte à la spécificité et à la nature de la médiation et ainsi de la dénaturer. Car la médiation se caractérise par la souplesse et l'absence de formalisme. Le principe de la contradiction alourdirait considérablement le processus. L'inapplication du principe de la contradictoire ne dispose pas de respecter certaines règles destinées à garantir l'égalité entre les parties. Le principe de la contradictoire tel qu'il est mis en œuvre devant les juridictions ne peut être transposé aux modes alternatifs de règlement des conflits que sont la médiation et la conciliation. C'est un moyen d'assurer la loyauté dans le cadre du procès. Il existe d'autres moyens de garantir la loyauté dans le processus de médiation, notamment par référence à la bonne foi ».
[750] E. GIRARD-ROUHETTE « La mission du tiers dans les modes alternatifs de résolution des conflits : une mission aux contours incertains », *in* J.-P. RACINE (dir.), *Pluralisme des modes alternatifs de résolution des conflits, pluralisme du droit*, L'Hermès, 2002, p. 44.
[751] L. CADIET, TH. CLAY, *Les modes alternatifs de règlement des conflits*, *op. cit.*, p. 127.
[752] M. GUILLAUME-HOFNUNG, *La médiation*, 4e éd., *op. cit.*, p. 74.
[753] L. CADIET, « Les modes alternatifs de règlement des litiges et le droit », *in* P. Chevalier, Y. DESDEVISES et P. MILBURN (dir.), *Les modes alternatifs de règlement des litiges : les voies d'une autre justice*, *op. cit.*, p. 255.
[754] J. GHESTIN, *Traité de droit civil, les obligations, le contrat*, LGDJ, 2009, p. 184.
[755] J.-B. RACINE, « Les garanties de loyauté dans les modes alternatifs de résolution des conflits », *in* J.-B. RACINE, *Pluralisme des modes alternatifs de résolution des conflits, pluralisme du droit*, *op. cit.*, p. 82.
[756] S. BRUNENGO, « La rédaction de l'accord amiable : Aspects pratiques », *in* W. BEN HAMIDA, D. MOURALIS (dir.), *L'accord amiable : Et après ?*, *op. cit.*, p. 99 ; P. LARRIEUL, « Les caractéristiques juridiques de la médiation », *in* J. FISCHER-LOKOU et P. LARRIEU (dir.), *La médiation efficace,* L'Harmattan, 2013, p. 41.
[757] J. CHEVALLIER, « Vers un droit postmoderne », *in* J. CLAM et G. MARTIN (dir.), *Les transformations de la régulation juridique*, LGDJ, 1998, p. 21.
[758] S. BRUNENGO, « La rédaction de l'accord amiable : Aspects pratiques », *in* W. BEN HAMIDA, D. MOURALIS (dir.), *L'accord amiable : Et après ?*, *op. cit.*, p. 100.

[759] B. PONS, *Contrat de transaction. Solutions transactionnelles : Conciliation, médiation, procédure participative*, *op. cit.*, p. 556.
[760] Article 166.11 du Code de procédure civile, commerciale et administrative.
[761] L. CADIET, J. NORMAND, S. AMRANI-MEKKI, *Théorie générale du procès*, *op. cit.*, p. 861.
[762] N. FRICERO *& alii*, *Le guide des modes amiables de résolution des différends*, *op. cit.*, p. 180 ; S. BRUNENGO, « La rédaction de l'accord amiable : Aspects pratiques », *in* W. BEN HAMIDA, D. MOURALIS (dir.), *L'accord amiable : Et après ?*, *op. cit.*, p. 103.
[763] D. MAINGUY, « L'accord amiable purement oral », *in* W. BEN HAMIDA, D. MOURALIS (dir.), *L'accord amiable : Et après ?*, PUAM, 2020, p. 65 ; M.-E. M. KANDEEL, « La conciliation et la médiation judiciaires », thèse de doctorat, Université Paris I-Sorbonne, 2001, p. 267.
[764] B. PONS, *Contrat de transaction. Solutions transactionnelles : conciliation, médiation, procédure participative*, *op. cit.*, p. 556.
[765] W. BEN HAMIDA, « Rapport introductif », *in* W. BEN HAMIDA, D. MOURALIS (dir.), *L'accord amiable : Et après ?*, PUAM, 2020, p. 11 et 12.
[766] X. LAGARDE, « Transaction et ordre public », *op. cit.*, p. 217.
[767] J. JOLY-HURARD, « Conciliation et médiation judiciaires », *op. cit.*, p. 396.
[768] G. CORNU (dir.), *Vocabulaire juridique*, *op. cit.*, p. 512.
[769] J. JOLY-HURARD, « Conciliation et médiation judiciaires », *op. cit.*, p. 472.
[770] L. WEILLER, « L'efficacité interne de l'accord amiable », *in* W. BEN HAMIDA, D. MOURALIS (dir.), *L'accord amiable : Et après ?*, PUAM, 2020, p. 113.
[771] N. FRICERO *& alii*, *Le guide des modes amiables de résolution des différends*, *op. cit.*, p. 224 ; L. MAYER, « Précisions sur le contrôle léger exercé par le juge homologateur d'une transaction », *Gaz. Pal*, juin 2015, p. 6 ; J.-B. DAGNAUD, J.-G. LIEBERHERR, M. GUILLAUME, *Du don usage de la médiation*, Descartes & Cie, 2018, p. 31 ; J.-M. BRET, *Le cadre juridique du processus de médiation*, Medias & Médiations, 2014, p. 48 : « Lorsque le juge refuse d'homologuer, l'accord conserve toujours sa valeur d'accord contractuel, les parties peuvent faire appel selon la procédure gracieuse. Si l'une des parties entend contester l'accord, c'est une demande en nullité conformément au droit commun des contrats qui doit être formée ».
[772] J. JOLY-HURARD, « Conciliation et médiation judiciaires », *op. cit.*, p. 430 ; S. GUINCHARD, « Rapport, l'ambition raisonnée d'une justice apaisée », Paris, 2008, p. 52 : « Le juge vérifie si l'accord amiable conclu entre les parties est conforme à certains intérêts que le législateur entend protéger. Car le pouvoir attribué au juge pour conférer force exécutoire aux transactions n'est pas applicable aux matières pour lesquelles les parties n'ont pas la libre disposition de leur droit » ; L. MINIATO, « Rôle des parties et office du juge dans les modes amiables de règlement des différends », *in* L. CASAUX-LABRUNEE et J.-F. ROBERGE (dir.), *Pour un droit du règlement amiable des différends. Des défis à relever pour une justice de qualité*, LGDJ, 2018, p. 137.
[773] M.-E. M. KANDEEL, « La conciliation et la médiation judiciaires », *op. cit.*, p. 283.
[774] F.-X. TRAIN, « L'arbitrage à l'épreuve des procédures pénales », *Rev. arb.*, 2019, p. 3 ; A. SAAL, « L'arbitrage : un mode de règlement de différends à promouvoir », *Bulletin juridique*, n° 5, octobre 2017, p. 1 ; B. BOUBOU, « Les alternatifs de règlement des conflits dans le système juridictionnel mauritanien », *op. cit.*, p. 37-50 ; M. CHAMBON, « L'arbitrage international en droit administratif, ou l'impossible conciliation de deux phénomènes antagonistes », *Civitas Europa*, n° 31, 2013, p. 261-284 ; [774] S. GUINCHARD *& alii*, *Droit processuel. Droits fondamentaux du procès*, 10e éd., Dalloz, 2019, p. 1461 ; C. SERAGLINI, J. ORTSCHEIDT, *Droit de l'arbitrage interne et international*, *op. cit.*, p. 14 ; J. ROBERT, *L'arbitrage. Droit interne. Droit international privé*, 6e éd., Dalloz, 1993, p. 1 ; M. RUBINO-SAMMATANO, *Arbitrage*

international. Droit et pratique, tome 1, Bruylant, 2019, p. 71 : « L'arbitrage est une procédure de règlement des différends qui résulte d'un accord entre les parties. Ayant pour but de régir la résolution des différends, il produit des effets procéduraux » ; G. CORNU (dir.), *Vocabulaire juridique*, *op. cit.*, p. 79 : « L'arbitrage est un mode amiable ou pacifique mais toujours juridictionnel de règlement d'un litige par une autorité (le ou les arbitres) qui tient son pouvoir de juger, non d'une délégation permanente de l'État ou d'une institution internationale, mais de la convention des parties (lesquelles peuvent être de simples particuliers ou des États) ».

[775] W. BEN HAMIDA, « L'intérêt de l'arbitrage en droit du commerce international dans la zone Afrique-océan Indien », *in* N. JAY et N. LIGNEUL (dir.), *Arbitrage, commerce international et investissement en Afrique et dans l'océan Indien*, LexisNexis, 2018, p. 14 ; E. LOQUIN, « Les obligations de confidentialités dans l'arbitrage », *Rev. arb.*, 2006, p. 323 et s. ; L. CADIET, « L'arbitrage et l'évolution contemporaine des modes de règlement des conflits », *in* Y. STRICKLER et J.-B. RACINE (dir.), *L'arbitrage. Questions contemporaines*, L'Harmattan, 2012,
p. 42 ; F.-X. TRAIN, « L'arbitrage entre standardisation, spécialisation et communautarisation », *in* S. AMRANI-MEKKI, G. DAVY, S. KERNEIS et M. ROCCATI (dir.), *Les chimères de l'alternativité*, Mare & Martin, 2018, p. 153.

[776] CH. JARROSSON, *La notion d'arbitrage*, LGDJ, 1987, p. 372 ; H. MOTULSKY, *Écrits. Études et notes sur l'arbitrage*, Dalloz, 1974, p. 6 ; L. CADIET, « L'arbitrage et l'évolution contemporaine des modes de règlement des conflits », *in* Y. STRICKLER et J.-B. RACINE (dir.), *L'arbitrage. Questions contemporaines*, *op. cit.*, p. 29.
L. CADIET, « L'arbitrage et l'évolution contemporaine des modes de règlement des conflits », *in* P. CECCHI-DIEGLIO et B. BRENNEUR (dir.), *Des modes alternatifs de résolution des conflits*, Larcier, 2015, p. 997 : « Si l'arbitrage n'est pas, par essence, un mode amiable de règlement des conflits, l'arbitrage peut être considéré comme un mode alternatif au règlement judiciaire du litige. Cette nuance dévoile une certaine conception du droit et de l'ordre juridique. Ramener l'arbitrage aux modes purement contractuels revient avant tout à faire de l'arbitre un tiers choisi par les parties. Au contraire, apparier l'arbitrage à la justice étatique a pour conséquence de considérer l'arbitre avant tout comme un juge, et, partant, à se revendiquer davantage du pluralisme juridique que du positivisme légaliste ».

[777] S. LAFONT, « L'arbitrage en Mésopotamie », *Rev. arb.*, 2000, p. 557 ; CH. JARROSSON, *La notion d'arbitrage*, *op. cit.*, p. 1 ; O. CUPERLIER, « Culture africaine et arbitrage international », *in* F. OSMAN et A.-C. YILDIRIM (dir.), *Où va l'arbitrage international ? De la crise au renouveau*, LexisNexis, 2017, p. 315 et s.

[778] A. MAGDELAIN, « Aspects arbitraux de la justice civile archaïque à Rome », *Revue internationale des droits de l'Antiquité*, 1980, p. 205, cité par CH. JARROSSON, *La notion d'arbitrage*, *op. cit.*, p. 1.

[779] Coran, sourate 4- *An-Nisa* (*Les femmes*), versets 35 et 45 et sourate 5 *(La table servie)*, verset 42.

[780] M. ABDOULLAH, « L'arbitrage en droit musulman », *Rev. Juridique*, n° 2, mars 2000 ; N. NAJJAR, *Arbitrage dans les pays arabes et commerce international*, LGDJ, 2016.

[781] M. ABDOULLAH, « L'arbitrage en droit musulman », *Rev. Juridique*, n° 2, mars 2000, p. 15 et s. ; N. NAJJAR, *Arbitrage dans les pays arabes et commerce international*, LGDJ, 2016, p. 32 et s. ; A. OUERFELLI, « Culture arabe et arbitrage international », *in* F. OSMAN et A.-C. YILDIRIM (dir.), *Où va l'arbitrage international ? De la crise au renouveau*, LexisNexis, 2017, p. 328 et s.

[782] Voir le site www.ohada.fr ; Organisation pour l'harmonisation en Afrique du droit des affaires (OHADA). Cette organisation a été créée par le traité signé à Port-Louis (île Maurice) le 17 octobre 1993. Il a été révisé au Québec le 17 octobre 2008. Aujourd'hui, l'OHADA est composée de dix-sept pays membres : Bénin, Burkina Faso, Cameroun, Centrafrique, Comores, Congo, Côte d'Ivoire, Gabon, Guinée équatoriale, Mali, Niger, Sénégal, Tchad, Togo, Guinée, Guinée-Bissau et République démocratique du Congo.

[783] PH. FOUCHARD, *Écrits. Droit de l'arbitrage. Droit du commerce international*, Comité français de l'arbitrage, 2007, p. 485 et s. ; D.-C. SOSSA, « L'extension de l'arbitrabilité objective aux accords de développement économique dans l'espace OHADA », *Penant*, n° 884, 2013, p. 272. Selon l'auteur, « il est essentiel que le nouveau droit soit appliqué avec diligence, dans des conditions propres à garantir la sécurité juridique des activités économiques, afin de favoriser l'essor de celles-ci et d'encourager l'investissement », proclamé, dans le même préambule, qu'ils sont « désireux de promouvoir l'arbitrage comme instrument de règlement des différends contractuels ». Voir Le premier Acte uniforme relatif à l'arbitrage du 11 mars 1999 ; l'Acte uniforme relatif à l'arbitrage et l'Acte uniforme relatif à la médiation, publiés le 23 novembre 2017 ; P. DIEUDONNÉ, *OHADA. Traité des actes uniformes. Règlements de procédure et arbitrage. Jurisprudence annotée*, 5e éd., Juriafrica, 2018, p. 1113.

[783] PH. FOUCHARD, *Écrits. Droit de l'arbitrage. Droit du commerce international*, *op. cit.*, p. 485.

[784] Le Coran est une révélation faite au Prophète Mahomet par l'intermédiaire de l'ange Gabriel. Expression des paroles d'Allah révélées à l'humanité par l'intermédiaire de l'ange Gabriel à son Prophète Mahomet, homme parmi les hommes, de 612 à 632 apr. J.-C., à La Mecque puis à Médine. Ces révélations furent retenues et rédigées par ses compagnons et rassemblées postérieurement à son décès dans le Livre sacré qu'est le Coran.

[785] L'ensemble des gestes, comportement ou le savoir-vivre du Prophète.

[786] Les autres sources sont des sources secondaires postérieures et marquées par le souci de conformer l'histoire à la science juridique islamique mais aussi à des vues théologiques.

[787] N.-S. EL HOUDAIGUI, *Arbitrage commercial international au Maghreb*, L'Harmattan, 2012, p. 22 : « La sunna signifie pratique et cette seconde législative de l'islam associée aux règles législatives du Coran constituent la loi islamique ou charia. La sunna contient la pratique ordinaire de Mahomet, à savoir ses dires, ses actes, ses approbations explicites ou implicites, ses qualités morales observées par ses compagnons ou selon certains savants de l'hadith (tels Boukhari ou Muskim) ».

[788] M. AL-ZARKA, *Al-figh al-islami fi thawbihi al-jadid*, 7e, Beyrouth, cité par, N. NAJJAR, *Arbitrage dans les pays arabes et commerce international*, *op. cit.*, p. 12 : « La charia est un corps de commandement d'Allah (Dieu), révélé par l'intermédiaire de son Prophète Mahomet, qui conditionne la conduite et le comportement du musulman et plus généralement l'ordre socio-juridique de la communauté islamique ».

[789] M. AMMAR, « L'arbitrage en Tunisie depuis l'édiction du Code de l'arbitrage », *Rev. arb.*, 2012, p. 248.

[790] CUPERLIER, « Culture africaine et arbitrage international », *in* F. OSMAN & A.-C. YILDIRIM (dir.), *Où va l'arbitrage international ? De la crise au renouveau*, LexisNexis, *op. cit.*, p. 315 et s. ; N. NAJJAR, *Arbitrage dans les pays arabes et commerce international*, LGDJ, 2016, p. 32 et s.

[791] N. S. EL HOUDAIGUI, *Arbitrage commercial international au Maghreb*, *op. cit*, p. 29 ; A. OUERFELLI,
« Culture arabe et arbitrage international », *in* F. OSMAN et A.-C. YILDIRIM (dir.), *Où va l'arbitrage international ? De la crise au renouveau*, *op. cit.*, p. 326 et s. ; M. TILLIER, « Arbitrage et conciliation aux premiers siècles de l'islam : théories, pratiques et usages sociaux », *in* M TILLIER (dir.), *L'arbitrage et conciliation dans l'islam médiéval et moderne*, *REMMM*, n° 140, 2016, p. 27-52.

[792] M. BEN HISHAM, « Assirah annabawiyya (La biographie prophétique) », Le Caire, 1971, p. 221-228, cité par N. NAJJAR, *Arbitrage dans les pays arabes et commerce international*, *op. cit.*, p. 33 : « On a rapporté qu'avant la révélation divine, La Mecque fut l'objet d'une inondation d'une importance telle que la *Kaaba* (la maison de Dieu) fut déplacée, voire particulièrement détruite. Un grave différend opposa alors les deux tribus de *Kouraych* ; chaque famille voulait s'attribuer l'honneur de poser la pierre noire à sa place initiale. Le différend était dans une telle impasse que la *Kaaba* fut menacée de rupture. Les deux tribus

désignèrent alors Mahomet – pas encore prophète au moment des faits – pour la résolution du conflit. En leur proposant de poser la pierre sur un grand morceau de tissu soulevé à chaque coin par le chef de chaque tribu et sa mise en place par ses propres soins, Mahomet emporta l'acception de tous ».

[793] H. BLEUCHOT, *Droit musulman*, *op. cit.*, p. 54 et s.

[794] Coran, sourate II *(La vache)* ; verset, 224 ; sourate V *(Les femmes)* ; versets, 35, 49, 65 et 128.

[795] *Ibid.*, p. 29.

[796] J.-B. RACINE, *Le droit de l'arbitrage*, 1re éd., PUF, 2016, p. 50.

[797] B. BOUBOU, « Les modes alternatifs de règlement des conflits dans le système juridictionnel mauritanien »,
op. cit., p. 37-50.

[798] M.-M. MOHAMED SALAH, « Arbitrage international et droit de l'homme », *in* F. OSMAN et A.C. YILDIRIM (dir.), *Où va l'arbitrage international ? De la crise au renouveau*, LexisNexis, 2017, p. 239.

[799] O. CAPRASSE, « L'application du droit européen de la concurrence par l'arbitre », *in* P. MAYER (dir.), *Arbitrage et droit de l'Union européenne*, LexisNexis, 2012, p. 82 ; F. BACHAND, « Les rapports entre juridictions nationales et tribunaux internationaux », *in* AHJUCAF (dir.), *Internalisation droit, internalisation de la justice*, 3e Congrès de l'*Ahjucaf*, Canada, 2010, p. 59 ; S. GUINCHARD *& alii*, *Droit processuel. Droits fondamentaux du procès*, 8e éd., Dalloz, 2015, p. 1371 ; M.-M. MOHAMED SALAH, « Arbitrage international et droit de l'homme », *in* F. OSMAN et A.C. YILDIRIM (dir.), *Où va l'arbitrage international ? De la crise au renouveau*, *op. cit.*, p. 239 et s. : « Ce phénomène, dopé par la mondialisation de l'économie, est, d'abord, le fait des États qui ont massivement adhéré aux principales conventions sur l'arbitrage et réforment leurs législations nationales, dans un sens toujours favorable à l'essor de ce mode de règlement des litiges et à son détachement des carcans de la justice étatique ».

[800] A. D. LAOTBINIERE-MCDOUGAL, P. GIRAUD, « L'aspect international de l'arbitrage : 10 réflexions de praticien », *in* P. CECCHI-DIMEGLIO et B. BRENNEUR (dir.), *Des modes amiables de résolution des conflits*, Larcier, 2015, p. 1129 ; J.-P. RACINE, *Le droit de l'arbitrage*, *op. cit.*, p. 56 ; TH. CLAY, « Arbitrage et modes alternatifs de règlement des litiges », Recueil de Dalloz, 2020, p. 2484-2493.

[801] C. SERAGLINI, J. ORTSCHEIDT, *Droit de l'arbitrage interne et international*, *op. cit.*, p. 63.

[802] N. NAJJAR, *Arbitrage dans les pays arabes et commerce international*, *op. cit.*, p. 108 ; F. CARPI,
« Ouverture », *in* L. CADIET (dir.), *Médiation et arbitrage. Alternative Dispute Resolution. Alternative à la justice ou justice alternative ?* Litec, 2005, p. 2005.

[803] « Loi n° 2019-019 portant Code de l'arbitrage », *JORIM* du 30 avril 2019.

[804] F. CARPI, « Ouverture », *in* L. CADIET (dir.), *Médiation et arbitrage. Alternative Dispute Resolution. Alternative à la justice ou justice alternative ? op. cit.*, p. 2005.

[805] F. GRISEL, « L'arbitrage international ou le droit contre l'ordre juridique », thèse de doctorat, Université Paris 1-Sornonne, Fondation Varenne, 2011, p. 40 ; M. TRARI-TANI, *L'arbitrage commercial international*, Bruylant, 2011, p. 28.

[806] *Ibid.*, p. 67. L'article 54 de la Convention de Washington impose à tout État contractant de reconnaitre le caractère obligatoire d'une sentence CIRDI et d'assurer l'exécution des obligations pécuniaires qui en résultent comme s'il s'agissait d'un jugement définitif d'un tribunal fonctionnant sur le territoire dudit État.

[807] N. NAJJAR, *Arbitrage dans les pays arabes et commerce international*, *op. cit.*, p. 125.

[808] M. TRARI-TANI, *L'arbitrage commercial international*, *op. cit.*, p. 32.

[809] S. GUINCHARD *& alii*, *Droit processuel. Droits fondamentaux du procès*, *op. cit.*, p. 1467 ; J. BILLEMONT, *La liberté contractuelle à l'épreuve de l'arbitrage*, *op. cit.*, p. 205 ; L. CADIET, E. JEULAND, Droit judiciaire privé, LexisNexis, 2011, p. 759 et s. « La

mise en place d'un tribunal suppose l'existence d'une Convention d'arbitrage. Les Conventions d'arbitrage sont de deux sortes, mais leur régime a été largement unifié et leur effet est identique : attribuer le pouvoir de trancher le litige à un tribunal arbitral institué à cette fin. De la même manière que, sous certaines conditions, la compétence légale des juridictions étatiques peut être modifiée d'un commun accord des parties antérieurement ou postérieurement à la naissance du litige, cette compétence peut être écartée au profit d'une juridiction arbitrale une fois seulement le litige né ou avant tout litige : dans le premier cas, la convention des parties est un compromis ; dans le second, une clause compromissoire ».

[810] A. SCOTT-RAU et C. PEDAMON, « La contractualisation de l'arbitrage : le modèle américain », *Rev. arb.,* 2001, p. 451.

[811] H.-D. AMBOULOU, *Le droit de l'arbitrage et des institutions de médiation dans l'espace OHADA*, L'Harmattan, 2015, p. 27 ; M. TRARI-TANI, « Arbitrage commercial international et convention de New York de 1958 sur la reconnaissance et l'exécution des sentences arbitrales », *in* F. OSMAN et A. C. YILDIRIM (dir.), *Où va l'arbitrage international ? De la crise au renouveau*, 2017, LexisNexis, p. 208.

[812] TH. CLAY, « Contrat d'organisation de l'arbitrage et Convention européenne des droits de l'homme », *Rev. arb.*, n° 3, 2001, p. 515.

[813] P. ANGEL, « Force obligatoire et contenu obligationnel du contrat », *op. cit.*, p. 771 et s. « Au lieu de créer des obligations, où en plus, un accord de volonté peut produire trois types d'effets : il peut éteindre un droit, le transférer ou encore créer un droit ou une situation juridique nouvelle. Certains de ces effets sont bien répertoriés et on pourrait craindre d'avoir, dans les développements qui suivent, à énoncer des évidences. Nous pensons qu'il n'en est rien, d'abord, parce que ces effets non obligationnels sont complètement marginalisés dans la présentation traditionnelle du contrat, ensuite, parce qu'il existe une tendance nette de la doctrine à vouloir en nier la spécificité en les ramenant à la notion d'obligation ».

[814] L. AYNES, « Le contrat devant l'arbitre à l'épreuve de la réforme française du droit des contrats. Présentation générale », *Rev. arb.,* n° 1, 2017, p. 5.

[815] TH. CLAY, *L'arbitre*, Dalloz, 2001, p. 513.

[816] F. CHENEDE, *Le nouveau droit des contrats et des obligations*, 2e éd., Dalloz, 2018, p. 48 ; J. BILLEMONT, *La liberté contractuelle à l'épreuve de l'arbitrage*, *op. cit.*, p. 266 ; G. CORNU (dir.), *Vocabulaire juridique*, 12e éd., PUF, 2018, p. 245 : « L'expression juridique de la volonté, qui joue donc un rôle prépondérant pour la conclusion de la Convention d'arbitrage, puisqu'il n'est pas une simple condition de validité mais constitue à son tour le fondement de la force obligatoire du contrat ».

[817] J.-P. RACINE, *Le droit de l'arbitrage*, *op. cit.*, p. 118.

[818] F. TERRE, P. SIMLER et Y. LEQUETTE, *Droit civil. Les obligations*, 10e éd., Dalloz, 2009, p. 21.

[819] C. JAMIN, « Plaidoyer pour le solidarisme contractuel », in *Le contrat au début du XXIe siècle*, Études offertes à Jacques Ghestin, LGDJ, 2001, p. 470 ; GOUNOTE, « Le principe de l'autonomie de la volonté en droit privé : contribution à l'étude critique de l'individualisme juridique », thèse de doctorat, Dijon, 1912 ; R. TISON, « Le principe de l'autonomie de la volonté dans l'ancien droit français (étude de droit interne) », thèse de doctorat, Paris, 1931, cité par J. BILLEMONT, *La liberté contractuelle à l'épreuve de l'arbitrage*, *op. cit.*, p. 267.

[820] H.-D. AMBOULOU, *Le droit de l'arbitrage et des institutions de médiation dans l'espace OHADA*, *op. cit.*, p. 28 et s. : « La convention a pour effet de créer ou d'éteindre des obligations ou des droits réels ; tandis que l'obligation n'a pour effet que de créer le lien par lequel le débiteur est engagé envers le créancier. Cependant, les auteurs modernes, s'ils la rappellent parfois, ne s'arrêtent guère à cette distinction. Pour la plupart des auteurs, il ne semble y avoir aucun intérêt à approfondir les effets propres du contrat, qui semblent s'épuiser dans la création d'obligations, et on considère généralement qu'il est plus simple d'envisager directement comme effets du contrat les effets des obligations qu'il fait naitre ».

[821] L. CADIET, E. JEULAND, *Droit judiciaire privé*, LexisNexis, 7e éd., 2011, p. 763 ; TH. CLAY, *L'arbitre*, *op. cit.*, p. 508 : « Toutes les personnes juridiques capables peuvent signer un contrat de Convention d'arbitrage, y compris les mineurs émancipés. En revanche, les majeurs sous tutelle sont exclus. Quant aux majeurs sous curatelle, on sait qu'ils peuvent passer des actes d'administration et non de disposition ».
[822] S. AMRANI-MEKKI, Y. STRICKLER, *Procédure civile*, 1re édition, PUF, 2014, p. 490.
[823] J.-P. RACINE, *Le droit de l'arbitrage*, *op. cit.*, p. 128.
[824] F. CHENEDE, *Le nouveau droit des contrats et des obligations*, 2e éd., *op. cit.*, p. 61.
[825] L. CADIET, « L'arbitrage et l'évolution contemporaine des modes de règlement des conflits », *in* P. CECCHI-DIMEGLIO et B. BRENNEUR (dir.), *Manuel interdisciplinaire des modes amiables de résolution des conflits*, Larcier, 2015, p. 1009.
[826] B. OPPETIT, *Théorie de l'arbitrage*, PUF, 1998, p. 28.
[827] L. CADIET, « Liberté des conventions et clauses relatives au règlement des litiges », *Petites Affiches*, n° 90, mai 2000, p. 30.
[828] PH. FOUCHARD, *L'arbitrage commercial international*, Dalloz, 1965, p. 53 ; S. GUINCHARD *& alii*, *Droit processuel. Droits fondamentaux du procès*, *op. cit.*, p. 1467. « Dès la conclusion du contrat, les parties décident de lui adjoindre une clause compromissoire par laquelle elles s'engagent à soumettre à l'arbitrage les litiges qui pourraient naître relativement à ce ou à ces contrats » ; L. CADIET, TH. CLAY, *Les modes alternatifs de règlement des conflits*, *op. cit.*, p. 54 ; G. CORNU (dir.), *Vocabulaire juridique*, *op. cit.*, p. 179 : « La clause est une disposition particulière d'un acte juridique (convention, traité, testament ou même loi) ayant pour objet soit d'en préciser les éléments ou les modalités (prix, date et lieu d'exécution, etc.), soit de l'assujettir à un régime spécial, parfois même dérogatoire au droit commun (on parle alors de clauses spéciales). La clause compromissoire est une stipulation par laquelle les parties à un contrat s'engagent à soumettre à l'arbitrage les contestations qui pourraient s'élever entre elles (relativement à ce contrat, CPC, art. 1442) ; différente du compromis en ce qu'elle se réfère à un litige éventuel (non encore né), la clause compromissoire s'en rapproche dans la mesure où elle rend incompétentes les juridictions étatiques ; clause toujours valable en matière internationale et en principe valable en matière interne dans les contrats conclus à raison d'une activité professionnelle (commerciale ou civile), réserve faite des dispositions législatives particulières (C. civ, art. 2061, 1. 15 mai 2001) » ; H.-J. NOUGEIN et R. DUPEYRE, « Règles et pratiques du droit français de l'arbitrage », Lextenso, 2012, p. 53 : « La clause compromissoire est un tout autre instrument liant les parties, qui prévoit qu'en cas de litige, les parties s'engagent à recourir l'arbitrage ».
[829] Cour d'appel de Nouakchott, arrêt n° 36/201 du 10/07/2018. L'affaire oppose deux sociétés commerciales (Warstsila et Erai-Mauritanie). À défaut de trouver des arbitres compétents répondant aux critères tenant à la langue française et anglaise, la Cour a déclaré l'impossibilité d'aller en arbitrage et reconnait la compétence du tribunal de commerce pour juger l'affaire concernant une résiliation de contrat. La société Warstsila se pourvoit en cassation. La Chambre commerciale de la Cour suprême de la Mauritanie a confirmé l'arrêt de la Cour d'appel le 28/02/2019 sous le n° 03/2019.
[830] H.-E. ERDEM, « Où va la clause d'arbitrage », *in* F. OSMAN et A.-C. YILDIRIM (dir.), *Où va l'arbitrage international ? De la crise au renouveau*, *op. cit.*, p. 64 ; L. CADIET, E. JEULAND, *Droit judiciaire privé*, *op. cit.*, p. 765 ; E. LOQUIN, « L'apport de la doctrine à la science juridique dans l'arbitrage international » *in* F. OSMAN et A.-C. YILDIRIM (dir.), *Où va l'arbitrage international ? De la crise au renouveau*, LexisNexis, 2017, p. 24.
[831] P. MAYER, « Les limites de la séparabilité de la clause compromissoire », *Rev. arb.*, 1998, p. 359 ; P. MAYER,
« La circulation des Conventions d'arbitrage », *in* L. CADIET (dir.), *Médiation et arbitrage. Alternative Dispute Resolution. Alternative à la justice ou justice alternative ?* Litec, 2005, p. 209 : « La clause compromissoire participe à l'économie du contrat ».

[832] H.-E. ERDEM, « Où va la clause d'arbitrage », *in* F. OSMAN et A.-C. YILDIRIM (dir.), *Où va l'arbitrage international ? De la crise au renouveau*, *op. cit.*, p. 64.

[833] TH. CLAY, « Arbitrage et les modes alternatifs de règlement des litiges », *op. cit.*, p. 2487. « Cette sentence d'incompétence qui serait fondée sur une clause compromissoire inexistante, nulle ou inapplicable, est bien une demande en justice au sens de l'article 2241, aliéna 1 du Code civil, portée devant une juridiction incompétente au sens de l'alinéa 2 de ce texte » ; L. WEILLER, *L'arbitrage du XXIe siècle*, LexisNexis, n° 2, 2017, p. 31.

[834] PH. FOUCHARD, *L'arbitrage commercial international*, *op. cit.*, p. 53.

[835] L. CADIET et TH. CLAY, *Les modes alternatifs de règlement des conflits*, *op. cit.*, p. 56.

[836] J. BILLEMONT, *La liberté contractuelle à l'épreuve de l'arbitrage*, *op. cit.*, p. 83 : « La liberté de compromettre n'est donc pas une simple transposition de la liberté contractuelle à la Convention d'arbitrage. L'objectif prioritairement poursuivi par l'ordre public juridictionnel n'est pas de restreindre la liberté contractuelle comme le fait l'ordre public de fond, mais d'indiquer les cas dans lesquels la compétence des tribunaux de l'État ne peut être écartée au profit d'un juge privé. C'est l'effet juridictionnel de la Convention d'arbitrage qui est en cause, plutôt que la volonté des parties. La limitation de la liberté contractuelle n'est en définitive qu'une conséquence accidentelle de la poursuite de cet objectif. Si l'on pouvait – pure hypothèse – admettre le recours à l'arbitrage par un autre moyen que la convention, l'ordre public juridictionnel ne trouverait pas moins à s'appliquer ».

[837] N. SEDDIKI-EL HOUDAIGUI, *Arbitrage commercial international au Maghreb*, L'Harmattan, 2012, p. 220.

[838] Article 4 du code mauritanien de l'arbitrage. À l'exception des contestations d'ordre pécuniaire en découlant. Le texte précise des points relatifs à l'arbitrage subjectif dans le cadre des litiges nés exclusivement de rapports nationaux.

[839] M. RUBINO-SAMMATANO, *Arbitrage international. Droit et pratique*, *op. cit.*, p. 241.

[840] Art. II, 2, Convention de New York de 1958, qui exige qu'une Convention d'arbitrage valide soit « signée par les parties ou contenue dans un échange de lettres ou de télégrammes ».

[841] Art. 25, (I), Convention de Washington de 1965.

[842] M. RUBINO-SAMMATANO, *Arbitrage international. Droit et pratique*, *op. cit.*, p. 241 et s. ; L. CADIET, E. JEULAND, *Droit judiciaire privé*, *op. cit.*, p. 760 ; [842] L. CADIET, E. JEULAND, *Droit judiciaire privé*, *op. cit.*, p. 760 ; H.-E. ERDEM, « Où va la clause d'arbitrage », *in* F. OSMAN et A.-C. YILDIRIM (dir.), *Où va l'arbitrage international ? De la crise au renouveau*, *op. cit.*, p. 57 ; R. SORIEUL, « L'œuvre normative de la CNUDCI dans le domaine du règlement des différends », *in* B. FAUVARQUE-COSSON et A. WALD (dir.), *L'Arbitrage en France et en Amérique latine à l'aube du XXIe siècle*, Société de législation Comparée (SLC) P. 51 ; [842] M-A. BEKHECH, « L'arbitrage commercial international en droit algérien », *Revue de droit international et de droit comparé* (RDIDC), Tome LXXI, 1994, p. 93.

[843] H.-J. NOUGEIN et R. DUPEYRE, « Règles et pratiques du droit français de l'arbitrage », *op. cit.*, p. 54 ; O. CAPRASSE, « Le nouveau droit belge de l'arbitrage », *Rev. arb.*, 2013, p. 959.

[844] J.-P. RACINE, *Le droit de l'arbitrage*, *op. cit.*, p. 201 ; J. BILLEMONT, *La liberté contractuelle à l'épreuve de l'arbitrage*, *op. cit.*, p. 323 : « En matière de compromis, l'objet du litige reste une condition de validité, et sur ce point, la réforme n'a rien changé. L'exigence se comprend au regard de la définition même du compromis, qui n'intervient qu'une fois le litige est né et donc connu des parties. Il leur appartient dans ce cas d'indiquer précisément les questions qu'elles entendent soumettre à l'arbitrage, ce qui bornera le pouvoir juridictionnel des arbitres. Les contours de l'objet du litige épousent exactement ceux de l'objet de la convention, ce qui conduit à une immutabilité renforcée du litige en cours d'instance. La jurisprudence se montre cependant peu exigeante à ce sujet, en admettant une interprétation large de l'objet du litige lorsqu'il s'agit de déterminer, en amont, l'incompétence des juridictions étatiques » ; J. BILLEMONT, *La liberté contractuelle à*

l'épreuve de l'arbitrage, *op. cit.*, p. 322 : « Cette exigence peut rattacher, si l'on veut, à l'objet de la clause, mais elle ne se ramène pas à l'objet du litige. L'objet du litige n'étant, par hypothèse, pas encore connu, les parties peuvent se borner à désigner de façon générale le rapport de droit qui sera soumis à l'arbitrage. Le fait de prévoir dans un contrat que les litiges seront tranchés par arbitrage apparait suffisant à cet égard ».

[845] M. RUBINO-SAMMATANO, *Arbitrage international. Droit et pratique*, *op. cit.*, p. 313.

[846] L. CADIET, E. JEULAND, *Droit judiciaire privé*, *op. cit.*, p. 771.

[847] G. BOLARD, « Les principes directeurs du procès arbitral », *Rev. arb.*, 2004, p. 511 et s. « Il est indépendant et impartial vis-à-vis des parties. Au titre de garanties d'un arbitrage équitable, figurent sans doute les principales garanties du procès équitable : indépendance et impartialité de l'arbitre, célérité, équité, loyauté et caractère contradictoire de la procédure » ; C. SERAGLINI, J. ORTSCHEIDT, *Droit de l'arbitrage interne et international*, *op. cit.*, p. 238 : « L'indépendance de l'arbitre est de l'essence de sa fonction juridictionnelle. Il faut remarquer qu'entre l'indépendance de l'arbitre et celle du juge étatique, il n'y a guère de différence. Pour ce qui concerne l'impartialité, elle renvoie à l'absence de préjugé de l'arbitre. L'arbitre impartial étant celui dépourvu de préjugé, l'impartialité présente plusieurs facettes. Elle peut être appréciée de manière subjective, en considération des convictions personnelles de l'arbitre, de ses traits propres » ; H.-F. RANEVA, « L'intérêt du recours à l'arbitrage dans la zone Afrique océan Indien », *in* N. JAY et N. LIGNEUL (dir.), *Arbitrage, commerce international et investissement en Afrique et dans l'océan Indien*, LexisNexis, 2018, p. 112.

[848] C. CHAINIAS, « Exigences du procès équitable et arbitrage : existence et essence du droit à un procès arbitral équitable », *in* L. MILANO (dir.), *Convention européenne des droits de l'homme et droit de l'entreprise*, Nemesis/Anthemis, 2016, p. 114 et s. : « Les évolutions qu'a connues, en doctrine comme en jurisprudence, la question des rapports entre arbitrage et article 6 § 1er, de la Convention européenne des droits de l'homme depuis trente ans, et singulièrement depuis une douzaine d'années, conduisent à un constat, celui d'un mouvement inexorable vers l'affirmation de l'applicabilité de cet article à l'arbitrage. L'approche purement formelle des rapports entre Convention européenne des droits de l'homme et arbitrage a connu, en doctrine comme en jurisprudence, un déclin certain, au point de se voir préférer une approche que l'on pourrait qualifier de réaliste posant le principe de l'applicabilité de l'article 6 à l'arbitrage » ; M. BOUCARON-NARDETTO, « Arbitrage international et droit au procès équitable », *in* P. CECCHI-DIMEGLIO et B. BRENNEUR (dir.), *Manuel interdisciplinaire des modes amiables de résolution des conflits*, Larcier, 2015, p. 1065 et s. ; C. SERAGLINI, J. ORTSCHEIDT, *Droit de l'arbitrage interne et international*, *op. cit.*, p. 231 ; S. GUINCHARD, & *alii*, *Droit processuel. Droits fondamentaux du procès*, *op. cit.*, p. 1461.

[849] PH. FOUCHARD, *L'arbitrage commercial international*, volume II, Dalloz, 1965, p. 5 ; H. MOTULSKY, *Écrits. Études et notes sur l'arbitrage*, *op. cit.*, p. 7 ; E. TYAN, *Le droit de l'arbitrage*, Librairies Antoine, 1972, p. 308 : « La sentence arbitrale "dit le droit" en tranchant un litige, en fixant les droits et obligations des parties, exactement – à ce point de vue intrinsèque essentiel – comme le fait le jugement ».

[850] J. PELLERIN, « La nouvelle articulation des recours en arbitrage interne », *in* TH. CLAY (dir.), *Le nouveau droit français de l'arbitrage*, Lextenso, 2011, p. 176 ; S. BOLLÉE, *Les méthodes du droit international privé à l'épreuve des sentences arbitrales*, Economica, 2004, p. 105 : « La sentence arbitrale constituerait un fait juridique qui ne pourrait prétendre à la qualité de décision, dans la mesure où cette dernière notion appartiendrait à la catégorie juridique des normes juridiques ».

[851] J.-P. RACINE, *Droit de l'arbitrage*, *op. cit.*, p. 488 et s. ; V. HEUZE, « Une variété de transactions : La Convention d'arbitrage », *Rev. arb.*, 2015, p. 8.

[852] Aux termes de l'article 57 du code de l'arbitrage : « La sentence arbitrale internationale ne peut être annulée que dans les deux cas suivants : 1- Lorsque l'auteur de la demande en annulation apporte une preuve établissant l'un des éléments ci-après : qu'une partie à la convention n'est pas valable en vertu de la loi à laquelle les parties l'ont soumise ou, à défaut

du choix de la loi applicable, en vertu des règles du droit international privé ; qu'il n'a pas été dument informé de la nomination des arbitres ou de la procédure d'arbitrage, qu'il lui a été impossible, pour une autre raison, de faire valoir ses droits… 2- Lorsque la sentence arbitrale est contraire à l'ordre public. »

[853] M. DE BOISSESON, *Le droit français de l'arbitrage interne et international*, *op. cit.*, p. 298.

[854] E. LOQUIN, note, *Rev. arb.*, 1997, p. 380 ; CH. JARROSSON et J. PELLERIN, « Le droit français de l'arbitrage après le décret du 13 janvier 2011 », *Rev. arb.*, 2011, p. 2 et s.

[855] *Ibid*, p. 381.

[856] *Ibid.*

[857] PH. LEBOULANGER, « Arbitrage international et déni de justice », *in* F. OSMAN et A.-C. YILDIRIM (dir.), *Où va l'arbitrage international?* LexisNexis, 2017, p. 125 ; G. WIEDERKEHR, *Sens, signifiance et signification de l'autorité de la chose jugée*, *in* Études offertes à J. Normand, *Justice et droits fondamentaux*, Litec, 2003, p. 507.

[858] Article 1351 du Code civil français : « L'autorité de la chose jugée n'a lieu qu'à l'égard de ce qui a fait l'objet du jugement. Il faut que la chose jugée demandée soit la même ; que la demande soit fondée sur la même cause ; que la demande soit entre les mêmes parties, et formée par elles et contre elles en la même qualité ».

[859] M. TRARI TANI, « Arbitrage commercial international et Convention de New York de 1958 sur la reconnaissance et l'exécution des sentences arbitrales », *in* F. OSMAN et A.-C. YILDIRIM (dir.), *Où va l'arbitrage international ?*, *op. cit.*, p. 219.

[860] J.-P. RACINE, *Droit de l'arbitrage*, *op. cit.*, p. 554.

[861] R. PERROT, « Les voies de recours en matière d'arbitrage », *Rev. arb.*, 1980, p. 268.

[862] C. ASSAF, « Le rôle du juge étatique dans l'arbitrage interne », Thèse de doctorat, Université libanaise, 2017, p. 274 ; J.-B. RACINE, *Droit de l'arbitrage*, *op. cit.*, p. 570 ; D. VIDAL, *Droit français de l'arbitrage interne et international*, Lextenso, 2012, p. 153.

[863] J.-B. RACINE, *Droit de l'arbitrage*, *op. cit.*, p. 571 ; L. CADIET, TH. CLAY, *Les modes alternatifs de règlement des conflits*, *op. cit.*, p. 67 : « Le recours en annulation, que l'on peut qualifier de recours de droit commun en matière d'arbitrage, n'est ouvert que pour des causes graves : erreur sur la compétence ou l'incompétence arbitrale, tribunal irrégulièrement constitué, non-respect de sa mission par l'arbitre, violation du principe du contradictoire et violation de l'ordre public (interne ou international selon le type d'arbitrage) » ; J. PELLERIN, « La nouvelle articulation des recours en arbitrage interne », *in* TH. CLAY (dir.), *Le nouveau droit français de l'arbitrage*, éd. Lextenso, 2011, p. 179.

[864] V. Article 34 du code de l'arbitrage : le recours en annulation n'est ouvert que dans les cas suivants : « Si la sentence arbitrale a été rendue sans Convention d'arbitrage ou sur une convention nulle ou expirée ; si le tribunal arbitral a été irrégulièrement composé ou l'arbitre unique irrégulièrement désigné ; si l'arbitre a violé les bonnes mœurs ou une règle d'ordre public ; si la sentence n'est pas motivée ; si les règles fondamentales de procédure relatives aux droits de la défense et au principe de la contradictoire ne sont pas respectées… »

[865] V. Article 57 du code mauritanien de l'arbitrage. Il prévoit une liste des cas d'annulation : « La sentence arbitrale internationale ne peut être annulée que dans les deux cas suivants. Lorsque l'auteur de la demande en annulation apporte une preuve établissant l'un des éléments ci-après : qu'une partie à la Convention d'arbitrage était frappée d'une incapacité ou que ladite convention n'est pas valable en vertu de la loi à laquelle les parties l'ont soumise ; que la sentence arbitrale porte sur un différend non visé dans le compromis… et lorsque la sentence arbitrale est contraire à l'ordre public interne ou international ».

[866] F.-X. TRAIN, « L'arbitrage à l'épreuve des procédures pénales », *op. cit.*, p. 4 ; B. MINZOTO, « Le nouveau droit de l'arbitrage de l'espace OHADA », disponible : www.academie.edu, 2017, p. 5 ; M. DE BOISSESON, *Le droit français de l'arbitrage interne et international, op. cit.*, p. 821 : « Cette solution est conforme à la Convention de New York, favorisant la répartition internationale des compétences des juridictions étatiques à l'égard des sentences rendues en matière d'arbitrage international. Les tribunaux étatiques se voient

reconnaître le droit d'annuler les sentences rendues sur leur territoire, mais se voient interdire de le faire pour les sentences rendues à l'étranger ».

[867] G. COUCHEZ, X. LAGARDE, *Procédure civile*, 17e édition, Dalloz, 2014, p. 473.

[868] J. HÉRON, TH. LE BARS, *Droit judiciaire privé*, 6e édition, LGDJ, 2015, p. 733.

[869] L. CADIET, E. JEULAND, *Droit judiciaire privé*, *op. cit.*, p. 791 ; J. PELLERIN, « La nouvelle articulation des recours en arbitrage interne », *in* TH. CLAY (dir.), *Le nouveau droit français de l'arbitrage*, *op. cit.*, p. 186.

[870] E. JEULAND, *Droit processuel général*, *op. cit.*, p. 522.

[871] E. LE ROY, *Le jeu des lois. Une anthropologie dynamique du droit*, *op. cit.*, p. 33.

[872] P. RICŒUR, *Le juste*, *op. cit.*, p. 185 et s. « La justice détient deux finalités. La première, fonction courte, consiste à départager les parties et attribuer à chacun ce qui lui revient. La seconde permet d'atteindre la restauration du lien social. Il s'agit, selon le philosophe, de la fonction longue de la justice » ; Platon, *Les lois*, VI 767 : « Il faut que ceux qui ont des griefs les uns contre les autres commencent à trouver leurs voisins, leurs amis, aussi bien ceux qui sont au courant des actes sur lesquels porte la contestation, qu'ils aillent vers les tribunaux dans le cas seulement où d'aventure on n'aura pas reçu de ces gens-là une décision qui règle convenablement leur différend ».

[873] N. ROULAND, *Anthropologie juridique*, *op. cit.*, 1988 ; E. LE ROY, *Le jeu des lois. Une anthropologie dynamique du droit*, *op. cit.*, 1999 ; E. LE ROY, *Les Africains et les institutions de la justice*, *op. cit.*, 2004.

[874] E. LE ROY, *Les Africains et les institutions de la justice. Entre mimétisme et métissage*, *op. cit.*, p. 126 et s.

[875] En Mauritanie, les instances officielles sont concurrencées par les instances traditionnelles de règlement des conflits. Les litiges intertribaux sont réglés, par exemple, à l'amiable par les autorités tribales. Par exemple, une affaire pénale (coups et blessures) entre tribus ou communautés se règle le plus souvent collectivement à l'amiable par les tribus. La tribu ou le clan joue beaucoup dans le règlement des conflits en Mauritanie.

[876] R.-A. MACDONALD, « Normativité, pluralisme et sociétés démocratiques avancées. L'hypothèse du pluralisme pour penser le droit », *in* C. YOUNES et E. LE ROY (dir.), *Médiation et diversité culturelle pour quelle société ? op. cit.*, p. 21.

[877] A. MOYRAND, « Réflexions sur l'introduction de l'État de droit en Afrique noire francophone », *RIDC*, n° 4, 1991, p. 853-878.

[878] A. BABOU, « Le système judiciaire mauritanien », *op. cit.*, p. 275.

[879] B. HASSANE, « Autorités coutumières et régulation des conflits en Afrique de l'Ouest francophone : entre l'informel et le formel », in *La réforme des systèmes de sécurité et de justice en Afrique francophone*, OIF, p. 185. [880] J. FAGET, « La médiation en matière pénale », disponible http://www.justicereparatrice.org,2007, p. 3.

[881] L. CADIET, TH. CLAY, *Les modes alternatifs de règlement des conflits*, *op. cit.*, p. 153.

[882] J. FAGET, « La médiation en matière pénale », *op. cit.*, p. 7.

[883] R. MACDONALD, « Synthèse », *in* C. YOUNES et E. LE ROY (dir.), *Médiation et la diversité culturelle pour quelle société ?* Karthala, 2002, p. 306-307.

[884] E. LE ROY, « Synthèse », *in* C. YOUNES et E. LE ROY (dir.), *Médiation et diversité culturelle pour quelle société ? op. cit.*, p. 304.

[885] Cette tutelle est condamnée dans un arrêt Moulin du 23 novembre 2010. La Cour européenne des droits de l'homme a considéré que le parquet français n'était pas conforme à la notion d'autorité judiciaire au sens de la Convention européenne des droits de l'homme.

ANNEXES

[1] Chef de village (débégoumé) dans un village soninké, région Guidimakha-Mauritanie.

Structures éditoriales du groupe L'Harmattan

L'Harmattan Italie
Via degli Artisti, 15
10124 Torino
harmattan.italia@gmail.com

L'Harmattan Hongrie
Kossuth l. u. 14-16.
1053 Budapest
harmattan@harmattan.hu

L'Harmattan Sénégal
10 VDN en face Mermoz
BP 45034 Dakar-Fann
senharmattan@gmail.com

L'Harmattan Cameroun
TSINGA/FECAFOOT
BP 11486 Yaoundé
inkoukam@gmail.com

L'Harmattan Burkina Faso
Achille Somé – tengnule@hotmail.fr

L'Harmattan Guinée
Almamya, rue KA 028 OKB Agency
BP 3470 Conakry
harmattanguinee@yahoo.fr

L'Harmattan RDC
185, avenue Nyangwe
Commune de Lingwala – Kinshasa
matangilamusadila@yahoo.fr

L'Harmattan Congo
219, avenue Nelson Mandela
BP 2874 Brazzaville
harmattan.congo@yahoo.fr

L'Harmattan Mali
ACI 2000 - Immeuble Mgr Jean Marie Cisse
Bureau 10
BP 145 Bamako-Mali
mali@harmattan.fr

L'Harmattan Togo
Djidjole – Lomé
Maison Amela
face EPP BATOME
ddamela@aol.com

L'Harmattan Côte d'Ivoire
Résidence Karl – Cité des Arts
Abidjan-Cocody
03 BP 1588 Abidjan
espace_harmattan.ci@hotmail.fr

Nos librairies en France

Librairie internationale
16, rue des Écoles
75005 Paris
librairie.internationale@harmattan.fr
01 40 46 79 11
www.librairieharmattan.com

Librairie des savoirs
21, rue des Écoles
75005 Paris
librairie.sh@harmattan.fr
01 46 34 13 71
www.librairieharmattansh.com

Librairie Le Lucernaire
53, rue Notre-Dame-des-Champs
75006 Paris
librairie@lucernaire.fr
01 42 22 67 13

www.ingramcontent.com/pod-product-compliance
Lightning Source LLC
LaVergne TN
LVHW010017081026
849535LV00016B/269